中国人口普查
CHINA POPULATION CENSUS

2020

青海省人口普查年鉴

（中册）

QINGHAI POPULATION CENSUS YEARBOOK 2020

(BOOK 2)

青　海　省　统　计　局
青海省第七次全国人口普查领导小组办公室　编

Compiled by
Qinghai Provincial Bureau of Statistics
Office of the Leading Group of Qinghai Province for the Seventh National Population Census

中国统计出版社
China Statistics Press

图书在版编目（CIP）数据

青海省人口普查年鉴. 2020. 中册 / 青海省统计局, 青海省第七次全国人口普查领导小组办公室编. -- 北京 : 中国统计出版社, 2022.8
ISBN 978-7-5037-9870-2

Ⅰ. ①青… Ⅱ. ①青… ②青… Ⅲ. ①人口普查－统计资料－青海－2020－年鉴 Ⅳ. ①C924.254.4-54

中国版本图书馆 CIP 数据核字(2022)第 130306 号

青海省人口普查年鉴-2020（中册）
Qinghai Population Census Yearbook 2020 (Book 2)

作　　者/青海省统计局　青海省第七次全国人口普查领导小组办公室
责任编辑/熊丹书
封面设计/李雪燕
出版发行/中国统计出版社有限公司
通信地址/北京市丰台区西三环南路甲 6 号　邮政编码/100073
发行电话/邮购（010）63376909　书店（010）68783171
网　　址/http://www.zgtjcbs.com/
印　　刷/河北鑫兆源印刷有限公司
经　　销/新华书店
开　　本/880mm×1230mm　1/16
字　　数/1112 千字
印　　张/35.25
版　　别/2022 年 8 月第 1 版
版　　次/2022 年 8 月第 1 次印刷
定　　价/990.00 元（全三册附光盘）

目　　录

中　册

第二部分　长表数据资料

第一卷　概要

第二卷　民族

第三卷 教育

第四卷 就业

第二部分　长表数据资料

第一卷　概要

1-1 各地区户数、

地区	户数			合计			
	合计	家庭户	集体户	合计	男	女	性别比(女=100)
全省	**190470**	**185143**	**5327**	**569733**	**290851**	**278882**	**104.29**
西宁市	**84390**	**81562**	**2828**	**237073**	**119721**	**117352**	**102.02**
城东区	17052	16590	462	44207	22218	21989	101.04
城中区	12463	12006	457	30716	15572	15144	102.83
城西区	12518	12138	380	31567	15567	16000	97.29
城北区	15423	14498	925	39752	19954	19798	100.79
湟中区	11308	10988	320	38975	20186	18789	107.44
大通回族土族自治县	11825	11649	176	40749	20609	20140	102.33
湟源县	3801	3693	108	11107	5615	5492	102.24
海东市	**39038**	**38360**	**678**	**128719**	**65511**	**63208**	**103.64**
乐都区	7882	7699	183	22964	11698	11266	103.83
平安区	3786	3717	69	10869	5482	5387	101.76
民和回族土族自治县	8875	8792	83	31427	15823	15604	101.40
互助土族自治县	10127	9933	194	32596	16933	15663	108.11
化隆回族自治县	4778	4700	78	17067	8620	8447	102.05
循化撒拉族自治县	3590	3519	71	13796	6955	6841	101.67
海北藏族自治州	**9257**	**9123**	**134**	**27057**	**13854**	**13203**	**104.93**
门源回族自治县	4500	4480	20	14216	7324	6892	106.27
祁连县	1656	1627	29	4467	2277	2190	103.97
海晏县	1676	1605	71	4129	2095	2034	103.00
刚察县	1425	1411	14	4245	2158	2087	103.40
黄南藏族自治州	**8641**	**8389**	**252**	**28197**	**14358**	**13839**	**103.75**
同仁县	3169	3023	146	10474	5356	5118	104.65
尖扎县	1823	1749	74	5904	2996	2908	103.03
泽库县	2295	2266	29	7512	3819	3693	103.41
河南蒙古族自治县	1354	1351	3	4307	2187	2120	103.16
海南藏族自治州	**14591**	**14265**	**326**	**45057**	**22733**	**22324**	**101.83**
共和县	4678	4553	125	13393	6796	6597	103.02
同德县	1939	1864	75	6244	3188	3056	104.32
贵德县	3534	3477	57	10854	5465	5389	101.41
兴海县	2137	2100	37	6987	3492	3495	99.91
贵南县	2303	2271	32	7579	3792	3787	100.13
果洛藏族自治州	**6328**	**6212**	**116**	**18925**	**9779**	**9146**	**106.92**
玛沁县	1320	1254	66	3606	1924	1682	114.39
班玛县	888	875	13	3040	1587	1453	109.22
甘德县	1504	1499	5	4349	2236	2113	105.82
达日县	1096	1082	14	3373	1767	1606	110.02
久治县	913	902	11	2954	1461	1493	97.86
玛多县	607	600	7	1603	804	799	100.63
玉树藏族自治州	**11121**	**11011**	**110**	**39447**	**20049**	**19398**	**103.36**
玉树市	3720	3657	63	12978	6642	6336	104.83
杂多县	1375	1367	8	5770	2949	2821	104.54
称多县	1751	1733	18	5684	2881	2803	102.78
治多县	891	888	3	2859	1438	1421	101.20
囊谦县	2038	2032	6	8825	4427	4398	100.66
曲麻莱县	1346	1334	12	3331	1712	1619	105.74
海西蒙古族藏族自治州	**17104**	**16221**	**883**	**45258**	**24846**	**20412**	**121.72**
格尔木市	7439	7175	264	20747	11205	9542	117.43
德令哈市	3143	3003	140	8356	4396	3960	111.01
茫崖市	1187	1057	130	2157	1509	648	232.87
乌兰县	1360	1317	43	3356	1833	1523	120.35
都兰县	2309	2271	38	6757	3495	3262	107.14
天峻县	911	895	16	2083	1110	973	114.08
大柴旦行政委员会	755	503	252	1802	1298	504	257.54

人口数和性别比

单位：户、人

人口数								平均家庭户规模（人/户）
家庭户				集体户				
小计	男	女	性别比（女=100）	小计	男	女	性别比（女=100）	
545216	**276019**	**269197**	**102.53**	**24517**	**14832**	**9685**	**153.14**	**2.94**
224521	**112543**	**111978**	**100.50**	**12552**	**7178**	**5374**	**133.57**	**2.75**
42407	21210	21197	100.06	1800	1008	792	127.27	2.56
28789	14280	14509	98.42	1927	1292	635	203.46	2.40
30005	14704	15301	96.10	1562	863	699	123.46	2.47
35453	17713	17740	99.85	4299	2241	2058	108.89	2.45
37461	19207	18254	105.22	1514	979	535	182.99	3.41
39782	20044	19738	101.55	967	565	402	140.55	3.42
10624	5385	5239	102.79	483	230	253	90.91	2.88
125007	**63290**	**61717**	**102.55**	**3712**	**2221**	**1491**	**148.96**	**3.26**
22208	11248	10960	102.63	756	450	306	147.06	2.88
10541	5261	5280	99.64	328	221	107	206.54	2.84
30976	15613	15363	101.63	451	210	241	87.14	3.52
31211	16058	15153	105.97	1385	875	510	171.57	3.14
16652	8373	8279	101.14	415	247	168	147.02	3.54
13419	6737	6682	100.82	377	218	159	137.11	3.81
26351	**13359**	**12992**	**102.82**	**706**	**495**	**211**	**234.60**	**2.89**
14044	7165	6879	104.16	172	159	13	1223.08	3.13
4323	2172	2151	100.98	144	105	39	269.23	2.66
3835	1951	1884	103.56	294	144	150	96.00	2.39
4149	2071	2078	99.66	96	87	9	966.67	2.94
27025	**13714**	**13311**	**103.03**	**1172**	**644**	**528**	**121.97**	**3.22**
9869	5026	4843	103.78	605	330	275	120.00	3.26
5509	2776	2733	101.57	395	220	175	125.71	3.15
7364	3739	3625	103.14	148	80	68	117.65	3.25
4283	2173	2110	102.99	24	14	10	140.00	3.17
43568	**21989**	**21579**	**101.90**	**1489**	**744**	**745**	**99.87**	**3.05**
12764	6470	6294	102.80	629	326	303	107.59	2.80
6052	3095	2957	104.67	192	93	99	93.94	3.25
10521	5308	5213	101.82	333	157	176	89.20	3.03
6836	3399	3437	98.89	151	93	58	160.34	3.26
7395	3717	3678	101.06	184	75	109	68.81	3.26
18461	**9444**	**9017**	**104.74**	**464**	**335**	**129**	**259.69**	**2.97**
3324	1725	1599	107.88	282	199	83	239.76	2.65
2999	1550	1449	106.97	41	37	4	925.00	3.43
4329	2222	2107	105.46	20	14	6	233.33	2.89
3336	1737	1599	108.63	37	30	7	428.57	3.08
2908	1435	1473	97.42	46	26	20	130.00	3.22
1565	775	790	98.10	38	29	9	322.22	2.61
38469	**19515**	**18954**	**102.96**	**978**	**534**	**444**	**120.27**	**3.49**
12252	6240	6012	103.79	726	402	324	124.07	3.35
5733	2924	2809	104.09	37	25	12	208.33	4.19
5600	2841	2759	102.97	84	40	44	90.91	3.23
2850	1430	1420	100.70	9	8	1	800.00	3.21
8748	4402	4346	101.29	77	25	52	48.08	4.31
3286	1678	1608	104.35	45	34	11	309.09	2.46
41814	**22165**	**19649**	**112.80**	**3444**	**2681**	**763**	**351.38**	**2.58**
19752	10378	9374	110.71	995	827	168	492.26	2.75
7902	4138	3764	109.94	454	258	196	131.63	2.63
1584	1035	549	188.52	573	474	99	478.79	1.50
3153	1667	1486	112.18	203	166	37	448.65	2.39
6555	3347	3208	104.33	202	148	54	274.07	2.89
1987	1035	952	108.72	96	75	21	357.14	2.22
881	565	316	178.80	921	733	188	389.89	1.75

1-1a 各地区户数、

地 区	户 数						
				合 计			
	合计	家庭户	集体户	合计	男	女	性别比(女=100)
全省	**76616**	**73752**	**2864**	**198574**	**100427**	**98147**	**102.32**
西宁市	**59181**	**56917**	**2264**	**152142**	**76226**	**75916**	**100.41**
城东区	17052	16590	462	44207	22218	21989	101.04
城中区	12375	11964	411	30459	15372	15087	101.89
城西区	12509	12129	380	31533	15546	15987	97.24
城北区	15132	14217	915	38690	19373	19317	100.29
湟中区	1701	1630	71	5725	2909	2816	103.30
大通回族土族自治县	412	387	25	1528	808	720	112.22
湟源县							
海东市	**6315**	**6114**	**201**	**18002**	**8932**	**9070**	**98.48**
乐都区	3692	3535	157	10639	5315	5324	99.83
平安区	2623	2579	44	7363	3617	3746	96.56
民和回族土族自治县							
互助土族自治县							
化隆回族自治县							
循化撒拉族自治县							
海北藏族自治州							
门源回族自治县							
祁连县							
海晏县							
刚察县							
黄南藏族自治州							
同仁县							
尖扎县							
泽库县							
河南蒙古族自治县							
海南藏族自治州							
共和县							
同德县							
贵德县							
兴海县							
贵南县							
果洛藏族自治州							
玛沁县							
班玛县							
甘德县							
达日县							
久治县							
玛多县							
玉树藏族自治州	**2219**	**2172**	**47**	**6852**	**3544**	**3308**	**107.13**
玉树市	2153	2106	47	6587	3421	3166	108.05
杂多县							
称多县							
治多县							
囊谦县							
曲麻莱县	66	66		265	123	142	86.62
海西蒙古族藏族自治州	**8901**	**8549**	**352**	**21578**	**11725**	**9853**	**119.00**
格尔木市	5517	5395	122	13893	7382	6511	113.38
德令哈市	2341	2209	132	5868	3069	2799	109.65
茫崖市	1043	945	98	1817	1274	543	234.62
乌兰县							
都兰县							
天峻县							
大柴旦行政委员会							

人口数和性别比(城市)

单位：户、人

人口数								平均家庭户规模（人/户）
家庭户				集体户				
小计	男	女	性别比（女=100）	小计	男	女	性别比（女=100）	
186195	**93290**	**92905**	**100.41**	**12379**	**7137**	**5242**	**136.15**	**2.52**
142287	**70702**	**71585**	**98.77**	**9855**	**5524**	**4331**	**127.55**	**2.50**
42407	21210	21197	100.06	1800	1008	792	127.27	2.56
28689	14226	14463	98.36	1770	1146	624	183.65	2.40
29971	14683	15288	96.04	1562	863	699	123.46	2.47
34452	17181	17271	99.48	4238	2192	2046	107.14	2.42
5366	2683	2683	100.00	359	226	133	169.92	3.29
1402	719	683	105.27	126	89	37	240.54	3.62
17123	**8415**	**8708**	**96.64**	**879**	**517**	**362**	**142.82**	**2.80**
9960	4927	5033	97.89	679	388	291	133.33	2.82
7163	3488	3675	94.91	200	129	71	181.69	2.78
6374	**3301**	**3073**	**107.42**	**478**	**243**	**235**	**103.40**	**2.93**
6109	3178	2931	108.43	478	243	235	103.40	2.90
265	123	142	86.62					4.02
20411	**10872**	**9539**	**113.97**	**1167**	**853**	**314**	**271.66**	**2.39**
13556	7111	6445	110.33	337	271	66	410.61	2.51
5454	2843	2611	108.89	414	226	188	120.21	2.47
1401	918	483	190.06	416	356	60	593.33	1.48

1-1b 各地区户数、

地区	户数			合计			
	合计	家庭户	集体户	合计	男	女	性别比(女=100)
全省	**46899**	**45241**	**1658**	**138444**	**70255**	**68189**	**103.03**
西宁市	**10367**	**9990**	**377**	**32255**	**16184**	**16071**	**100.70**
城东区							
城中区	64	18	46	181	163	18	905.56
城西区	9	9		34	21	13	161.54
城北区							
湟中区	2091	1985	106	6989	3626	3363	107.82
大通回族土族自治县	6129	5994	135	19295	9592	9703	98.86
湟源县	2074	1984	90	5756	2782	2974	93.54
海东市	**10557**	**10232**	**325**	**34671**	**17340**	**17331**	**100.05**
乐都区	413	408	5	1147	599	548	109.31
平安区	86	77	9	197	126	71	177.46
民和回族土族自治县	3767	3699	68	12539	6217	6322	98.34
互助土族自治县	3761	3605	156	11825	5992	5833	102.73
化隆回族自治县	1093	1055	38	3871	1846	2025	91.16
循化撒拉族自治县	1437	1388	49	5092	2560	2532	101.11
海北藏族自治州	**4919**	**4825**	**94**	**12330**	**6147**	**6183**	**99.42**
门源回族自治县	2058	2053	5	5167	2558	2609	98.05
祁连县	962	948	14	2568	1247	1321	94.40
海晏县	1252	1190	62	2942	1449	1493	97.05
刚察县	647	634	13	1653	893	760	117.50
黄南藏族自治州	**4096**	**3888**	**208**	**11353**	**5824**	**5529**	**105.34**
同仁县	1866	1732	134	5094	2661	2433	109.37
尖扎县	832	781	51	2393	1199	1194	100.42
泽库县	825	805	20	2263	1163	1100	105.73
河南蒙古族自治县	573	570	3	1603	801	802	99.88
海南藏族自治州	**6614**	**6392**	**222**	**17897**	**8915**	**8982**	**99.25**
共和县	2602	2495	107	6737	3370	3367	100.09
同德县	579	563	16	1550	776	774	100.26
贵德县	1763	1716	47	4948	2451	2497	98.16
兴海县	879	856	23	2603	1303	1300	100.23
贵南县	791	762	29	2059	1015	1044	97.22
果洛藏族自治州	**2308**	**2224**	**84**	**5778**	**3077**	**2701**	**113.92**
玛沁县	748	696	52	1879	1041	838	124.22
班玛县	339	330	9	860	467	393	118.83
甘德县	268	263	5	714	363	351	103.42
达日县	406	400	6	1067	551	516	106.78
久治县	175	169	6	362	196	166	118.07
玛多县	372	366	6	896	459	437	105.03
玉树藏族自治州	**3548**	**3506**	**42**	**11900**	**6054**	**5846**	**103.56**
玉树市	160	154	6	681	355	326	108.90
杂多县	683	678	5	2859	1452	1407	103.20
称多县	713	696	17	2079	1062	1017	104.42
治多县	518	515	3	1716	862	854	100.94
囊谦县	798	797	1	3171	1597	1574	101.46
曲麻莱县	676	666	10	1394	726	668	108.68
海西蒙古族藏族自治州	**4490**	**4184**	**306**	**12260**	**6714**	**5546**	**121.06**
格尔木市	1197	1091	106	4203	2326	1877	123.92
德令哈市	84	81	3	209	117	92	127.17
茫崖市	144	112	32	340	235	105	223.81
乌兰县	914	871	43	2101	1155	946	122.09
都兰县	1141	1113	28	3229	1623	1606	101.06
天峻县	538	526	12	1094	564	530	106.42
大柴旦行政委员会	472	390	82	1084	694	390	177.95

人口数和性别比(镇)

单位：户、人

人口数								平均家庭户规模（人/户）
家庭户				集体户				
小计	男	女	性别比（女=100）	小计	男	女	性别比（女=100）	
130399	**65576**	**64823**	**101.16**	**8045**	**4679**	**3366**	**139.01**	**2.88**
30490	**15125**	**15365**	**98.44**	**1765**	**1059**	**706**	**150.00**	**3.05**
24	17	7	242.86	157	146	11	1327.27	1.33
34	21	13	161.54					3.78
6581	3322	3259	101.93	408	304	104	292.31	3.32
18530	9179	9351	98.16	765	413	352	117.33	3.09
5321	2586	2735	94.55	435	196	239	82.01	2.68
32749	**16312**	**16437**	**99.24**	**1922**	**1028**	**894**	**114.99**	**3.20**
1138	592	546	108.42	9	7	2	350.00	2.79
165	94	71	132.39	32	32			2.14
12135	6035	6100	98.93	404	182	222	81.98	3.28
10850	5443	5407	100.67	975	549	426	128.87	3.01
3646	1753	1893	92.60	225	93	132	70.45	3.46
4815	2395	2420	98.97	277	165	112	147.32	3.47
11912	**5908**	**6004**	**98.40**	**418**	**239**	**179**	**133.52**	**2.47**
5147	2540	2607	97.43	20	18	2	900.00	2.51
2519	1225	1294	94.67	49	22	27	81.48	2.66
2685	1333	1352	98.59	257	116	141	82.27	2.26
1561	810	751	107.86	92	83	9	922.22	2.46
10417	**5360**	**5057**	**105.99**	**936**	**464**	**472**	**98.31**	**2.68**
4581	2408	2173	110.81	513	253	260	97.31	2.64
2117	1066	1051	101.43	276	133	143	93.01	2.71
2140	1099	1041	105.57	123	64	59	108.47	2.66
1579	787	792	99.37	24	14	10	140.00	2.77
16723	**8365**	**8358**	**100.08**	**1174**	**550**	**624**	**88.14**	**2.62**
6191	3118	3073	101.46	546	252	294	85.71	2.48
1491	742	749	99.07	59	34	25	136.00	2.65
4649	2309	2340	98.68	299	142	157	90.45	2.71
2493	1243	1250	99.44	110	60	50	120.00	2.91
1899	953	946	100.74	160	62	98	63.27	2.49
5431	**2832**	**2599**	**108.96**	**347**	**245**	**102**	**240.20**	**2.44**
1632	869	763	113.89	247	172	75	229.33	2.34
839	450	389	115.68	21	17	4	425.00	2.54
694	349	345	101.16	20	14	6	233.33	2.64
1050	541	509	106.29	17	10	7	142.86	2.63
348	188	160	117.50	14	8	6	133.33	2.06
868	435	433	100.46	28	24	4	600.00	2.37
11643	**5880**	**5763**	**102.03**	**257**	**174**	**83**	**209.64**	**3.32**
583	282	301	93.69	98	73	25	292.00	3.79
2837	1434	1403	102.21	22	18	4	450.00	4.18
1998	1023	975	104.92	81	39	42	92.86	2.87
1707	854	853	100.12	9	8	1	800.00	3.31
3164	1590	1574	101.02	7	7			3.97
1354	697	657	106.09	40	29	11	263.64	2.03
11034	**5794**	**5240**	**110.57**	**1226**	**920**	**306**	**300.65**	**2.64**
3899	2062	1837	112.25	304	264	40	660.00	3.57
186	95	91	104.40	23	22	1	2200.00	2.30
183	117	66	177.27	157	118	39	302.56	1.63
1898	989	909	108.80	203	166	37	448.65	2.18
3100	1539	1561	98.59	129	84	45	186.67	2.79
1050	539	511	105.48	44	25	19	131.58	2.00
718	453	265	170.94	366	241	125	192.80	1.84

1－1c 各地区户数、

地区	户数			合计			
	合计	家庭户	集体户	合计	男	女	性别比(女=100)
全省	**66955**	**66150**	**805**	**232715**	**120169**	**112546**	**106.77**
西宁市	**14842**	**14655**	**187**	**52676**	**27311**	**25365**	**107.67**
城东区							
城中区	24	24		76	37	39	94.87
城西区							
城北区	291	281	10	1062	581	481	120.79
湟中区	7516	7373	143	26261	13651	12610	108.26
大通回族土族自治县	5284	5268	16	19926	10209	9717	105.06
湟源县	1727	1709	18	5351	2833	2518	112.51
海东市	**22166**	**22014**	**152**	**76046**	**39239**	**36807**	**106.61**
乐都区	3777	3756	21	11178	5784	5394	107.23
平安区	1077	1061	16	3309	1739	1570	110.76
民和回族土族自治县	5108	5093	15	18888	9606	9282	103.49
互助土族自治县	6366	6328	38	20771	10941	9830	111.30
化隆回族自治县	3685	3645	40	13196	6774	6422	105.48
循化撒拉族自治县	2153	2131	22	8704	4395	4309	102.00
海北藏族自治州	**4338**	**4298**	**40**	**14727**	**7707**	**7020**	**109.79**
门源回族自治县	2442	2427	15	9049	4766	4283	111.28
祁连县	694	679	15	1899	1030	869	118.53
海晏县	424	415	9	1187	646	541	119.41
刚察县	778	777	1	2592	1265	1327	95.33
黄南藏族自治州	**4545**	**4501**	**44**	**16844**	**8534**	**8310**	**102.70**
同仁县	1303	1291	12	5380	2695	2685	100.37
尖扎县	991	968	23	3511	1797	1714	104.84
泽库县	1470	1461	9	5249	2656	2593	102.43
河南蒙古族自治县	781	781		2704	1386	1318	105.16
海南藏族自治州	**7977**	**7873**	**104**	**27160**	**13818**	**13342**	**103.57**
共和县	2076	2058	18	6656	3426	3230	106.07
同德县	1360	1301	59	4694	2412	2282	105.70
贵德县	1771	1761	10	5906	3014	2892	104.22
兴海县	1258	1244	14	4384	2189	2195	99.73
贵南县	1512	1509	3	5520	2777	2743	101.24
果洛藏族自治州	**4020**	**3988**	**32**	**13147**	**6702**	**6445**	**103.99**
玛沁县	572	558	14	1727	883	844	104.62
班玛县	549	545	4	2180	1120	1060	105.66
甘德县	1236	1236		3635	1873	1762	106.30
达日县	690	682	8	2306	1216	1090	111.56
久治县	738	733	5	2592	1265	1327	95.33
玛多县	235	234	1	707	345	362	95.30
玉树藏族自治州	**5354**	**5333**	**21**	**20695**	**10451**	**10244**	**102.02**
玉树市	1407	1397	10	5710	2866	2844	100.77
杂多县	692	689	3	2911	1497	1414	105.87
称多县	1038	1037	1	3605	1819	1786	101.85
治多县	373	373		1143	576	567	101.59
囊谦县	1240	1235	5	5654	2830	2824	100.21
曲麻莱县	604	602	2	1672	863	809	106.67
海西蒙古族藏族自治州	**3713**	**3488**	**225**	**11420**	**6407**	**5013**	**127.81**
格尔木市	725	689	36	2651	1497	1154	129.72
德令哈市	718	713	5	2279	1210	1069	113.19
茫崖市							
乌兰县	446	446		1255	678	577	117.50
都兰县	1168	1158	10	3528	1872	1656	113.04
天峻县	373	369	4	989	546	443	123.25
大柴旦行政委员会	283	113	170	718	604	114	529.82

人口数和性别比(乡村)

单位：户、人

人口数								平均家庭户规模(人/户)
家庭户				集体户				
小计	男	女	性别比(女=100)	小计	男	女	性别比(女=100)	
228622	**117153**	**111469**	**105.10**	**4093**	**3016**	**1077**	**280.04**	**3.46**
51744	**26716**	**25028**	**106.74**	**932**	**595**	**337**	**176.56**	**3.53**
76	37	39	94.87					3.17
1001	532	469	113.43	61	49	12	408.33	3.56
25514	13202	12312	107.23	747	449	298	150.67	3.46
19850	10146	9704	104.55	76	63	13	484.62	3.77
5303	2799	2504	111.78	48	34	14	242.86	3.10
75135	**38563**	**36572**	**105.44**	**911**	**676**	**235**	**287.66**	**3.41**
11110	5729	5381	106.47	68	55	13	423.08	2.96
3213	1679	1534	109.45	96	60	36	166.67	3.03
18841	9578	9263	103.40	47	28	19	147.37	3.70
20361	10615	9746	108.92	410	326	84	388.10	3.22
13006	6620	6386	103.66	190	154	36	427.78	3.57
8604	4342	4262	101.88	100	53	47	112.77	4.04
14439	**7451**	**6988**	**106.63**	**288**	**256**	**32**	**800.00**	**3.36**
8897	4625	4272	108.26	152	141	11	1281.82	3.67
1804	947	857	110.50	95	83	12	691.67	2.66
1150	618	532	116.17	37	28	9	311.11	2.77
2588	1261	1327	95.03	4	4			3.33
16608	**8354**	**8254**	**101.21**	**236**	**180**	**56**	**321.43**	**3.69**
5288	2618	2670	98.05	92	77	15	513.33	4.10
3392	1710	1682	101.66	119	87	32	271.88	3.50
5224	2640	2584	102.17	25	16	9	177.78	3.58
2704	1386	1318	105.16					3.46
26845	**13624**	**13221**	**103.05**	**315**	**194**	**121**	**160.33**	**3.41**
6573	3352	3221	104.07	83	74	9	822.22	3.19
4561	2353	2208	106.57	133	59	74	79.73	3.51
5872	2999	2873	104.39	34	15	19	78.95	3.33
4343	2156	2187	98.58	41	33	8	412.50	3.49
5496	2764	2732	101.17	24	13	11	118.18	3.64
13030	**6612**	**6418**	**103.02**	**117**	**90**	**27**	**333.33**	**3.27**
1692	856	836	102.39	35	27	8	337.50	3.03
2160	1100	1060	103.77	20	20			3.96
3635	1873	1762	106.30					2.94
2286	1196	1090	109.72	20	20			3.35
2560	1247	1313	94.97	32	18	14	128.57	3.49
697	340	357	95.24	10	5	5	100.00	2.98
20452	**10334**	**10118**	**102.13**	**243**	**117**	**126**	**92.86**	**3.83**
5560	2780	2780	100.00	150	86	64	134.38	3.98
2896	1490	1406	105.97	15	7	8	87.50	4.20
3602	1818	1784	101.91	3	1	2	50.00	3.47
1143	576	567	101.59					3.06
5584	2812	2772	101.44	70	18	52	34.62	4.52
1667	858	809	106.06	5	5			2.77
10369	**5499**	**4870**	**112.92**	**1051**	**908**	**143**	**634.97**	**2.97**
2297	1205	1092	110.35	354	292	62	470.97	3.33
2262	1200	1062	112.99	17	10	7	142.86	3.17
1255	678	577	117.50					2.81
3455	1808	1647	109.78	73	64	9	711.11	2.98
937	496	441	112.47	52	50	2	2500.00	2.54
163	112	51	219.61	555	492	63	780.95	1.44

1—2 各地区分性别、

地区	人口数			居住本乡、镇、街道，户口在本乡、镇、街道		
	合计	男	女	小计	男	女
全省	**569733**	**290851**	**278882**	**390374**	**196930**	**193444**
西宁市	**237073**	**119721**	**117352**	**145631**	**72678**	**72953**
城东区	44207	22218	21989	16917	8274	8643
城中区	30716	15572	15144	16642	8087	8555
城西区	31567	15567	16000	18182	8785	9397
城北区	39752	19954	19798	18093	8732	9361
湟中区	38975	20186	18789	33719	17383	16336
大通回族土族自治县	40749	20609	20140	34381	17463	16918
湟源县	11107	5615	5492	7697	3954	3743
海东市	**128719**	**65511**	**63208**	**102707**	**52248**	**50459**
乐都区	22964	11698	11266	15845	8079	7766
平安区	10869	5482	5387	6793	3428	3365
民和回族土族自治县	31427	15823	15604	25848	13094	12754
互助土族自治县	32596	16933	15663	27176	14079	13097
化隆回族自治县	17067	8620	8447	14883	7491	7392
循化撒拉族自治县	13796	6955	6841	12162	6077	6085
海北藏族自治州	**27057**	**13854**	**13203**	**19737**	**9986**	**9751**
门源回族自治县	14216	7324	6892	11137	5707	5430
祁连县	4467	2277	2190	3108	1565	1543
海晏县	4129	2095	2034	1983	1004	979
刚察县	4245	2158	2087	3509	1710	1799
黄南藏族自治州	**28197**	**14358**	**13839**	**22618**	**11422**	**11196**
同仁县	10474	5356	5118	8269	4176	4093
尖扎县	5904	2996	2908	4259	2127	2132
泽库县	7512	3819	3693	6659	3388	3271
河南蒙古族自治县	4307	2187	2120	3431	1731	1700
海南藏族自治州	**45057**	**22733**	**22324**	**34867**	**17545**	**17322**
共和县	13393	6796	6597	9741	4912	4829
同德县	6244	3188	3056	5161	2611	2550
贵德县	10854	5465	5389	8288	4202	4086
兴海县	6987	3492	3495	5150	2562	2588
贵南县	7579	3792	3787	6527	3258	3269
果洛藏族自治州	**18925**	**9779**	**9146**	**14857**	**7464**	**7393**
玛沁县	3606	1924	1682	2222	1110	1112
班玛县	3040	1587	1453	2422	1233	1189
甘德县	4349	2236	2113	3928	1987	1941
达日县	3373	1767	1606	2447	1268	1179
久治县	2954	1461	1493	2611	1259	1352
玛多县	1603	804	799	1227	607	620
玉树藏族自治州	**39447**	**20049**	**19398**	**29074**	**14717**	**14357**
玉树市	12978	6642	6336	9372	4741	4631
杂多县	5770	2949	2821	2838	1468	1370
称多县	5684	2881	2803	5132	2576	2556
治多县	2859	1438	1421	1421	720	701
囊谦县	8825	4427	4398	7993	4007	3986
曲麻莱县	3331	1712	1619	2318	1205	1113
海西蒙古族藏族自治州	**45258**	**24846**	**20412**	**20883**	**10870**	**10013**
格尔木市	20747	11205	9542	7827	4011	3816
德令哈市	8356	4396	3960	3948	2054	1894
茫崖市	2157	1509	648	899	581	318
乌兰县	3356	1833	1523	2148	1118	1030
都兰县	6757	3495	3262	4405	2243	2162
天峻县	2083	1110	973	1212	630	582
大柴旦行政委员会	1802	1298	504	444	233	211

户口登记状况的人口

单位：人

居住本乡、镇、街道，户口在外乡、镇、街道，离开户口登记地半年以上			居住本乡、镇、街道，户口待定			原住本乡、镇、街道，现在港澳台或国外工作学习		
小计	男	女	小计	男	女	小计	男	女
177476	**92938**	**84538**	**1700**	**870**	**830**	**183**	**113**	**70**
90665	**46628**	**44037**	**690**	**372**	**318**	**87**	**43**	**44**
27058	13824	13234	227	120	107	5		5
13953	7399	6554	101	72	29	20	14	6
13248	6714	6534	105	56	49	32	12	20
21578	11182	10396	70	38	32	11	2	9
5166	2763	2403	81	31	50	9	9	
6274	3096	3178	87	46	41	7	4	3
3388	1650	1738	19	9	10	3	2	1
25678	**13090**	**12588**	**287**	**135**	**152**	**47**	**38**	**9**
7075	3600	3475	38	15	23	6	4	2
4040	2030	2010	33	22	11	3	2	1
5503	2693	2810	66	30	36	10	6	4
5384	2837	2547	28	11	17	8	6	2
2081	1077	1004	91	40	51	12	12	
1595	853	742	31	17	14	8	8	
7262	**3837**	**3425**	**56**	**29**	**27**	**2**	**2**	
3050	1604	1446	27	11	16	2	2	
1345	707	638	14	5	9			
2139	1085	1054	7	6	1			
728	441	287	8	7	1			
5424	**2850**	**2574**	**139**	**73**	**66**	**16**	**13**	**3**
2172	1162	1010	29	15	14	4	3	1
1576	827	749	60	34	26	9	8	1
818	417	401	34	13	21	1	1	
858	444	414	16	11	5	2	1	1
10070	**5117**	**4953**	**98**	**56**	**42**	**22**	**15**	**7**
3631	1874	1757	17	7	10	4	3	1
1073	569	504	7	5	2	3	3	
2541	1246	1295	19	13	6	6	4	2
1791	908	883	44	22	22	2		2
1034	520	514	11	9	2	7	5	2
4009	**2290**	**1719**	**58**	**24**	**34**	**1**	**1**	
1371	810	561	12	3	9	1	1	
613	352	261	5	2	3			
403	241	162	18	8	10			
911	492	419	15	7	8			
339	200	139	4	2	2			
372	195	177	4	2	2			
10150	**5227**	**4923**	**220**	**104**	**116**	**3**	**1**	**2**
3561	1879	1682	45	22	23			
2872	1450	1422	60	31	29			
526	295	231	25	9	16	1	1	
1405	705	700	33	13	20			
787	397	390	43	23	20	2		2
999	501	498	14	6	8			
24218	**13899**	**10319**	**152**	**77**	**75**	**5**		**5**
12823	7148	5675	92	46	46	5		5
4383	2330	2053	25	12	13			
1256	926	330	2	2				
1203	714	489	5	1	4			
2328	1239	1089	24	13	11			
867	477	390	4	3	1			
1358	1065	293						

1－2a 各地区分性别、

地　　区	人　口　数			居住本乡、镇、街道，户口在本乡、镇、街道		
	合计	男	女	小计	男	女
全省	**198574**	**100427**	**98147**	**93447**	**45832**	**47615**
西宁市	**152142**	**76226**	**75916**	**74286**	**36128**	**38158**
城东区	44207	22218	21989	16917	8274	8643
城中区	30459	15372	15087	16566	8050	8516
城西区	31533	15546	15987	18169	8779	9390
城北区	38690	19373	19317	17204	8269	8935
湟中区	5725	2909	2816	4107	2078	2029
大通回族土族自治县	1528	808	720	1323	678	645
湟源县						
海东市	**18002**	**8932**	**9070**	**7777**	**3813**	**3964**
乐都区	10639	5315	5324	4195	2069	2126
平安区	7363	3617	3746	3582	1744	1838
民和回族土族自治县						
互助土族自治县						
化隆回族自治县						
循化撒拉族自治县						
海北藏族自治州						
门源回族自治县						
祁连县						
海晏县						
刚察县						
黄南藏族自治州						
同仁县						
尖扎县						
泽库县						
河南蒙古族自治县						
海南藏族自治州						
共和县						
同德县						
贵德县						
兴海县						
贵南县						
果洛藏族自治州						
玛沁县						
班玛县						
甘德县						
达日县						
久治县						
玛多县						
玉树藏族自治州	**6852**	**3544**	**3308**	**3230**	**1672**	**1558**
玉树市	6587	3421	3166	3229	1672	1557
杂多县						
称多县						
治多县						
囊谦县						
曲麻莱县	265	123	142	1		1
海西蒙古族藏族自治州	**21578**	**11725**	**9853**	**8154**	**4219**	**3935**
格尔木市	13893	7382	6511	5083	2548	2535
德令哈市	5868	3069	2799	2313	1182	1131
茫崖市	1817	1274	543	758	489	269
乌兰县						
都兰县						
天峻县						
大柴旦行政委员会						

户口登记状况的人口(城市)

单位：人

居住本乡、镇、街道，户口在外乡、镇、街道，离开户口登记地半年以上			居住本乡、镇、街道，户口待定			原住本乡、镇、街道，现在港澳台或国外工作学习		
小计	男	女	小计	男	女	小计	男	女
104439	**54223**	**50216**	**612**	**344**	**268**	**76**	**28**	**48**
77277	**39780**	**37497**	**511**	**290**	**221**	**68**	**28**	**40**
27058	13824	13234	227	120	107	5		5
13772	7236	6536	101	72	29	20	14	6
13227	6699	6528	105	56	49	32	12	20
21406	11064	10342	69	38	31	11	2	9
1610	828	782	8	3	5			
204	129	75	1	1				
10192	**5101**	**5091**	**30**	**18**	**12**	**3**		**3**
6432	3243	3189	10	3	7	2		2
3760	1858	1902	20	15	5	1		1
3619	**1870**	**1749**	**3**	**2**	**1**			
3355	1747	1608	3	2	1			
264	123	141						
13351	**7472**	**5879**	**68**	**34**	**34**	**5**		**5**
8753	4811	3942	52	23	29	5		5
3541	1878	1663	14	9	5			
1057	783	274	2	2				

1-2b 各地区分性别、

地区	人口数			居住本乡、镇、街道，户口在本乡、镇、街道		
	合计	男	女	小计	男	女
全省	**138444**	**70255**	**68189**	**77729**	**38790**	**38939**
西宁市	**32255**	**16184**	**16071**	**21152**	**10552**	**10600**
城东区						
城中区	181	163	18	1	1	
城西区	34	21	13	13	6	7
城北区						
湟中区	6989	3626	3363	4891	2449	2442
大通回族土族自治县	19295	9592	9703	13508	6761	6747
湟源县	5756	2782	2974	2739	1335	1404
海东市	**34671**	**17340**	**17331**	**22201**	**11065**	**11136**
乐都区	1147	599	548	950	490	460
平安区	197	126	71	140	75	65
民和回族土族自治县	12539	6217	6322	7421	3706	3715
互助土族自治县	11825	5992	5833	7143	3619	3524
化隆回族自治县	3871	1846	2025	2911	1396	1515
循化撒拉族自治县	5092	2560	2532	3636	1779	1857
海北藏族自治州	**12330**	**6147**	**6183**	**5757**	**2790**	**2967**
门源回族自治县	5167	2558	2609	2421	1168	1253
祁连县	2568	1247	1321	1439	696	743
海晏县	2942	1449	1493	889	426	463
刚察县	1653	893	760	1008	500	508
黄南藏族自治州	**11353**	**5824**	**5529**	**6439**	**3276**	**3163**
同仁县	5094	2661	2433	3032	1566	1466
尖扎县	2393	1199	1194	1094	539	555
泽库县	2263	1163	1100	1518	784	734
河南蒙古族自治县	1603	801	802	795	387	408
海南藏族自治州	**17897**	**8915**	**8982**	**8917**	**4402**	**4515**
共和县	6737	3370	3367	3316	1629	1687
同德县	1550	776	774	762	363	399
贵德县	4948	2451	2497	2729	1366	1363
兴海县	2603	1303	1300	887	437	450
贵南县	2059	1015	1044	1223	607	616
果洛藏族自治州	**5778**	**3077**	**2701**	**2586**	**1291**	**1295**
玛沁县	1879	1041	838	633	316	317
班玛县	860	467	393	327	167	160
甘德县	714	363	351	629	307	322
达日县	1067	551	516	278	147	131
久治县	362	196	166	173	79	94
玛多县	896	459	437	546	275	271
玉树藏族自治州	**11900**	**6054**	**5846**	**6339**	**3204**	**3135**
玉树市	681	355	326	639	330	309
杂多县	2859	1452	1407	637	320	317
称多县	2079	1062	1017	1611	800	811
治多县	1716	862	854	305	157	148
囊谦县	3171	1597	1574	2465	1231	1234
曲麻莱县	1394	726	668	682	366	316
海西蒙古族藏族自治州	**12260**	**6714**	**5546**	**4338**	**2210**	**2128**
格尔木市	4203	2326	1877	1208	642	566
德令哈市	209	117	92	136	72	64
茫崖市	340	235	105	141	92	49
乌兰县	2101	1155	946	1017	510	507
都兰县	3229	1623	1606	1171	557	614
天峻县	1094	564	530	290	140	150
大柴旦行政委员会	1084	694	390	375	197	178

户口登记状况的人口(镇)

单位：人

居住本乡、镇、街道，户口在外乡、镇、街道，离开户口登记地半年以上			居住本乡、镇、街道，户口待定			原住本乡、镇、街道，现在港澳台或国外工作学习		
小计	男	女	小计	男	女	小计	男	女
60418	**31313**	**29105**	**281**	**142**	**139**	**16**	**10**	**6**
11050	**5606**	**5444**	**49**	**23**	**26**	**4**	**3**	**1**
180	162	18						
21	15	6						
2081	1172	909	16	4	12	1	1	
5759	2814	2945	27	16	11	1	1	
3009	1443	1566	6	3	3	2	1	1
12421	**6249**	**6172**	**44**	**24**	**20**	**5**	**2**	**3**
196	109	87	1		1			
57	51	6						
5102	2502	2600	14	9	5	2		2
4669	2367	2302	11	5	6	2	1	1
952	444	508	7	5	2	1	1	
1445	776	669	11	5	6			
6552	**3342**	**3210**	**20**	**14**	**6**	**1**	**1**	
2741	1387	1354	4	2	2	1	1	
1122	548	574	7	3	4			
2047	1017	1030	6	6				
642	390	252	3	3				
4863	**2520**	**2343**	**48**	**26**	**22**	**3**	**2**	**1**
2045	1084	961	16	10	6	1	1	
1279	649	630	20	11	9			
739	378	361	6	1	5			
800	409	391	6	4	2	2	1	1
8948	**4498**	**4450**	**29**	**13**	**16**	**3**	**2**	**1**
3407	1735	1672	12	5	7	2	1	1
785	412	373	3	1	2			
2213	1082	1131	5	2	3	1	1	
1709	861	848	7	5	2			
834	408	426	2		2			
3181	**1783**	**1398**	**11**	**3**	**8**			
1243	725	518	3		3			
530	299	231	3	1	2			
85	56	29						
787	403	384	2	1	1			
189	117	72						
347	183	164	3	1	2			
5530	**2836**	**2694**	**31**	**14**	**17**			
42	25	17						
2206	1123	1083	16	9	7			
464	260	204	4	2	2			
1401	702	699	10	3	7			
706	366	340						
711	360	351	1		1			
7873	**4479**	**3394**	**49**	**25**	**24**			
2963	1666	1297	32	18	14			
70	44	26	3	1	2			
199	143	56						
1082	645	437	2		2			
2049	1062	987	9	4	5			
801	422	379	3	2	1			
709	497	212						

1-2c 各地区分性别、

地区	人口数			居住本乡、镇、街道，户口在本乡、镇、街道		
	合计	男	女	小计	男	女
全省	**232715**	**120169**	**112546**	**219198**	**112308**	**106890**
西宁市	**52676**	**27311**	**25365**	**50193**	**25998**	**24195**
城东区						
城中区	76	37	39	75	36	39
城西区						
城北区	1062	581	481	889	463	426
湟中区	26261	13651	12610	24721	12856	11865
大通回族土族自治县	19926	10209	9717	19550	10024	9526
湟源县	5351	2833	2518	4958	2619	2339
海东市	**76046**	**39239**	**36807**	**72729**	**37370**	**35359**
乐都区	11178	5784	5394	10700	5520	5180
平安区	3309	1739	1570	3071	1609	1462
民和回族土族自治县	18888	9606	9282	18427	9388	9039
互助土族自治县	20771	10941	9830	20033	10460	9573
化隆回族自治县	13196	6774	6422	11972	6095	5877
循化撒拉族自治县	8704	4395	4309	8526	4298	4228
海北藏族自治州	**14727**	**7707**	**7020**	**13980**	**7196**	**6784**
门源回族自治县	9049	4766	4283	8716	4539	4177
祁连县	1899	1030	869	1669	869	800
海晏县	1187	646	541	1094	578	516
刚察县	2592	1265	1327	2501	1210	1291
黄南藏族自治州	**16844**	**8534**	**8310**	**16179**	**8146**	**8033**
同仁县	5380	2695	2685	5237	2610	2627
尖扎县	3511	1797	1714	3165	1588	1577
泽库县	5249	2656	2593	5141	2604	2537
河南蒙古族自治县	2704	1386	1318	2636	1344	1292
海南藏族自治州	**27160**	**13818**	**13342**	**25950**	**13143**	**12807**
共和县	6656	3426	3230	6425	3283	3142
同德县	4694	2412	2282	4399	2248	2151
贵德县	5906	3014	2892	5559	2836	2723
兴海县	4384	2189	2195	4263	2125	2138
贵南县	5520	2777	2743	5304	2651	2653
果洛藏族自治州	**13147**	**6702**	**6445**	**12271**	**6173**	**6098**
玛沁县	1727	883	844	1589	794	795
班玛县	2180	1120	1060	2095	1066	1029
甘德县	3635	1873	1762	3299	1680	1619
达日县	2306	1216	1090	2169	1121	1048
久治县	2592	1265	1327	2438	1180	1258
玛多县	707	345	362	681	332	349
玉树藏族自治州	**20695**	**10451**	**10244**	**19505**	**9841**	**9664**
玉树市	5710	2866	2844	5504	2739	2765
杂多县	2911	1497	1414	2201	1148	1053
称多县	3605	1819	1786	3521	1776	1745
治多县	1143	576	567	1116	563	553
囊谦县	5654	2830	2824	5528	2776	2752
曲麻莱县	1672	863	809	1635	839	796
海西蒙古族藏族自治州	**11420**	**6407**	**5013**	**8391**	**4441**	**3950**
格尔木市	2651	1497	1154	1536	821	715
德令哈市	2279	1210	1069	1499	800	699
茫崖市						
乌兰县	1255	678	577	1131	608	523
都兰县	3528	1872	1656	3234	1686	1548
天峻县	989	546	443	922	490	432
大柴旦行政委员会	718	604	114	69	36	33

户口登记状况的人口(乡村)

单位：人

居住本乡、镇、街道，户口在外乡、镇、街道，离开户口登记地半年以上			居住本乡、镇、街道，户口待定			原住本乡、镇、街道，现在港澳台或国外工作学习		
小计	男	女	小计	男	女	小计	男	女
12619	**7402**	**5217**	**807**	**384**	**423**	**91**	**75**	**16**
2338	**1242**	**1096**	**130**	**59**	**71**	**15**	**12**	**3**
1	1							
172	118	54	1		1			
1475	763	712	57	24	33	8	8	
311	153	158	59	29	30	6	3	3
379	207	172	13	6	7	1	1	
3065	**1740**	**1325**	**213**	**93**	**120**	**39**	**36**	**3**
447	248	199	27	12	15	4	4	
223	121	102	13	7	6	2	2	
401	191	210	52	21	31	8	6	2
715	470	245	17	6	11	6	5	1
1129	633	496	84	35	49	11	11	
150	77	73	20	12	8	8	8	
710	**495**	**215**	**36**	**15**	**21**	**1**	**1**	
309	217	92	23	9	14	1	1	
223	159	64	7	2	5			
92	68	24	1		1			
86	51	35	5	4	1			
561	**330**	**231**	**91**	**47**	**44**	**13**	**11**	**2**
127	78	49	13	5	8	3	2	1
297	178	119	40	23	17	9	8	1
79	39	40	28	12	16	1	1	
58	35	23	10	7	3			
1122	**619**	**503**	**69**	**43**	**26**	**19**	**13**	**6**
224	139	85	5	2	3	2	2	
288	157	131	4	4		3	3	
328	164	164	14	11	3	5	3	2
82	47	35	37	17	20	2		2
200	112	88	9	9		7	5	2
828	**507**	**321**	**47**	**21**	**26**	**1**	**1**	
128	85	43	9	3	6	1	1	
83	53	30	2	1	1			
318	185	133	18	8	10			
124	89	35	13	6	7			
150	83	67	4	2	2			
25	12	13	1	1				
1001	**521**	**480**	**186**	**88**	**98**	**3**	**1**	**2**
164	107	57	42	20	22			
666	327	339	44	22	22			
62	35	27	21	7	14	1	1	
4	3	1	23	10	13			
81	31	50	43	23	20	2		2
24	18	6	13	6	7			
2994	**1948**	**1046**	**35**	**18**	**17**			
1107	671	436	8	5	3			
772	408	364	8	2	6			
121	69	52	3	1	2			
279	177	102	15	9	6			
66	55	11	1	1				
649	568	81						

1-3 各地区分年龄、性别的人口

单位：人

地区	合计			0岁		
	合计	男	女	小计	男	女
全省	**569733**	**290851**	**278882**	**5776**	**3011**	**2765**
西宁市	**237073**	**119721**	**117352**	**2002**	**1052**	**950**
城东区	44207	22218	21989	339	179	160
城中区	30716	15572	15144	201	111	90
城西区	31567	15567	16000	267	146	121
城北区	39752	19954	19798	274	136	138
湟中区	38975	20186	18789	376	188	188
大通回族土族自治县	40749	20609	20140	443	238	205
湟源县	11107	5615	5492	102	54	48
海东市	**128719**	**65511**	**63208**	**1482**	**758**	**724**
乐都区	22964	11698	11266	192	105	87
平安区	10869	5482	5387	98	44	54
民和回族土族自治县	31427	15823	15604	352	178	174
互助土族自治县	32596	16933	15663	312	161	151
化隆回族自治县	17067	8620	8447	280	139	141
循化撒拉族自治县	13796	6955	6841	248	131	117
海北藏族自治州	**27057**	**13854**	**13203**	**276**	**142**	**134**
门源回族自治县	14216	7324	6892	143	67	76
祁连县	4467	2277	2190	53	34	19
海晏县	4129	2095	2034	38	17	21
刚察县	4245	2158	2087	42	24	18
黄南藏族自治州	**28197**	**14358**	**13839**	**363**	**178**	**185**
同仁县	10474	5356	5118	122	56	66
尖扎县	5904	2996	2908	78	41	37
泽库县	7512	3819	3693	102	51	51
河南蒙古族自治县	4307	2187	2120	61	30	31
海南藏族自治州	**45057**	**22733**	**22324**	**561**	**301**	**260**
共和县	13393	6796	6597	153	69	84
同德县	6244	3188	3056	88	51	37
贵德县	10854	5465	5389	130	75	55
兴海县	6987	3492	3495	82	41	41
贵南县	7579	3792	3787	108	65	43
果洛藏族自治州	**18925**	**9779**	**9146**	**255**	**128**	**127**
玛沁县	3606	1924	1682	30	12	18
班玛县	3040	1587	1453	44	21	23
甘德县	4349	2236	2113	44	24	20
达日县	3373	1767	1606	69	35	34
久治县	2954	1461	1493	44	25	19
玛多县	1603	804	799	24	11	13
玉树藏族自治州	**39447**	**20049**	**19398**	**483**	**253**	**230**
玉树市	12978	6642	6336	111	61	50
杂多县	5770	2949	2821	116	67	49
称多县	5684	2881	2803	56	21	35
治多县	2859	1438	1421	33	18	15
囊谦县	8825	4427	4398	118	61	57
曲麻莱县	3331	1712	1619	49	25	24
海西蒙古族藏族自治州	**45258**	**24846**	**20412**	**354**	**199**	**155**
格尔木市	20747	11205	9542	153	85	68
德令哈市	8356	4396	3960	73	46	27
茫崖市	2157	1509	648	10	6	4
乌兰县	3356	1833	1523	26	17	9
都兰县	6757	3495	3262	63	29	34
天峻县	2083	1110	973	26	14	12
大柴旦行政委员会	1802	1298	504	3	2	1

1-3 续表 1

单位：人

地 区	1-4岁			5-9岁			10-14岁		
	小计	男	女	小计	男	女	小计	男	女
全省	**29875**	**15481**	**14394**	**41508**	**21386**	**20122**	**38861**	**20084**	**18777**
西宁市	**10242**	**5311**	**4931**	**13544**	**6883**	**6661**	**12723**	**6575**	**6148**
城东区	1939	1035	904	2351	1194	1157	2153	1133	1020
城中区	1101	575	526	1412	713	699	1407	713	694
城西区	1374	723	651	1622	812	810	1556	800	756
城北区	1562	799	763	1829	979	850	1477	794	683
湟中区	1819	931	888	2743	1391	1352	2709	1381	1328
大通回族土族自治县	2018	1032	986	2970	1497	1473	2849	1466	1383
湟源县	429	216	213	617	297	320	572	288	284
海东市	**7258**	**3758**	**3500**	**10435**	**5453**	**4982**	**10362**	**5415**	**4947**
乐都区	968	522	446	1331	690	641	1346	716	630
平安区	533	275	258	799	431	368	704	364	340
民和回族土族自治县	1849	944	905	2646	1342	1304	2671	1346	1325
互助土族自治县	1649	869	780	2346	1258	1088	2218	1198	1020
化隆回族自治县	1176	590	586	1809	946	863	1920	1012	908
循化撒拉族自治县	1083	558	525	1504	786	718	1503	779	724
海北藏族自治州	**1272**	**640**	**632**	**1949**	**1021**	**928**	**1733**	**884**	**849**
门源回族自治县	726	371	355	1074	574	500	915	473	442
祁连县	191	96	95	317	168	149	295	141	154
海晏县	137	61	76	207	111	96	195	106	89
刚察县	218	112	106	351	168	183	328	164	164
黄南藏族自治州	**1940**	**1037**	**903**	**2577**	**1374**	**1203**	**2140**	**1100**	**1040**
同仁县	622	331	291	817	448	369	777	393	384
尖扎县	414	216	198	559	300	259	434	220	214
泽库县	565	296	269	778	395	383	653	348	305
河南蒙古族自治县	339	194	145	423	231	192	276	139	137
海南藏族自治州	**2760**	**1424**	**1336**	**3804**	**1930**	**1874**	**3528**	**1813**	**1715**
共和县	742	400	342	1007	498	509	949	493	456
同德县	444	215	229	569	294	275	491	252	239
贵德县	577	291	286	721	392	329	802	438	364
兴海县	483	244	239	737	373	364	619	307	312
贵南县	514	274	240	770	373	397	667	323	344
果洛藏族自治州	**1460**	**745**	**715**	**2010**	**1008**	**1002**	**1704**	**878**	**826**
玛沁县	198	98	100	287	142	145	283	156	127
班玛县	246	122	124	334	174	160	280	144	136
甘德县	305	158	147	520	249	271	424	233	191
达日县	309	170	139	386	205	181	327	157	170
久治县	266	127	139	310	156	154	253	120	133
玛多县	136	70	66	173	82	91	137	68	69
玉树藏族自治州	**2701**	**1386**	**1315**	**4293**	**2193**	**2100**	**4040**	**2043**	**1997**
玉树市	677	325	352	1273	665	608	1177	601	576
杂多县	522	265	257	726	383	343	724	354	370
称多县	362	205	157	612	292	320	553	300	253
治多县	218	103	115	305	160	145	266	130	136
囊谦县	706	376	330	1024	510	514	996	494	502
曲麻莱县	216	112	104	353	183	170	324	164	160
海西蒙古族藏族自治州	**2242**	**1180**	**1062**	**2896**	**1524**	**1372**	**2631**	**1376**	**1255**
格尔木市	1212	625	587	1458	764	694	1319	701	618
德令哈市	396	222	174	512	252	260	503	268	235
茫崖市	29	15	14	38	24	14	40	21	19
乌兰县	146	81	65	193	103	90	164	82	82
都兰县	330	164	166	519	289	230	458	231	227
天峻县	109	60	49	144	71	73	111	54	57
大柴旦行政委员会	20	13	7	32	21	11	36	19	17

1-3 续表 2

单位：人

地区	15-19岁			20-24岁			25-29岁		
	小计	男	女	小计	男	女	小计	男	女
全省	**35643**	**18189**	**17454**	**34208**	**17434**	**16774**	**42603**	**21679**	**20924**
西宁市	**13325**	**6879**	**6446**	**14104**	**7091**	**7013**	**17713**	**8874**	**8839**
城东区	2182	1069	1113	2749	1420	1329	3875	1948	1927
城中区	1641	910	731	1640	837	803	2297	1165	1132
城西区	975	544	431	1566	745	821	2462	1157	1305
城北区	2207	1105	1102	3634	1793	1841	3413	1675	1738
湟中区	2869	1518	1351	1853	950	903	2371	1286	1085
大通回族土族自治县	2774	1408	1366	2101	1070	1031	2651	1320	1331
湟源县	677	325	352	561	276	285	644	323	321
海东市	**7920**	**4038**	**3882**	**5813**	**2910**	**2903**	**7453**	**3723**	**3730**
乐都区	1116	546	570	930	448	482	1288	620	668
平安区	595	296	299	452	227	225	691	346	345
民和回族土族自治县	1967	984	983	1642	820	822	1975	994	981
互助土族自治县	1897	1033	864	1128	580	548	1748	906	842
化隆回族自治县	1265	633	632	892	452	440	855	412	443
循化撒拉族自治县	1080	546	534	769	383	386	896	445	451
海北藏族自治州	**1911**	**951**	**960**	**1564**	**768**	**796**	**2088**	**1067**	**1021**
门源回族自治县	1031	534	497	817	401	416	984	502	482
祁连县	258	131	127	248	118	130	364	177	187
海晏县	375	161	214	227	120	107	348	192	156
刚察县	247	125	122	272	129	143	392	196	196
黄南藏族自治州	**2050**	**1025**	**1025**	**1996**	**998**	**998**	**2518**	**1278**	**1240**
同仁县	929	461	468	720	363	357	873	454	419
尖扎县	408	198	210	353	187	166	458	230	228
泽库县	546	276	270	640	301	339	722	368	354
河南蒙古族自治县	167	90	77	283	147	136	465	226	239
海南藏族自治州	**3115**	**1518**	**1597**	**2944**	**1527**	**1417**	**3560**	**1762**	**1798**
共和县	1046	488	558	884	456	428	1113	580	533
同德县	348	184	164	496	270	226	547	266	281
贵德县	793	394	399	599	293	306	655	311	344
兴海县	483	237	246	489	261	228	603	297	306
贵南县	445	215	230	476	247	229	642	308	334
果洛藏族自治州	**1458**	**761**	**697**	**1663**	**899**	**764**	**1736**	**922**	**814**
玛沁县	276	153	123	288	154	134	360	206	154
班玛县	203	111	92	263	149	114	241	134	107
甘德县	407	207	200	411	240	171	404	205	199
达日县	212	112	100	316	168	148	320	183	137
久治县	253	127	126	263	129	134	281	130	151
玛多县	107	51	56	122	59	63	130	64	66
玉树藏族自治州	**3670**	**1880**	**1790**	**3295**	**1692**	**1603**	**3219**	**1650**	**1569**
玉树市	1212	612	600	1134	568	566	1115	574	541
杂多县	488	266	222	492	246	246	437	219	218
称多县	549	269	280	429	245	184	442	234	208
治多县	243	119	124	231	121	110	244	138	106
囊谦县	888	465	423	692	340	352	691	338	353
曲麻莱县	290	149	141	317	172	145	290	147	143
海西蒙古族藏族自治州	**2194**	**1137**	**1057**	**2829**	**1549**	**1280**	**4316**	**2403**	**1913**
格尔木市	1049	553	496	1202	659	543	2043	1119	924
德令哈市	426	212	214	640	310	330	777	394	383
茫崖市	40	29	11	123	94	29	255	163	92
乌兰县	157	88	69	226	128	98	279	164	115
都兰县	401	190	211	383	200	183	510	268	242
天峻县	86	47	39	125	66	59	199	113	86
大柴旦行政委员会	35	18	17	130	92	38	253	182	71

1-3　续表 3　　单位：人

地区	30-34岁			35-39岁			40-44岁		
	小计	男	女	小计	男	女	小计	男	女
全省	**47485**	**24395**	**23090**	**39752**	**20308**	**19444**	**44751**	**23305**	**21446**
西宁市	**20191**	**10294**	**9897**	**15845**	**7969**	**7876**	**18385**	**9381**	**9004**
城东区	4078	2051	2027	2918	1466	1452	3194	1581	1613
城中区	2773	1399	1374	2150	1084	1066	2352	1188	1164
城西区	2997	1453	1544	2468	1205	1263	2615	1288	1327
城北区	3916	2020	1896	2703	1369	1334	2784	1426	1358
湟中区	2694	1409	1285	2290	1207	1083	3097	1671	1426
大通回族土族自治县	2960	1550	1410	2652	1299	1353	3397	1752	1645
湟源县	773	412	361	664	339	325	946	475	471
海东市	**8793**	**4336**	**4457**	**8338**	**4192**	**4146**	**9941**	**5215**	**4726**
乐都区	1487	737	750	1386	719	667	1741	930	811
平安区	784	373	411	729	362	367	903	457	446
民和回族土族自治县	2136	1045	1091	1843	916	927	2264	1165	1099
互助土族自治县	2446	1241	1205	2389	1228	1161	2845	1524	1321
化隆回族自治县	991	460	531	1089	530	559	1244	647	597
循化撒拉族自治县	949	480	469	902	437	465	944	492	452
海北藏族自治州	**2280**	**1147**	**1133**	**1979**	**1016**	**963**	**2329**	**1236**	**1093**
门源回族自治县	1099	554	545	914	468	446	1148	599	549
祁连县	410	212	198	385	201	184	424	226	198
海晏县	347	172	175	295	149	146	413	214	199
刚察县	424	209	215	385	198	187	344	197	147
黄南藏族自治州	**2400**	**1218**	**1182**	**2270**	**1161**	**1109**	**2260**	**1159**	**1101**
同仁县	864	438	426	852	432	420	875	453	422
尖扎县	391	195	196	429	219	210	513	258	255
泽库县	702	354	348	645	331	314	541	274	267
河南蒙古族自治县	443	231	212	344	179	165	331	174	157
海南藏族自治州	**3868**	**1963**	**1905**	**3517**	**1789**	**1728**	**3622**	**1878**	**1744**
共和县	1270	649	621	1061	555	506	1090	580	510
同德县	557	292	265	532	281	251	559	282	277
贵德县	722	355	367	767	380	387	843	437	406
兴海县	631	323	308	578	298	280	518	251	267
贵南县	688	344	344	579	275	304	612	328	284
果洛藏族自治州	**1595**	**847**	**748**	**1393**	**704**	**689**	**1341**	**715**	**626**
玛沁县	358	197	161	332	177	155	287	164	123
班玛县	242	129	113	214	106	108	228	115	113
甘德县	344	184	160	307	146	161	267	144	123
达日县	272	134	138	204	105	99	224	113	111
久治县	208	119	89	204	96	108	213	114	99
玛多县	171	84	87	132	74	58	122	65	57
玉树藏族自治州	**3219**	**1654**	**1565**	**2847**	**1441**	**1406**	**2832**	**1484**	**1348**
玉树市	1194	643	551	1002	535	467	951	505	446
杂多县	387	193	194	360	174	186	402	213	189
称多县	490	250	240	458	210	248	431	222	209
治多县	257	125	132	203	105	98	209	104	105
囊谦县	629	311	318	577	295	282	602	308	294
曲麻莱县	262	132	130	247	122	125	237	132	105
海西蒙古族藏族自治州	**5139**	**2936**	**2203**	**3563**	**2036**	**1527**	**4041**	**2237**	**1804**
格尔木市	2495	1366	1129	1551	866	685	1705	923	782
德令哈市	871	489	382	665	356	309	741	381	360
茫崖市	357	247	110	321	228	93	314	224	90
乌兰县	334	193	141	220	124	96	319	177	142
都兰县	550	297	253	458	240	218	591	293	298
天峻县	252	134	118	183	97	86	164	81	83
大柴旦行政委员会	280	210	70	165	125	40	207	158	49

1-3 续表 4

单位：人

地区	45-49岁			50-54岁			55-59岁		
	小计	男	女	小计	男	女	小计	男	女
全省	**51788**	**27022**	**24766**	**50850**	**26290**	**24560**	**37021**	**18895**	**18126**
西宁市	**22697**	**11762**	**10935**	**23665**	**11978**	**11687**	**18373**	**9276**	**9097**
城东区	4047	2109	1938	4467	2173	2294	3530	1806	1724
城中区	3001	1537	1464	3058	1599	1459	2661	1336	1325
城西区	3027	1523	1504	3201	1593	1608	2650	1335	1315
城北区	3575	1860	1715	3918	1966	1952	2889	1458	1431
湟中区	3920	2110	1810	4027	2096	1931	2802	1433	1369
大通回族土族自治县	3979	2024	1955	3817	1951	1866	2891	1438	1453
湟源县	1148	599	549	1177	600	577	950	470	480
海东市	**11596**	**6001**	**5595**	**11791**	**6056**	**5735**	**8925**	**4478**	**4447**
乐都区	2481	1295	1186	2525	1303	1222	1896	959	937
平安区	1080	559	521	1084	552	532	796	391	405
民和回族土族自治县	2723	1412	1311	2844	1457	1387	2100	1034	1066
互助土族自治县	3177	1656	1521	3229	1680	1549	2530	1278	1252
化隆回族自治县	1221	628	593	1290	654	636	1004	523	481
循化撒拉族自治县	914	451	463	819	410	409	599	293	306
海北藏族自治州	**2702**	**1404**	**1298**	**2407**	**1269**	**1138**	**1772**	**937**	**835**
门源回族自治县	1372	739	633	1285	651	634	1031	547	484
祁连县	463	229	234	369	196	173	249	139	110
海晏县	483	237	246	415	228	187	274	147	127
刚察县	384	199	185	338	194	144	218	104	114
黄南藏族自治州	**2191**	**1146**	**1045**	**1990**	**1006**	**984**	**1256**	**658**	**598**
同仁县	907	477	430	803	406	397	453	251	202
尖扎县	492	249	243	481	257	224	300	153	147
泽库县	477	260	217	386	195	191	293	150	143
河南蒙古族自治县	315	160	155	320	148	172	210	104	106
海南藏族自治州	**3774**	**1935**	**1839**	**3405**	**1743**	**1662**	**2306**	**1197**	**1109**
共和县	1163	592	571	1040	519	521	727	394	333
同德县	488	250	238	385	201	184	244	124	120
贵德县	970	497	473	997	524	473	720	362	358
兴海县	545	277	268	456	228	228	249	126	123
贵南县	608	319	289	527	271	256	366	191	175
果洛藏族自治州	**1337**	**711**	**626**	**1045**	**565**	**480**	**652**	**316**	**336**
玛沁县	289	157	132	234	120	114	152	77	75
班玛县	224	112	112	165	95	70	106	56	50
甘德县	263	133	130	218	114	104	144	65	79
达日县	231	132	99	185	98	87	99	56	43
久治县	196	108	88	162	89	73	100	37	63
玛多县	134	69	65	81	49	32	51	25	26
玉树藏族自治州	**2662**	**1318**	**1344**	**2104**	**1110**	**994**	**1226**	**643**	**583**
玉树市	924	464	460	747	384	363	414	221	193
杂多县	366	179	187	286	163	123	164	89	75
称多县	373	176	197	296	162	134	196	100	96
治多县	207	105	102	141	71	70	102	44	58
囊谦县	549	268	281	474	251	223	239	131	108
曲麻莱县	243	126	117	160	79	81	111	58	53
海西蒙古族藏族自治州	**4829**	**2745**	**2084**	**4443**	**2563**	**1880**	**2511**	**1390**	**1121**
格尔木市	2116	1164	952	1975	1101	874	1153	635	518
德令哈市	797	440	357	814	445	369	507	282	225
茫崖市	339	243	96	215	166	49	50	35	15
乌兰县	405	219	186	322	184	138	194	102	92
都兰县	672	350	322	732	400	332	417	221	196
天峻县	221	125	96	193	111	82	115	63	52
大柴旦行政委员会	279	204	75	192	156	36	75	52	23

1-3 续表 5

单位：人

地 区	60-64岁			65-69岁			70-74岁		
	小计	男	女	小计	男	女	小计	男	女
全省	**20245**	**10307**	**9938**	**19148**	**9388**	**9760**	**13257**	**6191**	**7066**
西宁市	**10274**	**5188**	**5086**	**9287**	**4553**	**4734**	**6054**	**2790**	**3264**
城东区	1894	948	946	1540	755	785	1084	494	590
城中区	1575	820	755	1229	609	620	776	354	422
城西区	1543	763	780	1182	584	598	725	330	395
城北区	1747	858	889	1433	676	757	892	394	498
湟中区	1347	677	670	1766	863	903	1135	523	612
大通回族土族自治县	1586	809	777	1595	780	815	1063	510	553
湟源县	582	313	269	542	286	256	379	185	194
海东市	**5406**	**2798**	**2608**	**5401**	**2704**	**2697**	**3731**	**1786**	**1945**
乐都区	1291	691	600	1236	613	623	802	368	434
平安区	465	245	220	484	245	239	315	142	173
民和回族土族自治县	1206	613	593	1245	624	621	938	445	493
互助土族自治县	1494	786	708	1420	717	703	907	457	450
化隆回族自治县	549	271	278	590	294	296	425	211	214
循化撒拉族自治县	401	192	209	426	211	215	344	163	181
海北藏族自治州	**879**	**443**	**436**	**791**	**387**	**404**	**550**	**254**	**296**
门源回族自治县	565	296	269	470	229	241	334	160	174
祁连县	126	55	71	130	66	64	84	38	46
海晏县	109	57	52	104	47	57	83	37	46
刚察县	79	35	44	87	45	42	49	19	30
黄南藏族自治州	**483**	**260**	**223**	**531**	**235**	**296**	**519**	**236**	**283**
同仁县	172	84	88	200	90	110	204	100	104
尖扎县	151	86	65	151	58	93	121	56	65
泽库县	95	55	40	103	53	50	106	47	59
河南蒙古族自治县	65	35	30	77	34	43	88	33	55
海南藏族自治州	**1192**	**570**	**622**	**1208**	**581**	**627**	**863**	**405**	**458**
共和县	371	182	189	312	138	174	208	105	103
同德县	122	55	67	150	73	77	95	48	47
贵德县	438	204	234	449	227	222	337	156	181
兴海县	129	61	68	138	64	74	105	50	55
贵南县	132	68	64	159	79	80	118	46	72
果洛藏族自治州	**312**	**152**	**160**	**319**	**154**	**165**	**297**	**143**	**154**
玛沁县	65	36	29	59	26	33	43	22	21
班玛县	48	21	27	62	29	33	63	36	27
甘德县	72	37	35	69	37	32	66	28	38
达日县	50	26	24	49	25	24	68	31	37
久治县	53	21	32	60	28	32	40	17	23
玛多县	24	11	13	20	9	11	17	9	8
玉树藏族自治州	**562**	**290**	**272**	**747**	**351**	**396**	**673**	**318**	**355**
玉树市	189	101	88	281	139	142	233	104	129
杂多县	58	30	28	80	38	42	65	38	27
称多县	98	49	49	119	45	74	109	55	54
治多县	41	17	24	63	34	29	47	21	26
囊谦县	109	58	51	139	66	73	178	77	101
曲麻莱县	67	35	32	65	29	36	41	23	18
海西蒙古族藏族自治州	**1137**	**606**	**531**	**864**	**423**	**441**	**570**	**259**	**311**
格尔木市	496	271	225	310	162	148	222	94	128
德令哈市	219	105	114	180	87	93	112	48	64
茫崖市	10	8	2	8	4	4	5	2	3
乌兰县	112	62	50	97	42	55	69	30	39
都兰县	225	119	106	213	101	112	123	66	57
天峻县	50	24	26	37	21	16	29	14	15
大柴旦行政委员会	25	17	8	19	6	13	10	5	5

1-3 续表 6

单位：人

地区	75—79岁			80—84岁			85—89岁		
	小计	男	女	小计	男	女	小计	男	女
全省	**9204**	**4013**	**5191**	**5274**	**2346**	**2928**	**1955**	**898**	**1057**
西宁市	**4562**	**1917**	**2645**	**2803**	**1310**	**1493**	**1025**	**498**	**527**
城东区	914	379	535	636	305	331	252	139	113
城中区	681	275	406	507	227	280	196	93	103
城西区	655	251	404	480	219	261	162	75	87
城北区	734	268	466	527	252	275	178	91	87
湟中区	703	334	369	321	153	168	111	51	60
大通回族土族自治县	654	307	347	254	119	135	89	34	55
湟源县	221	103	118	78	35	43	37	15	22
海东市	**2358**	**1124**	**1234**	**1190**	**527**	**663**	**425**	**197**	**228**
乐都区	534	256	278	291	120	171	103	50	53
平安区	198	96	102	106	49	57	42	21	21
民和回族土族自治县	591	295	296	302	136	166	112	61	51
互助土族自治县	524	223	301	236	105	131	86	28	58
化隆回族自治县	285	137	148	127	57	70	38	18	20
循化撒拉族自治县	226	117	109	128	60	68	44	19	25
海北藏族自治州	**336**	**159**	**177**	**171**	**95**	**76**	**55**	**27**	**28**
门源回族自治县	184	86	98	88	51	37	29	18	11
祁连县	62	29	33	31	18	13	6	2	4
海晏县	52	26	26	19	9	10	6	2	4
刚察县	38	18	20	33	17	16	14	5	9
黄南藏族自治州	**356**	**170**	**186**	**228**	**76**	**152**	**96**	**35**	**61**
同仁县	132	64	68	102	34	68	40	18	22
尖扎县	90	46	44	50	16	34	18	8	10
泽库县	83	39	44	41	18	23	28	7	21
河南蒙古族自治县	51	21	30	35	8	27	10	2	8
海南藏族自治州	**541**	**228**	**313**	**323**	**111**	**212**	**127**	**47**	**80**
共和县	133	49	84	87	36	51	30	11	19
同德县	65	28	37	44	13	31	17	8	9
贵德县	173	74	99	108	35	73	40	15	25
兴海县	75	35	40	38	12	26	18	5	13
贵南县	95	42	53	46	15	31	22	8	14
果洛藏族自治州	**167**	**66**	**101**	**112**	**40**	**72**	**49**	**21**	**28**
玛沁县	37	17	20	15	6	9	8	3	5
班玛县	31	14	17	29	12	17	11	6	5
甘德县	37	15	22	33	11	22	10	5	5
达日县	31	8	23	12	5	7	6	3	3
久治县	24	11	13	14	4	10	9	3	6
玛多县	7	1	6	9	2	7	5	1	4
玉树藏族自治州	**462**	**189**	**273**	**242**	**97**	**145**	**117**	**44**	**73**
玉树市	180	83	97	89	33	56	49	17	32
杂多县	49	15	34	28	9	19	17	7	10
称多县	62	26	36	37	17	20	9	3	6
治多县	29	12	17	12	7	5	7	4	3
囊谦县	118	44	74	58	23	35	21	7	14
曲麻莱县	24	9	15	18	8	10	14	6	8
海西蒙古族藏族自治州	**422**	**160**	**262**	**205**	**90**	**115**	**61**	**29**	**32**
格尔木市	192	75	117	77	36	41	16	6	10
德令哈市	71	32	39	38	17	21	13	9	4
茫崖市	3		3						
乌兰县	52	17	35	29	13	16	10	5	5
都兰县	61	23	38	34	11	23	13	3	10
天峻县	26	11	15	12	4	8	1		1
大柴旦行政委员会	17	2	15	15	9	6	8	6	2

1-3　续表 7

单位：人

地　区	90-94岁			95-99岁			100岁及以上		
	小计	男	女	小计	男	女	小计	男	女
全省	**454**	**208**	**246**	**65**	**18**	**47**	**10**	**3**	**7**
西宁市	**231**	**129**	**102**	**25**	**10**	**15**	**3**	**1**	**2**
城东区	59	32	27	5	1	4	1	1	
城中区	52	24	28	6	3	3			
城西区	35	20	15	4	1	3	1		1
城北区	54	32	22	6	3	3			
湟中区	18	12	6	3	2	1	1		1
大通回族土族自治县	6	5	1						
湟源县	7	4	3	1		1			
海东市	**83**	**36**	**47**	**16**	**5**	**11**	**2**	**1**	**1**
乐都区	16	8	8	4	2	2			
平安区	11	7	4						
民和回族土族自治县	17	10	7	4	2	2			
互助土族自治县	14	5	9	1		1			
化隆回族自治县	14	4	10	2	1	1	1	1	
循化撒拉族自治县	11	2	9	5		5	1		1
海北藏族自治州	**13**	**7**	**6**						
门源回族自治县	7	4	3						
祁连县	2	1	1						
海晏县	2	2							
刚察县	2		2						
黄南藏族自治州	**24**	**6**	**18**	**9**	**2**	**7**			
同仁县	7	2	5	3	1	2			
尖扎县	9	2	7	4	1	3			
泽库县	6	1	5						
河南蒙古族自治县	2	1	1	2		2			
海南藏族自治州	**35**	**11**	**24**	**3**		**3**	**1**		**1**
共和县	7	2	5						
同德县	3	1	2						
贵德县	12	5	7	1		1			
兴海县	9	2	7	1		1	1		1
贵南县	4	1	3	1		1			
果洛藏族自治州	**18**	**4**	**14**	**2**		**2**			
玛沁县	3	1	2	2		2			
班玛县	6	1	5						
甘德县	4	1	3						
达日县	3	1	2						
久治县	1		1						
玛多县	1		1						
玉树藏族自治州	**40**	**11**	**29**	**9**	**1**	**8**	**4**	**1**	**3**
玉树市	20	6	14	3		3	3	1	2
杂多县	2	1	1	1		1			
称多县	2		2	1		1			
治多县	1		1						
囊谦县	13	3	10	3	1	2	1		1
曲麻莱县	2	1	1	1		1			
海西蒙古族藏族自治州	**10**	**4**	**6**	**1**		**1**			
格尔木市	3		3						
德令哈市	1	1							
茫崖市									
乌兰县	2	2							
都兰县	3		3	1		1			
天峻县									
大柴旦行政委员会	1	1							

1－3a　各地区分年龄、性别的人口(城市)

单位：人

地　区	合　计			0岁		
	合计	男	女	小计	男	女
全省	**198574**	**100427**	**98147**	**1445**	**766**	**679**
西宁市	**152142**	**76226**	**75916**	**1145**	**601**	**544**
城东区	44207	22218	21989	339	179	160
城中区	30459	15372	15087	201	111	90
城西区	31533	15546	15987	267	146	121
城北区	38690	19373	19317	265	132	133
湟中区	5725	2909	2816	59	29	30
大通回族土族自治县	1528	808	720	14	4	10
湟源县						
海东市	**18002**	**8932**	**9070**	**129**	**68**	**61**
乐都区	10639	5315	5324	76	44	32
平安区	7363	3617	3746	53	24	29
民和回族土族自治县						
互助土族自治县						
化隆回族自治县						
循化撒拉族自治县						
海北藏族自治州						
门源回族自治县						
祁连县						
海晏县						
刚察县						
黄南藏族自治州						
同仁县						
尖扎县						
泽库县						
河南蒙古族自治县						
海南藏族自治州						
共和县						
同德县						
贵德县						
兴海县						
贵南县						
果洛藏族自治州						
玛沁县						
班玛县						
甘德县						
达日县						
久治县						
玛多县						
玉树藏族自治州	**6852**	**3544**	**3308**	**23**	**13**	**10**
玉树市	6587	3421	3166	22	13	9
杂多县						
称多县						
治多县						
囊谦县						
曲麻莱县	265	123	142	1		1
海西蒙古族藏族自治州	**21578**	**11725**	**9853**	**148**	**84**	**64**
格尔木市	13893	7382	6511	88	48	40
德令哈市	5868	3069	2799	50	30	20
茫崖市	1817	1274	543	10	6	4
乌兰县						
都兰县						
天峻县						
大柴旦行政委员会						

1-3a 续表 1 单位：人

地 区	1-4岁			5-9岁			10-14岁		
	小计	男	女	小计	男	女	小计	男	女
全省	**8458**	**4420**	**4038**	**10684**	**5494**	**5190**	**9867**	**5114**	**4753**
西宁市	**6282**	**3290**	**2992**	**7654**	**3920**	**3734**	**7041**	**3651**	**3390**
城东区	1939	1035	904	2351	1194	1157	2153	1133	1020
城中区	1101	575	526	1410	712	698	1402	709	693
城西区	1374	723	651	1619	810	809	1556	800	756
城北区	1526	778	748	1760	944	816	1420	758	662
湟中区	275	138	137	417	207	210	416	210	206
大通回族土族自治县	67	41	26	97	53	44	94	41	53
湟源县									
海东市	**825**	**420**	**405**	**1144**	**610**	**534**	**1111**	**568**	**543**
乐都区	465	245	220	612	329	283	621	323	298
平安区	360	175	185	532	281	251	490	245	245
民和回族土族自治县									
互助土族自治县									
化隆回族自治县									
循化撒拉族自治县									
海北藏族自治州									
门源回族自治县									
祁连县									
海晏县									
刚察县									
黄南藏族自治州									
同仁县									
尖扎县									
泽库县									
河南蒙古族自治县									
海南藏族自治州									
共和县									
同德县									
贵德县									
兴海县									
贵南县									
果洛藏族自治州									
玛沁县									
班玛县									
甘德县									
达日县									
久治县									
玛多县									
玉树藏族自治州	**228**	**109**	**119**	**586**	**308**	**278**	**548**	**287**	**261**
玉树市	214	99	115	551	295	256	510	268	242
杂多县									
称多县									
治多县									
囊谦县									
曲麻莱县	14	10	4	35	13	22	38	19	19
海西蒙古族藏族自治州	**1123**	**601**	**522**	**1300**	**656**	**644**	**1167**	**608**	**559**
格尔木市	830	435	395	916	465	451	792	409	383
德令哈市	264	151	113	348	168	180	340	182	158
茫崖市	29	15	14	36	23	13	35	17	18
乌兰县									
都兰县									
天峻县									
大柴旦行政委员会									

1-3a 续表 2

单位：人

地区	15-19岁			20-24岁			25-29岁		
	小计	男	女	小计	男	女	小计	男	女
全省	**10268**	**5310**	**4958**	**12558**	**6275**	**6283**	**16509**	**8241**	**8268**
西宁市	**7578**	**3933**	**3645**	**9845**	**4907**	**4938**	**12441**	**6144**	**6297**
城东区	2182	1069	1113	2749	1420	1329	3875	1948	1927
城中区	1634	909	725	1618	820	798	2267	1138	1129
城西区	974	544	430	1563	743	820	2459	1156	1303
城北区	2161	1077	1084	3562	1754	1808	3340	1632	1708
湟中区	553	293	260	281	139	142	389	213	176
大通回族土族自治县	74	41	33	72	31	41	111	57	54
湟源县									
海东市	**1008**	**489**	**519**	**811**	**380**	**431**	**1185**	**552**	**633**
乐都区	616	298	318	503	231	272	687	312	375
平安区	392	191	201	308	149	159	498	240	258
民和回族土族自治县									
互助土族自治县									
化隆回族自治县									
循化撒拉族自治县									
海北藏族自治州									
门源回族自治县									
祁连县									
海晏县									
刚察县									
黄南藏族自治州									
同仁县									
尖扎县									
泽库县									
河南蒙古族自治县									
海南藏族自治州									
共和县									
同德县									
贵德县									
兴海县									
贵南县									
果洛藏族自治州									
玛沁县									
班玛县									
甘德县									
达日县									
久治县									
玛多县									
玉树藏族自治州	**692**	**340**	**352**	**592**	**295**	**297**	**617**	**323**	**294**
玉树市	665	332	333	575	288	287	602	317	285
杂多县									
称多县									
治多县									
囊谦县									
曲麻莱县	27	8	19	17	7	10	15	6	9
海西蒙古族藏族自治州	**990**	**548**	**442**	**1310**	**693**	**617**	**2266**	**1222**	**1044**
格尔木市	652	371	281	732	396	336	1456	789	667
德令哈市	305	154	151	484	224	260	598	299	299
茫崖市	33	23	10	94	73	21	212	134	78
乌兰县									
都兰县									
天峻县									
大柴旦行政委员会									

1-3a　续表 3

单位：人

地　区	30-34岁			35-39岁			40-44岁		
	小计	男	女	小计	男	女	小计	男	女
全省	**19258**	**9824**	**9434**	**14273**	**7260**	**7013**	**15456**	**7850**	**7606**
西宁市	**14302**	**7184**	**7118**	**10609**	**5305**	**5304**	**11402**	**5719**	**5683**
城东区	4078	2051	2027	2918	1466	1452	3194	1581	1613
城中区	2742	1371	1371	2131	1066	1065	2323	1167	1156
城西区	2996	1452	1544	2466	1204	1262	2613	1288	1325
城北区	3830	1976	1854	2637	1330	1307	2699	1376	1323
湟中区	531	263	268	342	172	170	435	227	208
大通回族土族自治县	125	71	54	115	67	48	138	80	58
湟源县									
海东市	**1431**	**678**	**753**	**1221**	**598**	**623**	**1510**	**749**	**761**
乐都区	851	410	441	701	346	355	874	436	438
平安区	580	268	312	520	252	268	636	313	323
民和回族土族自治县									
互助土族自治县									
化隆回族自治县									
循化撒拉族自治县									
海北藏族自治州									
门源回族自治县									
祁连县									
海晏县									
刚察县									
黄南藏族自治州									
同仁县									
尖扎县									
泽库县									
河南蒙古族自治县									
海南藏族自治州									
共和县									
同德县									
贵德县									
兴海县									
贵南县									
果洛藏族自治州									
玛沁县									
班玛县									
甘德县									
达日县									
久治县									
玛多县									
玉树藏族自治州	**699**	**389**	**310**	**554**	**293**	**261**	**536**	**284**	**252**
玉树市	684	381	303	540	289	251	517	274	243
杂多县									
称多县									
治多县									
囊谦县									
曲麻莱县	15	8	7	14	4	10	19	10	9
海西蒙古族藏族自治州	**2826**	**1573**	**1253**	**1889**	**1064**	**825**	**2008**	**1098**	**910**
格尔木市	1834	986	848	1088	587	501	1201	620	581
德令哈市	676	372	304	517	276	241	535	281	254
茫崖市	316	215	101	284	201	83	272	197	75
乌兰县									
都兰县									
天峻县									
大柴旦行政委员会									

1－3a 续表 4

单位：人

地区	45－49岁			50－54岁			55－59岁		
	小计	男	女	小计	男	女	小计	男	女
全省	**18867**	**9822**	**9045**	**19463**	**9862**	**9601**	**14745**	**7501**	**7244**
西宁市	**14145**	**7279**	**6866**	**15124**	**7570**	**7554**	**12150**	**6132**	**6018**
城东区	4047	2109	1938	4467	2173	2294	3530	1806	1724
城中区	2958	1505	1453	3024	1572	1452	2643	1323	1320
城西区	3022	1519	1503	3195	1589	1606	2648	1333	1315
城北区	3453	1795	1658	3800	1902	1898	2816	1415	1401
湟中区	519	277	242	486	254	232	415	209	206
大通回族土族自治县	146	74	72	152	80	72	98	46	52
湟源县									
海东市	**1894**	**954**	**940**	**1852**	**914**	**938**	**1295**	**668**	**627**
乐都区	1146	586	560	1104	538	566	792	423	369
平安区	748	368	380	748	376	372	503	245	258
民和回族土族自治县									
互助土族自治县									
化隆回族自治县									
循化撒拉族自治县									
海北藏族自治州									
门源回族自治县									
祁连县									
海晏县									
刚察县									
黄南藏族自治州									
同仁县									
尖扎县									
泽库县									
河南蒙古族自治县									
海南藏族自治州									
共和县									
同德县									
贵德县									
兴海县									
贵南县									
果洛藏族自治州									
玛沁县									
班玛县									
甘德县									
达日县									
久治县									
玛多县									
玉树藏族自治州	**544**	**279**	**265**	**423**	**220**	**203**	**266**	**144**	**122**
玉树市	520	264	256	410	213	197	253	138	115
杂多县									
称多县									
治多县									
囊谦县									
曲麻莱县	24	15	9	13	7	6	13	6	7
海西蒙古族藏族自治州	**2284**	**1310**	**974**	**2064**	**1158**	**906**	**1034**	**557**	**477**
格尔木市	1468	804	664	1333	721	612	698	369	329
德令哈市	553	306	247	562	306	256	297	163	134
茫崖市	263	200	63	169	131	38	39	25	14
乌兰县									
都兰县									
天峻县									
大柴旦行政委员会									

1–3a　续表 5　　　　单位：人

地　区	60–64岁			65–69岁			70–74岁		
	小计	男	女	小计	男	女	小计	男	女
全省	**8189**	**4149**	**4040**	**6749**	**3291**	**3458**	**4447**	**2014**	**2433**
西宁市	**6911**	**3465**	**3446**	**5585**	**2712**	**2873**	**3625**	**1645**	**1980**
城东区	1894	948	946	1540	755	785	1084	494	590
城中区	1569	815	754	1223	606	617	774	352	422
城西区	1537	759	778	1182	584	598	725	330	395
城北区	1706	840	866	1386	652	734	864	383	481
湟中区	140	69	71	177	73	104	132	60	72
大通回族土族自治县	65	34	31	77	42	35	46	26	20
湟源县									
海东市	**735**	**396**	**339**	**727**	**351**	**376**	**510**	**239**	**271**
乐都区	472	258	214	426	200	226	311	147	164
平安区	263	138	125	301	151	150	199	92	107
民和回族土族自治县									
互助土族自治县									
化隆回族自治县									
循化撒拉族自治县									
海北藏族自治州									
门源回族自治县									
祁连县									
海晏县									
刚察县									
黄南藏族自治州									
同仁县									
尖扎县									
泽库县									
河南蒙古族自治县									
海南藏族自治州									
共和县									
同德县									
贵德县									
兴海县									
贵南县									
果洛藏族自治州									
玛沁县									
班玛县									
甘德县									
达日县									
久治县									
玛多县									
玉树藏族自治州	**106**	**58**	**48**	**137**	**72**	**65**	**132**	**57**	**75**
玉树市	100	55	45	134	70	64	129	56	73
杂多县									
称多县									
治多县									
囊谦县									
曲麻莱县	6	3	3	3	2	1	3	1	2
海西蒙古族藏族自治州	**437**	**230**	**207**	**300**	**156**	**144**	**180**	**73**	**107**
格尔木市	307	160	147	201	109	92	118	48	70
德令哈市	120	62	58	91	43	48	58	23	35
茫崖市	10	8	2	8	4	4	4	2	2
乌兰县									
都兰县									
天峻县									
大柴旦行政委员会									

1-3a 续表 6

单位：人

地区	75-79岁			80-84岁			85-89岁		
	小计	男	女	小计	男	女	小计	男	女
全省	**3684**	**1475**	**2209**	**2486**	**1158**	**1328**	**909**	**464**	**445**
西宁市	**3077**	**1219**	**1858**	**2194**	**1024**	**1170**	**805**	**406**	**399**
城东区	914	379	535	636	305	331	252	139	113
城中区	679	275	404	506	226	280	196	93	103
城西区	655	251	404	480	219	261	162	75	87
城北区	714	258	456	519	247	272	173	89	84
湟中区	90	42	48	43	21	22	20	10	10
大通回族土族自治县	25	14	11	10	6	4	2		2
湟源县									
海东市	**356**	**166**	**190**	**178**	**83**	**95**	**63**	**38**	**25**
乐都区	220	103	117	113	53	60	38	26	12
平安区	136	63	73	65	30	35	25	12	13
民和回族土族自治县									
互助土族自治县									
化隆回族自治县									
循化撒拉族自治县									
海北藏族自治州									
门源回族自治县									
祁连县									
海晏县									
刚察县									
黄南藏族自治州									
同仁县									
尖扎县									
泽库县									
河南蒙古族自治县									
海南藏族自治州									
共和县									
同德县									
贵德县									
兴海县									
贵南县									
果洛藏族自治州									
玛沁县									
班玛县									
甘德县									
达日县									
久治县									
玛多县									
玉树藏族自治州	**96**	**42**	**54**	**37**	**16**	**21**	**24**	**10**	**14**
玉树市	91	39	52	34	15	19	24	10	14
杂多县									
称多县									
治多县									
囊谦县									
曲麻莱县	5	3	2	3	1	2			
海西蒙古族藏族自治州	**155**	**48**	**107**	**77**	**35**	**42**	**17**	**10**	**7**
格尔木市	113	37	76	55	24	31	9	4	5
德令哈市	39	11	28	22	11	11	8	6	2
茫崖市	3		3						
乌兰县									
都兰县									
天峻县									
大柴旦行政委员会									

1–3a　续表 7　　　　单位：人

地　区	90–94岁			95–99岁			100岁及以上		
	小计	男	女	小计	男	女	小计	男	女
全省	**228**	**125**	**103**	**26**	**10**	**16**	**5**	**2**	**3**
西宁市	**202**	**111**	**91**	**22**	**8**	**14**	**3**	**1**	**2**
城东区	59	32	27	5	1	4	1	1	
城中区	52	24	28	6	3	3			
城西区	35	20	15	4	1	3	1		1
城北区	53	32	21	6	3	3			
湟中区	3	3		1		1	1		1
大通回族土族自治县									
湟源县									
海东市	**15**	**9**	**6**	**2**	**2**				
乐都区	9	5	4	2	2				
平安区	6	4	2						
民和回族土族自治县									
互助土族自治县									
化隆回族自治县									
循化撒拉族自治县									
海北藏族自治州									
门源回族自治县									
祁连县									
海晏县									
刚察县									
黄南藏族自治州									
同仁县									
尖扎县									
泽库县									
河南蒙古族自治县									
海南藏族自治州									
共和县									
同德县									
贵德县									
兴海县									
贵南县									
果洛藏族自治州									
玛沁县									
班玛县									
甘德县									
达日县									
久治县									
玛多县									
玉树藏族自治州	**8**	**4**	**4**	**2**		**2**	**2**	**1**	**1**
玉树市	8	4	4	2		2	2	1	1
杂多县									
称多县									
治多县									
囊谦县									
曲麻莱县									
海西蒙古族藏族自治州	**3**	**1**	**2**						
格尔木市	2		2						
德令哈市	1	1							
茫崖市									
乌兰县									
都兰县									
天峻县									
大柴旦行政委员会									

1－3b 各地区分年龄、性别的人口(镇)

单位：人

地 区	合 计			0岁		
	合计	男	女	小计	男	女
全省	**138444**	**70255**	**68189**	**1144**	**598**	**546**
西宁市	**32255**	**16184**	**16071**	**241**	**133**	**108**
城东区						
城中区	181	163	18			
城西区	34	21	13			
城北区						
湟中区	6989	3626	3363	53	28	25
大通回族土族自治县	19295	9592	9703	148	86	62
湟源县	5756	2782	2974	40	19	21
海东市	**34671**	**17340**	**17331**	**342**	**184**	**158**
乐都区	1147	599	548	10	3	7
平安区	197	126	71	1	1	
民和回族土族自治县	12539	6217	6322	105	63	42
互助土族自治县	11825	5992	5833	110	59	51
化隆回族自治县	3871	1846	2025	42	18	24
循化撒拉族自治县	5092	2560	2532	74	40	34
海北藏族自治州	**12330**	**6147**	**6183**	**95**	**47**	**48**
门源回族自治县	5167	2558	2609	37	16	21
祁连县	2568	1247	1321	24	16	8
海晏县	2942	1449	1493	19	8	11
刚察县	1653	893	760	15	7	8
黄南藏族自治州	**11353**	**5824**	**5529**	**105**	**44**	**61**
同仁县	5094	2661	2433	47	18	29
尖扎县	2393	1199	1194	23	12	11
泽库县	2263	1163	1100	20	8	12
河南蒙古族自治县	1603	801	802	15	6	9
海南藏族自治州	**17897**	**8915**	**8982**	**144**	**80**	**64**
共和县	6737	3370	3367	46	18	28
同德县	1550	776	774	17	11	6
贵德县	4948	2451	2497	46	28	18
兴海县	2603	1303	1300	12	7	5
贵南县	2059	1015	1044	23	16	7
果洛藏族自治州	**5778**	**3077**	**2701**	**48**	**28**	**20**
玛沁县	1879	1041	838	9	3	6
班玛县	860	467	393	7	7	
甘德县	714	363	351	3	2	1
达日县	1067	551	516	11	7	4
久治县	362	196	166	4	1	3
玛多县	896	459	437	14	8	6
玉树藏族自治州	**11900**	**6054**	**5846**	**91**	**43**	**48**
玉树市	681	355	326	6	4	2
杂多县	2859	1452	1407	26	16	10
称多县	2079	1062	1017	16	3	13
治多县	1716	862	854	9	4	5
囊谦县	3171	1597	1574	27	14	13
曲麻莱县	1394	726	668	7	2	5
海西蒙古族藏族自治州	**12260**	**6714**	**5546**	**78**	**39**	**39**
格尔木市	4203	2326	1877	42	21	21
德令哈市	209	117	92	1	1	
茫崖市	340	235	105			
乌兰县	2101	1155	946	9	5	4
都兰县	3229	1623	1606	19	9	10
天峻县	1094	564	530	5	2	3
大柴旦行政委员会	1084	694	390	2	1	1

1-3b　续表 1　　单位：人

地区	1-4岁			5-9岁			10-14岁		
	小计	男	女	小计	男	女	小计	男	女
全省	**7003**	**3612**	**3391**	**10738**	**5572**	**5166**	**10219**	**5228**	**4991**
西宁市	**1416**	**712**	**704**	**2088**	**1044**	**1044**	**2077**	**1059**	**1018**
城东区									
城中区									
城西区				3	2	1			
城北区									
湟中区	318	166	152	460	227	233	464	225	239
大通回族土族自治县	872	429	443	1292	650	642	1306	684	622
湟源县	226	117	109	333	165	168	307	150	157
海东市	**1922**	**992**	**930**	**2775**	**1454**	**1321**	**2781**	**1446**	**1335**
乐都区	54	35	19	55	27	28	57	29	28
平安区	5	4	1	8	1	7	5	2	3
民和回族土族自治县	700	351	349	968	505	463	1005	519	486
互助土族自治县	568	313	255	851	463	388	731	388	343
化隆回族自治县	243	114	129	391	194	197	495	252	243
循化撒拉族自治县	352	175	177	502	264	238	488	256	232
海北藏族自治州	**515**	**260**	**255**	**907**	**480**	**427**	**769**	**385**	**384**
门源回族自治县	231	119	112	416	224	192	328	167	161
祁连县	113	58	55	208	111	97	198	90	108
海晏县	88	39	49	156	79	77	158	85	73
刚察县	83	44	39	127	66	61	85	43	42
黄南藏族自治州	**652**	**370**	**282**	**917**	**504**	**413**	**762**	**366**	**396**
同仁县	270	149	121	341	202	139	302	148	154
尖扎县	145	79	66	217	110	107	175	78	97
泽库县	130	80	50	189	95	94	184	94	90
河南蒙古族自治县	107	62	45	170	97	73	101	46	55
海南藏族自治州	**898**	**463**	**435**	**1345**	**697**	**648**	**1267**	**640**	**627**
共和县	315	178	137	458	225	233	436	228	208
同德县	84	41	43	135	71	64	115	50	65
贵德县	244	117	127	285	151	134	327	186	141
兴海县	147	69	78	267	149	118	231	107	124
贵南县	108	58	50	200	101	99	158	69	89
果洛藏族自治州	**311**	**166**	**145**	**494**	**246**	**248**	**432**	**226**	**206**
玛沁县	79	36	43	127	64	63	131	73	58
班玛县	45	24	21	79	44	35	58	31	27
甘德县	39	21	18	66	30	36	66	37	29
达日县	63	39	24	118	61	57	88	39	49
久治县	17	11	6	25	12	13	14	9	5
玛多县	68	35	33	79	35	44	75	37	38
玉树藏族自治州	**731**	**369**	**362**	**1356**	**679**	**677**	**1315**	**671**	**644**
玉树市	32	17	15	65	34	31	70	38	32
杂多县	199	98	101	365	182	183	393	190	203
称多县	115	65	50	201	100	101	193	114	79
治多县	105	53	52	163	85	78	170	86	84
囊谦县	224	114	110	410	197	213	360	180	180
曲麻莱县	56	22	34	152	81	71	129	63	66
海西蒙古族藏族自治州	**558**	**280**	**278**	**856**	**468**	**388**	**816**	**435**	**381**
格尔木市	236	116	120	356	196	160	375	210	165
德令哈市	12	5	7	12	7	5	11	7	4
茫崖市				2	1	1	5	4	1
乌兰县	86	47	39	109	59	50	101	53	48
都兰县	153	76	77	266	142	124	223	108	115
天峻县	54	24	30	82	43	39	69	35	34
大柴旦行政委员会	17	12	5	29	20	9	32	18	14

1−3b 续表 2

单位：人

地区	15−19岁			20−24岁			25−29岁		
	小计	男	女	小计	男	女	小计	男	女
全省	**11350**	**5612**	**5738**	**7904**	**3977**	**3927**	**10319**	**5184**	**5135**
西宁市	**2570**	**1316**	**1254**	**1623**	**822**	**801**	**2135**	**1051**	**1084**
城东区									
城中区	1	1		12	11	1	27	25	2
城西区	1		1	3	2	1	3	1	2
城北区									
湟中区	578	329	249	358	195	163	448	244	204
大通回族土族自治县	1570	804	766	933	458	475	1296	621	675
湟源县	420	182	238	317	156	161	361	160	201
海东市	**2873**	**1453**	**1420**	**1596**	**779**	**817**	**2175**	**1053**	**1122**
乐都区	38	26	12	46	24	22	58	31	27
平安区	7	5	2	17	15	2	21	14	7
民和回族土族自治县	947	468	479	600	289	311	811	386	425
互助土族自治县	1077	572	505	448	217	231	748	377	371
化隆回族自治县	357	156	201	189	95	94	178	74	104
循化撒拉族自治县	447	226	221	296	139	157	359	171	188
海北藏族自治州	**1014**	**486**	**528**	**589**	**289**	**300**	**983**	**473**	**510**
门源回族自治县	480	247	233	212	101	111	361	163	198
祁连县	157	75	82	118	53	65	202	87	115
海晏县	307	122	185	155	77	78	249	134	115
刚察县	70	42	28	104	58	46	171	89	82
黄南藏族自治州	**1088**	**518**	**570**	**714**	**347**	**367**	**1009**	**499**	**510**
同仁县	588	283	305	301	148	153	414	214	200
尖扎县	226	101	125	120	60	60	190	96	94
泽库县	196	96	100	198	90	108	228	114	114
河南蒙古族自治县	78	38	40	95	49	46	177	75	102
海南藏族自治州	**1586**	**725**	**861**	**1057**	**503**	**554**	**1443**	**680**	**763**
共和县	690	296	394	388	178	210	567	284	283
同德县	83	39	44	119	64	55	149	72	77
贵德县	470	222	248	261	120	141	314	135	179
兴海县	186	101	85	153	78	75	236	116	120
贵南县	157	67	90	136	63	73	177	73	104
果洛藏族自治州	**411**	**221**	**190**	**527**	**292**	**235**	**617**	**346**	**271**
玛沁县	162	93	69	171	91	80	214	135	79
班玛县	47	27	20	80	47	33	84	43	41
甘德县	69	29	40	72	43	29	79	37	42
达日县	64	35	29	103	59	44	110	64	46
久治县	14	8	6	33	15	18	53	28	25
玛多县	55	29	26	68	37	31	77	39	38
玉树藏族自治州	**1106**	**565**	**541**	**973**	**497**	**476**	**888**	**461**	**427**
玉树市	67	35	32	58	26	32	43	18	25
杂多县	259	142	117	243	118	125	193	101	92
称多县	218	107	111	164	98	66	141	72	69
治多县	155	77	78	149	77	72	129	72	57
囊谦县	291	142	149	240	120	120	254	124	130
曲麻莱县	116	62	54	119	58	61	128	74	54
海西蒙古族藏族自治州	**702**	**328**	**374**	**825**	**448**	**377**	**1069**	**621**	**448**
格尔木市	274	117	157	290	155	135	318	183	135
德令哈市	5	3	2	14	7	7	12	6	6
茫崖市	7	6	1	29	21	8	43	29	14
乌兰县	101	55	46	144	85	59	195	117	78
都兰县	239	110	129	190	92	98	245	124	121
天峻县	50	25	25	64	29	35	98	59	39
大柴旦行政委员会	26	12	14	94	59	35	158	103	55

1-3b　续表 3

单位：人

地　　区	30-34岁			35-39岁			40-44岁		
	小计	男	女	小计	男	女	小计	男	女
全省	**11821**	**5942**	**5879**	**10146**	**5056**	**5090**	**11637**	**6091**	**5546**
西宁市	**2608**	**1323**	**1285**	**2228**	**1105**	**1123**	**2825**	**1453**	**1372**
城东区									
城中区	28	26	2	18	18		23	19	4
城西区	1	1		2	1	1	2		2
城北区									
湟中区	567	292	275	485	263	222	622	336	286
大通回族土族自治县	1559	770	789	1340	640	700	1674	853	821
湟源县	453	234	219	383	183	200	504	245	259
海东市	**2660**	**1253**	**1407**	**2425**	**1136**	**1289**	**2829**	**1459**	**1370**
乐都区	60	30	30	59	29	30	77	45	32
平安区	21	18	3	12	8	4	11	5	6
民和回族土族自治县	910	428	482	812	366	446	1010	509	501
互助土族自治县	1043	491	552	912	438	474	1044	547	497
化隆回族自治县	242	97	145	269	125	144	321	154	167
循化撒拉族自治县	384	189	195	361	170	191	366	199	167
海北藏族自治州	**1120**	**518**	**602**	**971**	**478**	**493**	**1114**	**581**	**533**
门源回族自治县	459	212	247	387	186	201	474	230	244
祁连县	242	109	133	208	98	110	229	127	102
海晏县	246	115	131	225	112	113	278	142	136
刚察县	173	82	91	151	82	69	133	82	51
黄南藏族自治州	**1009**	**530**	**479**	**946**	**474**	**472**	**945**	**506**	**439**
同仁县	414	228	186	427	213	214	437	233	204
尖扎县	193	91	102	202	106	96	215	112	103
泽库县	226	113	113	214	107	107	166	92	74
河南蒙古族自治县	176	98	78	103	48	55	127	69	58
海南藏族自治州	**1596**	**784**	**812**	**1394**	**696**	**698**	**1552**	**802**	**750**
共和县	674	339	335	542	275	267	602	312	290
同德县	164	88	76	142	74	68	137	70	67
贵德县	354	161	193	342	169	173	392	210	182
兴海县	221	110	111	224	118	106	207	96	111
贵南县	183	86	97	144	60	84	214	114	100
果洛藏族自治州	**634**	**349**	**285**	**460**	**245**	**215**	**447**	**250**	**197**
玛沁县	185	113	72	174	96	78	154	90	64
班玛县	102	51	51	58	31	27	74	41	33
甘德县	68	41	27	46	21	25	46	25	21
达日县	111	56	55	71	33	38	80	37	43
久治县	60	34	26	32	22	10	25	16	9
玛多县	108	54	54	79	42	37	68	41	27
玉树藏族自治州	**930**	**467**	**463**	**874**	**446**	**428**	**881**	**467**	**414**
玉树市	58	29	29	53	31	22	52	30	22
杂多县	189	93	96	177	85	92	218	122	96
称多县	180	95	85	178	80	98	166	79	87
治多县	141	69	72	121	64	57	127	62	65
囊谦县	243	119	124	236	129	107	225	117	108
曲麻莱县	119	62	57	109	57	52	93	57	36
海西蒙古族藏族自治州	**1264**	**718**	**546**	**848**	**476**	**372**	**1044**	**573**	**471**
格尔木市	400	222	178	285	171	114	301	178	123
德令哈市	17	12	5	14	7	7	21	11	10
茫崖市	41	32	9	37	27	10	42	27	15
乌兰县	232	137	95	135	72	63	211	111	100
都兰县	283	147	136	218	106	112	292	140	152
天峻县	124	58	66	83	40	43	79	41	38
大柴旦行政委员会	167	110	57	76	53	23	98	65	33

1-3b 续表 4

单位：人

地区	45-49岁			50-54岁			55-59岁		
	小计	男	女	小计	男	女	小计	男	女
全省	**12546**	**6474**	**6072**	**11377**	**6010**	**5367**	**7853**	**3981**	**3872**
西宁市	**3152**	**1610**	**1542**	**3049**	**1540**	**1509**	**2213**	**1082**	**1131**
城东区									
城中区	29	25	4	26	22	4	11	11	
城西区	5	4	1	6	4	2	2	2	
城北区									
湟中区	689	359	330	666	345	321	456	224	232
大通回族土族自治县	1888	952	936	1791	902	889	1286	634	652
湟源县	541	270	271	560	267	293	458	211	247
海东市	**2985**	**1497**	**1488**	**2820**	**1459**	**1361**	**2127**	**1039**	**1088**
乐都区	129	69	60	128	72	56	122	54	68
平安区	23	15	8	15	10	5	11	6	5
民和回族土族自治县	1136	570	566	1101	552	549	811	395	416
互助土族自治县	1092	553	539	996	511	485	769	370	399
化隆回族自治县	253	123	130	260	137	123	198	102	96
循化撒拉族自治县	352	167	185	320	177	143	216	112	104
海北藏族自治州	**1266**	**640**	**626**	**1073**	**568**	**505**	**717**	**367**	**350**
门源回族自治县	489	254	235	418	209	209	299	145	154
祁连县	249	116	133	208	104	104	147	80	67
海晏县	340	164	176	289	158	131	185	94	91
刚察县	188	106	82	158	97	61	86	48	38
黄南藏族自治州	**911**	**489**	**422**	**867**	**460**	**407**	**544**	**287**	**257**
同仁县	485	263	222	416	219	197	248	144	104
尖扎县	162	84	78	193	103	90	120	59	61
泽库县	149	81	68	122	70	52	96	51	45
河南蒙古族自治县	115	61	54	136	68	68	80	33	47
海南藏族自治州	**1619**	**826**	**793**	**1397**	**730**	**667**	**947**	**504**	**443**
共和县	602	309	293	532	282	250	355	195	160
同德县	137	64	73	86	44	42	71	36	35
贵德县	460	228	232	443	229	214	335	170	165
兴海县	245	126	119	184	92	92	95	46	49
贵南县	175	99	76	152	83	69	91	57	34
果洛藏族自治州	**475**	**255**	**220**	**335**	**183**	**152**	**205**	**102**	**103**
玛沁县	153	83	70	120	68	52	82	39	43
班玛县	73	42	31	45	28	17	30	17	13
甘德县	53	26	27	33	15	18	22	11	11
达日县	82	44	38	66	33	33	34	18	16
久治县	41	19	22	27	14	13	8	4	4
玛多县	73	41	32	44	25	19	29	13	16
玉树藏族自治州	**828**	**423**	**405**	**657**	**359**	**298**	**387**	**191**	**196**
玉树市	50	24	26	50	30	20	15	9	6
杂多县	198	104	94	155	82	73	77	41	36
称多县	138	66	72	118	69	49	80	39	41
治多县	135	68	67	89	46	43	67	26	41
囊谦县	194	101	93	171	93	78	89	48	41
曲麻莱县	113	60	53	74	39	35	59	28	31
海西蒙古族藏族自治州	**1310**	**734**	**576**	**1179**	**711**	**468**	**713**	**409**	**304**
格尔木市	388	217	171	375	229	146	281	162	119
德令哈市	16	11	5	18	13	5	21	11	10
茫崖市	76	43	33	46	35	11	11	10	1
乌兰县	267	153	114	199	112	87	104	59	45
都兰县	312	163	149	325	177	148	177	95	82
天峻县	104	56	48	108	61	47	71	42	29
大柴旦行政委员会	147	91	56	108	84	24	48	30	18

1-3b 续表 5

单位：人

地 区	60-64岁			65-69岁			70-74岁		
	小计	男	女	小计	男	女	小计	男	女
全省	**4172**	**2116**	**2056**	**4047**	**1963**	**2084**	**2904**	**1382**	**1522**
西宁市	**1246**	**624**	**622**	**1183**	**579**	**604**	**785**	**364**	**421**
城东区									
城中区	3	3		2	1	1	1	1	
城西区	6	4	2						
城北区									
湟中区	229	115	114	265	126	139	166	77	89
大通回族土族自治县	704	347	357	672	322	350	462	213	249
湟源县	304	155	149	244	130	114	156	73	83
海东市	**1230**	**622**	**608**	**1229**	**608**	**621**	**880**	**428**	**452**
乐都区	72	39	33	72	36	36	46	19	27
平安区	11	7	4	11	5	6	9	4	5
民和回族土族自治县	456	239	217	439	216	223	318	148	170
互助土族自治县	428	208	220	425	223	202	280	145	135
化隆回族自治县	106	53	53	134	57	77	100	54	46
循化撒拉族自治县	157	76	81	148	71	77	127	58	69
海北藏族自治州	**361**	**175**	**186**	**355**	**164**	**191**	**238**	**112**	**126**
门源回族自治县	189	91	98	178	85	93	114	59	55
祁连县	75	31	44	75	33	42	51	22	29
海晏县	69	38	31	72	33	39	53	23	30
刚察县	28	15	13	30	13	17	20	8	12
黄南藏族自治州	**205**	**117**	**88**	**204**	**98**	**106**	**208**	**103**	**105**
同仁县	86	45	41	93	48	45	102	51	51
尖扎县	54	33	21	51	25	26	39	18	21
泽库县	42	27	15	29	12	17	33	18	15
河南蒙古族自治县	23	12	11	31	13	18	34	16	18
海南藏族自治州	**496**	**247**	**249**	**485**	**236**	**249**	**312**	**146**	**166**
共和县	175	91	84	151	65	86	85	42	43
同德县	33	16	17	36	18	18	18	9	9
贵德县	206	98	108	199	105	94	135	64	71
兴海县	53	27	26	53	24	29	42	18	24
贵南县	29	15	14	46	24	22	32	13	19
果洛藏族自治州	**114**	**52**	**62**	**87**	**41**	**46**	**91**	**45**	**46**
玛沁县	42	24	18	30	12	18	19	9	10
班玛县	19	7	12	17	6	11	25	15	10
甘德县	11	5	6	15	7	8	15	8	7
达日县	20	7	13	13	9	4	17	6	11
久治县	4	2	2	2	1	1	1		1
玛多县	18	7	11	10	6	4	14	7	7
玉树藏族自治州	**190**	**102**	**88**	**248**	**119**	**129**	**203**	**100**	**103**
玉树市	7	3	4	15	9	6	13	7	6
杂多县	37	20	17	41	18	23	37	22	15
称多县	39	20	19	54	22	32	37	15	22
治多县	32	12	20	48	27	21	38	16	22
囊谦县	39	24	15	56	28	28	55	28	27
曲麻莱县	36	23	13	34	15	19	23	12	11
海西蒙古族藏族自治州	**330**	**177**	**153**	**256**	**118**	**138**	**187**	**84**	**103**
格尔木市	103	63	40	58	28	30	63	29	34
德令哈市	12	4	8	12	6	6	5	3	2
茫崖市							1		1
乌兰县	60	33	27	56	21	35	40	17	23
都兰县	99	51	48	87	42	45	52	24	28
天峻县	39	17	22	25	15	10	16	6	10
大柴旦行政委员会	17	9	8	18	6	12	10	5	5

1-3b 续表 6

单位：人

地区	75-79岁			80-84岁			85-89岁		
	小计	男	女	小计	男	女	小计	男	女
全省	**1882**	**851**	**1031**	**963**	**435**	**528**	**340**	**143**	**197**
西宁市	**504**	**224**	**280**	**223**	**109**	**114**	**78**	**27**	**51**
城东区									
城中区									
城西区									
城北区									
湟中区	87	40	47	56	26	30	16	5	11
大通回族土族自治县	315	136	179	136	71	65	50	19	31
湟源县	102	48	54	31	12	19	12	3	9
海东市	**583**	**280**	**303**	**290**	**131**	**159**	**120**	**57**	**63**
乐都区	33	21	12	18	6	12	12	4	8
平安区	5	4	1	3	2	1			
民和回族土族自治县	233	120	113	116	56	60	54	33	21
互助土族自治县	173	67	106	88	36	52	35	11	24
化隆回族自治县	55	23	32	25	12	13	6	4	2
循化撒拉族自治县	84	45	39	40	19	21	13	5	8
海北藏族自治州	**134**	**66**	**68**	**84**	**47**	**37**	**20**	**6**	**14**
门源回族自治县	51	22	29	34	22	12	8	4	4
祁连县	41	23	18	20	12	8	2	1	1
海晏县	33	16	17	13	7	6	5	1	4
刚察县	9	5	4	17	6	11	5		5
黄南藏族自治州	**139**	**65**	**74**	**97**	**33**	**64**	**24**	**13**	**11**
同仁县	61	28	33	50	21	29	9	6	3
尖扎县	35	19	16	25	8	17	6	4	2
泽库县	24	11	13	9	1	8	7	3	4
河南蒙古族自治县	19	7	12	13	3	10	2		2
海南藏族自治州	**230**	**100**	**130**	**94**	**41**	**53**	**28**	**12**	**16**
共和县	72	29	43	35	18	17	11	6	5
同德县	19	7	12	4	1	3	1	1	
贵德县	82	38	44	38	15	23	11	3	8
兴海县	29	12	17	13	5	8	3	1	2
贵南县	28	14	14	4	2	2	2	1	1
果洛藏族自治州	**45**	**19**	**26**	**25**	**8**	**17**	**14**	**3**	**11**
玛沁县	19	11	8	5	1	4	2		2
班玛县	4	1	3	8	4	4	2	1	1
甘德县	5	4	1	4		4	2	1	1
达日县	9	2	7	2	1	1	3	1	2
久治县	1		1				1		1
玛多县	7	1	6	6	2	4	4		4
玉树藏族自治州	**119**	**46**	**73**	**77**	**34**	**43**	**35**	**13**	**22**
玉树市	12	8	4	8	1	7	6	2	4
杂多县	24	8	16	18	6	12	8	3	5
称多县	21	9	12	11	7	4	6	2	4
治多县	23	10	13	10	6	4	4	2	2
囊谦县	27	7	20	22	10	12	4	1	3
曲麻莱县	12	4	8	8	4	4	7	3	4
海西蒙古族藏族自治州	**128**	**51**	**77**	**73**	**32**	**41**	**21**	**12**	**9**
格尔木市	40	19	21	14	8	6	3	2	1
德令哈市	3	2	1	2		2	1	1	
茫崖市									
乌兰县	27	9	18	19	7	12	6	3	3
都兰县	27	11	16	16	5	11	4	1	3
天峻县	16	8	8	7	3	4			
大柴旦行政委员会	15	2	13	15	9	6	7	5	2

1-3b　续表 7　　　　　　　　　　　　　　　　　　　　　　　　　单位：人

地　区	90-94岁			95-99岁			100岁及以上		
	小计	男	女	小计	男	女	小计	男	女
全省	**65**	**26**	**39**	**14**	**2**	**12**			
西宁市	**10**	**7**	**3**	**1**		**1**			
城东区									
城中区									
城西区									
城北区									
湟中区	6	4	2						
大通回族土族自治县	1	1							
湟源县	3	2	1	1		1			
海东市	**24**	**9**	**15**	**5**	**1**	**4**			
乐都区	1		1						
平安区	1		1						
民和回族土族自治县	4	3	1	3	1	2			
互助土族自治县	7	3	4						
化隆回族自治县	6	2	4	1		1			
循化撒拉族自治县	5	1	4	1		1			
海北藏族自治州	**5**	**5**							
门源回族自治县	2	2							
祁连县	1	1							
海晏县	2	2							
刚察县									
黄南藏族自治州	**3**	**1**	**2**	**4**		**4**			
同仁县	1		1	2		2			
尖扎县	1	1		1		1			
泽库县	1		1						
河南蒙古族自治县				1		1			
海南藏族自治州	**7**	**3**	**4**						
共和县	1		1						
同德县									
贵德县	4	2	2						
兴海县	2	1	1						
贵南县									
果洛藏族自治州	**6**		**6**						
玛沁县	1		1						
班玛县	3		3						
甘德县									
达日县	2		2						
久治县									
玛多县									
玉树藏族自治州	**8**	**1**	**7**	**3**	**1**	**2**			
玉树市	1		1						
杂多县	2	1	1						
称多县	2		2	1		1			
治多县	1		1						
囊谦县	2		2	2	1	1			
曲麻莱县									
海西蒙古族藏族自治州	**2**		**2**	**1**		**1**			
格尔木市	1		1						
德令哈市									
茫崖市									
乌兰县									
都兰县	1		1	1		1			
天峻县									
大柴旦行政委员会									

1-3c 各地区分年龄、性别的人口(乡村)

单位：人

地　区	合　计			0岁		
	合计	男	女	小计	男	女
全省	**232715**	**120169**	**112546**	**3187**	**1647**	**1540**
西宁市	**52676**	**27311**	**25365**	**616**	**318**	**298**
城东区						
城中区	76	37	39			
城西区						
城北区	1062	581	481	9	4	5
湟中区	26261	13651	12610	264	131	133
大通回族土族自治县	19926	10209	9717	281	148	133
湟源县	5351	2833	2518	62	35	27
海东市	**76046**	**39239**	**36807**	**1011**	**506**	**505**
乐都区	11178	5784	5394	106	58	48
平安区	3309	1739	1570	44	19	25
民和回族土族自治县	18888	9606	9282	247	115	132
互助土族自治县	20771	10941	9830	202	102	100
化隆回族自治县	13196	6774	6422	238	121	117
循化撒拉族自治县	8704	4395	4309	174	91	83
海北藏族自治州	**14727**	**7707**	**7020**	**181**	**95**	**86**
门源回族自治县	9049	4766	4283	106	51	55
祁连县	1899	1030	869	29	18	11
海晏县	1187	646	541	19	9	10
刚察县	2592	1265	1327	27	17	10
黄南藏族自治州	**16844**	**8534**	**8310**	**258**	**134**	**124**
同仁县	5380	2695	2685	75	38	37
尖扎县	3511	1797	1714	55	29	26
泽库县	5249	2656	2593	82	43	39
河南蒙古族自治县	2704	1386	1318	46	24	22
海南藏族自治州	**27160**	**13818**	**13342**	**417**	**221**	**196**
共和县	6656	3426	3230	107	51	56
同德县	4694	2412	2282	71	40	31
贵德县	5906	3014	2892	84	47	37
兴海县	4384	2189	2195	70	34	36
贵南县	5520	2777	2743	85	49	36
果洛藏族自治州	**13147**	**6702**	**6445**	**207**	**100**	**107**
玛沁县	1727	883	844	21	9	12
班玛县	2180	1120	1060	37	14	23
甘德县	3635	1873	1762	41	22	19
达日县	2306	1216	1090	58	28	30
久治县	2592	1265	1327	40	24	16
玛多县	707	345	362	10	3	7
玉树藏族自治州	**20695**	**10451**	**10244**	**369**	**197**	**172**
玉树市	5710	2866	2844	83	44	39
杂多县	2911	1497	1414	90	51	39
称多县	3605	1819	1786	40	18	22
治多县	1143	576	567	24	14	10
囊谦县	5654	2830	2824	91	47	44
曲麻莱县	1672	863	809	41	23	18
海西蒙古族藏族自治州	**11420**	**6407**	**5013**	**128**	**76**	**52**
格尔木市	2651	1497	1154	23	16	7
德令哈市	2279	1210	1069	22	15	7
茫崖市						
乌兰县	1255	678	577	17	12	5
都兰县	3528	1872	1656	44	20	24
天峻县	989	546	443	21	12	9
大柴旦行政委员会	718	604	114	1	1	

1-3c 续表 1

单位：人

地 区	1-4岁			5-9岁			10-14岁		
	小计	男	女	小计	男	女	小计	男	女
全省	**14414**	**7449**	**6965**	**20086**	**10320**	**9766**	**18775**	**9742**	**9033**
西宁市	**2544**	**1309**	**1235**	**3802**	**1919**	**1883**	**3605**	**1865**	**1740**
城东区									
城中区				2	1	1	5	4	1
城西区									
城北区	36	21	15	69	35	34	57	36	21
湟中区	1226	627	599	1866	957	909	1829	946	883
大通回族土族自治县	1079	562	517	1581	794	787	1449	741	708
湟源县	203	99	104	284	132	152	265	138	127
海东市	**4511**	**2346**	**2165**	**6516**	**3389**	**3127**	**6470**	**3401**	**3069**
乐都区	449	242	207	664	334	330	668	364	304
平安区	168	96	72	259	149	110	209	117	92
民和回族土族自治县	1149	593	556	1678	837	841	1666	827	839
互助土族自治县	1081	556	525	1495	795	700	1487	810	677
化隆回族自治县	933	476	457	1418	752	666	1425	760	665
循化撒拉族自治县	731	383	348	1002	522	480	1015	523	492
海北藏族自治州	**757**	**380**	**377**	**1042**	**541**	**501**	**964**	**499**	**465**
门源回族自治县	495	252	243	658	350	308	587	306	281
祁连县	78	38	40	109	57	52	97	51	46
海晏县	49	22	27	51	32	19	37	21	16
刚察县	135	68	67	224	102	122	243	121	122
黄南藏族自治州	**1288**	**667**	**621**	**1660**	**870**	**790**	**1378**	**734**	**644**
同仁县	352	182	170	476	246	230	475	245	230
尖扎县	269	137	132	342	190	152	259	142	117
泽库县	435	216	219	589	300	289	469	254	215
河南蒙古族自治县	232	132	100	253	134	119	175	93	82
海南藏族自治州	**1862**	**961**	**901**	**2459**	**1233**	**1226**	**2261**	**1173**	**1088**
共和县	427	222	205	549	273	276	513	265	248
同德县	360	174	186	434	223	211	376	202	174
贵德县	333	174	159	436	241	195	475	252	223
兴海县	336	175	161	470	224	246	388	200	188
贵南县	406	216	190	570	272	298	509	254	255
果洛藏族自治州	**1149**	**579**	**570**	**1516**	**762**	**754**	**1272**	**652**	**620**
玛沁县	119	62	57	160	78	82	152	83	69
班玛县	201	98	103	255	130	125	222	113	109
甘德县	266	137	129	454	219	235	358	196	162
达日县	246	131	115	268	144	124	239	118	121
久治县	249	116	133	285	144	141	239	111	128
玛多县	68	35	33	94	47	47	62	31	31
玉树藏族自治州	**1742**	**908**	**834**	**2351**	**1206**	**1145**	**2177**	**1085**	**1092**
玉树市	431	209	222	657	336	321	597	295	302
杂多县	323	167	156	361	201	160	331	164	167
称多县	247	140	107	411	192	219	360	186	174
治多县	113	50	63	142	75	67	96	44	52
囊谦县	482	262	220	614	313	301	636	314	322
曲麻莱县	146	80	66	166	89	77	157	82	75
海西蒙古族藏族自治州	**561**	**299**	**262**	**740**	**400**	**340**	**648**	**333**	**315**
格尔木市	146	74	72	186	103	83	152	82	70
德令哈市	120	66	54	152	77	75	152	79	73
茫崖市									
乌兰县	60	34	26	84	44	40	63	29	34
都兰县	177	88	89	253	147	106	235	123	112
天峻县	55	36	19	62	28	34	42	19	23
大柴旦行政委员会	3	1	2	3	1	2	4	1	3

1－3c　续表 2

单位：人

地　　区	15－19岁			20－24岁			25－29岁		
	小计	男	女	小计	男	女	小计	男	女
全省	**14025**	**7267**	**6758**	**13746**	**7182**	**6564**	**15775**	**8254**	**7521**
西宁市	**3177**	**1630**	**1547**	**2636**	**1362**	**1274**	**3137**	**1679**	**1458**
城东区									
城中区	6		6	10	6	4	3	2	1
城西区									
城北区	46	28	18	72	39	33	73	43	30
湟中区	1738	896	842	1214	616	598	1534	829	705
大通回族土族自治县	1130	563	567	1096	581	515	1244	642	602
湟源县	257	143	114	244	120	124	283	163	120
海东市	**4039**	**2096**	**1943**	**3406**	**1751**	**1655**	**4093**	**2118**	**1975**
乐都区	462	222	240	381	193	188	543	277	266
平安区	196	100	96	127	63	64	172	92	80
民和回族土族自治县	1020	516	504	1042	531	511	1164	608	556
互助土族自治县	820	461	359	680	363	317	1000	529	471
化隆回族自治县	908	477	431	703	357	346	677	338	339
循化撒拉族自治县	633	320	313	473	244	229	537	274	263
海北藏族自治州	**897**	**465**	**432**	**975**	**479**	**496**	**1105**	**594**	**511**
门源回族自治县	551	287	264	605	300	305	623	339	284
祁连县	101	56	45	130	65	65	162	90	72
海晏县	68	39	29	72	43	29	99	58	41
刚察县	177	83	94	168	71	97	221	107	114
黄南藏族自治州	**962**	**507**	**455**	**1282**	**651**	**631**	**1509**	**779**	**730**
同仁县	341	178	163	419	215	204	459	240	219
尖扎县	182	97	85	233	127	106	268	134	134
泽库县	350	180	170	442	211	231	494	254	240
河南蒙古族自治县	89	52	37	188	98	90	288	151	137
海南藏族自治州	**1529**	**793**	**736**	**1887**	**1024**	**863**	**2117**	**1082**	**1035**
共和县	356	192	164	496	278	218	546	296	250
同德县	265	145	120	377	206	171	398	194	204
贵德县	323	172	151	338	173	165	341	176	165
兴海县	297	136	161	336	183	153	367	181	186
贵南县	288	148	140	340	184	156	465	235	230
果洛藏族自治州	**1047**	**540**	**507**	**1136**	**607**	**529**	**1119**	**576**	**543**
玛沁县	114	60	54	117	63	54	146	71	75
班玛县	156	84	72	183	102	81	157	91	66
甘德县	338	178	160	339	197	142	325	168	157
达日县	148	77	71	213	109	104	210	119	91
久治县	239	119	120	230	114	116	228	102	126
玛多县	52	22	30	54	22	32	53	25	28
玉树藏族自治州	**1872**	**975**	**897**	**1730**	**900**	**830**	**1714**	**866**	**848**
玉树市	480	245	235	501	254	247	470	239	231
杂多县	229	124	105	249	128	121	244	118	126
称多县	331	162	169	265	147	118	301	162	139
治多县	88	42	46	82	44	38	115	66	49
囊谦县	597	323	274	452	220	232	437	214	223
曲麻莱县	147	79	68	181	107	74	147	67	80
海西蒙古族藏族自治州	**502**	**261**	**241**	**694**	**408**	**286**	**981**	**560**	**421**
格尔木市	123	65	58	180	108	72	269	147	122
德令哈市	116	55	61	142	79	63	167	89	78
茫崖市									
乌兰县	56	33	23	82	43	39	84	47	37
都兰县	162	80	82	193	108	85	265	144	121
天峻县	36	22	14	61	37	24	101	54	47
大柴旦行政委员会	9	6	3	36	33	3	95	79	16

1-3c　续表 3

单位：人

地　　区	30-34岁			35-39岁			40-44岁		
	小计	男	女	小计	男	女	小计	男	女
全省	**16406**	**8629**	**7777**	**15333**	**7992**	**7341**	**17658**	**9364**	**8294**
西宁市	**3281**	**1787**	**1494**	**3008**	**1559**	**1449**	**4158**	**2209**	**1949**
城东区									
城中区	3	2	1	1		1	6	2	4
城西区									
城北区	86	44	42	66	39	27	85	50	35
湟中区	1596	854	742	1463	772	691	2040	1108	932
大通回族土族自治县	1276	709	567	1197	592	605	1585	819	766
湟源县	320	178	142	281	156	125	442	230	212
海东市	**4702**	**2405**	**2297**	**4692**	**2458**	**2234**	**5602**	**3007**	**2595**
乐都区	576	297	279	626	344	282	790	449	341
平安区	183	87	96	197	102	95	256	139	117
民和回族土族自治县	1226	617	609	1031	550	481	1254	656	598
互助土族自治县	1403	750	653	1477	790	687	1801	977	824
化隆回族自治县	749	363	386	820	405	415	923	493	430
循化撒拉族自治县	565	291	274	541	267	274	578	293	285
海北藏族自治州	**1160**	**629**	**531**	**1008**	**538**	**470**	**1215**	**655**	**560**
门源回族自治县	640	342	298	527	282	245	674	369	305
祁连县	168	103	65	177	103	74	195	99	96
海晏县	101	57	44	70	37	33	135	72	63
刚察县	251	127	124	234	116	118	211	115	96
黄南藏族自治州	**1391**	**688**	**703**	**1324**	**687**	**637**	**1315**	**653**	**662**
同仁县	450	210	240	425	219	206	438	220	218
尖扎县	198	104	94	227	113	114	298	146	152
泽库县	476	241	235	431	224	207	375	182	193
河南蒙古族自治县	267	133	134	241	131	110	204	105	99
海南藏族自治州	**2272**	**1179**	**1093**	**2123**	**1093**	**1030**	**2070**	**1076**	**994**
共和县	596	310	286	519	280	239	488	268	220
同德县	393	204	189	390	207	183	422	212	210
贵德县	368	194	174	425	211	214	451	227	224
兴海县	410	213	197	354	180	174	311	155	156
贵南县	505	258	247	435	215	220	398	214	184
果洛藏族自治州	**961**	**498**	**463**	**933**	**459**	**474**	**894**	**465**	**429**
玛沁县	173	84	89	158	81	77	133	74	59
班玛县	140	78	62	156	75	81	154	74	80
甘德县	276	143	133	261	125	136	221	119	102
达日县	161	78	83	133	72	61	144	76	68
久治县	148	85	63	172	74	98	188	98	90
玛多县	63	30	33	53	32	21	54	24	30
玉树藏族自治州	**1590**	**798**	**792**	**1419**	**702**	**717**	**1415**	**733**	**682**
玉树市	452	233	219	409	215	194	382	201	181
杂多县	198	100	98	183	89	94	184	91	93
称多县	310	155	155	280	130	150	265	143	122
治多县	116	56	60	82	41	41	82	42	40
囊谦县	386	192	194	341	166	175	377	191	186
曲麻莱县	128	62	66	124	61	63	125	65	60
海西蒙古族藏族自治州	**1049**	**645**	**404**	**826**	**496**	**330**	**989**	**566**	**423**
格尔木市	261	158	103	178	108	70	203	125	78
德令哈市	178	105	73	134	73	61	185	89	96
茫崖市									
乌兰县	102	56	46	85	52	33	108	66	42
都兰县	267	150	117	240	134	106	299	153	146
天峻县	128	76	52	100	57	43	85	40	45
大柴旦行政委员会	113	100	13	89	72	17	109	93	16

1－3c 续表 4

单位：人

地 区	45－49岁			50－54岁			55－59岁		
	小计	男	女	小计	男	女	小计	男	女
全省	**20375**	**10726**	**9649**	**20010**	**10418**	**9592**	**14423**	**7413**	**7010**
西宁市	**5400**	**2873**	**2527**	**5492**	**2868**	**2624**	**4010**	**2062**	**1948**
城东区									
城中区	14	7	7	8	5	3	7	2	5
城西区									
城北区	122	65	57	118	64	54	73	43	30
湟中区	2712	1474	1238	2875	1497	1378	1931	1000	931
大通回族土族自治县	1945	998	947	1874	969	905	1507	758	749
湟源县	607	329	278	617	333	284	492	259	233
海东市	**6717**	**3550**	**3167**	**7119**	**3683**	**3436**	**5503**	**2771**	**2732**
乐都区	1206	640	566	1293	693	600	982	482	500
平安区	309	176	133	321	166	155	282	140	142
民和回族土族自治县	1587	842	745	1743	905	838	1289	639	650
互助土族自治县	2085	1103	982	2233	1169	1064	1761	908	853
化隆回族自治县	968	505	463	1030	517	513	806	421	385
循化撒拉族自治县	562	284	278	499	233	266	383	181	202
海北藏族自治州	**1436**	**764**	**672**	**1334**	**701**	**633**	**1055**	**570**	**485**
门源回族自治县	883	485	398	867	442	425	732	402	330
祁连县	214	113	101	161	92	69	102	59	43
海晏县	143	73	70	126	70	56	89	53	36
刚察县	196	93	103	180	97	83	132	56	76
黄南藏族自治州	**1280**	**657**	**623**	**1123**	**546**	**577**	**712**	**371**	**341**
同仁县	422	214	208	387	187	200	205	107	98
尖扎县	330	165	165	288	154	134	180	94	86
泽库县	328	179	149	264	125	139	197	99	98
河南蒙古族自治县	200	99	101	184	80	104	130	71	59
海南藏族自治州	**2155**	**1109**	**1046**	**2008**	**1013**	**995**	**1359**	**693**	**666**
共和县	561	283	278	508	237	271	372	199	173
同德县	351	186	165	299	157	142	173	88	85
贵德县	510	269	241	554	295	259	385	192	193
兴海县	300	151	149	272	136	136	154	80	74
贵南县	433	220	213	375	188	187	275	134	141
果洛藏族自治州	**862**	**456**	**406**	**710**	**382**	**328**	**447**	**214**	**233**
玛沁县	136	74	62	114	52	62	70	38	32
班玛县	151	70	81	120	67	53	76	39	37
甘德县	210	107	103	185	99	86	122	54	68
达日县	149	88	61	119	65	54	65	38	27
久治县	155	89	66	135	75	60	92	33	59
玛多县	61	28	33	37	24	13	22	12	10
玉树藏族自治州	**1290**	**616**	**674**	**1024**	**531**	**493**	**573**	**308**	**265**
玉树市	354	176	178	287	141	146	146	74	72
杂多县	168	75	93	131	81	50	87	48	39
称多县	235	110	125	178	93	85	116	61	55
治多县	72	37	35	52	25	27	35	18	17
囊谦县	355	167	188	303	158	145	150	83	67
曲麻莱县	106	51	55	73	33	40	39	24	15
海西蒙古族藏族自治州	**1235**	**701**	**534**	**1200**	**694**	**506**	**764**	**424**	**340**
格尔木市	260	143	117	267	151	116	174	104	70
德令哈市	228	123	105	234	126	108	189	108	81
茫崖市									
乌兰县	138	66	72	123	72	51	90	43	47
都兰县	360	187	173	407	223	184	240	126	114
天峻县	117	69	48	85	50	35	44	21	23
大柴旦行政委员会	132	113	19	84	72	12	27	22	5

1-3c　续表 5　　单位：人

地　区	60-64岁			65-69岁			70-74岁		
	小计	男	女	小计	男	女	小计	男	女
全省	**7884**	**4042**	**3842**	**8352**	**4134**	**4218**	**5906**	**2795**	**3111**
西宁市	**2117**	**1099**	**1018**	**2519**	**1262**	**1257**	**1644**	**781**	**863**
城东区									
城中区	3	2	1	4	2	2	1	1	
城西区									
城北区	41	18	23	47	24	23	28	11	17
湟中区	978	493	485	1324	664	660	837	386	451
大通回族土族自治县	817	428	389	846	416	430	555	271	284
湟源县	278	158	120	298	156	142	223	112	111
海东市	**3441**	**1780**	**1661**	**3445**	**1745**	**1700**	**2341**	**1119**	**1222**
乐都区	747	394	353	738	377	361	445	202	243
平安区	191	100	91	172	89	83	107	46	61
民和回族土族自治县	750	374	376	806	408	398	620	297	323
互助土族自治县	1066	578	488	995	494	501	627	312	315
化隆回族自治县	443	218	225	456	237	219	325	157	168
循化撒拉族自治县	244	116	128	278	140	138	217	105	112
海北藏族自治州	**518**	**268**	**250**	**436**	**223**	**213**	**312**	**142**	**170**
门源回族自治县	376	205	171	292	144	148	220	101	119
祁连县	51	24	27	55	33	22	33	16	17
海晏县	40	19	21	32	14	18	30	14	16
刚察县	51	20	31	57	32	25	29	11	18
黄南藏族自治州	**278**	**143**	**135**	**327**	**137**	**190**	**311**	**133**	**178**
同仁县	86	39	47	107	42	65	102	49	53
尖扎县	97	53	44	100	33	67	82	38	44
泽库县	53	28	25	74	41	33	73	29	44
河南蒙古族自治县	42	23	19	46	21	25	54	17	37
海南藏族自治州	**696**	**323**	**373**	**723**	**345**	**378**	**551**	**259**	**292**
共和县	196	91	105	161	73	88	123	63	60
同德县	89	39	50	114	55	59	77	39	38
贵德县	232	106	126	250	122	128	202	92	110
兴海县	76	34	42	85	40	45	63	32	31
贵南县	103	53	50	113	55	58	86	33	53
果洛藏族自治州	**198**	**100**	**98**	**232**	**113**	**119**	**206**	**98**	**108**
玛沁县	23	12	11	29	14	15	24	13	11
班玛县	29	14	15	45	23	22	38	21	17
甘德县	61	32	29	54	30	24	51	20	31
达日县	30	19	11	36	16	20	51	25	26
久治县	49	19	30	58	27	31	39	17	22
玛多县	6	4	2	10	3	7	3	2	1
玉树藏族自治州	**266**	**130**	**136**	**362**	**160**	**202**	**338**	**161**	**177**
玉树市	82	43	39	132	60	72	91	41	50
杂多县	21	10	11	39	20	19	28	16	12
称多县	59	29	30	65	23	42	72	40	32
治多县	9	5	4	15	7	8	9	5	4
囊谦县	70	34	36	83	38	45	123	49	74
曲麻莱县	25	9	16	28	12	16	15	10	5
海西蒙古族藏族自治州	**370**	**199**	**171**	**308**	**149**	**159**	**203**	**102**	**101**
格尔木市	86	48	38	51	25	26	41	17	24
德令哈市	87	39	48	77	38	39	49	22	27
茫崖市									
乌兰县	52	29	23	41	21	20	29	13	16
都兰县	126	68	58	126	59	67	71	42	29
天峻县	11	7	4	12	6	6	13	8	5
大柴旦行政委员会	8	8		1		1			

1-3c 续表 6 单位：人

地区	75-79岁			80-84岁			85-89岁		
	小计	男	女	小计	男	女	小计	男	女
全省	**3638**	**1687**	**1951**	**1825**	**753**	**1072**	**706**	**291**	**415**
西宁市	**981**	**474**	**507**	**386**	**177**	**209**	**142**	**65**	**77**
城东区									
城中区	2		2	1	1				
城西区									
城北区	20	10	10	8	5	3	5	2	3
湟中区	526	252	274	222	106	116	75	36	39
大通回族土族自治县	314	157	157	108	42	66	37	15	22
湟源县	119	55	64	47	23	24	25	12	13
海东市	**1419**	**678**	**741**	**722**	**313**	**409**	**242**	**102**	**140**
乐都区	281	132	149	160	61	99	53	20	33
平安区	57	29	28	38	17	21	17	9	8
民和回族土族自治县	358	175	183	186	80	106	58	28	30
互助土族自治县	351	156	195	148	69	79	51	17	34
化隆回族自治县	230	114	116	102	45	57	32	14	18
循化撒拉族自治县	142	72	70	88	41	47	31	14	17
海北藏族自治州	**202**	**93**	**109**	**87**	**48**	**39**	**35**	**21**	**14**
门源回族自治县	133	64	69	54	29	25	21	14	7
祁连县	21	6	15	11	6	5	4	1	3
海晏县	19	10	9	6	2	4	1	1	
刚察县	29	13	16	16	11	5	9	5	4
黄南藏族自治州	**217**	**105**	**112**	**131**	**43**	**88**	**72**	**22**	**50**
同仁县	71	36	35	52	13	39	31	12	19
尖扎县	55	27	28	25	8	17	12	4	8
泽库县	59	28	31	32	17	15	21	4	17
河南蒙古族自治县	32	14	18	22	5	17	8	2	6
海南藏族自治州	**311**	**128**	**183**	**229**	**70**	**159**	**99**	**35**	**64**
共和县	61	20	41	52	18	34	19	5	14
同德县	46	21	25	40	12	28	16	7	9
贵德县	91	36	55	70	20	50	29	12	17
兴海县	46	23	23	25	7	18	15	4	11
贵南县	67	28	39	42	13	29	20	7	13
果洛藏族自治州	**122**	**47**	**75**	**87**	**32**	**55**	**35**	**18**	**17**
玛沁县	18	6	12	10	5	5	6	3	3
班玛县	27	13	14	21	8	13	9	5	4
甘德县	32	11	21	29	11	18	8	4	4
达日县	22	6	16	10	4	6	3	2	1
久治县	23	11	12	14	4	10	8	3	5
玛多县				3		3	1	1	
玉树藏族自治州	**247**	**101**	**146**	**128**	**47**	**81**	**58**	**21**	**37**
玉树市	77	36	41	47	17	30	19	5	14
杂多县	25	7	18	10	3	7	9	4	5
称多县	41	17	24	26	10	16	3	1	2
治多县	6	2	4	2	1	1	3	2	1
囊谦县	91	37	54	36	13	23	17	6	11
曲麻莱县	7	2	5	7	3	4	7	3	4
海西蒙古族藏族自治州	**139**	**61**	**78**	**55**	**23**	**32**	**23**	**7**	**16**
格尔木市	39	19	20	8	4	4	4		4
德令哈市	29	19	10	14	6	8	4	2	2
茫崖市									
乌兰县	25	8	17	10	6	4	4	2	2
都兰县	34	12	22	18	6	12	9	2	7
天峻县	10	3	7	5	1	4	1		1
大柴旦行政委员会	2		2				1	1	

1-3c　续表 7

单位：人

地　区	90—94岁			95—99岁			100岁及以上		
	小计	男	女	小计	男	女	小计	男	女
全省	**161**	**57**	**104**	**25**	**6**	**19**	**5**	**1**	**4**
西宁市	**19**	**11**	**8**	**2**	**2**				
城东区									
城中区									
城西区									
城北区	1		1						
湟中区	9	5	4	2	2				
大通回族土族自治县	5	4	1						
湟源县	4	2	2						
海东市	**44**	**18**	**26**	**9**	**2**	**7**	**2**	**1**	**1**
乐都区	6	3	3	2		2			
平安区	4	3	1						
民和回族土族自治县	13	7	6	1	1				
互助土族自治县	7	2	5	1		1			
化隆回族自治县	8	2	6	1	1		1	1	
循化撒拉族自治县	6	1	5	4		4	1		1
海北藏族自治州	**8**	**2**	**6**						
门源回族自治县	5	2	3						
祁连县	1		1						
海晏县									
刚察县	2		2						
黄南藏族自治州	**21**	**5**	**16**	**5**	**2**	**3**			
同仁县	6	2	4	1	1				
尖扎县	8	1	7	3	1	2			
泽库县	5	1	4						
河南蒙古族自治县	2	1	1	1		1			
海南藏族自治州	**28**	**8**	**20**	**3**		**3**	**1**		**1**
共和县	6	2	4						
同德县	3	1	2						
贵德县	8	3	5	1		1			
兴海县	7	1	6	1		1	1		1
贵南县	4	1	3	1		1			
果洛藏族自治州	**12**	**4**	**8**	**2**		**2**			
玛沁县	2	1	1	2		2			
班玛县	3	1	2						
甘德县	4	1	3						
达日县	1	1							
久治县	1		1						
玛多县	1		1						
玉树藏族自治州	**24**	**6**	**18**	**4**		**4**	**2**		**2**
玉树市	11	2	9	1		1	1		1
杂多县				1		1			
称多县									
治多县									
囊谦县	11	3	8	1		1	1		1
曲麻莱县	2	1	1	1		1			
海西蒙古族藏族自治州	**5**	**3**	**2**						
格尔木市									
德令哈市									
茫崖市									
乌兰县	2	2							
都兰县	2		2						
天峻县									
大柴旦行政委员会	1	1							

1-4 全省分年龄、性别的人口

单位：人、%

年 龄	人口数			占总人口比重			性别比
	合计	男	女	合计	男	女	(女=100)
总 计	**569733**	**290851**	**278882**	**100.00**	**51.05**	**48.95**	**104.29**
0-4岁	**35651**	**18492**	**17159**	**6.26**	**3.25**	**3.01**	**107.77**
0	5776	3011	2765	1.01	0.53	0.49	108.90
1	6738	3550	3188	1.18	0.62	0.56	111.36
2	7105	3635	3470	1.25	0.64	0.61	104.76
3	7784	4003	3781	1.37	0.70	0.66	105.87
4	8248	4293	3955	1.45	0.75	0.69	108.55
5-9岁	**41508**	**21386**	**20122**	**7.29**	**3.75**	**3.53**	**106.28**
5	7856	4007	3849	1.38	0.70	0.68	104.10
6	8646	4446	4200	1.52	0.78	0.74	105.86
7	8302	4225	4077	1.46	0.74	0.72	103.63
8	8677	4495	4182	1.52	0.79	0.73	107.48
9	8027	4213	3814	1.41	0.74	0.67	110.46
10-14岁	**38861**	**20084**	**18777**	**6.82**	**3.53**	**3.30**	**106.96**
10	8295	4262	4033	1.46	0.75	0.71	105.68
11	8006	4150	3856	1.41	0.73	0.68	107.62
12	7781	4006	3775	1.37	0.70	0.66	106.12
13	7361	3810	3551	1.29	0.67	0.62	107.29
14	7418	3856	3562	1.30	0.68	0.63	108.25
15-19岁	**35643**	**18189**	**17454**	**6.26**	**3.19**	**3.06**	**104.21**
15	7134	3637	3497	1.25	0.64	0.61	104.00
16	7741	3950	3791	1.36	0.69	0.67	104.19
17	7603	3887	3716	1.33	0.68	0.65	104.60
18	6866	3495	3371	1.21	0.61	0.59	103.68
19	6299	3220	3079	1.11	0.57	0.54	104.58
20-24岁	**34208**	**17434**	**16774**	**6.00**	**3.06**	**2.94**	**103.93**
20	6725	3465	3260	1.18	0.61	0.57	106.29
21	6309	3219	3090	1.11	0.57	0.54	104.17
22	6823	3461	3362	1.20	0.61	0.59	102.94
23	6914	3579	3335	1.21	0.63	0.59	107.32
24	7437	3710	3727	1.31	0.65	0.65	99.54
25-29岁	**42603**	**21679**	**20924**	**7.48**	**3.81**	**3.67**	**103.61**
25	8131	4074	4057	1.43	0.72	0.71	100.42
26	8080	4083	3997	1.42	0.72	0.70	102.15
27	8447	4287	4160	1.48	0.75	0.73	103.05
28	8984	4634	4350	1.58	0.81	0.76	106.53
29	8961	4601	4360	1.57	0.81	0.77	105.53

1-4　续表 1

单位：人、%

年　龄	人口数			占总人口比重			性别比
	合计	男	女	合计	男	女	(女=100)
30-34岁	**47485**	**24395**	**23090**	**8.33**	**4.28**	**4.05**	**105.65**
30	10469	5375	5094	1.84	0.94	0.89	105.52
31	9966	5163	4803	1.75	0.91	0.84	107.50
32	8950	4530	4420	1.57	0.80	0.78	102.49
33	9645	4972	4673	1.69	0.87	0.82	106.40
34	8455	4355	4100	1.48	0.76	0.72	106.22
35-39岁	**39752**	**20308**	**19444**	**6.98**	**3.56**	**3.41**	**104.44**
35	7520	3806	3714	1.32	0.67	0.65	102.48
36	7495	3811	3684	1.32	0.67	0.65	103.45
37	7378	3767	3611	1.29	0.66	0.63	104.32
38	9052	4631	4421	1.59	0.81	0.78	104.75
39	8307	4293	4014	1.46	0.75	0.70	106.95
40-44岁	**44751**	**23305**	**21446**	**7.85**	**4.09**	**3.76**	**108.67**
40	8589	4466	4123	1.51	0.78	0.72	108.32
41	8899	4630	4269	1.56	0.81	0.75	108.46
42	8889	4686	4203	1.56	0.82	0.74	111.49
43	8700	4482	4218	1.53	0.79	0.74	106.26
44	9674	5041	4633	1.70	0.88	0.81	108.81
45-49岁	**51788**	**27022**	**24766**	**9.09**	**4.74**	**4.35**	**109.11**
45	9627	4918	4709	1.69	0.86	0.83	104.44
46	10341	5406	4935	1.82	0.95	0.87	109.54
47	10791	5667	5124	1.89	0.99	0.90	110.60
48	10532	5601	4931	1.85	0.98	0.87	113.59
49	10497	5430	5067	1.84	0.95	0.89	107.16
50-54岁	**50850**	**26290**	**24560**	**8.93**	**4.61**	**4.31**	**107.04**
50	11015	5623	5392	1.93	0.99	0.95	104.28
51	10492	5435	5057	1.84	0.95	0.89	107.47
52	10736	5606	5130	1.88	0.98	0.90	109.28
53	9095	4710	4385	1.60	0.83	0.77	107.41
54	9512	4916	4596	1.67	0.86	0.81	106.96
55-59岁	**37021**	**18895**	**18126**	**6.50**	**3.32**	**3.18**	**104.24**
55	9127	4698	4429	1.60	0.82	0.78	106.07
56	8986	4583	4403	1.58	0.80	0.77	104.09
57	9000	4567	4433	1.58	0.80	0.78	103.02
58	6948	3553	3395	1.22	0.62	0.60	104.65
59	2960	1494	1466	0.52	0.26	0.26	101.91
60-64岁	**20245**	**10307**	**9938**	**3.55**	**1.81**	**1.74**	**103.71**
60	3530	1840	1690	0.62	0.32	0.30	108.88
61	3436	1730	1706	0.60	0.30	0.30	101.41
62	4317	2226	2091	0.76	0.39	0.37	106.46
63	4591	2320	2271	0.81	0.41	0.40	102.16
64	4371	2191	2180	0.77	0.38	0.38	100.50

1-4 续表 2

单位：人、%

年 龄	人口数			占总人口比重			性别比
	合计	男	女	合计	男	女	(女=100)
65-69岁	**19148**	**9388**	**9760**	**3.36**	**1.65**	**1.71**	**96.19**
65	4448	2188	2260	0.78	0.38	0.40	96.81
66	4137	2072	2065	0.73	0.36	0.36	100.34
67	3743	1853	1890	0.66	0.33	0.33	98.04
68	3756	1827	1929	0.66	0.32	0.34	94.71
69	3064	1448	1616	0.54	0.25	0.28	89.60
70-74岁	**13257**	**6191**	**7066**	**2.33**	**1.09**	**1.24**	**87.62**
70	3068	1456	1612	0.54	0.26	0.28	90.32
71	3019	1472	1547	0.53	0.26	0.27	95.15
72	2459	1168	1291	0.43	0.21	0.23	90.47
73	2435	1097	1338	0.43	0.19	0.23	81.99
74	2276	998	1278	0.40	0.18	0.22	78.09
75-79岁	**9204**	**4013**	**5191**	**1.62**	**0.70**	**0.91**	**77.31**
75	2114	897	1217	0.37	0.16	0.21	73.71
76	2040	892	1148	0.36	0.16	0.20	77.70
77	1741	783	958	0.31	0.14	0.17	81.73
78	1751	739	1012	0.31	0.13	0.18	73.02
79	1558	702	856	0.27	0.12	0.15	82.01
80-84岁	**5274**	**2346**	**2928**	**0.93**	**0.41**	**0.51**	**80.12**
80	1416	631	785	0.25	0.11	0.14	80.38
81	1090	460	630	0.19	0.08	0.11	73.02
82	1111	501	610	0.20	0.09	0.11	82.13
83	920	420	500	0.16	0.07	0.09	84.00
84	737	334	403	0.13	0.06	0.07	82.88
85-89岁	**1955**	**898**	**1057**	**0.34**	**0.16**	**0.19**	**84.96**
85	595	263	332	0.10	0.05	0.06	79.22
86	474	205	269	0.08	0.04	0.05	76.21
87	398	197	201	0.07	0.03	0.04	98.01
88	272	130	142	0.05	0.02	0.02	91.55
89	216	103	113	0.04	0.02	0.02	91.15
90-94岁	**454**	**208**	**246**	**0.08**	**0.04**	**0.04**	**84.55**
90	176	88	88	0.03	0.02	0.02	100.00
91	100	52	48	0.02	0.01	0.01	108.33
92	84	26	58	0.01		0.01	44.83
93	52	25	27	0.01			92.59
94	42	17	25	0.01			68.00
95-99岁	**65**	**18**	**47**	**0.01**		**0.01**	**38.30**
95	20	7	13				53.85
96	18	5	13				38.46
97	11	2	9				22.22
98	8	2	6				33.33
99	8	2	6				33.33
100岁及以上	**10**	**3**	**7**				**42.86**

1-4a　全省分年龄、性别的人口(城市)

单位：人、%

年　龄	人　口　数			占总人口比重			性别比
	合计	男	女	合计	男	女	(女=100)
总　计	**198574**	**100427**	**98147**	**100.00**	**50.57**	**49.43**	**102.32**
0-4岁	**9903**	**5186**	**4717**	**4.99**	**2.61**	**2.38**	**109.94**
0	1445	766	679	0.73	0.39	0.34	112.81
1	1966	1065	901	0.99	0.54	0.45	118.20
2	1947	1014	933	0.98	0.51	0.47	108.68
3	2268	1155	1113	1.14	0.58	0.56	103.77
4	2277	1186	1091	1.15	0.60	0.55	108.71
5-9岁	**10684**	**5494**	**5190**	**5.38**	**2.77**	**2.61**	**105.86**
5	1935	957	978	0.97	0.48	0.49	97.85
6	2357	1256	1101	1.19	0.63	0.55	114.08
7	2116	1092	1024	1.07	0.55	0.52	106.64
8	2293	1149	1144	1.15	0.58	0.58	100.44
9	1983	1040	943	1.00	0.52	0.47	110.29
10-14岁	**9867**	**5114**	**4753**	**4.97**	**2.58**	**2.39**	**107.60**
10	2012	1067	945	1.01	0.54	0.48	112.91
11	1943	1004	939	0.98	0.51	0.47	106.92
12	2017	1068	949	1.02	0.54	0.48	112.54
13	1994	1013	981	1.00	0.51	0.49	103.26
14	1901	962	939	0.96	0.48	0.47	102.45
15-19岁	**10268**	**5310**	**4958**	**5.17**	**2.67**	**2.50**	**107.10**
15	1862	970	892	0.94	0.49	0.45	108.74
16	2126	1098	1028	1.07	0.55	0.52	106.81
17	2241	1193	1048	1.13	0.60	0.53	113.84
18	2006	1065	941	1.01	0.54	0.47	113.18
19	2033	984	1049	1.02	0.50	0.53	93.80
20-24岁	**12558**	**6275**	**6283**	**6.32**	**3.16**	**3.16**	**99.87**
20	2513	1207	1306	1.27	0.61	0.66	92.42
21	2421	1220	1201	1.22	0.61	0.60	101.58
22	2521	1274	1247	1.27	0.64	0.63	102.17
23	2416	1237	1179	1.22	0.62	0.59	104.92
24	2687	1337	1350	1.35	0.67	0.68	99.04
25-29岁	**16509**	**8241**	**8268**	**8.31**	**4.15**	**4.16**	**99.67**
25	2979	1468	1511	1.50	0.74	0.76	97.15
26	2993	1482	1511	1.51	0.75	0.76	98.08
27	3320	1654	1666	1.67	0.83	0.84	99.28
28	3646	1828	1818	1.84	0.92	0.92	100.55
29	3571	1809	1762	1.80	0.91	0.89	102.67

1-4a 续表 1

单位：人、%

年 龄	人 口 数			占总人口比重			性别比
	合计	男	女	合计	男	女	(女=100)
30-34岁	**19258**	**9824**	**9434**	**9.70**	**4.95**	**4.75**	**104.13**
30	4329	2206	2123	2.18	1.11	1.07	103.91
31	4036	2095	1941	2.03	1.06	0.98	107.93
32	3619	1812	1807	1.82	0.91	0.91	100.28
33	3851	1938	1913	1.94	0.98	0.96	101.31
34	3423	1773	1650	1.72	0.89	0.83	107.45
35-39岁	**14273**	**7260**	**7013**	**7.19**	**3.66**	**3.53**	**103.52**
35	2854	1467	1387	1.44	0.74	0.70	105.77
36	2718	1353	1365	1.37	0.68	0.69	99.12
37	2665	1349	1316	1.34	0.68	0.66	102.51
38	3208	1628	1580	1.62	0.82	0.80	103.04
39	2828	1463	1365	1.42	0.74	0.69	107.18
40-44岁	**15456**	**7850**	**7606**	**7.78**	**3.95**	**3.83**	**103.21**
40	2893	1477	1416	1.46	0.74	0.71	104.31
41	3061	1502	1559	1.54	0.76	0.79	96.34
42	3129	1615	1514	1.58	0.81	0.76	106.67
43	2992	1499	1493	1.51	0.75	0.75	100.40
44	3381	1757	1624	1.70	0.88	0.82	108.19
45-49岁	**18867**	**9822**	**9045**	**9.50**	**4.95**	**4.55**	**108.59**
45	3292	1669	1623	1.66	0.84	0.82	102.83
46	3696	1918	1778	1.86	0.97	0.90	107.87
47	3918	2059	1859	1.97	1.04	0.94	110.76
48	4029	2161	1868	2.03	1.09	0.94	115.69
49	3932	2015	1917	1.98	1.01	0.97	105.11
50-54岁	**19463**	**9862**	**9601**	**9.80**	**4.97**	**4.83**	**102.72**
50	4160	2119	2041	2.09	1.07	1.03	103.82
51	4045	2067	1978	2.04	1.04	1.00	104.50
52	4123	2049	2074	2.08	1.03	1.04	98.79
53	3476	1752	1724	1.75	0.88	0.87	101.62
54	3659	1875	1784	1.84	0.94	0.90	105.10
55-59岁	**14745**	**7501**	**7244**	**7.43**	**3.78**	**3.65**	**103.55**
55	3598	1793	1805	1.81	0.90	0.91	99.34
56	3660	1888	1772	1.84	0.95	0.89	106.55
57	3676	1907	1769	1.85	0.96	0.89	107.80
58	2654	1328	1326	1.34	0.67	0.67	100.15
59	1157	585	572	0.58	0.29	0.29	102.27
60-64岁	**8189**	**4149**	**4040**	**4.12**	**2.09**	**2.03**	**102.70**
60	1490	762	728	0.75	0.38	0.37	104.67
61	1521	750	771	0.77	0.38	0.39	97.28
62	1769	933	836	0.89	0.47	0.42	111.60
63	1792	894	898	0.90	0.45	0.45	99.55
64	1617	810	807	0.81	0.41	0.41	100.37

1-4a　续表 2

单位：人、%

年　龄	人口数			占总人口比重			性别比
	合计	男	女	合计	男	女	(女=100)
65-69岁	**6749**	**3291**	**3458**	**3.40**	**1.66**	**1.74**	**95.17**
65	1663	819	844	0.84	0.41	0.43	97.04
66	1486	737	749	0.75	0.37	0.38	98.40
67	1315	648	667	0.66	0.33	0.34	97.15
68	1239	604	635	0.62	0.30	0.32	95.12
69	1046	483	563	0.53	0.24	0.28	85.79
70-74岁	**4447**	**2014**	**2433**	**2.24**	**1.01**	**1.23**	**82.78**
70	1035	493	542	0.52	0.25	0.27	90.96
71	1009	497	512	0.51	0.25	0.26	97.07
72	783	354	429	0.39	0.18	0.22	82.52
73	820	353	467	0.41	0.18	0.24	75.59
74	800	317	483	0.40	0.16	0.24	65.63
75-79岁	**3684**	**1475**	**2209**	**1.86**	**0.74**	**1.11**	**66.77**
75	767	295	472	0.39	0.15	0.24	62.50
76	786	299	487	0.40	0.15	0.25	61.40
77	723	293	430	0.36	0.15	0.22	68.14
78	739	289	450	0.37	0.15	0.23	64.22
79	669	299	370	0.34	0.15	0.19	80.81
80-84岁	**2486**	**1158**	**1328**	**1.25**	**0.58**	**0.67**	**87.20**
80	664	300	364	0.33	0.15	0.18	82.42
81	525	230	295	0.26	0.12	0.15	77.97
82	509	234	275	0.26	0.12	0.14	85.09
83	418	219	199	0.21	0.11	0.10	110.05
84	370	175	195	0.19	0.09	0.10	89.74
85-89岁	**909**	**464**	**445**	**0.46**	**0.23**	**0.22**	**104.27**
85	258	124	134	0.13	0.06	0.07	92.54
86	224	107	117	0.11	0.05	0.06	91.45
87	190	102	88	0.10	0.05	0.04	115.91
88	128	68	60	0.06	0.03	0.03	113.33
89	109	63	46	0.05	0.03	0.02	136.96
90-94岁	**228**	**125**	**103**	**0.11**	**0.06**	**0.05**	**121.36**
90	90	47	43	0.05	0.02	0.02	109.30
91	49	33	16	0.02	0.02	0.01	206.25
92	35	17	18	0.02	0.01	0.01	94.44
93	30	20	10	0.02	0.01	0.01	200.00
94	24	8	16	0.01		0.01	50.00
95-99岁	**26**	**10**	**16**	**0.01**	**0.01**	**0.01**	**62.50**
95	8	3	5				60.00
96	10	3	7	0.01			42.86
97	4	1	3				33.33
98	3	2	1				200.00
99	1	1					
100岁及以上	**5**	**2**	**3**				**66.67**

1-4b　全省分年龄、性别的人口(镇)

单位：人、%

年　龄	人　口　数			占总人口比重			性别比
	合计	男	女	合计	男	女	(女=100)
总　计	**138444**	**70255**	**68189**	**100.00**	**50.75**	**49.25**	**103.03**
0-4岁	**8147**	**4210**	**3937**	**5.88**	**3.04**	**2.84**	**106.93**
0	1144	598	546	0.83	0.43	0.39	109.52
1	1517	784	733	1.10	0.57	0.53	106.96
2	1651	840	811	1.19	0.61	0.59	103.58
3	1850	956	894	1.34	0.69	0.65	106.94
4	1985	1032	953	1.43	0.75	0.69	108.29
5-9岁	**10738**	**5572**	**5166**	**7.76**	**4.02**	**3.73**	**107.86**
5	1986	1018	968	1.43	0.74	0.70	105.17
6	2121	1066	1055	1.53	0.77	0.76	101.04
7	2249	1157	1092	1.62	0.84	0.79	105.95
8	2292	1208	1084	1.66	0.87	0.78	111.44
9	2090	1123	967	1.51	0.81	0.70	116.13
10-14岁	**10219**	**5228**	**4991**	**7.38**	**3.78**	**3.61**	**104.75**
10	2254	1140	1114	1.63	0.82	0.80	102.33
11	2118	1093	1025	1.53	0.79	0.74	106.63
12	2022	1022	1000	1.46	0.74	0.72	102.20
13	1884	982	902	1.36	0.71	0.65	108.87
14	1941	991	950	1.40	0.72	0.69	104.32
15-19岁	**11350**	**5612**	**5738**	**8.20**	**4.05**	**4.14**	**97.80**
15	2084	1018	1066	1.51	0.74	0.77	95.50
16	2590	1295	1295	1.87	0.94	0.94	100.00
17	2744	1342	1402	1.98	0.97	1.01	95.72
18	2229	1067	1162	1.61	0.77	0.84	91.82
19	1703	890	813	1.23	0.64	0.59	109.47
20-24岁	**7904**	**3977**	**3927**	**5.71**	**2.87**	**2.84**	**101.27**
20	1454	742	712	1.05	0.54	0.51	104.21
21	1366	702	664	0.99	0.51	0.48	105.72
22	1556	782	774	1.12	0.56	0.56	101.03
23	1703	891	812	1.23	0.64	0.59	109.73
24	1825	860	965	1.32	0.62	0.70	89.12
25-29岁	**10319**	**5184**	**5135**	**7.45**	**3.74**	**3.71**	**100.95**
25	2016	997	1019	1.46	0.72	0.74	97.84
26	2014	987	1027	1.45	0.71	0.74	96.11
27	2057	1022	1035	1.49	0.74	0.75	98.74
28	2134	1089	1045	1.54	0.79	0.75	104.21
29	2098	1089	1009	1.52	0.79	0.73	107.93

1-4b 续表 1

单位：人、%

年 龄	人口数			占总人口比重			性别比
	合计	男	女	合计	男	女	(女=100)
30-34岁	**11821**	**5942**	**5879**	**8.54**	**4.29**	**4.25**	**101.07**
30	2563	1298	1265	1.85	0.94	0.91	102.61
31	2498	1248	1250	1.80	0.90	0.90	99.84
32	2254	1105	1149	1.63	0.80	0.83	96.17
33	2380	1228	1152	1.72	0.89	0.83	106.60
34	2126	1063	1063	1.54	0.77	0.77	100.00
35-39岁	**10146**	**5056**	**5090**	**7.33**	**3.65**	**3.68**	**99.33**
35	1955	966	989	1.41	0.70	0.71	97.67
36	1923	957	966	1.39	0.69	0.70	99.07
37	1910	953	957	1.38	0.69	0.69	99.58
38	2223	1116	1107	1.61	0.81	0.80	100.81
39	2135	1064	1071	1.54	0.77	0.77	99.35
40-44岁	**11637**	**6091**	**5546**	**8.41**	**4.40**	**4.01**	**109.83**
40	2242	1166	1076	1.62	0.84	0.78	108.36
41	2381	1239	1142	1.72	0.89	0.82	108.49
42	2313	1218	1095	1.67	0.88	0.79	111.23
43	2258	1181	1077	1.63	0.85	0.78	109.66
44	2443	1287	1156	1.76	0.93	0.83	111.33
45-49岁	**12546**	**6474**	**6072**	**9.06**	**4.68**	**4.39**	**106.62**
45	2415	1194	1221	1.74	0.86	0.88	97.79
46	2558	1336	1222	1.85	0.97	0.88	109.33
47	2550	1334	1216	1.84	0.96	0.88	109.70
48	2508	1302	1206	1.81	0.94	0.87	107.96
49	2515	1308	1207	1.82	0.94	0.87	108.37
50-54岁	**11377**	**6010**	**5367**	**8.22**	**4.34**	**3.88**	**111.98**
50	2636	1353	1283	1.90	0.98	0.93	105.46
51	2391	1293	1098	1.73	0.93	0.79	117.76
52	2348	1282	1066	1.70	0.93	0.77	120.26
53	1957	1032	925	1.41	0.75	0.67	111.57
54	2045	1050	995	1.48	0.76	0.72	105.53
55-59岁	**7853**	**3981**	**3872**	**5.67**	**2.88**	**2.80**	**102.82**
55	1949	1022	927	1.41	0.74	0.67	110.25
56	1887	961	926	1.36	0.69	0.67	103.78
57	1850	914	936	1.34	0.66	0.68	97.65
58	1534	786	748	1.11	0.57	0.54	105.08
59	633	298	335	0.46	0.22	0.24	88.96
60-64岁	**4172**	**2116**	**2056**	**3.01**	**1.53**	**1.49**	**102.92**
60	728	395	333	0.53	0.29	0.24	118.62
61	742	374	368	0.54	0.27	0.27	101.63
62	885	441	444	0.64	0.32	0.32	99.32
63	899	459	440	0.65	0.33	0.32	104.32
64	918	447	471	0.66	0.32	0.34	94.90

1-4b　续表 2　　　　单位：人、%

年　龄	人　口　数			占总人口比重			性别比
	合计	男	女	合计	男	女	(女=100)
65—69岁	**4047**	**1963**	**2084**	**2.92**	**1.42**	**1.51**	**94.19**
65	945	475	470	0.68	0.34	0.34	101.06
66	872	428	444	0.63	0.31	0.32	96.40
67	762	378	384	0.55	0.27	0.28	98.44
68	814	376	438	0.59	0.27	0.32	85.84
69	654	306	348	0.47	0.22	0.25	87.93
70—74岁	**2904**	**1382**	**1522**	**2.10**	**1.00**	**1.10**	**90.80**
70	696	342	354	0.50	0.25	0.26	96.61
71	679	324	355	0.49	0.23	0.26	91.27
72	543	274	269	0.39	0.20	0.19	101.86
73	515	222	293	0.37	0.16	0.21	75.77
74	471	220	251	0.34	0.16	0.18	87.65
75—79岁	**1882**	**851**	**1031**	**1.36**	**0.61**	**0.74**	**82.54**
75	467	198	269	0.34	0.14	0.19	73.61
76	419	191	228	0.30	0.14	0.16	83.77
77	339	152	187	0.24	0.11	0.14	81.28
78	328	162	166	0.24	0.12	0.12	97.59
79	329	148	181	0.24	0.11	0.13	81.77
80—84岁	**963**	**435**	**528**	**0.70**	**0.31**	**0.38**	**82.39**
80	245	109	136	0.18	0.08	0.10	80.15
81	183	90	93	0.13	0.07	0.07	96.77
82	219	98	121	0.16	0.07	0.09	80.99
83	172	72	100	0.12	0.05	0.07	72.00
84	144	66	78	0.10	0.05	0.06	84.62
85—89岁	**340**	**143**	**197**	**0.25**	**0.10**	**0.14**	**72.59**
85	98	43	55	0.07	0.03	0.04	78.18
86	79	23	56	0.06	0.02	0.04	41.07
87	76	41	35	0.05	0.03	0.03	117.14
88	44	21	23	0.03	0.02	0.02	91.30
89	43	15	28	0.03	0.01	0.02	53.57
90—94岁	**65**	**26**	**39**	**0.05**	**0.02**	**0.03**	**66.67**
90	26	11	15	0.02	0.01	0.01	73.33
91	12	6	6	0.01			100.00
92	16	3	13	0.01		0.01	23.08
93	6	3	3				100.00
94	5	3	2				150.00
95—99岁	**14**	**2**	**12**	**0.01**		**0.01**	**16.67**
95	6	1	5				20.00
96	1		1				
97	3		3				
98	1		1				
99	3	1	2				50.00
100岁及以上							

1-4c 全省分年龄、性别的人口(乡村)

单位：人、%

年 龄	人口数			占总人口比重			性别比
	合计	男	女	合计	男	女	(女=100)
总 计	**232715**	**120169**	**112546**	**100.00**	**51.64**	**48.36**	**106.77**
0-4岁	**17601**	**9096**	**8505**	**7.56**	**3.91**	**3.65**	**106.95**
0	3187	1647	1540	1.37	0.71	0.66	106.95
1	3255	1701	1554	1.40	0.73	0.67	109.46
2	3507	1781	1726	1.51	0.77	0.74	103.19
3	3666	1892	1774	1.58	0.81	0.76	106.65
4	3986	2075	1911	1.71	0.89	0.82	108.58
5-9岁	**20086**	**10320**	**9766**	**8.63**	**4.43**	**4.20**	**105.67**
5	3935	2032	1903	1.69	0.87	0.82	106.78
6	4168	2124	2044	1.79	0.91	0.88	103.91
7	3937	1976	1961	1.69	0.85	0.84	100.76
8	4092	2138	1954	1.76	0.92	0.84	109.42
9	3954	2050	1904	1.70	0.88	0.82	107.67
10-14岁	**18775**	**9742**	**9033**	**8.07**	**4.19**	**3.88**	**107.85**
10	4029	2055	1974	1.73	0.88	0.85	104.10
11	3945	2053	1892	1.70	0.88	0.81	108.51
12	3742	1916	1826	1.61	0.82	0.78	104.93
13	3483	1815	1668	1.50	0.78	0.72	108.81
14	3576	1903	1673	1.54	0.82	0.72	113.75
15-19岁	**14025**	**7267**	**6758**	**6.03**	**3.12**	**2.90**	**107.53**
15	3188	1649	1539	1.37	0.71	0.66	107.15
16	3025	1557	1468	1.30	0.67	0.63	106.06
17	2618	1352	1266	1.12	0.58	0.54	106.79
18	2631	1363	1268	1.13	0.59	0.54	107.49
19	2563	1346	1217	1.10	0.58	0.52	110.60
20-24岁	**13746**	**7182**	**6564**	**5.91**	**3.09**	**2.82**	**109.41**
20	2758	1516	1242	1.19	0.65	0.53	122.06
21	2522	1297	1225	1.08	0.56	0.53	105.88
22	2746	1405	1341	1.18	0.60	0.58	104.77
23	2795	1451	1344	1.20	0.62	0.58	107.96
24	2925	1513	1412	1.26	0.65	0.61	107.15
25-29岁	**15775**	**8254**	**7521**	**6.78**	**3.55**	**3.23**	**109.75**
25	3136	1609	1527	1.35	0.69	0.66	105.37
26	3073	1614	1459	1.32	0.69	0.63	110.62
27	3070	1611	1459	1.32	0.69	0.63	110.42
28	3204	1717	1487	1.38	0.74	0.64	115.47
29	3292	1703	1589	1.41	0.73	0.68	107.17

1-4c 续表 1

单位：人、%

年 龄	人口数			占总人口比重			性别比
	合计	男	女	合计	男	女	(女=100)
30-34岁	**16406**	**8629**	**7777**	**7.05**	**3.71**	**3.34**	**110.96**
30	3577	1871	1706	1.54	0.80	0.73	109.67
31	3432	1820	1612	1.47	0.78	0.69	112.90
32	3077	1613	1464	1.32	0.69	0.63	110.18
33	3414	1806	1608	1.47	0.78	0.69	112.31
34	2906	1519	1387	1.25	0.65	0.60	109.52
35-39岁	**15333**	**7992**	**7341**	**6.59**	**3.43**	**3.15**	**108.87**
35	2711	1373	1338	1.16	0.59	0.57	102.62
36	2854	1501	1353	1.23	0.64	0.58	110.94
37	2803	1465	1338	1.20	0.63	0.57	109.49
38	3621	1887	1734	1.56	0.81	0.75	108.82
39	3344	1766	1578	1.44	0.76	0.68	111.91
40-44岁	**17658**	**9364**	**8294**	**7.59**	**4.02**	**3.56**	**112.90**
40	3454	1823	1631	1.48	0.78	0.70	111.77
41	3457	1889	1568	1.49	0.81	0.67	120.47
42	3447	1853	1594	1.48	0.80	0.68	116.25
43	3450	1802	1648	1.48	0.77	0.71	109.34
44	3850	1997	1853	1.65	0.86	0.80	107.77
45-49岁	**20375**	**10726**	**9649**	**8.76**	**4.61**	**4.15**	**111.16**
45	3920	2055	1865	1.68	0.88	0.80	110.19
46	4087	2152	1935	1.76	0.92	0.83	111.21
47	4323	2274	2049	1.86	0.98	0.88	110.98
48	3995	2138	1857	1.72	0.92	0.80	115.13
49	4050	2107	1943	1.74	0.91	0.83	108.44
50-54岁	**20010**	**10418**	**9592**	**8.60**	**4.48**	**4.12**	**108.61**
50	4219	2151	2068	1.81	0.92	0.89	104.01
51	4056	2075	1981	1.74	0.89	0.85	104.75
52	4265	2275	1990	1.83	0.98	0.86	114.32
53	3662	1926	1736	1.57	0.83	0.75	110.94
54	3808	1991	1817	1.64	0.86	0.78	109.58
55-59岁	**14423**	**7413**	**7010**	**6.20**	**3.19**	**3.01**	**105.75**
55	3580	1883	1697	1.54	0.81	0.73	110.96
56	3439	1734	1705	1.48	0.75	0.73	101.70
57	3474	1746	1728	1.49	0.75	0.74	101.04
58	2760	1439	1321	1.19	0.62	0.57	108.93
59	1170	611	559	0.50	0.26	0.24	109.30
60-64岁	**7884**	**4042**	**3842**	**3.39**	**1.74**	**1.65**	**105.21**
60	1312	683	629	0.56	0.29	0.27	108.59
61	1173	606	567	0.50	0.26	0.24	106.88
62	1663	852	811	0.71	0.37	0.35	105.06
63	1900	967	933	0.82	0.42	0.40	103.64
64	1836	934	902	0.79	0.40	0.39	103.55

1-4c　续表 2

单位：人、%

年　龄	人　口　数			占总人口比重			性别比
	合计	男	女	合计	男	女	(女=100)
65-69岁	**8352**	**4134**	**4218**	**3.59**	**1.78**	**1.81**	**98.01**
65	1840	894	946	0.79	0.38	0.41	94.50
66	1779	907	872	0.76	0.39	0.37	104.01
67	1666	827	839	0.72	0.36	0.36	98.57
68	1703	847	856	0.73	0.36	0.37	98.95
69	1364	659	705	0.59	0.28	0.30	93.48
70-74岁	**5906**	**2795**	**3111**	**2.54**	**1.20**	**1.34**	**89.84**
70	1337	621	716	0.57	0.27	0.31	86.73
71	1331	651	680	0.57	0.28	0.29	95.74
72	1133	540	593	0.49	0.23	0.25	91.06
73	1100	522	578	0.47	0.22	0.25	90.31
74	1005	461	544	0.43	0.20	0.23	84.74
75-79岁	**3638**	**1687**	**1951**	**1.56**	**0.72**	**0.84**	**86.47**
75	880	404	476	0.38	0.17	0.20	84.87
76	835	402	433	0.36	0.17	0.19	92.84
77	679	338	341	0.29	0.15	0.15	99.12
78	684	288	396	0.29	0.12	0.17	72.73
79	560	255	305	0.24	0.11	0.13	83.61
80-84岁	**1825**	**753**	**1072**	**0.78**	**0.32**	**0.46**	**70.24**
80	507	222	285	0.22	0.10	0.12	77.89
81	382	140	242	0.16	0.06	0.10	57.85
82	383	169	214	0.16	0.07	0.09	78.97
83	330	129	201	0.14	0.06	0.09	64.18
84	223	93	130	0.10	0.04	0.06	71.54
85-89岁	**706**	**291**	**415**	**0.30**	**0.13**	**0.18**	**70.12**
85	239	96	143	0.10	0.04	0.06	67.13
86	171	75	96	0.07	0.03	0.04	78.13
87	132	54	78	0.06	0.02	0.03	69.23
88	100	41	59	0.04	0.02	0.03	69.49
89	64	25	39	0.03	0.01	0.02	64.10
90-94岁	**161**	**57**	**104**	**0.07**	**0.02**	**0.04**	**54.81**
90	60	30	30	0.03	0.01	0.01	100.00
91	39	13	26	0.02	0.01	0.01	50.00
92	33	6	27	0.01		0.01	22.22
93	16	2	14	0.01		0.01	14.29
94	13	6	7	0.01			85.71
95-99岁	**25**	**6**	**19**	**0.01**		**0.01**	**31.58**
95	6	3	3				100.00
96	7	2	5				40.00
97	4	1	3				33.33
98	4		4				
99	4		4				
100岁及以上	**5**	**1**	**4**				**25.00**

第二部分 长表数据资料

第二卷 民族

2-1　全省各民族分性别、行业的人口

单位：人

民　族	人口数			农、林、牧、渔业			采矿业		
	合计	男	女	小计	男	女	小计	男	女
总　计	**226530**	**135849**	**90681**	**52938**	**28938**	**24000**	**3249**	**2720**	**529**
汉　族	132727	80926	51801	14512	8241	6271	2669	2226	443
蒙古族	4590	2545	2045	2318	1294	1024	25	18	7
回　族	26739	17204	9535	5235	3256	1979	285	254	31
藏　族	49715	27524	22191	27876	14582	13294	164	138	26
维吾尔族	19	15	4	1	1		1		1
苗　族	53	33	20	2	2				
彝　族	42	30	12				6	4	2
壮　族	48	22	26	2		2	1	1	
布依族	8	5	3	1		1			
朝鲜族	16	7	9	1	1				
满　族	356	217	139	2	1	1	8	7	1
侗　族	13	6	7						
瑶　族	10	5	5						
白　族	30	16	14	2	1	1	1		1
土家族	516	285	231	37	22	15	12	10	2
哈尼族	6		6						
哈萨克族	21	15	6	14	10	4			
傣　族	7	5	2	2		2			
黎　族	6	3	3				1	1	
傈僳族	2		2						
佤　族	1	1							
畲　族	5	5							
高山族									
拉祜族									
水　族									
东乡族	402	287	115	50	33	17	5	5	
纳西族	1		1						
景颇族									
柯尔克孜族	1		1						
土　族	8012	4626	3386	2594	1328	1266	59	45	14
达斡尔族	1	1					1	1	
仫佬族	1		1						
羌　族	5	4	1						
布朗族									
撒拉族	3106	2014	1092	285	164	121	11	10	1
毛南族									
仡佬族	2	2							
锡伯族	2	2							
阿昌族									
普米族									
塔吉克族									
怒　族									
乌孜别克族									
俄罗斯族	5	3	2						
鄂温克族									
德昂族									
保安族	49	32	17	1	1				
裕固族	9	6	3	2	1	1			
京　族									
塔塔尔族									
独龙族									
鄂伦春族									
赫哲族									
门巴族	1		1	1		1			
珞巴族									
基诺族									
未定族称人口	2	2							
入　籍	1	1							

2-1 续表 1

单位：人

民族	制造业			电力、热力、燃气及水生产和供应业			建筑业		
	小计	男	女	小计	男	女	小计	男	女
总计	**16409**	**11675**	**4734**	**4436**	**3414**	**1022**	**24294**	**19462**	**4832**
汉族	12684	9045	3639	3513	2707	806	18319	14787	3532
蒙古族	134	101	33	55	40	15	151	126	25
回族	1768	1272	496	244	185	59	1978	1680	298
藏族	1065	716	349	410	310	100	2598	1873	725
维吾尔族	1	1							
苗族	8	6	2	1	1		10	7	3
彝族	11	7	4	7	7		9	9	
壮族	2	2		2		2	7	4	3
布依族	3	2	1				1	1	
朝鲜族	2		2	1	1				
满族	43	29	14	9	8	1	18	13	5
侗族	1		1				4	3	1
瑶族	1		1	1	1				
白族	6	4	2				1	1	
土家族	58	42	16	21	16	5	65	43	22
哈尼族	1		1						
哈萨克族	2	2		1	1				
傣族							5	5	
黎族									
傈僳族	1		1						
佤族									
畲族							2	2	
高山族									
拉祜族									
水族									
东乡族	31	24	7				25	24	1
纳西族							1		1
景颇族									
柯尔克孜族									
土族	507	362	145	150	122	28	936	743	193
达斡尔族									
仫佬族									
羌族							2	1	1
布朗族									
撒拉族	75	56	19	21	15	6	156	134	22
毛南族									
仡佬族							1	1	
锡伯族									
阿昌族									
普米族									
塔吉克族									
怒族									
乌孜别克族									
俄罗斯族	1		1						
鄂温克族									
德昂族									
保安族	2	2					5	5	
裕固族									
京族									
塔塔尔族									
独龙族									
鄂伦春族									
赫哲族									
门巴族									
珞巴族									
基诺族									
未定族称人口	2	2							
入籍									

2-1　续表 2　　单位：人

民　族	批发和零售业			交通运输、仓储和邮政业			住宿和餐饮业		
	小计	男	女	小计	男	女	小计	男	女
总　计	**26456**	**13442**	**13014**	**13656**	**11509**	**2147**	**16186**	**7867**	**8319**
汉　族	19412	9654	9758	9279	7627	1652	7621	3292	4329
蒙古族	197	83	114	114	91	23	88	31	57
回　族	3601	1974	1627	2627	2433	194	4979	2823	2156
藏　族	2024	1016	1008	1041	854	187	1494	574	920
维吾尔族	7	6	1				7	5	2
苗　族	5	3	2	1	1		5	4	1
彝　族	3	1	2				1		1
壮　族	6	2	4	2		2	5	4	1
布依族									
朝鲜族	2	2		1	1		1		1
满　族	50	35	15	27	23	4	4	3	1
侗　族	4	1	3	1	1		1		1
瑶　族	2		2				2	1	1
白　族	7	2	5	1	1				
土家族	44	19	25	22	17	5	30	8	22
哈尼族	3		3				2		2
哈萨克族				1	1				
傣　族									
黎　族	3	1	2						
傈僳族							1		1
佤　族									
畲　族	2	2		1	1				
高山族									
拉祜族									
水　族									
东乡族	117	89	28	25	23	2	85	55	30
纳西族									
景颇族									
柯尔克孜族									
土　族	636	344	292	324	262	62	412	170	242
达斡尔族									
仫佬族									
羌　族									
布朗族									
撒拉族	316	196	120	186	171	15	1432	892	540
毛南族									
仡佬族									
锡伯族	1	1							
阿昌族									
普米族									
塔吉克族									
怒　族									
乌孜别克族									
俄罗斯族	1	1					2	1	1
鄂温克族									
德昂族									
保安族	13	10	3	3	2	1	13	4	9
裕固族							1		1
京　族									
塔塔尔族									
独龙族									
鄂伦春族									
赫哲族									
门巴族									
珞巴族									
基诺族									
未定族称人口									
入　籍									

2-1 续表 3

单位：人

民　族	信息传输、软件和信息技术服务业			金融业			房地产业		
	小计	男	女	小计	男	女	小计	男	女
总　计	**2670**	**1596**	**1074**	**3835**	**1750**	**2085**	**4445**	**2610**	**1835**
汉　族	2059	1239	820	2904	1296	1608	3580	2091	1489
蒙古族	33	16	17	72	30	42	26	18	8
回　族	231	142	89	305	153	152	417	277	140
藏　族	250	139	111	369	177	192	217	111	106
维吾尔族									
苗　族				1	1				
彝　族									
壮　族				4	1	3	2	1	1
布依族							1	1	
朝鲜族				2		2			
满　族	5	3	2	15	5	10	18	11	7
侗　族							1		1
瑶　族							1	1	
白　族	1	1							
土家族	5	3	2	8	1	7	17	13	4
哈尼族									
哈萨克族									
傣　族									
黎　族									
傈僳族									
佤　族									
畲　族									
高山族									
拉祜族									
水　族									
东乡族	1		1	3	2	1	4	1	3
纳西族									
景颇族									
柯尔克孜族									
土　族	62	38	24	94	51	43	150	78	72
达斡尔族									
仫佬族									
羌　族	1	1					1	1	
布朗族									
撒拉族	21	13	8	58	33	25	10	6	4
毛南族									
仡佬族	1	1							
锡伯族									
阿昌族									
普米族									
塔吉克族									
怒　族									
乌孜别克族									
俄罗斯族									
鄂温克族									
德昂族									
保安族									
裕固族									
京　族									
塔塔尔族									
独龙族									
鄂伦春族									
赫哲族									
门巴族									
珞巴族									
基诺族									
未定族称人口									
入　籍									

2-1　续表 4

单位：人

民　族	租赁和商务服务业			科学研究和技术服务业			水利、环境和公共设施管理业		
	小计	男	女	小计	男	女	小计	男	女
总　计	**5551**	**3628**	**1923**	**3492**	**2370**	**1122**	**2610**	**1688**	**922**
汉　族	4266	2720	1546	2895	1957	938	1523	949	574
蒙古族	53	36	17	36	24	12	30	21	9
回　族	606	453	153	190	132	58	150	93	57
藏　族	370	242	128	229	153	76	786	569	217
维吾尔族									
苗　族	2		2	1	1				
彝　族									
壮　族	2	1	1	2	2				
布依族				1	1				
朝鲜族									
满　族	11	7	4	16	10	6	2	1	1
侗　族									
瑶　族	2	1	1						
白　族	1		1	1	1		1		1
土家族	10	7	3	13	10	3	10	3	7
哈尼族									
哈萨克族							1		1
傣　族									
黎　族									
傈僳族									
佤　族									
畲　族									
高山族									
拉祜族									
水　族									
东乡族	21	17	4				3	1	2
纳西族									
景颇族									
柯尔克孜族									
土　族	181	123	58	90	66	24	96	45	51
达斡尔族									
仫佬族									
羌　族									
布朗族									
撒拉族	25	20	5	18	13	5	7	5	2
毛南族									
仡佬族									
锡伯族									
阿昌族									
普米族									
塔吉克族									
怒　族									
乌孜别克族									
俄罗斯族									
鄂温克族									
德昂族									
保安族	1	1							
裕固族							1	1	
京　族									
塔塔尔族									
独龙族									
鄂伦春族									
赫哲族									
门巴族									
珞巴族									
基诺族									
未定族称人口									
入　籍									

2–1 续表 5

单位：人

民族	居民服务、修理和其他服务业			教育			卫生和社会工作		
	小计	男	女	小计	男	女	小计	男	女
总计	**5617**	**2892**	**2725**	**11703**	**4527**	**7176**	**7093**	**2204**	**4889**
汉族	4289	2154	2135	6856	2585	4271	4505	1314	3191
蒙古族	35	14	21	294	93	201	179	58	121
回族	491	278	213	1146	409	737	667	232	435
藏族	512	282	230	2743	1185	1558	1269	453	816
维吾尔族	1	1							
苗族	1		1	7	3	4	3		3
彝族	2	2							
壮族				2		2	1		1
布依族									
朝鲜族							3	1	2
满族	7	5	2	40	13	27	13	4	9
侗族							1	1	
瑶族	1	1							
白族				2		2	3	2	1
土家族	13	5	8	44	18	26	41	8	33
哈尼族									
哈萨克族							1	1	
傣族									
黎族									
傈僳族									
佤族				1	1				
畲族									
高山族									
拉祜族									
水族									
东乡族	9	5	4	11	2	9	2	1	1
纳西族									
景颇族									
柯尔克孜族							1		1
土族	205	108	97	442	174	268	332	104	228
达斡尔族									
仫佬族									
羌族									
布朗族									
撒拉族	51	37	14	114	44	70	70	24	46
毛南族									
仡佬族									
锡伯族									
阿昌族									
普米族									
塔吉克族									
怒族									
乌孜别克族									
俄罗斯族									
鄂温克族									
德昂族									
保安族							1		1
裕固族				1		1			
京族									
塔塔尔族									
独龙族									
鄂伦春族									
赫哲族									
门巴族									
珞巴族									
基诺族									
未定族称人口									
入籍							1	1	

2-1　续表 6

单位：人

民　族	文化、体育和娱乐业			公共管理、社会保障和社会组织			国际组织		
	小计	男	女	小计	男	女	小计	男	女
总　计	**1855**	**1019**	**836**	**20034**	**12537**	**7497**	**1**	**1**	
汉　族	1252	664	588	10588	6377	4211	1	1	
蒙古族	64	35	29	686	416	270			
回　族	135	87	48	1684	1071	613			
藏　族	325	188	137	5973	3962	2011			
维吾尔族				1	1				
苗　族	2	1	1	4	3	1			
彝　族				3		3			
壮　族	2		2	6	4	2			
布依族	1		1						
朝鲜族				3	1	2			
满　族	7	4	3	61	35	26			
侗　族									
瑶　族									
白　族	1	1		2	2				
土家族	4	2	2	62	38	24			
哈尼族									
哈萨克族				1		1			
傣　族									
黎　族	1	1		1		1			
傈僳族									
佤　族									
畲　族									
高山族									
拉祜族									
水　族									
东乡族	1	1		9	4	5			
纳西族									
景颇族									
柯尔克孜族									
土　族	47	24	23	695	439	256			
达斡尔族									
仫佬族				1		1			
羌　族				1	1				
布朗族									
撒拉族	11	9	2	239	172	67			
毛南族									
仡佬族									
锡伯族	1	1							
阿昌族									
普米族									
塔吉克族									
怒　族									
乌孜别克族									
俄罗斯族	1	1							
鄂温克族									
德昂族									
保安族				10	7	3			
裕固族				4	4				
京　族									
塔塔尔族									
独龙族									
鄂伦春族									
赫哲族									
门巴族									
珞巴族									
基诺族									
未定族称人口									
入　籍									

2-2　全省各民族分性别、职业的人口

单位：人

民　族	人口数			党的机关、国家机关、群众团体和社会组织、企事业单位负责人		
	合计	男	女	小计	男	女
总　计	**226530**	**135849**	**90681**	**5185**	**4035**	**1150**
汉　族	132727	80926	51801	3835	2936	899
蒙古族	4590	2545	2045	80	62	18
回　族	26739	17204	9535	382	316	66
藏　族	49715	27524	22191	640	514	126
维吾尔族	19	15	4	2	2	
苗　族	53	33	20	3	2	1
彝　族	42	30	12	1	1	
壮　族	48	22	26	3	2	1
布依族	8	5	3			
朝鲜族	16	7	9	1	1	
满　族	356	217	139	23	17	6
侗　族	13	6	7			
瑶　族	10	5	5			
白　族	30	16	14	1	1	
土家族	516	285	231	7	4	3
哈尼族	6		6			
哈萨克族	21	15	6			
傣　族	7	5	2			
黎　族	6	3	3			
傈僳族	2		2			
佤　族	1	1				
畲　族	5	5				
高山族						
拉祜族						
水　族						
东乡族	402	287	115	2	2	
纳西族	1		1			
景颇族						
柯尔克孜族	1		1			
土　族	8012	4626	3386	117	94	23
达斡尔族	1	1		1	1	
仫佬族	1		1			
羌　族	5	4	1			
布朗族						
撒拉族	3106	2014	1092	85	79	6
毛南族						
仡佬族	2	2				
锡伯族	2	2				
阿昌族						
普米族						
塔吉克族						
怒　族						
乌孜别克族						
俄罗斯族	5	3	2	1	1	
鄂温克族						
德昂族						
保安族	49	32	17	1		1
裕固族	9	6	3			
京　族						
塔塔尔族						
独龙族						
鄂伦春族						
赫哲族						
门巴族	1		1			
珞巴族						
基诺族						
未定族称人口	2	2				
入　籍	1	1				

2-2　续表 1　　单位：人

民　族	专业技术人员			办事人员和有关人员			社会生产服务和生活服务人员		
	小计	男	女	小计	男	女	小计	男	女
总　计	**30798**	**14241**	**16557**	**18838**	**11632**	**7206**	**79667**	**46024**	**33643**
汉　族	19915	8954	10961	12631	7763	4868	52765	29812	22953
蒙古族	689	295	394	472	264	208	697	365	332
回　族	2404	1091	1313	1424	886	538	13512	8626	4886
藏　族	6177	3184	2993	3312	2086	1226	7720	4225	3495
维吾尔族				1	1		13	9	4
苗　族	9	3	6	8	6	2	17	11	6
彝　族	11	9	2	2		2	7	5	2
壮　族	9	1	8	8	6	2	20	9	11
布依族	2	2		1	1		1		1
朝鲜族	2		2	4	1	3	6	4	2
满　族	96	44	52	74	47	27	116	75	41
侗　族	4	2	2				6	3	3
瑶　族	2	1	1	1		1	7	4	3
白　族	6	3	3	4	2	2	13	6	7
土家族	127	54	73	59	36	23	161	77	84
哈尼族							5		5
哈萨克族	2	1	1				4	3	1
傣　族	1		1						
黎　族	1		1				4	2	2
傈僳族							2		2
佤　族	1	1							
畲　族	1	1					2	2	
高山族									
拉祜族									
水　族									
东乡族	20	8	12	8	7	1	274	199	75
纳西族	1		1						
景颇族									
柯尔克孜族	1		1						
土　族	1065	468	597	610	373	237	2195	1217	978
达斡尔族									
仫佬族				1		1			
羌　族				1	1		2	2	
布朗族									
撒拉族	250	118	132	206	144	62	2077	1342	735
毛南族									
仡佬族							1	1	
锡伯族				1	1		1	1	
阿昌族									
普米族									
塔吉克族									
怒　族									
乌孜别克族									
俄罗斯族							2	1	1
鄂温克族									
德昂族									
保安族	1		1	6	3	3	34	22	12
裕固族				4	4		3	1	2
京　族									
塔塔尔族									
独龙族									
鄂伦春族									
赫哲族									
门巴族									
珞巴族									
基诺族									
未定族称人口									
入　籍	1	1							

2-2 续表 2

单位：人

民族	农、林、牧、渔业生产及辅助人员			生产制造及有关人员			不便分类的其他从业人员		
	小计	男	女	小计	男	女	小计	男	女
总　计	**52932**	**28988**	**23944**	**38441**	**30506**	**7935**	**669**	**423**	**246**
汉　族	14262	8091	6171	28851	23082	5769	468	288	180
蒙古族	2362	1324	1038	280	229	51	10	6	4
回　族	5201	3217	1984	3760	3024	736	56	44	12
藏　族	28142	14811	13331	3624	2641	983	100	63	37
维吾尔族	1	1		2	2				
苗　族	2	2		14	9	5			
彝　族				21	15	6			
壮　族	2		2	6	4	2			
布依族	1		1	3	2	1			
朝鲜族				3	1	2			
满　族	1		1	43	32	11	3	2	1
侗　族				3	1	2			
瑶　族									
白　族	2	1	1	3	2	1	1	1	
土家族	36	21	15	126	93	33			
哈尼族				1		1			
哈萨克族	14	10	4	1	1				
傣　族	1		1	5	5				
黎　族				1	1				
傈僳族									
佤　族									
畲　族				2	2				
高山族									
拉祜族									
水　族									
东乡族	48	30	18	46	38	8	4	3	1
纳西族									
景颇族									
柯尔克孜族									
土　族	2574	1321	1253	1429	1141	288	22	12	10
达斡尔族									
仫佬族									
羌　族				2	1	1			
布朗族									
撒拉族	280	158	122	203	169	34	5	4	1
毛南族									
仡佬族				1	1				
锡伯族									
阿昌族									
普米族									
塔吉克族									
怒　族									
乌孜别克族									
俄罗斯族				2	1	1			
鄂温克族									
德昂族									
保安族				7	7				
裕固族	2	1	1						
京　族									
塔塔尔族									
独龙族									
鄂伦春族									
赫哲族									
门巴族	1		1						
珞巴族									
基诺族									
未定族称人口				2	2				
入　籍									

2-3 全省各民族分性别、主要生活来源的15岁及以上人口

单位：人

民族	15岁及以上人口			劳动收入		
	合计	男	女	小计	男	女
总 计	**453713**	**230889**	**222824**	**243605**	**145709**	**97896**
汉 族	247109	128059	119050	138716	84769	53947
蒙古族	8476	4229	4247	5045	2798	2247
回 族	63368	31600	31768	30065	19191	10874
藏 族	108313	53692	54621	55980	30665	25315
维吾尔族	23	17	6	19	15	4
苗 族	81	45	36	56	34	22
彝 族	55	33	22	43	29	14
壮 族	71	33	38	49	22	27
布依族	11	6	5	8	5	3
朝鲜族	33	12	21	17	8	9
满 族	669	353	316	357	219	138
侗 族	23	10	13	13	6	7
瑶 族	15	7	8	10	5	5
白 族	41	22	19	36	20	16
土家族	880	431	449	541	302	239
哈尼族	8	1	7	6		6
哈萨克族	45	25	20	37	23	14
傣 族	8	5	3	7	5	2
黎 族	9	3	6	6	3	3
傈僳族	4		4	2		2
佤 族	1	1		1	1	
畲 族	7	7		5	5	
高山族						
拉祜族	1		1			
水 族						
东乡族	735	409	326	429	307	122
纳西族	1		1	1		1
景颇族						
柯尔克孜族	1		1	1		1
土 族	15197	7634	7563	8574	4943	3631
达斡尔族	1	1		1	1	
仫佬族	2		2	2		2
羌 族	7	5	2	5	4	1
布朗族						
撒拉族	8402	4185	4217	3497	2277	1220
毛南族						
仡佬族	2	2		2	2	
锡伯族	5	2	3	2	2	
阿昌族						
普米族	1		1			
塔吉克族						
怒 族						
乌孜别克族						
俄罗斯族	5	3	2	5	3	2
鄂温克族						
德昂族						
保安族	84	45	39	54	36	18
裕固族	13	8	5	9	6	3
京 族						
塔塔尔族						
独龙族						
鄂伦春族						
赫哲族						
门巴族	2	1	1	1		1
珞巴族						
基诺族						
未定族称人口	3	2	1	2	2	
入 籍	1	1		1	1	

2-3　续表 1　　　　单位：人

民　族	离退休金/养老金			最低生活保障金			失业保险金		
	小计	男	女	小计	男	女	小计	男	女
总　计	**38146**	**17861**	**20285**	**9760**	**4606**	**5154**	**146**	**83**	**63**
汉　族	30688	14061	16627	3163	1612	1551	73	47	26
蒙古族	429	197	232	151	59	92			
回　族	2952	1519	1433	1307	628	679	5	3	2
藏　族	2963	1518	1445	4801	2155	2646	45	19	26
维吾尔族				1	1				
苗　族	8	3	5						
彝　族	3	1	2						
壮　族	8	3	5						
布依族									
朝鲜族	8	3	5						
满　族	179	79	100	2		2			
侗　族	2	1	1						
瑶　族	2	1	1						
白　族	1		1						
土家族	64	29	35	8	3	5			
哈尼族									
哈萨克族	1	1							
傣　族									
黎　族									
傈僳族				1		1			
佤　族									
畲　族									
高山族									
拉祜族									
水　族									
东乡族	13	9	4	1	1				
纳西族									
景颇族									
柯尔克孜族									
土　族	589	294	295	215	107	108	22	13	9
达斡尔族									
仫佬族									
羌　族									
布朗族									
撒拉族	230	139	91	110	40	70	1	1	
毛南族									
仡佬族									
锡伯族	2		2						
阿昌族									
普米族									
塔吉克族									
怒　族									
乌孜别克族									
俄罗斯族									
鄂温克族									
德昂族									
保安族	2	1	1						
裕固族	2	2							
京　族									
塔塔尔族									
独龙族									
鄂伦春族									
赫哲族									
门巴族									
珞巴族									
基诺族									
未定族称人口									
入　籍									

2-3　续表 2　　　　单位：人

民　族	财产性收入			家庭其他成员供养			其　他		
	小计	男	女	小计	男	女	小计	男	女
总　计	**6806**	**3764**	**3042**	**116323**	**39137**	**77186**	**38927**	**19729**	**19198**
汉　族	1926	1133	793	59184	19574	39610	13359	6863	6496
蒙古族	199	108	91	1894	660	1234	758	407	351
回　族	772	447	325	23474	7312	16162	4793	2500	2293
藏　族	3702	1942	1760	23552	8757	14795	17270	8636	8634
维吾尔族				2	1	1	1		1
苗　族				15	7	8	2	1	1
彝　族	1	1		7	2	5	1		1
壮　族				13	8	5	1		1
布依族				3	1	2			
朝鲜族				5		5	3	1	2
满　族	2	2		103	38	65	26	15	11
侗　族				8	3	5			
瑶　族				3	1	2			
白　族				4	2	2			
土家族	3		3	206	68	138	58	29	29
哈尼族				2	1	1			
哈萨克族				2		2	5	1	4
傣　族				1		1			
黎　族				3		3			
傈僳族				1		1			
佤　族									
畲　族				2	2				
高山族									
拉祜族				1		1			
水　族									
东乡族	7	5	2	236	60	176	49	27	22
纳西族									
景颇族									
柯尔克孜族									
土　族	72	42	30	4268	1512	2756	1457	723	734
达斡尔族									
仫佬族									
羌　族				1		1	1	1	
布朗族									
撒拉族	121	84	37	3302	1120	2182	1141	524	617
毛南族									
仡佬族									
锡伯族				1		1			
阿昌族									
普米族				1		1			
塔吉克族									
怒　族									
乌孜别克族									
俄罗斯族									
鄂温克族									
德昂族									
保安族				26	7	19	2	1	1
裕固族	1		1	1		1			
京　族									
塔塔尔族									
独龙族									
鄂伦春族									
赫哲族									
门巴族				1	1				
珞巴族									
基诺族									
未定族称人口				1		1			
入　籍									

2–4 全省各民族分性别、婚姻状况的15岁及以上人口

单位：人

民族	15岁及以上人口			未婚		
	合计	男	女	小计	男	女
总计	**453713**	**230889**	**222824**	**96917**	**56196**	**40721**
汉族	247109	128059	119050	41835	25324	16511
蒙古族	8476	4229	4247	2137	1187	950
回族	63368	31600	31768	10725	6300	4425
藏族	108313	53692	54621	36698	20122	16576
维吾尔族	23	17	6	6	5	1
苗族	81	45	36	28	18	10
彝族	55	33	22	16	11	5
壮族	71	33	38	24	16	8
布依族	11	6	5	3	1	2
朝鲜族	33	12	21	8	2	6
满族	669	353	316	138	77	61
侗族	23	10	13	6	4	2
瑶族	15	7	8	2	1	1
白族	41	22	19	14	8	6
土家族	880	431	449	188	106	82
哈尼族	8	1	7	4	1	3
哈萨克族	45	25	20	15	10	5
傣族	8	5	3	4	2	2
黎族	9	3	6	2	1	1
傈僳族	4		4	1		1
佤族	1	1				
畲族	7	7		4	4	
高山族						
拉祜族	1		1			
水族						
东乡族	735	409	326	117	66	51
纳西族	1		1			
景颇族						
柯尔克孜族	1		1			
土族	15197	7634	7563	3295	1953	1342
达斡尔族	1	1				
仫佬族	2		2			
羌族	7	5	2	3	2	1
布朗族						
撒拉族	8402	4185	4217	1619	955	664
毛南族						
仡佬族	2	2		1	1	
锡伯族	5	2	3	1		1
阿昌族						
普米族	1		1	1		1
塔吉克族						
怒族						
乌孜别克族						
俄罗斯族	5	3	2	1		1
鄂温克族						
德昂族						
保安族	84	45	39	15	13	2
裕固族	13	8	5	2	2	
京族						
塔塔尔族						
独龙族						
鄂伦春族						
赫哲族						
门巴族	2	1	1	1	1	
珞巴族						
基诺族						
未定族称人口	3	2	1	2	2	
入籍	1	1		1	1	

2-4 续表

单位：人

民 族	有配偶			离婚			丧偶		
	小计	男	女	小计	男	女	小计	男	女
总 计	**315318**	**159746**	**155572**	**16288**	**8258**	**8030**	**25190**	**6689**	**18501**
汉 族	181415	93550	87865	8989	5256	3733	14870	3929	10941
蒙古族	5541	2791	2750	350	141	209	448	110	338
回 族	47266	23464	23802	2267	1015	1252	3110	821	2289
藏 族	62251	30633	31618	3957	1475	2482	5407	1462	3945
维吾尔族	15	11	4	2	1	1			
苗 族	49	26	23	1	1		3		3
彝 族	37	21	16	2	1	1			
壮 族	40	14	26	5	2	3	2	1	1
布依族	7	4	3	1	1				
朝鲜族	23	9	14	1	1		1		1
满 族	466	255	211	41	14	27	24	7	17
侗 族	15	5	10	1		1	1	1	
瑶 族	13	6	7						
白 族	27	14	13						
土家族	627	304	323	30	14	16	35	7	28
哈尼族	4		4						
哈萨克族	29	15	14				1		1
傣 族	4	3	1						
黎 族	7	2	5						
傈僳族	3		3						
佤 族	1	1							
畲 族	3	3							
高山族									
拉祜族	1		1						
水 族									
东乡族	599	334	265	6	4	2	13	5	8
纳西族	1		1						
景颇族									
柯尔克孜族	1		1						
土 族	10615	5177	5438	395	247	148	892	257	635
达斡尔族	1	1							
仫佬族	2		2						
羌 族	4	3	1						
布朗族									
撒拉族	6169	3060	3109	235	83	152	379	87	292
毛南族									
仡佬族	1	1							
锡伯族	1	1		2	1	1	1		1
阿昌族									
普米族									
塔吉克族									
怒 族									
乌孜别克族									
俄罗斯族	4	3	1						
鄂温克族									
德昂族									
保安族	64	30	34	3	1	2	2	1	1
裕固族	10	5	5				1	1	
京 族									
塔塔尔族									
独龙族									
鄂伦春族									
赫哲族									
门巴族	1		1						
珞巴族									
基诺族									
未定族称人口	1		1						
入 籍									

2-5 全省各民族分性别、初婚年龄的人口

单位：人

民族	合计			15岁以下		
	合计	男	女	小计	男	女
总　计	**356796**	**174693**	**182103**	**2482**	**426**	**2056**
汉　族	205274	102735	102539	553	89	464
蒙古族	6339	3042	3297	87	17	70
回　族	52643	25300	27343	792	84	708
藏　族	71615	33570	38045	844	210	634
维吾尔族	17	12	5	1		1
苗　族	53	27	26			
彝　族	39	22	17			
壮　族	47	17	30			
布依族	8	5	3			
朝鲜族	25	10	15			
满　族	531	276	255			
侗　族	17	6	11			
瑶　族	13	6	7			
白　族	27	14	13			
土家族	692	325	367	3	1	2
哈尼族	4		4	1		1
哈萨克族	30	15	15			
傣　族	4	3	1			
黎　族	7	2	5			
傈僳族	3		3			
佤　族	1	1				
畲　族	3	3				
高山族						
拉祜族	1		1			
水　族						
东乡族	618	343	275	7	3	4
纳西族	1		1			
景颇族						
柯尔克孜族	1		1			
土　族	11902	5681	6221	65	10	55
达斡尔族	1	1				
仫佬族	2		2			
羌　族	4	3	1			
布朗族						
撒拉族	6783	3230	3553	128	11	117
毛南族						
仡佬族	1	1				
锡伯族	4	2	2			
阿昌族						
普米族						
塔吉克族						
怒　族						
乌孜别克族						
俄罗斯族	4	3	1			
鄂温克族						
德昂族						
保安族	69	32	37			
裕固族	11	6	5	1	1	
京　族						
塔塔尔族						
独龙族						
鄂伦春族						
赫哲族						
门巴族	1		1			
珞巴族						
基诺族						
未定族称人口	1		1			
入　籍						

2-5 续表 1

单位：人

民 族	15岁			16岁		
	小计	男	女	小计	男	女
总 计	**6544**	**1256**	**5288**	**10983**	**2263**	**8720**
汉 族	2152	343	1809	4169	682	3487
蒙古族	128	36	92	180	45	135
回 族	1757	252	1505	2854	502	2352
藏 族	1930	539	1391	2842	834	2008
维吾尔族						
苗 族	1		1	2		2
彝 族	1	1				
壮 族						
布依族						
朝鲜族				1		1
满 族	1		1	1	1	
侗 族				2	1	1
瑶 族	1	1				
白 族				1	1	
土家族	8		8	25	5	20
哈尼族						
哈萨克族	1		1	1		1
傣 族						
黎 族						
傈僳族						
佤 族						
畲 族						
高山族						
拉祜族						
水 族						
东乡族	13	1	12	45	11	34
纳西族						
景颇族						
柯尔克孜族						
土 族	279	45	234	429	97	332
达斡尔族						
仫佬族						
羌 族						
布朗族						
撒拉族	269	38	231	428	84	344
毛南族						
仡佬族						
锡伯族				1		1
阿昌族						
普米族						
塔吉克族						
怒 族						
乌孜别克族						
俄罗斯族						
鄂温克族						
德昂族						
保安族	2		2	1		1
裕固族				1		1
京 族						
塔塔尔族						
独龙族						
鄂伦春族						
赫哲族						
门巴族	1		1			
珞巴族						
基诺族						
未定族称人口						
入 籍						

2-5 续表 2

单位：人

民　族	17岁			18岁			19岁		
	小计	男	女	小计	男	女	小计	男	女
总　计	**16945**	**4195**	**12750**	**22905**	**6754**	**16151**	**29843**	**11352**	**18491**
汉　族	6859	1353	5506	10164	2555	7609	14595	4875	9720
蒙古族	277	67	210	388	109	279	489	201	288
回　族	4198	1075	3123	5311	1736	3575	5838	2550	3288
藏　族	4074	1330	2744	5022	1726	3296	6516	2662	3854
维吾尔族	3	2	1				1		1
苗　族				1	1		2		2
彝　族	1		1				1		1
壮　族	1		1	1		1			
布依族				1		1			
朝鲜族				1		1			
满　族	3	2	1	8	2	6	7	2	5
侗　族									
瑶　族									
白　族	1	1		2	1	1	7	2	5
土家族	25	8	17	34	8	26	49	11	38
哈尼族									
哈萨克族	1	1		1		1			
傣　族				1		1			
黎　族				1		1			
傈僳族				1		1			
佤　族							1	1	
畲　族									
高山族									
拉祜族									
水　族									
东乡族	48	15	33	65	25	40	94	46	48
纳西族									
景颇族									
柯尔克孜族									
土　族	764	175	589	1078	345	733	1356	559	797
达斡尔族									
仫佬族									
羌　族									
布朗族									
撒拉族	687	165	522	820	246	574	884	442	442
毛南族									
仡佬族									
锡伯族									
阿昌族									
普米族									
塔吉克族									
怒　族									
乌孜别克族									
俄罗斯族									
鄂温克族									
德昂族									
保安族	2		2	5		5	2	1	1
裕固族	1	1					1		1
京　族									
塔塔尔族									
独龙族									
鄂伦春族									
赫哲族									
门巴族									
珞巴族									
基诺族									
未定族称人口									
入　籍									

2-5　续表 3　　　　单位：人

民　族	20岁			21岁			22岁		
	小计	男	女	小计	男	女	小计	男	女
总　计	**33519**	**14888**	**18631**	**32475**	**15897**	**16578**	**33246**	**17704**	**15542**
汉　族	17503	7006	10497	19250	8963	10287	21231	11070	10161
蒙古族	525	237	288	557	271	286	539	283	256
回　族	6350	3344	3006	4706	2681	2025	4171	2529	1642
藏　族	6716	3069	3647	6104	2957	3147	5643	2854	2789
维吾尔族	2	1	1						
苗　族	1	1		4	2	2	3	1	2
彝　族				5	2	3	2		2
壮　族	1		1				2		2
布依族				1	1				
朝鲜族				3	2	1	1	1	
满　族	17	7	10	31	9	22	69	34	35
侗　族				3		3	2	1	1
瑶　族	2		2	1	1				
白　族	4	2	2	4	1	3			
土家族	67	27	40	45	19	26	49	22	27
哈尼族									
哈萨克族				4		4	3	1	2
傣　族				1	1				
黎　族	1	1					2		2
傈僳族	1		1				1		1
佤　族									
畲　族									
高山族									
拉祜族	1		1						
水　族									
东乡族	69	48	21	49	31	18	48	39	9
纳西族									
景颇族									
柯尔克孜族									
土　族	1359	624	735	1151	604	547	1018	565	453
达斡尔族									
仫佬族							1		1
羌　族									
布朗族									
撒拉族	888	517	371	545	345	200	453	301	152
毛南族									
仡佬族									
锡伯族				1		1			
阿昌族									
普米族									
塔吉克族									
怒　族									
乌孜别克族									
俄罗斯族							2	1	1
鄂温克族									
德昂族									
保安族	10	4	6	8	5	3	6	2	4
裕固族	2		2	2	2				
京　族									
塔塔尔族									
独龙族									
鄂伦春族									
赫哲族									
门巴族									
珞巴族									
基诺族									
未定族称人口									
入　籍									

2-5 续表 4

单位：人

民族	23岁			24岁			25岁		
	小计	男	女	小计	男	女	小计	男	女
总　计	**30770**	**16889**	**13881**	**28204**	**16078**	**12126**	**24054**	**14060**	**9994**
汉　族	20308	10971	9337	18982	10797	8185	16380	9602	6778
蒙古族	579	300	279	514	285	229	468	257	211
回　族	3524	2191	1333	2981	1871	1110	2319	1484	835
藏　族	5019	2600	2419	4479	2406	2073	3814	2057	1757
维吾尔族				1		1	2	2	
苗　族	4	1	3	2		2	3	1	2
彝　族	4	1	3	4	4		4	3	1
壮　族	5	1	4	6	2	4	9	2	7
布依族				1	1		1	1	
朝鲜族	2	1	1	4		4	1		1
满　族	60	25	35	58	26	32	58	33	25
侗　族	2		2				1		1
瑶　族				1		1	3	1	2
白　族				1	1				
土家族	67	36	31	70	34	36	54	33	21
哈尼族	1		1						
哈萨克族	1		1	1	1		2	1	1
傣　族	1	1					1	1	
黎　族									
傈僳族									
佤　族									
畲　族	1	1		1	1				
高山族									
拉祜族									
水　族									
东乡族	50	33	17	25	17	8	18	15	3
纳西族									
景颇族									
柯尔克孜族									
土　族	781	487	294	764	441	323	677	402	275
达斡尔族									
仫佬族									
羌　族	1		1	1	1		1	1	
布朗族									
撒拉族	350	237	113	303	188	115	235	161	74
毛南族									
仡佬族				1	1				
锡伯族				1	1				
阿昌族									
普米族									
塔吉克族									
怒　族									
乌孜别克族									
俄罗斯族									
鄂温克族									
德昂族									
保安族	8	3	5	3		3	3	3	
裕固族	1		1						
京　族									
塔塔尔族									
独龙族									
鄂伦春族									
赫哲族									
门巴族									
珞巴族									
基诺族									
未定族称人口	1		1						
入　籍									

2-5　续表 5　　单位：人

民　　族	26岁			27岁			28岁		
	小计	男	女	小计	男	女	小计	男	女
总　计	**19338**	**11666**	**7672**	**15016**	**9291**	**5725**	**11273**	**7024**	**4249**
汉　族	13134	8036	5098	10005	6343	3662	7315	4759	2556
蒙古族	336	183	153	297	175	122	207	116	91
回　族	1777	1150	627	1414	904	510	1073	672	401
藏　族	3219	1784	1435	2671	1486	1185	2135	1138	997
维吾尔族	1	1		2	2		1	1	
苗　族	6	6		6	3	3	2	1	1
彝　族	8	4	4	2	2		2	1	1
壮　族	5	2	3	6	2	4	2	1	1
布依族				1		1	1	1	
朝鲜族	3	2	1	2		2			
满　族	46	26	20	31	18	13	28	16	12
侗　族	1	1		1	1		2		2
瑶　族	1	1					1	1	
白　族	1	1		1	1				
土家族	49	25	24	40	28	12	23	13	10
哈尼族	1		1						
哈萨克族	4	4		1		1	1	1	
傣　族									
黎　族	1		1	1	1				
傈僳族									
佤　族									
畲　族	1	1							
高山族									
拉祜族									
水　族									
东乡族	24	12	12	12	7	5	17	15	2
纳西族				1		1			
景颇族									
柯尔克孜族							1		1
土　族	529	305	224	398	241	157	339	211	128
达斡尔族									
仫佬族				1		1			
羌　族				1	1				
布朗族									
撒拉族	187	118	69	117	72	45	119	73	46
毛南族									
仡佬族									
锡伯族							1	1	
阿昌族									
普米族									
塔吉克族									
怒　族									
乌孜别克族									
俄罗斯族									
鄂温克族									
德昂族									
保安族	4	4		5	4	1	3	3	
裕固族									
京　族									
塔塔尔族									
独龙族									
鄂伦春族									
赫哲族									
门巴族									
珞巴族									
基诺族									
未定族称人口									
入　籍									

2-5 续表 6

单位：人

民族	29岁			30岁			31岁		
	小计	男	女	小计	男	女	小计	男	女
总 计	**8426**	**5479**	**2947**	**6231**	**4061**	**2170**	**4455**	**2915**	**1540**
汉 族	5287	3596	1691	3804	2605	1199	2669	1810	859
蒙古族	181	116	65	114	67	47	93	51	42
回 族	752	458	294	583	387	196	430	277	153
藏 族	1830	1065	765	1446	818	628	1069	646	423
维吾尔族							2	2	
苗 族	6	5	1	2	1	1	1		1
彝 族	2	1	1	1	1				
壮 族	2	1	1	1	1		2	2	
布依族									
朝鲜族	3	2	1	1	1		1	1	
满 族	34	26	8	20	13	7	12	8	4
侗 族	1	1					1		1
瑶 族	1		1				2	1	1
白 族	1	1		2	1	1			
土家族	14	10	4	14	8	6	12	10	2
哈尼族	1		1						
哈萨克族	1		1	3	2	1	1	1	
傣 族									
黎 族							1		1
傈僳族									
佤 族									
畲 族									
高山族									
拉祜族									
水 族									
东乡族	7	4	3	6	3	3	7	6	1
纳西族									
景颇族									
柯尔克孜族									
土 族	227	150	77	168	106	62	115	74	41
达斡尔族									
仫佬族									
羌 族									
布朗族									
撒拉族	76	43	33	63	46	17	36	25	11
毛南族									
仡佬族									
锡伯族									
阿昌族									
普米族									
塔吉克族									
怒 族									
乌孜别克族									
俄罗斯族							1	1	
鄂温克族									
德昂族									
保安族				2		2			
裕固族				1	1				
京 族									
塔塔尔族									
独龙族									
鄂伦春族									
赫哲族									
门巴族									
珞巴族									
基诺族									
未定族称人口									
入 籍									

2–5　续表 7

单位：人

民　族	32岁			33岁			34岁		
	小计	男	女	小计	男	女	小计	男	女
总　计	**3559**	**2296**	**1263**	**2858**	**1872**	**986**	**2255**	**1432**	**823**
汉　族	2126	1440	686	1629	1148	481	1285	852	433
蒙古族	60	42	18	61	39	22	53	32	21
回　族	335	230	105	278	180	98	211	140	71
藏　族	897	497	400	770	440	330	627	361	266
维吾尔族									
苗　族	2	2		2		2	1	1	
彝　族				1	1		1	1	
壮　族				1	1				
布依族							1		1
朝鲜族							1		1
满　族	10	5	5	6	4	2	5	3	2
侗　族									
瑶　族									
白　族	1		1						
土家族	9	5	4	6	2	4	10	7	3
哈尼族									
哈萨克族									
傣　族									
黎　族									
傈僳族									
佤　族									
畲　族									
高山族									
拉祜族									
水　族									
东乡族	5	5		2	2				
纳西族									
景颇族									
柯尔克孜族									
土　族	72	43	29	68	37	31	42	24	18
达斡尔族									
仫佬族									
羌　族									
布朗族									
撒拉族	41	26	15	32	17	15	17	10	7
毛南族									
仡佬族									
锡伯族									
阿昌族									
普米族									
塔吉克族									
怒　族									
乌孜别克族									
俄罗斯族									
鄂温克族									
德昂族									
保安族	1	1		1		1	1	1	
裕固族				1	1				
京　族									
塔塔尔族									
独龙族									
鄂伦春族									
赫哲族									
门巴族									
珞巴族									
基诺族									
未定族称人口									
入　籍									

2–5 续表 8

单位：人

民族	35岁			36岁			37岁		
	小计	男	女	小计	男	女	小计	男	女
总　计	**1822**	**1176**	**646**	**1431**	**889**	**542**	**1215**	**736**	**479**
汉　族	993	680	313	775	515	260	683	444	239
蒙古族	41	22	19	23	9	14	15	9	6
回　族	171	112	59	131	85	46	105	64	41
藏　族	552	319	233	446	244	202	368	190	178
维吾尔族									
苗　族	1	1							
彝　族									
壮　族									
布依族	1	1							
朝鲜族				1		1			
满　族	4	2	2	6	5	1	3	2	1
侗　族									
瑶　族									
白　族									
土家族	4	2	2	2	1	1	2	2	
哈尼族									
哈萨克族	1	1		1	1				
傣　族									
黎　族									
傈僳族									
佤　族									
畲　族									
高山族									
拉祜族									
水　族									
东乡族							1	1	
纳西族									
景颇族									
柯尔克孜族									
土　族	39	23	16	33	20	13	26	17	9
达斡尔族									
仫佬族									
羌　族									
布朗族									
撒拉族	14	12	2	13	9	4	12	7	5
毛南族									
仡佬族									
锡伯族									
阿昌族									
普米族									
塔吉克族									
怒　族									
乌孜别克族									
俄罗斯族									
鄂温克族									
德昂族									
保安族	1	1							
裕固族									
京　族									
塔塔尔族									
独龙族									
鄂伦春族									
赫哲族									
门巴族									
珞巴族									
基诺族									
未定族称人口									
入　籍									

2-5　续表 9

单位：人

民　　族	38岁			39岁			40岁及以上		
	小计	男	女	小计	男	女	小计	男	女
总　计	**1016**	**624**	**392**	**863**	**537**	**326**	**5068**	**2933**	**2135**
汉　族	515	348	167	458	312	146	2450	1541	909
蒙古族	24	10	14	13	7	6	90	56	34
回　族	100	59	41	69	44	25	413	239	174
藏　族	325	173	152	298	156	142	1959	1009	950
维吾尔族				1	1				
苗　族							1		1
彝　族									
壮　族							3	2	1
布依族									
朝鲜族									
满　族	3	2	1	1		1	9	5	4
侗　族				1	1				
瑶　族									
白　族	1	1							
土家族	2	2					9	6	3
哈尼族									
哈萨克族							2	1	1
傣　族									
黎　族									
傈僳族									
佤　族									
畲　族									
高山族									
拉祜族									
水　族									
东乡族				2	1	1	4	3	1
纳西族									
景颇族									
柯尔克孜族									
土　族	30	18	12	17	13	4	78	45	33
达斡尔族	1	1							
仫佬族									
羌　族									
布朗族									
撒拉族	14	9	5	3	2	1	49	26	23
毛南族									
仡佬族									
锡伯族									
阿昌族									
普米族									
塔吉克族									
怒　族									
乌孜别克族									
俄罗斯族	1	1							
鄂温克族									
德昂族									
保安族							1		1
裕固族									
京　族									
塔塔尔族									
独龙族									
鄂伦春族									
赫哲族									
门巴族									
珞巴族									
基诺族									
未定族称人口									
入　籍									

2－6　全省按民族、生育孩次分的育龄妇女人数
(2019.11.1－2020.10.31)

单位：人

民　族	合　计	生男孩的妇女人数	生女孩的妇女人数	一　孩			二　孩		
				小计	男	女	小计	男	女
总　计	**6422**	**3373**	**3049**	**2961**	**1593**	**1368**	**2388**	**1230**	**1158**
汉　族	2604	1358	1246	1396	730	666	1109	579	530
蒙古族	145	72	73	76	44	32	49	19	30
回　族	1149	632	517	477	264	213	426	224	202
藏　族	2032	1038	994	807	440	367	610	296	314
维吾尔族									
苗　族	1		1				1		1
彝　族									
壮　族									
布依族									
朝鲜族	1	1		1	1				
满　族	7	6	1	5	4	1	2	2	
侗　族	1	1		1	1				
瑶　族	1	1					1	1	
白　族									
土家族	23	17	6	13	8	5	10	9	1
哈尼族									
哈萨克族	1	1					1	1	
傣　族	1	1					1	1	
黎　族									
傈僳族	1	1					1	1	
佤　族									
畲　族									
高山族									
拉祜族									
水　族									
东乡族	25	12	13	9	3	6	10	7	3
纳西族									
景颇族									
柯尔克孜族									
土　族	215	110	105	105	50	55	96	55	41
达斡尔族									
仫佬族	1		1	1		1			
羌　族									
布朗族									
撒拉族	209	119	90	68	47	21	69	34	35
毛南族									
仡佬族									
锡伯族									
阿昌族									
普米族									
塔吉克族									
怒　族									
乌孜别克族									
俄罗斯族									
鄂温克族									
德昂族									
保安族	5	3	2	2	1	1	2	1	1
裕固族									
京　族									
塔塔尔族									
独龙族									
鄂伦春族									
赫哲族									
门巴族									
珞巴族									
基诺族									
未定族称人口									
入　籍									

2-6　续表　　单位：人

民　族	三孩			四孩			五孩及以上		
	小计	男	女	小计	男	女	小计	男	女
总　计	**688**	**350**	**338**	**237**	**125**	**112**	**148**	**75**	**73**
汉　族	86	45	41	11	3	8	2	1	1
蒙古族	18	9	9	2		2			
回　族	175	101	74	52	29	23	19	14	5
藏　族	343	161	182	150	83	67	122	58	64
维吾尔族									
苗　族									
彝　族									
壮　族									
布依族									
朝鲜族									
满　族									
侗　族									
瑶　族									
白　族									
土家族									
哈尼族									
哈萨克族									
傣　族									
黎　族									
傈僳族									
佤　族									
畲　族									
高山族									
拉祜族									
水　族									
东乡族	4	2	2	1		1	1		1
纳西族									
景颇族									
柯尔克孜族									
土　族	12	4	8	2	1	1			
达斡尔族									
仫佬族									
羌　族									
布朗族									
撒拉族	49	27	22	19	9	10	4	2	2
毛南族									
仡佬族									
锡伯族									
阿昌族									
普米族									
塔吉克族									
怒　族									
乌孜别克族									
俄罗斯族									
鄂温克族									
德昂族									
保安族	1	1							
裕固族									
京　族									
塔塔尔族									
独龙族									
鄂伦春族									
赫哲族									
门巴族									
珞巴族									
基诺族									
未定族称人口									
入　籍									

2-7 全省各民族15-64岁妇女平均活产子女数和平均存活子女数

单位：人、%

民族	15-64岁妇女人数	活产子女总数			存活子女总数			存活子女数占活产子女数的百分比	妇女平均活产子女数	妇女平均存活子女数
		小计	男	女	小计	男	女			
总计	**196522**	**276794**	**145510**	**131284**	**264256**	**138150**	**126106**	**95.47**	**1.41**	**1.34**
汉族	102863	136667	72288	64379	130922	68873	62049	95.80	1.33	1.27
蒙古族	3833	4826	2581	2245	4575	2439	2136	94.80	1.26	1.19
回族	28523	49658	26028	23630	47475	24734	22741	95.60	1.74	1.66
藏族	49480	66855	34693	32162	63197	32600	30597	94.53	1.35	1.28
维吾尔族	6	11	4	7	11	4	7	100.00	1.83	1.83
苗族	34	36	19	17	36	19	17	100.00	1.06	1.06
彝族	22	21	10	11	21	10	11	100.00	0.95	0.95
壮族	37	42	19	23	40	17	23	95.24	1.14	1.08
布依族	5	6	3	3	6	3	3	100.00	1.20	1.20
朝鲜族	20	18	11	7	15	8	7	83.33	0.90	0.75
满族	291	265	142	123	252	134	118	95.09	0.91	0.87
侗族	13	16	8	8	16	8	8	100.00	1.23	1.23
瑶族	7	11	8	3	11	8	3	100.00	1.57	1.57
白族	19	25	17	8	25	17	8	100.00	1.32	1.32
土家族	415	518	267	251	497	256	241	95.95	1.25	1.20
哈尼族	7	5	3	2	4	3	1	80.00	0.71	0.57
哈萨克族	19	24	11	13	24	11	13	100.00	1.26	1.26
傣族	3	2	2		2	2		100.00	0.67	0.67
黎族	6	5	4	1	5	4	1	100.00	0.83	0.83
傈僳族	3	4	2	2	4	2	2	100.00	1.33	1.33
佤族										
畲族										
高山族										
拉祜族	1	2		2	2		2	100.00	2.00	2.00
水族										
东乡族	314	594	323	271	565	312	253	95.12	1.89	1.80
纳西族	1	1		1	1		1	100.00	1.00	1.00
景颇族										
柯尔克孜族	1	2	2		2	2		100.00	2.00	2.00
土族	6779	10068	5250	4818	9650	4990	4660	95.85	1.49	1.42
达斡尔族										
仫佬族	2	2		2	2		2	100.00	1.00	1.00
羌族	2	2	1	1	2	1	1	100.00	1.00	1.00
布朗族										
撒拉族	3768	7026	3766	3260	6817	3648	3169	97.03	1.86	1.81
毛南族										
仡佬族										
锡伯族	1									
阿昌族										
普米族	1									
塔吉克族										
怒族										
乌孜别克族										
俄罗斯族	2	2	1	1	2	1	1	100.00	1.00	1.00
鄂温克族										
德昂族										
保安族	37	66	41	25	61	38	23	92.42	1.78	1.65
裕固族	5	10	5	5	10	5	5	100.00	2.00	2.00
京族										
塔塔尔族										
独龙族										
鄂伦春族										
赫哲族										
门巴族	1	2	1	1	2	1	1	100.00	2.00	2.00
珞巴族										
基诺族										
未定族称人口	1	2		2	2		2	100.00	2.00	2.00
入籍										

第二部分 长表数据资料

第三卷 教育

3-1　全省分学业完成情况、性别、受教育程度的3岁及以上人口

单位：人

学业完成情况	合计			小学		
	合计	男	女	小计	男	女
总　计	**472237**	**250292**	**221945**	**182360**	**90009**	**92351**
在　校	101368	51374	49994	48213	24864	23349
毕　业	312108	168098	144010	93027	45275	47752
肄　业	8794	4445	4349	6351	2873	3478
辍　学	16857	8965	7892	11396	5430	5966
其　他	33110	17410	15700	23373	11567	11806

3-1　续表 1

单位：人

学业完成情况	初中			高中			大学专科		
	小计	男	女	小计	男	女	小计	男	女
总　计	**136281**	**79064**	**57217**	**62107**	**33501**	**28606**	**46765**	**25246**	**21519**
在　校	22468	11647	10821	18468	9113	9355	5682	2806	2876
毕　业	101412	59589	41823	40566	22476	18090	39695	21650	18045
肄　业	1854	1196	658	437	276	161	104	70	34
辍　学	4407	2850	1557	951	617	334	80	53	27
其　他	6140	3782	2358	1685	1019	666	1204	667	537

3-1　续表 2

单位：人

学业完成情况	大学本科			硕士研究生			博士研究生		
	小计	男	女	小计	男	女	小计	男	女
总　计	**42295**	**21282**	**21013**	**2227**	**1075**	**1152**	**202**	**115**	**87**
在　校	6031	2744	3287	472	188	284	34	12	22
毕　业	35551	18155	17396	1700	857	843	157	96	61
肄　业	46	29	17	1		1	1	1	
辍　学	23	15	8						
其　他	644	339	305	54	30	24	10	6	4

3－1a 全省分学业完成情况、性别、受教育程度的3岁及以上人口(城市)

单位：人

学业完成情况	合计			小学		
	合计	男	女	小计	男	女
总 计	**179008**	**91972**	**87036**	**36461**	**17079**	**19382**
在 校	30954	15646	15308	11977	6181	5796
毕 业	138242	71334	66908	19492	8645	10847
肄 业	1680	844	836	1009	442	567
辍 学	3323	1681	1642	1900	816	1084
其 他	4809	2467	2342	2083	995	1088

3－1a 续表 1

单位：人

学业完成情况	初中			高中			大学专科		
	小计	男	女	小计	男	女	小计	男	女
总 计	**50483**	**27354**	**23129**	**33044**	**17239**	**15805**	**28096**	**14843**	**13253**
在 校	6020	3131	2889	5846	3047	2799	2497	1216	1281
毕 业	41650	22585	19065	26194	13604	12590	25027	13328	11699
肄 业	454	272	182	154	94	60	43	27	16
辍 学	1140	685	455	258	167	91	18	10	8
其 他	1219	681	538	592	327	265	511	262	249

3－1a 续表 2

单位：人

学业完成情况	大学本科			硕士研究生			博士研究生		
	小计	男	女	小计	男	女	小计	男	女
总 计	**28826**	**14443**	**14383**	**1922**	**913**	**1009**	**176**	**101**	**75**
在 校	4166	1893	2273	422	167	255	26	11	15
毕 业	24283	12364	11919	1454	722	732	142	86	56
肄 业	19	9	10	1		1			
辍 学	7	3	4						
其 他	351	174	177	45	24	21	8	4	4

3-1b　全省分学业完成情况、性别、受教育程度的3岁及以上人口(镇)

单位：人

学业完成情况	合计			小学		
	合计	男	女	小计	男	女
总　计	**115146**	**60535**	**54611**	**43536**	**21069**	**22467**
在　校	28115	14164	13951	12543	6515	6028
毕　业	72143	38715	33428	20898	9768	11130
肄　业	1620	790	830	1118	477	641
辍　学	4494	2386	2108	2871	1369	1502
其　他	8774	4480	4294	6106	2940	3166

3-1b　续表 1

单位：人

学业完成情况	初中			高中			大学专科		
	小计	男	女	小计	男	女	小计	男	女
总　计	**32029**	**18256**	**13773**	**17476**	**9410**	**8066**	**11970**	**6712**	**5258**
在　校	5918	3058	2860	7626	3602	4024	1232	628	604
毕　业	22985	13304	9681	8904	5248	3656	10252	5803	4449
肄　业	355	222	133	98	60	38	33	20	13
辍　学	1187	750	437	385	234	151	45	31	14
其　他	1584	922	662	463	266	197	408	230	178

3-1b　续表 2

单位：人

学业完成情况	大学本科			硕士研究生			博士研究生		
	小计	男	女	小计	男	女	小计	男	女
总　计	**9875**	**4947**	**4928**	**246**	**133**	**113**	**14**	**8**	**6**
在　校	761	345	416	33	16	17	2		2
毕　业	8887	4472	4415	205	112	93	12	8	4
肄　业	16	11	5						
辍　学	6	2	4						
其　他	205	117	88	8	5	3			

3-1c 全省分学业完成情况、性别、受教育程度的3岁及以上人口(乡村)

单位：人

学业完成情况	合计			小学		
	合计	男	女	小计	男	女
总 计	**178083**	**97785**	**80298**	**102363**	**51861**	**50502**
在 校	42299	21564	20735	23693	12168	11525
毕 业	101723	58049	43674	52637	26862	25775
肄 业	5494	2811	2683	4224	1954	2270
辍 学	9040	4898	4142	6625	3245	3380
其 他	19527	10463	9064	15184	7632	7552

3-1c 续表 1

单位：人

学业完成情况	初中			高中			大学专科		
	小计	男	女	小计	男	女	小计	男	女
总 计	**53769**	**33454**	**20315**	**11587**	**6852**	**4735**	**6699**	**3691**	**3008**
在 校	10530	5458	5072	4996	2464	2532	1953	962	991
毕 业	36777	23700	13077	5468	3624	1844	4416	2519	1897
肄 业	1045	702	343	185	122	63	28	23	5
辍 学	2080	1415	665	308	216	92	17	12	5
其 他	3337	2179	1158	630	426	204	285	175	110

3-1c 续表 2

单位：人

学业完成情况	大学本科			硕士研究生			博士研究生		
	小计	男	女	小计	男	女	小计	男	女
总 计	**3594**	**1892**	**1702**	**59**	**29**	**30**	**12**	**6**	**6**
在 校	1104	506	598	17	5	12	6	1	5
毕 业	2381	1319	1062	41	23	18	3	2	1
肄 业	11	9	2				1	1	
辍 学	10	10							
其 他	88	48	40	1	1		2	2	

3-2 全省分年龄、性别、学业完成情况的3岁及以上各种受教育程度人口

单位：人

年龄	合计								
	合计			在校			毕业		
	合计	男	女	小计	男	女	小计	男	女
总计	**472237**	**250292**	**221945**	**101368**	**51374**	**49994**	**312108**	**168098**	**144010**
3									
4									
5-9岁	**28364**	**14586**	**13778**	**26939**	**13861**	**13078**	**731**	**375**	**356**
5	661	331	330	571	290	281	38	15	23
6	3628	1809	1819	3387	1701	1686	118	53	65
7	7727	3925	3802	7397	3755	3642	171	94	77
8	8476	4389	4087	8077	4170	3907	210	106	104
9	7872	4132	3740	7507	3945	3562	194	107	87
10-14岁	**38381**	**19837**	**18544**	**36106**	**18578**	**17528**	**1319**	**738**	**581**
10	8177	4201	3976	7768	3977	3791	208	117	91
11	7883	4086	3797	7480	3861	3619	241	138	103
12	7700	3963	3737	7254	3729	3525	264	135	129
13	7272	3762	3510	6806	3504	3302	274	151	123
14	7349	3825	3524	6798	3507	3291	332	197	135
15-19岁	**35265**	**18009**	**17256**	**28276**	**14127**	**14149**	**5396**	**2996**	**2400**
15	7068	3598	3470	6443	3262	3181	427	225	202
16	7677	3919	3758	6685	3350	3335	720	416	304
17	7537	3858	3679	6265	3162	3103	971	532	439
18	6793	3461	3332	4973	2474	2499	1440	777	663
19	6190	3173	3017	3910	1879	2031	1838	1046	792
20-24岁	**33421**	**17092**	**16329**	**8888**	**4228**	**4660**	**20949**	**10949**	**10000**
20	6579	3396	3183	3449	1648	1801	2548	1428	1120
21	6152	3145	3007	2402	1125	1277	3097	1660	1437
22	6681	3391	3290	1603	734	869	4365	2272	2093
23	6762	3513	3249	881	444	437	5095	2646	2449
24	7247	3647	3600	553	277	276	5844	2943	2901
25-29岁	**41213**	**21113**	**20100**	**797**	**376**	**421**	**35578**	**18201**	**17377**
25	7887	3985	3902	341	150	191	6595	3339	3256
26	7834	3986	3848	199	103	96	6730	3415	3315
27	8183	4180	4003	123	60	63	7128	3627	3501
28	8666	4484	4182	88	40	48	7598	3934	3664
29	8643	4478	4165	46	23	23	7527	3886	3641
30-34岁	**45181**	**23570**	**21611**	**144**	**84**	**60**	**39360**	**20544**	**18816**
30	10065	5238	4827	51	30	21	8832	4594	4238
31	9515	5001	4514	30	21	9	8377	4392	3985
32	8515	4385	4130	27	15	12	7363	3801	3562
33	9111	4762	4349	18	7	11	7933	4140	3793
34	7975	4184	3791	18	11	7	6855	3617	3238
35-39岁	**36803**	**19289**	**17514**	**95**	**49**	**46**	**31333**	**16418**	**14915**
35	6987	3616	3371	26	12	14	5977	3109	2868
36	6947	3622	3325	16	7	9	5914	3093	2821
37	6821	3569	3252	15	8	7	5800	3037	2763
38	8387	4399	3988	20	12	8	7160	3734	3426
39	7661	4083	3578	18	10	8	6482	3445	3037
40-44岁	**40828**	**21926**	**18902**	**37**	**26**	**11**	**34461**	**18476**	**15985**
40	7863	4224	3639	7	2	5	6626	3566	3060
41	8179	4365	3814	12	9	3	6910	3656	3254
42	8126	4426	3700	7	6	1	6845	3692	3153
43	7850	4157	3693	4	3	1	6662	3544	3118
44	8810	4754	4056	7	6	1	7418	4018	3400
45-49岁	**46529**	**25276**	**21253**	**28**	**16**	**12**	**39355**	**21466**	**17889**
45	8674	4585	4089	6	3	3	7293	3862	3431
46	9345	5077	4268	7	4	3	7949	4317	3632
47	9725	5307	4418	4	1	3	8224	4541	3683
48	9437	5253	4184	7	6	1	7939	4463	3476
49	9348	5054	4294	4	2	2	7950	4283	3667
50岁及以上	**126252**	**69594**	**56658**	**58**	**29**	**29**	**103626**	**57935**	**45691**

3-2 续表 1

单位：人

年 龄	合计								
	肄业			辍学			其他		
	小计	男	女	小计	男	女	小计	男	女
总 计	**8794**	**4445**	**4349**	**16857**	**8965**	**7892**	**33110**	**17410**	**15700**
3									
4									
5-9岁	**22**	**8**	**14**	**18**	**11**	**7**	**654**	**331**	**323**
5	2		2	1		1	49	26	23
6	1	1		3	2	1	119	52	67
7	5	2	3	5	2	3	149	72	77
8	10	3	7	5	4	1	174	106	68
9	4	2	2	4	3	1	163	75	88
10-14岁	**67**	**34**	**33**	**83**	**52**	**31**	**806**	**435**	**371**
10	15	8	7	12	5	7	174	94	80
11	8	5	3	12	8	4	142	74	68
12	7	2	5	12	7	5	163	90	73
13	18	9	9	12	6	6	162	92	70
14	19	10	9	35	26	9	165	85	80
15-19岁	**130**	**63**	**67**	**339**	**202**	**137**	**1124**	**621**	**503**
15	11		11	32	22	10	155	89	66
16	17	7	10	41	28	13	214	118	96
17	29	16	13	65	35	30	207	113	94
18	32	17	15	94	55	39	254	138	116
19	41	23	18	107	62	45	294	163	131
20-24岁	**346**	**178**	**168**	**794**	**442**	**352**	**2444**	**1295**	**1149**
20	49	29	20	140	83	57	393	208	185
21	61	35	26	150	75	75	442	250	192
22	73	36	37	155	87	68	485	262	223
23	75	33	42	172	101	71	539	289	250
24	88	45	43	177	96	81	585	286	299
25-29岁	**524**	**281**	**243**	**1044**	**570**	**474**	**3270**	**1685**	**1585**
25	89	50	39	184	105	79	678	341	337
26	99	58	41	189	100	89	617	310	307
27	104	49	55	203	115	88	625	329	296
28	97	47	50	259	136	123	624	327	297
29	135	77	58	209	114	95	726	378	348
30-34岁	**704**	**356**	**348**	**1419**	**764**	**655**	**3554**	**1822**	**1732**
30	137	70	67	295	159	136	750	385	365
31	127	69	58	293	160	133	688	359	329
32	148	69	79	293	151	142	684	349	335
33	144	73	71	282	144	138	734	398	336
34	148	75	73	256	150	106	698	331	367
35-39岁	**744**	**381**	**363**	**1381**	**752**	**629**	**3250**	**1689**	**1561**
35	141	75	66	234	121	113	609	299	310
36	139	62	77	264	133	131	614	327	287
37	137	73	64	259	144	115	610	307	303
38	150	76	74	299	168	131	758	409	349
39	177	95	82	325	186	139	659	347	312
40-44岁	**929**	**503**	**426**	**1799**	**978**	**821**	**3602**	**1943**	**1659**
40	166	87	79	340	185	155	724	384	340
41	176	89	87	366	211	155	715	400	315
42	198	121	77	343	199	144	733	408	325
43	176	84	92	341	172	169	667	354	313
44	213	122	91	409	211	198	763	397	366
45-49岁	**1136**	**565**	**571**	**2324**	**1260**	**1064**	**3686**	**1969**	**1717**
45	209	101	108	442	242	200	724	377	347
46	219	116	103	440	243	197	730	397	333
47	246	124	122	487	255	232	764	386	378
48	244	115	129	467	252	215	780	417	363
49	218	109	109	488	268	220	688	392	296
50岁及以上	**4192**	**2076**	**2116**	**7656**	**3934**	**3722**	**10720**	**5620**	**5100**

3-2　续表 2　　　　　　　　　　　　　　　　　　　　　　　　　　　　　　单位：人

年　龄	小学								
	合　计			在　校			毕　业		
	合计	男	女	小计	男	女	小计	男	女
总　计	**182360**	**90009**	**92351**	**48213**	**24864**	**23349**	**93027**	**45275**	**47752**
3									
4									
5-9岁	**28113**	**14436**	**13677**	**26737**	**13741**	**12996**	**695**	**352**	**343**
5	661	331	330	571	290	281	38	15	23
6	3595	1789	1806	3365	1686	1679	111	49	62
7	7676	3895	3781	7361	3735	3626	156	84	72
8	8403	4339	4064	8010	4126	3884	208	104	104
9	7778	4082	3696	7430	3904	3526	182	100	82
10-14岁	**22605**	**11768**	**10837**	**21105**	**10943**	**10162**	**819**	**455**	**364**
10	8013	4114	3899	7625	3899	3726	193	111	82
11	7407	3841	3566	7043	3636	3407	212	121	91
12	4843	2532	2311	4520	2364	2156	183	94	89
13	1558	861	697	1333	734	599	121	67	54
14	784	420	364	584	310	274	110	62	48
15-19岁	**2097**	**1063**	**1034**	**187**	**98**	**89**	**1166**	**573**	**593**
15	278	144	134	66	33	33	120	65	55
16	320	164	156	39	22	17	153	77	76
17	389	203	186	28	14	14	217	117	100
18	505	252	253	28	11	17	312	154	158
19	605	300	305	26	18	8	364	160	204
20-24岁	**4738**	**2229**	**2509**	**69**	**32**	**37**	**3010**	**1374**	**1636**
20	758	371	387	17	8	9	485	235	250
21	834	386	448	17	9	8	527	226	301
22	999	471	528	11	2	9	664	298	366
23	1043	497	546	16	9	7	634	294	340
24	1104	504	600	8	4	4	700	321	379
25-29岁	**7796**	**3555**	**4241**	**32**	**16**	**16**	**5218**	**2383**	**2835**
25	1322	576	746	9	4	5	839	364	475
26	1493	692	801	9	8	1	1000	463	537
27	1523	682	841	4	2	2	1048	469	579
28	1605	734	871	5		5	1080	503	577
29	1853	871	982	5	2	3	1251	584	667
30-34岁	**11384**	**5306**	**6078**	**18**	**6**	**12**	**7820**	**3621**	**4199**
30	2209	1015	1194	8	4	4	1516	679	837
31	2313	1059	1254	2	1	1	1614	730	884
32	2176	1006	1170				1475	678	797
33	2482	1184	1298	4		4	1732	811	921
34	2204	1042	1162	4	1	3	1483	723	760
35-39岁	**11832**	**5612**	**6220**	**27**	**12**	**15**	**8211**	**3849**	**4362**
35	2076	941	1135	7	4	3	1410	635	775
36	2163	1021	1142	6	2	4	1492	697	795
37	2205	1050	1155	3	1	2	1534	716	818
38	2782	1345	1437	6	4	2	1957	938	1019
39	2606	1255	1351	5	1	4	1818	863	955
40-44岁	**14739**	**7258**	**7481**	**10**	**7**	**3**	**10320**	**5027**	**5293**
40	2828	1390	1438	2	1	1	1980	971	1009
41	2782	1385	1397	3	2	1	1932	938	994
42	2963	1501	1462	3	2	1	2061	1011	1050
43	2884	1391	1493	2	2		2052	990	1062
44	3282	1591	1691				2295	1117	1178
45-49岁	**17576**	**8654**	**8922**	**8**	**4**	**4**	**12444**	**6141**	**6303**
45	3275	1537	1738	3	2	1	2296	1065	1231
46	3510	1756	1754	2	1	1	2516	1248	1268
47	3673	1834	1839				2587	1310	1277
48	3571	1782	1789	2	1	1	2497	1276	1221
49	3547	1745	1802	1		1	2548	1242	1306
50岁及以上	**61480**	**30128**	**31352**	**20**	**5**	**15**	**43324**	**21500**	**21824**

3-2 续表 3

单位：人

年 龄	小学								
	肄业			辍学			其他		
	小计	男	女	小计	男	女	小计	男	女
总 计	**6351**	**2873**	**3478**	**11396**	**5430**	**5966**	**23373**	**11567**	**11806**
3									
4									
5－9岁	**21**	**7**	**14**	**18**	**11**	**7**	**642**	**325**	**317**
5	2		2	1		1	49	26	23
6	1	1		3	2	1	115	51	64
7	5	2	3	5	2	3	149	72	77
8	9	2	7	5	4	1	171	103	68
9	4	2	2	4	3	1	158	73	85
10－14岁	**41**	**19**	**22**	**48**	**30**	**18**	**592**	**321**	**271**
10	15	8	7	11	5	6	169	91	78
11	8	5	3	11	8	3	133	71	62
12	6	2	4	8	3	5	126	69	57
13	5	1	4	3	3		96	56	40
14	7	3	4	15	11	4	68	34	34
15－19岁	**42**	**16**	**26**	**115**	**67**	**48**	**587**	**309**	**278**
15	5		5	11	7	4	76	39	37
16	6	3	3	12	9	3	110	53	57
17	9	2	7	30	14	16	105	56	49
18	9	3	6	28	16	12	128	68	60
19	13	8	5	34	21	13	168	93	75
20－24岁	**132**	**65**	**67**	**306**	**143**	**163**	**1221**	**615**	**606**
20	18	9	9	48	23	25	190	96	94
21	19	12	7	55	22	33	216	117	99
22	27	12	15	57	33	24	240	126	114
23	28	10	18	70	31	39	295	153	142
24	40	22	18	76	34	42	280	123	157
25－29岁	**235**	**100**	**135**	**482**	**203**	**279**	**1829**	**853**	**976**
25	40	17	23	79	35	44	355	156	199
26	52	29	23	93	35	58	339	157	182
27	40	16	24	92	39	53	339	156	183
28	41	11	30	126	50	76	353	170	183
29	62	27	35	92	44	48	443	214	229
30－34岁	**416**	**179**	**237**	**752**	**346**	**406**	**2378**	**1154**	**1224**
30	72	34	38	151	73	78	462	225	237
31	75	35	40	153	63	90	469	230	239
32	86	32	54	151	66	85	464	230	234
33	95	43	52	165	76	89	486	254	232
34	88	35	53	132	68	64	497	215	282
35－39岁	**464**	**212**	**252**	**775**	**375**	**400**	**2355**	**1164**	**1191**
35	84	42	42	126	55	71	449	205	244
36	94	39	55	141	65	76	430	218	212
37	80	40	40	136	70	66	452	223	229
38	90	38	52	180	87	93	549	278	271
39	116	53	63	192	98	94	475	240	235
40－44岁	**652**	**316**	**336**	**1119**	**545**	**574**	**2638**	**1363**	**1275**
40	112	51	61	210	101	109	524	266	258
41	118	53	65	217	117	100	512	275	237
42	149	81	68	209	111	98	541	296	245
43	118	49	69	225	101	124	487	249	238
44	155	82	73	258	115	143	574	277	297
45－49岁	**848**	**375**	**473**	**1570**	**767**	**803**	**2706**	**1367**	**1339**
45	149	60	89	282	137	145	545	273	272
46	165	81	84	294	145	149	533	281	252
47	186	90	96	336	165	171	564	269	295
48	184	74	110	315	148	167	573	283	290
49	164	70	94	343	172	171	491	261	230
50岁及以上	**3500**	**1584**	**1916**	**6211**	**2943**	**3268**	**8425**	**4096**	**4329**

3-2　续表 4　　　　　　　　　　　　　　　　　　　　　　　　　　　　　单位：人

年　龄	初中								
	合　计			在　校			毕　业		
	合计	男	女	小计	男	女	小计	男	女
总　计	**136281**	**79064**	**57217**	**22468**	**11647**	**10821**	**101412**	**59589**	**41823**
3									
4									
5-9岁	**249**	**149**	**100**	**201**	**119**	**82**	**35**	**23**	**12**
5									
6	33	20	13	22	15	7	7	4	3
7	51	30	21	36	20	16	15	10	5
8	72	49	23	66	43	23	2	2	
9	93	50	43	77	41	36	11	7	4
10-14岁	**15330**	**7845**	**7485**	**14581**	**7425**	**7156**	**483**	**274**	**209**
10	162	87	75	142	78	64	14	6	8
11	476	245	231	437	225	212	29	17	12
12	2856	1430	1426	2733	1364	1369	81	41	40
13	5620	2850	2770	5391	2728	2663	143	77	66
14	6216	3233	2983	5878	3030	2848	216	133	83
15-19岁	**11286**	**6189**	**5097**	**7504**	**3998**	**3506**	**3197**	**1838**	**1359**
15	4393	2333	2060	4027	2133	1894	275	144	131
16	2478	1348	1130	1873	988	885	508	300	208
17	1576	864	712	845	456	389	618	340	278
18	1438	812	626	485	266	219	812	463	349
19	1401	832	569	274	155	119	984	591	393
20-24岁	**8263**	**4849**	**3414**	**110**	**68**	**42**	**7012**	**4121**	**2891**
20	1424	865	559	55	33	22	1178	716	462
21	1498	865	633	23	13	10	1242	719	523
22	1656	970	686	9	7	2	1410	828	582
23	1766	1039	727	17	11	6	1527	894	633
24	1919	1110	809	6	4	2	1655	964	691
25-29岁	**11422**	**6488**	**4934**	**27**	**15**	**12**	**10021**	**5648**	**4373**
25	2119	1232	887	9	4	5	1828	1063	765
26	2074	1167	907	7	4	3	1824	1020	804
27	2287	1291	996	8	5	3	1994	1109	885
28	2458	1389	1069	2	1	1	2193	1229	964
29	2484	1409	1075	1	1		2182	1227	955
30-34岁	**13520**	**7594**	**5926**	**16**	**8**	**8**	**12138**	**6769**	**5369**
30	2951	1665	1286	1		1	2644	1489	1155
31	2708	1528	1180	7	5	2	2452	1358	1094
32	2516	1395	1121	1	1		2234	1238	996
33	2813	1558	1255	3		3	2530	1395	1135
34	2532	1448	1084	4	2	2	2278	1289	989
35-39岁	**12554**	**7146**	**5408**	**12**	**5**	**7**	**11228**	**6324**	**4904**
35	2333	1311	1022	5	1	4	2101	1173	928
36	2324	1308	1016	1	1		2073	1156	917
37	2295	1308	987	1		1	2045	1162	883
38	2906	1615	1291	2	2		2602	1410	1192
39	2696	1604	1092	3	1	2	2407	1423	984
40-44岁	**13720**	**8003**	**5717**	**6**	**3**	**3**	**12270**	**7094**	**5176**
40	2654	1555	1099	1		1	2362	1375	987
41	2845	1619	1226	3	2	1	2534	1425	1109
42	2664	1564	1100				2390	1388	1002
43	2627	1546	1081				2365	1384	981
44	2930	1719	1211	2	1	1	2619	1522	1097
45-49岁	**14997**	**8908**	**6089**	**6**	**4**	**2**	**13483**	**7933**	**5550**
45	2846	1677	1169	1		1	2536	1476	1060
46	3006	1779	1227	1	1		2712	1588	1124
47	3204	1887	1317	2	1	1	2884	1700	1184
48	2977	1831	1146	1	1		2668	1623	1045
49	2964	1734	1230	1	1		2683	1546	1137
50岁及以上	**34940**	**21893**	**13047**	**5**	**2**	**3**	**31545**	**19565**	**11980**

3−2 续表 5

单位：人

年龄	初中								
	肄业			辍学			其他		
	小计	男	女	小计	男	女	小计	男	女
总计	**1854**	**1196**	**658**	**4407**	**2850**	**1557**	**6140**	**3782**	**2358**
3									
4									
5−9岁	**1**	**1**					**12**	**6**	**6**
5									
6							4	1	3
7									
8	1	1					3	3	
9							5	2	3
10−14岁	**26**	**15**	**11**	**34**	**21**	**13**	**206**	**110**	**96**
10				1		1	5	3	2
11				1		1	9	3	6
12	1		1	4	4		37	21	16
13	13	8	5	9	3	6	64	34	30
14	12	7	5	19	14	5	91	49	42
15−19岁	**63**	**34**	**29**	**163**	**104**	**59**	**359**	**215**	**144**
15	5		5	20	14	6	66	42	24
16	7	2	5	22	16	6	68	42	26
17	13	9	4	26	16	10	74	43	31
18	16	11	5	52	31	21	73	41	32
19	22	12	10	43	27	16	78	47	31
20−24岁	**138**	**64**	**74**	**344**	**213**	**131**	**659**	**383**	**276**
20	16	9	7	59	41	18	116	66	50
21	30	14	16	70	41	29	133	78	55
22	30	14	16	70	40	30	137	81	56
23	29	14	15	72	48	24	121	72	49
24	33	13	20	73	43	30	152	86	66
25−29岁	**191**	**114**	**77**	**396**	**259**	**137**	**787**	**452**	**335**
25	32	20	12	73	48	25	177	97	80
26	30	20	10	70	46	24	143	77	66
27	44	23	21	82	56	26	159	98	61
28	37	22	15	87	56	31	139	81	58
29	48	29	19	84	53	31	169	99	70
30−34岁	**191**	**116**	**75**	**496**	**307**	**189**	**679**	**394**	**285**
30	46	24	22	105	62	43	155	90	65
31	38	26	12	98	70	28	113	69	44
32	40	22	18	113	65	48	128	69	59
33	29	18	11	87	50	37	164	95	69
34	38	26	12	93	60	33	119	71	48
35−39岁	**215**	**131**	**84**	**487**	**304**	**183**	**612**	**382**	**230**
35	37	24	13	83	47	36	107	66	41
36	34	16	18	95	54	41	121	81	40
37	45	25	20	96	62	34	108	59	49
38	48	31	17	105	73	32	149	99	50
39	51	35	16	108	68	40	127	77	50
40−44岁	**219**	**149**	**70**	**571**	**355**	**216**	**654**	**402**	**252**
40	41	27	14	109	68	41	141	85	56
41	50	31	19	124	77	47	134	84	50
42	40	32	8	111	72	39	123	72	51
43	41	26	15	101	61	40	120	75	45
44	47	33	14	126	77	49	136	86	50
45−49岁	**233**	**154**	**79**	**642**	**417**	**225**	**633**	**400**	**233**
45	49	33	16	141	92	49	119	76	43
46	45	28	17	126	87	39	122	75	47
47	51	30	21	125	74	51	142	82	60
48	43	30	13	132	88	44	133	89	44
49	45	33	12	118	76	42	117	78	39
50岁及以上	**577**	**418**	**159**	**1274**	**870**	**404**	**1539**	**1038**	**501**

3-2　续表 6　　　　　　　　　　　　　　　　　　　　　　　　　　　　单位：人

年龄	高中								
	合计			在校			毕业		
	合计	男	女	小计	男	女	小计	男	女
总计	**62107**	**33501**	**28606**	**18468**	**9113**	**9355**	**40566**	**22476**	**18090**
3									
4									
5–9岁	**2**	**1**	**1**	**1**	**1**		**1**		**1**
5									
6									
7									
8	1	1		1	1				
9	1		1				1		1
10–14岁	**444**	**224**	**220**	**419**	**210**	**209**	**16**	**9**	**7**
10	1		1	1		1			
11									
12	1	1		1	1				
13	94	51	43	82	42	40	10	7	3
14	348	172	176	335	167	168	6	2	4
15–19岁	**17662**	**8748**	**8914**	**16748**	**8224**	**8524**	**705**	**411**	**294**
15	2331	1080	1251	2292	1059	1233	27	14	13
16	4700	2303	2397	4612	2249	2363	45	29	16
17	5212	2613	2599	5063	2528	2535	113	65	48
18	3621	1806	1815	3335	1654	1681	229	120	109
19	1798	946	852	1446	734	712	291	183	108
20–24岁	**4409**	**2517**	**1892**	**1258**	**647**	**611**	**2750**	**1627**	**1123**
20	1194	633	561	668	335	333	444	250	194
21	855	468	387	291	137	154	484	281	203
22	763	436	327	146	82	64	543	318	225
23	805	484	321	89	54	35	634	377	257
24	792	496	296	64	39	25	645	401	244
25–29岁	**4620**	**2680**	**1940**	**19**	**14**	**5**	**4189**	**2408**	**1781**
25	869	512	357	8	5	3	776	454	322
26	830	497	333	2	2		757	451	306
27	924	552	372	3	2	1	831	492	339
28	1002	560	442	4	3	1	913	503	410
29	995	559	436	2	2		912	508	404
30–34岁	**4658**	**2634**	**2024**	**11**	**9**	**2**	**4220**	**2371**	**1849**
30	1070	614	456	3	2	1	968	556	412
31	1007	575	432	3	2	1	914	519	395
32	866	497	369	3	3		780	441	339
33	910	506	404	1	1		834	463	371
34	805	442	363	1	1		724	392	332
35–39岁	**3279**	**1820**	**1459**	**2**	**1**	**1**	**3014**	**1661**	**1353**
35	591	333	258				532	298	234
36	621	343	278	1	1		568	312	256
37	569	300	269	1		1	521	279	242
38	744	429	315				692	396	296
39	754	415	339				701	376	325
40–44岁	**4600**	**2514**	**2086**	**2**	**2**		**4285**	**2315**	**1970**
40	825	443	382	1	1		764	406	358
41	898	507	391				830	464	366
42	940	512	428				877	471	406
43	877	457	420				819	423	396
44	1060	595	465	1	1		995	551	444
45–49岁	**6405**	**3434**	**2971**				**6066**	**3217**	**2849**
45	1087	571	516				1026	536	490
46	1278	694	584				1218	657	561
47	1286	720	566				1225	683	542
48	1383	730	653				1306	676	630
49	1371	719	652				1291	665	626
50岁及以上	**16028**	**8929**	**7099**	**8**	**5**	**3**	**15320**	**8457**	**6863**

3－2 续表 7

单位：人

年龄	高中								
	肄业			辍学			其他		
	小计	男	女	小计	男	女	小计	男	女
总计	**437**	**276**	**161**	**951**	**617**	**334**	**1685**	**1019**	**666**
3									
4									
5－9岁									
5									
6									
7									
8									
9									
10－14岁				**1**	**1**		**8**	**4**	**4**
10									
11									
12									
13							2	2	
14				1	1		6	2	4
15－19岁	**20**	**9**	**11**	**55**	**28**	**27**	**134**	**76**	**58**
15	1		1				11	7	4
16	4	2	2	7	3	4	32	20	12
17	6	4	2	8	4	4	22	12	10
18	6	2	4	14	8	6	37	22	15
19	3	1	2	26	13	13	32	15	17
20－24岁	**48**	**32**	**16**	**114**	**65**	**49**	**239**	**146**	**93**
20	11	7	4	28	17	11	43	24	19
21	10	8	2	20	9	11	50	33	17
22	7	3	4	22	10	12	45	23	22
23	11	6	5	23	16	7	48	31	17
24	9	8	1	21	13	8	53	35	18
25－29岁	**61**	**41**	**20**	**149**	**97**	**52**	**202**	**120**	**82**
25	10	8	2	31	21	10	44	24	20
26	13	7	6	22	17	5	36	20	16
27	13	6	7	27	18	9	50	34	16
28	8	5	3	41	26	15	36	23	13
29	17	15	2	28	15	13	36	19	17
30－34岁	**74**	**44**	**30**	**152**	**98**	**54**	**201**	**112**	**89**
30	14	9	5	32	19	13	53	28	25
31	11	6	5	36	24	12	43	24	19
32	17	10	7	27	18	9	39	25	14
33	14	8	6	30	18	12	31	16	15
34	18	11	7	27	19	8	35	19	16
35－39岁	**46**	**30**	**16**	**101**	**60**	**41**	**116**	**68**	**48**
35	15	8	7	21	15	6	23	12	11
36	7	5	2	21	9	12	24	16	8
37	8	5	3	22	9	13	17	7	10
38	9	7	2	14	8	6	29	18	11
39	7	5	2	23	19	4	23	15	8
40－44岁	**46**	**30**	**16**	**104**	**75**	**29**	**163**	**92**	**71**
40	11	7	4	20	15	5	29	14	15
41	6	3	3	23	17	6	39	23	16
42	6	6		23	16	7	34	19	15
43	14	8	6	14	9	5	30	17	13
44	9	6	3	24	18	6	31	19	12
45－49岁	**44**	**27**	**17**	**108**	**73**	**35**	**187**	**117**	**70**
45	9	6	3	19	13	6	33	16	17
46	8	6	2	20	11	9	32	20	12
47	7	3	4	24	14	10	30	20	10
48	14	9	5	19	16	3	44	29	15
49	6	3	3	26	19	7	48	32	16
50岁及以上	**98**	**63**	**35**	**167**	**120**	**47**	**435**	**284**	**151**

3-2　续表 8　　　　　　　　　　　　　　　　　　　　　　　　　　单位：人

年　龄	大学专科								
	合　计			在　校			毕　业		
	合计	男	女	小计	男	女	小计	男	女
总　计	**46765**	**25246**	**21519**	**5682**	**2806**	**2876**	**39695**	**21650**	**18045**
3									
4									
5-9岁									
5									
6									
7									
8									
9									
10-14岁	**1**		**1**	**1**		**1**			
10									
11									
12									
13									
14	1		1	1		1			
15-19岁	**2485**	**1276**	**1209**	**2150**	**1094**	**1056**	**289**	**159**	**130**
15	60	38	22	53	35	18	5	2	3
16	166	99	67	151	88	63	11	8	3
17	278	143	135	250	130	120	20	9	11
18	699	366	333	607	321	286	78	39	39
19	1282	630	652	1089	520	569	175	101	74
20-24岁	**8538**	**4194**	**4344**	**3170**	**1524**	**1646**	**5083**	**2516**	**2567**
20	1773	895	878	1333	663	670	392	206	186
21	1577	786	791	858	401	457	676	362	314
22	1775	870	905	547	250	297	1174	587	587
23	1642	814	828	275	133	142	1300	645	655
24	1771	829	942	157	77	80	1541	716	825
25-29岁	**8058**	**4185**	**3873**	**256**	**121**	**135**	**7490**	**3879**	**3611**
25	1715	845	870	114	49	65	1531	753	778
26	1587	807	780	60	28	32	1458	738	720
27	1557	836	721	40	20	20	1467	786	681
28	1669	894	775	27	15	12	1574	840	734
29	1530	803	727	15	9	6	1460	762	698
30-34岁	**6892**	**3747**	**3145**	**46**	**32**	**14**	**6652**	**3599**	**3053**
30	1733	951	782	18	12	6	1662	910	752
31	1559	858	701	10	9	1	1509	827	682
32	1289	675	614	9	4	5	1248	651	597
33	1266	694	572	2	1	1	1230	669	561
34	1045	569	476	7	6	1	1003	542	461
35-39岁	**3813**	**2048**	**1765**	**21**	**13**	**8**	**3683**	**1979**	**1704**
35	844	461	383	5	2	3	818	445	373
36	725	400	325	4	3	1	688	381	307
37	695	375	320	2	2		670	360	310
38	820	433	387	5	2	3	800	426	374
39	729	379	350	5	4	1	707	367	340
40-44岁	**3719**	**2006**	**1713**	**10**	**7**	**3**	**3613**	**1943**	**1670**
40	690	366	324	2		2	675	358	317
41	775	417	358	2	2		753	403	350
42	715	396	319	2	2		688	377	311
43	737	389	348	2	1	1	714	380	334
44	802	438	364	2	2		783	425	358
45-49岁	**4181**	**2292**	**1889**	**10**	**5**	**5**	**4059**	**2230**	**1829**
45	763	409	354	1		1	746	402	344
46	834	444	390	2	1	1	805	431	374
47	875	460	415	2		2	854	451	403
48	824	475	349	3	3		796	459	337
49	885	504	381	2	1	1	858	487	371
50岁及以上	**9078**	**5498**	**3580**	**18**	**10**	**8**	**8826**	**5345**	**3481**

3-2 续表 9 单位：人

年 龄	大学专科								
	肄 业			辍 学			其 他		
	小计	男	女	小计	男	女	小计	男	女
总 计	**104**	**70**	**34**	**80**	**53**	**27**	**1204**	**667**	**537**
3									
4									
5-9岁									
5									
6									
7									
8									
9									
10-14岁									
10									
11									
12									
13									
14									
15-19岁	**5**	**4**	**1**	**4**	**2**	**2**	**37**	**17**	**20**
15				1	1		1		1
16							4	3	1
17	1	1		1	1		6	2	4
18	1	1					13	5	8
19	3	2	1	2		2	13	7	6
20-24岁	**21**	**14**	**7**	**24**	**18**	**6**	**240**	**122**	**118**
20	3	3		4	2	2	41	21	20
21	2	1	1	5	3	2	36	19	17
22	5	5		4	3	1	45	25	20
23	6	3	3	6	6		55	27	28
24	5	2	3	5	4	1	63	30	33
25-29岁	**20**	**14**	**6**	**11**	**5**	**6**	**281**	**166**	**115**
25	6	4	2				64	39	25
26	2	1	1	3	1	2	64	39	25
27	4	3	1	1	1		45	26	19
28	6	4	2	2	1	1	60	34	26
29	2	2		5	2	3	48	28	20
30-34岁	**14**	**11**	**3**	**16**	**11**	**5**	**164**	**94**	**70**
30	3	2	1	7	5	2	43	22	21
31	1	1		3	1	2	36	20	16
32	3	3		2	2		27	15	12
33	4	2	2				30	22	8
34	3	3		4	3	1	28	15	13
35-39岁	**13**	**6**	**7**	**17**	**12**	**5**	**79**	**38**	**41**
35	3	1	2	4	4		14	9	5
36	3	2	1	6	4	2	24	10	14
37	2	2		5	3	2	16	8	8
38	3		3				12	5	7
39	2	1	1	2	1	1	13	6	7
40-44岁	**10**	**6**	**4**	**3**	**2**	**1**	**83**	**48**	**35**
40	2	2		1	1		10	5	5
41	1	1		1		1	18	11	7
42	2	1	1				23	16	7
43	3	1	2				18	7	11
44	2	1	1	1	1		14	9	5
45-49岁	**8**	**6**	**2**	**3**	**3**		**101**	**48**	**53**
45	1	1					15	6	9
46							27	12	15
47	2	1	1	2	2		15	6	9
48	3	2	1				22	11	11
49	2	2		1	1		22	13	9
50岁及以上	**13**	**9**	**4**	**2**		**2**	**219**	**134**	**85**

3-2　续表 10　　　　单位：人

年　龄	大学本科								
	合　　计			在　　校			毕　　业		
	合计	男	女	小计	男	女	小计	男	女
总　计	**42295**	**21282**	**21013**	**6031**	**2744**	**3287**	**35551**	**18155**	**17396**
3									
4									
5–9岁									
5									
6									
7									
8									
9									
10–14岁	**1**		**1**				**1**		**1**
10	1		1				1		1
11									
12									
13									
14									
15–19岁	**1734**	**732**	**1002**	**1686**	**712**	**974**	**39**	**15**	**24**
15	6	3	3	5	2	3			
16	13	5	8	10	3	7	3	2	1
17	81	34	47	78	33	45	3	1	2
18	530	225	305	518	222	296	9	1	8
19	1104	465	639	1075	452	623	24	11	13
20–24岁	**7199**	**3199**	**4000**	**4034**	**1863**	**2171**	**3078**	**1304**	**1774**
20	1427	631	796	1373	608	765	49	21	28
21	1382	638	744	1208	563	645	168	72	96
22	1442	628	814	848	379	469	571	240	331
23	1423	648	775	408	208	200	997	436	561
24	1525	654	871	197	105	92	1293	535	758
25–29岁	**8792**	**4017**	**4775**	**247**	**128**	**119**	**8365**	**3786**	**4579**
25	1745	787	958	121	62	59	1587	699	888
26	1735	777	958	62	36	26	1637	723	914
27	1793	785	1008	25	13	12	1734	757	977
28	1837	874	963	25	12	13	1770	836	934
29	1682	794	888	14	5	9	1637	771	866
30–34岁	**8155**	**4045**	**4110**	**27**	**13**	**14**	**7994**	**3960**	**4034**
30	1972	942	1030	9	5	4	1930	919	1011
31	1804	922	882	5	2	3	1769	902	867
32	1557	773	784	6	3	3	1524	758	766
33	1530	765	765	5	2	3	1500	750	750
34	1292	643	649	2	1	1	1271	631	640
35–39岁	**4950**	**2474**	**2476**	**20**	**13**	**7**	**4845**	**2426**	**2419**
35	1082	539	543	6	4	2	1058	528	530
36	1025	507	518	1		1	1009	504	505
37	987	503	484	6	4	2	963	489	474
38	1041	527	514	3	2	1	1022	518	504
39	815	398	417	4	3	1	793	387	406
40–44岁	**3814**	**2004**	**1810**	**6**	**5**	**1**	**3745**	**1962**	**1783**
40	815	438	377	1		1	794	424	370
41	829	407	422	3	3		813	397	416
42	791	425	366	1	1		779	419	360
43	689	350	339				676	343	333
44	690	384	306	1	1		683	379	304
45–49岁	**3205**	**1876**	**1329**	**4**	**3**	**1**	**3142**	**1836**	**1306**
45	663	369	294	1	1		649	361	288
46	691	388	303	2	1	1	674	378	296
47	657	384	273				646	377	269
48	646	407	239	1	1		636	401	235
49	548	328	220				537	319	218
50岁及以上	**4445**	**2935**	**1510**	**7**	**7**		**4342**	**2866**	**1476**

3-2 续表 11 单位：人

年龄	大学本科								
	肄业			辍学			其他		
	小计	男	女	小计	男	女	小计	男	女
总计	**46**	**29**	**17**	**23**	**15**	**8**	**644**	**339**	**305**
3									
4									
5-9岁									
5									
6									
7									
8									
9									
10-14岁									
10									
11									
12									
13									
14									
15-19岁				**2**	**1**	**1**	**7**	**4**	**3**
15							1	1	
16									
17									
18							3	2	1
19				2	1	1	3	1	2
20-24岁	**6**	**2**	**4**	**6**	**3**	**3**	**75**	**27**	**48**
20	1	1		1		1	3	1	2
21							6	3	3
22	3	1	2	2	1	1	18	7	11
23	1		1	1		1	16	4	12
24	1		1	2	2		32	12	20
25-29岁	**16**	**12**	**4**	**6**	**6**		**158**	**85**	**73**
25	1	1		1	1		35	24	11
26	2	1	1	1	1		33	16	17
27	3	1	2	1	1		30	13	17
28	5	5		3	3		34	18	16
29	5	4	1				26	14	12
30-34岁	**9**	**6**	**3**	**3**	**2**	**1**	**122**	**64**	**58**
30	2	1	1				31	17	14
31	2	1	1	3	2	1	25	15	10
32	2	2					25	10	15
33	2	2					23	11	12
34	1		1				18	11	7
35-39岁	**6**	**2**	**4**	**1**	**1**		**78**	**32**	**46**
35	2		2				16	7	9
36	1		1	1	1		13	2	11
37	2	1	1				16	9	7
38							16	7	9
39	1	1					17	7	10
40-44岁	**2**	**2**		**2**	**1**	**1**	**59**	**34**	**25**
40							20	14	6
41	1	1		1		1	11	6	5
42	1	1					10	4	6
43				1	1		12	6	6
44							6	4	2
45-49岁	**3**	**3**		**1**		**1**	**55**	**34**	**21**
45	1	1					12	6	6
46	1	1					14	8	6
47							11	7	4
48				1		1	8	5	3
49	1	1					10	8	2
50岁及以上	**4**	**2**	**2**	**2**	**1**	**1**	**90**	**59**	**31**

3-2　续表 12　　　　单位：人

年　龄	硕士研究生								
	合　计			在　校			毕　业		
	合计	男	女	小计	男	女	小计	男	女
总　计	**2227**	**1075**	**1152**	**472**	**188**	**284**	**1700**	**857**	**843**
3									
4									
5-9岁									
5									
6									
7									
8									
9									
10-14岁									
10									
11									
12									
13									
14									
15-19岁	**1**	**1**		**1**	**1**				
15									
16									
17	1	1		1	1				
18									
19									
20-24岁	**264**	**102**	**162**	**240**	**93**	**147**	**15**	**7**	**8**
20	3	1	2	3	1	2			
21	6	2	4	5	2	3			
22	44	15	29	41	14	27	3	1	2
23	81	31	50	74	29	45	3		3
24	130	53	77	117	47	70	9	6	3
25-29岁	**499**	**178**	**321**	**204**	**79**	**125**	**285**	**93**	**192**
25	113	33	80	78	26	52	32	6	26
26	108	44	64	55	24	31	53	20	33
27	95	32	63	40	17	23	53	13	40
28	87	29	58	22	8	14	64	21	43
29	96	40	56	9	4	5	83	33	50
30-34岁	**526**	**214**	**312**	**17**	**11**	**6**	**501**	**200**	**301**
30	120	46	74	8	6	2	107	38	69
31	114	52	62	3	2	1	110	49	61
32	101	32	69	5	2	3	95	30	65
33	99	46	53	1	1		98	45	53
34	92	38	54				91	38	53
35-39岁	**324**	**161**	**163**	**7**	**2**	**5**	**309**	**155**	**154**
35	53	28	25	1	1		52	27	25
36	81	38	43	2		2	78	38	40
37	63	29	34	1		1	61	28	33
38	75	41	34	2		2	70	39	31
39	52	25	27	1	1		48	23	25
40-44岁	**209**	**128**	**81**	**3**	**2**	**1**	**201**	**122**	**79**
40	43	27	16				43	27	16
41	46	28	18	1		1	44	27	17
42	45	25	20	1	1		42	23	19
43	34	23	11				34	23	11
44	41	25	16	1	1		38	22	16
45-49岁	**148**	**100**	**48**				**144**	**97**	**47**
45	36	19	17				36	19	17
46	25	16	9				23	15	8
47	27	20	7				25	18	7
48	32	25	7				32	25	7
49	28	20	8				28	20	8
50岁及以上	**256**	**191**	**65**				**245**	**183**	**62**

3-2 续表 13

单位：人

年 龄	硕士研究生								
	肄 业			辍 学			其 他		
	小计	男	女	小计	男	女	小计	男	女
总 计	**1**		**1**				**54**	**30**	**24**
3									
4									
5—9岁									
5									
6									
7									
8									
9									
10—14岁									
10									
11									
12									
13									
14									
15—19岁									
15									
16									
17									
18									
19									
20—24岁							**9**	**2**	**7**
20									
21							1		1
22									
23							4	2	2
24							4		4
25—29岁	**1**		**1**				**9**	**6**	**3**
25							3	1	2
26									
27							2	2	
28							1		1
29	1		1				3	3	
30—34岁							**8**	**3**	**5**
30							5	2	3
31							1	1	
32							1		1
33									
34							1		1
35—39岁							**8**	**4**	**4**
35									
36							1		1
37							1	1	
38							3	2	1
39							3	1	2
40—44岁							**5**	**4**	**1**
40									
41							1	1	
42							2	1	1
43									
44							2	2	
45—49岁							**4**	**3**	**1**
45									
46							2	1	1
47							2	2	
48									
49									
50岁及以上							**11**	**8**	**3**

3-2 续表 14

单位：人

年龄	博士研究生								
	合计			在校			毕业		
	合计	男	女	小计	男	女	小计	男	女
总计	**202**	**115**	**87**	**34**	**12**	**22**	**157**	**96**	**61**
3									
4									
5—9岁									
5									
6									
7									
8									
9									
10—14岁									
10									
11									
12									
13									
14									
15—19岁									
15									
16									
17									
18									
19									
20—24岁	**10**	**2**	**8**	**7**	**1**	**6**	**1**		**1**
20									
21									
22	2	1	1	1		1			
23	2		2	2		2			
24	6	1	5	4	1	3	1		1
25—29岁	**26**	**10**	**16**	**12**	**3**	**9**	**10**	**4**	**6**
25	4		4	2		2	2		2
26	7	2	5	4	1	3	1		1
27	4	2	2	3	1	2	1	1	
28	8	4	4	3	1	2	4	2	2
29	3	2	1				2	1	1
30—34岁	**46**	**30**	**16**	**9**	**5**	**4**	**35**	**24**	**11**
30	10	5	5	4	1	3	5	3	2
31	10	7	3				9	7	2
32	10	7	3	3	2	1	7	5	2
33	11	9	2	2	2		9	7	2
34	5	2	3				5	2	3
35—39岁	**51**	**28**	**23**	**6**	**3**	**3**	**43**	**24**	**19**
35	8	3	5	2		2	6	3	3
36	8	5	3	1		1	6	5	1
37	7	4	3	1	1		6	3	3
38	19	9	10	2	2		17	7	10
39	9	7	2				8	6	2
40—44岁	**27**	**13**	**14**				**27**	**13**	**14**
40	8	5	3				8	5	3
41	4	2	2				4	2	2
42	8	3	5				8	3	5
43	2	1	1				2	1	1
44	5	2	3				5	2	3
45—49岁	**17**	**12**	**5**				**17**	**12**	**5**
45	4	3	1				4	3	1
46	1		1				1		1
47	3	2	1				3	2	1
48	4	3	1				4	3	1
49	5	4	1				5	4	1
50岁及以上	**25**	**20**	**5**				**24**	**19**	**5**

3-2 续表 15

单位：人

年龄	博士研究生								
	肄业			辍学			其他		
	小计	男	女	小计	男	女	小计	男	女
总计	**1**	**1**					**10**	**6**	**4**
3									
4									
5—9岁									
5									
6									
7									
8									
9									
10—14岁									
10									
11									
12									
13									
14									
15—19岁									
15									
16									
17									
18									
19									
20—24岁	**1**	**1**					**1**		**1**
20									
21									
22	1	1							
23									
24							1		1
25—29岁							**4**	**3**	**1**
25									
26							2	1	1
27									
28							1	1	
29							1	1	
30—34岁							**2**	**1**	**1**
30							1	1	
31							1		1
32									
33									
34									
35—39岁							**2**	**1**	**1**
35									
36							1		1
37									
38									
39							1	1	
40—44岁									
40									
41									
42									
43									
44									
45—49岁									
45									
46									
47									
48									
49									
50岁及以上							**1**	**1**	

3-2a　全省分年龄、性别、学业完成情况的3岁及以上各种受教育程度人口(城市)

单位：人

年龄	合计								
	合计			在校			毕业		
	合计	男	女	小计	男	女	小计	男	女
总计	**179008**	**91972**	**87036**	**30954**	**15646**	**15308**	**138242**	**71334**	**66908**
3									
4									
5-9岁	**7432**	**3810**	**3622**	**7208**	**3682**	**3526**	**165**	**90**	**75**
5	65	34	31	56	28	28	2		2
6	1117	573	544	1079	555	524	27	13	14
7	2040	1050	990	1981	1016	965	43	27	16
8	2251	1128	1123	2183	1087	1096	54	29	25
9	1959	1025	934	1909	996	913	39	21	18
10-14岁	**9786**	**5069**	**4717**	**9355**	**4833**	**4522**	**331**	**179**	**152**
10	1994	1054	940	1915	1009	906	59	35	24
11	1921	991	930	1858	959	899	55	27	28
12	2004	1060	944	1922	1010	912	62	38	24
13	1979	1007	972	1880	959	921	76	34	42
14	1888	957	931	1780	896	884	79	45	34
15-19岁	**10240**	**5294**	**4946**	**8946**	**4548**	**4398**	**1118**	**642**	**476**
15	1855	965	890	1796	931	865	46	26	20
16	2121	1094	1027	1963	995	968	131	78	53
17	2237	1192	1045	2002	1054	948	198	116	82
18	2001	1063	938	1643	862	781	317	176	141
19	2026	980	1046	1542	706	836	426	246	180
20-24岁	**12517**	**6257**	**6260**	**4832**	**2288**	**2544**	**7218**	**3713**	**3505**
20	2506	1205	1301	1785	826	959	653	343	310
21	2411	1215	1196	1389	653	736	930	508	422
22	2516	1271	1245	897	408	489	1524	807	717
23	2408	1233	1175	451	241	210	1865	944	921
24	2676	1333	1343	310	160	150	2246	1111	1135
25-29岁	**16420**	**8206**	**8214**	**441**	**201**	**240**	**15333**	**7633**	**7700**
25	2962	1462	1500	186	85	101	2655	1310	1345
26	2977	1475	1502	117	59	58	2737	1342	1395
27	3307	1649	1658	67	27	40	3133	1566	1567
28	3622	1817	1805	54	22	32	3433	1718	1715
29	3552	1803	1749	17	8	9	3375	1697	1678
30-34岁	**19099**	**9753**	**9346**	**70**	**41**	**29**	**18162**	**9241**	**8921**
30	4300	2191	2109	25	14	11	4084	2069	2015
31	4004	2080	1924	18	13	5	3824	1981	1843
32	3588	1800	1788	13	6	7	3422	1719	1703
33	3817	1925	1892	8	4	4	3628	1824	1804
34	3390	1757	1633	6	4	2	3204	1648	1556
35-39岁	**14060**	**7191**	**6869**	**45**	**20**	**25**	**13225**	**6757**	**6468**
35	2813	1453	1360	12	6	6	2653	1365	1288
36	2682	1341	1341	7	1	6	2534	1269	1265
37	2626	1338	1288	7	3	4	2476	1264	1212
38	3161	1614	1547	10	5	5	2963	1508	1455
39	2778	1445	1333	9	5	4	2599	1351	1248
40-44岁	**15116**	**7734**	**7382**	**21**	**14**	**7**	**14157**	**7208**	**6949**
40	2834	1462	1372	3		3	2651	1366	1285
41	2998	1475	1523	8	6	2	2784	1360	1424
42	3070	1592	1478	4	4		2874	1478	1396
43	2907	1470	1437	1		1	2733	1384	1349
44	3307	1735	1572	5	4	1	3115	1620	1495
45-49岁	**18316**	**9649**	**8667**	**12**	**6**	**6**	**17114**	**9044**	**8070**
45	3204	1640	1564	1		1	2992	1541	1451
46	3601	1887	1714	4	2	2	3379	1767	1612
47	3815	2029	1786	2		2	3558	1909	1649
48	3890	2118	1772	3	3		3623	1976	1647
49	3806	1975	1831	2	1	1	3562	1851	1711
50岁及以上	**56022**	**29009**	**27013**	**24**	**13**	**11**	**51419**	**26827**	**24592**

3－2a 续表 1

单位：人

年 龄	合 计								
	肄 业			辍 学			其 他		
	小计	男	女	小计	男	女	小计	男	女
总 计	**1680**	**844**	**836**	**3323**	**1681**	**1642**	**4809**	**2467**	**2342**
3									
4									
5－9岁	**3**	**1**	**2**	**8**	**7**	**1**	**48**	**30**	**18**
5	1		1				6	6	
6				2	2		9	3	6
7	1		1	2	2		13	5	8
8				3	2	1	11	10	1
9	1	1		1	1		9	6	3
10－14岁	**17**	**7**	**10**	**17**	**13**	**4**	**66**	**37**	**29**
10	3	1	2	1	1		16	8	8
11	2	1	1	1	1		5	3	2
12	2	1	1	2	1	1	16	10	6
13	6	3	3	3	2	1	14	9	5
14	4	1	3	10	8	2	15	7	8
15－19岁	**16**	**10**	**6**	**66**	**39**	**27**	**94**	**55**	**39**
15				10	8	2	3		3
16	4	2	2	7	7		16	12	4
17	4	2	2	8	4	4	25	16	9
18	2	2		18	7	11	21	16	5
19	6	4	2	23	13	10	29	11	18
20－24岁	**61**	**31**	**30**	**145**	**84**	**61**	**261**	**141**	**120**
20	10	6	4	26	13	13	32	17	15
21	11	4	7	31	18	13	50	32	18
22	16	9	7	27	19	8	52	28	24
23	9	3	6	28	12	16	55	33	22
24	15	9	6	33	22	11	72	31	41
25－29岁	**95**	**59**	**36**	**193**	**119**	**74**	**358**	**194**	**164**
25	15	9	6	33	24	9	73	34	39
26	16	13	3	37	24	13	70	37	33
27	17	11	6	34	16	18	56	29	27
28	14	8	6	51	29	22	70	40	30
29	33	18	15	38	26	12	89	54	35
30－34岁	**141**	**77**	**64**	**253**	**139**	**114**	**473**	**255**	**218**
30	31	18	13	53	33	20	107	57	50
31	23	11	12	49	27	22	90	48	42
32	30	13	17	43	21	22	80	41	39
33	23	14	9	56	26	30	102	57	45
34	34	21	13	52	32	20	94	52	42
35－39岁	**134**	**74**	**60**	**255**	**137**	**118**	**401**	**203**	**198**
35	25	14	11	41	23	18	82	45	37
36	26	15	11	48	21	27	67	35	32
37	20	11	9	50	29	21	73	31	42
38	27	15	12	63	32	31	98	54	44
39	36	19	17	53	32	21	81	38	43
40－44岁	**176**	**99**	**77**	**313**	**177**	**136**	**449**	**236**	**213**
40	35	18	17	65	38	27	80	40	40
41	35	20	15	68	38	30	103	51	52
42	43	28	15	57	30	27	92	52	40
43	33	13	20	63	36	27	77	37	40
44	30	20	10	60	35	25	97	56	41
45－49岁	**197**	**91**	**106**	**434**	**222**	**212**	**559**	**286**	**273**
45	39	15	24	79	41	38	93	43	50
46	28	18	10	77	42	35	113	58	55
47	45	19	26	93	45	48	117	56	61
48	47	22	25	98	52	46	119	65	54
49	38	17	21	87	42	45	117	64	53
50岁及以上	**840**	**395**	**445**	**1639**	**744**	**895**	**2100**	**1030**	**1070**

3-2a　续表 2　　　　　　　　　　　　　　　　　　　　　　单位：人

年 龄	小学								
	合 计			在 校			毕 业		
	合计	男	女	小计	男	女	小计	男	女
总 计	**36461**	**17079**	**19382**	**11977**	**6181**	**5796**	**19492**	**8645**	**10847**
3									
4									
5—9岁	**7368**	**3776**	**3592**	**7155**	**3655**	**3500**	**157**	**84**	**73**
5	65	34	31	56	28	28	2		2
6	1109	569	540	1076	553	523	24	11	13
7	2023	1041	982	1967	1009	958	40	25	15
8	2235	1117	1118	2168	1077	1091	53	28	25
9	1936	1015	921	1888	988	900	38	20	18
10—14岁	**5006**	**2633**	**2373**	**4790**	**2514**	**2276**	**161**	**85**	**76**
10	1963	1035	928	1889	992	897	55	34	21
11	1827	945	882	1771	918	853	49	22	27
12	988	528	460	942	498	444	30	19	11
13	151	84	67	127	75	52	16	4	12
14	77	41	36	61	31	30	11	6	5
15—19岁	**150**	**75**	**75**	**9**	**4**	**5**	**102**	**48**	**54**
15	10	4	6	4	1	3	4	3	1
16	22	12	10				14	5	9
17	29	20	9	1	1		19	13	6
18	38	18	20	3	1	2	31	15	16
19	51	21	30	1	1		34	12	22
20—24岁	**414**	**189**	**225**	**6**	**3**	**3**	**284**	**115**	**169**
20	55	23	32	1		1	40	16	24
21	75	33	42	3	2	1	47	17	30
22	96	51	45				69	31	38
23	88	38	50	1		1	58	22	36
24	100	44	56	1	1		70	29	41
25—29岁	**877**	**425**	**452**	**2**	**1**	**1**	**703**	**337**	**366**
25	117	52	65				88	38	50
26	152	75	77	1	1		122	59	63
27	173	85	88				146	74	72
28	204	101	103	1		1	160	75	85
29	231	112	119				187	91	96
30—34岁	**1573**	**776**	**797**	**5**	**1**	**4**	**1263**	**617**	**646**
30	280	140	140	2	1	1	226	109	117
31	312	137	175	1		1	260	114	146
32	315	154	161				254	127	127
33	360	178	182	1		1	284	137	147
34	306	167	139	1		1	239	130	109
35—39岁	**1498**	**687**	**811**	**5**	**1**	**4**	**1168**	**533**	**635**
35	268	127	141	2	1	1	208	95	113
36	281	123	158	1		1	221	93	128
37	266	115	151				209	90	119
38	342	157	185	1		1	267	124	143
39	341	165	176	1		1	263	131	132
40—44岁	**2024**	**935**	**1089**	**2**	**1**	**1**	**1596**	**712**	**884**
40	386	177	209				305	141	164
41	360	156	204	2	1	1	275	109	166
42	424	192	232				330	140	190
43	404	183	221				329	148	181
44	450	227	223				357	174	183
45—49岁	**2832**	**1338**	**1494**	**1**	**1**		**2234**	**1064**	**1170**
45	477	224	253				366	175	191
46	563	273	290				456	220	236
47	568	286	282				447	232	215
48	623	295	328	1	1		494	233	261
49	601	260	341				471	204	267
50岁及以上	**14719**	**6245**	**8474**	**2**		**2**	**11824**	**5050**	**6774**

3-2a 续表 3　　　　单位：人

年龄	小学								
	肄业			辍学			其他		
	小计	男	女	小计	男	女	小计	男	女
总计	**1009**	**442**	**567**	**1900**	**816**	**1084**	**2083**	**995**	**1088**
3									
4									
5-9岁	**3**	**1**	**2**	**8**	**7**	**1**	**45**	**29**	**16**
5	1		1				6	6	
6				2	2		7	3	4
7	1		1	2	2		13	5	8
8				3	2	1	11	10	1
9	1	1		1	1		8	5	3
10-14岁	**7**	**3**	**4**	**6**	**4**	**2**	**42**	**27**	**15**
10	3	1	2	1	1		15	7	8
11	2	1	1	1	1		4	3	1
12	2	1	1	1		1	13	10	3
13							8	5	3
14				3	2	1	2	2	
15-19岁	**3**	**2**	**1**	**10**	**5**	**5**	**26**	**16**	**10**
15							2		2
16	1		1	1	1		6	6	
17				2	1	1	7	5	2
18				2	1	1	2	1	1
19	2	2		5	2	3	9	4	5
20-24岁	**17**	**9**	**8**	**36**	**16**	**20**	**71**	**46**	**25**
20	3	1	2	4	2	2	7	4	3
21	4	1	3	8	3	5	13	10	3
22	3	3		7	4	3	17	13	4
23	2	1	1	9	3	6	18	12	6
24	5	3	2	8	4	4	16	7	9
25-29岁	**27**	**18**	**9**	**54**	**26**	**28**	**91**	**43**	**48**
25	6	4	2	3	3		20	7	13
26	4	4		13	6	7	12	5	7
27	4	4		9	1	8	14	6	8
28	2		2	19	11	8	22	15	7
29	11	6	5	10	5	5	23	10	13
30-34岁	**58**	**23**	**35**	**87**	**42**	**45**	**160**	**93**	**67**
30	12	6	6	16	9	7	24	15	9
31	9	1	8	13	7	6	29	15	14
32	13	4	9	15	7	8	33	16	17
33	10	6	4	24	9	15	41	26	15
34	14	6	8	19	10	9	33	21	12
35-39岁	**59**	**29**	**30**	**100**	**45**	**55**	**166**	**79**	**87**
35	7	4	3	15	6	9	36	21	15
36	14	8	6	19	8	11	26	14	12
37	10	5	5	16	7	9	31	13	18
38	9	5	4	25	11	14	40	17	23
39	19	7	12	25	13	12	33	14	19
40-44岁	**101**	**51**	**50**	**155**	**80**	**75**	**170**	**91**	**79**
40	14	4	10	34	17	17	33	15	18
41	23	13	10	26	17	9	34	16	18
42	24	14	10	30	15	15	40	23	17
43	18	6	12	32	15	17	25	14	11
44	22	14	8	33	16	17	38	23	15
45-49岁	**121**	**47**	**74**	**257**	**118**	**139**	**219**	**108**	**111**
45	27	7	20	41	19	22	43	23	20
46	18	10	8	46	22	24	43	21	22
47	25	11	14	49	24	25	47	19	28
48	26	11	15	63	29	34	39	21	18
49	25	8	17	58	24	34	47	24	23
50岁及以上	**613**	**259**	**354**	**1187**	**473**	**714**	**1093**	**463**	**630**

3-2a 续表 4

单位：人

年 龄	初中								
	合计			在校			毕业		
	合计	男	女	小计	男	女	小计	男	女
总 计	**50483**	**27354**	**23129**	**6020**	**3131**	**2889**	**41650**	**22585**	**19065**
3									
4									
5-9岁	**64**	**34**	**30**	**53**	**27**	**26**	**8**	**6**	**2**
5									
6	8	4	4	3	2	1	3	2	1
7	17	9	8	14	7	7	3	2	1
8	16	11	5	15	10	5	1	1	
9	23	10	13	21	8	13	1	1	
10-14岁	**4675**	**2381**	**2294**	**4471**	**2269**	**2202**	**163**	**90**	**73**
10	30	19	11	26	17	9	3	1	2
11	94	46	48	87	41	46	6	5	1
12	1016	532	484	980	512	468	32	19	13
13	1807	909	898	1737	873	864	55	27	28
14	1728	875	853	1641	826	815	67	38	29
15-19岁	**2191**	**1261**	**930**	**1470**	**821**	**649**	**635**	**385**	**250**
15	902	507	395	856	480	376	35	19	16
16	422	235	187	315	167	148	96	59	37
17	305	180	125	163	93	70	124	76	48
18	282	166	116	102	60	42	157	93	64
19	280	173	107	34	21	13	223	138	85
20-24岁	**1806**	**1066**	**740**	**10**	**6**	**4**	**1640**	**970**	**670**
20	290	163	127	5	4	1	262	147	115
21	317	185	132	1		1	283	165	118
22	363	224	139				328	202	126
23	403	232	171	4	2	2	374	217	157
24	433	262	171				393	239	154
25-29岁	**3086**	**1655**	**1431**	**3**	**1**	**2**	**2877**	**1527**	**1350**
25	532	301	231				494	278	216
26	491	250	241	1		1	456	227	229
27	629	339	290	1	1		587	313	274
28	718	370	348	1		1	677	349	328
29	716	395	321				663	360	303
30-34岁	**4340**	**2299**	**2041**	**3**	**3**		**4080**	**2151**	**1929**
30	920	494	426				863	458	405
31	821	436	385	3	3		768	402	366
32	761	408	353				720	389	331
33	944	486	458				888	458	430
34	894	475	419				841	444	397
35-39岁	**4236**	**2250**	**1986**	**2**	**1**	**1**	**3960**	**2083**	**1877**
35	825	451	374				775	423	352
36	747	374	373				705	348	357
37	779	420	359				732	393	339
38	1010	518	492	1	1		931	468	463
39	875	487	388	1		1	817	451	366
40-44岁	**5084**	**2662**	**2422**	**4**	**2**	**2**	**4753**	**2478**	**2275**
40	919	499	420	1		1	850	461	389
41	1018	496	522	2	2		937	457	480
42	1026	536	490				965	499	466
43	1008	542	466				949	508	441
44	1113	589	524	1		1	1052	553	499
45-49岁	**6036**	**3276**	**2760**	**2**	**1**	**1**	**5678**	**3071**	**2607**
45	1026	541	485				965	505	460
46	1150	626	524	1	1		1088	588	500
47	1327	715	612	1		1	1234	671	563
48	1279	728	551				1199	679	520
49	1254	666	588				1192	628	564
50岁及以上	**18965**	**10470**	**8495**	**2**		**2**	**17856**	**9824**	**8032**

3-2a 续表 5

单位：人

年龄	初中								
	肄业			辍学			其他		
	小计	男	女	小计	男	女	小计	男	女
总计	**454**	**272**	**182**	**1140**	**685**	**455**	**1219**	**681**	**538**
3									
4									
5-9岁							**3**	**1**	**2**
5									
6							2		2
7									
8									
9							1	1	
10-14岁	**10**	**4**	**6**	**11**	**9**	**2**	**20**	**9**	**11**
10							1	1	
11							1		1
12				1	1		3		3
13	6	3	3	3	2	1	6	4	2
14	4	1	3	7	6	1	9	4	5
15-19岁	**8**	**5**	**3**	**43**	**27**	**16**	**35**	**23**	**12**
15				10	8	2	1		1
16	1	1		5	5		5	3	2
17	2	1	1	5	2	3	11	8	3
18	1	1		12	4	8	10	8	2
19	4	2	2	11	8	3	8	4	4
20-24岁	**21**	**9**	**12**	**77**	**49**	**28**	**58**	**32**	**26**
20	2	1	1	13	7	6	8	4	4
21	4	1	3	14	9	5	15	10	5
22	7	3	4	17	13	4	11	6	5
23	2		2	13	7	6	10	6	4
24	6	4	2	20	13	7	14	6	8
25-29岁	**37**	**19**	**18**	**103**	**69**	**34**	**66**	**39**	**27**
25	6	3	3	19	14	5	13	6	7
26	4	4		18	13	5	12	6	6
27	9	6	3	20	12	8	12	7	5
28	5	2	3	24	14	10	11	5	6
29	13	4	9	22	16	6	18	15	3
30-34岁	**42**	**26**	**16**	**119**	**66**	**53**	**96**	**53**	**43**
30	13	8	5	22	15	7	22	13	9
31	10	7	3	25	14	11	15	10	5
32	6	3	3	23	10	13	12	6	6
33	6	3	3	25	13	12	25	12	13
34	7	5	2	24	14	10	22	12	10
35-39岁	**52**	**33**	**19**	**118**	**70**	**48**	**104**	**63**	**41**
35	10	7	3	17	10	7	23	11	12
36	7	4	3	20	11	9	15	11	4
37	8	5	3	26	18	8	13	4	9
38	15	9	6	34	18	16	29	22	7
39	12	8	4	21	13	8	24	15	9
40-44岁	**60**	**39**	**21**	**131**	**77**	**54**	**136**	**66**	**70**
40	18	12	6	23	14	9	27	12	15
41	11	6	5	35	16	19	33	15	18
42	17	13	4	22	12	10	22	12	10
43	8	4	4	28	19	9	23	11	12
44	6	4	2	23	16	7	31	16	15
45-49岁	**56**	**33**	**23**	**144**	**84**	**60**	**156**	**87**	**69**
45	9	7	2	32	19	13	20	10	10
46	8	6	2	26	17	9	27	14	13
47	16	6	10	36	16	20	40	22	18
48	15	8	7	26	17	9	39	24	15
49	8	6	2	24	15	9	30	17	13
50岁及以上	**168**	**104**	**64**	**394**	**234**	**160**	**545**	**308**	**237**

3-2a　续表 6

单位：人

年　龄	高中								
	合　计			在　校			毕　业		
	合计	男	女	小计	男	女	小计	男	女
总　计	**33044**	**17239**	**15805**	**5846**	**3047**	**2799**	**26194**	**13604**	**12590**
3									
4									
5-9岁									
5									
6									
7									
8									
9									
10-14岁	**104**	**55**	**49**	**94**	**50**	**44**	**6**	**4**	**2**
10									
11									
12									
13	21	14	7	16	11	5	5	3	2
14	83	41	42	78	39	39	1	1	
15-19岁	**5732**	**2975**	**2757**	**5452**	**2816**	**2636**	**243**	**140**	**103**
15	914	437	477	908	433	475	6	4	2
16	1602	807	795	1581	793	788	15	10	5
17	1735	906	829	1683	878	805	43	23	20
18	1052	582	470	955	529	426	87	47	40
19	429	243	186	325	183	142	92	56	36
20-24岁	**1599**	**968**	**631**	**287**	**172**	**115**	**1237**	**744**	**493**
20	322	179	143	143	77	66	164	92	72
21	298	172	126	75	44	31	202	113	89
22	301	181	120	34	24	10	257	151	106
23	339	213	126	22	17	5	300	186	114
24	339	223	116	13	10	3	314	202	112
25-29岁	**2302**	**1305**	**997**	**4**	**3**	**1**	**2218**	**1253**	**965**
25	403	230	173	2	1	1	384	219	165
26	397	234	163	1	1		382	224	158
27	462	273	189				448	267	181
28	522	282	240	1	1		503	271	232
29	518	286	232				501	272	229
30-34岁	**2598**	**1391**	**1207**	**2**	**2**		**2463**	**1307**	**1156**
30	554	316	238	1	1		521	296	225
31	543	292	251	1	1		518	277	241
32	483	250	233				458	234	224
33	536	280	256				515	269	246
34	482	253	229				451	231	220
35-39岁	**2038**	**1081**	**957**	**1**		**1**	**1954**	**1031**	**923**
35	350	175	175				330	163	167
36	371	199	172				356	191	165
37	362	184	178	1		1	345	178	167
38	465	262	203				449	250	199
39	490	261	229				474	249	225
40-44岁	**2778**	**1403**	**1375**	**1**	**1**		**2679**	**1344**	**1335**
40	492	250	242				475	239	236
41	522	271	251				498	256	242
42	584	295	289				567	285	282
43	516	243	273				497	234	263
44	664	344	320	1	1		642	330	312
45-49岁	**4194**	**2123**	**2071**				**4056**	**2049**	**2007**
45	725	356	369				699	347	352
46	830	425	405				806	411	395
47	820	434	386				795	420	375
48	922	461	461				886	439	447
49	897	447	450				870	432	438
50岁及以上	**11699**	**5938**	**5761**	**5**	**3**	**2**	**11338**	**5732**	**5606**

3−2a 续表 7

单位：人

年 龄	高中								
	肄业			辍学			其他		
	小计	男	女	小计	男	女	小计	男	女
总 计	**154**	**94**	**60**	**258**	**167**	**91**	**592**	**327**	**265**
3									
4									
5−9岁									
5									
6									
7									
8									
9									
10−14岁							**4**	**1**	**3**
10									
11									
12									
13									
14							4	1	3
15−19岁	**5**	**3**	**2**	**12**	**7**	**5**	**20**	**9**	**11**
15									
16	2	1	1	1	1		3	2	1
17	2	1	1	1	1		6	3	3
18	1	1		4	2	2	5	3	2
19				6	3	3	6	1	5
20−24岁	**12**	**8**	**4**	**26**	**16**	**10**	**37**	**28**	**9**
20	3	2	1	7	4	3	5	4	1
21	2	2		9	6	3	10	7	3
22	2	1	1	3	2	1	5	3	2
23	3	1	2	5	2	3	9	7	2
24	2	2		2	2		8	7	1
25−29岁	**19**	**14**	**5**	**31**	**21**	**10**	**30**	**14**	**16**
25	1		1	11	7	4	5	3	2
26	5	4	1	5	4	1	4	1	3
27	3	1	2	4	2	2	7	3	4
28	4	3	1	7	4	3	7	3	4
29	6	6		4	4		7	4	3
30−34岁	**29**	**19**	**10**	**41**	**28**	**13**	**63**	**35**	**28**
30	4	3	1	12	8	4	16	8	8
31	3	2	1	10	6	4	11	6	5
32	9	4	5	5	4	1	11	8	3
33	4	3	1	7	4	3	10	4	6
34	9	7	2	7	6	1	15	9	6
35−39岁	**15**	**10**	**5**	**34**	**20**	**14**	**34**	**20**	**14**
35	7	3	4	8	6	2	5	3	2
36	3	2	1	7	1	6	5	5	
37	1	1		8	4	4	7	1	6
38	1	1		4	3	1	11	8	3
39	3	3		7	6	1	6	3	3
40−44岁	**8**	**5**	**3**	**26**	**19**	**7**	**64**	**34**	**30**
40	1		1	7	6	1	9	5	4
41				7	5	2	17	10	7
42	1	1		5	3	2	11	6	5
43	4	2	2	3	2	1	12	5	7
44	2	2		4	3	1	15	8	7
45−49岁	**16**	**8**	**8**	**32**	**20**	**12**	**90**	**46**	**44**
45	3	1	2	6	3	3	17	5	12
46	1	1		5	3	2	18	10	8
47	3	1	2	8	5	3	14	8	6
48	5	3	2	8	6	2	23	13	10
49	4	2	2	5	3	2	18	10	8
50岁及以上	**50**	**27**	**23**	**56**	**36**	**20**	**250**	**140**	**110**

3-2a 续表 8

单位：人

年 龄	大学专科								
	合 计			在 校			毕 业		
	合计	男	女	小计	男	女	小计	男	女
总 计	**28096**	**14843**	**13253**	**2497**	**1216**	**1281**	**25027**	**13328**	**11699**
3									
4									
5-9岁									
5									
6									
7									
8									
9									
10-14岁									
10									
11									
12									
13									
14									
15-19岁	**1087**	**550**	**537**	**952**	**484**	**468**	**124**	**61**	**63**
15	26	16	10	25	16	9	1		1
16	70	39	31	63	35	28	5	3	2
17	121	69	52	109	65	44	11	4	7
18	324	172	152	281	149	132	40	20	20
19	546	254	292	474	219	255	67	34	33
20-24岁	**3772**	**1847**	**1925**	**1412**	**665**	**747**	**2295**	**1154**	**1141**
20	832	396	436	652	311	341	166	80	86
21	707	350	357	388	175	213	308	171	137
22	751	382	369	218	99	119	522	280	242
23	693	348	345	95	51	44	587	289	298
24	789	371	418	59	29	30	712	334	378
25-29岁	**4221**	**2207**	**2014**	**76**	**35**	**41**	**4045**	**2110**	**1935**
25	801	401	400	35	17	18	746	373	373
26	801	421	380	17	6	11	758	398	360
27	803	424	379	10	5	5	783	413	370
28	914	493	421	11	5	6	882	474	408
29	902	468	434	3	2	1	876	452	424
30-34岁	**4343**	**2280**	**2063**	**21**	**13**	**8**	**4235**	**2219**	**2016**
30	1065	570	495	6	2	4	1035	556	479
31	961	529	432	7	6	1	935	514	421
32	833	416	417	3	1	2	818	407	411
33	783	400	383	1		1	768	390	378
34	701	365	336	4	4		679	352	327
35-39岁	**2537**	**1303**	**1234**	**12**	**7**	**5**	**2482**	**1279**	**1203**
35	547	288	259	2	1	1	535	282	253
36	476	256	220	2	1	1	462	251	211
37	467	232	235	1	1		457	226	231
38	557	284	273	3	1	2	548	282	266
39	490	243	247	4	3	1	480	238	242
40-44岁	**2516**	**1287**	**1229**	**7**	**4**	**3**	**2453**	**1251**	**1202**
40	469	222	247	2		2	457	215	242
41	517	264	253	1	1		506	258	248
42	462	257	205	2	2		445	245	200
43	499	249	250	1		1	486	245	241
44	569	295	274	1	1		559	288	271
45-49岁	**2817**	**1494**	**1323**	**7**	**3**	**4**	**2746**	**1462**	**1284**
45	487	248	239	1		1	476	243	233
46	556	286	270	2	1	1	538	277	261
47	596	303	293	1		1	586	299	287
48	559	313	246	1	1		543	307	236
49	619	344	275	2	1	1	603	336	267
50岁及以上	**6803**	**3875**	**2928**	**10**	**5**	**5**	**6647**	**3792**	**2855**

3－2a 续表 9

单位：人

年 龄	大学专科								
	肄 业			辍 学			其 他		
	小计	男	女	小计	男	女	小计	男	女
总 计	**43**	**27**	**16**	**18**	**10**	**8**	**511**	**262**	**249**
3									
4									
5－9岁									
5									
6									
7									
8									
9									
10－14岁									
10									
11									
12									
13									
14									
15－19岁							**11**	**5**	**6**
15									
16							2	1	1
17							1		1
18							3	3	
19							5	1	4
20－24岁	**6**	**3**	**3**	**4**	**2**	**2**	**55**	**23**	**32**
20	1	1		2		2	11	4	7
21	1		1				10	4	6
22	1	1					10	2	8
23	1	1					10	7	3
24	2		2	2	2		14	6	8
25－29岁	**7**	**5**	**2**	**5**	**3**	**2**	**88**	**54**	**34**
25	2	2					18	9	9
26	1		1	1	1		24	16	8
27	1		1	1	1		8	5	3
28	2	2		1		1	18	12	6
29	1	1		2	1	1	20	12	8
30－34岁	**9**	**8**	**1**	**5**	**3**	**2**	**73**	**37**	**36**
30	1	1		3	1	2	20	10	10
31	1	1					18	8	10
32	2	2					10	6	4
33	2	1	1				12	9	3
34	3	3		2	2		13	4	9
35－39岁	**5**	**1**	**4**	**2**	**1**	**1**	**36**	**15**	**21**
35	1		1	1	1		8	4	4
36	1	1		1		1	10	3	7
37							9	5	4
38	2		2				4	1	3
39	1		1				5	2	3
40－44岁	**7**	**4**	**3**	**1**	**1**		**48**	**27**	**21**
40	2	2		1	1		7	4	3
41	1	1					9	4	5
42	1		1				14	10	4
43	3	1	2				9	3	6
44							9	6	3
45－49岁	**3**	**2**	**1**				**61**	**27**	**34**
45							10	5	5
46							16	8	8
47	1	1					8	3	5
48	1		1				14	5	9
49	1	1					13	6	7
50岁及以上	**6**	**4**	**2**	**1**		**1**	**139**	**74**	**65**

3-2a　续表 10　　　　单位：人

年　龄	大学本科								
	合　　计			在　　校			毕　　业		
	合计	男	女	小计	男	女	小计	男	女
总　计	**28826**	**14443**	**14383**	**4166**	**1893**	**2273**	**24283**	**12364**	**11919**
3									
4									
5—9岁									
5									
6									
7									
8									
9									
10—14岁	**1**		**1**				**1**		**1**
10	1		1				1		1
11									
12									
13									
14									
15—19岁	**1080**	**433**	**647**	**1063**	**423**	**640**	**14**	**8**	**6**
15	3	1	2	3	1	2			
16	5	1	4	4		4	1	1	
17	47	17	30	46	17	29	1		1
18	305	125	180	302	123	179	2	1	1
19	720	289	431	708	282	426	10	6	4
20—24岁	**4695**	**2097**	**2598**	**2906**	**1359**	**1547**	**1751**	**724**	**1027**
20	1005	443	562	982	433	549	21	8	13
21	1009	473	536	918	430	488	90	42	48
22	971	423	548	614	276	338	345	142	203
23	813	375	438	263	145	118	543	230	313
24	897	383	514	129	75	54	752	302	450
25—29岁	**5477**	**2451**	**3026**	**157**	**87**	**70**	**5245**	**2325**	**2920**
25	1008	449	559	79	44	35	915	397	518
26	1038	458	580	43	29	14	977	420	557
27	1150	497	653	15	5	10	1122	486	636
28	1176	540	636	15	7	8	1150	528	622
29	1105	507	598	5	2	3	1081	494	587
30—34岁	**5760**	**2806**	**2954**	**16**	**7**	**9**	**5668**	**2765**	**2903**
30	1376	630	746	7	4	3	1349	618	731
31	1260	636	624	3	1	2	1241	627	614
32	1102	540	562	2	1	1	1086	534	552
33	1102	538	564	3	1	2	1084	530	554
34	920	462	458	1		1	908	456	452
35—39岁	**3424**	**1710**	**1714**	**13**	**7**	**6**	**3355**	**1679**	**1676**
35	771	385	386	5	3	2	756	376	380
36	731	356	375	1		1	719	353	366
37	687	356	331	4	2	2	670	347	323
38	705	350	355	1	1		693	345	348
39	530	263	267	2	1	1	517	258	259
40—44岁	**2508**	**1330**	**1178**	**4**	**4**		**2476**	**1310**	**1166**
40	521	286	235				517	282	235
41	537	264	273	2	2		526	257	269
42	530	289	241	1	1		525	287	238
43	449	234	215				441	230	211
44	471	257	214	1	1		467	254	213
45—49岁	**2287**	**1318**	**969**	**2**	**1**	**1**	**2254**	**1301**	**953**
45	455	252	203				452	252	200
46	478	263	215	1		1	469	258	211
47	478	273	205				472	271	201
48	473	295	178	1	1		467	292	175
49	403	235	168				394	228	166
50岁及以上	**3594**	**2298**	**1296**	**5**	**5**		**3519**	**2252**	**1267**

3—2a 续表 11

单位：人

年 龄	大学本科								
	肄 业			辍 学			其 他		
	小计	男	女	小计	男	女	小计	男	女
总 计	**19**	**9**	**10**	**7**	**3**	**4**	**351**	**174**	**177**
3									
4									
5—9岁									
5									
6									
7									
8									
9									
10—14岁									
10									
11									
12									
13									
14									
15—19岁				**1**		**1**	**2**	**2**	
15									
16									
17									
18							1	1	
19				1		1	1	1	
20—24岁	**5**	**2**	**3**	**2**	**1**	**1**	**31**	**11**	**20**
20	1	1					1	1	
21							1	1	
22	3	1	2				9	4	5
23	1		1	1		1	5		5
24				1	1		15	5	10
25—29岁	**4**	**3**	**1**				**71**	**36**	**35**
25							14	8	6
26	2	1	1				16	8	8
27							13	6	7
28	1	1					10	4	6
29	1	1					18	10	8
30—34岁	**3**	**1**	**2**	**1**		**1**	**72**	**33**	**39**
30	1		1				19	8	11
31				1		1	15	8	7
32							14	5	9
33	1	1					14	6	8
34	1		1				10	6	4
35—39岁	**3**	**1**	**2**	**1**	**1**		**52**	**22**	**30**
35							10	6	4
36	1		1	1	1		9	2	7
37	1		1				12	7	5
38							11	4	7
39	1	1					10	3	7
40—44岁							**28**	**16**	**12**
40							4	4	
41							9	5	4
42							4	1	3
43							8	4	4
44							3	2	1
45—49岁	**1**	**1**		**1**		**1**	**29**	**15**	**14**
45							3		3
46	1	1					7	4	3
47							6	2	4
48				1		1	4	2	2
49							9	7	2
50岁及以上	**3**	**1**	**2**	**1**	**1**		**66**	**39**	**27**

3-2a　续表 12　　　　　　　　　　　　　　　　　　　　　　　　　单位：人

年　龄	硕士研究生								
	合　计			在　校			毕　业		
	合计	男	女	小计	男	女	小计	男	女
总　计	**1922**	**913**	**1009**	**422**	**167**	**255**	**1454**	**722**	**732**
3									
4									
5-9岁									
5									
6									
7									
8									
9									
10-14岁									
10									
11									
12									
13									
14									
15-19岁									
15									
16									
17									
18									
19									
20-24岁	**226**	**89**	**137**	**207**	**82**	**125**	**11**	**6**	**5**
20	2	1	1	2	1	1			
21	5	2	3	4	2	2			
22	34	10	24	31	9	22	3	1	2
23	71	27	44	65	26	39	3		3
24	114	49	65	105	44	61	5	5	
25-29岁	**436**	**153**	**283**	**190**	**71**	**119**	**237**	**77**	**160**
25	100	29	71	70	23	47	27	5	22
26	93	35	58	51	21	30	42	14	28
27	86	29	57	38	15	23	46	12	34
28	80	27	53	22	8	14	57	19	38
29	77	33	44	9	4	5	65	27	38
30-34岁	**443**	**174**	**269**	**15**	**10**	**5**	**421**	**161**	**260**
30	96	36	60	6	5	1	85	29	56
31	97	43	54	3	2	1	93	40	53
32	85	26	59	5	2	3	80	24	56
33	82	35	47	1	1		81	34	47
34	83	34	49				82	34	48
35-39岁	**284**	**139**	**145**	**7**	**2**	**5**	**269**	**133**	**136**
35	46	25	21	1	1		45	24	21
36	69	29	40	2		2	66	29	37
37	60	29	31	1		1	58	28	30
38	64	35	29	2		2	59	33	26
39	45	21	24	1	1		41	19	22
40-44岁	**180**	**105**	**75**	**3**	**2**	**1**	**174**	**101**	**73**
40	40	24	16				40	24	16
41	40	22	18	1		1	38	21	17
42	36	20	16	1	1		34	19	15
43	29	18	11				29	18	11
44	35	21	14	1	1		33	19	14
45-49岁	**134**	**89**	**45**				**130**	**86**	**44**
45	30	16	14				30	16	14
46	23	14	9				21	13	8
47	24	17	7				22	15	7
48	30	23	7				30	23	7
49	27	19	8				27	19	8
50岁及以上	**219**	**164**	**55**				**212**	**158**	**54**

3－2a 续表 13 单位：人

年 龄	硕士研究生								
	肄 业			辍 学			其 他		
	小计	男	女	小计	男	女	小计	男	女
总 计	**1**		**1**				**45**	**24**	**21**
3									
4									
5－9岁									
5									
6									
7									
8									
9									
10－14岁									
10									
11									
12									
13									
14									
15－19岁									
15									
16									
17									
18									
19									
20－24岁							**8**	**1**	**7**
20									
21							1		1
22									
23							3	1	2
24							4		4
25－29岁	**1**		**1**				**8**	**5**	**3**
25							3	1	2
26									
27							2	2	
28							1		1
29	1		1				2	2	
30－34岁							**7**	**3**	**4**
30							5	2	3
31							1	1	
32									
33									
34							1		1
35－39岁							**8**	**4**	**4**
35									
36							1		1
37							1	1	
38							3	2	1
39							3	1	2
40－44岁							**3**	**2**	**1**
40									
41							1	1	
42							1		1
43									
44							1	1	
45－49岁							**4**	**3**	**1**
45									
46							2	1	1
47							2	2	
48									
49									
50岁及以上							**7**	**6**	**1**

3-2a　续表 14　　　　　　　　　　　　　　　　　　　　　　　　　　　单位：人

年　龄	博士研究生								
	合　计			在　校			毕　业		
	合计	男	女	小计	男	女	小计	男	女
总　计	**176**	**101**	**75**	**26**	**11**	**15**	**142**	**86**	**56**
3									
4									
5-9岁									
5									
6									
7									
8									
9									
10-14岁									
10									
11									
12									
13									
14									
15-19岁									
15									
16									
17									
18									
19									
20-24岁	**5**	**1**	**4**	**4**	**1**	**3**			
20									
21									
22									
23	1		1	1		1			
24	4	1	3	3	1	2			
25-29岁	**21**	**10**	**11**	**9**	**3**	**6**	**8**	**4**	**4**
25	1		1				1		1
26	5	2	3	3	1	2			
27	4	2	2	3	1	2	1	1	
28	8	4	4	3	1	2	4	2	2
29	3	2	1				2	1	1
30-34岁	**42**	**27**	**15**	**8**	**5**	**3**	**32**	**21**	**11**
30	9	5	4	3	1	2	5	3	2
31	10	7	3				9	7	2
32	9	6	3	3	2	1	6	4	2
33	10	8	2	2	2		8	6	2
34	4	1	3				4	1	3
35-39岁	**43**	**21**	**22**	**5**	**2**	**3**	**37**	**19**	**18**
35	6	2	4	2		2	4	2	2
36	7	4	3	1		1	5	4	1
37	5	2	3				5	2	3
38	18	8	10	2	2		16	6	10
39	7	5	2				7	5	2
40-44岁	**26**	**12**	**14**				**26**	**12**	**14**
40	7	4	3				7	4	3
41	4	2	2				4	2	2
42	8	3	5				8	3	5
43	2	1	1				2	1	1
44	5	2	3				5	2	3
45-49岁	**16**	**11**	**5**				**16**	**11**	**5**
45	4	3	1				4	3	1
46	1		1				1		1
47	2	1	1				2	1	1
48	4	3	1				4	3	1
49	5	4	1				5	4	1
50岁及以上	**23**	**19**	**4**				**23**	**19**	**4**

3-2a 续表 15 单位：人

年 龄	博士研究生								
	肄 业			辍 学			其 他		
	小计	男	女	小计	男	女	小计	男	女
总 计							**8**	**4**	**4**
3									
4									
5-9岁									
5									
6									
7									
8									
9									
10-14岁									
10									
11									
12									
13									
14									
15-19岁									
15									
16									
17									
18									
19									
20-24岁							**1**		**1**
20									
21									
22									
23									
24							1		1
25-29岁							**4**	**3**	**1**
25									
26							2	1	1
27									
28							1	1	
29							1	1	
30-34岁							**2**	**1**	**1**
30							1	1	
31							1		1
32									
33									
34									
35-39岁							**1**		**1**
35									
36							1		1
37									
38									
39									
40-44岁									
40									
41									
42									
43									
44									
45-49岁									
45									
46									
47									
48									
49									
50岁及以上									

3-2b 全省分年龄、性别、学业完成情况的3岁及以上各种受教育程度人口(镇)

单位：人

年龄	合计								
	合计			在校			毕业		
	合计	男	女	小计	男	女	小计	男	女
总计	**115146**	**60535**	**54611**	**28115**	**14164**	**13951**	**72143**	**38715**	**33428**
3									
4									
5-9岁	**7468**	**3912**	**3556**	**7043**	**3700**	**3343**	**156**	**78**	**78**
5	179	94	85	153	79	74	6	3	3
6	881	431	450	815	403	412	24	11	13
7	2122	1099	1023	2023	1047	976	34	21	13
8	2242	1183	1059	2123	1118	1005	48	21	27
9	2044	1105	939	1929	1053	876	44	22	22
10-14岁	**10066**	**5147**	**4919**	**9432**	**4796**	**4636**	**273**	**151**	**122**
10	2218	1120	1098	2104	1058	1046	39	17	22
11	2074	1071	1003	1959	1011	948	49	28	21
12	1999	1011	988	1868	939	929	54	31	23
13	1859	966	893	1731	893	838	54	31	23
14	1916	979	937	1770	895	875	77	44	33
15-19岁	**11233**	**5555**	**5678**	**9703**	**4736**	**4967**	**1078**	**577**	**501**
15	2061	1006	1055	1901	925	976	88	47	41
16	2564	1283	1281	2351	1158	1193	135	77	58
17	2725	1333	1392	2478	1209	1269	174	90	84
18	2214	1060	1154	1834	868	966	272	136	136
19	1669	873	796	1139	576	563	409	227	182
20-24岁	**7714**	**3882**	**3832**	**1670**	**792**	**878**	**5116**	**2623**	**2493**
20	1419	723	696	713	329	384	558	319	239
21	1328	682	646	423	208	215	728	387	341
22	1520	764	756	262	123	139	1073	541	532
23	1664	869	795	168	84	84	1291	678	613
24	1783	844	939	104	48	56	1466	698	768
25-29岁	**9966**	**5030**	**4936**	**154**	**74**	**80**	**8569**	**4311**	**4258**
25	1954	968	986	60	26	34	1619	783	836
26	1948	957	991	40	21	19	1693	824	869
27	1996	996	1000	24	12	12	1704	846	858
28	2052	1053	999	17	9	8	1789	920	869
29	2016	1056	960	13	6	7	1764	938	826
30-34岁	**11237**	**5738**	**5499**	**44**	**27**	**17**	**9658**	**4951**	**4707**
30	2450	1267	1183	13	7	6	2145	1116	1029
31	2386	1203	1183	9	6	3	2054	1036	1018
32	2143	1069	1074	8	6	2	1819	909	910
33	2255	1181	1074	6	2	4	1935	1015	920
34	2003	1018	985	8	6	2	1705	875	830
35-39岁	**9392**	**4792**	**4600**	**27**	**15**	**12**	**7941**	**4041**	**3900**
35	1803	913	890	4	2	2	1519	779	740
36	1799	914	885	7	4	3	1501	771	730
37	1744	892	852	3	2	1	1490	757	733
38	2070	1060	1010	5	3	2	1764	886	878
39	1976	1013	963	8	4	4	1667	848	819
40-44岁	**10670**	**5730**	**4940**	**11**	**7**	**4**	**9017**	**4821**	**4196**
40	2068	1100	968	3	1	2	1727	916	811
41	2198	1163	1035	4	3	1	1892	993	899
42	2134	1166	968	2	1	1	1791	966	825
43	2042	1087	955	1	1		1746	924	822
44	2228	1214	1014	1	1		1861	1022	839
45-49岁	**11232**	**6012**	**5220**	**9**	**5**	**4**	**9449**	**5072**	**4377**
45	2201	1118	1083	3	1	2	1851	944	907
46	2309	1248	1061	1	1		1967	1057	910
47	2287	1241	1046	2	1	1	1917	1054	863
48	2224	1211	1013	2	1	1	1848	1007	841
49	2211	1194	1017	1	1		1866	1010	856
50岁及以上	**26168**	**14737**	**11431**	**22**	**12**	**10**	**20886**	**12090**	**8796**

3-2b 续表 1

单位：人

年 龄	合 计								
	肄 业			辍 学			其 他		
	小计	男	女	小计	男	女	小计	男	女
总 计	**1620**	**790**	**830**	**4494**	**2386**	**2108**	**8774**	**4480**	**4294**
3									
4									
5－9岁	**7**	**4**	**3**	**4**	**2**	**2**	**258**	**128**	**130**
5							20	12	8
6	1	1					41	16	25
7	2	2		1		1	62	29	33
8	3	1	2	2	2		66	41	25
9	1		1	1		1	69	30	39
10－14岁	**13**	**4**	**9**	**24**	**16**	**8**	**324**	**180**	**144**
10	3		3	4	2	2	68	43	25
11	1	1		4	3	1	61	28	33
12	4	1	3	6	4	2	67	36	31
13	2	1	1	3	1	2	69	40	29
14	3	1	2	7	6	1	59	33	26
15－19岁	**29**	**11**	**18**	**102**	**59**	**43**	**321**	**172**	**149**
15	5		5	9	4	5	58	30	28
16	1		1	13	8	5	64	40	24
17	5	1	4	24	13	11	44	20	24
18	7	4	3	25	15	10	76	37	39
19	11	6	5	31	19	12	79	45	34
20－24岁	**76**	**35**	**41**	**224**	**122**	**102**	**628**	**310**	**318**
20	13	8	5	35	18	17	100	49	51
21	12	6	6	47	19	28	118	62	56
22	15	6	9	49	30	19	121	64	57
23	16	6	10	49	31	18	140	70	70
24	20	9	11	44	24	20	149	65	84
25－29岁	**83**	**41**	**42**	**290**	**156**	**134**	**870**	**448**	**422**
25	15	7	8	69	41	28	191	111	80
26	10	6	4	47	24	23	158	82	76
27	23	9	14	52	29	23	193	100	93
28	18	11	7	70	37	33	158	76	82
29	17	8	9	52	25	27	170	79	91
30－34岁	**132**	**69**	**63**	**449**	**233**	**216**	**954**	**458**	**496**
30	21	9	12	87	46	41	184	89	95
31	30	18	12	100	51	49	193	92	101
32	28	14	14	87	44	43	201	96	105
33	31	17	14	92	45	47	191	102	89
34	22	11	11	83	47	36	185	79	106
35－39岁	**124**	**59**	**65**	**418**	**232**	**186**	**882**	**445**	**437**
35	23	10	13	84	43	41	173	79	94
36	23	7	16	91	41	50	177	91	86
37	24	13	11	72	36	36	155	84	71
38	26	14	12	83	57	26	192	100	92
39	28	15	13	88	55	33	185	91	94
40－44岁	**173**	**98**	**75**	**502**	**277**	**225**	**967**	**527**	**440**
40	28	17	11	96	52	44	214	114	100
41	32	19	13	99	56	43	171	92	79
42	35	20	15	97	61	36	209	118	91
43	31	17	14	89	46	43	175	99	76
44	47	25	22	121	62	59	198	104	94
45－49岁	**179**	**90**	**89**	**583**	**325**	**258**	**1012**	**520**	**492**
45	34	15	19	112	66	46	201	92	109
46	36	17	19	110	64	46	195	109	86
47	35	20	15	119	58	61	214	108	106
48	37	20	17	120	67	53	217	116	101
49	37	18	19	122	70	52	185	95	90
50岁及以上	**804**	**379**	**425**	**1898**	**964**	**934**	**2558**	**1292**	**1266**

3-2b 续表 2 单位：人

年龄	小学								
	合计			在校			毕业		
	合计	男	女	小计	男	女	小计	男	女
总计	**43536**	**21069**	**22467**	**12543**	**6515**	**6028**	**20898**	**9768**	**11130**
3									
4									
5-9岁	**7404**	**3872**	**3532**	**6994**	**3668**	**3326**	**145**	**72**	**73**
5	179	94	85	153	79	74	6	3	3
6	877	428	449	813	401	412	22	10	12
7	2109	1091	1018	2014	1041	973	30	19	11
8	2224	1170	1054	2108	1108	1000	47	20	27
9	2015	1089	926	1906	1039	867	40	20	20
10-14岁	**5794**	**2988**	**2806**	**5386**	**2768**	**2618**	**153**	**82**	**71**
10	2176	1100	1076	2067	1039	1028	37	17	20
11	1935	995	940	1833	940	893	42	25	17
12	1176	616	560	1088	571	517	34	20	14
13	331	183	148	273	150	123	22	13	9
14	176	94	82	125	68	57	18	7	11
15-19岁	**472**	**224**	**248**	**76**	**38**	**38**	**215**	**96**	**119**
15	74	34	40	21	11	10	25	13	12
16	65	37	28	16	9	7	22	13	9
17	83	38	45	12	5	7	40	22	18
18	108	45	63	14	4	10	50	19	31
19	142	70	72	13	9	4	78	29	49
20-24岁	**1018**	**478**	**540**	**30**	**17**	**13**	**594**	**272**	**322**
20	177	88	89	7	4	3	102	51	51
21	172	78	94	5	3	2	92	37	55
22	200	96	104	3		3	123	58	65
23	228	105	123	10	7	3	131	56	75
24	241	111	130	5	3	2	146	70	76
25-29岁	**1710**	**769**	**941**	**16**	**6**	**10**	**1082**	**489**	**593**
25	286	123	163	4	1	3	164	66	98
26	316	133	183	4	3	1	206	86	120
27	362	164	198	1	1		232	107	125
28	342	151	191	3		3	213	95	118
29	404	198	206	4	1	3	267	135	132
30-34岁	**2819**	**1226**	**1593**	**6**	**2**	**4**	**1897**	**810**	**1087**
30	522	227	295	4	2	2	357	154	203
31	577	241	336				373	150	223
32	543	230	313				364	150	214
33	599	277	322				408	179	229
34	578	251	327	2		2	395	177	218
35-39岁	**2902**	**1286**	**1616**	**15**	**6**	**9**	**1967**	**839**	**1128**
35	548	240	308	3	2	1	360	160	200
36	535	223	312	4	1	3	360	146	214
37	539	246	293	1		1	374	159	215
38	638	286	352	3	2	1	432	181	251
39	642	291	351	4	1	3	441	193	248
40-44岁	**3641**	**1772**	**1869**	**5**	**3**	**2**	**2539**	**1196**	**1343**
40	717	346	371	1		1	496	237	259
41	693	334	359	1	1		493	225	268
42	736	383	353	2	1	1	508	255	253
43	694	329	365	1	1		496	221	275
44	801	380	421				546	258	288
45-49岁	**4021**	**1900**	**2121**	**4**	**2**	**2**	**2813**	**1318**	**1495**
45	789	340	449	2	1	1	556	234	322
46	786	382	404	1	1		551	255	296
47	792	379	413				543	260	283
48	823	393	430	1		1	563	270	293
49	831	406	425				600	299	301
50岁及以上	**13755**	**6554**	**7201**	**11**	**5**	**6**	**9493**	**4594**	**4899**

3-2b 续表 3　　　　单位：人

年 龄	小学								
	肄业			辍学			其他		
	小计	男	女	小计	男	女	小计	男	女
总 计	**1118**	**477**	**641**	**2871**	**1369**	**1502**	**6106**	**2940**	**3166**
3									
4									
5-9岁	**6**	**3**	**3**	**4**	**2**	**2**	**255**	**127**	**128**
5							20	12	8
6	1	1					41	16	25
7	2	2		1		1	62	29	33
8	2		2	2	2		65	40	25
9	1		1	1		1	67	30	37
10-14岁	**10**	**3**	**7**	**18**	**13**	**5**	**227**	**122**	**105**
10	3		3	4	2	2	65	42	23
11	1	1		4	3	1	55	26	29
12	3	1	2	4	2	2	47	22	25
13	1		1	1	1		34	19	15
14	2	1	1	5	5		26	13	13
15-19岁	**10**	**4**	**6**	**31**	**18**	**13**	**140**	**68**	**72**
15	2		2	3	1	2	23	9	14
16				3	3		24	12	12
17	2		2	10	4	6	19	7	12
18	2	1	1	7	3	4	35	18	17
19	4	3	1	8	7	1	39	22	17
20-24岁	**24**	**9**	**15**	**87**	**43**	**44**	**283**	**137**	**146**
20	4	3	1	13	6	7	51	24	27
21				25	11	14	50	27	23
22	6	2	4	18	10	8	50	26	24
23	4		4	17	9	8	66	33	33
24	10	4	6	14	7	7	66	27	39
25-29岁	**28**	**9**	**19**	**134**	**61**	**73**	**450**	**204**	**246**
25	4	1	3	28	14	14	86	41	45
26	3	2	1	23	8	15	80	34	46
27	8	2	6	23	9	14	98	45	53
28	7	3	4	41	19	22	78	34	44
29	6	1	5	19	11	8	108	50	58
30-34岁	**73**	**31**	**42**	**229**	**102**	**127**	**614**	**281**	**333**
30	13	5	8	40	19	21	108	47	61
31	16	8	8	54	21	33	134	62	72
32	15	3	12	41	18	23	123	59	64
33	16	9	7	52	23	29	123	66	57
34	13	6	7	42	21	21	126	47	79
35-39岁	**71**	**34**	**37**	**209**	**102**	**107**	**640**	**305**	**335**
35	13	7	6	41	18	23	131	53	78
36	15	5	10	41	15	26	115	56	59
37	13	8	5	36	17	19	115	62	53
38	12	5	7	47	28	19	144	70	74
39	18	9	9	44	24	20	135	64	71
40-44岁	**114**	**59**	**55**	**296**	**150**	**146**	**687**	**364**	**323**
40	18	9	9	56	26	30	146	74	72
41	19	12	7	63	34	29	117	62	55
42	27	13	14	54	30	24	145	84	61
43	20	10	10	53	27	26	124	70	54
44	30	15	15	70	33	37	155	74	81
45-49岁	**117**	**49**	**68**	**349**	**171**	**178**	**738**	**360**	**378**
45	21	8	13	66	36	30	144	61	83
46	22	9	13	68	36	32	144	81	63
47	19	9	10	71	32	39	159	78	81
48	29	13	16	68	29	39	162	81	81
49	26	10	16	76	38	38	129	59	70
50岁及以上	**665**	**276**	**389**	**1514**	**707**	**807**	**2072**	**972**	**1100**

3-2b 续表 4

单位：人

年 龄	初 中								
	合 计			在 校			毕 业		
	合计	男	女	小计	男	女	小计	男	女
总 计	**32029**	**18256**	**13773**	**5918**	**3058**	**2860**	**22985**	**13304**	**9681**
3									
4									
5–9岁	**62**	**39**	**23**	**48**	**31**	**17**	**10**	**6**	**4**
5									
6	4	3	1	2	2		2	1	1
7	13	8	5	9	6	3	4	2	2
8	17	12	5	14	9	5	1	1	
9	28	16	12	23	14	9	3	2	1
10–14岁	**4103**	**2084**	**2019**	**3887**	**1958**	**1929**	**115**	**68**	**47**
10	41	20	21	36	19	17	2		2
11	139	76	63	126	71	55	7	3	4
12	823	395	428	780	368	412	20	11	9
13	1493	766	727	1427	729	698	30	17	13
14	1607	827	780	1518	771	747	56	37	19
15–19岁	**2679**	**1455**	**1224**	**1901**	**1020**	**881**	**612**	**338**	**274**
15	1088	560	528	997	511	486	56	29	27
16	570	327	243	445	254	191	98	57	41
17	374	201	173	247	136	111	102	50	52
18	320	172	148	130	70	60	154	81	73
19	327	195	132	82	49	33	202	121	81
20–24岁	**1868**	**1047**	**821**	**47**	**29**	**18**	**1557**	**875**	**682**
20	283	163	120	27	15	12	226	129	97
21	339	194	145	7	5	2	271	161	110
22	378	210	168	6	4	2	320	175	145
23	433	258	175	4	3	1	364	217	147
24	435	222	213	3	2	1	376	193	183
25–29岁	**2652**	**1435**	**1217**	**14**	**7**	**7**	**2304**	**1238**	**1066**
25	511	292	219	5	2	3	415	232	183
26	515	276	239	5	3	2	450	237	213
27	522	275	247	3	1	2	444	229	215
28	561	305	256	1	1		502	274	228
29	543	287	256				493	266	227
30–34岁	**3379**	**1799**	**1580**	**8**	**4**	**4**	**3008**	**1593**	**1415**
30	713	393	320				640	355	285
31	700	368	332	3	2	1	630	326	304
32	642	323	319				561	278	283
33	702	369	333	3		3	623	329	294
34	622	346	276	2	2		554	305	249
35–39岁	**3347**	**1843**	**1504**	**5**	**3**	**2**	**2985**	**1621**	**1364**
35	614	328	286	1		1	550	290	260
36	660	369	291	1	1		570	319	251
37	632	347	285				569	311	258
38	733	392	341	1	1		660	337	323
39	708	407	301	2	1	1	636	364	272
40–44岁	**3532**	**2037**	**1495**	**2**	**1**	**1**	**3156**	**1813**	**1343**
40	677	375	302				594	323	271
41	749	417	332	1		1	678	377	301
42	680	399	281				605	353	252
43	668	399	269				603	363	240
44	758	447	311	1	1		676	397	279
45–49岁	**3585**	**2068**	**1517**	**4**	**3**	**1**	**3181**	**1815**	**1366**
45	717	394	323	1		1	637	348	289
46	747	437	310				674	390	284
47	753	433	320	1	1		662	383	279
48	679	404	275	1	1		593	345	248
49	689	400	289	1	1		615	349	266
50岁及以上	**6822**	**4449**	**2373**	**2**	**2**		**6057**	**3937**	**2120**

3-2b 续表 5 单位：人

年龄	初中 肄业 小计	男	女	辍学 小计	男	女	其他 小计	男	女
总 计	**355**	**222**	**133**	**1187**	**750**	**437**	**1584**	**922**	**662**
3									
4									
5-9岁	**1**	**1**					**3**	**1**	**2**
5									
6									
7									
8	1	1					1	1	
9							2		2
10-14岁	**3**	**1**	**2**	**5**	**2**	**3**	**93**	**55**	**38**
10							3	1	2
11							6	2	4
12	1		1	2	2		20	14	6
13	1	1		2		2	33	19	14
14	1		1	1		1	31	19	12
15-19岁	**15**	**6**	**9**	**48**	**29**	**19**	**103**	**62**	**41**
15	3		3	5	2	3	27	18	9
16	1		1	6	3	3	20	13	7
17	1		1	10	7	3	14	8	6
18	4	3	1	14	10	4	18	8	10
19	6	3	3	13	7	6	24	15	9
20-24岁	**29**	**13**	**16**	**84**	**51**	**33**	**151**	**79**	**72**
20	4	2	2	9	6	3	17	11	6
21	8	3	5	16	7	9	37	18	19
22	4	2	2	15	11	4	33	18	15
23	7	4	3	25	16	9	33	18	15
24	6	2	4	19	11	8	31	14	17
25-29岁	**29**	**16**	**13**	**88**	**53**	**35**	**217**	**121**	**96**
25	6	3	3	29	18	11	56	37	19
26	6	3	3	14	8	6	40	25	15
27	7	4	3	17	12	5	51	29	22
28	4	3	1	15	9	6	39	18	21
29	6	3	3	13	6	7	31	12	19
30-34岁	**39**	**25**	**14**	**143**	**85**	**58**	**181**	**92**	**89**
30	6	3	3	29	15	14	38	20	18
31	9	7	2	28	19	9	30	14	16
32	9	8	1	32	19	13	40	18	22
33	7	3	4	27	14	13	42	23	19
34	8	4	4	27	18	9	31	17	14
35-39岁	**38**	**18**	**20**	**163**	**103**	**60**	**156**	**98**	**58**
35	5	2	3	32	18	14	26	18	8
36	7	2	5	40	20	20	42	27	15
37	8	3	5	25	16	9	30	17	13
38	9	6	3	32	26	6	31	22	9
39	9	5	4	34	23	11	27	14	13
40-44岁	**42**	**28**	**14**	**156**	**91**	**65**	**176**	**104**	**72**
40	6	5	1	33	20	13	44	27	17
41	10	5	5	27	17	10	33	18	15
42	5	4	1	30	20	10	40	22	18
43	7	5	2	28	14	14	30	17	13
44	14	9	5	38	20	18	29	20	9
45-49岁	**47**	**29**	**18**	**180**	**120**	**60**	**173**	**101**	**72**
45	9	4	5	36	23	13	34	19	15
46	13	7	6	31	23	8	29	17	12
47	13	9	4	38	21	17	39	19	20
48	5	4	1	44	31	13	36	23	13
49	7	5	2	31	22	9	35	23	12
50岁及以上	**112**	**85**	**27**	**320**	**216**	**104**	**331**	**209**	**122**

3-2b　续表 6　　单位：人

年　龄	高　中								
	合　计			在　校			毕　业		
	合计	男	女	小计	男	女	小计	男	女
总　计	**17476**	**9410**	**8066**	**7626**	**3602**	**4024**	**8904**	**5248**	**3656**
3									
4									
5-9岁	**2**	**1**	**1**	**1**	**1**		**1**		**1**
5									
6									
7									
8	1	1		1	1				
9	1		1				1		1
10-14岁	**168**	**75**	**93**	**158**	**70**	**88**	**5**	**1**	**4**
10	1		1	1		1			
11									
12									
13	35	17	18	31	14	17	2	1	1
14	132	58	74	126	56	70	3		3
15-19岁	**7222**	**3437**	**3785**	**6977**	**3295**	**3682**	**162**	**96**	**66**
15	879	397	482	866	390	476	6	4	2
16	1888	893	995	1853	872	981	12	5	7
17	2182	1056	1126	2141	1033	1108	28	16	12
18	1509	706	803	1445	671	774	44	24	20
19	764	385	379	672	329	343	72	47	25
20-24岁	**1264**	**691**	**573**	**474**	**223**	**251**	**671**	**407**	**264**
20	397	198	199	268	124	144	103	64	39
21	254	137	117	111	51	60	122	75	47
22	203	116	87	45	23	22	129	80	49
23	214	121	93	29	15	14	166	94	72
24	196	119	77	21	10	11	151	94	57
25-29岁	**1191**	**697**	**494**	**6**	**5**	**1**	**1056**	**613**	**443**
25	218	129	89	3	2	1	187	108	79
26	214	134	80	1	1		195	119	76
27	233	134	99	1	1		204	118	86
28	256	142	114				233	127	106
29	270	158	112	1	1		237	141	96
30-34岁	**1244**	**741**	**503**	**7**	**6**	**1**	**1082**	**650**	**432**
30	283	158	125				252	142	110
31	280	169	111	2	1	1	243	148	95
32	240	149	91	3	3		206	129	77
33	225	139	86	1	1		193	121	72
34	216	126	90	1	1		188	110	78
35-39岁	**763**	**419**	**344**				**684**	**377**	**307**
35	143	88	55				124	79	45
36	151	80	71				138	76	62
37	132	65	67				119	60	59
38	172	97	75				157	87	70
39	165	89	76				146	75	71
40-44岁	**1281**	**742**	**539**	**1**	**1**		**1166**	**669**	**497**
40	221	125	96	1	1		199	110	89
41	267	160	107				245	148	97
42	262	149	113				235	131	104
43	259	144	115				237	131	106
44	272	164	108				250	149	101
45-49岁	**1560**	**852**	**708**				**1453**	**787**	**666**
45	271	151	120				247	136	111
46	328	179	149				308	168	140
47	323	189	134				305	178	127
48	320	169	151				303	157	146
49	318	164	154				290	148	142
50岁及以上	**2781**	**1755**	**1026**	**2**	**1**	**1**	**2624**	**1648**	**976**

3-2b 续表 7

单位：人

年龄	高中								
	肄业			辍学			其他		
	小计	男	女	小计	男	女	小计	男	女
总计	**98**	**60**	**38**	**385**	**234**	**151**	**463**	**266**	**197**
3									
4									
5-9岁									
5									
6									
7									
8									
9									
10-14岁				**1**	**1**		**4**	**3**	**1**
10									
11									
12									
13							2	2	
14				1	1		2	1	1
15-19岁	**4**	**1**	**3**	**21**	**11**	**10**	**58**	**34**	**24**
15							7	3	4
16				4	2	2	19	14	5
17	2	1	1	4	2	2	7	4	3
18	1		1	4	2	2	15	9	6
19	1		1	9	5	4	10	4	6
20-24岁	**16**	**9**	**7**	**38**	**19**	**19**	**65**	**33**	**32**
20	3	1	2	10	4	6	13	5	8
21	4	3	1	3		3	14	8	6
22	4	1	3	12	7	5	13	5	8
23	3	2	1	4	3	1	12	7	5
24	2	2		9	5	4	13	8	5
25-29岁	**10**	**6**	**4**	**62**	**38**	**24**	**57**	**35**	**22**
25	3	2	1	12	9	3	13	8	5
26				9	7	2	9	7	2
27	4	1	3	12	8	4	12	6	6
28	1	1		12	7	5	10	7	3
29	2	2		17	7	10	13	7	6
30-34岁	**14**	**9**	**5**	**69**	**39**	**30**	**72**	**37**	**35**
30	1		1	14	8	6	16	8	8
31	3	2	1	16	10	6	16	8	8
32	3	2	1	12	5	7	16	10	6
33	6	4	2	13	8	5	12	5	7
34	1	1		14	8	6	12	6	6
35-39岁	**10**	**6**	**4**	**33**	**18**	**15**	**36**	**18**	**18**
35	3	1	2	8	4	4	8	4	4
36				6	3	3	7	1	6
37	2	1	1	7	1	6	4	3	1
38	4	3	1	4	3	1	7	4	3
39	1	1		8	7	1	10	6	4
40-44岁	**13**	**8**	**5**	**48**	**36**	**12**	**53**	**28**	**25**
40	4	3	1	7	6	1	10	5	5
41	2	1	1	7	5	2	13	6	7
42	2	2		13	11	2	12	5	7
43	4	2	2	8	5	3	10	6	4
44	1		1	13	9	4	8	6	2
45-49岁	**9**	**7**	**2**	**51**	**31**	**20**	**47**	**27**	**20**
45	3	2	1	10	7	3	11	6	5
46	1	1		11	5	6	8	5	3
47	2	2		8	3	5	8	6	2
48	1	1		8	7	1	8	4	4
49	2	1	1	14	9	5	12	6	6
50岁及以上	**22**	**14**	**8**	**62**	**41**	**21**	**71**	**51**	**20**

3-2b 续表 8　　单位：人

年龄	大学专科								
	合计			在校			毕业		
	合计	男	女	小计	男	女	小计	男	女
总计	**11970**	**6712**	**5258**	**1232**	**628**	**604**	**10252**	**5803**	**4449**
3									
4									
5-9岁									
5									
6									
7									
8									
9									
10-14岁	**1**		**1**	**1**		**1**			
10									
11									
12									
13									
14	1		1	1		1			
15-19岁	**576**	**309**	**267**	**482**	**258**	**224**	**74**	**43**	**31**
15	19	14	5	16	12	4	1	1	
16	40	25	15	36	22	14	3	2	1
17	68	32	36	60	29	31	4	2	2
18	161	85	76	135	72	63	19	12	7
19	288	153	135	235	123	112	47	26	21
20-24岁	**2252**	**1110**	**1142**	**662**	**319**	**343**	**1469**	**729**	**740**
20	392	201	191	257	120	137	112	68	44
21	405	204	201	191	95	96	196	100	96
22	487	240	247	109	55	54	354	170	184
23	451	234	217	65	30	35	360	192	168
24	517	231	286	40	19	21	447	199	248
25-29岁	**2138**	**1100**	**1038**	**61**	**32**	**29**	**1968**	**999**	**969**
25	483	226	257	21	10	11	435	198	237
26	413	197	216	15	10	5	379	177	202
27	433	242	191	14	5	9	396	219	177
28	433	230	203	7	5	2	402	212	190
29	376	205	171	4	2	2	356	193	163
30-34岁	**1771**	**977**	**794**	**13**	**10**	**3**	**1699**	**934**	**765**
30	446	243	203	7	5	2	421	227	194
31	383	202	181	2	2		374	196	178
32	328	181	147	2	1	1	311	172	139
33	357	207	150				348	203	145
34	257	144	113	2	2		245	136	109
35-39岁	**1015**	**574**	**441**	**4**	**4**		**965**	**545**	**420**
35	229	129	100				222	123	99
36	193	106	87	2	2		175	94	81
37	173	107	66	1	1		164	103	61
38	219	122	97				212	120	92
39	201	110	91	1	1		192	105	87
40-44岁	**1022**	**583**	**439**	**1**	**1**		**992**	**564**	**428**
40	187	117	70				185	116	69
41	218	122	96	1	1		210	116	94
42	222	117	105				214	112	102
43	199	112	87				192	108	84
44	196	115	81				191	112	79
45-49岁	**1205**	**682**	**523**	**1**		**1**	**1166**	**660**	**506**
45	234	133	101				229	131	98
46	246	136	110				238	133	105
47	245	132	113	1		1	238	130	108
48	237	140	97				228	133	95
49	243	141	102				233	133	100
50岁及以上	**1990**	**1377**	**613**	**7**	**4**	**3**	**1919**	**1329**	**590**

3-2b 续表 9

单位：人

年龄	大学专科								
	肄业			辍学			其他		
	小计	男	女	小计	男	女	小计	男	女
总计	**33**	**20**	**13**	**45**	**31**	**14**	**408**	**230**	**178**
3									
4									
5-9岁									
5									
6									
7									
8									
9									
10-14岁									
10									
11									
12									
13									
14									
15-19岁				**2**	**1**	**1**	**18**	**7**	**11**
15				1	1		1		1
16							1	1	
17							4	1	3
18							7	1	6
19				1		1	5	4	1
20-24岁	**7**	**4**	**3**	**13**	**9**	**4**	**101**	**49**	**52**
20	2	2		2	2		19	9	10
21				3	1	2	15	8	7
22	1	1		3	2	1	20	12	8
23	2		2	3	3		21	9	12
24	2	1	1	2	1	1	26	11	15
25-29岁	**9**	**6**	**3**	**4**	**2**	**2**	**96**	**61**	**35**
25	2	1	1				25	17	8
26	1	1					18	9	9
27	1	1					22	17	5
28	4	2	2	1	1		19	10	9
29	1	1		3	1	2	12	8	4
30-34岁	**2**	**1**	**1**	**8**	**7**	**1**	**49**	**25**	**24**
30				4	4		14	7	7
31				2	1	1	5	3	2
32	1	1		2	2		12	5	7
33	1		1				8	4	4
34							10	6	4
35-39岁	**3**		**3**	**13**	**9**	**4**	**30**	**16**	**14**
35	1		1	3	3		3	3	
36	1		1	4	3	1	11	7	4
37				4	2	2	4	1	3
38	1		1				6	2	4
39				2	1	1	6	3	3
40-44岁	**3**	**2**	**1**	**1**		**1**	**25**	**16**	**9**
40							2	1	1
41				1		1	6	5	1
42	1	1					7	4	3
43							7	4	3
44	2	1	1				3	2	1
45-49岁	**5**	**4**	**1**	**3**	**3**		**30**	**15**	**15**
45	1	1					4	1	3
46							8	3	5
47	1		1	2	2		3		3
48	2	2					7	5	2
49	1	1		1	1		8	6	2
50岁及以上	**4**	**3**	**1**	**1**		**1**	**59**	**41**	**18**

3-2b 续表 10 单位：人

年 龄	大学本科								
	合 计			在 校			毕 业		
	合计	男	女	小计	男	女	小计	男	女
总 计	**9875**	**4947**	**4928**	**761**	**345**	**416**	**8887**	**4472**	**4415**
3									
4									
5–9岁									
5									
6									
7									
8									
9									
10–14岁									
10									
11									
12									
13									
14									
15–19岁	**283**	**129**	**154**	**266**	**124**	**142**	**15**	**4**	**11**
15	1	1		1	1				
16	1	1		1	1				
17	17	5	12	17	5	12			
18	116	52	64	110	51	59	5		5
19	148	70	78	137	66	71	10	4	6
20–24岁	**1284**	**544**	**740**	**433**	**194**	**239**	**822**	**339**	**483**
20	170	73	97	154	66	88	15	7	8
21	157	69	88	108	54	54	47	14	33
22	245	98	147	92	37	55	147	58	89
23	332	147	185	55	26	29	270	119	151
24	380	157	223	24	11	13	343	141	202
25–29岁	**2228**	**1012**	**1216**	**48**	**19**	**29**	**2122**	**961**	**1161**
25	448	196	252	23	9	14	414	179	235
26	478	211	267	11	2	9	455	201	254
27	440	179	261	4	3	1	423	172	251
28	453	223	230	6	3	3	432	210	222
29	409	203	206	4	2	2	398	199	199
30–34岁	**1954**	**964**	**990**	**9**	**5**	**4**	**1904**	**933**	**971**
30	466	239	227	1		1	456	231	225
31	433	217	216	2	1	1	421	210	211
32	377	182	195	3	2	1	365	176	189
33	358	180	178	2	1	1	349	174	175
34	320	146	174	1	1		313	142	171
35–39岁	**1325**	**645**	**680**	**3**	**2**	**1**	**1300**	**634**	**666**
35	261	124	137				255	123	132
36	248	126	122				246	126	120
37	264	126	138	1	1		260	123	137
38	296	156	140	1		1	291	154	137
39	256	113	143	1	1		248	108	140
40–44岁	**1170**	**578**	**592**	**2**	**1**	**1**	**1141**	**562**	**579**
40	264	135	129	1		1	251	128	123
41	265	124	141	1	1		260	121	139
42	226	114	112				222	112	110
43	218	99	119				214	97	117
44	197	106	91				194	104	90
45–49岁	**848**	**499**	**349**				**823**	**481**	**342**
45	186	98	88				178	93	85
46	200	112	88				194	109	85
47	170	104	66				165	99	66
48	163	103	60				159	100	59
49	129	82	47				127	80	47
50岁及以上	**783**	**576**	**207**				**760**	**558**	**202**

3-2b 续表 11　　单位：人

年龄	大学本科								
	肄业			辍学			其他		
	小计	男	女	小计	男	女	小计	男	女
总计	**16**	**11**	**5**	**6**	**2**	**4**	**205**	**117**	**88**
3									
4									
5-9岁									
5									
6									
7									
8									
9									
10-14岁									
10									
11									
12									
13									
14									
15-19岁							**2**	**1**	**1**
15									
16									
17									
18							1	1	
19							1		1
20-24岁				**2**		**2**	**27**	**11**	**16**
20				1		1			
21							2	1	1
22				1		1	5	3	2
23							7	2	5
24							13	5	8
25-29岁	**7**	**4**	**3**	**2**	**2**		**49**	**26**	**23**
25							11	8	3
26				1	1		11	7	4
27	3	1	2				10	3	7
28	2	2		1	1		12	7	5
29	2	1	1				5	1	4
30-34岁	**4**	**3**	**1**				**37**	**23**	**14**
30	1	1					8	7	1
31	2	1	1				8	5	3
32							9	4	5
33	1	1					6	4	2
34							6	3	3
35-39岁	**2**	**1**	**1**				**20**	**8**	**12**
35	1		1				5	1	4
36							2		2
37	1	1					2	1	1
38							4	2	2
39							7	4	3
40-44岁	**1**	**1**		**1**		**1**	**25**	**14**	**11**
40							12	7	5
41	1	1		1		1	2	1	1
42							4	2	2
43							4	2	2
44							3	2	1
45-49岁	**1**	**1**					**24**	**17**	**7**
45							8	5	3
46							6	3	3
47							5	5	
48							4	3	1
49	1	1					1	1	
50岁及以上	**1**	**1**		**1**		**1**	**21**	**17**	**4**

3-2b　续表 12　　　　单位：人

年　龄	硕士研究生								
	合　计			在　校			毕　业		
	合计	男	女	小计	男	女	小计	男	女
总　计	**246**	**133**	**113**	**33**	**16**	**17**	**205**	**112**	**93**
3									
4									
5–9岁									
5									
6									
7									
8									
9									
10–14岁									
10									
11									
12									
13									
14									
15–19岁	**1**	**1**		**1**	**1**				
15									
16									
17	1	1		1	1				
18									
19									
20–24岁	**26**	**12**	**14**	**23**	**10**	**13**	**2**	**1**	**1**
20									
21	1		1	1		1			
22	7	4	3	7	4	3			
23	6	4	2	5	3	2			
24	12	4	8	10	3	7	2	1	1
25–29岁	**45**	**17**	**28**	**8**	**5**	**3**	**36**	**11**	**25**
25	8	2	6	4	2	2	4		4
26	10	6	4	3	2	1	7	4	3
27	6	2	4	1	1		5	1	4
28	7	2	5				7	2	5
29	14	5	9				13	4	9
30–34岁	**68**	**29**	**39**	**1**		**1**	**66**	**29**	**37**
30	20	7	13	1		1	19	7	12
31	13	6	7				13	6	7
32	13	4	9				12	4	8
33	13	8	5				13	8	5
34	9	4	5				9	4	5
35–39岁	**35**	**21**	**14**				**35**	**21**	**14**
35	6	3	3				6	3	3
36	11	9	2				11	9	2
37	3		3				3		3
38	11	6	5				11	6	5
39	4	3	1				4	3	1
40–44岁	**23**	**17**	**6**				**22**	**16**	**6**
40	1	1					1	1	
41	6	6					6	6	
42	8	4	4				7	3	4
43	4	4					4	4	
44	4	2	2				4	2	2
45–49岁	**12**	**10**	**2**				**12**	**10**	**2**
45	4	2	2				4	2	2
46	2	2					2	2	
47	3	3					3	3	
48	2	2					2	2	
49	1	1					1	1	
50岁及以上	**36**	**26**	**10**				**32**	**24**	**8**

3-2b 续表 13

单位：人

年 龄	硕士研究生								
	肄 业			辍 学			其 他		
	小计	男	女	小计	男	女	小计	男	女
总 计							**8**	**5**	**3**
3									
4									
5-9岁									
5									
6									
7									
8									
9									
10-14岁									
10									
11									
12									
13									
14									
15-19岁									
15									
16									
17									
18									
19									
20-24岁							**1**	**1**	
20									
21									
22									
23							1	1	
24									
25-29岁							**1**	**1**	
25									
26									
27									
28									
29							1	1	
30-34岁							**1**		**1**
30									
31									
32							1		1
33									
34									
35-39岁									
35									
36									
37									
38									
39									
40-44岁							**1**	**1**	
40									
41									
42							1	1	
43									
44									
45-49岁									
45									
46									
47									
48									
49									
50岁及以上							**4**	**2**	**2**

3-2b 续表 14

单位：人

年龄	博士研究生								
	合计			在校			毕业		
	合计	男	女	小计	男	女	小计	男	女
总计	**14**	**8**	**6**	**2**		**2**	**12**	**8**	**4**
3									
4									
5-9岁									
5									
6									
7									
8									
9									
10-14岁									
10									
11									
12									
13									
14									
15-19岁									
15									
16									
17									
18									
19									
20-24岁	**2**		**2**	**1**		**1**	**1**		**1**
20									
21									
22									
23									
24	2		2	1		1	1		1
25-29岁	**2**		**2**	**1**		**1**	**1**		**1**
25									
26	2		2	1		1	1		1
27									
28									
29									
30-34岁	**2**	**2**					**2**	**2**	
30									
31									
32									
33	1	1					1	1	
34	1	1					1	1	
35-39岁	**5**	**4**	**1**				**5**	**4**	**1**
35	2	1	1				2	1	1
36	1	1					1	1	
37	1	1					1	1	
38	1	1					1	1	
39									
40-44岁	**1**	**1**					**1**	**1**	
40	1	1					1	1	
41									
42									
43									
44									
45-49岁	**1**	**1**					**1**	**1**	
45									
46									
47	1	1					1	1	
48									
49									
50岁及以上	**1**		**1**				**1**		**1**

3－2b 续表 15

单位：人

年 龄	博士研究生								
	肄 业			辍 学			其 他		
	小计	男	女	小计	男	女	小计	男	女
总 计									
3									
4									
5－9岁									
5									
6									
7									
8									
9									
10－14岁									
10									
11									
12									
13									
14									
15－19岁									
15									
16									
17									
18									
19									
20－24岁									
20									
21									
22									
23									
24									
25－29岁									
25									
26									
27									
28									
29									
30－34岁									
30									
31									
32									
33									
34									
35－39岁									
35									
36									
37									
38									
39									
40－44岁									
40									
41									
42									
43									
44									
45－49岁									
45									
46									
47									
48									
49									
50岁及以上									

3-2c　全省分年龄、性别、学业完成情况的3岁及以上各种受教育程度人口(乡村)

单位：人

年　龄	合计								
	合　计			在　校			毕　业		
	合计	男	女	小计	男	女	小计	男	女
总　计	**178083**	**97785**	**80298**	**42299**	**21564**	**20735**	**101723**	**58049**	**43674**
3									
4									
5-9岁	**13464**	**6864**	**6600**	**12688**	**6479**	**6209**	**410**	**207**	**203**
5	417	203	214	362	183	179	30	12	18
6	1630	805	825	1493	743	750	67	29	38
7	3565	1776	1789	3393	1692	1701	94	46	48
8	3983	2078	1905	3771	1965	1806	108	56	52
9	3869	2002	1867	3669	1896	1773	111	64	47
10-14岁	**18529**	**9621**	**8908**	**17319**	**8949**	**8370**	**715**	**408**	**307**
10	3965	2027	1938	3749	1910	1839	110	65	45
11	3888	2024	1864	3663	1891	1772	137	83	54
12	3697	1892	1805	3464	1780	1684	148	66	82
13	3434	1789	1645	3195	1652	1543	144	86	58
14	3545	1889	1656	3248	1716	1532	176	108	68
15-19岁	**13792**	**7160**	**6632**	**9627**	**4843**	**4784**	**3200**	**1777**	**1423**
15	3152	1627	1525	2746	1406	1340	293	152	141
16	2992	1542	1450	2371	1197	1174	454	261	193
17	2575	1333	1242	1785	899	886	599	326	273
18	2578	1338	1240	1496	744	752	851	465	386
19	2495	1320	1175	1229	597	632	1003	573	430
20-24岁	**13190**	**6953**	**6237**	**2386**	**1148**	**1238**	**8615**	**4613**	**4002**
20	2654	1468	1186	951	493	458	1337	766	571
21	2413	1248	1165	590	264	326	1439	765	674
22	2645	1356	1289	444	203	241	1768	924	844
23	2690	1411	1279	262	119	143	1939	1024	915
24	2788	1470	1318	139	69	70	2132	1134	998
25-29岁	**14827**	**7877**	**6950**	**202**	**101**	**101**	**11676**	**6257**	**5419**
25	2971	1555	1416	95	39	56	2321	1246	1075
26	2909	1554	1355	42	23	19	2300	1249	1051
27	2880	1535	1345	32	21	11	2291	1215	1076
28	2992	1614	1378	17	9	8	2376	1296	1080
29	3075	1619	1456	16	9	7	2388	1251	1137
30-34岁	**14845**	**8079**	**6766**	**30**	**16**	**14**	**11540**	**6352**	**5188**
30	3315	1780	1535	13	9	4	2603	1409	1194
31	3125	1718	1407	3	2	1	2499	1375	1124
32	2784	1516	1268	6	3	3	2122	1173	949
33	3039	1656	1383	4	1	3	2370	1301	1069
34	2582	1409	1173	4	1	3	1946	1094	852
35-39岁	**13351**	**7306**	**6045**	**23**	**14**	**9**	**10167**	**5620**	**4547**
35	2371	1250	1121	10	4	6	1805	965	840
36	2466	1367	1099	2	2		1879	1053	826
37	2451	1339	1112	5	3	2	1834	1016	818
38	3156	1725	1431	5	4	1	2433	1340	1093
39	2907	1625	1282	1	1		2216	1246	970
40-44岁	**15042**	**8462**	**6580**	**5**	**5**		**11287**	**6447**	**4840**
40	2961	1662	1299	1	1		2248	1284	964
41	2983	1727	1256				2234	1303	931
42	2922	1668	1254	1	1		2180	1248	932
43	2901	1600	1301	2	2		2183	1236	947
44	3275	1805	1470	1	1		2442	1376	1066
45-49岁	**16981**	**9615**	**7366**	**7**	**5**	**2**	**12792**	**7350**	**5442**
45	3269	1827	1442	2	2		2450	1377	1073
46	3435	1942	1493	2	1	1	2603	1493	1110
47	3623	2037	1586				2749	1578	1171
48	3323	1924	1399	2	2		2468	1480	988
49	3331	1885	1446	1		1	2522	1422	1100
50岁及以上	**44062**	**25848**	**18214**	**12**	**4**	**8**	**31321**	**19018**	**12303**

3-2c 续表 1 单位：人

年龄	合计								
	肄业			辍学			其他		
	小计	男	女	小计	男	女	小计	男	女
总计	**5494**	**2811**	**2683**	**9040**	**4898**	**4142**	**19527**	**10463**	**9064**
3									
4									
5-9岁	**12**	**3**	**9**	**6**	**2**	**4**	**348**	**173**	**175**
5	1		1	1		1	23	8	15
6				1		1	69	33	36
7	2		2	2		2	74	38	36
8	7	2	5				97	55	42
9	2	1	1	2	2		85	39	46
10-14岁	**37**	**23**	**14**	**42**	**23**	**19**	**416**	**218**	**198**
10	9	7	2	7	2	5	90	43	47
11	5	3	2	7	4	3	76	43	33
12	1		1	4	2	2	80	44	36
13	10	5	5	6	3	3	79	43	36
14	12	8	4	18	12	6	91	45	46
15-19岁	**85**	**42**	**43**	**171**	**104**	**67**	**709**	**394**	**315**
15	6		6	13	10	3	94	59	35
16	12	5	7	21	13	8	134	66	68
17	20	13	7	33	18	15	138	77	61
18	23	11	12	51	33	18	157	85	72
19	24	13	11	53	30	23	186	107	79
20-24岁	**209**	**112**	**97**	**425**	**236**	**189**	**1555**	**844**	**711**
20	26	15	11	79	52	27	261	142	119
21	38	25	13	72	38	34	274	156	118
22	42	21	21	79	38	41	312	170	142
23	50	24	26	95	58	37	344	186	158
24	53	27	26	100	50	50	364	190	174
25-29岁	**346**	**181**	**165**	**561**	**295**	**266**	**2042**	**1043**	**999**
25	59	34	25	82	40	42	414	196	218
26	73	39	34	105	52	53	389	191	198
27	64	29	35	117	70	47	376	200	176
28	65	28	37	138	70	68	396	211	185
29	85	51	34	119	63	56	467	245	222
30-34岁	**431**	**210**	**221**	**717**	**392**	**325**	**2127**	**1109**	**1018**
30	85	43	42	155	80	75	459	239	220
31	74	40	34	144	82	62	405	219	186
32	90	42	48	163	86	77	403	212	191
33	90	42	48	134	73	61	441	239	202
34	92	43	49	121	71	50	419	200	219
35-39岁	**486**	**248**	**238**	**708**	**383**	**325**	**1967**	**1041**	**926**
35	93	51	42	109	55	54	354	175	179
36	90	40	50	125	71	54	370	201	169
37	93	49	44	137	79	58	382	192	190
38	97	47	50	153	79	74	468	255	213
39	113	61	52	184	99	85	393	218	175
40-44岁	**580**	**306**	**274**	**984**	**524**	**460**	**2186**	**1180**	**1006**
40	103	52	51	179	95	84	430	230	200
41	109	50	59	199	117	82	441	257	184
42	120	73	47	189	108	81	432	238	194
43	112	54	58	189	90	99	415	218	197
44	136	77	59	228	114	114	468	237	231
45-49岁	**760**	**384**	**376**	**1307**	**713**	**594**	**2115**	**1163**	**952**
45	136	71	65	251	135	116	430	242	188
46	155	81	74	253	137	116	422	230	192
47	166	85	81	275	152	123	433	222	211
48	160	73	87	249	133	116	444	236	208
49	143	74	69	279	156	123	386	233	153
50岁及以上	**2548**	**1302**	**1246**	**4119**	**2226**	**1893**	**6062**	**3298**	**2764**

3-2c　续表 2　　　　　　　　　　　　　　　　　　　　　　　　　　　　单位：人

年　龄	小学								
	合　计			在　校			毕　业		
	合计	男	女	小计	男	女	小计	男	女
总　计	**102363**	**51861**	**50502**	**23693**	**12168**	**11525**	**52637**	**26862**	**25775**
3									
4									
5–9岁	**13341**	**6788**	**6553**	**12588**	**6418**	**6170**	**393**	**196**	**197**
5	417	203	214	362	183	179	30	12	18
6	1609	792	817	1476	732	744	65	28	37
7	3544	1763	1781	3380	1685	1695	86	40	46
8	3944	2052	1892	3734	1941	1793	108	56	52
9	3827	1978	1849	3636	1877	1759	104	60	44
10–14岁	**11805**	**6147**	**5658**	**10929**	**5661**	**5268**	**505**	**288**	**217**
10	3874	1979	1895	3669	1868	1801	101	60	41
11	3645	1901	1744	3439	1778	1661	121	74	47
12	2679	1388	1291	2490	1295	1195	119	55	64
13	1076	594	482	933	509	424	83	50	33
14	531	285	246	398	211	187	81	49	32
15–19岁	**1475**	**764**	**711**	**102**	**56**	**46**	**849**	**429**	**420**
15	194	106	88	41	21	20	91	49	42
16	233	115	118	23	13	10	117	59	58
17	277	145	132	15	8	7	158	82	76
18	359	189	170	11	6	5	231	120	111
19	412	209	203	12	8	4	252	119	133
20–24岁	**3306**	**1562**	**1744**	**33**	**12**	**21**	**2132**	**987**	**1145**
20	526	260	266	9	4	5	343	168	175
21	587	275	312	9	4	5	388	172	216
22	703	324	379	8	2	6	472	209	263
23	727	354	373	5	2	3	445	216	229
24	763	349	414	2		2	484	222	262
25–29岁	**5209**	**2361**	**2848**	**14**	**9**	**5**	**3433**	**1557**	**1876**
25	919	401	518	5	3	2	587	260	327
26	1025	484	541	4	4		672	318	354
27	988	433	555	3	1	2	670	288	382
28	1059	482	577	1		1	707	333	374
29	1218	561	657	1	1		797	358	439
30–34岁	**6992**	**3304**	**3688**	**7**	**3**	**4**	**4660**	**2194**	**2466**
30	1407	648	759	2	1	1	933	416	517
31	1424	681	743	1	1		981	466	515
32	1318	622	696				857	401	456
33	1523	729	794	3		3	1040	495	545
34	1320	624	696	1	1		849	416	433
35–39岁	**7432**	**3639**	**3793**	**7**	**5**	**2**	**5076**	**2477**	**2599**
35	1260	574	686	2	1	1	842	380	462
36	1347	675	672	1	1		911	458	453
37	1400	689	711	2	1	1	951	467	484
38	1802	902	900	2	2		1258	633	625
39	1623	799	824				1114	539	575
40–44岁	**9074**	**4551**	**4523**	**3**	**3**		**6185**	**3119**	**3066**
40	1725	867	858	1	1		1179	593	586
41	1729	895	834				1164	604	560
42	1803	926	877	1	1		1223	616	607
43	1786	879	907	1	1		1227	621	606
44	2031	984	1047				1392	685	707
45–49岁	**10723**	**5416**	**5307**	**3**	**1**	**2**	**7397**	**3759**	**3638**
45	2009	973	1036	1	1		1374	656	718
46	2161	1101	1060	1		1	1509	773	736
47	2313	1169	1144				1597	818	779
48	2125	1094	1031				1440	773	667
49	2115	1079	1036	1		1	1477	739	738
50岁及以上	**33006**	**17329**	**15677**	**7**		**7**	**22007**	**11856**	**10151**

3-2c 续表 3

单位：人

年 龄	小学								
	肄业			辍学			其他		
	小计	男	女	小计	男	女	小计	男	女
总 计	**4224**	**1954**	**2270**	**6625**	**3245**	**3380**	**15184**	**7632**	**7552**
3									
4									
5-9岁	**12**	**3**	**9**	**6**	**2**	**4**	**342**	**169**	**173**
5	1		1	1		1	23	8	15
6				1		1	67	32	35
7	2		2	2		2	74	38	36
8	7	2	5				95	53	42
9	2	1	1	2	2		83	38	45
10-14岁	**24**	**13**	**11**	**24**	**13**	**11**	**323**	**172**	**151**
10	9	7	2	6	2	4	89	42	47
11	5	3	2	6	4	2	74	42	32
12	1		1	3	1	2	66	37	29
13	4	1	3	2	2		54	32	22
14	5	2	3	7	4	3	40	19	21
15-19岁	**29**	**10**	**19**	**74**	**44**	**30**	**421**	**225**	**196**
15	3		3	8	6	2	51	30	21
16	5	3	2	8	5	3	80	35	45
17	7	2	5	18	9	9	79	44	35
18	7	2	5	19	12	7	91	49	42
19	7	3	4	21	12	9	120	67	53
20-24岁	**91**	**47**	**44**	**183**	**84**	**99**	**867**	**432**	**435**
20	11	5	6	31	15	16	132	68	64
21	15	11	4	22	8	14	153	80	73
22	18	7	11	32	19	13	173	87	86
23	22	9	13	44	19	25	211	108	103
24	25	15	10	54	23	31	198	89	109
25-29岁	**180**	**73**	**107**	**294**	**116**	**178**	**1288**	**606**	**682**
25	30	12	18	48	18	30	249	108	141
26	45	23	22	57	21	36	247	118	129
27	28	10	18	60	29	31	227	105	122
28	32	8	24	66	20	46	253	121	132
29	45	20	25	63	28	35	312	154	158
30-34岁	**285**	**125**	**160**	**436**	**202**	**234**	**1604**	**780**	**824**
30	47	23	24	95	45	50	330	163	167
31	50	26	24	86	35	51	306	153	153
32	58	25	33	95	41	54	308	155	153
33	69	28	41	89	44	45	322	162	160
34	61	23	38	71	37	34	338	147	191
35-39岁	**334**	**149**	**185**	**466**	**228**	**238**	**1549**	**780**	**769**
35	64	31	33	70	31	39	282	131	151
36	65	26	39	81	42	39	289	148	141
37	57	27	30	84	46	38	306	148	158
38	69	28	41	108	48	60	365	191	174
39	79	37	42	123	61	62	307	162	145
40-44岁	**437**	**206**	**231**	**668**	**315**	**353**	**1781**	**908**	**873**
40	80	38	42	120	58	62	345	177	168
41	76	28	48	128	66	62	361	197	164
42	98	54	44	125	66	59	356	189	167
43	80	33	47	140	59	81	338	165	173
44	103	53	50	155	66	89	381	180	201
45-49岁	**610**	**279**	**331**	**964**	**478**	**486**	**1749**	**899**	**850**
45	101	45	56	175	82	93	358	189	169
46	125	62	63	180	87	93	346	179	167
47	142	70	72	216	109	107	358	172	186
48	129	50	79	184	90	94	372	181	191
49	113	52	61	209	110	99	315	178	137
50岁及以上	**2222**	**1049**	**1173**	**3510**	**1763**	**1747**	**5260**	**2661**	**2599**

3-2c 续表 4

单位：人

年龄	初中								
	合计			在校			毕业		
	合计	男	女	小计	男	女	小计	男	女
总计	**53769**	**33454**	**20315**	**10530**	**5458**	**5072**	**36777**	**23700**	**13077**
3									
4									
5-9岁	**123**	**76**	**47**	**100**	**61**	**39**	**17**	**11**	**6**
5									
6	21	13	8	17	11	6	2	1	1
7	21	13	8	13	7	6	8	6	2
8	39	26	13	37	24	13			
9	42	24	18	33	19	14	7	4	3
10-14岁	**6552**	**3380**	**3172**	**6223**	**3198**	**3025**	**205**	**116**	**89**
10	91	48	43	80	42	38	9	5	4
11	243	123	120	224	113	111	16	9	7
12	1017	503	514	973	484	489	29	11	18
13	2320	1175	1145	2227	1126	1101	58	33	25
14	2881	1531	1350	2719	1433	1286	93	58	35
15-19岁	**6416**	**3473**	**2943**	**4133**	**2157**	**1976**	**1950**	**1115**	**835**
15	2403	1266	1137	2174	1142	1032	184	96	88
16	1486	786	700	1113	567	546	314	184	130
17	897	483	414	435	227	208	392	214	178
18	836	474	362	253	136	117	501	289	212
19	794	464	330	158	85	73	559	332	227
20-24岁	**4589**	**2736**	**1853**	**53**	**33**	**20**	**3815**	**2276**	**1539**
20	851	539	312	23	14	9	690	440	250
21	842	486	356	15	8	7	688	393	295
22	915	536	379	3	3		762	451	311
23	930	549	381	9	6	3	789	460	329
24	1051	626	425	3	2	1	886	532	354
25-29岁	**5684**	**3398**	**2286**	**10**	**7**	**3**	**4840**	**2883**	**1957**
25	1076	639	437	4	2	2	919	553	366
26	1068	641	427	1	1		918	556	362
27	1136	677	459	4	3	1	963	567	396
28	1179	714	465				1014	606	408
29	1225	727	498	1	1		1026	601	425
30-34岁	**5801**	**3496**	**2305**	**5**	**1**	**4**	**5050**	**3025**	**2025**
30	1318	778	540	1		1	1141	676	465
31	1187	724	463	1		1	1054	630	424
32	1113	664	449	1	1		953	571	382
33	1167	703	464				1019	608	411
34	1016	627	389	2		2	883	540	343
35-39岁	**4971**	**3053**	**1918**	**5**	**1**	**4**	**4283**	**2620**	**1663**
35	894	532	362	4	1	3	776	460	316
36	917	565	352				798	489	309
37	884	541	343	1		1	744	458	286
38	1163	705	458				1011	605	406
39	1113	710	403				954	608	346
40-44岁	**5104**	**3304**	**1800**				**4361**	**2803**	**1558**
40	1058	681	377				918	591	327
41	1078	706	372				919	591	328
42	958	629	329				820	536	284
43	951	605	346				813	513	300
44	1059	683	376				891	572	319
45-49岁	**5376**	**3564**	**1812**				**4624**	**3047**	**1577**
45	1103	742	361				934	623	311
46	1109	716	393				950	610	340
47	1124	739	385				988	646	342
48	1019	699	320				876	599	277
49	1021	668	353				876	569	307
50岁及以上	**9153**	**6974**	**2179**	**1**		**1**	**7632**	**5804**	**1828**

3–2c 续表 5

单位：人

年龄	初中								
	肄业			辍学			其他		
	小计	男	女	小计	男	女	小计	男	女
总计	**1045**	**702**	**343**	**2080**	**1415**	**665**	**3337**	**2179**	**1158**
3									
4									
5–9岁							**6**	**4**	**2**
5									
6							2	1	1
7									
8							2	2	
9							2	1	1
10–14岁	**13**	**10**	**3**	**18**	**10**	**8**	**93**	**46**	**47**
10				1		1	1	1	
11				1		1	2	1	1
12				1	1		14	7	7
13	6	4	2	4	1	3	25	11	14
14	7	6	1	11	8	3	51	26	25
15–19岁	**40**	**23**	**17**	**72**	**48**	**24**	**221**	**130**	**91**
15	2		2	5	4	1	38	24	14
16	5	1	4	11	8	3	43	26	17
17	10	8	2	11	7	4	49	27	22
18	11	7	4	26	17	9	45	25	20
19	12	7	5	19	12	7	46	28	18
20–24岁	**88**	**42**	**46**	**183**	**113**	**70**	**450**	**272**	**178**
20	10	6	4	37	28	9	91	51	40
21	18	10	8	40	25	15	81	50	31
22	19	9	10	38	16	22	93	57	36
23	20	10	10	34	25	9	78	48	30
24	21	7	14	34	19	15	107	66	41
25–29岁	**125**	**79**	**46**	**205**	**137**	**68**	**504**	**292**	**212**
25	20	14	6	25	16	9	108	54	54
26	20	13	7	38	25	13	91	46	45
27	28	13	15	45	32	13	96	62	34
28	28	17	11	48	33	15	89	58	31
29	29	22	7	49	31	18	120	72	48
30–34岁	**110**	**65**	**45**	**234**	**156**	**78**	**402**	**249**	**153**
30	27	13	14	54	32	22	95	57	38
31	19	12	7	45	37	8	68	45	23
32	25	11	14	58	36	22	76	45	31
33	16	12	4	35	23	12	97	60	37
34	23	17	6	42	28	14	66	42	24
35–39岁	**125**	**80**	**45**	**206**	**131**	**75**	**352**	**221**	**131**
35	22	15	7	34	19	15	58	37	21
36	20	10	10	35	23	12	64	43	21
37	29	17	12	45	28	17	65	38	27
38	24	16	8	39	29	10	89	55	34
39	30	22	8	53	32	21	76	48	28
40–44岁	**117**	**82**	**35**	**284**	**187**	**97**	**342**	**232**	**110**
40	17	10	7	53	34	19	70	46	24
41	29	20	9	62	44	18	68	51	17
42	18	15	3	59	40	19	61	38	23
43	26	17	9	45	28	17	67	47	20
44	27	20	7	65	41	24	76	50	26
45–49岁	**130**	**92**	**38**	**318**	**213**	**105**	**304**	**212**	**92**
45	31	22	9	73	50	23	65	47	18
46	24	15	9	69	47	22	66	44	22
47	22	15	7	51	37	14	63	41	22
48	23	18	5	62	40	22	58	42	16
49	30	22	8	63	39	24	52	38	14
50岁及以上	**297**	**229**	**68**	**560**	**420**	**140**	**663**	**521**	**142**

3-2c 续表 6

单位：人

年 龄	高中								
	合计			在校			毕业		
	合计	男	女	小计	男	女	小计	男	女
总 计	**11587**	**6852**	**4735**	**4996**	**2464**	**2532**	**5468**	**3624**	**1844**
3									
4									
5-9岁									
5									
6									
7									
8									
9									
10-14岁	**172**	**94**	**78**	**167**	**90**	**77**	**5**	**4**	**1**
10									
11									
12	1	1		1	1				
13	38	20	18	35	17	18	3	3	
14	133	73	60	131	72	59	2	1	1
15-19岁	**4708**	**2336**	**2372**	**4319**	**2113**	**2206**	**300**	**175**	**125**
15	538	246	292	518	236	282	15	6	9
16	1210	603	607	1178	584	594	18	14	4
17	1295	651	644	1239	617	622	42	26	16
18	1060	518	542	935	454	481	98	49	49
19	605	318	287	449	222	227	127	80	47
20-24岁	**1546**	**858**	**688**	**497**	**252**	**245**	**842**	**476**	**366**
20	475	256	219	257	134	123	177	94	83
21	303	159	144	105	42	63	160	93	67
22	259	139	120	67	35	32	157	87	70
23	252	150	102	38	22	16	168	97	71
24	257	154	103	30	19	11	180	105	75
25-29岁	**1127**	**678**	**449**	**9**	**6**	**3**	**915**	**542**	**373**
25	248	153	95	3	2	1	205	127	78
26	219	129	90				180	108	72
27	229	145	84	2	1	1	179	107	72
28	224	136	88	3	2	1	177	105	72
29	207	115	92	1	1		174	95	79
30-34岁	**816**	**502**	**314**	**2**	**1**	**1**	**675**	**414**	**261**
30	233	140	93	2	1	1	195	118	77
31	184	114	70				153	94	59
32	143	98	45				116	78	38
33	149	87	62				126	73	53
34	107	63	44				85	51	34
35-39岁	**478**	**320**	**158**	**1**	**1**		**376**	**253**	**123**
35	98	70	28				78	56	22
36	99	64	35	1	1		74	45	29
37	75	51	24				57	41	16
38	107	70	37				86	59	27
39	99	65	34				81	52	29
40-44岁	**541**	**369**	**172**				**440**	**302**	**138**
40	112	68	44				90	57	33
41	109	76	33				87	60	27
42	94	68	26				75	55	20
43	102	70	32				85	58	27
44	124	87	37				103	72	31
45-49岁	**651**	**459**	**192**				**557**	**381**	**176**
45	91	64	27				80	53	27
46	120	90	30				104	78	26
47	143	97	46				125	85	40
48	141	100	41				117	80	37
49	156	108	48				131	85	46
50岁及以上	**1548**	**1236**	**312**	**1**	**1**		**1358**	**1077**	**281**

3－2c 续表 7

单位：人

年龄	高中								
	肄业			辍学			其他		
	小计	男	女	小计	男	女	小计	男	女
总计	**185**	**122**	**63**	**308**	**216**	**92**	**630**	**426**	**204**
3									
4									
5－9岁									
5									
6									
7									
8									
9									
10－14岁									
10									
11									
12									
13									
14									
15－19岁	**11**	**5**	**6**	**22**	**10**	**12**	**56**	**33**	**23**
15	1		1				4	4	
16	2	1	1	2		2	10	4	6
17	2	2		3	1	2	9	5	4
18	4	1	3	6	4	2	17	10	7
19	2	1	1	11	5	6	16	10	6
20－24岁	**20**	**15**	**5**	**50**	**30**	**20**	**137**	**85**	**52**
20	5	4	1	11	9	2	25	15	10
21	4	3	1	8	3	5	26	18	8
22	1	1		7	1	6	27	15	12
23	5	3	2	14	11	3	27	17	10
24	5	4	1	10	6	4	32	20	12
25－29岁	**32**	**21**	**11**	**56**	**38**	**18**	**115**	**71**	**44**
25	6	6		8	5	3	26	13	13
26	8	3	5	8	6	2	23	12	11
27	6	4	2	11	8	3	31	25	6
28	3	1	2	22	15	7	19	13	6
29	9	7	2	7	4	3	16	8	8
30－34岁	**31**	**16**	**15**	**42**	**31**	**11**	**66**	**40**	**26**
30	9	6	3	6	3	3	21	12	9
31	5	2	3	10	8	2	16	10	6
32	5	4	1	10	9	1	12	7	5
33	4	1	3	10	6	4	9	7	2
34	8	3	5	6	5	1	8	4	4
35－39岁	**21**	**14**	**7**	**34**	**22**	**12**	**46**	**30**	**16**
35	5	4	1	5	5		10	5	5
36	4	3	1	8	5	3	12	10	2
37	5	3	2	7	4	3	6	3	3
38	4	3	1	6	2	4	11	6	5
39	3	1	2	8	6	2	7	6	1
40－44岁	**25**	**17**	**8**	**30**	**20**	**10**	**46**	**30**	**16**
40	6	4	2	6	3	3	10	4	6
41	4	2	2	9	7	2	9	7	2
42	3	3		5	2	3	11	8	3
43	6	4	2	3	2	1	8	6	2
44	6	4	2	7	6	1	8	5	3
45－49岁	**19**	**12**	**7**	**25**	**22**	**3**	**50**	**44**	**6**
45	3	3		3	3		5	5	
46	6	4	2	4	3	1	6	5	1
47	2		2	8	6	2	8	6	2
48	8	5	3	3	3		13	12	1
49				7	7		18	16	2
50岁及以上	**26**	**22**	**4**	**49**	**43**	**6**	**114**	**93**	**21**

3–2c　续表 8　　　　　　　　　　　　　　　　　　　　　　　　单位：人

年　龄	大学专科								
	合　　计			在　　校			毕　　业		
	合计	男	女	小计	男	女	小计	男	女
总　计	**6699**	**3691**	**3008**	**1953**	**962**	**991**	**4416**	**2519**	**1897**
3									
4									
5–9岁									
5									
6									
7									
8									
9									
10–14岁									
10									
11									
12									
13									
14									
15–19岁	**822**	**417**	**405**	**716**	**352**	**364**	**91**	**55**	**36**
15	15	8	7	12	7	5	3	1	2
16	56	35	21	52	31	21	3	3	
17	89	42	47	81	36	45	5	3	2
18	214	109	105	191	100	91	19	7	12
19	448	223	225	380	178	202	61	41	20
20–24岁	**2514**	**1237**	**1277**	**1096**	**540**	**556**	**1319**	**633**	**686**
20	549	298	251	424	232	192	114	58	56
21	465	232	233	279	131	148	172	91	81
22	537	248	289	220	96	124	298	137	161
23	498	232	266	115	52	63	353	164	189
24	465	227	238	58	29	29	382	183	199
25–29岁	**1699**	**878**	**821**	**119**	**54**	**65**	**1477**	**770**	**707**
25	431	218	213	58	22	36	350	182	168
26	373	189	184	28	12	16	321	163	158
27	321	170	151	16	10	6	288	154	134
28	322	171	151	9	5	4	290	154	136
29	252	130	122	8	5	3	228	117	111
30–34岁	**778**	**490**	**288**	**12**	**9**	**3**	**718**	**446**	**272**
30	222	138	84	5	5		206	127	79
31	215	127	88	1	1		200	117	83
32	128	78	50	4	2	2	119	72	47
33	126	87	39	1	1		114	76	38
34	87	60	27	1		1	79	54	25
35–39岁	**261**	**171**	**90**	**5**	**2**	**3**	**236**	**155**	**81**
35	68	44	24	3	1	2	61	40	21
36	56	38	18				51	36	15
37	55	36	19				49	31	18
38	44	27	17	2	1	1	40	24	16
39	38	26	12				35	24	11
40–44岁	**181**	**136**	**45**	**2**	**2**		**168**	**128**	**40**
40	34	27	7				33	27	6
41	40	31	9				37	29	8
42	31	22	9				29	20	9
43	39	28	11	1	1		36	27	9
44	37	28	9	1	1		33	25	8
45–49岁	**159**	**116**	**43**	**2**	**2**		**147**	**108**	**39**
45	42	28	14				41	28	13
46	32	22	10				29	21	8
47	34	25	9				30	22	8
48	28	22	6	2	2		25	19	6
49	23	19	4				22	18	4
50岁及以上	**285**	**246**	**39**	**1**	**1**		**260**	**224**	**36**

3－2c 续表 9 单位：人

年 龄	大学专科								
	肄 业			辍 学			其 他		
	小计	男	女	小计	男	女	小计	男	女
总 计	**28**	**23**	**5**	**17**	**12**	**5**	**285**	**175**	**110**
3									
4									
5－9岁									
5									
6									
7									
8									
9									
10－14岁									
10									
11									
12									
13									
14									
15－19岁	**5**	**4**	**1**	**2**	**1**	**1**	**8**	**5**	**3**
15									
16							1	1	
17	1	1		1	1		1	1	
18	1	1					3	1	2
19	3	2	1	1		1	3	2	1
20－24岁	**8**	**7**	**1**	**7**	**7**		**84**	**50**	**34**
20							11	8	3
21	1	1		2	2		11	7	4
22	3	3		1	1		15	11	4
23	3	2	1	3	3		24	11	13
24	1	1		1	1		23	13	10
25－29岁	**4**	**3**	**1**	**2**		**2**	**97**	**51**	**46**
25	2	1	1				21	13	8
26				2		2	22	14	8
27	2	2					15	4	11
28							23	12	11
29							16	8	8
30－34岁	**3**	**2**	**1**	**3**	**1**	**2**	**42**	**32**	**10**
30	2	1	1				9	5	4
31				1		1	13	9	4
32							5	4	1
33	1	1					10	9	1
34				2	1	1	5	5	
35－39岁	**5**	**5**		**2**	**2**		**13**	**7**	**6**
35	1	1					3	2	1
36	1	1		1	1		3		3
37	2	2		1	1		3	2	1
38							2	2	
39	1	1					2	1	1
40－44岁				**1**	**1**		**10**	**5**	**5**
40							1		1
41							3	2	1
42							2	2	
43							2		2
44				1	1		2	1	1
45－49岁							**10**	**6**	**4**
45							1		1
46							3	1	2
47							4	3	1
48							1	1	
49							1	1	
50岁及以上	**3**	**2**	**1**				**21**	**19**	**2**

3-2c　续表 10　　　　单位：人

年　龄	大学本科								
	合　计			在　校			毕　业		
	合计	男	女	小计	男	女	小计	男	女
总　计	**3594**	**1892**	**1702**	**1104**	**506**	**598**	**2381**	**1319**	**1062**
3									
4									
5-9岁									
5									
6									
7									
8									
9									
10-14岁									
10									
11									
12									
13									
14									
15-19岁	**371**	**170**	**201**	**357**	**165**	**192**	**10**	**3**	**7**
15	2	1	1	1		1			
16	7	3	4	5	2	3	2	1	1
17	17	12	5	15	11	4	2	1	1
18	109	48	61	106	48	58	2		2
19	236	106	130	230	104	126	4	1	3
20-24岁	**1220**	**558**	**662**	**695**	**310**	**385**	**505**	**241**	**264**
20	252	115	137	237	109	128	13	6	7
21	216	96	120	182	79	103	31	16	15
22	226	107	119	142	66	76	79	40	39
23	278	126	152	90	37	53	184	87	97
24	248	114	134	44	19	25	198	92	106
25-29岁	**1087**	**554**	**533**	**42**	**22**	**20**	**998**	**500**	**498**
25	289	142	147	19	9	10	258	123	135
26	219	108	111	8	5	3	205	102	103
27	203	109	94	6	5	1	189	99	90
28	208	111	97	4	2	2	188	98	90
29	168	84	84	5	1	4	158	78	80
30-34岁	**441**	**275**	**166**	**2**	**1**	**1**	**422**	**262**	**160**
30	130	73	57	1	1		125	70	55
31	111	69	42				107	65	42
32	78	51	27	1		1	73	48	25
33	70	47	23				67	46	21
34	52	35	17				50	33	17
35-39岁	**201**	**119**	**82**	**4**	**4**		**190**	**113**	**77**
35	50	30	20	1	1		47	29	18
36	46	25	21				44	25	19
37	36	21	15	1	1		33	19	14
38	40	21	19	1	1		38	19	19
39	29	22	7	1	1		28	21	7
40-44岁	**136**	**96**	**40**				**128**	**90**	**38**
40	30	17	13				26	14	12
41	27	19	8				27	19	8
42	35	22	13				32	20	12
43	22	17	5				21	16	5
44	22	21	1				22	21	1
45-49岁	**70**	**59**	**11**	**2**	**2**		**65**	**54**	**11**
45	22	19	3	1	1		19	16	3
46	13	13		1	1		11	11	
47	9	7	2				9	7	2
48	10	9	1				10	9	1
49	16	11	5				16	11	5
50岁及以上	**68**	**61**	**7**	**2**	**2**		**63**	**56**	**7**

3-2c 续表 11

单位：人

年龄	大学本科								
	肄业			辍学			其他		
	小计	男	女	小计	男	女	小计	男	女
总计	**11**	**9**	**2**	**10**	**10**		**88**	**48**	**40**
3									
4									
5-9岁									
5									
6									
7									
8									
9									
10-14岁									
10									
11									
12									
13									
14									
15-19岁				**1**	**1**		**3**	**1**	**2**
15							1	1	
16									
17									
18							1		1
19				1	1		1		1
20-24岁	**1**		**1**	**2**	**2**		**17**	**5**	**12**
20							2		2
21							3	1	2
22				1	1		4		4
23							4	2	2
24	1		1	1	1		4	2	2
25-29岁	**5**	**5**		**4**	**4**		**38**	**23**	**15**
25	1	1		1	1		10	8	2
26							6	1	5
27				1	1		7	4	3
28	2	2		2	2		12	7	5
29	2	2					3	3	
30-34岁	**2**	**2**		**2**	**2**		**13**	**8**	**5**
30							4	2	2
31				2	2		2	2	
32	2	2					2	1	1
33							3	1	2
34							2	2	
35-39岁	**1**		**1**				**6**	**2**	**4**
35	1		1				1		1
36							2		2
37							2	1	1
38							1	1	
39									
40-44岁	**1**	**1**		**1**	**1**		**6**	**4**	**2**
40							4	3	1
41									
42	1	1					2	1	1
43				1	1				
44									
45-49岁	**1**	**1**					**2**	**2**	
45	1	1					1	1	
46							1	1	
47									
48									
49									
50岁及以上							**3**	**3**	

3-2c 续表 12

单位：人

年 龄	硕士研究生								
	合 计			在 校			毕 业		
	合计	男	女	小计	男	女	小计	男	女
总 计	**59**	**29**	**30**	**17**	**5**	**12**	**41**	**23**	**18**
3									
4									
5-9岁									
5									
6									
7									
8									
9									
10-14岁									
10									
11									
12									
13									
14									
15-19岁									
15									
16									
17									
18									
19									
20-24岁	**12**	**1**	**11**	**10**	**1**	**9**	**2**		**2**
20	1		1	1		1			
21									
22	3	1	2	3	1	2			
23	4		4	4		4			
24	4		4	2		2	2		2
25-29岁	**18**	**8**	**10**	**6**	**3**	**3**	**12**	**5**	**7**
25	5	2	3	4	1	3	1	1	
26	5	3	2	1	1		4	2	2
27	3	1	2	1	1		2		2
28									
29	5	2	3				5	2	3
30-34岁	**15**	**11**	**4**	**1**	**1**		**14**	**10**	**4**
30	4	3	1	1	1		3	2	1
31	4	3	1				4	3	1
32	3	2	1				3	2	1
33	4	3	1				4	3	1
34									
35-39岁	**5**	**1**	**4**				**5**	**1**	**4**
35	1		1				1		1
36	1		1				1		1
37									
38									
39	3	1	2				3	1	2
40-44岁	**6**	**6**					**5**	**5**	
40	2	2					2	2	
41									
42	1	1					1	1	
43	1	1					1	1	
44	2	2					1	1	
45-49岁	**2**	**1**	**1**				**2**	**1**	**1**
45	2	1	1				2	1	1
46									
47									
48									
49									
50岁及以上	**1**	**1**					**1**	**1**	

3-2c 续表 13

单位：人

年 龄	硕士研究生								
	肄 业			辍 学			其 他		
	小计	男	女	小计	男	女	小计	男	女
总 计							**1**	**1**	
3									
4									
5-9岁									
5									
6									
7									
8									
9									
10-14岁									
10									
11									
12									
13									
14									
15-19岁									
15									
16									
17									
18									
19									
20-24岁									
20									
21									
22									
23									
24									
25-29岁									
25									
26									
27									
28									
29									
30-34岁									
30									
31									
32									
33									
34									
35-39岁									
35									
36									
37									
38									
39									
40-44岁							**1**	**1**	
40									
41									
42									
43									
44							1	1	
45-49岁									
45									
46									
47									
48									
49									
50岁及以上									

3-2c　续表 14　　　　单位：人

年　龄	博士研究生								
	合　　计			在　　校			毕　　业		
	合计	男	女	小计	男	女	小计	男	女
总　计	**12**	**6**	**6**	**6**	**1**	**5**	**3**	**2**	**1**
3									
4									
5-9岁									
5									
6									
7									
8									
9									
10-14岁									
10									
11									
12									
13									
14									
15-19岁									
15									
16									
17									
18									
19									
20-24岁	**3**	**1**	**2**	**2**		**2**			
20									
21									
22	2	1	1	1		1			
23	1		1	1		1			
24									
25-29岁	**3**		**3**	**2**		**2**	**1**		**1**
25	3		3	2		2	1		1
26									
27									
28									
29									
30-34岁	**2**	**1**	**1**	**1**		**1**	**1**	**1**	
30	1		1	1		1			
31									
32	1	1					1	1	
33									
34									
35-39岁	**3**	**3**		**1**	**1**		**1**	**1**	
35									
36									
37	1	1		1	1				
38									
39	2	2					1	1	
40-44岁									
40									
41									
42									
43									
44									
45-49岁									
45									
46									
47									
48									
49									
50岁及以上	**1**	**1**							

3-2c 续表 15

单位：人

年 龄	博士研究生								
	肄 业			辍 学			其 他		
	小计	男	女	小计	男	女	小计	男	女
总 计	**1**	**1**					**2**	**2**	
3									
4									
5-9岁									
5									
6									
7									
8									
9									
10-14岁									
10									
11									
12									
13									
14									
15-19岁									
15									
16									
17									
18									
19									
20-24岁	**1**	**1**							
20									
21									
22	1	1							
23									
24									
25-29岁									
25									
26									
27									
28									
29									
30-34岁									
30									
31									
32									
33									
34									
35-39岁							**1**	**1**	
35									
36									
37									
38									
39							1	1	
40-44岁									
40									
41									
42									
43									
44									
45-49岁									
45									
46									
47									
48									
49									
50岁及以上							**1**	**1**	

第二部分 长表数据资料

第四卷 就业

4-1　各地区分性别、年龄的就业人口

单位：人

地区 性别	合计	16-19岁	20-24岁	25-29岁	30-34岁	35-39岁	40-44岁
全省	**226183**	**3652**	**16303**	**30453**	**35127**	**28543**	**31425**
西宁市	**99072**	**1143**	**6378**	**13686**	**16170**	**12365**	**13838**
城东区	18394	184	1333	3001	3291	2245	2363
城中区	13749	91	874	1930	2334	1804	1886
城西区	14951	104	843	2010	2652	2147	2214
城北区	17633	307	1049	2790	3362	2258	2275
湟中区	14888	184	964	1739	1905	1612	2205
大通回族土族自治县	14846	221	1068	1753	2036	1790	2211
湟源县	4611	52	247	463	590	509	684
海东市	**45700**	**660**	**2836**	**5054**	**6062**	**5601**	**6604**
乐都区	8645	53	440	947	1054	935	1181
平安区	4232	45	262	529	576	519	637
民和回族土族自治县	9824	129	633	1146	1362	1167	1385
互助土族自治县	15319	187	739	1390	1959	1912	2253
化隆回族自治县	4316	156	446	510	575	591	661
循化撒拉族自治县	3364	90	316	532	536	477	487
海北藏族自治州	**10280**	**136**	**690**	**1416**	**1505**	**1283**	**1544**
门源回族自治县	4285	53	294	577	626	517	664
祁连县	2093	33	141	285	327	295	318
海晏县	2224	18	134	297	305	236	347
刚察县	1678	32	121	257	247	235	215
黄南藏族自治州	**10740**	**198**	**897**	**1668**	**1700**	**1576**	**1497**
同仁县	4644	76	381	679	715	676	672
尖扎县	2113	50	156	296	271	288	304
泽库县	2217	55	224	380	396	359	283
河南蒙古族自治县	1766	17	136	313	318	253	238
海南藏族自治州	**20781**	**470**	**1852**	**2765**	**3072**	**2787**	**2832**
共和县	6435	107	534	896	1030	847	871
同德县	3220	113	358	448	473	456	473
贵德县	4610	90	344	503	567	610	645
兴海县	3235	84	319	457	490	449	390
贵南县	3281	76	297	461	512	425	453
果洛藏族自治州	**4845**	**174**	**565**	**792**	**783**	**625**	**607**
玛沁县	996	17	89	187	186	156	117
班玛县	1326	69	173	184	186	168	162
甘德县	123	1	17	36	27	14	12
达日县	841	28	120	136	138	95	104
久治县	1129	57	129	190	142	133	155
玛多县	430	2	37	59	104	59	57
玉树藏族自治州	**11732**	**631**	**1378**	**1677**	**1720**	**1545**	**1442**
玉树市	4197	152	475	599	673	599	515
杂多县	2106	158	266	286	283	249	261
称多县	1617	100	174	216	240	229	218
治多县	561	21	51	104	109	64	63
囊谦县	2529	178	318	351	307	314	295
曲麻莱县	722	22	94	121	108	90	90
海西蒙古族藏族自治州	**23033**	**240**	**1707**	**3395**	**4115**	**2761**	**3061**
格尔木市	10618	112	736	1630	2083	1236	1341
德令哈市	4242	36	337	644	715	537	585
茫崖市	1874	16	110	242	350	306	300
乌兰县	1553	12	143	210	252	159	219
都兰县	2922	58	241	367	384	314	382
天峻县	391		27	66	73	53	41
大柴旦行政委员会	1433	6	113	236	258	156	193

4-1 续表 1

单位：人

地区 性别	合计	16-19岁	20-24岁	25-29岁	30-34岁	35-39岁	40-44岁
男	**135636**	**2268**	**9269**	**17084**	**20178**	**16348**	**18317**
西宁市	**59697**	**754**	**3665**	**7590**	**9244**	**6988**	**7931**
城东区	11129	103	785	1694	1857	1300	1348
城中区	8030	53	480	1054	1281	981	1040
城西区	8333	82	429	986	1360	1130	1159
城北区	10269	194	572	1455	1895	1253	1264
湟中区	9650	138	603	1095	1209	984	1356
大通回族土族自治县	9435	150	658	1037	1279	1046	1369
湟源县	2851	34	138	269	363	294	395
海东市	**27711**	**404**	**1620**	**2866**	**3494**	**3266**	**3945**
乐都区	5382	31	248	506	620	571	727
平安区	2597	28	143	305	325	305	378
民和回族土族自治县	6051	81	382	687	787	674	821
互助土族自治县	8903	116	411	795	1109	1072	1285
化隆回族自治县	2645	96	246	271	309	344	413
循化撒拉族自治县	2133	52	190	302	344	300	321
海北藏族自治州	**6258**	**89**	**399**	**801**	**857**	**736**	**915**
门源回族自治县	2750	37	176	342	381	302	401
祁连县	1276	22	83	156	186	177	195
海晏县	1263	10	74	170	155	127	189
刚察县	969	20	66	133	135	130	130
黄南藏族自治州	**5971**	**100**	**476**	**898**	**909**	**869**	**829**
同仁县	2535	36	201	370	370	365	363
尖扎县	1222	27	84	163	148	167	170
泽库县	1275	28	116	215	224	205	163
河南蒙古族自治县	939	9	75	150	167	132	133
海南藏族自治州	**11769**	**275**	**1017**	**1467**	**1708**	**1529**	**1615**
共和县	3686	63	293	507	568	476	496
同德县	1796	70	197	229	263	253	262
贵德县	2672	52	185	262	313	337	379
兴海县	1808	47	182	246	284	250	213
贵南县	1807	43	160	223	280	213	265
果洛藏族自治州	**2856**	**117**	**308**	**456**	**464**	**357**	**361**
玛沁县	619	13	50	119	114	96	69
班玛县	776	46	99	107	111	93	93
甘德县	69	1	12	16	18	5	9
达日县	532	23	65	89	82	58	66
久治县	598	34	62	91	82	69	85
玛多县	262		20	34	57	36	39
玉树藏族自治州	**6410**	**351**	**721**	**924**	**904**	**830**	**809**
玉树市	2348	88	253	325	365	339	300
杂多县	1121	85	134	146	148	128	144
称多县	901	56	108	124	130	113	119
治多县	311	12	24	66	55	38	38
囊谦县	1307	94	150	185	148	161	162
曲麻莱县	422	16	52	78	58	51	46
海西蒙古族藏族自治州	**14964**	**178**	**1063**	**2082**	**2598**	**1773**	**1912**
格尔木市	6926	87	475	1017	1287	800	831
德令哈市	2545	25	179	351	432	316	331
茫崖市	1375	15	86	157	246	223	220
乌兰县	995	9	90	132	159	96	139
都兰县	1763	37	136	207	230	186	217
天峻县	235		14	40	42	29	23
大柴旦行政委员会	1125	5	83	178	202	123	151

4-1　续表 2　　　　单位：人

地　区 性　别	合计	16–19岁	20–24岁	25–29岁	30–34岁	35–39岁	40–44岁
女	**90547**	**1384**	**7034**	**13369**	**14949**	**12195**	**13108**
西宁市	**39375**	**389**	**2713**	**6096**	**6926**	**5377**	**5907**
城东区	7265	81	548	1307	1434	945	1015
城中区	5719	38	394	876	1053	823	846
城西区	6618	22	414	1024	1292	1017	1055
城北区	7364	113	477	1335	1467	1005	1011
湟中区	5238	46	361	644	696	628	849
大通回族土族自治县	5411	71	410	716	757	744	842
湟源县	1760	18	109	194	227	215	289
海东市	**17989**	**256**	**1216**	**2188**	**2568**	**2335**	**2659**
乐都区	3263	22	192	441	434	364	454
平安区	1635	17	119	224	251	214	259
民和回族土族自治县	3773	48	251	459	575	493	564
互助土族自治县	6416	71	328	595	850	840	968
化隆回族自治县	1671	60	200	239	266	247	248
循化撒拉族自治县	1231	38	126	230	192	177	166
海北藏族自治州	**4022**	**47**	**291**	**615**	**648**	**547**	**629**
门源回族自治县	1535	16	118	235	245	215	263
祁连县	817	11	58	129	141	118	123
海晏县	961	8	60	127	150	109	158
刚察县	709	12	55	124	112	105	85
黄南藏族自治州	**4769**	**98**	**421**	**770**	**791**	**707**	**668**
同仁县	2109	40	180	309	345	311	309
尖扎县	891	23	72	133	123	121	134
泽库县	942	27	108	165	172	154	120
河南蒙古族自治县	827	8	61	163	151	121	105
海南藏族自治州	**9012**	**195**	**835**	**1298**	**1364**	**1258**	**1217**
共和县	2749	44	241	389	462	371	375
同德县	1424	43	161	219	210	203	211
贵德县	1938	38	159	241	254	273	266
兴海县	1427	37	137	211	206	199	177
贵南县	1474	33	137	238	232	212	188
果洛藏族自治州	**1989**	**57**	**257**	**336**	**319**	**268**	**246**
玛沁县	377	4	39	68	72	60	48
班玛县	550	23	74	77	75	75	69
甘德县	54		5	20	9	9	3
达日县	309	5	55	47	56	37	38
久治县	531	23	67	99	60	64	70
玛多县	168	2	17	25	47	23	18
玉树藏族自治州	**5322**	**280**	**657**	**753**	**816**	**715**	**633**
玉树市	1849	64	222	274	308	260	215
杂多县	985	73	132	140	135	121	117
称多县	716	44	66	92	110	116	99
治多县	250	9	27	38	54	26	25
囊谦县	1222	84	168	166	159	153	133
曲麻莱县	300	6	42	43	50	39	44
海西蒙古族藏族自治州	**8069**	**62**	**644**	**1313**	**1517**	**988**	**1149**
格尔木市	3692	25	261	613	796	436	510
德令哈市	1697	11	158	293	283	221	254
茫崖市	499	1	24	85	104	83	80
乌兰县	558	3	53	78	93	63	80
都兰县	1159	21	105	160	154	128	165
天峻县	156		13	26	31	24	18
大柴旦行政委员会	308	1	30	58	56	33	42

4-1 续表 3

单位：人

地 区 性 别	45—49岁	50—54岁	55—59岁	60—64岁	65—69岁	70—74岁	75岁及以 上
全省	**34337**	**26786**	**13093**	**3412**	**2014**	**638**	**400**
西宁市	**15847**	**12085**	**5395**	**1253**	**677**	**151**	**84**
城东区	2814	2050	859	154	69	18	13
城中区	2264	1636	673	144	79	15	19
城西区	2371	1778	682	92	40	8	10
城北区	2714	1972	666	160	65	9	6
湟中区	2521	2123	1071	293	208	45	18
大通回族土族自治县	2341	1859	1052	297	165	39	14
湟源县	822	667	392	113	51	17	4
海东市	**7148**	**6148**	**3584**	**1115**	**650**	**167**	**71**
乐都区	1606	1331	716	220	118	28	16
平安区	681	565	283	79	43	8	5
民和回族土族自治县	1532	1337	761	194	120	39	19
互助土族自治县	2393	2169	1412	512	303	69	21
化隆回族自治县	539	468	252	67	33	11	7
循化撒拉族自治县	397	278	160	43	33	12	3
海北藏族自治州	**1660**	**1188**	**608**	**138**	**78**	**14**	**20**
门源回族自治县	686	498	275	59	29	5	2
祁连县	337	207	108	22	15	1	4
海晏县	400	294	135	31	18	6	3
刚察县	237	189	90	26	16	2	11
黄南藏族自治州	**1385**	**1038**	**539**	**104**	**84**	**28**	**26**
同仁县	654	483	212	40	32	11	13
尖扎县	283	262	130	31	23	11	8
泽库县	232	147	105	11	16	4	5
河南蒙古族自治县	216	146	92	22	13	2	
海南藏族自治州	**2817**	**2227**	**1180**	**371**	**231**	**106**	**71**
共和县	883	677	390	102	58	24	16
同德县	383	276	140	45	22	17	16
贵德县	700	625	306	117	68	22	13
兴海县	415	309	162	62	49	28	21
贵南县	436	340	182	45	34	15	5
果洛藏族自治州	**578**	**413**	**194**	**52**	**29**	**18**	**15**
玛沁县	110	79	34	10	6	1	4
班玛县	166	125	63	16	6	5	3
甘德县	9	4	3				
达日县	101	68	31	7	6	5	2
久治县	131	103	53	16	9	5	6
玛多县	61	34	10	3	2	2	
玉树藏族自治州	**1373**	**993**	**483**	**121**	**143**	**123**	**103**
玉树市	507	363	169	39	46	31	29
杂多县	251	180	96	17	24	17	18
称多县	171	127	66	26	23	18	9
治多县	56	46	26	5	9	4	3
囊谦县	297	224	98	29	31	46	41
曲麻莱县	91	53	28	5	10	7	3
海西蒙古族藏族自治州	**3529**	**2694**	**1110**	**258**	**122**	**31**	**10**
格尔木市	1591	1192	506	119	54	13	5
德令哈市	597	490	233	44	19	4	1
茫崖市	312	190	41	4	3		
乌兰县	273	176	74	23	9	3	
都兰县	443	448	192	50	32	9	2
天峻县	65	39	16	8	1	2	
大柴旦行政委员会	248	159	48	10	4		2

4-1　续表 4　　　　单位：人

地　区 性　别	45–49岁	50–54岁	55–59岁	60–64岁	65–69岁	70–74岁	75岁及以　上
男	**20464**	**17927**	**9216**	**2479**	**1427**	**413**	**246**
西宁市	**9437**	**8392**	**4026**	**978**	**529**	**109**	**54**
城东区	1707	1478	665	114	54	15	9
城中区	1298	1160	493	112	59	7	12
城西区	1323	1239	516	65	34	5	5
城北区	1574	1388	495	120	51	6	2
湟中区	1580	1423	810	239	167	34	12
大通回族土族自治县	1466	1272	763	235	120	28	12
湟源县	489	432	284	93	44	14	2
海东市	**4272**	**3995**	**2419**	**798**	**460**	**118**	**54**
乐都区	956	897	527	174	91	20	14
平安区	407	377	223	66	32	5	3
民和回族土族自治县	947	884	520	135	89	28	16
互助土族自治县	1355	1319	850	333	197	50	11
化隆回族自治县	360	322	185	59	25	8	7
循化撒拉族自治县	247	196	114	31	26	7	3
海北藏族自治州	**999**	**825**	**449**	**98**	**64**	**10**	**16**
门源回族自治县	458	355	213	52	27	4	2
祁连县	195	145	83	16	13	1	4
海晏县	207	195	100	18	11	5	2
刚察县	139	130	53	12	13		8
黄南藏族自治州	**784**	**614**	**344**	**71**	**44**	**20**	**13**
同仁县	355	280	135	26	18	10	6
尖扎县	162	168	86	24	11	7	5
泽库县	146	91	65	9	9	2	2
河南蒙古族自治县	121	75	58	12	6	1	
海南藏族自治州	**1611**	**1346**	**726**	**229**	**145**	**59**	**42**
共和县	499	406	247	70	39	13	9
同德县	214	170	81	26	14	8	9
贵德县	416	394	199	72	42	15	6
兴海县	236	170	94	30	27	15	14
贵南县	246	206	105	31	23	8	4
果洛藏族自治州	**340**	**261**	**121**	**35**	**18**	**10**	**8**
玛沁县	68	50	24	7	5	1	3
班玛县	90	77	41	11	3	3	2
甘德县	4	2	2				
达日县	65	49	22	7	4	1	1
久治县	76	57	24	8	5	3	2
玛多县	37	26	8	2	1	2	
玉树藏族自治州	**735**	**572**	**305**	**64**	**76**	**64**	**55**
玉树市	274	208	111	26	24	15	20
杂多县	126	109	61	8	14	12	6
称多县	96	75	39	15	11	9	6
治多县	28	26	13	2	6	1	2
囊谦县	153	128	58	11	16	23	18
曲麻莱县	58	26	23	2	5	4	3
海西蒙古族藏族自治州	**2286**	**1922**	**826**	**206**	**91**	**23**	**4**
格尔木市	1028	867	384	95	42	10	3
德令哈市	354	332	176	32	13	4	
茫崖市	240	154	30	4			
乌兰县	172	120	51	19	7	1	
都兰县	260	282	134	42	25	6	1
天峻县	39	28	12	5	1	2	
大柴旦行政委员会	193	139	39	9	3		

4-1 续表 5

单位：人

地　区 性　别	45-49岁	50-54岁	55-59岁	60-64岁	65-69岁	70-74岁	75岁及以上
女	**13873**	**8859**	**3877**	**933**	**587**	**225**	**154**
西宁市	**6410**	**3693**	**1369**	**275**	**148**	**42**	**30**
城东区	1107	572	194	40	15	3	4
城中区	966	476	180	32	20	8	7
城西区	1048	539	166	27	6	3	5
城北区	1140	584	171	40	14	3	4
湟中区	941	700	261	54	41	11	6
大通回族土族自治县	875	587	289	62	45	11	2
湟源县	333	235	108	20	7	3	2
海东市	**2876**	**2153**	**1165**	**317**	**190**	**49**	**17**
乐都区	650	434	189	46	27	8	2
平安区	274	188	60	13	11	3	2
民和回族土族自治县	585	453	241	59	31	11	3
互助土族自治县	1038	850	562	179	106	19	10
化隆回族自治县	179	146	67	8	8	3	
循化撒拉族自治县	150	82	46	12	7	5	
海北藏族自治州	**661**	**363**	**159**	**40**	**14**	**4**	**4**
门源回族自治县	228	143	62	7	2	1	
祁连县	142	62	25	6	2		
海晏县	193	99	35	13	7	1	1
刚察县	98	59	37	14	3	2	3
黄南藏族自治州	**601**	**424**	**195**	**33**	**40**	**8**	**13**
同仁县	299	203	77	14	14	1	7
尖扎县	121	94	44	7	12	4	3
泽库县	86	56	40	2	7	2	3
河南蒙古族自治县	95	71	34	10	7	1	
海南藏族自治州	**1206**	**881**	**454**	**142**	**86**	**47**	**29**
共和县	384	271	143	32	19	11	7
同德县	169	106	59	19	8	9	7
贵德县	284	231	107	45	26	7	7
兴海县	179	139	68	32	22	13	7
贵南县	190	134	77	14	11	7	1
果洛藏族自治州	**238**	**152**	**73**	**17**	**11**	**8**	**7**
玛沁县	42	29	10	3	1		1
班玛县	76	48	22	5	3	2	1
甘德县	5	2	1				
达日县	36	19	9		2	4	1
久治县	55	46	29	8	4	2	4
玛多县	24	8	2	1	1		
玉树藏族自治州	**638**	**421**	**178**	**57**	**67**	**59**	**48**
玉树市	233	155	58	13	22	16	9
杂多县	125	71	35	9	10	5	12
称多县	75	52	27	11	12	9	3
治多县	28	20	13	3	3	3	1
囊谦县	144	96	40	18	15	23	23
曲麻莱县	33	27	5	3	5	3	
海西蒙古族藏族自治州	**1243**	**772**	**284**	**52**	**31**	**8**	**6**
格尔木市	563	325	122	24	12	3	2
德令哈市	243	158	57	12	6		1
茫崖市	72	36	11		3		
乌兰县	101	56	23	4	2	2	
都兰县	183	166	58	8	7	3	1
天峻县	26	11	4	3			
大柴旦行政委员会	55	20	9	1	1		2

4-1a 各地区分性别、年龄的就业人口(城市)

单位：人

地区 性别	合计	16-19岁	20-24岁	25-29岁	30-34岁	35-39岁	40-44岁
全省	**89011**	**898**	**5633**	**13219**	**16030**	**11582**	**12139**
西宁市	**67112**	**721**	**4230**	**10037**	**12056**	**8755**	**9089**
城东区	18394	184	1333	3001	3291	2245	2363
城中区	13535	90	856	1900	2304	1786	1859
城西区	14928	104	842	2009	2651	2145	2212
城北区	17136	297	1005	2731	3300	2213	2208
湟中区	2335	28	144	302	406	265	339
大通回族土族自治县	784	18	50	94	104	101	108
湟源县							
海东市	**7498**	**40**	**416**	**938**	**1102**	**901**	**1111**
乐都区	4412	19	217	541	653	508	647
平安区	3086	21	199	397	449	393	464
民和回族土族自治县							
互助土族自治县							
化隆回族自治县							
循化撒拉族自治县							
海北藏族自治州							
门源回族自治县							
祁连县							
海晏县							
刚察县							
黄南藏族自治州							
同仁县							
尖扎县							
泽库县							
河南蒙古族自治县							
海南藏族自治州							
共和县							
同德县							
贵德县							
兴海县							
贵南县							
果洛藏族自治州							
玛沁县							
班玛县							
甘德县							
达日县							
久治县							
玛多县							
玉树藏族自治州	**2030**	**47**	**186**	**300**	**385**	**305**	**249**
玉树市	1984	44	181	292	381	299	243
杂多县							
称多县							
治多县							
囊谦县							
曲麻莱县	46	3	5	8	4	6	6
海西蒙古族藏族自治州	**12371**	**90**	**801**	**1944**	**2487**	**1621**	**1690**
格尔木市	7646	60	475	1231	1606	918	986
德令哈市	3149	19	243	514	572	431	445
茫崖市	1576	11	83	199	309	272	259
乌兰县							
都兰县							
天峻县							
大柴旦行政委员会							

4－1a 续表 1

单位：人

地　区 性　别	合计	16－19岁	20－24岁	25－29岁	30－34岁	35－39岁	40－44岁
男	**52718**	**571**	**3154**	**7148**	**8977**	**6545**	**6830**
西宁市	**39203**	**453**	**2338**	**5355**	**6639**	**4833**	**5017**
城东区	11129	103	785	1694	1857	1300	1348
城中区	7845	52	465	1027	1253	963	1019
城西区	8315	82	428	985	1359	1129	1159
城北区	9947	185	544	1416	1858	1222	1221
湟中区	1489	22	92	180	244	155	201
大通回族土族自治县	478	9	24	53	68	64	69
湟源县							
海东市	**4515**	**25**	**223**	**488**	**616**	**523**	**641**
乐都区	2689	12	119	269	375	302	376
平安区	1826	13	104	219	241	221	265
民和回族土族自治县							
互助土族自治县							
化隆回族自治县							
循化撒拉族自治县							
海北藏族自治州							
门源回族自治县							
祁连县							
海晏县							
刚察县							
黄南藏族自治州							
同仁县							
尖扎县							
泽库县							
河南蒙古族自治县							
海南藏族自治州							
共和县							
同德县							
贵德县							
兴海县							
贵南县							
果洛藏族自治州							
玛沁县							
班玛县							
甘德县							
达日县							
久治县							
玛多县							
玉树藏族自治州	**1160**	**23**	**102**	**160**	**216**	**178**	**143**
玉树市	1136	22	100	156	213	174	143
杂多县							
称多县							
治多县							
囊谦县							
曲麻莱县	24	1	2	4	3	4	
海西蒙古族藏族自治州	**7840**	**70**	**491**	**1145**	**1506**	**1011**	**1029**
格尔木市	4802	47	293	743	946	566	581
德令哈市	1883	12	131	274	346	248	255
茫崖市	1155	11	67	128	214	197	193
乌兰县							
都兰县							
天峻县							
大柴旦行政委员会							

4-1a　续表 2

单位：人

地　区 性　别	合计	16-19岁	20-24岁	25-29岁	30-34岁	35-39岁	40-44岁
女	**36293**	**327**	**2479**	**6071**	**7053**	**5037**	**5309**
西宁市	**27909**	**268**	**1892**	**4682**	**5417**	**3922**	**4072**
城东区	7265	81	548	1307	1434	945	1015
城中区	5690	38	391	873	1051	823	840
城西区	6613	22	414	1024	1292	1016	1053
城北区	7189	112	461	1315	1442	991	987
湟中区	846	6	52	122	162	110	138
大通回族土族自治县	306	9	26	41	36	37	39
湟源县							
海东市	**2983**	**15**	**193**	**450**	**486**	**378**	**470**
乐都区	1723	7	98	272	278	206	271
平安区	1260	8	95	178	208	172	199
民和回族土族自治县							
互助土族自治县							
化隆回族自治县							
循化撒拉族自治县							
海北藏族自治州							
门源回族自治县							
祁连县							
海晏县							
刚察县							
黄南藏族自治州							
同仁县							
尖扎县							
泽库县							
河南蒙古族自治县							
海南藏族自治州							
共和县							
同德县							
贵德县							
兴海县							
贵南县							
果洛藏族自治州							
玛沁县							
班玛县							
甘德县							
达日县							
久治县							
玛多县							
玉树藏族自治州	**870**	**24**	**84**	**140**	**169**	**127**	**106**
玉树市	848	22	81	136	168	125	100
杂多县							
称多县							
治多县							
囊谦县							
曲麻莱县	22	2	3	4	1	2	6
海西蒙古族藏族自治州	**4531**	**20**	**310**	**799**	**981**	**610**	**661**
格尔木市	2844	13	182	488	660	352	405
德令哈市	1266	7	112	240	226	183	190
茫崖市	421		16	71	95	75	66
乌兰县							
都兰县							
天峻县							
大柴旦行政委员会							

4-1a 续表 3 单位：人

地　区 性　别	45-49岁	50-54岁	55-59岁	60-64岁	65-69岁	70-74岁	75岁及以上
全省	**13978**	**10198**	**4030**	**775**	**366**	**79**	**84**
西宁市	**10524**	**7714**	**3032**	**578**	**270**	**53**	**53**
城东区	2814	2050	859	154	69	18	13
城中区	2223	1606	661	141	76	14	19
城西区	2367	1773	680	87	40	8	10
城北区	2632	1901	625	152	59	7	6
湟中区	371	273	154	28	16	4	5
大通回族土族自治县	117	111	53	16	10	2	
湟源县							
海东市	**1332**	**1016**	**470**	**98**	**47**	**11**	**16**
乐都区	822	608	294	59	27	5	12
平安区	510	408	176	39	20	6	4
民和回族土族自治县							
互助土族自治县							
化隆回族自治县							
循化撒拉族自治县							
海北藏族自治州							
门源回族自治县							
祁连县							
海晏县							
刚察县							
黄南藏族自治州							
同仁县							
尖扎县							
泽库县							
河南蒙古族自治县							
海南藏族自治州							
共和县							
同德县							
贵德县							
兴海县							
贵南县							
果洛藏族自治州							
玛沁县							
班玛县							
甘德县							
达日县							
久治县							
玛多县							
玉树藏族自治州	**261**	**165**	**88**	**12**	**9**	**11**	**12**
玉树市	252	162	86	12	9	11	12
杂多县							
称多县							
治多县							
囊谦县							
曲麻莱县	9	3	2				
海西蒙古族藏族自治州	**1861**	**1303**	**440**	**87**	**40**	**4**	**3**
格尔木市	1174	816	284	59	31	3	3
德令哈市	437	332	125	24	6	1	
茫崖市	250	155	31	4	3		
乌兰县							
都兰县							
天峻县							
大柴旦行政委员会							

4-1a　续表 4　　　　单位：人

地　区 性　别	45—49岁	50—54岁	55—59岁	60—64岁	65—69岁	70—74岁	75岁及以　上
男	**8249**	**7181**	**3067**	**606**	**284**	**53**	**53**
西宁市	**6119**	**5450**	**2284**	**435**	**213**	**36**	**31**
城东区	1707	1478	665	114	54	15	9
城中区	1266	1135	481	109	57	6	12
城西区	1319	1235	514	61	34	5	5
城北区	1527	1344	465	113	46	4	2
湟中区	234	190	126	23	15	4	3
大通回族土族自治县	66	68	33	15	7	2	
湟源县							
海东市	**771**	**697**	**384**	**90**	**37**	**7**	**13**
乐都区	481	422	241	54	23	4	11
平安区	290	275	143	36	14	3	2
民和回族土族自治县							
互助土族自治县							
化隆回族自治县							
循化撒拉族自治县							
海北藏族自治州							
门源回族自治县							
祁连县							
海晏县							
刚察县							
黄南藏族自治州							
同仁县							
尖扎县							
泽库县							
河南蒙古族自治县							
海南藏族自治州							
共和县							
同德县							
贵德县							
兴海县							
贵南县							
果洛藏族自治州							
玛沁县							
班玛县							
甘德县							
达日县							
久治县							
玛多县							
玉树藏族自治州	**150**	**99**	**64**	**8**	**3**	**7**	**7**
玉树市	143	98	62	8	3	7	7
杂多县							
称多县							
治多县							
囊谦县							
曲麻莱县	7	1	2				
海西蒙古族藏族自治州	**1209**	**935**	**335**	**73**	**31**	**3**	**2**
格尔木市	745	584	217	50	26	2	2
德令哈市	267	228	97	19	5	1	
茫崖市	197	123	21	4			
乌兰县							
都兰县							
天峻县							
大柴旦行政委员会							

4–1a 续表 5

单位：人

地 区 性 别	45–49岁	50–54岁	55–59岁	60–64岁	65–69岁	70–74岁	75岁及以 上
女	**5729**	**3017**	**963**	**169**	**82**	**26**	**31**
西宁市	**4405**	**2264**	**748**	**143**	**57**	**17**	**22**
城东区	1107	572	194	40	15	3	4
城中区	957	471	180	32	19	8	7
城西区	1048	538	166	26	6	3	5
城北区	1105	557	160	39	13	3	4
湟中区	137	83	28	5	1		2
大通回族土族自治县	51	43	20	1	3		
湟源县							
海东市	**561**	**319**	**86**	**8**	**10**	**4**	**3**
乐都区	341	186	53	5	4	1	1
平安区	220	133	33	3	6	3	2
民和回族土族自治县							
互助土族自治县							
化隆回族自治县							
循化撒拉族自治县							
海北藏族自治州							
门源回族自治县							
祁连县							
海晏县							
刚察县							
黄南藏族自治州							
同仁县							
尖扎县							
泽库县							
河南蒙古族自治县							
海南藏族自治州							
共和县							
同德县							
贵德县							
兴海县							
贵南县							
果洛藏族自治州							
玛沁县							
班玛县							
甘德县							
达日县							
久治县							
玛多县							
玉树藏族自治州	**111**	**66**	**24**	**4**	**6**	**4**	**5**
玉树市	109	64	24	4	6	4	5
杂多县							
称多县							
治多县							
囊谦县							
曲麻莱县	2	2					
海西蒙古族藏族自治州	**652**	**368**	**105**	**14**	**9**	**1**	**1**
格尔木市	429	232	67	9	5	1	1
德令哈市	170	104	28	5	1		
茫崖市	53	32	10		3		
乌兰县							
都兰县							
天峻县							
大柴旦行政委员会							

4-1b　各地区分性别、年龄的就业人口(镇)

单位：人

地　区 性　别	合计	16-19岁	20-24岁	25-29岁	30-34岁	35-39岁	40-44岁
全省	**53603**	**707**	**3831**	**7205**	**8501**	**7078**	**8139**
西宁市	**12894**	**111**	**825**	**1579**	**1939**	**1651**	**2064**
城东区							
城中区	181	1	12	27	28	18	23
城西区	23		1	1	1	2	2
城北区							
湟中区	2881	28	202	353	422	358	482
大通回族土族自治县	7381	65	492	916	1127	968	1179
湟源县	2428	17	118	282	361	305	378
海东市	**12470**	**127**	**765**	**1517**	**1900**	**1706**	**2038**
乐都区	444	1	31	48	47	32	59
平安区	102	3	14	21	21	8	7
民和回族土族自治县	4285	39	238	516	635	561	689
互助土族自治县	5102	38	275	603	825	731	845
化隆回族自治县	1192	27	112	132	168	179	216
循化撒拉族自治县	1345	19	95	197	204	195	222
海北藏族自治州	**5372**	**32**	**293**	**769**	**884**	**721**	**861**
门源回族自治县	1948	3	85	262	343	277	341
祁连县	1100	12	63	158	197	156	175
海晏县	1496	8	87	215	210	174	234
刚察县	828	9	58	134	134	114	111
黄南藏族自治州	**4168**	**44**	**283**	**689**	**711**	**642**	**614**
同仁县	2138	24	139	320	338	323	320
尖扎县	1034	9	68	156	151	166	155
泽库县	533	10	51	107	111	96	69
河南蒙古族自治县	463	1	25	106	111	57	70
海南藏族自治州	**8063**	**102**	**620**	**1128**	**1273**	**1084**	**1206**
共和县	3265	37	227	474	574	436	494
同德县	656	6	72	101	118	108	95
贵德县	2035	38	142	233	270	271	298
兴海县	1056	10	86	164	153	142	134
贵南县	1051	11	93	156	158	127	185
果洛藏族自治州	**1913**	**25**	**198**	**364**	**396**	**261**	**227**
玛沁县	628	6	55	130	114	107	73
班玛县	360	8	40	59	70	37	50
甘德县	111	1	16	33	24	13	10
达日县	310	6	43	54	62	41	35
久治县	210	2	19	44	49	25	19
玛多县	294	2	25	44	77	38	40
玉树藏族自治州	**2941**	**189**	**326**	**359**	**454**	**407**	**367**
玉树市	203	16	21	17	28	30	27
杂多县	894	76	104	104	123	108	113
称多县	712	36	76	81	116	116	99
治多县	211	9	21	38	46	21	21
囊谦县	743	50	82	88	101	114	87
曲麻莱县	178	2	22	31	40	18	20
海西蒙古族藏族自治州	**5782**	**77**	**521**	**800**	**944**	**606**	**762**
格尔木市	1683	30	147	194	273	185	209
德令哈市	112		9	11	17	10	19
茫崖市	298	5	27	43	41	34	41
乌兰县	1097	7	104	165	191	106	161
都兰县	1521	32	133	187	217	163	207
天峻县	317		22	56	57	39	37
大柴旦行政委员会	754	3	79	144	148	69	88

4-1b 续表 1

单位：人

地区 性别	合计	16-19岁	20-24岁	25-29岁	30-34岁	35-39岁	40-44岁
男	**32112**	**436**	**2121**	**4022**	**4847**	**4001**	**4765**
西宁市	**7989**	**85**	**494**	**905**	**1161**	**945**	**1228**
城东区							
城中区	163	1	11	25	26	18	19
城西区	18		1	1	1	1	
城北区							
湟中区	1792	20	124	214	260	216	291
大通回族土族自治县	4601	52	293	523	663	550	709
湟源县	1415	12	65	142	211	160	209
海东市	**7388**	**77**	**419**	**840**	**1037**	**940**	**1171**
乐都区	289	1	19	28	29	18	39
平安区	82	2	13	14	18	6	5
民和回族土族自治县	2558	25	128	296	347	302	391
互助土族自治县	2946	24	141	336	437	400	477
化隆回族自治县	673	15	63	59	78	95	123
循化撒拉族自治县	840	10	55	107	128	119	136
海北藏族自治州	**3085**	**21**	**151**	**402**	**455**	**398**	**483**
门源回族自治县	1104	3	38	129	186	150	176
祁连县	641	7	34	79	101	85	112
海晏县	830	4	43	120	100	94	125
刚察县	510	7	36	74	68	69	70
黄南藏族自治州	**2411**	**20**	**145**	**367**	**395**	**353**	**356**
同仁县	1246	13	72	176	194	175	182
尖扎县	596	3	32	85	81	98	88
泽库县	309	3	24	60	62	53	43
河南蒙古族自治县	260	1	17	46	58	27	43
海南藏族自治州	**4584**	**61**	**306**	**574**	**698**	**595**	**695**
共和县	1851	21	110	257	312	241	274
同德县	386	4	41	49	72	61	57
贵德县	1154	22	64	109	139	152	184
兴海县	620	7	48	91	91	84	75
贵南县	573	7	43	68	84	57	105
果洛藏族自治州	**1178**	**18**	**110**	**211**	**241**	**161**	**144**
玛沁县	407	5	29	87	72	67	47
班玛县	221	6	24	30	42	25	29
甘德县	63	1	11	14	17	5	8
达日县	188	4	22	32	38	24	22
久治县	126	2	10	24	30	18	12
玛多县	173		14	24	42	22	26
玉树藏族自治州	**1605**	**101**	**164**	**204**	**237**	**213**	**210**
玉树市	113	10	9	7	13	16	20
杂多县	483	39	53	59	64	55	68
称多县	390	22	47	42	65	55	48
治多县	121	4	11	27	25	13	13
囊谦县	388	24	35	48	47	63	48
曲麻莱县	110	2	9	21	23	11	13
海西蒙古族藏族自治州	**3872**	**53**	**332**	**519**	**623**	**396**	**478**
格尔木市	1240	22	105	143	199	137	149
德令哈市	75		5	6	12	7	11
茫崖市	220	4	19	29	32	26	27
乌兰县	707	6	70	102	121	62	98
都兰县	907	19	71	104	125	92	115
天峻县	185		10	35	30	21	19
大柴旦行政委员会	538	2	52	100	104	51	59

4-1b　续表 2

单位：人

地　　区 性　　别	合计	16-19岁	20-24岁	25-29岁	30-34岁	35-39岁	40-44岁
女	**21491**	**271**	**1710**	**3183**	**3654**	**3077**	**3374**
西宁市	**4905**	**26**	**331**	**674**	**778**	**706**	**836**
城东区							
城中区	18		1	2	2		4
城西区	5					1	2
城北区							
湟中区	1089	8	78	139	162	142	191
大通回族土族自治县	2780	13	199	393	464	418	470
湟源县	1013	5	53	140	150	145	169
海东市	**5082**	**50**	**346**	**677**	**863**	**766**	**867**
乐都区	155		12	20	18	14	20
平安区	20	1	1	7	3	2	2
民和回族土族自治县	1727	14	110	220	288	259	298
互助土族自治县	2156	14	134	267	388	331	368
化隆回族自治县	519	12	49	73	90	84	93
循化撒拉族自治县	505	9	40	90	76	76	86
海北藏族自治州	**2287**	**11**	**142**	**367**	**429**	**323**	**378**
门源回族自治县	844		47	133	157	127	165
祁连县	459	5	29	79	96	71	63
海晏县	666	4	44	95	110	80	109
刚察县	318	2	22	60	66	45	41
黄南藏族自治州	**1757**	**24**	**138**	**322**	**316**	**289**	**258**
同仁县	892	11	67	144	144	148	138
尖扎县	438	6	36	71	70	68	67
泽库县	224	7	27	47	49	43	26
河南蒙古族自治县	203		8	60	53	30	27
海南藏族自治州	**3479**	**41**	**314**	**554**	**575**	**489**	**511**
共和县	1414	16	117	217	262	195	220
同德县	270	2	31	52	46	47	38
贵德县	881	16	78	124	131	119	114
兴海县	436	3	38	73	62	58	59
贵南县	478	4	50	88	74	70	80
果洛藏族自治州	**735**	**7**	**88**	**153**	**155**	**100**	**83**
玛沁县	221	1	26	43	42	40	26
班玛县	139	2	16	29	28	12	21
甘德县	48		5	19	7	8	2
达日县	122	2	21	22	24	17	13
久治县	84		9	20	19	7	7
玛多县	121	2	11	20	35	16	14
玉树藏族自治州	**1336**	**88**	**162**	**155**	**217**	**194**	**157**
玉树市	90	6	12	10	15	14	7
杂多县	411	37	51	45	59	53	45
称多县	322	14	29	39	51	61	51
治多县	90	5	10	11	21	8	8
囊谦县	355	26	47	40	54	51	39
曲麻莱县	68		13	10	17	7	7
海西蒙古族藏族自治州	**1910**	**24**	**189**	**281**	**321**	**210**	**284**
格尔木市	443	8	42	51	74	48	60
德令哈市	37		4	5	5	3	8
茫崖市	78	1	8	14	9	8	14
乌兰县	390	1	34	63	70	44	63
都兰县	614	13	62	83	92	71	92
天峻县	132		12	21	27	18	18
大柴旦行政委员会	216	1	27	44	44	18	29

4－1b 续表 3

单位：人

地区 性别	45－49岁	50－54岁	55－59岁	60－64岁	65－69岁	70－74岁	75岁及以上
全省	**8199**	**5989**	**2702**	**654**	**384**	**144**	**70**
西宁市	**2112**	**1591**	**727**	**174**	**90**	**21**	**10**
城东区							
城中区	29	26	11	3	2	1	
城西区	4	5	2	5			
城北区							
湟中区	446	351	168	37	27	4	3
大通回族土族自治县	1226	875	393	81	43	11	5
湟源县	407	334	153	48	18	5	2
海东市	**1946**	**1454**	**732**	**161**	**84**	**30**	**10**
乐都区	87	71	45	14	5	4	
平安区	11	8	4	3	2		
民和回族土族自治县	695	541	277	51	28	7	8
互助土族自治县	825	563	288	68	34	6	1
化隆回族自治县	145	126	61	12	7	6	1
循化撒拉族自治县	183	145	57	13	8	7	
海北藏族自治州	**917**	**576**	**218**	**53**	**36**	**6**	**6**
门源回族自治县	324	200	69	23	17	3	1
祁连县	173	97	48	10	7		4
海晏县	280	192	70	14	9	3	
刚察县	140	87	31	6	3		1
黄南藏族自治州	**568**	**396**	**167**	**30**	**15**	**5**	**4**
同仁县	338	218	92	14	7	2	3
尖扎县	123	132	53	12	7	2	
泽库县	52	22	11	2	1		1
河南蒙古族自治县	55	24	11	2		1	
海南藏族自治州	**1198**	**855**	**381**	**111**	**73**	**29**	**3**
共和县	466	340	161	35	14	7	
同德县	87	43	20	5	1		
贵德县	330	264	111	37	28	11	2
兴海县	166	103	48	22	18	9	1
贵南县	149	105	41	12	12	2	
果洛藏族自治州	**224**	**141**	**54**	**11**	**6**	**4**	**2**
玛沁县	66	47	18	7	3	1	1
班玛县	46	32	14	2	1	1	
甘德县	7	4	3				
达日县	36	22	8	1	1		1
久治县	29	18	5				
玛多县	40	18	6	1	1	2	
玉树藏族自治州	**326**	**259**	**110**	**33**	**42**	**37**	**32**
玉树市	22	27	9	3	2	1	
杂多县	115	83	37	7	8	6	10
称多县	71	57	26	11	11	7	5
治多县	21	18	8	2	4	1	1
囊谦县	73	65	26	8	14	20	15
曲麻莱县	24	9	4	2	3	2	1
海西蒙古族藏族自治州	**908**	**717**	**313**	**81**	**38**	**12**	**3**
格尔木市	248	219	131	32	11	3	1
德令哈市	14	14	11	3	3	1	
茫崖市	62	35	10				
乌兰县	192	116	37	13	3	2	
都兰县	225	224	87	24	16	4	2
天峻县	51	32	14	6	1	2	
大柴旦行政委员会	116	77	23	3	4		

4-1b　续表 4　　单位：人

地　区 性　别	45-49岁	50-54岁	55-59岁	60-64岁	65-69岁	70-74岁	75岁及以　上
男	**4902**	**4107**	**1995**	**486**	**282**	**108**	**40**
西宁市	**1286**	**1084**	**563**	**143**	**72**	**17**	**6**
城东区							
城中区	25	22	11	3	1	1	
城西区	4	4	2	4			
城北区							
湟中区	260	229	119	33	20	4	2
大通回族土族自治县	766	622	314	62	35	8	4
湟源县	231	207	117	41	16	4	
海东市	**1145**	**1005**	**535**	**117**	**69**	**24**	**9**
乐都区	55	49	31	13	4	3	
平安区	9	7	4	2	2		
民和回族土族自治县	420	372	208	35	21	6	7
互助土族自治县	462	384	199	48	31	6	1
化隆回族自治县	87	85	47	10	5	5	1
循化撒拉族自治县	112	108	46	9	6	4	
海北藏族自治州	**518**	**411**	**169**	**38**	**29**	**5**	**5**
门源回族自治县	194	139	52	18	15	3	1
祁连县	97	71	39	6	6		4
海晏县	141	132	55	9	5	2	
刚察县	86	69	23	5	3		
黄南藏族自治州	**344**	**269**	**122**	**24**	**10**	**5**	**1**
同仁县	199	148	68	11	5	2	1
尖扎县	72	83	37	10	5	2	
泽库县	37	18	7	2			
河南蒙古族自治县	36	20	10	1		1	
海南藏族自治州	**694**	**556**	**261**	**77**	**46**	**19**	**2**
共和县	265	225	108	26	8	4	
同德县	49	32	15	5	1		
贵德县	192	167	74	24	18	8	1
兴海县	98	63	32	12	13	5	1
贵南县	90	69	32	10	6	2	
果洛藏族自治州	**139**	**98**	**40**	**7**	**4**	**4**	**1**
玛沁县	43	34	14	5	2	1	1
班玛县	29	23	11	1		1	
甘德县	3	2	2				
达日县	22	16	6	1	1		
久治县	16	11	3				
玛多县	26	12	4		1	2	
玉树藏族自治州	**180**	**154**	**68**	**16**	**21**	**23**	**14**
玉树市	11	18	6	2	1		
杂多县	62	45	23	3	4	5	3
称多县	35	39	18	6	5	6	2
治多县	12	9	4		3		
囊谦县	41	39	14	3	7	11	8
曲麻莱县	19	4	3	2	1	1	1
海西蒙古族藏族自治州	**596**	**530**	**237**	**64**	**31**	**11**	**2**
格尔木市	173	170	103	26	9	3	1
德令哈市	10	12	8	1	2	1	
茫崖市	43	31	9				
乌兰县	127	80	28	10	2	1	
都兰县	131	147	62	22	14	4	1
天峻县	32	22	10	3	1	2	
大柴旦行政委员会	80	68	17	2	3		

4-1b 续表 5　　单位：人

地区 性别	45-49岁	50-54岁	55-59岁	60-64岁	65-69岁	70-74岁	75岁及以上
女	**3297**	**1882**	**707**	**168**	**102**	**36**	**30**
西宁市	**826**	**507**	**164**	**31**	**18**	**4**	**4**
城东区							
城中区	4	4			1		
城西区		1		1			
城北区							
湟中区	186	122	49	4	7		1
大通回族土族自治县	460	253	79	19	8	3	1
湟源县	176	127	36	7	2	1	2
海东市	**801**	**449**	**197**	**44**	**15**	**6**	**1**
乐都区	32	22	14	1	1	1	
平安区	2	1		1			
民和回族土族自治县	275	169	69	16	7	1	1
互助土族自治县	363	179	89	20	3		
化隆回族自治县	58	41	14	2	2	1	
循化撒拉族自治县	71	37	11	4	2	3	
海北藏族自治州	**399**	**165**	**49**	**15**	**7**	**1**	**1**
门源回族自治县	130	61	17	5	2		
祁连县	76	26	9	4	1		
海晏县	139	60	15	5	4	1	
刚察县	54	18	8	1			1
黄南藏族自治州	**224**	**127**	**45**	**6**	**5**		**3**
同仁县	139	70	24	3	2		2
尖扎县	51	49	16	2	2		
泽库县	15	4	4		1		1
河南蒙古族自治县	19	4	1	1			
海南藏族自治州	**504**	**299**	**120**	**34**	**27**	**10**	**1**
共和县	201	115	53	9	6	3	
同德县	38	11	5				
贵德县	138	97	37	13	10	3	1
兴海县	68	40	16	10	5	4	
贵南县	59	36	9	2	6		
果洛藏族自治州	**85**	**43**	**14**	**4**	**2**		**1**
玛沁县	23	13	4	2	1		
班玛县	17	9	3	1	1		
甘德县	4	2	1				
达日县	14	6	2				1
久治县	13	7	2				
玛多县	14	6	2	1			
玉树藏族自治州	**146**	**105**	**42**	**17**	**21**	**14**	**18**
玉树市	11	9	3	1	1	1	
杂多县	53	38	14	4	4	1	7
称多县	36	18	8	5	6	1	3
治多县	9	9	4	2	1	1	1
囊谦县	32	26	12	5	7	9	7
曲麻莱县	5	5	1		2	1	
海西蒙古族藏族自治州	**312**	**187**	**76**	**17**	**7**	**1**	**1**
格尔木市	75	49	28	6	2		
德令哈市	4	2	3	2	1		
茫崖市	19	4	1				
乌兰县	65	36	9	3	1	1	
都兰县	94	77	25	2	2		1
天峻县	19	10	4	3			
大柴旦行政委员会	36	9	6	1	1		

4–1c　各地区分性别、年龄的就业人口(乡村)

单位：人

地　区 性　别	合计	16–19岁	20–24岁	25–29岁	30–34岁	35–39岁	40–44岁
全省	**83569**	**2047**	**6839**	**10029**	**10596**	**9883**	**11147**
西宁市	**19066**	**311**	**1323**	**2070**	**2175**	**1959**	**2685**
城东区							
城中区	33		6	3	2		4
城西区							
城北区	497	10	44	59	62	45	67
湟中区	9672	128	618	1084	1077	989	1384
大通回族土族自治县	6681	138	526	743	805	721	924
湟源县	2183	35	129	181	229	204	306
海东市	**25732**	**493**	**1655**	**2599**	**3060**	**2994**	**3455**
乐都区	3789	33	192	358	354	395	475
平安区	1044	21	49	111	106	118	166
民和回族土族自治县	5539	90	395	630	727	606	696
互助土族自治县	10217	149	464	787	1134	1181	1408
化隆回族自治县	3124	129	334	378	407	412	445
循化撒拉族自治县	2019	71	221	335	332	282	265
海北藏族自治州	**4908**	**104**	**397**	**647**	**621**	**562**	**683**
门源回族自治县	2337	50	209	315	283	240	323
祁连县	993	21	78	127	130	139	143
海晏县	728	10	47	82	95	62	113
刚察县	850	23	63	123	113	121	104
黄南藏族自治州	**6572**	**154**	**614**	**979**	**989**	**934**	**883**
同仁县	2506	52	242	359	377	353	352
尖扎县	1079	41	88	140	120	122	149
泽库县	1684	45	173	273	285	263	214
河南蒙古族自治县	1303	16	111	207	207	196	168
海南藏族自治州	**12718**	**368**	**1232**	**1637**	**1799**	**1703**	**1626**
共和县	3170	70	307	422	456	411	377
同德县	2564	107	286	347	355	348	378
贵德县	2575	52	202	270	297	339	347
兴海县	2179	74	233	293	337	307	256
贵南县	2230	65	204	305	354	298	268
果洛藏族自治州	**2932**	**149**	**367**	**428**	**387**	**364**	**380**
玛沁县	368	11	34	57	72	49	44
班玛县	966	61	133	125	116	131	112
甘德县	12		1	3	3	1	2
达日县	531	22	77	82	76	54	69
久治县	919	55	110	146	93	108	136
玛多县	136		12	15	27	21	17
玉树藏族自治州	**6761**	**395**	**866**	**1018**	**881**	**833**	**826**
玉树市	2010	92	273	290	264	270	245
杂多县	1212	82	162	182	160	141	148
称多县	905	64	98	135	124	113	119
治多县	350	12	30	66	63	43	42
囊谦县	1786	128	236	263	206	200	208
曲麻莱县	498	17	67	82	64	66	64
海西蒙古族藏族自治州	**4880**	**73**	**385**	**651**	**684**	**534**	**609**
格尔木市	1289	22	114	205	204	133	146
德令哈市	981	17	85	119	126	96	121
茫崖市							
乌兰县	456	5	39	45	61	53	58
都兰县	1401	26	108	180	167	151	175
天峻县	74		5	10	16	14	4
大柴旦行政委员会	679	3	34	92	110	87	105

4-1c 续表 1

单位：人

地区 性别	合计	16-19岁	20-24岁	25-29岁	30-34岁	35-39岁	40-44岁
男	**50806**	**1261**	**3994**	**5914**	**6354**	**5802**	**6722**
西宁市	**12505**	**216**	**833**	**1330**	**1444**	**1210**	**1686**
城东区							
城中区	22		4	2	2		2
城西区							
城北区	322	9	28	39	37	31	43
湟中区	6369	96	387	701	705	613	864
大通回族土族自治县	4356	89	341	461	548	432	591
湟源县	1436	22	73	127	152	134	186
海东市	**15808**	**302**	**978**	**1538**	**1841**	**1803**	**2133**
乐都区	2404	18	110	209	216	251	312
平安区	689	13	26	72	66	78	108
民和回族土族自治县	3493	56	254	391	440	372	430
互助土族自治县	5957	92	270	459	672	672	808
化隆回族自治县	1972	81	183	212	231	249	290
循化撒拉族自治县	1293	42	135	195	216	181	185
海北藏族自治州	**3173**	**68**	**248**	**399**	**402**	**338**	**432**
门源回族自治县	1646	34	138	213	195	152	225
祁连县	635	15	49	77	85	92	83
海晏县	433	6	31	50	55	33	64
刚察县	459	13	30	59	67	61	60
黄南藏族自治州	**3560**	**80**	**331**	**531**	**514**	**516**	**473**
同仁县	1289	23	129	194	176	190	181
尖扎县	626	24	52	78	67	69	82
泽库县	966	25	92	155	162	152	120
河南蒙古族自治县	679	8	58	104	109	105	90
海南藏族自治州	**7185**	**214**	**711**	**893**	**1010**	**934**	**920**
共和县	1835	42	183	250	256	235	222
同德县	1410	66	156	180	191	192	205
贵德县	1518	30	121	153	174	185	195
兴海县	1188	40	134	155	193	166	138
贵南县	1234	36	117	155	196	156	160
果洛藏族自治州	**1678**	**99**	**198**	**245**	**223**	**196**	**217**
玛沁县	212	8	21	32	42	29	22
班玛县	555	40	75	77	69	68	64
甘德县	6		1	2	1		1
达日县	344	19	43	57	44	34	44
久治县	472	32	52	67	52	51	73
玛多县	89		6	10	15	14	13
玉树藏族自治州	**3645**	**227**	**455**	**560**	**451**	**439**	**456**
玉树市	1099	56	144	162	139	149	137
杂多县	638	46	81	87	84	73	76
称多县	511	34	61	82	65	58	71
治多县	190	8	13	39	30	25	25
囊谦县	919	70	115	137	101	98	114
曲麻莱县	288	13	41	53	32	36	33
海西蒙古族藏族自治州	**3252**	**55**	**240**	**418**	**469**	**366**	**405**
格尔木市	884	18	77	131	142	97	101
德令哈市	587	13	43	71	74	61	65
茫崖市							
乌兰县	288	3	20	30	38	34	41
都兰县	856	18	65	103	105	94	102
天峻县	50		4	5	12	8	4
大柴旦行政委员会	587	3	31	78	98	72	92

4-1c　续表 2

单位：人

地区 性别	合计	16-19岁	20-24岁	25-29岁	30-34岁	35-39岁	40-44岁
女	**32763**	**786**	**2845**	**4115**	**4242**	**4081**	**4425**
西宁市	**6561**	**95**	**490**	**740**	**731**	**749**	**999**
城东区							
城中区	11		2	1			2
城西区							
城北区	175	1	16	20	25	14	24
湟中区	3303	32	231	383	372	376	520
大通回族土族自治县	2325	49	185	282	257	289	333
湟源县	747	13	56	54	77	70	120
海东市	**9924**	**191**	**677**	**1061**	**1219**	**1191**	**1322**
乐都区	1385	15	82	149	138	144	163
平安区	355	8	23	39	40	40	58
民和回族土族自治县	2046	34	141	239	287	234	266
互助土族自治县	4260	57	194	328	462	509	600
化隆回族自治县	1152	48	151	166	176	163	155
循化撒拉族自治县	726	29	86	140	116	101	80
海北藏族自治州	**1735**	**36**	**149**	**248**	**219**	**224**	**251**
门源回族自治县	691	16	71	102	88	88	98
祁连县	358	6	29	50	45	47	60
海晏县	295	4	16	32	40	29	49
刚察县	391	10	33	64	46	60	44
黄南藏族自治州	**3012**	**74**	**283**	**448**	**475**	**418**	**410**
同仁县	1217	29	113	165	201	163	171
尖扎县	453	17	36	62	53	53	67
泽库县	718	20	81	118	123	111	94
河南蒙古族自治县	624	8	53	103	98	91	78
海南藏族自治州	**5533**	**154**	**521**	**744**	**789**	**769**	**706**
共和县	1335	28	124	172	200	176	155
同德县	1154	41	130	167	164	156	173
贵德县	1057	22	81	117	123	154	152
兴海县	991	34	99	138	144	141	118
贵南县	996	29	87	150	158	142	108
果洛藏族自治州	**1254**	**50**	**169**	**183**	**164**	**168**	**163**
玛沁县	156	3	13	25	30	20	22
班玛县	411	21	58	48	47	63	48
甘德县	6			1	2	1	1
达日县	187	3	34	25	32	20	25
久治县	447	23	58	79	41	57	63
玛多县	47		6	5	12	7	4
玉树藏族自治州	**3116**	**168**	**411**	**458**	**430**	**394**	**370**
玉树市	911	36	129	128	125	121	108
杂多县	574	36	81	95	76	68	72
称多县	394	30	37	53	59	55	48
治多县	160	4	17	27	33	18	17
囊谦县	867	58	121	126	105	102	94
曲麻莱县	210	4	26	29	32	30	31
海西蒙古族藏族自治州	**1628**	**18**	**145**	**233**	**215**	**168**	**204**
格尔木市	405	4	37	74	62	36	45
德令哈市	394	4	42	48	52	35	56
茫崖市							
乌兰县	168	2	19	15	23	19	17
都兰县	545	8	43	77	62	57	73
天峻县	24		1	5	4	6	
大柴旦行政委员会	92		3	14	12	15	13

4-1c 续表 3

单位：人

地区 性别	45-49岁	50-54岁	55-59岁	60-64岁	65-69岁	70-74岁	75岁及以上
全省	**12160**	**10599**	**6361**	**1983**	**1264**	**415**	**246**
西宁市	**3211**	**2780**	**1636**	**501**	**317**	**77**	**21**
城东区							
城中区	12	4	1		1		
城西区							
城北区	82	71	41	8	6	2	
湟中区	1704	1499	749	228	165	37	10
大通回族土族自治县	998	873	606	200	112	26	9
湟源县	415	333	239	65	33	12	2
海东市	**3870**	**3678**	**2382**	**856**	**519**	**126**	**45**
乐都区	697	652	377	147	86	19	4
平安区	160	149	103	37	21	2	1
民和回族土族自治县	837	796	484	143	92	32	11
互助土族自治县	1568	1606	1124	444	269	63	20
化隆回族自治县	394	342	191	55	26	5	6
循化撒拉族自治县	214	133	103	30	25	5	3
海北藏族自治州	**743**	**612**	**390**	**85**	**42**	**8**	**14**
门源回族自治县	362	298	206	36	12	2	1
祁连县	164	110	60	12	8	1	
海晏县	120	102	65	17	9	3	3
刚察县	97	102	59	20	13	2	10
黄南藏族自治州	**817**	**642**	**372**	**74**	**69**	**23**	**22**
同仁县	316	265	120	26	25	9	10
尖扎县	160	130	77	19	16	9	8
泽库县	180	125	94	9	15	4	4
河南蒙古族自治县	161	122	81	20	13	1	
海南藏族自治州	**1619**	**1372**	**799**	**260**	**158**	**77**	**68**
共和县	417	337	229	67	44	17	16
同德县	296	233	120	40	21	17	16
贵德县	370	361	195	80	40	11	11
兴海县	249	206	114	40	31	19	20
贵南县	287	235	141	33	22	13	5
果洛藏族自治州	**354**	**272**	**140**	**41**	**23**	**14**	**13**
玛沁县	44	32	16	3	3		3
班玛县	120	93	49	14	5	4	3
甘德县	2						
达日县	65	46	23	6	5	5	1
久治县	102	85	48	16	9	5	6
玛多县	21	16	4	2	1		
玉树藏族自治州	**786**	**569**	**285**	**76**	**92**	**75**	**59**
玉树市	233	174	74	24	35	19	17
杂多县	136	97	59	10	16	11	8
称多县	100	70	40	15	12	11	4
治多县	35	28	18	3	5	3	2
囊谦县	224	159	72	21	17	26	26
曲麻莱县	58	41	22	3	7	5	2
海西蒙古族藏族自治州	**760**	**674**	**357**	**90**	**44**	**15**	**4**
格尔木市	169	157	91	28	12	7	1
德令哈市	146	144	97	17	10	2	1
茫崖市							
乌兰县	81	60	37	10	6	1	
都兰县	218	224	105	26	16	5	
天峻县	14	7	2	2			
大柴旦行政委员会	132	82	25	7			2

4-1c　续表 4　　　　单位：人

地　区 性　别	45-49岁	50-54岁	55-59岁	60-64岁	65-69岁	70-74岁	75岁及以上
男	**7313**	**6639**	**4154**	**1387**	**861**	**252**	**153**
西宁市	**2032**	**1858**	**1179**	**400**	**244**	**56**	**17**
城东区							
城中区	7	3	1		1		
城西区							
城北区	47	44	30	7	5	2	
湟中区	1086	1004	565	183	132	26	7
大通回族土族自治县	634	582	416	158	78	18	8
湟源县	258	225	167	52	28	10	2
海东市	**2356**	**2293**	**1500**	**591**	**354**	**87**	**32**
乐都区	420	426	255	107	64	13	3
平安区	108	95	76	28	16	2	1
民和回族土族自治县	527	512	312	100	68	22	9
互助土族自治县	893	935	651	285	166	44	10
化隆回族自治县	273	237	138	49	20	3	6
循化撒拉族自治县	135	88	68	22	20	3	3
海北藏族自治州	**481**	**414**	**280**	**60**	**35**	**5**	**11**
门源回族自治县	264	216	161	34	12	1	1
祁连县	98	74	44	10	7	1	
海晏县	66	63	45	9	6	3	2
刚察县	53	61	30	7	10		8
黄南藏族自治州	**440**	**345**	**222**	**47**	**34**	**15**	**12**
同仁县	156	132	67	15	13	8	5
尖扎县	90	85	49	14	6	5	5
泽库县	109	73	58	7	9	2	2
河南蒙古族自治县	85	55	48	11	6		
海南藏族自治州	**917**	**790**	**465**	**152**	**99**	**40**	**40**
共和县	234	181	139	44	31	9	9
同德县	165	138	66	21	13	8	9
贵德县	224	227	125	48	24	7	5
兴海县	138	107	62	18	14	10	13
贵南县	156	137	73	21	17	6	4
果洛藏族自治州	**201**	**163**	**81**	**28**	**14**	**6**	**7**
玛沁县	25	16	10	2	3		2
班玛县	61	54	30	10	3	2	2
甘德县	1						
达日县	43	33	16	6	3	1	1
久治县	60	46	21	8	5	3	2
玛多县	11	14	4	2			
玉树藏族自治州	**405**	**319**	**173**	**40**	**52**	**34**	**34**
玉树市	120	92	43	16	20	8	13
杂多县	64	64	38	5	10	7	3
称多县	61	36	21	9	6	3	4
治多县	16	17	9	2	3	1	2
囊谦县	112	89	44	8	9	12	10
曲麻莱县	32	21	18		4	3	2
海西蒙古族藏族自治州	**481**	**457**	**254**	**69**	**29**	**9**	
格尔木市	110	113	64	19	7	5	
德令哈市	77	92	71	12	6	2	
茫崖市							
乌兰县	45	40	23	9	5		
都兰县	129	135	72	20	11	2	
天峻县	7	6	2	2			
大柴旦行政委员会	113	71	22	7			

4－1c 续表 5

单位：人

地 区 性 别	45－49岁	50－54岁	55－59岁	60－64岁	65－69岁	70－74岁	75岁及以上
女	**4847**	**3960**	**2207**	**596**	**403**	**163**	**93**
西宁市	**1179**	**922**	**457**	**101**	**73**	**21**	**4**
城东区							
城中区	5	1					
城西区							
城北区	35	27	11	1	1		
湟中区	618	495	184	45	33	11	3
大通回族土族自治县	364	291	190	42	34	8	1
湟源县	157	108	72	13	5	2	
海东市	**1514**	**1385**	**882**	**265**	**165**	**39**	**13**
乐都区	277	226	122	40	22	6	1
平安区	52	54	27	9	5		
民和回族土族自治县	310	284	172	43	24	10	2
互助土族自治县	675	671	473	159	103	19	10
化隆回族自治县	121	105	53	6	6	2	
循化撒拉族自治县	79	45	35	8	5	2	
海北藏族自治州	**262**	**198**	**110**	**25**	**7**	**3**	**3**
门源回族自治县	98	82	45	2		1	
祁连县	66	36	16	2	1		
海晏县	54	39	20	8	3		1
刚察县	44	41	29	13	3	2	2
黄南藏族自治州	**377**	**297**	**150**	**27**	**35**	**8**	**10**
同仁县	160	133	53	11	12	1	5
尖扎县	70	45	28	5	10	4	3
泽库县	71	52	36	2	6	2	2
河南蒙古族自治县	76	67	33	9	7	1	
海南藏族自治州	**702**	**582**	**334**	**108**	**59**	**37**	**28**
共和县	183	156	90	23	13	8	7
同德县	131	95	54	19	8	9	7
贵德县	146	134	70	32	16	4	6
兴海县	111	99	52	22	17	9	7
贵南县	131	98	68	12	5	7	1
果洛藏族自治州	**153**	**109**	**59**	**13**	**9**	**8**	**6**
玛沁县	19	16	6	1			1
班玛县	59	39	19	4	2	2	1
甘德县	1						
达日县	22	13	7		2	4	
久治县	42	39	27	8	4	2	4
玛多县	10	2			1		
玉树藏族自治州	**381**	**250**	**112**	**36**	**40**	**41**	**25**
玉树市	113	82	31	8	15	11	4
杂多县	72	33	21	5	6	4	5
称多县	39	34	19	6	6	8	
治多县	19	11	9	1	2	2	
囊谦县	112	70	28	13	8	14	16
曲麻莱县	26	20	4	3	3	2	
海西蒙古族藏族自治州	**279**	**217**	**103**	**21**	**15**	**6**	**4**
格尔木市	59	44	27	9	5	2	1
德令哈市	69	52	26	5	4		1
茫崖市							
乌兰县	36	20	14	1	1	1	
都兰县	89	89	33	6	5	3	
天峻县	7	1					
大柴旦行政委员会	19	11	3				2

4-2 各地区分性别、受教育程度的就业人口

单位：人

地区 性别	合计	未上过学	学前教育	小学	初中	高中	大学专科	大学本科	硕士研究生	博士研究生
全省	**226183**	**12320**	**185**	**57922**	**67123**	**25814**	**30019**	**31035**	**1596**	**169**
西宁市	**99072**	**1465**	**37**	**13603**	**33295**	**14431**	**16026**	**18768**	**1294**	**153**
城东区	18394	299	5	2251	5110	3307	3401	3775	228	18
城中区	13749	79	1	953	3736	2466	2923	3339	244	8
城西区	14951	85	1	507	2551	1980	3442	5682	605	98
城北区	17633	126	3	1317	5533	3296	3515	3638	179	26
湟中区	14888	381	11	3617	7667	1274	1043	885	9	1
大通回族土族自治县	14846	397	12	3912	6639	1573	1227	1061	24	1
湟源县	4611	98	4	1046	2059	535	475	388	5	1
海东市	**45700**	**2962**	**24**	**14675**	**16254**	**3709**	**4124**	**3882**	**67**	**3**
乐都区	8645	182	4	1850	3635	1076	973	901	24	
平安区	4232	125	3	748	1586	502	634	619	15	
民和回族土族自治县	9824	836	4	3260	3242	823	830	817	11	1
互助土族自治县	15319	674	9	5538	6053	963	1118	953	10	1
化隆回族自治县	4316	694	1	1824	1034	156	270	332	4	1
循化撒拉族自治县	3364	451	3	1455	704	189	299	260	3	
海北藏族自治州	**10280**	**1037**	**14**	**3466**	**2500**	**824**	**1098**	**1309**	**31**	**1**
门源回族自治县	4285	140	3	1692	1290	306	398	454	2	
祁连县	2093	190	2	833	439	172	221	232	4	
海晏县	2224	253	5	476	513	217	281	459	20	
刚察县	1678	454	4	465	258	129	198	164	5	1
黄南藏族自治州	**10740**	**1419**	**25**	**5187**	**1198**	**591**	**1237**	**1037**	**44**	**2**
同仁县	4644	318	4	2272	572	307	593	551	27	
尖扎县	2113	445	5	675	316	135	260	268	8	1
泽库县	2217	244	14	1354	195	84	206	114	5	1
河南蒙古族自治县	1766	412	2	886	115	65	178	104	4	
海南藏族自治州	**20781**	**1387**	**9**	**8243**	**5587**	**2019**	**1845**	**1629**	**56**	**6**
共和县	6435	344	6	1831	2221	648	647	713	23	2
同德县	3220	281	1	1756	522	239	239	171	9	2
贵德县	4610	430	1	1567	1366	439	405	385	16	1
兴海县	3235	56	1	1251	984	513	280	146	3	1
贵南县	3281	276		1838	494	180	274	214	5	
果洛藏族自治州	**4845**	**307**	**2**	**2537**	**673**	**187**	**594**	**525**	**19**	**1**
玛沁县	996	8		393	183	60	156	186	9	1
班玛县	1326	77	1	816	184	43	108	96	1	
甘德县	123			11	10	5	71	25	1	
达日县	841	149		369	135	18	82	86	2	
久治县	1129	62		737	124	36	99	69	2	
玛多县	430	11	1	211	37	25	78	63	4	
玉树藏族自治州	**11732**	**2998**	**66**	**5707**	**1026**	**398**	**1008**	**520**	**7**	**2**
玉树市	4197	840	6	2036	397	150	439	323	5	1
杂多县	2106	954	5	749	185	57	114	42		
称多县	1617	425	5	895	68	43	120	60	1	
治多县	561	341	1	92	33	14	55	25		
囊谦县	2529	225	49	1647	267	109	175	55	1	1
曲麻莱县	722	213		288	76	25	105	15		
海西蒙古族藏族自治州	**23033**	**745**	**8**	**4504**	**6590**	**3655**	**4087**	**3365**	**78**	**1**
格尔木市	10618	265	6	1921	3065	1653	2082	1594	31	1
德令哈市	4242	144		804	1218	575	720	755	26	
茫崖市	1874	15		103	435	459	471	384	7	
乌兰县	1553	54		377	464	255	224	176	3	
都兰县	2922	213	2	1096	894	240	240	231	6	
天峻县	391	30		87	47	58	73	95	1	
大柴旦行政委员会	1433	24		116	467	415	277	130	4	

4-2 续表 1

单位：人

地区 性别	合计	未上过学	学前教育	小学	初中	高中	大学专科	大学本科	硕士 研究生	博士 研究生
男	**135636**	**5212**	**91**	**33640**	**45515**	**16676**	**17441**	**16152**	**806**	**103**
西宁市	**59697**	**653**	**13**	**8329**	**22180**	**9103**	**9067**	**9625**	**634**	**93**
城东区	11129	137	3	1411	3328	2123	2011	1992	113	11
城中区	8030	29		574	2401	1546	1675	1677	122	6
城西区	8333	33		305	1597	1192	1881	2968	300	57
城北区	10269	50	1	820	3529	2019	1944	1809	80	17
湟中区	9650	183	3	2224	5311	837	619	467	6	
大通回族土族自治县	9435	180	4	2323	4628	1066	679	542	12	1
湟源县	2851	41	2	672	1386	320	258	170	1	1
海东市	**27711**	**1066**	**6**	**8304**	**11456**	**2467**	**2386**	**1995**	**30**	**1**
乐都区	5382	55	1	1010	2532	767	558	452	7	
平安区	2597	47		454	1082	296	386	323	9	
民和回族土族自治县	6051	327	2	1898	2379	541	475	424	5	
互助土族自治县	8903	177	2	2836	4134	613	650	486	5	
化隆回族自治县	2645	288		1148	791	117	136	162	2	1
循化撒拉族自治县	2133	172	1	958	538	133	181	148	2	
海北藏族自治州	**6258**	**455**	**9**	**2141**	**1796**	**538**	**649**	**651**	**18**	**1**
门源回族自治县	2750	65	2	1067	963	197	236	220		
祁连县	1276	86	1	511	320	118	122	117	1	
海晏县	1263	109	3	283	324	134	166	231	13	
刚察县	969	195	3	280	189	89	125	83	4	1
黄南藏族自治州	**5971**	**549**	**16**	**2888**	**845**	**393**	**714**	**537**	**27**	**2**
同仁县	2535	95	1	1214	395	199	332	279	20	
尖扎县	1222	164	4	428	228	96	153	144	4	1
泽库县	1275	105	9	757	149	60	133	59	2	1
河南蒙古族自治县	939	185	2	489	73	38	96	55	1	
海南藏族自治州	**11769**	**494**	**4**	**4553**	**3519**	**1249**	**1080**	**832**	**33**	**5**
共和县	3686	124	1	1015	1348	403	405	375	13	2
同德县	1796	90	1	974	350	128	142	103	6	2
贵德县	2672	161	1	926	896	281	217	182	8	
兴海县	1808	17	1	635	576	319	177	79	3	1
贵南县	1807	102		1003	349	118	139	93	3	
果洛藏族自治州	**2856**	**150**	**2**	**1453**	**469**	**129**	**344**	**297**	**12**	
玛沁县	619	2		220	139	45	92	115	6	
班玛县	776	35	1	478	120	33	57	52		
甘德县	69			6	7	2	41	12	1	
达日县	532	84		235	101	12	52	47	1	
久治县	598	22		378	77	18	59	43	1	
玛多县	262	7	1	136	25	19	43	28	3	
玉树藏族自治州	**6410**	**1474**	**37**	**3157**	**642**	**246**	**574**	**273**	**6**	**1**
玉树市	2348	414	3	1175	244	94	243	170	5	
杂多县	1121	462	3	412	126	31	66	21		
称多县	901	220	5	509	38	30	69	30		
治多县	311	178		50	25	8	35	15		
囊谦县	1307	97	26	831	159	65	100	27	1	1
曲麻莱县	422	103		180	50	18	61	10		
海西蒙古族藏族自治州	**14964**	**371**	**4**	**2815**	**4608**	**2551**	**2627**	**1942**	**46**	
格尔木市	6926	138	2	1306	2143	1092	1311	917	17	
德令哈市	2545	58		468	803	361	431	406	18	
茫崖市	1375	6		65	317	382	352	248	5	
乌兰县	995	26		232	329	179	130	99		
都兰县	1763	111	2	614	605	169	136	124	2	
天峻县	235	16		52	35	41	40	51		
大柴旦行政委员会	1125	16		78	376	327	227	97	4	

4-2　续表 2

单位：人

地区 性别	合计	未上过学	学前教育	小学	初中	高中	大学专科	大学本科	硕士研究生	博士研究生
女	**90547**	**7108**	**94**	**24282**	**21608**	**9138**	**12578**	**14883**	**790**	**66**
西宁市	**39375**	**812**	**24**	**5274**	**11115**	**5328**	**6959**	**9143**	**660**	**60**
城东区	7265	162	2	840	1782	1184	1390	1783	115	7
城中区	5719	50	1	379	1335	920	1248	1662	122	2
城西区	6618	52	1	202	954	788	1561	2714	305	41
城北区	7364	76	2	497	2004	1277	1571	1829	99	9
湟中区	5238	198	8	1393	2356	437	424	418	3	1
大通回族土族自治县	5411	217	8	1589	2011	507	548	519	12	
湟源县	1760	57	2	374	673	215	217	218	4	
海东市	**17989**	**1896**	**18**	**6371**	**4798**	**1242**	**1738**	**1887**	**37**	**2**
乐都区	3263	127	3	840	1103	309	415	449	17	
平安区	1635	78	3	294	504	206	248	296	6	
民和回族土族自治县	3773	509	2	1362	863	282	355	393	6	1
互助土族自治县	6416	497	7	2702	1919	350	468	467	5	1
化隆回族自治县	1671	406	1	676	243	39	134	170	2	
循化撒拉族自治县	1231	279	2	497	166	56	118	112	1	
海北藏族自治州	**4022**	**582**	**5**	**1325**	**704**	**286**	**449**	**658**	**13**	
门源回族自治县	1535	75	1	625	327	109	162	234	2	
祁连县	817	104	1	322	119	54	99	115	3	
海晏县	961	144	2	193	189	83	115	228	7	
刚察县	709	259	1	185	69	40	73	81	1	
黄南藏族自治州	**4769**	**870**	**9**	**2299**	**353**	**198**	**523**	**500**	**17**	
同仁县	2109	223	3	1058	177	108	261	272	7	
尖扎县	891	281	1	247	88	39	107	124	4	
泽库县	942	139	5	597	46	24	73	55	3	
河南蒙古族自治县	827	227		397	42	27	82	49	3	
海南藏族自治州	**9012**	**893**	**5**	**3690**	**2068**	**770**	**765**	**797**	**23**	**1**
共和县	2749	220	5	816	873	245	242	338	10	
同德县	1424	191		782	172	111	97	68	3	
贵德县	1938	269		641	470	158	188	203	8	1
兴海县	1427	39		616	408	194	103	67		
贵南县	1474	174		835	145	62	135	121	2	
果洛藏族自治州	**1989**	**157**		**1084**	**204**	**58**	**250**	**228**	**7**	**1**
玛沁县	377	6		173	44	15	64	71	3	1
班玛县	550	42		338	64	10	51	44	1	
甘德县	54			5	3	3	30	13		
达日县	309	65		134	34	6	30	39	1	
久治县	531	40		359	47	18	40	26	1	
玛多县	168	4		75	12	6	35	35	1	
玉树藏族自治州	**5322**	**1524**	**29**	**2550**	**384**	**152**	**434**	**247**	**1**	**1**
玉树市	1849	426	3	861	153	56	196	153		1
杂多县	985	492	2	337	59	26	48	21		
称多县	716	205		386	30	13	51	30	1	
治多县	250	163	1	42	8	6	20	10		
囊谦县	1222	128	23	816	108	44	75	28		
曲麻莱县	300	110		108	26	7	44	5		
海西蒙古族藏族自治州	**8069**	**374**	**4**	**1689**	**1982**	**1104**	**1460**	**1423**	**32**	**1**
格尔木市	3692	127	4	615	922	561	771	677	14	1
德令哈市	1697	86		336	415	214	289	349	8	
茫崖市	499	9		38	118	77	119	136	2	
乌兰县	558	28		145	135	76	94	77	3	
都兰县	1159	102		482	289	71	104	107	4	
天峻县	156	14		35	12	17	33	44	1	
大柴旦行政委员会	308	8		38	91	88	50	33		

4–2a 各地区分性别、受教育程度的就业人口(城市)

单位：人

地　区 性　别	合　计	未上过学	学前教育	小　学	初　中	高　中	大学专科	大学本科	硕　士 研究生	博　士 研究生
全省	**89011**	**1056**	**14**	**8604**	**23907**	**14895**	**18158**	**20862**	**1363**	**152**
西宁市	**67112**	**616**	**9**	**5459**	**17948**	**11390**	**13548**	**16731**	**1261**	**150**
城东区	18394	299	5	2251	5110	3307	3401	3775	228	18
城中区	13535	79	1	909	3602	2451	2914	3327	244	8
城西区	14928	84	1	506	2534	1976	3442	5682	605	98
城北区	17136	119	2	1211	5230	3250	3496	3623	179	26
湟中区	2335	20		448	1013	305	245	300	4	
大通回族土族自治县	784	15		134	459	101	50	24	1	
湟源县										
海东市	**7498**	**79**		**1073**	**2606**	**1096**	**1273**	**1335**	**36**	
乐都区	4412	32		679	1533	680	700	765	23	
平安区	3086	47		394	1073	416	573	570	13	
民和回族土族自治县										
互助土族自治县										
化隆回族自治县										
循化撒拉族自治县										
海北藏族自治州										
门源回族自治县										
祁连县										
海晏县										
刚察县										
黄南藏族自治州										
同仁县										
尖扎县										
泽库县										
河南蒙古族自治县										
海南藏族自治州										
共和县										
同德县										
贵德县										
兴海县										
贵南县										
果洛藏族自治州										
玛沁县										
班玛县										
甘德县										
达日县										
久治县										
玛多县										
玉树藏族自治州	**2030**	**250**	**4**	**740**	**247**	**129**	**376**	**278**	**5**	**1**
玉树市	1984	230	4	733	235	127	371	278	5	1
杂多县										
称多县										
治多县										
囊谦县										
曲麻莱县	46	20		7	12	2	5			
海西蒙古族藏族自治州	**12371**	**111**	**1**	**1332**	**3106**	**2280**	**2961**	**2518**	**61**	**1**
格尔木市	7646	60	1	863	1953	1375	1911	1453	29	1
德令哈市	3149	38		389	809	519	664	705	25	
茫崖市	1576	13		80	344	386	386	360	7	
乌兰县										
都兰县										
天峻县										
大柴旦行政委员会										

4-2a 续表 1

单位：人

地区 性别	合计	未上过学	学前教育	小学	初中	高中	大学专科	大学本科	硕士研究生	博士研究生
男	**52718**	**455**	**4**	**5247**	**15499**	**9406**	**10493**	**10846**	**677**	**91**
西宁市	**39203**	**262**	**3**	**3357**	**11524**	**7103**	**7650**	**8595**	**618**	**91**
城东区	11129	137	3	1411	3328	2123	2011	1992	113	11
城中区	7845	29		538	2284	1532	1667	1667	122	6
城西区	8315	32		305	1584	1188	1881	2968	300	57
城北区	9947	48		740	3333	1992	1933	1804	80	17
湟中区	1489	10		283	694	209	137	154	2	
大通回族土族自治县	478	6		80	301	59	21	10	1	
湟源县										
海东市	**4515**	**26**		**604**	**1741**	**699**	**759**	**671**	**15**	
乐都区	2689	10		380	1035	468	409	380	7	
平安区	1826	16		224	706	231	350	291	8	
民和回族土族自治县										
互助土族自治县										
化隆回族自治县										
循化撒拉族自治县										
海北藏族自治州										
门源回族自治县										
祁连县										
海晏县										
刚察县										
黄南藏族自治州										
同仁县										
尖扎县										
泽库县										
河南蒙古族自治县										
海南藏族自治州										
共和县										
同德县										
贵德县										
兴海县										
贵南县										
果洛藏族自治州										
玛沁县										
班玛县										
甘德县										
达日县										
久治县										
玛多县										
玉树藏族自治州	**1160**	**122**	**1**	**450**	**154**	**79**	**202**	**147**	**5**	
玉树市	1136	112	1	445	147	79	200	147	5	
杂多县										
称多县										
治多县										
囊谦县										
曲麻莱县	24	10		5	7		2			
海西蒙古族藏族自治州	**7840**	**45**		**836**	**2080**	**1525**	**1882**	**1433**	**39**	
格尔木市	4802	25		558	1310	878	1190	825	16	
德令哈市	1883	15		224	522	321	403	380	18	
茫崖市	1155	5		54	248	326	289	228	5	
乌兰县										
都兰县										
天峻县										
大柴旦行政委员会										

4-2a 续表 2

单位：人

地区 性别	合计	未上过学	学前教育	小学	初中	高中	大学专科	大学本科	硕士研究生	博士研究生
女	**36293**	**601**	**10**	**3357**	**8408**	**5489**	**7665**	**10016**	**686**	**61**
西宁市	**27909**	**354**	**6**	**2102**	**6424**	**4287**	**5898**	**8136**	**643**	**59**
城东区	7265	162	2	840	1782	1184	1390	1783	115	7
城中区	5690	50	1	371	1318	919	1247	1660	122	2
城西区	6613	52	1	201	950	788	1561	2714	305	41
城北区	7189	71	2	471	1897	1258	1563	1819	99	9
湟中区	846	10		165	319	96	108	146	2	
大通回族土族自治县	306	9		54	158	42	29	14		
湟源县										
海东市	**2983**	**53**		**469**	**865**	**397**	**514**	**664**	**21**	
乐都区	1723	22		299	498	212	291	385	16	
平安区	1260	31		170	367	185	223	279	5	
民和回族土族自治县										
互助土族自治县										
化隆回族自治县										
循化撒拉族自治县										
海北藏族自治州										
门源回族自治县										
祁连县										
海晏县										
刚察县										
黄南藏族自治州										
同仁县										
尖扎县										
泽库县										
河南蒙古族自治县										
海南藏族自治州										
共和县										
同德县										
贵德县										
兴海县										
贵南县										
果洛藏族自治州										
玛沁县										
班玛县										
甘德县										
达日县										
久治县										
玛多县										
玉树藏族自治州	**870**	**128**	**3**	**290**	**93**	**50**	**174**	**131**		**1**
玉树市	848	118	3	288	88	48	171	131		1
杂多县										
称多县										
治多县										
囊谦县										
曲麻莱县	22	10		2	5	2	3			
海西蒙古族藏族自治州	**4531**	**66**	**1**	**496**	**1026**	**755**	**1079**	**1085**	**22**	**1**
格尔木市	2844	35	1	305	643	497	721	628	13	1
德令哈市	1266	23		165	287	198	261	325	7	
茫崖市	421	8		26	96	60	97	132	2	
乌兰县										
都兰县										
天峻县										
大柴旦行政委员会										

4-2b 各地区分性别、受教育程度的就业人口(镇)

单位：人

地区 性别	合计	未上过学	学前教育	小学	初中	高中	大学专科	大学本科	硕士研究生	博士研究生
全省	**53603**	**2516**	**76**	**12241**	**15884**	**6395**	**8217**	**8064**	**198**	**12**
西宁市	**12894**	**143**	**7**	**2202**	**5439**	**1837**	**1688**	**1546**	**30**	**2**
城东区										
城中区	181			42	110	13	7	9		
城西区	23	1		1	17	4				
城北区										
湟中区	2881	36	2	490	1378	353	342	276	4	
大通回族土族自治县	7381	91	5	1289	2957	1113	980	924	21	1
湟源县	2428	15		380	977	354	359	337	5	1
海东市	**12470**	**479**	**2**	**2871**	**4049**	**1359**	**1860**	**1823**	**25**	**2**
乐都区	444	2		75	229	68	46	24		
平安区	102	4		18	26	20	17	15	2	
民和回族土族自治县	4285	188	1	964	1362	504	605	651	9	1
互助土族自治县	5102	97	1	1038	1799	567	830	760	9	1
化隆回族自治县	1192	109		412	315	62	125	167	2	
循化撒拉族自治县	1345	79		364	318	138	237	206	3	
海北藏族自治州	**5372**	**247**	**1**	**1179**	**1232**	**601**	**880**	**1200**	**31**	**1**
门源回族自治县	1948	32		476	512	221	303	402	2	
祁连县	1100	47		313	227	127	178	204	4	
海晏县	1496	67	1	231	314	163	248	452	20	
刚察县	828	101		159	179	90	151	142	5	1
黄南藏族自治州	**4168**	**275**	**3**	**1073**	**593**	**375**	**909**	**899**	**39**	**2**
同仁县	2138	82		521	344	225	458	483	25	
尖扎县	1034	143	3	233	148	81	189	230	6	1
泽库县	533	7		202	47	39	137	95	5	1
河南蒙古族自治县	463	43		117	54	30	125	91	3	
海南藏族自治州	**8063**	**237**	**3**	**1703**	**2210**	**1114**	**1348**	**1397**	**47**	**4**
共和县	3265	50	3	489	1023	479	538	660	21	2
同德县	656	36		140	109	77	147	139	7	1
贵德县	2035	90		416	625	278	297	315	13	1
兴海县	1056	9		288	266	179	198	115	1	
贵南县	1051	52		370	187	101	168	168	5	
果洛藏族自治州	**1913**	**86**	**1**	**479**	**328**	**112**	**441**	**448**	**17**	**1**
玛沁县	628	4		159	123	36	129	167	9	1
班玛县	360	9	1	106	64	26	75	78	1	
甘德县	111			9	9	5	65	23		
达日县	310	55		52	66	12	56	67	2	
久治县	210	9		37	40	12	55	55	2	
玛多县	294	9		116	26	21	61	58	3	
玉树藏族自治州	**2941**	**690**	**53**	**1273**	**291**	**142**	**346**	**145**	**1**	
玉树市	203	57		130	10	3	1	2		
杂多县	894	321	5	316	112	40	73	27		
称多县	712	168	3	326	43	31	85	55	1	
治多县	211	76		34	19	11	46	25		
囊谦县	743	45	45	431	82	40	78	22		
曲麻莱县	178	23		36	25	17	63	14		
海西蒙古族藏族自治州	**5782**	**359**	**6**	**1461**	**1742**	**855**	**745**	**606**	**8**	
格尔木市	1683	159	4	686	589	134	58	53		
德令哈市	112	7		39	39	5	13	9		
茫崖市	298	2		23	91	73	85	24		
乌兰县	1097	25		164	330	222	194	159	3	
都兰县	1521	128	2	429	436	155	177	192	2	
天峻县	317	25		54	36	48	62	91	1	
大柴旦行政委员会	754	13		66	221	218	156	78	2	

4—2b 续表 1

单位：人

地区 性别	合计	未上过学	学前教育	小学	初中	高中	大学专科	大学本科	硕士研究生	博士研究生
男	**32112**	**1156**	**39**	**7153**	**10594**	**4155**	**4794**	**4105**	**108**	**8**
西宁市	**7989**	**71**	**2**	**1306**	**3654**	**1199**	**973**	**768**	**14**	**2**
城东区										
城中区	163			35	101	12	7	8		
城西区	18	1			13	4				
城北区										
湟中区	1792	17		274	899	234	222	143	3	
大通回族土族自治县	4601	46	2	767	2011	749	545	470	10	1
湟源县	1415	7		230	630	200	199	147	1	1
海东市	**7388**	**194**		**1663**	**2697**	**857**	**1065**	**899**	**13**	
乐都区	289	1		48	152	49	29	10		
平安区	82	2		14	23	19	12	11	1	
民和回族土族自治县	2558	89		567	919	316	335	328	4	
互助土族自治县	2946	29		564	1147	347	489	365	5	
化隆回族自治县	673	46		233	230	36	53	74	1	
循化撒拉族自治县	840	27		237	226	90	147	111	2	
海北藏族自治州	**3085**	**105**	**1**	**682**	**810**	**375**	**499**	**594**	**18**	**1**
门源回族自治县	1104	12		259	337	127	174	195		
祁连县	641	22		189	158	80	93	98	1	
海晏县	830	30	1	133	185	102	138	228	13	
刚察县	510	41		101	130	66	94	73	4	1
黄南藏族自治州	**2411**	**109**	**2**	**620**	**404**	**251**	**534**	**465**	**24**	**2**
同仁县	1246	29		306	236	142	266	248	19	
尖扎县	596	55	2	142	101	60	110	123	2	1
泽库县	309	4		102	33	29	89	49	2	1
河南蒙古族自治县	260	21		70	34	20	69	45	1	
海南藏族自治州	**4584**	**92**		**926**	**1373**	**689**	**783**	**693**	**25**	**3**
共和县	1851	20		251	603	293	336	334	12	2
同德县	386	13		79	75	46	86	82	4	1
贵德县	1154	35		238	403	169	160	144	5	
兴海县	620	3		153	167	118	120	58	1	
贵南县	573	21		205	125	63	81	75	3	
果洛藏族自治州	**1178**	**43**	**1**	**304**	**225**	**77**	**264**	**253**	**11**	
玛沁县	407			102	92	24	79	104	6	
班玛县	221	2	1	70	43	22	44	39		
甘德县	63			5	6	2	38	12		
达日县	188	30		34	44	8	35	36	1	
久治县	126	5		25	23	5	32	35	1	
玛多县	173	6		68	17	16	36	27	3	
玉树藏族自治州	**1605**	**341**	**30**	**686**	**184**	**86**	**200**	**78**		
玉树市	113	27		80	3	1	1	1		
杂多县	483	156	3	172	72	21	45	14		
称多县	390	84	3	181	27	23	43	29		
治多县	121	38		19	14	6	29	15		
囊谦县	388	19	24	214	53	23	45	10		
曲麻莱县	110	17		20	15	12	37	9		
海西蒙古族藏族自治州	**3872**	**201**	**3**	**966**	**1247**	**621**	**476**	**355**	**3**	
格尔木市	1240	89	1	509	455	106	46	34		
德令哈市	75	3		27	31	4	5	5		
茫崖市	220	1		11	69	56	63	20		
乌兰县	707	12		105	227	157	114	92		
都兰县	907	75	2	241	278	110	94	106	1	
天峻县	185	13		32	28	33	31	48		
大柴旦行政委员会	538	8		41	159	155	123	50	2	

4-2b　续表 2　　　　单位：人

地区 性别	合计	未上过学	学前教育	小学	初中	高中	大学专科	大学本科	硕士 研究生	博士 研究生
女	**21491**	**1360**	**37**	**5088**	**5290**	**2240**	**3423**	**3959**	**90**	**4**
西宁市	**4905**	**72**	**5**	**896**	**1785**	**638**	**715**	**778**	**16**	
城东区										
城中区	18			7	9	1		1		
城西区	5			1	4					
城北区										
湟中区	1089	19	2	216	479	119	120	133	1	
大通回族土族自治县	2780	45	3	522	946	364	435	454	11	
湟源县	1013	8		150	347	154	160	190	4	
海东市	**5082**	**285**	**2**	**1208**	**1352**	**502**	**795**	**924**	**12**	**2**
乐都区	155	1		27	77	19	17	14		
平安区	20	2		4	3	1	5	4	1	
民和回族土族自治县	1727	99	1	397	443	188	270	323	5	1
互助土族自治县	2156	68	1	474	652	220	341	395	4	1
化隆回族自治县	519	63		179	85	26	72	93	1	
循化撒拉族自治县	505	52		127	92	48	90	95	1	
海北藏族自治州	**2287**	**142**		**497**	**422**	**226**	**381**	**606**	**13**	
门源回族自治县	844	20		217	175	94	129	207	2	
祁连县	459	25		124	69	47	85	106	3	
海晏县	666	37		98	129	61	110	224	7	
刚察县	318	60		58	49	24	57	69	1	
黄南藏族自治州	**1757**	**166**	**1**	**453**	**189**	**124**	**375**	**434**	**15**	
同仁县	892	53		215	108	83	192	235	6	
尖扎县	438	88	1	91	47	21	79	107	4	
泽库县	224	3		100	14	10	48	46	3	
河南蒙古族自治县	203	22		47	20	10	56	46	2	
海南藏族自治州	**3479**	**145**	**3**	**777**	**837**	**425**	**565**	**704**	**22**	**1**
共和县	1414	30	3	238	420	186	202	326	9	
同德县	270	23		61	34	31	61	57	3	
贵德县	881	55		178	222	109	137	171	8	1
兴海县	436	6		135	99	61	78	57		
贵南县	478	31		165	62	38	87	93	2	
果洛藏族自治州	**735**	**43**		**175**	**103**	**35**	**177**	**195**	**6**	**1**
玛沁县	221	4		57	31	12	50	63	3	1
班玛县	139	7		36	21	4	31	39	1	
甘德县	48			4	3	3	27	11		
达日县	122	25		18	22	4	21	31	1	
久治县	84	4		12	17	7	23	20	1	
玛多县	121	3		48	9	5	25	31		
玉树藏族自治州	**1336**	**349**	**23**	**587**	**107**	**56**	**146**	**67**	**1**	
玉树市	90	30		50	7	2		1		
杂多县	411	165	2	144	40	19	28	13		
称多县	322	84		145	16	8	42	26	1	
治多县	90	38		15	5	5	17	10		
囊谦县	355	26	21	217	29	17	33	12		
曲麻莱县	68	6		16	10	5	26	5		
海西蒙古族藏族自治州	**1910**	**158**	**3**	**495**	**495**	**234**	**269**	**251**	**5**	
格尔木市	443	70	3	177	134	28	12	19		
德令哈市	37	4		12	8	1	8	4		
茫崖市	78	1		12	22	17	22	4		
乌兰县	390	13		59	103	65	80	67	3	
都兰县	614	53		188	158	45	83	86	1	
天峻县	132	12		22	8	15	31	43	1	
大柴旦行政委员会	216	5		25	62	63	33	28		

4-2c 各地区分性别、受教育程度的就业人口(乡村)

单位：人

地区 性别	合计	未上过学	学前教育	小学	初中	高中	大学专科	大学本科	硕士研究生	博士研究生
全省	**83569**	**8748**	**95**	**37077**	**27332**	**4524**	**3644**	**2109**	**35**	**5**
西宁市	**19066**	**706**	**21**	**5942**	**9908**	**1204**	**790**	**491**	**3**	**1**
城东区										
城中区	33			2	24	2	2	3		
城西区										
城北区	497	7	1	106	303	46	19	15		
湟中区	9672	325	9	2679	5276	616	456	309	1	1
大通回族土族自治县	6681	291	7	2489	3223	359	197	113	2	
湟源县	2183	83	4	666	1082	181	116	51		
海东市	**25732**	**2404**	**22**	**10731**	**9599**	**1254**	**991**	**724**	**6**	**1**
乐都区	3789	148	4	1096	1873	328	227	112	1	
平安区	1044	74	3	336	487	66	44	34		
民和回族土族自治县	5539	648	3	2296	1880	319	225	166	2	
互助土族自治县	10217	577	8	4500	4254	396	288	193	1	
化隆回族自治县	3124	585	1	1412	719	94	145	165	2	1
循化撒拉族自治县	2019	372	3	1091	386	51	62	54		
海北藏族自治州	**4908**	**790**	**13**	**2287**	**1268**	**223**	**218**	**109**		
门源回族自治县	2337	108	3	1216	778	85	95	52		
祁连县	993	143	2	520	212	45	43	28		
海晏县	728	186	4	245	199	54	33	7		
刚察县	850	353	4	306	79	39	47	22		
黄南藏族自治州	**6572**	**1144**	**22**	**4114**	**605**	**216**	**328**	**138**	**5**	
同仁县	2506	236	4	1751	228	82	135	68	2	
尖扎县	1079	302	2	442	168	54	71	38	2	
泽库县	1684	237	14	1152	148	45	69	19		
河南蒙古族自治县	1303	369	2	769	61	35	53	13	1	
海南藏族自治州	**12718**	**1150**	**6**	**6540**	**3377**	**905**	**497**	**232**	**9**	**2**
共和县	3170	294	3	1342	1198	169	109	53	2	
同德县	2564	245	1	1616	413	162	92	32	2	1
贵德县	2575	340	1	1151	741	161	108	70	3	
兴海县	2179	47	1	963	718	334	82	31	2	1
贵南县	2230	224		1468	307	79	106	46		
果洛藏族自治州	**2932**	**221**	**1**	**2058**	**345**	**75**	**153**	**77**	**2**	
玛沁县	368	4		234	60	24	27	19		
班玛县	966	68		710	120	17	33	18		
甘德县	12			2	1		6	2	1	
达日县	531	94		317	69	6	26	19		
久治县	919	53		700	84	24	44	14		
玛多县	136	2	1	95	11	4	17	5	1	
玉树藏族自治州	**6761**	**2058**	**9**	**3694**	**488**	**127**	**286**	**97**	**1**	**1**
玉树市	2010	553	2	1173	152	20	67	43		
杂多县	1212	633		433	73	17	41	15		
称多县	905	257	2	569	25	12	35	5		
治多县	350	265	1	58	14	3	9			
囊谦县	1786	180	4	1216	185	69	97	33	1	1
曲麻莱县	498	170		245	39	6	37	1		
海西蒙古族藏族自治州	**4880**	**275**	**1**	**1711**	**1742**	**520**	**381**	**241**	**9**	
格尔木市	1289	46	1	372	523	144	113	88	2	
德令哈市	981	99		376	370	51	43	41	1	
茫崖市										
乌兰县	456	29		213	134	33	30	17		
都兰县	1401	85		667	458	85	63	39	4	
天峻县	74	5		33	11	10	11	4		
大柴旦行政委员会	679	11		50	246	197	121	52	2	

4-2c　续表 1

单位：人

地区 性别	合计	未上过学	学前教育	小学	初中	高中	大学专科	大学本科	硕士研究生	博士研究生
男	**50806**	**3601**	**48**	**21240**	**19422**	**3115**	**2154**	**1201**	**21**	**4**
西宁市	**12505**	**320**	**8**	**3666**	**7002**	**801**	**444**	**262**	**2**	
城东区										
城中区	22			1	16	2	1	2		
城西区										
城北区	322	2	1	80	196	27	11	5		
湟中区	6369	156	3	1667	3718	394	260	170	1	
大通回族土族自治县	4356	128	2	1476	2316	258	113	62	1	
湟源县	1436	34	2	442	756	120	59	23		
海东市	**15808**	**846**	**6**	**6037**	**7018**	**911**	**562**	**425**	**2**	**1**
乐都区	2404	44	1	582	1345	250	120	62		
平安区	689	29		216	353	46	24	21		
民和回族土族自治县	3493	238	2	1331	1460	225	140	96	1	
互助土族自治县	5957	148	2	2272	2987	266	161	121		
化隆回族自治县	1972	242		915	561	81	83	88	1	1
循化撒拉族自治县	1293	145	1	721	312	43	34	37		
海北藏族自治州	**3173**	**350**	**8**	**1459**	**986**	**163**	**150**	**57**		
门源回族自治县	1646	53	2	808	626	70	62	25		
祁连县	635	64	1	322	162	38	29	19		
海晏县	433	79	2	150	139	32	28	3		
刚察县	459	154	3	179	59	23	31	10		
黄南藏族自治州	**3560**	**440**	**14**	**2268**	**441**	**142**	**180**	**72**	**3**	
同仁县	1289	66	1	908	159	57	66	31	1	
尖扎县	626	109	2	286	127	36	43	21	2	
泽库县	966	101	9	655	116	31	44	10		
河南蒙古族自治县	679	164	2	419	39	18	27	10		
海南藏族自治州	**7185**	**402**	**4**	**3627**	**2146**	**560**	**297**	**139**	**8**	**2**
共和县	1835	104	1	764	745	110	69	41	1	
同德县	1410	77	1	895	275	82	56	21	2	1
贵德县	1518	126	1	688	493	112	57	38	3	
兴海县	1188	14	1	482	409	201	57	21	2	1
贵南县	1234	81		798	224	55	58	18		
果洛藏族自治州	**1678**	**107**	**1**	**1149**	**244**	**52**	**80**	**44**	**1**	
玛沁县	212	2		118	47	21	13	11		
班玛县	555	33		408	77	11	13	13		
甘德县	6			1	1		3		1	
达日县	344	54		201	57	4	17	11		
久治县	472	17		353	54	13	27	8		
玛多县	89	1	1	68	8	3	7	1		
玉树藏族自治州	**3645**	**1011**	**6**	**2021**	**304**	**81**	**172**	**48**	**1**	**1**
玉树市	1099	275	2	650	94	14	42	22		
杂多县	638	306		240	54	10	21	7		
称多县	511	136	2	328	11	7	26	1		
治多县	190	140		31	11	2	6			
囊谦县	919	78	2	617	106	42	55	17	1	1
曲麻莱县	288	76		155	28	6	22	1		
海西蒙古族藏族自治州	**3252**	**125**	**1**	**1013**	**1281**	**405**	**269**	**154**	**4**	
格尔木市	884	24	1	239	378	108	75	58	1	
德令哈市	587	40		217	250	36	23	21		
茫崖市										
乌兰县	288	14		127	102	22	16	7		
都兰县	856	36		373	327	59	42	18	1	
天峻县	50	3		20	7	8	9	3		
大柴旦行政委员会	587	8		37	217	172	104	47	2	

4－2c　续表 2

单位：人

地　　区 性　　别	合　计	未上过学	学前教育	小　学	初　中	高　中	大学专科	大学本科	硕　士 研究生	博　士 研究生
女	**32763**	**5147**	**47**	**15837**	**7910**	**1409**	**1490**	**908**	**14**	**1**
西宁市	**6561**	**386**	**13**	**2276**	**2906**	**403**	**346**	**229**	**1**	**1**
城东区										
城中区	11			1	8		1	1		
城西区										
城北区	175	5		26	107	19	8	10		
湟中区	3303	169	6	1012	1558	222	196	139		1
大通回族土族自治县	2325	163	5	1013	907	101	84	51	1	
湟源县	747	49	2	224	326	61	57	28		
海东市	**9924**	**1558**	**16**	**4694**	**2581**	**343**	**429**	**299**	**4**	
乐都区	1385	104	3	514	528	78	107	50	1	
平安区	355	45	3	120	134	20	20	13		
民和回族土族自治县	2046	410	1	965	420	94	85	70	1	
互助土族自治县	4260	429	6	2228	1267	130	127	72	1	
化隆回族自治县	1152	343	1	497	158	13	62	77	1	
循化撒拉族自治县	726	227	2	370	74	8	28	17		
海北藏族自治州	**1735**	**440**	**5**	**828**	**282**	**60**	**68**	**52**		
门源回族自治县	691	55	1	408	152	15	33	27		
祁连县	358	79	1	198	50	7	14	9		
海晏县	295	107	2	95	60	22	5	4		
刚察县	391	199	1	127	20	16	16	12		
黄南藏族自治州	**3012**	**704**	**8**	**1846**	**164**	**74**	**148**	**66**	**2**	
同仁县	1217	170	3	843	69	25	69	37	1	
尖扎县	453	193		156	41	18	28	17		
泽库县	718	136	5	497	32	14	25	9		
河南蒙古族自治县	624	205		350	22	17	26	3	1	
海南藏族自治州	**5533**	**748**	**2**	**2913**	**1231**	**345**	**200**	**93**	**1**	
共和县	1335	190	2	578	453	59	40	12	1	
同德县	1154	168		721	138	80	36	11		
贵德县	1057	214		463	248	49	51	32		
兴海县	991	33		481	309	133	25	10		
贵南县	996	143		670	83	24	48	28		
果洛藏族自治州	**1254**	**114**		**909**	**101**	**23**	**73**	**33**	**1**	
玛沁县	156	2		116	13	3	14	8		
班玛县	411	35		302	43	6	20	5		
甘德县	6			1			3	2		
达日县	187	40		116	12	2	9	8		
久治县	447	36		347	30	11	17	6		
玛多县	47	1		27	3	1	10	4	1	
玉树藏族自治州	**3116**	**1047**	**3**	**1673**	**184**	**46**	**114**	**49**		
玉树市	911	278		523	58	6	25	21		
杂多县	574	327		193	19	7	20	8		
称多县	394	121		241	14	5	9	4		
治多县	160	125	1	27	3	1	3			
囊谦县	867	102	2	599	79	27	42	16		
曲麻莱县	210	94		90	11		15			
海西蒙古族藏族自治州	**1628**	**150**		**698**	**461**	**115**	**112**	**87**	**5**	
格尔木市	405	22		133	145	36	38	30	1	
德令哈市	394	59		159	120	15	20	20	1	
茫崖市										
乌兰县	168	15		86	32	11	14	10		
都兰县	545	49		294	131	26	21	21	3	
天峻县	24	2		13	4	2	2	1		
大柴旦行政委员会	92	3		13	29	25	17	5		

4-3　全省分年龄、性别、受教育程度的就业人口

单位：人

年龄组 性别	合计	未上过学	学前教育	小学	初中	高中	大学专科	大学本科	硕士 研究生	博士 研究生
总计	**226183**	**12320**	**185**	**57922**	**67123**	**25814**	**30019**	**31035**	**1596**	**169**
16-19岁	3652	85	8	694	1948	627	251	39		
20-24岁	16303	280	17	2414	5082	2228	4032	2228	19	3
25-29岁	30453	585	13	4270	7783	3554	6411	7563	259	15
30-34岁	35127	1011	20	6689	9812	3658	5877	7526	494	40
35-39岁	28543	1393	11	7138	9135	2602	3274	4629	314	47
40-44岁	31425	1786	20	8868	10135	3600	3212	3574	203	27
45-49岁	34337	2235	36	10134	10496	4807	3553	2921	139	16
50-54岁	26786	2102	26	9368	7707	3225	2374	1857	113	14
55-59岁	13093	1419	20	5028	3882	1114	917	655	52	6
60-64岁	3412	617	7	1643	749	301	66	26	2	1
65-69岁	2014	499	4	1117	282	71	31	9	1	
70-74岁	638	188		354	71	12	13			
75岁及以上	400	120	3	205	41	15	8	8		
男	**135636**	**5212**	**91**	**33640**	**45515**	**16676**	**17441**	**16152**	**806**	**103**
16-19岁	2268	41	5	401	1304	381	119	17		
20-24岁	9269	115	7	1288	3444	1434	2022	951	7	1
25-29岁	17084	254	8	2299	5131	2271	3526	3498	88	9
30-34岁	20178	377	9	3645	6365	2321	3402	3831	201	27
35-39岁	16348	577	6	3882	5906	1589	1862	2341	159	26
40-44岁	18317	755	11	5033	6499	2163	1814	1905	124	13
45-49岁	20464	903	17	5812	6906	2897	2078	1744	96	11
50-54岁	17927	895	12	5723	5789	2379	1752	1283	84	10
55-59岁	9216	580	8	3190	3177	890	769	553	44	5
60-64岁	2479	283	5	1178	672	263	57	18	2	1
65-69岁	1427	272	1	816	239	65	26	7	1	
70-74岁	413	98		241	52	11	11			
75岁及以上	246	62	2	132	31	12	3	4		
女	**90547**	**7108**	**94**	**24282**	**21608**	**9138**	**12578**	**14883**	**790**	**66**
16-19岁	1384	44	3	293	644	246	132	22		
20-24岁	7034	165	10	1126	1638	794	2010	1277	12	2
25-29岁	13369	331	5	1971	2652	1283	2885	4065	171	6
30-34岁	14949	634	11	3044	3447	1337	2475	3695	293	13
35-39岁	12195	816	5	3256	3229	1013	1412	2288	155	21
40-44岁	13108	1031	9	3835	3636	1437	1398	1669	79	14
45-49岁	13873	1332	19	4322	3590	1910	1475	1177	43	5
50-54岁	8859	1207	14	3645	1918	846	622	574	29	4
55-59岁	3877	839	12	1838	705	224	148	102	8	1
60-64岁	933	334	2	465	77	38	9	8		
65-69岁	587	227	3	301	43	6	5	2		
70-74岁	225	90		113	19	1	2			
75岁及以上	154	58	1	73	10	3	5	4		

4-3a 全省分年龄、性别、受教育程度的就业人口(城市)

单位：人

年龄组 性别	合计	未上过学	学前教育	小学	初中	高中	大学专科	大学本科	硕士 研究生	博士 研究生
总计	**89011**	**1056**	**14**	**8604**	**23907**	**14895**	**18158**	**20862**	**1363**	**152**
16-19岁	898	2		45	530	194	113	14		
20-24岁	5633	5	2	209	1242	1023	1893	1243	15	1
25-29岁	13219	31	1	498	2303	1837	3549	4769	218	13
30-34岁	16030	65	3	981	3339	2082	3767	5340	416	37
35-39岁	11582	98		963	3214	1630	2172	3190	274	41
40-44岁	12139	159		1279	3861	2183	2133	2322	176	26
45-49岁	13978	226	3	1746	4330	3129	2342	2062	125	15
50-54岁	10198	217	1	1669	3291	2018	1528	1370	92	12
55-59岁	4030	123	1	754	1369	619	597	516	45	6
60-64岁	775	63	1	246	273	129	40	20	2	1
65-69岁	366	45	2	150	114	32	14	9		
70-74岁	79	14		32	20	7	6			
75岁及以上	84	8		32	21	12	4	7		
男	**52718**	**455**	**4**	**5247**	**15499**	**9406**	**10493**	**10846**	**677**	**91**
16-19岁	571			26	362	125	49	9		
20-24岁	3154	2	1	130	853	680	966	517	5	
25-29岁	7148	14	1	303	1452	1171	1964	2159	75	9
30-34岁	8977	31		599	2074	1263	2130	2693	163	24
35-39岁	6545	40		549	1994	974	1210	1620	137	21
40-44岁	6830	59		721	2281	1237	1160	1257	103	12
45-49岁	8249	93		1006	2672	1816	1350	1217	85	10
50-54岁	7181	98		1036	2409	1505	1129	927	68	9
55-59岁	3067	48		519	1060	488	484	424	39	5
60-64岁	606	29	1	192	231	104	34	12	2	1
65-69岁	284	26	1	124	88	27	11	7		
70-74岁	53	11		22	9	6	5			
75岁及以上	53	4		20	14	10	1	4		
女	**36293**	**601**	**10**	**3357**	**8408**	**5489**	**7665**	**10016**	**686**	**61**
16-19岁	327	2		19	168	69	64	5		
20-24岁	2479	3	1	79	389	343	927	726	10	1
25-29岁	6071	17		195	851	666	1585	2610	143	4
30-34岁	7053	34	3	382	1265	819	1637	2647	253	13
35-39岁	5037	58		414	1220	656	962	1570	137	20
40-44岁	5309	100		558	1580	946	973	1065	73	14
45-49岁	5729	133	3	740	1658	1313	992	845	40	5
50-54岁	3017	119	1	633	882	513	399	443	24	3
55-59岁	963	75	1	235	309	131	113	92	6	1
60-64岁	169	34		54	42	25	6	8		
65-69岁	82	19	1	26	26	5	3	2		
70-74岁	26	3		10	11	1	1			
75岁及以上	31	4		12	7	2	3	3		

4–3b　全省分年龄、性别、受教育程度的就业人口(镇)

单位：人

年龄组 性别	合计	未上过学	学前教育	小学	初中	高中	大学专科	大学本科	硕士 研究生	博士 研究生
总计	**53603**	**2516**	**76**	**12241**	**15884**	**6395**	**8217**	**8064**	**198**	**12**
16–19岁	707	18	5	122	352	144	57	9		
20–24岁	3831	43	12	458	1101	523	1103	586	4	1
25–29岁	7205	103	9	850	1746	891	1657	1917	31	1
30–34岁	8501	218	7	1565	2407	962	1477	1797	66	2
35–39岁	7078	297	6	1628	2378	588	886	1255	35	5
40–44岁	8139	380	7	2099	2596	998	913	1124	21	1
45–49岁	8199	507	13	2141	2495	1165	1070	795	12	1
50–54岁	5989	454	8	1866	1694	752	743	450	21	1
55–59岁	2702	242	5	919	867	273	265	124	7	
60–64岁	654	107	3	279	163	71	25	6		
65–69岁	384	87		203	54	25	14		1	
70–74岁	144	32		82	25	1	4			
75岁及以上	70	28	1	29	6	2	3	1		
男	**32112**	**1156**	**39**	**7153**	**10594**	**4155**	**4794**	**4105**	**108**	**8**
16–19岁	436	12	2	64	235	90	29	4		
20–24岁	2121	19	6	251	717	333	553	240	2	
25–29岁	4022	50	5	482	1128	571	892	885	9	
30–34岁	4847	80	4	827	1512	646	855	892	29	2
35–39岁	4001	131	3	869	1508	350	505	610	21	4
40–44岁	4765	177	4	1185	1669	628	528	558	15	1
45–49岁	4902	222	5	1235	1626	706	624	473	10	1
50–54岁	4107	212	4	1207	1279	529	537	323	16	
55–59岁	1995	118	3	612	698	212	233	114	5	
60–64岁	486	52	2	194	147	63	22	6		
65–69岁	282	49		149	47	24	12		1	
70–74岁	108	22		59	23	1	3			
75岁及以上	40	12	1	19	5	2	1			
女	**21491**	**1360**	**37**	**5088**	**5290**	**2240**	**3423**	**3959**	**90**	**4**
16–19岁	271	6	3	58	117	54	28	5		
20–24岁	1710	24	6	207	384	190	550	346	2	1
25–29岁	3183	53	4	368	618	320	765	1032	22	1
30–34岁	3654	138	3	738	895	316	622	905	37	
35–39岁	3077	166	3	759	870	238	381	645	14	1
40–44岁	3374	203	3	914	927	370	385	566	6	
45–49岁	3297	285	8	906	869	459	446	322	2	
50–54岁	1882	242	4	659	415	223	206	127	5	1
55–59岁	707	124	2	307	169	61	32	10	2	
60–64岁	168	55	1	85	16	8	3			
65–69岁	102	38		54	7	1	2			
70–74岁	36	10		23	2		1			
75岁及以上	30	16		10	1		2	1		

4-3c 全省分年龄、性别、受教育程度的就业人口(乡村)

单位：人

年龄组 性别	合计	未上过学	学前教育	小学	初中	高中	大学专科	大学本科	硕士研究生	博士研究生
总计	**83569**	**8748**	**95**	**37077**	**27332**	**4524**	**3644**	**2109**	**35**	**5**
16-19岁	2047	65	3	527	1066	289	81	16		
20-24岁	6839	232	3	1747	2739	682	1036	399		1
25-29岁	10029	451	3	2922	3734	826	1205	877	10	1
30-34岁	10596	728	10	4143	4066	614	633	389	12	1
35-39岁	9883	998	5	4547	3543	384	216	184	5	1
40-44岁	11147	1247	13	5490	3678	419	166	128	6	
45-49岁	12160	1502	20	6247	3671	513	141	64	2	
50-54岁	10599	1431	17	5833	2722	455	103	37		1
55-59岁	6361	1054	14	3355	1646	222	55	15		
60-64岁	1983	447	3	1118	313	101	1			
65-69岁	1264	367	2	764	114	14	3			
70-74岁	415	142		240	26	4	3			
75岁及以上	246	84	2	144	14	1	1			
男	**50806**	**3601**	**48**	**21240**	**19422**	**3115**	**2154**	**1201**	**21**	**4**
16-19岁	1261	29	3	311	707	166	41	4		
20-24岁	3994	94		907	1874	421	503	194		1
25-29岁	5914	190	2	1514	2551	529	670	454	4	
30-34岁	6354	266	5	2219	2779	412	417	246	9	1
35-39岁	5802	406	3	2464	2404	265	147	111	1	1
40-44岁	6722	519	7	3127	2549	298	126	90	6	
45-49岁	7313	588	12	3571	2608	375	104	54	1	
50-54岁	6639	585	8	3480	2101	345	86	33		1
55-59岁	4154	414	5	2059	1419	190	52	15		
60-64岁	1387	202	2	792	294	96	1			
65-69岁	861	197		543	104	14	3			
70-74岁	252	65		160	20	4	3			
75岁及以上	153	46	1	93	12		1			
女	**32763**	**5147**	**47**	**15837**	**7910**	**1409**	**1490**	**908**	**14**	**1**
16-19岁	786	36		216	359	123	40	12		
20-24岁	2845	138	3	840	865	261	533	205		
25-29岁	4115	261	1	1408	1183	297	535	423	6	1
30-34岁	4242	462	5	1924	1287	202	216	143	3	
35-39岁	4081	592	2	2083	1139	119	69	73	4	
40-44岁	4425	728	6	2363	1129	121	40	38		
45-49岁	4847	914	8	2676	1063	138	37	10	1	
50-54岁	3960	846	9	2353	621	110	17	4		
55-59岁	2207	640	9	1296	227	32	3			
60-64岁	596	245	1	326	19	5				
65-69岁	403	170	2	221	10					
70-74岁	163	77		80	6					
75岁及以上	93	38	1	51	2	1				

4-4 各地区分性别、行业大类的就业人口

单位：人

地区 性别	合计	农、林、牧、渔业						采矿业	
		小计	农业	林业	畜牧业	渔业	农、林、牧、渔专业及辅助性活动	小计	煤炭开采和洗选业
全省	**226183**	**52762**	**21537**	**5978**	**24369**	**80**	**798**	**3249**	**799**
西宁市	**99072**	**6811**	**3751**	**273**	**2533**	**14**	**240**	**640**	**180**
城东区	18394	185	69	14	65	5	32	62	10
城中区	13749	142	71	6	53	4	8	51	2
城西区	14951	47	20	6	19		2	78	18
城北区	17633	233	151	25	39	3	15	107	10
湟中区	14888	2105	879	119	1069		38	81	21
大通回族土族自治县	14846	3100	2102	87	816	1	94	211	104
湟源县	4611	999	459	16	472	1	51	50	15
海东市	**45700**	**12477**	**10339**	**200**	**1804**	**3**	**131**	**213**	**66**
乐都区	8645	1398	1087	45	246		20	61	17
平安区	4232	301	158	8	132		3	24	4
民和回族土族自治县	9824	2827	2359	36	425	2	5	65	29
互助土族自治县	15319	6701	6047	90	465	1	98	49	14
化隆回族自治县	4316	746	378	14	350		4	6	
循化撒拉族自治县	3364	504	310	7	186		1	8	2
海北藏族自治州	**10280**	**3478**	**424**	**218**	**2781**	**3**	**52**	**242**	**171**
门源回族自治县	4285	1099	309	151	631	3	5	109	53
祁连县	2093	878	9	65	797		7	18	9
海晏县	2224	636	77	2	552		5	8	2
刚察县	1678	865	29		801		35	107	107
黄南藏族自治州	**10740**	**5437**	**1862**	**39**	**3529**		**7**	**11**	
同仁县	4644	2037	1346	22	666		3	2	
尖扎县	2113	665	514	13	135		3	9	
泽库县	2217	1497	1	4	1491		1		
河南蒙古族自治县	1766	1238	1		1237				
海南藏族自治州	**20781**	**11135**	**3067**	**21**	**7987**	**56**	**4**	**23**	**6**
共和县	6435	3049	956	7	2038	47	1	5	1
同德县	3220	2009	450	1	1556		2	9	3
贵德县	4610	1626	891	4	727	3	1	8	2
兴海县	3235	2329	209	5	2115			1	
贵南县	3281	2122	561	4	1551	6			
果洛藏族自治州	**4845**	**2101**	**18**	**2**	**1867**		**214**	**43**	
玛沁县	996	232		1	209		22	43	
班玛县	1326	750	15		605		130		
甘德县	123								
达日县	841	303	2	1	285		15		
久治县	1129	748	1		743		4		
玛多县	430	68			25		43		
玉树藏族自治州	**11732**	**8105**	**116**	**5195**	**2777**		**17**		
玉树市	4197	2409	6	1379	1019		5		
杂多县	2106	1542		1487	51		4		
称多县	1617	1185	40	317	828				
治多县	561	449		153	296				
囊谦县	2529	2147	70	1666	407		4		
曲麻莱县	722	373		193	176		4		
海西蒙古族藏族自治州	**23033**	**3218**	**1960**	**30**	**1091**	**4**	**133**	**2077**	**376**
格尔木市	10618	697	507	4	116	4	66	347	8
德令哈市	4242	487	282	3	200		2	30	26
茫崖市	1874	19	1		18			935	
乌兰县	1553	300	92	16	188		4	46	
都兰县	2922	1587	1057	7	462		61	104	5
天峻县	391	78			78			12	12
大柴旦行政委员会	1433	50	21		29			603	325

4-4 续表 1

单位：人

地区 性别	合计	农、林、牧、渔业						采矿业	
		小计	农业	林业	畜牧业	渔业	农、林、牧、渔专业及辅助性活动	小计	煤炭开采和洗选业
男	**135636**	**28837**	**11075**	**3096**	**14020**	**58**	**588**	**2720**	**721**
西宁市	**59697**	**4146**	**1930**	**186**	**1853**	**10**	**167**	**544**	**163**
城东区	11129	132	46	8	54	3	21	51	10
城中区	8030	109	52	3	43	4	7	41	2
城西区	8333	36	13	4	17		2	55	14
城北区	10269	131	80	15	28	1	7	85	8
湟中区	9650	1369	455	84	802		28	75	20
大通回族土族自治县	9435	1724	1027	59	570	1	67	190	95
湟源县	2851	645	257	13	339	1	35	47	14
海东市	**27711**	**6727**	**5237**	**137**	**1251**	**2**	**100**	**196**	**60**
乐都区	5382	777	566	24	171		16	54	15
平安区	2597	199	92	6	98		3	23	4
民和回族土族自治县	6051	1608	1272	28	302	2	4	61	27
互助土族自治县	8903	3438	2987	63	314		74	44	12
化隆回族自治县	2645	446	186	11	247		2	6	
循化撒拉族自治县	2133	259	134	5	119		1	8	2
海北藏族自治州	**6258**	**2125**	**276**	**132**	**1671**	**2**	**44**	**219**	**152**
门源回族自治县	2750	760	200	95	460	2	3	102	49
祁连县	1276	542	8	37	493		4	17	8
海晏县	1263	361	48		311		2	7	2
刚察县	969	462	20		407		35	93	93
黄南藏族自治州	**5971**	**2778**	**840**	**32**	**1902**		**4**	**10**	
同仁县	2535	971	609	18	343		1	2	
尖扎县	1222	342	230	13	97		2	8	
泽库县	1275	821	1	1	818		1		
河南蒙古族自治县	939	644			644				
海南藏族自治州	**11769**	**5945**	**1581**	**15**	**4305**	**41**	**3**	**22**	**5**
共和县	3686	1671	525	5	1106	34	1	5	1
同德县	1796	1035	234	1	799		1	8	2
贵德县	2672	844	409	3	428	3	1	8	2
兴海县	1808	1237	115	4	1118			1	
贵南县	1807	1158	298	2	854	4			
果洛藏族自治州	**2856**	**1108**	**8**	**2**	**933**		**165**	**37**	
玛沁县	619	123		1	108		14	37	
班玛县	776	407	6		302		99		
甘德县	69								
达日县	532	162	2	1	145		14		
久治县	598	369			366		3		
玛多县	262	47			12		35		
玉树藏族自治州	**6410**	**4084**	**50**	**2573**	**1449**		**12**		
玉树市	2348	1269	3	747	516		3		
杂多县	1121	694		666	25		3		
称多县	901	626	20	157	449				
治多县	311	238		73	165				
囊谦县	1307	1063	27	831	203		2		
曲麻莱县	422	194		99	91		4		
海西蒙古族藏族自治州	**14964**	**1924**	**1153**	**19**	**656**	**3**	**93**	**1692**	**341**
格尔木市	6926	412	290	4	74	3	41	252	5
德令哈市	2545	280	155	1	123		1	27	23
茫崖市	1375	10	1		9			741	
乌兰县	995	178	50	10	117		1	36	
都兰县	1763	968	648	4	266		50	88	4
天峻县	235	48			48			12	12
大柴旦行政委员会	1125	28	9		19			536	297

4-4　续表 2

单位：人

地　区 性　别	合计	农、林、牧、渔业						采矿业	
		小计	农业	林业	畜牧业	渔业	农、林、牧、渔专业及辅助性活动	小计	煤炭开采和洗选业
女	**90547**	**23925**	**10462**	**2882**	**10349**	**22**	**210**	**529**	**78**
西宁市	**39375**	**2665**	**1821**	**87**	**680**	**4**	**73**	**96**	**17**
城东区	7265	53	23	6	11	2	11	11	
城中区	5719	33	19	3	10		1	10	
城西区	6618	11	7	2	2			23	4
城北区	7364	102	71	10	11	2	8	22	2
湟中区	5238	736	424	35	267		10	6	1
大通回族土族自治县	5411	1376	1075	28	246		27	21	9
湟源县	1760	354	202	3	133		16	3	1
海东市	**17989**	**5750**	**5102**	**63**	**553**	**1**	**31**	**17**	**6**
乐都区	3263	621	521	21	75		4	7	2
平安区	1635	102	66	2	34			1	
民和回族土族自治县	3773	1219	1087	8	123		1	4	2
互助土族自治县	6416	3263	3060	27	151	1	24	5	2
化隆回族自治县	1671	300	192	3	103		2		
循化撒拉族自治县	1231	245	176	2	67				
海北藏族自治州	**4022**	**1353**	**148**	**86**	**1110**	**1**	**8**	**23**	**19**
门源回族自治县	1535	339	109	56	171	1	2	7	4
祁连县	817	336	1	28	304		3	1	1
海晏县	961	275	29	2	241		3	1	
刚察县	709	403	9		394			14	14
黄南藏族自治州	**4769**	**2659**	**1022**	**7**	**1627**		**3**	**1**	
同仁县	2109	1066	737	4	323		2		
尖扎县	891	323	284		38		1	1	
泽库县	942	676		3	673				
河南蒙古族自治县	827	594	1		593				
海南藏族自治州	**9012**	**5190**	**1486**	**6**	**3682**	**15**	**1**	**1**	**1**
共和县	2749	1378	431	2	932	13			
同德县	1424	974	216		757		1	1	1
贵德县	1938	782	482	1	299				
兴海县	1427	1092	94	1	997				
贵南县	1474	964	263	2	697	2			
果洛藏族自治州	**1989**	**993**	**10**		**934**		**49**	**6**	
玛沁县	377	109			101		8	6	
班玛县	550	343	9		303		31		
甘德县	54								
达日县	309	141			140		1		
久治县	531	379	1		377		1		
玛多县	168	21			13		8		
玉树藏族自治州	**5322**	**4021**	**66**	**2622**	**1328**		**5**		
玉树市	1849	1140	3	632	503		2		
杂多县	985	848		821	26		1		
称多县	716	559	20	160	379				
治多县	250	211		80	131				
囊谦县	1222	1084	43	835	204		2		
曲麻莱县	300	179		94	85				
海西蒙古族藏族自治州	**8069**	**1294**	**807**	**11**	**435**	**1**	**40**	**385**	**35**
格尔木市	3692	285	217		42	1	25	95	3
德令哈市	1697	207	127	2	77		1	3	3
茫崖市	499	9			9			194	
乌兰县	558	122	42	6	71		3	10	
都兰县	1159	619	409	3	196		11	16	1
天峻县	156	30			30				
大柴旦行政委员会	308	22	12		10			67	28

4-4 续表 3

单位：人

地区 性别	采矿业						制造业		
	石油和天然气开采业	黑色金属矿采选业	有色金属矿采选业	非金属矿采选业	开采专业及辅助性活动	其他采矿业	小计	农副食品加工业	食品制造业
全省	**490**	**221**	**514**	**389**	**733**	**103**	**16406**	**891**	**715**
西宁市	**66**	**28**	**108**	**146**	**70**	**42**	**9087**	**448**	**457**
城东区	3	2	5	20	14	8	961	73	114
城中区	9	1	10	5	16	8	1288	55	66
城西区	10	4	29	6	8	3	468	7	7
城北区	8	8	34	23	12	12	1809	55	114
湟中区	12		21	24	1	2	1958	104	33
大通回族土族自治县	18	10	7	54	13	5	2174	118	90
湟源县	6	3	2	14	6	4	429	36	33
海东市	**18**	**7**	**23**	**81**	**10**	**8**	**2592**	**229**	**137**
乐都区	6	4	11	23			638	32	22
平安区	1		2	15	2		220	21	3
民和回族土族自治县	5	2	5	20	3	1	568	67	17
互助土族自治县	5	1	4	13	5	7	818	76	65
化隆回族自治县	1		1	4			258	26	20
循化撒拉族自治县				6			90	7	10
海北藏族自治州	**15**	**3**	**33**	**3**	**13**	**4**	**453**	**62**	**44**
门源回族自治县	10	3	26		13	4	318	35	26
祁连县			7	2			34	4	5
海晏县	5			1			84	18	13
刚察县							17	5	
黄南藏族自治州				**10**		**1**	**298**	**23**	**9**
同仁县				1		1	148	3	3
尖扎县				9			106	4	6
泽库县							25	13	
河南蒙古族自治县							19	3	
海南藏族自治州	**4**		**8**	**5**			**335**	**42**	**8**
共和县			1	3			107	14	5
同德县			6				44	13	
贵德县	4			2			117	11	2
兴海县			1				25		
贵南县							42	4	1
果洛藏族自治州			**34**			**9**	**60**	**11**	**8**
玛沁县			34			9	30	11	4
班玛县							16		2
甘德县									
达日县							6		
久治县							8		2
玛多县									
玉树藏族自治州							**123**	**5**	**4**
玉树市							95	2	1
杂多县							3		
称多县							16	3	2
治多县									
囊谦县							7		1
曲麻莱县							2		
海西蒙古族藏族自治州	**387**	**183**	**308**	**144**	**640**	**39**	**3458**	**71**	**48**
格尔木市	24	126	63	39	52	35	2113	35	47
德令哈市			4				634	7	
茫崖市	276	15		58	586		172	2	
乌兰县		1	2	42	1		169	7	
都兰县		41	53	4	1		72	17	1
天峻县							6	3	
大柴旦行政委员会	87		186	1		4	292		

4-4　续表 4

单位：人

地　区 性　别	采矿业						制造业		
	石油和天然气开采业	黑色金属矿采选业	有色金属矿采选业	非金属矿采选业	开采专业及辅助性活动	其他采矿业	小计	农副食品加工业	食品制造业
男	**349**	**163**	**445**	**321**	**632**	**89**	**11672**	**568**	**313**
西宁市	**53**	**22**	**85**	**122**	**62**	**37**	**6444**	**274**	**194**
城东区	3	2	5	14	11	6	650	47	53
城中区	5	1	9	4	13	7	857	29	25
城西区	8	3	17	4	7	2	309	6	4
城北区	6	6	26	17	11	11	1286	30	54
湟中区	10		19	23	1	2	1444	64	14
大通回族土族自治县	16	8	7	46	13	5	1612	76	35
湟源县	5	2	2	14	6	4	286	22	9
海东市	**15**	**6**	**22**	**76**	**10**	**7**	**1865**	**150**	**56**
乐都区	5	3	11	20			451	20	7
平安区	1		2	14	2		177	17	1
民和回族土族自治县	4	2	5	19	3	1	430	46	8
互助土族自治县	4	1	3	13	5	6	555	44	28
化隆回族自治县	1		1	4			188	17	7
循化撒拉族自治县				6			64	6	5
海北藏族自治州	**14**	**2**	**32**	**3**	**12**	**4**	**322**	**45**	**20**
门源回族自治县	10	2	25		12	4	226	27	11
祁连县			7	2			22	2	2
海晏县	4			1			59	13	7
刚察县							15	3	
黄南藏族自治州				**9**		**1**	**226**	**12**	**3**
同仁县				1		1	124	1	1
尖扎县				8			71	2	2
泽库县							16	6	
河南蒙古族自治县							15	3	
海南藏族自治州	**4**		**8**	**5**			**223**	**31**	**5**
共和县			1	3			68	7	2
同德县			6				33	10	
贵德县	4			2			84	10	2
兴海县			1				15		
贵南县							23	4	1
果洛藏族自治州			**28**			**9**	**44**	**9**	**5**
玛沁县			28			9	23	9	3
班玛县							12		2
甘德县									
达日县							5		
久治县							4		
玛多县									
玉树藏族自治州							**85**	**3**	**2**
玉树市							64	1	
杂多县							3		
称多县							12	2	1
治多县									
囊谦县							5		1
曲麻莱县							1		
海西蒙古族藏族自治州	**263**	**133**	**270**	**106**	**548**	**31**	**2463**	**44**	**28**
格尔木市	12	93	52	26	37	27	1453	22	28
德令哈市			4				466	3	
茫崖市	188	1		43	509		138	2	
乌兰县		1	2	32	1		133	5	
都兰县		38	41	4	1		57	10	
天峻县							5	2	
大柴旦行政委员会	63		171	1		4	211		

4-4 续表 5

单位：人

地区 性别	采矿业						制造业		
	石油和天然气开采业	黑色金属矿采选业	有色金属矿采选业	非金属矿采选业	开采专业及辅助性活动	其他采矿业	小计	农副食品加工业	食品制造业
女	**141**	**58**	**69**	**68**	**101**	**14**	**4734**	**323**	**402**
西宁市	**13**	**6**	**23**	**24**	**8**	**5**	**2643**	**174**	**263**
城东区				6	3	2	311	26	61
城中区	4		1	1	3	1	431	26	41
城西区	2	1	12	2	1	1	159	1	3
城北区	2	2	8	6	1	1	523	25	60
湟中区	2		2	1			514	40	19
大通回族土族自治县	2	2		8			562	42	55
湟源县	1	1					143	14	24
海东市	**3**	**1**	**1**	**5**		**1**	**727**	**79**	**81**
乐都区	1	1		3			187	12	15
平安区				1			43	4	2
民和回族土族自治县	1			1			138	21	9
互助土族自治县	1		1			1	263	32	37
化隆回族自治县							70	9	13
循化撒拉族自治县							26	1	5
海北藏族自治州	**1**	**1**	**1**		**1**		**131**	**17**	**24**
门源回族自治县		1	1		1		92	8	15
祁连县							12	2	3
海晏县	1						25	5	6
刚察县							2	2	
黄南藏族自治州				**1**			**72**	**11**	**6**
同仁县							24	2	2
尖扎县				1			35	2	4
泽库县							9	7	
河南蒙古族自治县							4		
海南藏族自治州							**112**	**11**	**3**
共和县							39	7	3
同德县							11	3	
贵德县							33	1	
兴海县							10		
贵南县							19		
果洛藏族自治州			**6**				**16**	**2**	**3**
玛沁县			6				7	2	1
班玛县							4		
甘德县									
达日县							1		
久治县							4		2
玛多县									
玉树藏族自治州							**38**	**2**	**2**
玉树市							31	1	1
杂多县									
称多县							4	1	1
治多县									
囊谦县							2		
曲麻莱县							1		
海西蒙古族藏族自治州	**124**	**50**	**38**	**38**	**92**	**8**	**995**	**27**	**20**
格尔木市	12	33	11	13	15	8	660	13	19
德令哈市							168	4	
茫崖市	88	14		15	77		34		
乌兰县				10			36	2	
都兰县		3	12				15	7	1
天峻县							1	1	
大柴旦行政委员会	24		15				81		

4-4　续表 6　　　　　　　　　　　　　　　　　　　　　　　　　　　　单位：人

地　区 性　别	制造业								
	酒、饮料和精制茶制造业	烟　草制品业	纺织业	纺织服装、服饰业	皮革、毛皮、羽毛及其制品和制鞋业	木材加工和木、竹、藤、棕、草制品业	家　具制造业	造纸和纸制品业	印刷和记录媒介复制业
全省	**381**	**8**	**165**	**270**	**26**	**259**	**201**	**50**	**232**
西宁市	**160**	**4**	**98**	**114**	**15**	**123**	**147**	**41**	**177**
城东区	16		13	15	2		15	4	43
城中区	21	3	28	36	9	23	18	8	44
城西区	2		2	5		2	1	1	26
城北区	58	1	14	12	1	34	54	9	42
湟中区	24		22	25		35	31	9	9
大通回族土族自治县	29		9	17	2	27	26	4	6
湟源县	10		10	4	1	2	2	6	7
海东市	**191**	**3**	**41**	**61**	**8**	**105**	**23**	**4**	**9**
乐都区	9	1	7	14	1	28	6	1	1
平安区	2		5	4	2	10	4		1
民和回族土族自治县			10	8	1	18	7	1	
互助土族自治县	171	2	9	23	2	17	5	1	6
化隆回族自治县	6		8	4		21	1	1	1
循化撒拉族自治县	3		2	8	2	11			
海北藏族自治州	**3**	**1**	**5**	**5**	**2**	**6**	**4**	**1**	**11**
门源回族自治县	3	1	1			6	4	1	3
祁连县				1					6
海晏县			3	1	2				1
刚察县			1	3					1
黄南藏族自治州	**3**		**7**	**21**		**15**	**1**	**3**	**12**
同仁县	1		2	8		6			1
尖扎县			5	8		9	1	3	
泽库县				1					8
河南蒙古族自治县	2			4					3
海南藏族自治州	**8**		**8**	**43**		**4**	**16**	**1**	
共和县	1		1	15			5		
同德县			1	8		1	3		
贵德县	7		4	3		3	5		
兴海县				7			3		
贵南县			2	10				1	
果洛藏族自治州				**8**		**1**			
玛沁县				1					
班玛县				5		1			
甘德县									
达日县									
久治县				2					
玛多县									
玉树藏族自治州			**1**	**9**		**2**	**4**		**7**
玉树市			1	2			3		7
杂多县									
称多县				4		1			
治多县									
囊谦县				2		1	1		
曲麻莱县				1					
海西蒙古族藏族自治州	**16**		**5**	**9**	**1**	**3**	**6**		**16**
格尔木市	6		4	7	1	2	6		10
德令哈市	9					1			1
茫崖市									
乌兰县	1		1	1					2
都兰县				1					1
天峻县									2
大柴旦行政委员会									

4-4 续表 7

单位：人

地区 性别	制造业								
	酒、饮料和精制茶制造业	烟草制品业	纺织业	纺织服装、服饰业	皮革、毛皮、羽毛及其制品和制鞋业	木材加工和木、竹、藤、棕、草制品业	家具制造业	造纸和纸制品业	印刷和记录媒介复制业
男	**237**	**7**	**65**	**94**	**10**	**206**	**131**	**30**	**126**
西宁市	**91**	**3**	**35**	**33**	**6**	**98**	**90**	**23**	**89**
城东区	9		6	7	2		10	3	21
城中区	11	2	9	14	3	19	11	6	24
城西区	2			2		2	1		14
城北区	36	1	6	3		29	35	6	19
湟中区	13		7	4		25	15	3	4
大通回族土族自治县	16		6	2	1	21	17	2	3
湟源县	4		1	1		2	1	3	4
海东市	**124**	**3**	**19**	**19**	**3**	**82**	**16**	**3**	**4**
乐都区	4	1	3	7		18	4	1	1
平安区	1		2		1	8	3		1
民和回族土族自治县			6	3		15	6	1	
互助土族自治县	113	2	4	3	1	15	3		2
化隆回族自治县	3		3	1		18		1	
循化撒拉族自治县	3		1	5	1	8			
海北藏族自治州	**1**	**1**	**3**	**4**	**1**	**5**	**3**		**8**
门源回族自治县	1	1	1			5	3		3
祁连县				1					3
海晏县			1		1				1
刚察县			1	3					1
黄南藏族自治州	**3**		**3**	**12**		**13**	**1**	**3**	**9**
同仁县	1			4		5			
尖扎县			3	5		8	1	3	
泽库县				1					6
河南蒙古族自治县	2			2					3
海南藏族自治州	**7**		**3**	**13**		**3**	**13**	**1**	
共和县	1			4			4		
同德县			1	4		1	3		
贵德县	6		1			2	4		
兴海县				3			2		
贵南县			1	2				1	
果洛藏族自治州				**4**		**1**			
玛沁县									
班玛县				3		1			
甘德县									
达日县									
久治县				1					
玛多县									
玉树藏族自治州				**7**		**2**	**4**		**5**
玉树市				1			3		5
杂多县									
称多县				4		1			
治多县									
囊谦县				1		1	1		
曲麻莱县				1					
海西蒙古族藏族自治州	**11**		**2**	**2**		**2**	**4**		**11**
格尔木市	3		1	2		2	4		5
德令哈市	7								1
茫崖市									
乌兰县	1		1						2
都兰县									1
天峻县									2
大柴旦行政委员会									

4-4　续表 8　　　　单位：人

地　区 性　别	制造业 酒、饮料和精制茶制造业	烟　草制品业	纺织业	纺织服装、服饰业	皮革、毛皮、羽毛及其制品和制鞋业	木材加工和木、竹、藤、棕、草制品业	家　具制造业	造纸和纸制品业	印刷和记录媒介复制业
女	**144**	**1**	**100**	**176**	**16**	**53**	**70**	**20**	**106**
西宁市	**69**	**1**	**63**	**81**	**9**	**25**	**57**	**18**	**88**
城东区	7		7	8			5	1	22
城中区	10	1	19	22	6	4	7	2	20
城西区			2	3				1	12
城北区	22		8	9	1	5	19	3	23
湟中区	11		15	21		10	16	6	5
大通回族土族自治县	13		3	15	1	6	9	2	3
湟源县	6		9	3	1		1	3	3
海东市	**67**		**22**	**42**	**5**	**23**	**7**	**1**	**5**
乐都区	5		4	7	1	10	2		
平安区	1		3	4	1	2	1		
民和回族土族自治县			4	5	1	3	1		
互助土族自治县	58		5	20	1	2	2	1	4
化隆回族自治县	3		5	3		3	1		1
循化撒拉族自治县			1	3	1	3			
海北藏族自治州	**2**		**2**	**1**	**1**	**1**	**1**	**1**	**3**
门源回族自治县	2					1	1	1	
祁连县									3
海晏县			2	1	1				
刚察县									
黄南藏族自治州			**4**	**9**		**2**			**3**
同仁县			2	4		1			1
尖扎县			2	3		1			
泽库县									2
河南蒙古族自治县				2					
海南藏族自治州	**1**		**5**	**30**		**1**	**3**		
共和县			1	11			1		
同德县				4					
贵德县	1		3	3		1	1		
兴海县				4			1		
贵南县			1	8					
果洛藏族自治州				**4**					
玛沁县				1					
班玛县				2					
甘德县									
达日县									
久治县				1					
玛多县									
玉树藏族自治州			**1**	**2**					**2**
玉树市			1	1					2
杂多县									
称多县									
治多县									
囊谦县				1					
曲麻莱县									
海西蒙古族藏族自治州	**5**		**3**	**7**	**1**	**1**	**2**		**5**
格尔木市	3		3	5	1		2		5
德令哈市	2					1			
茫崖市									
乌兰县				1					
都兰县				1					
天峻县									
大柴旦行政委员会									

4-4 续表 9

单位：人

地区 性别	制造业								
	文教、工美、体育和娱乐用品制造业	石油、煤炭及其他燃料加工业	化学原料和化学制品制造业	医药制造业	化学纤维制造业	橡胶和塑料制品业	非金属矿物制品业	黑色金属冶炼和压延加工业	有色金属冶炼和压延加工业
全省	**549**	**350**	**2724**	**280**	**34**	**290**	**1557**	**1075**	**2281**
西宁市	**230**	**73**	**635**	**223**	**29**	**163**	**837**	**820**	**1810**
城东区	9	8	26	42	5	7	33	16	161
城中区	58	28	51	32		19	89	21	120
城西区	3	6	53	32	3	3	28	51	102
城北区	14	15	59	81	1	36	123	435	251
湟中区	130	7	169	19	16	29	218	101	548
大通回族土族自治县	12	6	253	16	2	57	310	73	607
湟源县	4	3	24	1	2	12	36	123	21
海东市	**31**	**14**	**162**	**13**		**17**	**416**	**177**	**245**
乐都区	2	5	85	2		4	141	83	56
平安区	4		6	3		1	39	5	13
民和回族土族自治县	1	1	34	1		2	54	71	113
互助土族自治县	10	5	21	7		7	126	17	36
化隆回族自治县	7	3	9			2	47	1	27
循化撒拉族自治县	7		7			1	9		
海北藏族自治州	**8**	**9**	**32**		**2**	**7**	**11**	**14**	
门源回族自治县	5	4	15		2	7	8	12	
祁连县			1						
海晏县	2	5	16				3	2	
刚察县	1								
黄南藏族自治州	**129**			**3**	**2**		**32**	**1**	**1**
同仁县	114						1	1	
尖扎县	10				2		30		
泽库县	3								
河南蒙古族自治县	2			3			1		1
海南藏族自治州	**38**		**4**	**11**		**1**	**44**	**4**	**11**
共和县	13		3	9			27		
同德县	9							2	
贵德县	11			2		1	16		2
兴海县	1						1		7
贵南县	4		1					2	2
果洛藏族自治州	**3**						**7**		**2**
玛沁县	2						2		
班玛县	1								
甘德县									
达日县							4		2
久治县							1		
玛多县									
玉树藏族自治州	**64**						**5**		
玉树市	61								
杂多县							3		
称多县	2								
治多县									
囊谦县							2		
曲麻莱县	1								
海西蒙古族藏族自治州	**46**	**254**	**1891**	**30**	**1**	**102**	**205**	**59**	**212**
格尔木市	35	123	1038	2	1	99	107	19	180
德令哈市	8		414	25		2	81	39	5
茫崖市			138				6		
乌兰县	2	131	6			1	7		
都兰县	1		10				3	1	27
天峻县			1						
大柴旦行政委员会			284	3			1		

4-4　续表 10　　　　单位：人

地　区 性　别	制造业								
	文教、工美、体育和娱乐用品制造业	石油、煤炭及其他燃料加工业	化学原料和化学制品制造业	医　药制造业	化学纤维制造业	橡胶和塑　料制品业	非金属矿　物制品业	黑色金属冶炼和压延加工业	有色金属冶炼和压延加工业
男	**377**	**258**	**1931**	**140**	**21**	**160**	**1190**	**871**	**1831**
西宁市	**147**	**57**	**435**	**109**	**17**	**88**	**639**	**669**	**1479**
城东区	5	4	19	18		7	28	14	130
城中区	28	20	37	16		10	60	18	102
城西区	1	5	35	15	2	2	20	36	67
城北区	9	14	30	44	1	21	97	359	191
湟中区	92	5	117	9	10	13	171	88	444
大通回族土族自治县	9	6	177	7	2	32	237	61	530
湟源县	3	3	20		2	3	26	93	15
海东市	**16**	**7**	**125**	**7**		**12**	**314**	**138**	**202**
乐都区	1	2	70	1		4	101	62	39
平安区	1		6			1	30	5	13
民和回族土族自治县		1	24	1		1	40	56	97
互助土族自治县	6	2	14	5		3	94	14	29
化隆回族自治县	5	2	6			2	41	1	24
循化撒拉族自治县	3		5			1	8		
海北藏族自治州	**5**	**8**	**25**		**1**	**3**	**9**	**12**	
门源回族自治县	2	4	11		1	3	7	10	
祁连县									
海晏县	2	4	14				2	2	
刚察县	1								
黄南藏族自治州	**115**			**2**	**2**		**21**	**1**	**1**
同仁县	104						1	1	
尖扎县	7				2		19		
泽库县	3								
河南蒙古族自治县	1			2			1		1
海南藏族自治州	**22**		**4**	**8**			**38**	**3**	**6**
共和县	6		3	6			23		
同德县	7							2	
贵德县	7			2			14		2
兴海县	1						1		3
贵南县	1		1					1	1
果洛藏族自治州	**2**						**6**		**1**
玛沁县	1						2		
班玛县	1								
甘德县									
达日县							4		1
久治县									
玛多县									
玉树藏族自治州	**40**						**4**		
玉树市	39								
杂多县							3		
称多县	1								
治多县									
囊谦县							1		
曲麻莱县									
海西蒙古族藏族自治州	**30**	**186**	**1342**	**14**	**1**	**57**	**159**	**48**	**142**
格尔木市	25	82	703	1	1	56	80	15	116
德令哈市	4		307	10		1	63	32	3
茫崖市			113				5		
乌兰县		104	5				7		
都兰县	1		9				3	1	23
天峻县			1						
大柴旦行政委员会			204	3			1		

4-4 续表 11

单位：人

地区 性别	制造业								
	文教、工美、体育和娱乐用品制造业	石油、煤炭及其他燃料加工业	化学原料和化学制品制造业	医药制造业	化学纤维制造业	橡胶和塑料制品业	非金属矿物制品业	黑色金属冶炼和压延加工业	有色金属冶炼和压延加工业
女	**172**	**92**	**793**	**140**	**13**	**130**	**367**	**204**	**450**
西宁市	**83**	**16**	**200**	**114**	**12**	**75**	**198**	**151**	**331**
城东区	4	4	7	24	5		5	2	31
城中区	30	8	14	16		9	29	3	18
城西区	2	1	18	17	1	1	8	15	35
城北区	5	1	29	37		15	26	76	60
湟中区	38	2	52	10	6	16	47	13	104
大通回族土族自治县	3		76	9		25	73	12	77
湟源县	1		4	1		9	10	30	6
海东市	**15**	**7**	**37**	**6**		**5**	**102**	**39**	**43**
乐都区	1	3	15	1			40	21	17
平安区	3			3			9		
民和回族土族自治县	1		10			1	14	15	16
互助土族自治县	4	3	7	2		4	32	3	7
化隆回族自治县	2	1	3				6		3
循化撒拉族自治县	4		2				1		
海北藏族自治州	**3**	**1**	**7**		**1**	**4**	**2**	**2**	
门源回族自治县	3		4		1	4	1	2	
祁连县			1						
海晏县		1	2				1		
刚察县									
黄南藏族自治州	**14**			**1**			**11**		
同仁县	10								
尖扎县	3						11		
泽库县									
河南蒙古族自治县	1			1					
海南藏族自治州	**16**			**3**		**1**	**6**	**1**	**5**
共和县	7			3			4		
同德县	2								
贵德县	4					1	2		
兴海县									4
贵南县	3							1	1
果洛藏族自治州	**1**						**1**		**1**
玛沁县	1								
班玛县									
甘德县									
达日县									1
久治县							1		
玛多县									
玉树藏族自治州	**24**						**1**		
玉树市	22								
杂多县									
称多县	1								
治多县									
囊谦县							1		
曲麻莱县	1								
海西蒙古族藏族自治州	**16**	**68**	**549**	**16**		**45**	**46**	**11**	**70**
格尔木市	10	41	335	1		43	27	4	64
德令哈市	4		107	15		1	18	7	2
茫崖市			25				1		
乌兰县	2	27	1			1			
都兰县			1						4
天峻县									
大柴旦行政委员会			80						

4-4　续表 12

单位：人

地　区 性　别	制造业								
	金　属 制品业	通用设备 制造业	专用设备 制造业	汽　车 制造业	铁路、船舶、 航空航天和 其他运输 设备制造业	电气机械 和器材 制造业	计算机、 通信和其 他电子设 备制造业	仪器仪表 制造业	其　他 制造业
全省	**1161**	**350**	**348**	**85**	**37**	**838**	**732**	**30**	**51**
西宁市	**685**	**212**	**160**	**45**	**22**	**655**	**441**	**19**	**34**
城东区	74	21	14	9	1	52	170	5	1
城中区	78	38	27	7	6	345	20	2	7
城西区	42	12	14	1	1	17	9	3	2
城北区	139	53	60	5	2	37	34	7	11
湟中区	172	26	24	7	7	87	51	2	12
大通回族土族自治县	136	58	16	13	5	86	157		
湟源县	44	4	5	3		31			1
海东市	**249**	**56**	**40**	**22**	**6**	**108**	**161**	**5**	**5**
乐都区	38	16	15	2	2	18	27		1
平安区	33	9	1	1		35	8	2	
民和回族土族自治县	43	7	3	8	4	16	74		
互助土族自治县	88	23	19	10		25	22	1	4
化隆回族自治县	29	1	2	1		13	26	2	
循化撒拉族自治县	18					1	4		
海北藏族自治州	**57**	**18**	**3**	**13**	**4**	**15**	**92**		**1**
门源回族自治县	38	14	1	13	4	15	83		1
祁连县	5	4					7		
海晏县	10		1				2		
刚察县	4		1						
黄南藏族自治州	**9**	**1**	**6**		**1**	**5**	**8**	**2**	**2**
同仁县	3	1	1		1		1		1
尖扎县	6		5			5	7	2	1
泽库县									
河南蒙古族自治县									
海南藏族自治州	**52**	**13**	**3**			**4**	**9**		
共和县	4	7	1				2		
同德县	1	2				2			
贵德县	38		2			2	2		
兴海县							5		
贵南县	9	4							
果洛藏族自治州	**19**						**1**		
玛沁县	10								
班玛县	6						1		
甘德县									
达日县									
久治县	3								
玛多县									
玉树藏族自治州	**12**	**9**							
玉树市	9	9							
杂多县									
称多县	3								
治多县									
囊谦县									
曲麻莱县									
海西蒙古族藏族自治州	**78**	**41**	**136**	**5**	**4**	**51**	**20**	**4**	**9**
格尔木市	59	40	132	4	4	21	13	4	9
德令哈市	6	1	2			29	3		
茫崖市			1				1		
乌兰县	7					1	2		
都兰县	6			1			1		
天峻县									
大柴旦行政委员会			1						

4-4 续表 13

单位：人

地区 性别	制造业 金属制品业	通用设备制造业	专用设备制造业	汽车制造业	铁路、船舶、航空航天和其他运输设备制造业	电气机械和器材制造业	计算机、通信和其他电子设备制造业	仪器仪表制造业	其他制造业
男	**937**	**284**	**239**	**64**	**29**	**618**	**513**	**20**	**36**
西宁市	**543**	**166**	**106**	**35**	**17**	**474**	**320**	**10**	**24**
城东区	51	16	7	7	1	40	131	2	1
城中区	58	29	19	7	2	257	13		5
城西区	25	10	10	1	1	12	9	2	1
城北区	110	41	38	4	2	25	23	4	8
湟中区	150	21	19	6	7	61	38	2	8
大通回族土族自治县	110	47	10	8	4	56	106		
湟源县	39	2	3	2		23			1
海东市	**207**	**48**	**31**	**14**	**6**	**91**	**109**	**5**	**4**
乐都区	29	14	12		2	14	14		1
平安区	29	9	1	1		34	6	2	
民和回族土族自治县	37	7	3	5	4	11	52		
互助土族自治县	77	17	14	7		20	14	1	3
化隆回族自治县	22	1	1	1		11	19	2	
循化撒拉族自治县	13					1	4		
海北藏族自治州	**53**	**15**	**2**	**10**	**2**	**8**	**59**		**1**
门源回族自治县	34	11	1	10	2	8	55		1
祁连县	5	4					4		
海晏县	10								
刚察县	4		1						
黄南藏族自治州	**7**	**1**	**4**		**1**	**2**	**6**	**1**	**1**
同仁县	2	1	1		1		1		
尖扎县	5		3			2	5	1	1
泽库县									
河南蒙古族自治县									
海南藏族自治州	**35**	**12**	**2**			**2**	**6**		
共和县	3	7					2		
同德县	1	2				1			
贵德县	26		2			1			
兴海县							4		
贵南县	5	3							
果洛藏族自治州	**16**								
玛沁县	8								
班玛县	5								
甘德县									
达日县									
久治县	3								
玛多县									
玉树藏族自治州	**9**	**8**							
玉树市	7	8							
杂多县									
称多县	2								
治多县									
囊谦县									
曲麻莱县									
海西蒙古族藏族自治州	**67**	**34**	**94**	**5**	**3**	**41**	**13**	**4**	**6**
格尔木市	50	33	90	4	3	17	9	4	6
德令哈市	6	1	2			23	2		
茫崖市			1						
乌兰县	6					1	1		
都兰县	5			1			1		
天峻县									
大柴旦行政委员会			1						

4-4 续表 14　　　　单位：人

地区 性别	制造业								
	金属制品业	通用设备制造业	专用设备制造业	汽车制造业	铁路、船舶、航空航天和其他运输设备制造业	电气机械和器材制造业	计算机、通信和其他电子设备制造业	仪器仪表制造业	其他制造业
女	**224**	**66**	**109**	**21**	**8**	**220**	**219**	**10**	**15**
西宁市	**142**	**46**	**54**	**10**	**5**	**181**	**121**	**9**	**10**
城东区	23	5	7	2		12	39	3	
城中区	20	9	8		4	88	7	2	2
城西区	17	2	4			5		1	1
城北区	29	12	22	1		12	11	3	3
湟中区	22	5	5	1		26	13		4
大通回族土族自治县	26	11	6	5	1	30	51		
湟源县	5	2	2	1		8			
海东市	**42**	**8**	**9**	**8**		**17**	**52**		**1**
乐都区	9	2	3	2		4	13		
平安区	4					1	2		
民和回族土族自治县	6			3		5	22		
互助土族自治县	11	6	5	3		5	8		1
化隆回族自治县	7		1			2	7		
循化撒拉族自治县	5								
海北藏族自治州	**4**	**3**	**1**	**3**	**2**	**7**	**33**		
门源回族自治县	4	3		3	2	7	28		
祁连县							3		
海晏县			1				2		
刚察县									
黄南藏族自治州	**2**		**2**			**3**	**2**	**1**	**1**
同仁县	1								1
尖扎县	1		2			3	2	1	
泽库县									
河南蒙古族自治县									
海南藏族自治州	**17**	**1**	**1**			**2**	**3**		
共和县	1		1						
同德县						1			
贵德县	12					1	2		
兴海县							1		
贵南县	4	1							
果洛藏族自治州	**3**						**1**		
玛沁县	2								
班玛县	1						1		
甘德县									
达日县									
久治县									
玛多县									
玉树藏族自治州	**3**	**1**							
玉树市	2	1							
杂多县									
称多县	1								
治多县									
囊谦县									
曲麻莱县									
海西蒙古族藏族自治州	**11**	**7**	**42**		**1**	**10**	**7**		**3**
格尔木市	9	7	42		1	4	4		3
德令哈市						6	1		
茫崖市							1		
乌兰县	1						1		
都兰县	1								
天峻县									
大柴旦行政委员会									

4-4 续表 15

单位：人

地　区 性　别	制造业		电力、热力、燃气及水生产和供应业				建筑业		
	废弃资源综合利用业	金属制品、机械和设备修理业	小计	电力、热力生产和供应业	燃气生产和供应业	水的生产和供应业	小计	房屋建筑业	土木工程建筑业
全省	**169**	**267**	**4436**	**3695**	**369**	**372**	**24286**	**13621**	**4134**
西宁市	**77**	**133**	**2243**	**1831**	**195**	**217**	**12083**	**6214**	**2063**
城东区	1	11	228	166	32	30	1349	587	309
城中区	10	19	219	163	31	25	1805	714	179
城西区	7	26	675	586	34	55	1284	562	341
城北区	22	30	468	377	40	51	2183	805	390
湟中区	14	27	309	271	13	25	2674	1780	377
大通回族土族自治县	22	17	256	196	36	24	2222	1428	348
湟源县	1	3	88	72	9	7	566	338	119
海东市	**26**	**28**	**625**	**509**	**62**	**54**	**7435**	**4653**	**1320**
乐都区	10	9	163	144	11	8	1982	1294	339
平安区	8		66	47	10	9	598	367	85
民和回族土族自治县	2	5	150	114	19	17	1564	1119	161
互助土族自治县	6	14	167	137	17	13	2277	1114	607
化隆回族自治县			47	40	2	5	635	462	100
循化撒拉族自治县			32	27	3	2	379	297	28
海北藏族自治州	**17**	**6**	**261**	**241**	**3**	**17**	**963**	**398**	**350**
门源回族自治县	10	6	118	110	2	6	559	236	199
祁连县	1		37	34		3	169	33	118
海晏县	5		86	81	1	4	191	95	30
刚察县	1		20	16		4	44	34	3
黄南藏族自治州		**2**	**160**	**152**	**3**	**5**	**671**	**480**	**82**
同仁县			44	41		3	370	258	52
尖扎县		2	98	96		2	270	208	30
泽库县			2	2			14	13	
河南蒙古族自治县			16	13	3		17	1	
海南藏族自治州	**8**	**3**	**468**	**436**	**15**	**17**	**1203**	**871**	**86**
共和县			309	296	5	8	271	153	20
同德县	2		31	28	1	2	58	30	
贵德县	4	2	83	69	8	6	674	559	58
兴海县	1		33	32	1		138	95	1
贵南县	1	1	12	11		1	62	34	7
果洛藏族自治州			**72**	**62**	**4**	**6**	**99**	**61**	**14**
玛沁县			26	22		4	38	32	
班玛县			20	17	2	1	28	6	13
甘德县			6	6			2	1	
达日县			6	3	2	1	11	8	
久治县			6	6			17	11	1
玛多县			8	8			3	3	
玉树藏族自治州		**1**	**41**	**36**		**5**	**71**	**35**	**6**
玉树市			24	20		4	35	14	4
杂多县							7	3	1
称多县		1	12	12			9	6	
治多县			2	1		1			
囊谦县			1	1			14	6	1
曲麻莱县			2	2			6	6	
海西蒙古族藏族自治州	**41**	**94**	**566**	**428**	**87**	**51**	**1761**	**909**	**213**
格尔木市	35	70	232	165	47	20	1017	400	155
德令哈市		1	136	90	22	24	485	366	24
茫崖市	3	21	45	44	1		57	23	10
乌兰县			49	44	4	1	88	46	11
都兰县		2	55	43	7	5	82	62	3
天峻县			9	9			7	1	6
大柴旦行政委员会	3		40	33	6	1	25	11	4

4-4　续表 16

单位：人

地　区 性　别	制造业		电力、热力、燃气及水生产和供应业				建筑业		
	废弃资源综　合利用业	金属制品、机械和设备修理业	小计	电力、热力生产和供应业	燃气生产和供应业	水的生产和供应业	小计	房　屋建筑业	土木工程建筑业
男	**132**	**234**	**3414**	**2890**	**261**	**263**	**19457**	**10871**	**3543**
西宁市	**62**	**111**	**1689**	**1390**	**142**	**157**	**9710**	**5063**	**1734**
城东区	1	10	167	121	23	23	1067	464	251
城中区	10	13	168	128	25	15	1428	577	145
城西区	6	18	451	395	23	33	965	421	247
城北区	19	27	352	283	28	41	1691	621	317
湟中区	10	24	256	225	12	19	2210	1470	348
大通回族土族自治县	15	16	225	179	27	19	1858	1215	318
湟源县	1	3	70	59	4	7	491	295	108
海东市	**23**	**27**	**509**	**429**	**41**	**39**	**5924**	**3658**	**1151**
乐都区	10	9	141	125	8	8	1585	1009	296
平安区	5		47	35	6	6	486	301	73
民和回族土族自治县	2	4	121	98	13	10	1243	909	146
互助土族自治县	6	14	140	117	12	11	1864	894	535
化隆回族自治县			35	32		3	458	324	77
循化撒拉族自治县			25	22	2	1	288	221	24
海北藏族自治州	**13**	**5**	**193**	**181**	**3**	**9**	**821**	**330**	**316**
门源回族自治县	9	5	89	84	2	3	483	195	182
祁连县	1		30	27		3	150	30	104
海晏县	2		57	55	1	1	150	76	27
刚察县	1		17	15		2	38	29	3
黄南藏族自治州		**2**	**123**	**116**	**2**	**5**	**456**	**315**	**61**
同仁县			31	28		3	246	171	33
尖扎县		2	77	75		2	185	133	28
泽库县			2	2			11	10	
河南蒙古族自治县			13	11	2		14	1	
海南藏族自治州	**6**	**3**	**385**	**365**	**10**	**10**	**947**	**693**	**75**
共和县			255	245	4	6	207	120	17
同德县	1		26	23	1	2	44	24	
贵德县	3	2	62	56	4	2	543	446	51
兴海县	1		32	31	1		102	75	1
贵南县	1	1	10	10			51	28	6
果洛藏族自治州			**60**	**52**	**3**	**5**	**72**	**44**	**12**
玛沁县			22	19		3	27	23	
班玛县			17	14	2	1	20	3	11
甘德县			6	6			2	1	
达日县			5	3	1	1	8	5	
久治县			5	5			12	9	1
玛多县			5	5			3	3	
玉树藏族自治州		**1**	**31**	**27**		**4**	**54**	**27**	**6**
玉树市			18	15		3	27	11	4
杂多县							6	3	1
称多县		1	8	8			5	3	
治多县			2	1		1			
囊谦县			1	1			11	5	1
曲麻莱县			2	2			5	5	
海西蒙古族藏族自治州	**28**	**85**	**424**	**330**	**60**	**34**	**1473**	**741**	**188**
格尔木市	25	66	162	119	28	15	874	340	135
德令哈市		1	102	70	18	14	373	273	22
茫崖市	1	16	34	33	1		49	19	10
乌兰县			41	37	3	1	76	42	9
都兰县		2	45	37	5	3	72	56	3
天峻县			5	5			7	1	6
大柴旦行政委员会	2		35	29	5	1	22	10	3

4－4 续表 17

单位：人

地区 性别	制造业		电力、热力、燃气及水生产和供应业				建筑业		
	废弃资源综合利用业	金属制品、机械和设备修理业	小计	电力、热力生产和供应业	燃气生产和供应业	水的生产和供应业	小计	房屋建筑业	土木工程建筑业
女	**37**	**33**	**1022**	**805**	**108**	**109**	**4829**	**2750**	**591**
西宁市	**15**	**22**	**554**	**441**	**53**	**60**	**2373**	**1151**	**329**
城东区		1	61	45	9	7	282	123	58
城中区		6	51	35	6	10	377	137	34
城西区	1	8	224	191	11	22	319	141	94
城北区	3	3	116	94	12	10	492	184	73
湟中区	4	3	53	46	1	6	464	310	29
大通回族土族自治县	7	1	31	17	9	5	364	213	30
湟源县			18	13	5		75	43	11
海东市	**3**	**1**	**116**	**80**	**21**	**15**	**1511**	**995**	**169**
乐都区			22	19	3		397	285	43
平安区	3		19	12	4	3	112	66	12
民和回族土族自治县		1	29	16	6	7	321	210	15
互助土族自治县			27	20	5	2	413	220	72
化隆回族自治县			12	8	2	2	177	138	23
循化撒拉族自治县			7	5	1	1	91	76	4
海北藏族自治州	**4**	**1**	**68**	**60**		**8**	**142**	**68**	**34**
门源回族自治县	1	1	29	26		3	76	41	17
祁连县			7	7			19	3	14
海晏县	3		29	26		3	41	19	3
刚察县			3	1		2	6	5	
黄南藏族自治州			**37**	**36**	**1**		**215**	**165**	**21**
同仁县			13	13			124	87	19
尖扎县			21	21			85	75	2
泽库县							3	3	
河南蒙古族自治县			3	2	1		3		
海南藏族自治州	**2**		**83**	**71**	**5**	**7**	**256**	**178**	**11**
共和县			54	51	1	2	64	33	3
同德县	1		5	5			14	6	
贵德县	1		21	13	4	4	131	113	7
兴海县			1	1			36	20	
贵南县			2	1		1	11	6	1
果洛藏族自治州			**12**	**10**	**1**	**1**	**27**	**17**	**2**
玛沁县			4	3		1	11	9	
班玛县			3	3			8	3	2
甘德县									
达日县			1		1		3	3	
久治县			1	1			5	2	
玛多县			3	3					
玉树藏族自治州			**10**	**9**		**1**	**17**	**8**	
玉树市			6	5		1	8	3	
杂多县							1		
称多县			4	4			4	3	
治多县									
囊谦县							3	1	
曲麻莱县							1	1	
海西蒙古族藏族自治州	**13**	**9**	**142**	**98**	**27**	**17**	**288**	**168**	**25**
格尔木市	10	4	70	46	19	5	143	60	20
德令哈市			34	20	4	10	112	93	2
茫崖市	2	5	11	11			8	4	
乌兰县			8	7	1		12	4	2
都兰县			10	6	2	2	10	6	
天峻县			4	4					
大柴旦行政委员会	1		5	4	1		3	1	1

4-4　续表 18　　　　单位：人

地区 性别	建筑业		批发和零售业			交通运输、仓储和邮政业			
	建筑安装业	建筑装饰、装修和其他建筑业	小计	批发业	零售业	小计	铁路运输业	道路运输业	水上运输业
全省	**1054**	**5477**	**26452**	**5852**	**20600**	**13654**	**2045**	**8966**	**19**
西宁市	**588**	**3218**	**16474**	**4235**	**12239**	**7804**	**1367**	**5108**	**6**
城东区	79	374	4393	953	3440	2610	1072	1185	3
城中区	74	838	2278	493	1785	811	67	555	
城西区	85	296	2327	663	1664	683	105	397	3
城北区	152	836	3834	1413	2421	1080	57	804	
湟中区	107	410	1704	255	1449	1141	19	936	
大通回族土族自治县	70	376	1434	322	1112	1111	29	942	
湟源县	21	88	504	136	368	368	18	289	
海东市	**247**	**1215**	**3887**	**582**	**3305**	**2236**	**105**	**1615**	**4**
乐都区	78	271	818	80	738	464	34	364	1
平安区	35	111	517	102	415	354	15	220	
民和回族土族自治县	27	257	947	131	816	478	24	366	
互助土族自治县	97	459	998	208	790	648	31	418	2
化隆回族自治县	6	67	331	36	295	107	1	77	1
循化撒拉族自治县	4	50	276	25	251	185		170	
海北藏族自治州	**38**	**177**	**743**	**44**	**699**	**439**	**31**	**328**	
门源回族自治县	23	101	362	11	351	199	10	156	
祁连县	4	14	185	11	174	85		59	
海晏县	10	56	117	14	103	118	16	83	
刚察县	1	6	79	8	71	37	5	30	
黄南藏族自治州	**20**	**89**	**758**	**32**	**726**	**224**	**8**	**144**	**1**
同仁县	4	56	410	12	398	151	8	84	1
尖扎县	16	16	140	18	122	54		44	
泽库县		1	113	2	111	7		6	
河南蒙古族自治县		16	95		95	12		10	
海南藏族自治州	**28**	**218**	**1462**	**79**	**1383**	**613**	**8**	**444**	**4**
共和县	9	89	485	25	460	286	5	190	1
同德县	2	26	168	14	154	31		26	1
贵德县	12	45	422	27	395	190	3	159	2
兴海县	1	41	173	9	164	37		21	
贵南县	4	17	214	4	210	69		48	
果洛藏族自治州	**1**	**23**	**404**	**39**	**365**	**53**		**37**	**1**
玛沁县		6	132	30	102	27		21	1
班玛县	1	8	66	3	63	10		4	
甘德县		1	17		17				
达日县		3	99	4	95	6		4	
久治县		5	64	2	62	7		5	
玛多县			26		26	3		3	
玉树藏族自治州	**3**	**27**	**390**	**80**	**310**	**146**	**1**	**81**	
玉树市	3	14	217	40	177	89		43	
杂多县		3	40	15	25	15		2	
称多县		3	42	5	37	11		8	
治多县			14		14	3		1	
囊谦县		7	43	12	31	23	1	22	
曲麻莱县			34	8	26	5		5	
海西蒙古族藏族自治州	**129**	**510**	**2334**	**761**	**1573**	**2139**	**525**	**1209**	**3**
格尔木市	82	380	1402	591	811	1314	362	660	1
德令哈市	28	67	428	113	315	305	62	211	1
茫崖市	11	13	89	13	76	141		116	
乌兰县	3	28	118	15	103	124	34	65	1
都兰县	2	15	214	21	193	92		78	
天峻县			47	3	44	7	2	5	
大柴旦行政委员会	3	7	36	5	31	156	65	74	

4−4 续表 19

单位：人

地区 性别	建筑业		批发和零售业			交通运输、仓储和邮政业			
	建筑安装业	建筑装饰、装修和其他建筑业	小计	批发业	零售业	小计	铁路运输业	道路运输业	水上运输业
男	**926**	**4117**	**13440**	**3745**	**9695**	**11507**	**1575**	**7956**	**13**
西宁市	**498**	**2415**	**8299**	**2689**	**5610**	**6505**	**1020**	**4485**	**5**
城东区	59	293	2306	600	1706	2127	811	1044	2
城中区	61	645	1077	306	771	643	45	464	
城西区	71	226	1211	409	802	502	75	298	3
城北区	127	626	1936	872	1064	871	41	664	
湟中区	97	295	852	187	665	1029	13	872	
大通回族土族自治县	64	261	687	228	459	1000	19	874	
湟源县	19	69	230	87	143	333	16	269	
海东市	**232**	**883**	**1901**	**370**	**1531**	**1911**	**73**	**1455**	**1**
乐都区	73	207	365	52	313	396	25	327	
平安区	34	78	238	59	179	285	8	189	
民和回族土族自治县	22	166	468	92	376	431	22	339	
互助土族自治县	94	341	480	125	355	536	17	372	
化隆回族自治县	5	52	190	26	164	96	1	71	1
循化撒拉族自治县	4	39	160	16	144	167		157	
海北藏族自治州	**34**	**141**	**343**	**28**	**315**	**404**	**27**	**317**	
门源回族自治县	21	85	165	6	159	185	8	152	
祁连县	4	12	86	8	78	77		58	
海晏县	8	39	43	7	36	109	15	79	
刚察县	1	5	49	7	42	33	4	28	
黄南藏族自治州	**16**	**64**	**420**	**17**	**403**	**189**	**7**	**137**	
同仁县	4	38	246	8	238	122	7	79	
尖扎县	12	12	66	8	58	49		43	
泽库县		1	59	1	58	7		6	
河南蒙古族自治县		13	49		49	11		9	
海南藏族自治州	**25**	**154**	**716**	**50**	**666**	**541**	**7**	**410**	**4**
共和县	9	61	221	15	206	249	5	175	1
同德县	1	19	91	8	83	29		25	1
贵德县	11	35	198	21	177	167	2	144	2
兴海县	1	25	99	4	95	34		21	
贵南县	3	14	107	2	105	62		45	
果洛藏族自治州	**1**	**15**	**260**	**31**	**229**	**41**		**35**	**1**
玛沁县		4	89	24	65	22		20	1
班玛县	1	5	40	2	38	5		3	
甘德县		1	10		10				
达日县		3	64	4	60	4		4	
久治县		2	43	1	42	7		5	
玛多县			14		14	3		3	
玉树藏族自治州	**3**	**18**	**240**	**49**	**191**	**117**	**1**	**70**	
玉树市	3	9	130	24	106	69		37	
杂多县		2	26	10	16	12		2	
称多县		2	30	3	27	8		6	
治多县			8		8	3		1	
囊谦县		5	28	9	19	21	1	20	
曲麻莱县			18	3	15	4		4	
海西蒙古族藏族自治州	**117**	**427**	**1261**	**511**	**750**	**1799**	**440**	**1047**	**2**
格尔木市	74	325	802	394	408	1103	298	572	1
德令哈市	26	52	201	74	127	244	50	174	1
茫崖市	10	10	49	9	40	119		104	
乌兰县	3	22	62	11	51	105	29	57	
都兰县	1	12	100	17	83	81		69	
天峻县			26	2	24	7	2	5	
大柴旦行政委员会	3	6	21	4	17	140	61	66	

4-4　续表 20　　　　　　　　　　　　　　　　　　　　　　单位：人

地　区 性　别	建筑业		批发和零售业			交通运输、仓储和邮政业			
	建　筑 安装业	建筑装饰、装修和其他建筑业	小计	批发业	零售业	小计	铁　路 运输业	道　路 运输业	水　上 运输业
女	**128**	**1360**	**13012**	**2107**	**10905**	**2147**	**470**	**1010**	**6**
西宁市	**90**	**803**	**8175**	**1546**	**6629**	**1299**	**347**	**623**	**1**
城东区	20	81	2087	353	1734	483	261	141	1
城中区	13	193	1201	187	1014	168	22	91	
城西区	14	70	1116	254	862	181	30	99	
城北区	25	210	1898	541	1357	209	16	140	
湟中区	10	115	852	68	784	112	6	64	
大通回族土族自治县	6	115	747	94	653	111	10	68	
湟源县	2	19	274	49	225	35	2	20	
海东市	**15**	**332**	**1986**	**212**	**1774**	**325**	**32**	**160**	**3**
乐都区	5	64	453	28	425	68	9	37	1
平安区	1	33	279	43	236	69	7	31	
民和回族土族自治县	5	91	479	39	440	47	2	27	
互助土族自治县	3	118	518	83	435	112	14	46	2
化隆回族自治县	1	15	141	10	131	11		6	
循化撒拉族自治县		11	116	9	107	18		13	
海北藏族自治州	**4**	**36**	**400**	**16**	**384**	**35**	**4**	**11**	
门源回族自治县	2	16	197	5	192	14	2	4	
祁连县		2	99	3	96	8		1	
海晏县	2	17	74	7	67	9	1	4	
刚察县		1	30	1	29	4	1	2	
黄南藏族自治州	**4**	**25**	**338**	**15**	**323**	**35**	**1**	**7**	**1**
同仁县		18	164	4	160	29	1	5	1
尖扎县	4	4	74	10	64	5		1	
泽库县			54	1	53				
河南蒙古族自治县		3	46		46	1		1	
海南藏族自治州	**3**	**64**	**746**	**29**	**717**	**72**	**1**	**34**	
共和县		28	264	10	254	37		15	
同德县	1	7	77	6	71	2		1	
贵德县	1	10	224	6	218	23	1	15	
兴海县		16	74	5	69	3			
贵南县	1	3	107	2	105	7		3	
果洛藏族自治州		**8**	**144**	**8**	**136**	**12**		**2**	
玛沁县		2	43	6	37	5		1	
班玛县		3	26	1	25	5		1	
甘德县			7		7				
达日县			35		35	2			
久治县		3	21	1	20				
玛多县			12		12				
玉树藏族自治州		**9**	**150**	**31**	**119**	**29**		**11**	
玉树市		5	87	16	71	20		6	
杂多县		1	14	5	9	3			
称多县		1	12	2	10	3		2	
治多县			6		6				
囊谦县		2	15	3	12	2		2	
曲麻莱县			16	5	11	1		1	
海西蒙古族藏族自治州	**12**	**83**	**1073**	**250**	**823**	**340**	**85**	**162**	**1**
格尔木市	8	55	600	197	403	211	64	88	
德令哈市	2	15	227	39	188	61	12	37	
茫崖市	1	3	40	4	36	22		12	
乌兰县		6	56	4	52	19	5	8	1
都兰县	1	3	114	4	110	11		9	
天峻县			21	1	20				
大柴旦行政委员会		1	15	1	14	16	4	8	

4-4 续表 21

单位：人

地区 性别	交通运输、仓储和邮政业					住宿和餐饮业		
	航空运输业	管道运输业	多式联运和运输代理业	装卸搬运和仓储业	邮政业	小计	住宿业	餐饮业
全省	**273**	**19**	**200**	**974**	**1158**	**16142**	**2082**	**14060**
西宁市	**157**	**1**	**114**	**348**	**703**	**7002**	**1111**	**5891**
城东区	31		47	77	195	1624	263	1361
城中区	36	1	14	32	106	846	203	643
城西区	44		2	16	116	1049	158	891
城北区	30		26	65	98	1001	173	828
湟中区	10		9	72	95	1087	190	897
大通回族土族自治县	5		14	60	61	1038	80	958
湟源县	1		2	26	32	357	44	313
海东市	**51**	**1**	**33**	**228**	**199**	**5351**	**247**	**5104**
乐都区	5	1	4	22	33	596	57	539
平安区	23		12	44	40	449	41	408
民和回族土族自治县	2		3	30	53	952	41	911
互助土族自治县	20		13	114	50	921	71	850
化隆回族自治县	1		1	17	9	1249	15	1234
循化撒拉族自治县				1	14	1184	22	1162
海北藏族自治州	**9**			**27**	**44**	**594**	**100**	**494**
门源回族自治县	2			14	17	270	33	237
祁连县	6			8	12	156	31	125
海晏县				5	14	115	31	84
刚察县	1				1	53	5	48
黄南藏族自治州	**1**		**2**	**52**	**16**	**493**	**57**	**436**
同仁县	1		2	50	5	206	34	172
尖扎县				1	9	197	8	189
泽库县					1	55	8	47
河南蒙古族自治县				1	1	35	7	28
海南藏族自治州	**1**		**1**	**97**	**58**	**975**	**177**	**798**
共和县			1	61	28	373	95	278
同德县				3	1	61	15	46
贵德县	1			5	20	332	38	294
兴海县				13	3	109	20	89
贵南县				15	6	100	9	91
果洛藏族自治州	**4**			**4**	**7**	**233**	**41**	**192**
玛沁县	3			2		80	20	60
班玛县				2	4	54	10	44
甘德县						8		8
达日县	1				1	30	3	27
久治县					2	32	2	30
玛多县						29	6	23
玉树藏族自治州	**9**		**1**	**32**	**22**	**183**	**32**	**151**
玉树市	9		1	31	5	101	19	82
杂多县					13	13		13
称多县					3	27	2	25
治多县				1	1	2	2	
囊谦县						28	7	21
曲麻莱县						12	2	10
海西蒙古族藏族自治州	**41**	**17**	**49**	**186**	**109**	**1311**	**317**	**994**
格尔木市	26	17	45	154	49	616	103	513
德令哈市	6			4	21	250	94	156
茫崖市	8		3	8	6	77	15	62
乌兰县				6	18	156	55	101
都兰县				2	12	148	31	117
天峻县						8	2	6
大柴旦行政委员会	1		1	12	3	56	17	39

4-4　续表 22

单位：人

地　区 性　别	交通运输、仓储和邮政业					住宿和餐饮业		
	航　空 运输业	管　道 运输业	多式联运 和运输 代理业	装卸搬运 和仓储业	邮政业	小计	住宿业	餐饮业
男	**163**	**14**	**156**	**796**	**834**	**7840**	**781**	**7059**
西宁市	**92**	**1**	**93**	**299**	**510**	**3372**	**431**	**2941**
城东区	18		38	66	148	933	126	807
城中区	21	1	11	28	73	398	83	315
城西区	23		1	12	90	542	78	464
城北区	19		21	57	69	488	61	427
湟中区	8		7	61	68	394	39	355
大通回族土族自治县	2		13	51	41	485	27	458
湟源县	1		2	24	21	132	17	115
海东市	**28**	**1**	**27**	**186**	**140**	**2751**	**88**	**2663**
乐都区	1	1	3	16	23	243	21	222
平安区	13		8	40	27	206	18	188
民和回族土族自治县	1		3	26	40	475	14	461
互助土族自治县	13		12	89	33	393	20	373
化隆回族自治县			1	14	8	696	5	691
循化撒拉族自治县				1	9	738	10	728
海北藏族自治州	**5**			**24**	**31**	**281**	**40**	**241**
门源回族自治县	1			12	12	135	13	122
祁连县	4			7	8	75	13	62
海晏县				5	10	42	10	32
刚察县					1	29	4	25
黄南藏族自治州			**2**	**32**	**11**	**241**	**26**	**215**
同仁县			2	30	4	99	18	81
尖扎县				1	5	103	5	98
泽库县					1	23	1	22
河南蒙古族自治县				1	1	16	2	14
海南藏族自治州	**1**			**75**	**44**	**434**	**62**	**372**
共和县				47	21	157	29	128
同德县				2	1	25	8	17
贵德县	1			4	14	150	8	142
兴海县				10	3	58	12	46
贵南县				12	5	44	5	39
果洛藏族自治州				**2**	**3**	**106**	**16**	**90**
玛沁县				1		39	9	30
班玛县				1	1	20	1	19
甘德县						7		7
达日县						13	1	12
久治县					2	13	1	12
玛多县						14	4	10
玉树藏族自治州	**8**		**1**	**21**	**16**	**93**	**16**	**77**
玉树市	8		1	20	3	50	6	44
杂多县					10	5		5
称多县					2	15	2	13
治多县				1	1	1	1	
囊谦县						18	7	11
曲麻莱县						4		4
海西蒙古族藏族自治州	**29**	**12**	**33**	**157**	**79**	**562**	**102**	**460**
格尔木市	19	12	31	130	40	278	38	240
德令哈市	4			3	12	87	22	65
茫崖市	6		1	6	2	28	2	26
乌兰县				6	13	77	24	53
都兰县				2	10	59	8	51
天峻县						6	1	5
大柴旦行政委员会			1	10	2	27	7	20

4-4 续表 23 单位：人

地区 性别	交通运输、仓储和邮政业					住宿和餐饮业		
	航空运输业	管道运输业	多式联运和运输代理业	装卸搬运和仓储业	邮政业	小计	住宿业	餐饮业
女	**110**	**5**	**44**	**178**	**324**	**8302**	**1301**	**7001**
西宁市	**65**		**21**	**49**	**193**	**3630**	**680**	**2950**
城东区	13		9	11	47	691	137	554
城中区	15		3	4	33	448	120	328
城西区	21		1	4	26	507	80	427
城北区	11		5	8	29	513	112	401
湟中区	2		2	11	27	693	151	542
大通回族土族自治县	3		1	9	20	553	53	500
湟源县				2	11	225	27	198
海东市	**23**		**6**	**42**	**59**	**2600**	**159**	**2441**
乐都区	4		1	6	10	353	36	317
平安区	10		4	4	13	243	23	220
民和回族土族自治县	1			4	13	477	27	450
互助土族自治县	7		1	25	17	528	51	477
化隆回族自治县	1			3	1	553	10	543
循化撒拉族自治县					5	446	12	434
海北藏族自治州	**4**			**3**	**13**	**313**	**60**	**253**
门源回族自治县	1			2	5	135	20	115
祁连县	2			1	4	81	18	63
海晏县					4	73	21	52
刚察县	1					24	1	23
黄南藏族自治州	**1**			**20**	**5**	**252**	**31**	**221**
同仁县	1			20	1	107	16	91
尖扎县					4	94	3	91
泽库县						32	7	25
河南蒙古族自治县						19	5	14
海南藏族自治州			**1**	**22**	**14**	**541**	**115**	**426**
共和县			1	14	7	216	66	150
同德县				1		36	7	29
贵德县				1	6	182	30	152
兴海县				3		51	8	43
贵南县				3	1	56	4	52
果洛藏族自治州	**4**			**2**	**4**	**127**	**25**	**102**
玛沁县	3			1		41	11	30
班玛县				1	3	34	9	25
甘德县						1		1
达日县	1				1	17	2	15
久治县						19	1	18
玛多县						15	2	13
玉树藏族自治州	**1**			**11**	**6**	**90**	**16**	**74**
玉树市	1			11	2	51	13	38
杂多县					3	8		8
称多县					1	12		12
治多县						1	1	
囊谦县						10		10
曲麻莱县						8	2	6
海西蒙古族藏族自治州	**12**	**5**	**16**	**29**	**30**	**749**	**215**	**534**
格尔木市	7	5	14	24	9	338	65	273
德令哈市	2			1	9	163	72	91
茫崖市	2		2	2	4	49	13	36
乌兰县					5	79	31	48
都兰县					2	89	23	66
天峻县						2	1	1
大柴旦行政委员会	1			2	1	29	10	19

4-4 续表 24

单位：人

地　区 性　别	信息传输、软件和信息技术服务业				金融业				
	小计	电信、广播电视和卫星传输服务	互联网和相关服务	软件和信息技术服务业	小计	货币金融服务	资本市场服务	保险业	其他金融业
全省	**2670**	**1580**	**396**	**694**	**3835**	**2453**	**106**	**1099**	**177**
西宁市	**1818**	**972**	**293**	**553**	**2565**	**1608**	**93**	**743**	**121**
城东区	423	227	82	114	462	257	27	153	25
城中区	293	164	34	95	446	303	19	115	9
城西区	493	265	63	165	832	589	24	187	32
城北区	350	142	62	146	465	243	22	152	48
湟中区	107	65	23	19	130	76		52	2
大通回族土族自治县	98	73	18	7	169	109	1	55	4
湟源县	54	36	11	7	61	31		29	1
海东市	**308**	**189**	**50**	**69**	**466**	**309**	**4**	**139**	**14**
乐都区	77	45	8	24	98	72		25	1
平安区	86	57	14	15	113	70	1	37	5
民和回族土族自治县	48	35	6	7	96	57	3	34	2
互助土族自治县	70	33	17	20	104	69		32	3
化隆回族自治县	19	13	5	1	20	14		6	
循化撒拉族自治县	8	6		2	35	27		5	3
海北藏族自治州	**90**	**74**	**8**	**8**	**158**	**106**	**1**	**50**	**1**
门源回族自治县	27	19	4	4	48	27		21	
祁连县	15	13	2		28	19		9	
海晏县	43	37	2	4	61	47	1	12	1
刚察县	5	5			21	13		8	
黄南藏族自治州	**53**	**45**	**2**	**6**	**97**	**68**		**21**	**8**
同仁县	36	29	1	6	47	30		10	7
尖扎县	7	6	1		18	17		1	
泽库县	7	7			20	14		5	1
河南蒙古族自治县	3	3			12	7		5	
海南藏族自治州	**112**	**95**	**12**	**5**	**173**	**123**	**2**	**43**	**5**
共和县	55	40	10	5	80	59		17	4
同德县	9	9			13	11		2	
贵德县	25	24	1		48	27	2	18	1
兴海县	9	9			12	10		2	
贵南县	14	13	1		20	16		4	
果洛藏族自治州	**44**	**41**	**3**		**25**	**17**		**8**	
玛沁县	28	25	3		10	6		4	
班玛县	3	3			5	2		3	
甘德县					4	4			
达日县	6	6			2	1		1	
久治县	1	1			1	1			
玛多县	6	6			3	3			
玉树藏族自治州	**43**	**33**	**2**	**8**	**51**	**33**		**18**	
玉树市	31	22	1	8	37	22		15	
杂多县	2	2			3	2		1	
称多县	3	3			4	4			
治多县	1	1			1	1			
囊谦县	4	3	1		4	3		1	
曲麻莱县	2	2			2	1		1	
海西蒙古族藏族自治州	**202**	**131**	**26**	**45**	**300**	**189**	**6**	**77**	**28**
格尔木市	93	51	9	33	140	67	6	43	24
德令哈市	52	36	5	11	87	69		17	1
茫崖市	15	6	9		6	5		1	
乌兰县	16	15	1		22	16		5	1
都兰县	13	11	2		29	20		9	
天峻县	7	7			12	8		2	2
大柴旦行政委员会	6	5		1	4	4			

4－4 续表 25

单位：人

地区 性别	信息传输、软件和信息技术服务业				金融业				
	小计	电信、广播电视和卫星传输服务	互联网和相关服务	软件和信息技术服务业	小计	货币金融服务	资本市场服务	保险业	其他金融业
男	**1596**	**860**	**262**	**474**	**1750**	**1173**	**54**	**423**	**100**
西宁市	**1079**	**511**	**194**	**374**	**1112**	**729**	**48**	**267**	**68**
城东区	267	128	56	83	216	114	15	67	20
城中区	169	82	16	71	201	145	12	40	4
城西区	290	136	45	109	375	267	13	78	17
城北区	192	65	41	86	187	104	8	52	23
湟中区	73	42	16	15	46	34		10	2
大通回族土族自治县	60	42	12	6	64	47		15	2
湟源县	28	16	8	4	23	18		5	
海东市	**192**	**108**	**35**	**49**	**219**	**155**	**2**	**58**	**4**
乐都区	54	29	5	20	37	32		5	
平安区	49	31	10	8	60	40		18	2
民和回族土族自治县	26	18	3	5	52	32	2	18	
互助土族自治县	42	15	14	13	41	29		12	
化隆回族自治县	13	9	3	1	9	7		2	
循化撒拉族自治县	8	6		2	20	15		3	2
海北藏族自治州	**54**	**43**	**6**	**5**	**84**	**52**	**1**	**30**	**1**
门源回族自治县	18	13	3	2	27	15		12	
祁连县	10	9	1		15	9		6	
海晏县	23	18	2	3	29	20	1	7	1
刚察县	3	3			13	8		5	
黄南藏族自治州	**34**	**29**		**5**	**59**	**38**		**14**	**7**
同仁县	26	21		5	26	16		4	6
尖扎县	2	2			13	12		1	
泽库县	5	5			12	7		4	1
河南蒙古族自治县	1	1			8	3		5	
海南藏族自治州	**60**	**52**	**6**	**2**	**86**	**65**	**1**	**16**	**4**
共和县	29	23	4	2	38	30		5	3
同德县	5	5			11	9		2	
贵德县	12	11	1		20	12	1	6	1
兴海县	6	6			8	8			
贵南县	8	7	1		9	6		3	
果洛藏族自治州	**36**	**33**	**3**		**15**	**12**		**3**	
玛沁县	25	22	3		7	5		2	
班玛县	1	1			3	2		1	
甘德县					3	3			
达日县	5	5							
久治县									
玛多县	5	5			2	2			
玉树藏族自治州	**21**	**16**	**2**	**3**	**34**	**23**		**11**	
玉树市	14	10	1	3	25	16		9	
杂多县	1	1			3	2		1	
称多县	2	2			2	2			
治多县	1	1			1	1			
囊谦县	2	1	1		3	2		1	
曲麻莱县	1	1							
海西蒙古族藏族自治州	**120**	**68**	**16**	**36**	**141**	**99**	**2**	**24**	**16**
格尔木市	53	25	4	24	60	31	2	13	14
德令哈市	35	20	4	11	43	38		5	
茫崖市	11	3	8		1	1			
乌兰县	9	9			11	9		1	1
都兰县	4	4			16	12		4	
天峻县	5	5			8	6		1	1
大柴旦行政委员会	3	2		1	2	2			

4-4 续表 26

单位：人

地区 性别	信息传输、软件和信息技术服务业 小计	电信、广播电视和卫星传输服务	互联网和相关服务	软件和信息技术服务业	金融业 小计	货币金融服务	资本市场服务	保险业	其他金融业
女	**1074**	**720**	**134**	**220**	**2085**	**1280**	**52**	**676**	**77**
西宁市	**739**	**461**	**99**	**179**	**1453**	**879**	**45**	**476**	**53**
城东区	156	99	26	31	246	143	12	86	5
城中区	124	82	18	24	245	158	7	75	5
城西区	203	129	18	56	457	322	11	109	15
城北区	158	77	21	60	278	139	14	100	25
湟中区	34	23	7	4	84	42		42	
大通回族土族自治县	38	31	6	1	105	62	1	40	2
湟源县	26	20	3	3	38	13		24	1
海东市	**116**	**81**	**15**	**20**	**247**	**154**	**2**	**81**	**10**
乐都区	23	16	3	4	61	40		20	1
平安区	37	26	4	7	53	30	1	19	3
民和回族土族自治县	22	17	3	2	44	25	1	16	2
互助土族自治县	28	18	3	7	63	40		20	3
化隆回族自治县	6	4	2		11	7		4	
循化撒拉族自治县					15	12		2	1
海北藏族自治州	**36**	**31**	**2**	**3**	**74**	**54**		**20**	
门源回族自治县	9	6	1	2	21	12		9	
祁连县	5	4	1		13	10		3	
海晏县	20	19		1	32	27		5	
刚察县	2	2			8	5		3	
黄南藏族自治州	**19**	**16**	**2**	**1**	**38**	**30**		**7**	**1**
同仁县	10	8	1	1	21	14		6	1
尖扎县	5	4	1		5	5			
泽库县	2	2			8	7		1	
河南蒙古族自治县	2	2			4	4			
海南藏族自治州	**52**	**43**	**6**	**3**	**87**	**58**	**1**	**27**	**1**
共和县	26	17	6	3	42	29		12	1
同德县	4	4			2	2			
贵德县	13	13			28	15	1	12	
兴海县	3	3			4	2		2	
贵南县	6	6			11	10		1	
果洛藏族自治州	**8**	**8**			**10**	**5**		**5**	
玛沁县	3	3			3	1		2	
班玛县	2	2			2			2	
甘德县					1	1			
达日县	1	1			2	1		1	
久治县	1	1			1	1			
玛多县	1	1			1	1			
玉树藏族自治州	**22**	**17**		**5**	**17**	**10**		**7**	
玉树市	17	12		5	12	6		6	
杂多县	1	1							
称多县	1	1			2	2			
治多县									
囊谦县	2	2			1	1			
曲麻莱县	1	1			2	1		1	
海西蒙古族藏族自治州	**82**	**63**	**10**	**9**	**159**	**90**	**4**	**53**	**12**
格尔木市	40	26	5	9	80	36	4	30	10
德令哈市	17	16	1		44	31		12	1
茫崖市	4	3	1		5	4		1	
乌兰县	7	6	1		11	7		4	
都兰县	9	7	2		13	8		5	
天峻县	2	2			4	2		1	1
大柴旦行政委员会	3	3			2	2			

4–4 续表 27 单位：人

地区 性别	房地产业		租赁和商务服务业			科学研究和技术服务业			
	小计	房地产业	小计	租赁业	商务服务业	小计	研究和试验发展	专业技术服务业	科技推广和应用服务业
全省	**4445**	**4445**	**5548**	**678**	**4870**	**3492**	**270**	**2853**	**369**
西宁市	**3230**	**3230**	**3489**	**435**	**3054**	**2630**	**229**	**2152**	**249**
城东区	669	669	674	73	601	399	24	343	32
城中区	565	565	557	41	516	438	19	367	52
城西区	534	534	682	59	623	920	111	728	81
城北区	767	767	855	85	770	576	56	466	54
湟中区	403	403	361	90	271	135	8	119	8
大通回族土族自治县	250	250	300	79	221	120	6	103	11
湟源县	42	42	60	8	52	42	5	26	11
海东市	**809**	**809**	**747**	**90**	**657**	**336**	**16**	**265**	**55**
乐都区	372	372	185	14	171	95	4	74	17
平安区	92	92	166	7	159	62	5	47	10
民和回族土族自治县	176	176	119	24	95	58	1	53	4
互助土族自治县	139	139	237	30	207	93	5	68	20
化隆回族自治县	24	24	20	8	12	20	1	15	4
循化撒拉族自治县	6	6	20	7	13	8		8	
海北藏族自治州	**70**	**70**	**115**	**7**	**108**	**88**	**2**	**77**	**9**
门源回族自治县	45	45	59	2	57	38	1	36	1
祁连县	6	6	15	1	14	15		12	3
海晏县	14	14	30	3	27	22	1	16	5
刚察县	5	5	11	1	10	13		13	
黄南藏族自治州	**21**	**21**	**92**	**1**	**91**	**33**		**30**	**3**
同仁县	19	19	77	1	76	18		15	3
尖扎县	2	2	7		7	9		9	
泽库县			5		5	6		6	
河南蒙古族自治县			3		3				
海南藏族自治州	**72**	**72**	**166**	**33**	**133**	**87**	**2**	**77**	**8**
共和县	34	34	76	21	55	30	1	26	3
同德县	7	7	20	1	19	20	1	19	
贵德县	27	27	37	7	30	29		24	5
兴海县	2	2	15	3	12	5		5	
贵南县	2	2	18	1	17	3		3	
果洛藏族自治州	**1**	**1**	**16**		**16**	**3**		**2**	**1**
玛沁县			7		7	1			1
班玛县			6		6				
甘德县			1		1				
达日县									
久治县			2		2	1		1	
玛多县	1	1				1		1	
玉树藏族自治州	**12**	**12**	**65**	**1**	**64**	**15**		**15**	
玉树市	4	4	30	1	29	3		3	
杂多县	2	2	6		6				
称多县	2	2	8		8	1		1	
治多县			2		2	4		4	
囊谦县	3	3	16		16	2		2	
曲麻莱县	1	1	3		3	5		5	
海西蒙古族藏族自治州	**230**	**230**	**858**	**111**	**747**	**300**	**21**	**235**	**44**
格尔木市	152	152	626	83	543	185	13	140	32
德令哈市	39	39	92	11	81	45	8	31	6
茫崖市	10	10	84	5	79	20		19	1
乌兰县	12	12	11	2	9	17		14	3
都兰县	6	6	18	4	14	6		5	1
天峻县	3	3	2		2	5		4	1
大柴旦行政委员会	8	8	25	6	19	22		22	

4-4　续表 28　　　　单位：人

地　区 性　别	房地产业		租赁和商务服务业			科学研究和技术服务业			
	小计	房地产业	小计	租赁业	商务服务业	小计	研究和试验发展	专业技术服务业	科技推广和应用服务业
男	**2610**	**2610**	**3627**	**611**	**3016**	**2370**	**163**	**1976**	**231**
西宁市	**1845**	**1845**	**2222**	**384**	**1838**	**1765**	**136**	**1472**	**157**
城东区	391	391	451	62	389	281	16	241	24
城中区	340	340	350	33	317	329	10	281	38
城西区	312	312	408	49	359	580	67	462	51
城北区	434	434	495	71	424	362	31	304	27
湟中区	210	210	268	87	181	98	5	89	4
大通回族土族自治县	128	128	213	75	138	87	3	78	6
湟源县	30	30	37	7	30	28	4	17	7
海东市	**522**	**522**	**509**	**85**	**424**	**238**	**8**	**195**	**35**
乐都区	259	259	111	13	98	70	2	57	11
平安区	55	55	106	6	100	44	4	33	7
民和回族土族自治县	101	101	82	22	60	36		35	1
互助土族自治县	86	86	174	30	144	69	1	55	13
化隆回族自治县	18	18	17	7	10	14	1	10	3
循化撒拉族自治县	3	3	19	7	12	5		5	
海北藏族自治州	**42**	**42**	**85**	**7**	**78**	**58**	**2**	**52**	**4**
门源回族自治县	25	25	45	2	43	27	1	26	
祁连县	4	4	12	1	11	8		7	1
海晏县	10	10	19	3	16	13	1	9	3
刚察县	3	3	9	1	8	10		10	
黄南藏族自治州	**16**	**16**	**56**	**1**	**55**	**22**		**19**	**3**
同仁县	15	15	47	1	46	10		7	3
尖扎县	1	1	4		4	6		6	
泽库县			3		3	6		6	
河南蒙古族自治县			2		2				
海南藏族自治州	**39**	**39**	**120**	**31**	**89**	**66**	**2**	**57**	**7**
共和县	20	20	58	19	39	26	1	22	3
同德县	2	2	14	1	13	13	1	12	
贵德县	13	13	25	7	18	22		18	4
兴海县	2	2	10	3	7	3		3	
贵南县	2	2	13	1	12	2		2	
果洛藏族自治州			**9**		**9**	**2**		**1**	**1**
玛沁县			3		3	1			1
班玛县			4		4				
甘德县									
达日县									
久治县			2		2				
玛多县						1		1	
玉树藏族自治州	**8**	**8**	**45**	**1**	**44**	**9**		**9**	
玉树市	1	1	20	1	19	1		1	
杂多县	2	2	5		5				
称多县	2	2	7		7	1		1	
治多县			1		1	3		3	
囊谦县	2	2	10		10	1		1	
曲麻莱县	1	1	2		2	3		3	
海西蒙古族藏族自治州	**138**	**138**	**581**	**102**	**479**	**210**	**15**	**171**	**24**
格尔木市	96	96	415	76	339	128	10	102	16
德令哈市	22	22	70	10	60	28	5	19	4
茫崖市	6	6	51	5	46	15		14	1
乌兰县	5	5	8	1	7	12		10	2
都兰县	2	2	14	4	10	5		4	1
天峻县	2	2	1		1	2		2	
大柴旦行政委员会	5	5	22	6	16	20		20	

4－4 续表 29 单位：人

地区 性别	房地产业		租赁和商务服务业			科学研究和技术服务业			
	小计	房地产业	小计	租赁业	商务服务业	小计	研究和试验发展	专业技术服务业	科技推广和应用服务业
女	**1835**	**1835**	**1921**	**67**	**1854**	**1122**	**107**	**877**	**138**
西宁市	**1385**	**1385**	**1267**	**51**	**1216**	**865**	**93**	**680**	**92**
城东区	278	278	223	11	212	118	8	102	8
城中区	225	225	207	8	199	109	9	86	14
城西区	222	222	274	10	264	340	44	266	30
城北区	333	333	360	14	346	214	25	162	27
湟中区	193	193	93	3	90	37	3	30	4
大通回族土族自治县	122	122	87	4	83	33	3	25	5
湟源县	12	12	23	1	22	14	1	9	4
海东市	**287**	**287**	**238**	**5**	**233**	**98**	**8**	**70**	**20**
乐都区	113	113	74	1	73	25	2	17	6
平安区	37	37	60	1	59	18	1	14	3
民和回族土族自治县	75	75	37	2	35	22	1	18	3
互助土族自治县	53	53	63		63	24	4	13	7
化隆回族自治县	6	6	3	1	2	6		5	1
循化撒拉族自治县	3	3	1		1	3		3	
海北藏族自治州	**28**	**28**	**30**		**30**	**30**		**25**	**5**
门源回族自治县	20	20	14		14	11		10	1
祁连县	2	2	3		3	7		5	2
海晏县	4	4	11		11	9		7	2
刚察县	2	2	2		2	3		3	
黄南藏族自治州	**5**	**5**	**36**		**36**	**11**		**11**	
同仁县	4	4	30		30	8		8	
尖扎县	1	1	3		3	3		3	
泽库县			2		2				
河南蒙古族自治县			1		1				
海南藏族自治州	**33**	**33**	**46**	**2**	**44**	**21**		**20**	**1**
共和县	14	14	18	2	16	4		4	
同德县	5	5	6		6	7		7	
贵德县	14	14	12		12	7		6	1
兴海县			5		5	2		2	
贵南县			5		5	1		1	
果洛藏族自治州	**1**	**1**	**7**		**7**	**1**		**1**	
玛沁县			4		4				
班玛县			2		2				
甘德县			1		1				
达日县									
久治县						1		1	
玛多县	1	1							
玉树藏族自治州	**4**	**4**	**20**		**20**	**6**		**6**	
玉树市	3	3	10		10	2		2	
杂多县			1		1				
称多县			1		1				
治多县			1		1	1		1	
囊谦县	1	1	6		6	1		1	
曲麻莱县			1		1	2		2	
海西蒙古族藏族自治州	**92**	**92**	**277**	**9**	**268**	**90**	**6**	**64**	**20**
格尔木市	56	56	211	7	204	57	3	38	16
德令哈市	17	17	22	1	21	17	3	12	2
茫崖市	4	4	33		33	5		5	
乌兰县	7	7	3	1	2	5		4	1
都兰县	4	4	4		4	1		1	
天峻县	1	1	1		1	3		2	1
大柴旦行政委员会	3	3	3		3	2		2	

4−4　续表 30　　　　单位：人

地区 性别	水利、环境和公共设施管理业					居民服务、修理和其他服务业			
	小计	水利管理业	生态保护和环境治理业	公共设施管理业	土地管理业	小计	居民服务业	机动车、电子产品和日用产品修理业	其他服务业
全省	**2609**	**293**	**821**	**1443**	**52**	**5609**	**2749**	**2129**	**731**
西宁市	**1085**	**126**	**176**	**745**	**38**	**3091**	**1754**	**995**	**342**
城东区	165	21	30	111	3	542	314	175	53
城中区	97	14	15	66	2	462	298	134	30
城西区	142	26	21	89	6	379	288	69	22
城北区	168	23	17	123	5	664	365	189	110
湟中区	255	21	32	199	3	539	264	222	53
大通回族土族自治县	156	13	24	115	4	396	184	152	60
湟源县	102	8	37	42	15	109	41	54	14
海东市	**432**	**47**	**51**	**324**	**10**	**1140**	**547**	**372**	**221**
乐都区	114	15	10	87	2	234	133	79	22
平安区	93	6	4	82	1	159	64	59	36
民和回族土族自治县	46	6	1	34	5	182	92	81	9
互助土族自治县	148	18	30	98	2	445	220	87	138
化隆回族自治县	26	1	2	23		69	24	37	8
循化撒拉族自治县	5	1	4			51	14	29	8
海北藏族自治州	**76**	**14**	**24**	**38**		**208**	**75**	**104**	**29**
门源回族自治县	26	4	11	11		92	34	51	7
祁连县	11	6	2	3		30	12	10	8
海晏县	29		10	19		53	24	17	12
刚察县	10	4	1	5		33	5	26	2
黄南藏族自治州	**56**	**10**	**6**	**38**	**2**	**116**	**39**	**70**	**7**
同仁县	42	9	5	26	2	56	21	31	4
尖扎县	8	1		7		37	15	19	3
泽库县						14	2	12	
河南蒙古族自治县	6		1	5		9	1	8	
海南藏族自治州	**164**	**38**	**47**	**79**		**296**	**111**	**161**	**24**
共和县	53	20	6	27		102	36	49	17
同德县	11	2	7	2		35	5	28	2
贵德县	74	3	26	45		84	42	37	5
兴海县	3		2	1		45	18	27	
贵南县	23	13	6	4		30	10	20	
果洛藏族自治州	**103**		**99**	**4**		**88**	**17**	**62**	**9**
玛沁县	5		4	1		41	7	33	1
班玛县	1			1		15	4	8	3
甘德县									
达日县						15		11	4
久治县						10	6	4	
玛多县	97		95	2		7		6	1
玉树藏族自治州	**411**	**2**	**379**	**29**	**1**	**101**	**22**	**68**	**11**
玉树市	60	2	40	17	1	66	10	49	7
杂多县	313		311	2		9	2	6	1
称多县	8		3	5		12	7	5	
治多县	2			2		6		3	3
囊谦县	17		16	1		5	2	3	
曲麻莱县	11		9	2		3	1	2	
海西蒙古族藏族自治州	**282**	**56**	**39**	**186**	**1**	**569**	**184**	**297**	**88**
格尔木市	126	33	28	64	1	360	113	176	71
德令哈市	46	3	2	41		87	37	47	3
茫崖市	14		8	6		36	9	18	9
乌兰县	61	1	1	59		32	9	21	2
都兰县	30	19		11		35	11	21	3
天峻县	1			1		11	2	9	
大柴旦行政委员会	4			4		8	3	5	

4-4 续表 31　　　　单位：人

地区 性别	水利、环境和公共设施管理业					居民服务、修理和其他服务业			
	小计	水利管理业	生态保护和环境治理业	公共设施管理业	土地管理业	小计	居民服务业	机动车、电子产品和日用产品修理业	其他服务业
男	**1688**	**227**	**639**	**785**	**37**	**2885**	**867**	**1724**	**294**
西宁市	**660**	**89**	**127**	**415**	**29**	**1525**	**561**	**807**	**157**
城东区	107	18	20	67	2	279	110	138	31
城中区	59	9	9	40	1	213	90	108	15
城西区	83	16	13	50	4	171	104	53	14
城北区	110	18	12	76	4	326	117	155	54
湟中区	155	15	26	111	3	258	65	178	15
大通回族土族自治县	72	7	18	45	2	221	68	131	22
湟源县	74	6	29	26	13	57	7	44	6
海东市	**269**	**41**	**40**	**183**	**5**	**544**	**162**	**303**	**79**
乐都区	77	14	9	54		99	29	64	6
平安区	53	4	3	46		74	21	42	11
民和回族土族自治县	29	5		21	3	103	32	68	3
互助土族自治县	96	17	24	53	2	192	65	71	56
化隆回族自治县	11	1	1	9		41	9	30	2
循化撒拉族自治县	3		3			35	6	28	1
海北藏族自治州	**47**	**11**	**17**	**19**		**102**	**14**	**79**	**9**
门源回族自治县	14	2	5	7		43	4	38	1
祁连县	10	5	2	3		17	5	9	3
海晏县	16		9	7		24	5	15	4
刚察县	7	4	1	2		18		17	1
黄南藏族自治州	**25**	**5**	**5**	**14**	**1**	**67**	**11**	**53**	**3**
同仁县	19	5	4	9	1	30	6	22	2
尖扎县	3			3		23	5	17	1
泽库县						9		9	
河南蒙古族自治县	3		1	2		5		5	
海南藏族自治州	**110**	**32**	**35**	**43**		**174**	**36**	**132**	**6**
共和县	31	17	5	9		52	9	40	3
同德县	8	2	5	1		27	3	23	1
贵德县	55	3	21	31		47	12	33	2
兴海县	1		1			27	9	18	
贵南县	15	10	3	2		21	3	18	
果洛藏族自治州	**70**		**69**	**1**		**63**	**8**	**50**	**5**
玛沁县	4		4			31	3	28	
班玛县						10	2	7	1
甘德县									
达日县						11		8	3
久治县						6	3	3	
玛多县	66		65	1		5		4	1
玉树藏族自治州	**340**	**1**	**321**	**17**	**1**	**76**	**14**	**58**	**4**
玉树市	43	1	31	10	1	50	6	41	3
杂多县	269		268	1		7	2	5	
称多县	3			3		8	4	4	
治多县	1			1		4		3	1
囊谦县	16		15	1		4	1	3	
曲麻莱县	8		7	1		3	1	2	
海西蒙古族藏族自治州	**167**	**48**	**25**	**93**	**1**	**334**	**61**	**242**	**31**
格尔木市	74	29	16	28	1	209	40	147	22
德令哈市	20	2	2	16		50	10	38	2
茫崖市	10		6	4		22	4	13	5
乌兰县	38		1	37		19		18	1
都兰县	22	17		5		21	3	17	1
天峻县	1			1		8	2	6	
大柴旦行政委员会	2			2		5	2	3	

4-4　续表 32　　　　　　　　　　　　　　　　　　　　　　　　　　　　　　单位：人

地区 性别	水利、环境和公共设施管理业					居民服务、修理和其他服务业			
	小计	水利管理业	生态保护和环境治理业	公共设施管理业	土地管理业	小计	居民服务业	机动车、电子产品和日用产品修理业	其他服务业
女	**921**	**66**	**182**	**658**	**15**	**2724**	**1882**	**405**	**437**
西宁市	**425**	**37**	**49**	**330**	**9**	**1566**	**1193**	**188**	**185**
城东区	58	3	10	44	1	263	204	37	22
城中区	38	5	6	26	1	249	208	26	15
城西区	59	10	8	39	2	208	184	16	8
城北区	58	5	5	47	1	338	248	34	56
湟中区	100	6	6	88		281	199	44	38
大通回族土族自治县	84	6	6	70	2	175	116	21	38
湟源县	28	2	8	16	2	52	34	10	8
海东市	**163**	**6**	**11**	**141**	**5**	**596**	**385**	**69**	**142**
乐都区	37	1	1	33	2	135	104	15	16
平安区	40	2	1	36	1	85	43	17	25
民和回族土族自治县	17	1	1	13	2	79	60	13	6
互助土族自治县	52	1	6	45		253	155	16	82
化隆回族自治县	15		1	14		28	15	7	6
循化撒拉族自治县	2	1	1			16	8	1	7
海北藏族自治州	**29**	**3**	**7**	**19**		**106**	**61**	**25**	**20**
门源回族自治县	12	2	6	4		49	30	13	6
祁连县	1	1				13	7	1	5
海晏县	13		1	12		29	19	2	8
刚察县	3			3		15	5	9	1
黄南藏族自治州	**31**	**5**	**1**	**24**	**1**	**49**	**28**	**17**	**4**
同仁县	23	4	1	17	1	26	15	9	2
尖扎县	5	1		4		14	10	2	2
泽库县						5	2	3	
河南蒙古族自治县	3			3		4	1	3	
海南藏族自治州	**54**	**6**	**12**	**36**		**122**	**75**	**29**	**18**
共和县	22	3	1	18		50	27	9	14
同德县	3		2	1		8	2	5	1
贵德县	19		5	14		37	30	4	3
兴海县	2		1	1		18	9	9	
贵南县	8	3	3	2		9	7	2	
果洛藏族自治州	**33**		**30**	**3**		**25**	**9**	**12**	**4**
玛沁县	1			1		10	4	5	1
班玛县	1			1		5	2	1	2
甘德县									
达日县						4		3	1
久治县						4	3	1	
玛多县	31		30	1		2		2	
玉树藏族自治州	**71**	**1**	**58**	**12**		**25**	**8**	**10**	**7**
玉树市	17	1	9	7		16	4	8	4
杂多县	44		43	1		2		1	1
称多县	5		3	2		4	3	1	
治多县	1			1		2			2
囊谦县	1		1			1	1		
曲麻莱县	3		2	1					
海西蒙古族藏族自治州	**115**	**8**	**14**	**93**		**235**	**123**	**55**	**57**
格尔木市	52	4	12	36		151	73	29	49
德令哈市	26	1		25		37	27	9	1
茫崖市	4		2	2		14	5	5	4
乌兰县	23	1		22		13	9	3	1
都兰县	8	2		6		14	8	4	2
天峻县						3		3	
大柴旦行政委员会	2			2		3	1	2	

4-4 续表 33

单位：人

地区 性别	教育		卫生和社会工作			文化、体育和娱乐业				
	小计	教育	小计	卫生	社会工作	小计	新闻和出版业	广播、电视、电影和录音制作业	文化艺术业	体育
全省	**11627**	**11627**	**7092**	**6847**	**245**	**1854**	**192**	**247**	**464**	**188**
西宁市	**5531**	**5531**	**4159**	**4000**	**159**	**1207**	**133**	**178**	**223**	**135**
城东区	955	955	970	948	22	212	26	40	35	29
城中区	794	794	807	786	21	253	37	23	55	38
城西区	1117	1117	904	876	28	308	50	68	59	18
城北区	1140	1140	557	541	16	204	17	30	39	30
湟中区	616	616	335	306	29	133	2	7	18	6
大通回族土族自治县	684	684	407	380	27	70	1	6	12	13
湟源县	225	225	179	163	16	27		4	5	1
海东市	**2282**	**2282**	**1112**	**1068**	**44**	**195**	**21**	**16**	**70**	**18**
乐都区	485	485	221	212	9	41	4	3	9	5
平安区	230	230	125	119	6	50	12	5	21	1
民和回族土族自治县	531	531	269	262	7	25		1	11	
互助土族自治县	600	600	304	288	16	61	4	4	20	11
化隆回族自治县	257	257	113	110	3	7	1	1	4	
循化撒拉族自治县	179	179	80	77	3	11		2	5	1
海北藏族自治州	**670**	**670**	**316**	**310**	**6**	**74**	**6**	**6**	**26**	**7**
门源回族自治县	366	366	141	139	2	16		2	7	1
祁连县	122	122	42	40	2	13	1	1	6	1
海晏县	117	117	78	77	1	40	4	2	13	3
刚察县	65	65	55	54	1	5	1	1		2
黄南藏族自治州	**627**	**627**	**282**	**266**	**16**	**89**	**6**	**13**	**53**	**4**
同仁县	287	287	134	130	4	57	5	3	39	4
尖扎县	149	149	55	50	5	15		5	7	
泽库县	118	118	49	44	5	5	1			
河南蒙古族自治县	73	73	44	42	2	12		5	7	
海南藏族自治州	**1007**	**1007**	**508**	**503**	**5**	**82**	**11**	**12**	**19**	**6**
共和县	289	289	176	174	2	40	5	7	10	2
同德县	166	166	68	68		11	3	1	3	
贵德县	274	274	143	141	2	23	1	3	3	3
兴海县	75	75	39	39		2		1		1
贵南县	203	203	82	81	1	6	2		3	
果洛藏族自治州	**281**	**281**	**89**	**86**	**3**	**17**		**3**	**6**	**2**
玛沁县	66	66	26	26		3		1	2	
班玛县	59	59	17	17		3			1	1
甘德县	24	24	4	4		1		1		
达日县	48	48	18	17	1	2				
久治县	49	49	11	10	1	8		1	3	1
玛多县	35	35	13	12	1					
玉树藏族自治州	**422**	**422**	**174**	**170**	**4**	**41**	**1**	**4**	**17**	**3**
玉树市	215	215	83	81	2	16			6	1
杂多县	38	38	16	16		3	1		1	
称多县	81	81	26	26		4			4	
治多县	13	13	9	7	2	2		2		
囊谦县	43	43	23	23		8		1	2	2
曲麻莱县	32	32	17	17		8		1	4	
海西蒙古族藏族自治州	**807**	**807**	**452**	**444**	**8**	**149**	**14**	**15**	**50**	**13**
格尔木市	371	371	185	184	1	54	2	4	14	6
德令哈市	185	185	133	131	2	64	9	9	22	7
茫崖市	21	21	22	22		5	1		1	
乌兰县	58	58	37	35	2	8			7	
都兰县	126	126	55	52	3	12	2	2	2	
天峻县	31	31	12	12		4			2	
大柴旦行政委员会	15	15	8	8		2			2	

4-4　续表 34

单位：人

地区 性别	教育		卫生和社会工作			文化、体育和娱乐业				
	小计	教育	小计	卫生	社会工作	小计	新闻和出版业	广播、电视、电影和录音制作业	文化艺术业	体育
男	**4480**	**4480**	**2203**	**2129**	**74**	**1018**	**100**	**142**	**246**	**116**
西宁市	**1994**	**1994**	**1181**	**1132**	**49**	**669**	**73**	**106**	**121**	**78**
城东区	362	362	274	264	10	125	14	26	15	22
城中区	281	281	219	216	3	135	20	15	34	21
城西区	366	366	249	241	8	193	31	43	35	8
城北区	436	436	152	146	6	106	7	14	19	20
湟中区	215	215	109	100	9	65	1	3	12	1
大通回族土族自治县	247	247	130	121	9	32		4	4	5
湟源县	87	87	48	44	4	13		1	2	1
海东市	**1019**	**1019**	**359**	**349**	**10**	**106**	**13**	**8**	**34**	**14**
乐都区	216	216	55	52	3	25	2	2	5	4
平安区	108	108	34	33	1	24	8	3	10	1
民和回族土族自治县	228	228	93	91	2	13			4	
互助土族自治县	283	283	108	107	1	33	3	1	10	8
化隆回族自治县	105	105	40	40		5		1	3	
循化撒拉族自治县	79	79	29	26	3	6		1	2	1
海北藏族自治州	**215**	**215**	**117**	**116**	**1**	**34**	**1**	**2**	**11**	**4**
门源回族自治县	117	117	56	56		8		1	3	1
祁连县	39	39	15	14	1	7			3	1
海晏县	36	36	27	27		19	1	1	5	2
刚察县	23	23	19	19						
黄南藏族自治州	**297**	**297**	**113**	**105**	**8**	**51**	**2**	**10**	**27**	**4**
同仁县	138	138	49	49		33	2	3	20	4
尖扎县	71	71	22	19	3	8		3	4	
泽库县	58	58	27	23	4	3				
河南蒙古族自治县	30	30	15	14	1	7		4	3	
海南藏族自治州	**379**	**379**	**183**	**181**	**2**	**48**	**7**	**6**	**11**	**3**
共和县	112	112	63	62	1	28	4	6	7	2
同德县	85	85	30	30		5	2		1	
贵德县	88	88	47	47		12			2	1
兴海县	27	27	15	15						
贵南县	67	67	28	27	1	3	1		1	
果洛藏族自治州	**127**	**127**	**35**	**33**	**2**	**9**			**4**	**2**
玛沁县	31	31	13	13		1			1	
班玛县	24	24	8	8		3			1	1
甘德县	9	9	2	2						
达日县	20	20	6	6						
久治县	29	29	2	1	1	5			2	1
玛多县	14	14	4	3	1					
玉树藏族自治州	**179**	**179**	**71**	**70**	**1**	**25**	**1**	**2**	**9**	**3**
玉树市	84	84	29	28	1	10			3	1
杂多县	19	19	8	8		1	1			
称多县	36	36	10	10		2			2	
治多县	7	7	5	5		1		1		
囊谦县	21	21	11	11		6			2	2
曲麻莱县	12	12	8	8		5		1	2	
海西蒙古族藏族自治州	**270**	**270**	**144**	**143**	**1**	**76**	**3**	**8**	**29**	**8**
格尔木市	124	124	68	67	1	28	1	1	8	4
德令哈市	55	55	38	38		32	2	6	12	4
茫崖市	7	7	6	6		3			1	
乌兰县	24	24	10	10		5			5	
都兰县	45	45	16	16		5		1	1	
天峻县	11	11	3	3		3			2	
大柴旦行政委员会	4	4	3	3						

4-4 续表 35 单位：人

地区 性别	教育		卫生和社会工作			文化、体育和娱乐业				
	小计	教育	小计	卫生	社会工作	小计	新闻和出版业	广播、电视、电影和录音制作业	文化艺术业	体育
女	**7147**	**7147**	**4889**	**4718**	**171**	**836**	**92**	**105**	**218**	**72**
西宁市	**3537**	**3537**	**2978**	**2868**	**110**	**538**	**60**	**72**	**102**	**57**
城东区	593	593	696	684	12	87	12	14	20	7
城中区	513	513	588	570	18	118	17	8	21	17
城西区	751	751	655	635	20	115	19	25	24	10
城北区	704	704	405	395	10	98	10	16	20	10
湟中区	401	401	226	206	20	68	1	4	6	5
大通回族土族自治县	437	437	277	259	18	38	1	2	8	8
湟源县	138	138	131	119	12	14		3	3	
海东市	**1263**	**1263**	**753**	**719**	**34**	**89**	**8**	**8**	**36**	**4**
乐都区	269	269	166	160	6	16	2	1	4	1
平安区	122	122	91	86	5	26	4	2	11	
民和回族土族自治县	303	303	176	171	5	12		1	7	
互助土族自治县	317	317	196	181	15	28	1	3	10	3
化隆回族自治县	152	152	73	70	3	2	1		1	
循化撒拉族自治县	100	100	51	51		5		1	3	
海北藏族自治州	**455**	**455**	**199**	**194**	**5**	**40**	**5**	**4**	**15**	**3**
门源回族自治县	249	249	85	83	2	8		1	4	
祁连县	83	83	27	26	1	6	1	1	3	
海晏县	81	81	51	50	1	21	3	1	8	1
刚察县	42	42	36	35	1	5	1	1		2
黄南藏族自治州	**330**	**330**	**169**	**161**	**8**	**38**	**4**	**3**	**26**	
同仁县	149	149	85	81	4	24	3		19	
尖扎县	78	78	33	31	2	7		2	3	
泽库县	60	60	22	21	1	2	1			
河南蒙古族自治县	43	43	29	28	1	5		1	4	
海南藏族自治州	**628**	**628**	**325**	**322**	**3**	**34**	**4**	**6**	**8**	**3**
共和县	177	177	113	112	1	12	1	1	3	
同德县	81	81	38	38		6	1	1	2	
贵德县	186	186	96	94	2	11	1	3	1	2
兴海县	48	48	24	24		2		1		1
贵南县	136	136	54	54		3	1		2	
果洛藏族自治州	**154**	**154**	**54**	**53**	**1**	**8**		**3**	**2**	
玛沁县	35	35	13	13		2		1	1	
班玛县	35	35	9	9						
甘德县	15	15	2	2		1		1		
达日县	28	28	12	11	1	2				
久治县	20	20	9	9		3		1	1	
玛多县	21	21	9	9						
玉树藏族自治州	**243**	**243**	**103**	**100**	**3**	**16**		**2**	**8**	
玉树市	131	131	54	53	1	6			3	
杂多县	19	19	8	8		2			1	
称多县	45	45	16	16		2			2	
治多县	6	6	4	2	2	1		1		
囊谦县	22	22	12	12		2		1		
曲麻莱县	20	20	9	9		3			2	
海西蒙古族藏族自治州	**537**	**537**	**308**	**301**	**7**	**73**	**11**	**7**	**21**	**5**
格尔木市	247	247	117	117		26	1	3	6	2
德令哈市	130	130	95	93	2	32	7	3	10	3
茫崖市	14	14	16	16		2	1			
乌兰县	34	34	27	25	2	3			2	
都兰县	81	81	39	36	3	7	2	1	1	
天峻县	20	20	9	9		1				
大柴旦行政委员会	11	11	5	5		2			2	

4-4　续表 36

单位：人

地　区 性　别	娱乐业	公共管理、社会保障和社会组织							国际组织	
		小计	中国共产党机关	国家机构	人民政协、民主党派	社会保障	群众团体、社会团体和其他成员组织	基层群众自治组织	小计	国际组织
全省	**763**	**20014**	**594**	**14993**	**94**	**77**	**2184**	**2072**	**1**	**1**
西宁市	**538**	**8122**	**251**	**6537**	**43**	**40**	**367**	**884**	**1**	**1**
城东区	82	1510	35	1302	7	9	68	89	1	1
城中区	100	1597	44	1406	11	8	52	76		
城西区	113	2029	120	1785	20		51	53		
城北区	88	1172	40	946		9	37	140		
湟中区	100	815	1	413	2	5	128	266		
大通回族土族自治县	38	650	9	421	2	6	21	191		
湟源县	17	349	2	264	1	3	10	69		
海东市	**70**	**3057**	**71**	**2301**	**10**	**6**	**232**	**437**		
乐都区	20	603	19	469	3	3	12	97		
平安区	11	527	10	473	2		19	23		
民和回族土族自治县	13	723	13	484	2	1	43	180		
互助土族自治县	22	539	5	404		1	62	67		
化隆回族自治县	1	362	7	239	1	1	67	47		
循化撒拉族自治县	3	303	17	232	2		29	23		
海北藏族自治州	**29**	**1242**	**50**	**1025**	**9**	**4**	**38**	**116**		
门源回族自治县	6	393	6	299	4	2	13	69		
祁连县	4	234	10	199		1	11	13		
海晏县	18	382	27	331	3	1	3	17		
刚察县	1	233	7	196	2		11	17		
黄南藏族自治州	**13**	**1222**	**37**	**955**	**5**	**15**	**102**	**108**		
同仁县	6	503	25	428	2	11	21	16		
尖扎县	3	267	10	187	3	3	34	30		
泽库县	4	280	2	180		1	44	53		
河南蒙古族自治县		172		160			3	9		
海南藏族自治州	**34**	**1900**	**73**	**1141**	**5**	**2**	**495**	**184**		
共和县	16	615	30	482	2	1	51	49		
同德县	4	449	4	132	1	1	291	20		
贵德县	13	394	24	260	2		47	61		
兴海县		183	2	100			70	11		
贵南县	1	259	13	167			36	43		
果洛藏族自治州	**6**	**1113**	**7**	**697**	**4**	**2**	**298**	**105**		
玛沁县		201	2	169	2		10	18		
班玛县	1	273		128			123	22		
甘德县		56	2	51				3		
达日县	2	289		140	2	2	94	51		
久治县	3	164	3	90			68	3		
玛多县		130		119			3	8		
玉树藏族自治州	**16**	**1338**	**15**	**673**	**6**	**2**	**579**	**63**		
玉树市	9	682	6	316	4		339	17		
杂多县	1	94	3	43			33	15		
称多县		166	1	77			80	8		
治多县		51		47			1	3		
囊谦县	3	141		25		2	103	11		
曲麻莱县	3	204	5	165	2		23	9		
海西蒙古族藏族自治州	**57**	**2020**	**90**	**1664**	**12**	**6**	**73**	**175**		
格尔木市	28	588	9	468		2	34	75		
德令哈市	17	657	39	557	7		17	37		
茫崖市	3	106	5	94		1	3	3		
乌兰县	1	229	7	193	2	1	8	18		
都兰县	6	238	17	187			11	23		
天峻县	2	129	9	100	3			17		
大柴旦行政委员会		73	4	65		2		2		

4−4 续表 37

单位：人

地区 性别	娱乐业	公共管理、社会保障和社会组织							国际组织	
		小计	中国共产党机关	国家机构	人民政协、民主党派	社会保障	群众团体、社会团体和其他成员组织	基层群众自治组织	小计	国际组织
男	**414**	**12521**	**406**	**9228**	**67**	**24**	**1573**	**1223**	**1**	**1**
西宁市	**291**	**4935**	**184**	**4012**	**35**	**9**	**246**	**449**	**1**	**1**
城东区	48	942	26	822	6	2	43	43	1	1
城中区	45	1013	35	916	8	1	26	27		
城西区	76	1235	86	1088	18		21	22		
城北区	46	629	27	529		2	16	55		
湟中区	48	524	1	249		2	119	153		
大通回族土族自治县	19	400	7	264	2	2	17	108		
湟源县	9	192	2	144	1		4	41		
海东市	**37**	**1950**	**54**	**1395**	**6**	**3**	**187**	**305**		
乐都区	12	367	10	272	1	1	8	75		
平安区	2	329	10	290	1		13	15		
民和回族土族自治县	9	451	11	290	2	1	34	113		
互助土族自治县	11	329	4	237			45	43		
化隆回族自治县	1	257	5	145	1	1	63	42		
循化撒拉族自治县	2	217	14	161	1		24	17		
海北藏族自治州	**16**	**712**	**34**	**574**	**6**	**2**	**25**	**71**		
门源回族自治县	3	225	6	164	2	1	7	45		
祁连县	3	140	5	116		1	11	7		
海晏县	10	219	18	191	2		1	7		
刚察县		128	5	103	2		6	12		
黄南藏族自治州	**8**	**788**	**25**	**588**	**2**	**6**	**91**	**76**		
同仁县	4	301	17	257		3	16	8		
尖扎县	1	168	8	104	2	3	32	19		
泽库县	3	213		130			41	42		
河南蒙古族自治县		106		97			2	7		
海南藏族自治州	**21**	**1291**	**43**	**735**	**3**	**1**	**383**	**126**		
共和县	9	396	15	303	1	1	44	32		
同德县	2	305	3	90	1		198	13		
贵德县	9	275	19	171	1		39	45		
兴海县		131		60			67	4		
贵南县	1	184	6	111			35	32		
果洛藏族自治州	**3**	**762**	**4**	**435**	**3**	**1**	**244**	**75**		
玛沁县		121	2	100	2		9	8		
班玛县	1	202		84			100	18		
甘德县		30	1	28				1		
达日县		229		98	1	1	88	41		
久治县	2	101	1	52			46	2		
玛多县		79		73			1	5		
玉树藏族自治州	**10**	**898**	**11**	**477**	**4**	**1**	**361**	**44**		
玉树市	6	444	5	217	2		207	13		
杂多县		60	2	30			20	8		
称多县		124	1	53			64	6		
治多县		35		32				3		
囊谦县	2	84		21		1	54	8		
曲麻莱县	2	151	3	124	2		16	6		
海西蒙古族藏族自治州	**28**	**1185**	**51**	**1012**	**8**	**1**	**36**	**77**		
格尔木市	14	335	8	291		1	14	21		
德令哈市	8	372	20	319	4		10	19		
茫崖市	2	75	3	69			1	2		
乌兰县		146	1	131	2		4	8		
都兰县	3	143	9	113			7	14		
天峻县	1	75	6	54	2			13		
大柴旦行政委员会		39	4	35						

4-4　续表 38　　　　单位：人

地　区 性　别	娱乐业	公共管理、社会保障和社会组织							国际组织	
		小计	中国共产党机关	国家机构	人民政协、民主党派	社会保障	群众团体、社会团体和其他成员组织	基层群众自治组织	小计	国际组织
女	**349**	**7493**	**188**	**5765**	**27**	**53**	**611**	**849**		
西宁市	**247**	**3187**	**67**	**2525**	**8**	**31**	**121**	**435**		
城东区	34	568	9	480	1	7	25	46		
城中区	55	584	9	490	3	7	26	49		
城西区	37	794	34	697	2		30	31		
城北区	42	543	13	417		7	21	85		
湟中区	52	291		164	2	3	9	113		
大通回族土族自治县	19	250	2	157		4	4	83		
湟源县	8	157		120		3	6	28		
海东市	**33**	**1107**	**17**	**906**	**4**	**3**	**45**	**132**		
乐都区	8	236	9	197	2	2	4	22		
平安区	9	198		183	1		6	8		
民和回族土族自治县	4	272	2	194			9	67		
互助土族自治县	11	210	1	167		1	17	24		
化隆回族自治县		105	2	94			4	5		
循化撒拉族自治县	1	86	3	71	1		5	6		
海北藏族自治州	**13**	**530**	**16**	**451**	**3**	**2**	**13**	**45**		
门源回族自治县	3	168		135	2	1	6	24		
祁连县	1	94	5	83				6		
海晏县	8	163	9	140	1	1	2	10		
刚察县	1	105	2	93			5	5		
黄南藏族自治州	**5**	**434**	**12**	**367**	**3**	**9**	**11**	**32**		
同仁县	2	202	8	171	2	8	5	8		
尖扎县	2	99	2	83	1		2	11		
泽库县	1	67	2	50		1	3	11		
河南蒙古族自治县		66		63			1	2		
海南藏族自治州	**13**	**609**	**30**	**406**	**2**	**1**	**112**	**58**		
共和县	7	219	15	179	1		7	17		
同德县	2	144	1	42		1	93	7		
贵德县	4	119	5	89	1		8	16		
兴海县		52	2	40			3	7		
贵南县		75	7	56			1	11		
果洛藏族自治州	**3**	**351**	**3**	**262**	**1**	**1**	**54**	**30**		
玛沁县		80		69			1	10		
班玛县		71		44			23	4		
甘德县		26	1	23				2		
达日县	2	60		42	1	1	6	10		
久治县	1	63	2	38			22	1		
玛多县		51		46			2	3		
玉树藏族自治州	**6**	**440**	**4**	**196**	**2**	**1**	**218**	**19**		
玉树市	3	238	1	99	2		132	4		
杂多县	1	34	1	13			13	7		
称多县		42		24			16	2		
治多县		16		15			1			
囊谦县	1	57		4		1	49	3		
曲麻莱县	1	53	2	41			7	3		
海西蒙古族藏族自治州	**29**	**835**	**39**	**652**	**4**	**5**	**37**	**98**		
格尔木市	14	253	1	177		1	20	54		
德令哈市	9	285	19	238	3		7	18		
茫崖市	1	31	2	25		1	2	1		
乌兰县	1	83	6	62		1	4	10		
都兰县	3	95	8	74			4	9		
天峻县	1	54	3	46	1			4		
大柴旦行政委员会		34		30		2		2		

4—4a 各地区分性别、行业大类的就业人口(城市)

单位：人

地区 性别	合计	农、林、牧、渔业						采矿业	
		小计	农业	林业	畜牧业	渔业	农、林、牧、渔专业及辅助性活动	小计	煤炭开采和洗选业
全省	**89011**	**2031**	**700**	**819**	**406**	**16**	**90**	**1374**	**84**
西宁市	**67112**	**693**	**297**	**67**	**254**	**12**	**63**	**316**	**43**
城东区	18394	185	69	14	65	5	32	62	10
城中区	13535	138	69	6	51	4	8	51	2
城西区	14928	47	20	6	19		2	78	18
城北区	17136	193	116	24	35	3	15	106	10
湟中区	2335	108	13	14	77		4	13	2
大通回族土族自治县	784	22	10	3	7		2	6	1
湟源县									
海东市	**7498**	**184**	**121**	**20**	**35**		**8**	**39**	**14**
乐都区	4412	119	84	13	17		5	27	11
平安区	3086	65	37	7	18		3	12	3
民和回族土族自治县									
互助土族自治县									
化隆回族自治县									
循化撒拉族自治县									
海北藏族自治州									
门源回族自治县									
祁连县									
海晏县									
刚察县									
黄南藏族自治州									
同仁县									
尖扎县									
泽库县									
河南蒙古族自治县									
海南藏族自治州									
共和县									
同德县									
贵德县									
兴海县									
贵南县									
果洛藏族自治州									
玛沁县									
班玛县									
甘德县									
达日县									
久治县									
玛多县									
玉树藏族自治州	**2030**	**756**	**1**	**725**	**27**		**3**		
玉树市	1984	755	1	725	26		3		
杂多县									
称多县									
治多县									
囊谦县									
曲麻莱县	46	1			1				
海西蒙古族藏族自治州	**12371**	**398**	**281**	**7**	**90**	**4**	**16**	**1019**	**27**
格尔木市	7646	266	213	4	31	4	14	164	8
德令哈市	3149	113	67	3	41		2	21	19
茫崖市	1576	19	1		18			834	
乌兰县									
都兰县									
天峻县									
大柴旦行政委员会									

4-4a 续表 1 单位：人

地区 性别	合计	农、林、牧、渔业						采矿业	
		小计	农业	林业	畜牧业	渔业	农、林、牧、渔专业及辅助性活动	小计	煤炭开采和洗选业
男	**52718**	**1257**	**426**	**460**	**298**	**11**	**62**	**1088**	**72**
西宁市	**39203**	**475**	**185**	**39**	**202**	**8**	**41**	**248**	**37**
城东区	11129	132	46	8	54	3	21	51	10
城中区	7845	106	51	3	41	4	7	41	2
城西区	8315	36	13	4	17		2	55	14
城北区	9947	109	61	14	26	1	7	84	8
湟中区	1489	80	10	9	59		2	12	2
大通回族土族自治县	478	12	4	1	5		2	5	1
湟源县									
海东市	**4515**	**120**	**72**	**14**	**26**		**8**	**37**	**13**
乐都区	2689	77	50	9	13		5	26	10
平安区	1826	43	22	5	13		3	11	3
民和回族土族自治县									
互助土族自治县									
化隆回族自治县									
循化撒拉族自治县									
海北藏族自治州									
门源回族自治县									
祁连县									
海晏县									
刚察县									
黄南藏族自治州									
同仁县									
尖扎县									
泽库县									
河南蒙古族自治县									
海南藏族自治州									
共和县									
同德县									
贵德县									
兴海县									
贵南县									
果洛藏族自治州									
玛沁县									
班玛县									
甘德县									
达日县									
久治县									
玛多县									
玉树藏族自治州	**1160**	**419**	**1**	**402**	**14**		**2**		
玉树市	1136	418	1	402	13		2		
杂多县									
称多县									
治多县									
囊谦县									
曲麻莱县	24	1			1				
海西蒙古族藏族自治州	**7840**	**243**	**168**	**5**	**56**	**3**	**11**	**803**	**22**
格尔木市	4802	162	125	4	20	3	10	108	5
德令哈市	1883	71	42	1	27		1	19	17
茫崖市	1155	10	1		9			676	
乌兰县									
都兰县									
天峻县									
大柴旦行政委员会									

4－4a 续表 2

单位：人

地区 性别	合计	农、林、牧、渔业						采矿业	
		小计	农业	林业	畜牧业	渔业	农、林、牧、渔专业及辅助性活动	小计	煤炭开采和洗选业
女	**36293**	**774**	**274**	**359**	**108**	**5**	**28**	**286**	**12**
西宁市	**27909**	**218**	**112**	**28**	**52**	**4**	**22**	**68**	**6**
城东区	7265	53	23	6	11	2	11	11	
城中区	5690	32	18	3	10		1	10	
城西区	6613	11	7	2	2			23	4
城北区	7189	84	55	10	9	2	8	22	2
湟中区	846	28	3	5	18		2	1	
大通回族土族自治县	306	10	6	2	2			1	
湟源县									
海东市	**2983**	**64**	**49**	**6**	**9**			**2**	**1**
乐都区	1723	42	34	4	4			1	1
平安区	1260	22	15	2	5			1	
民和回族土族自治县									
互助土族自治县									
化隆回族自治县									
循化撒拉族自治县									
海北藏族自治州									
门源回族自治县									
祁连县									
海晏县									
刚察县									
黄南藏族自治州									
同仁县									
尖扎县									
泽库县									
河南蒙古族自治县									
海南藏族自治州									
共和县									
同德县									
贵德县									
兴海县									
贵南县									
果洛藏族自治州									
玛沁县									
班玛县									
甘德县									
达日县									
久治县									
玛多县									
玉树藏族自治州	**870**	**337**		**323**	**13**		**1**		
玉树市	848	337		323	13		1		
杂多县									
称多县									
治多县									
囊谦县									
曲麻莱县	22								
海西蒙古族藏族自治州	**4531**	**155**	**113**	**2**	**34**	**1**	**5**	**216**	**5**
格尔木市	2844	104	88		11	1	4	56	3
德令哈市	1266	42	25	2	14		1	2	2
茫崖市	421	9			9			158	
乌兰县									
都兰县									
天峻县									
大柴旦行政委员会									

4-4a　续表 3　　　　　　　　　　　　　　　　　　　　　　　　　单位：人

地　区 性　别	采矿业						制造业		
	石油和天然气开采业	黑色金属矿采选业	有色金属矿采选业	非金属矿采选业	开采专业及辅助性活　动	其　他采矿业	小计	农副食品加工业	食　品制造业
全省	**308**	**21**	**100**	**112**	**685**	**64**	**7669**	**271**	**371**
西宁市	**32**	**14**	**83**	**63**	**50**	**31**	**4887**	**217**	**318**
城东区	3	2	5	20	14	8	961	73	114
城中区	9	1	10	5	16	8	1284	55	66
城西区	10	4	29	6	8	3	468	7	7
城北区	8	7	34	23	12	12	1735	54	112
湟中区	2		5	4			282	10	7
大通回族土族自治县				5			157	18	12
湟源县									
海东市	**5**	**1**	**6**	**12**	**1**		**364**	**21**	**13**
乐都区	5	1	4	6			246	16	11
平安区			2	6	1		118	5	2
民和回族土族自治县									
互助土族自治县									
化隆回族自治县									
循化撒拉族自治县									
海北藏族自治州									
门源回族自治县									
祁连县									
海晏县									
刚察县									
黄南藏族自治州									
同仁县									
尖扎县									
泽库县									
河南蒙古族自治县									
海南藏族自治州									
共和县									
同德县									
贵德县									
兴海县									
贵南县									
果洛藏族自治州									
玛沁县									
班玛县									
甘德县									
达日县									
久治县									
玛多县									
玉树藏族自治州							**91**	**2**	**1**
玉树市							90	2	1
杂多县									
称多县									
治多县									
囊谦县									
曲麻莱县							1		
海西蒙古族藏族自治州	**271**	**6**	**11**	**37**	**634**	**33**	**2327**	**31**	**39**
格尔木市	24	6	9	34	50	33	1735	25	39
德令哈市			2				550	4	
茫崖市	247			3	584		42	2	
乌兰县									
都兰县									
天峻县									
大柴旦行政委员会									

4－4a 续表 4

单位：人

地区 性别	采矿业						制造业		
	石油和天然气开采业	黑色金属矿采选业	有色金属矿采选业	非金属矿采选业	开采专业及辅助性活动	其他采矿业	小计	农副食品加工业	食品制造业
男	**208**	**17**	**74**	**81**	**585**	**51**	**5254**	**164**	**168**
西宁市	**24**	**11**	**62**	**46**	**42**	**26**	**3351**	**131**	**140**
城东区	3	2	5	14	11	6	650	47	53
城中区	5	1	9	4	13	7	855	29	25
城西区	8	3	17	4	7	2	309	6	4
城北区	6	5	26	17	11	11	1233	29	53
湟中区	2		5	3			200	9	2
大通回族土族自治县				4			104	11	3
湟源县									
海东市	**5**	**1**	**6**	**11**	**1**		**264**	**15**	**5**
乐都区	5	1	4	6			174	10	5
平安区			2	5	1		90	5	
民和回族土族自治县									
互助土族自治县									
化隆回族自治县									
循化撒拉族自治县									
海北藏族自治州									
门源回族自治县									
祁连县									
海晏县									
刚察县									
黄南藏族自治州									
同仁县									
尖扎县									
泽库县									
河南蒙古族自治县									
海南藏族自治州									
共和县									
同德县									
贵德县									
兴海县									
贵南县									
果洛藏族自治州									
玛沁县									
班玛县									
甘德县									
达日县									
久治县									
玛多县									
玉树藏族自治州							**60**	**1**	
玉树市							60	1	
杂多县									
称多县									
治多县									
囊谦县									
曲麻莱县									
海西蒙古族藏族自治州	**179**	**5**	**6**	**24**	**542**	**25**	**1579**	**17**	**23**
格尔木市	12	5	4	22	35	25	1154	14	23
德令哈市			2				396	1	
茫崖市	167			2	507		29	2	
乌兰县									
都兰县									
天峻县									
大柴旦行政委员会									

4-4a　续表 5

单位：人

地　区 性　别	采矿业						制造业		
	石油和天然气开采业	黑色金属矿采选业	有色金属矿采选业	非金属矿采选业	开采专业及辅助性活　动	其　他采矿业	小计	农副食品加工业	食　品制造业
女	**100**	**4**	**26**	**31**	**100**	**13**	**2415**	**107**	**203**
西宁市	**8**	**3**	**21**	**17**	**8**	**5**	**1536**	**86**	**178**
城东区				6	3	2	311	26	61
城中区	4		1	1	3	1	429	26	41
城西区	2	1	12	2	1	1	159	1	3
城北区	2	2	8	6	1	1	502	25	59
湟中区				1			82	1	5
大通回族土族自治县				1			53	7	9
湟源县									
海东市				**1**			**100**	**6**	**8**
乐都区							72	6	6
平安区				1			28		2
民和回族土族自治县									
互助土族自治县									
化隆回族自治县									
循化撒拉族自治县									
海北藏族自治州									
门源回族自治县									
祁连县									
海晏县									
刚察县									
黄南藏族自治州									
同仁县									
尖扎县									
泽库县									
河南蒙古族自治县									
海南藏族自治州									
共和县									
同德县									
贵德县									
兴海县									
贵南县									
果洛藏族自治州									
玛沁县									
班玛县									
甘德县									
达日县									
久治县									
玛多县									
玉树藏族自治州							**31**	**1**	**1**
玉树市							30	1	1
杂多县									
称多县									
治多县									
囊谦县									
曲麻莱县							1		
海西蒙古族藏族自治州	**92**	**1**	**5**	**13**	**92**	**8**	**748**	**14**	**16**
格尔木市	12	1	5	12	15	8	581	11	16
德令哈市							154	3	
茫崖市	80			1	77		13		
乌兰县									
都兰县									
天峻县									
大柴旦行政委员会									

4—4a 续表 6

单位：人

地 区 性 别	制造业								
	酒、饮料和精制茶制造业	烟 草制品业	纺织业	纺织服装、服饰业	皮革、毛皮、羽毛及其制品和制鞋业	木材加工和木、竹、藤、棕、草制品业	家 具制造业	造纸和纸制品业	印刷和记录媒介复制业
全省	**120**	**5**	**65**	**97**	**16**	**71**	**107**	**24**	**172**
西宁市	**101**	**4**	**53**	**73**	**12**	**60**	**97**	**23**	**154**
城东区	16		13	15	2		15	4	43
城中区	21	3	28	36	9	23	18	8	44
城西区	2		2	5		2	1	1	26
城北区	57	1	8	8	1	29	44	9	40
湟中区	5		2	8			4	1	1
大通回族土族自治县				1		6	15		
湟源县									
海东市	**8**	**1**	**7**	**16**	**3**	**8**	**5**	**1**	**1**
乐都区	6	1	4	12	1	3	3	1	
平安区	2		3	4	2	5	2		1
民和回族土族自治县									
互助土族自治县									
化隆回族自治县									
循化撒拉族自治县									
海北藏族自治州									
门源回族自治县									
祁连县									
海晏县									
刚察县									
黄南藏族自治州									
同仁县									
尖扎县									
泽库县									
河南蒙古族自治县									
海南藏族自治州									
共和县									
同德县									
贵德县									
兴海县									
贵南县									
果洛藏族自治州									
玛沁县									
班玛县									
甘德县									
达日县									
久治县									
玛多县									
玉树藏族自治州			**1**	**2**					**7**
玉树市			1	2					7
杂多县									
称多县									
治多县									
囊谦县									
曲麻莱县									
海西蒙古族藏族自治州	**11**		**4**	**6**	**1**	**3**	**5**		**10**
格尔木市	5		4	6	1	2	5		10
德令哈市	6					1			
茫崖市									
乌兰县									
都兰县									
天峻县									
大柴旦行政委员会									

4-4a 续表 7

单位：人

地 区 性 别	制造业								
	酒、饮料和精制茶制造业	烟 草制品业	纺织业	纺织服装、服饰业	皮革、毛皮、羽毛及其制品和制鞋业	木材加工和木、竹、藤、棕、草制品业	家 具制造业	造纸和纸制品业	印刷和记录媒介复制业
男	**70**	**4**	**23**	**37**	**6**	**59**	**64**	**16**	**90**
西宁市	**59**	**3**	**18**	**27**	**5**	**51**	**58**	**15**	**79**
城东区	9		6	7	2		10	3	21
城中区	11	2	9	14	3	19	11	6	24
城西区	2			2		2	1		14
城北区	36	1	2	2		24	28	6	19
湟中区	1		1	2			1		1
大通回族土族自治县						6	7		
湟源县									
海东市	**4**	**1**	**4**	**7**	**1**	**6**	**3**	**1**	**1**
乐都区	3	1	2	7		2	2	1	
平安区	1		2		1	4	1		1
民和回族土族自治县									
互助土族自治县									
化隆回族自治县									
循化撒拉族自治县									
海北藏族自治州									
门源回族自治县									
祁连县									
海晏县									
刚察县									
黄南藏族自治州									
同仁县									
尖扎县									
泽库县									
河南蒙古族自治县									
海南藏族自治州									
共和县									
同德县									
贵德县									
兴海县									
贵南县									
果洛藏族自治州									
玛沁县									
班玛县									
甘德县									
达日县									
久治县									
玛多县									
玉树藏族自治州				**1**					**5**
玉树市				1					5
杂多县									
称多县									
治多县									
囊谦县									
曲麻莱县									
海西蒙古族藏族自治州	**7**		**1**	**2**		**2**	**3**		**5**
格尔木市	3		1	2		2	3		5
德令哈市	4								
茫崖市									
乌兰县									
都兰县									
天峻县									
大柴旦行政委员会									

4－4a 续表 8

单位：人

地区 性别	制造业 酒、饮料和精制茶制造业	烟草制品业	纺织业	纺织服装、服饰业	皮革、毛皮、羽毛及其制品和制鞋业	木材加工和木、竹、藤、棕、草制品业	家具制造业	造纸和纸制品业	印刷和记录媒介复制业
女	**50**	**1**	**42**	**60**	**10**	**12**	**43**	**8**	**82**
西宁市	**42**	**1**	**35**	**46**	**7**	**9**	**39**	**8**	**75**
城东区	7		7	8			5	1	22
城中区	10	1	19	22	6	4	7	2	20
城西区			2	3				1	12
城北区	21		6	6	1	5	16	3	21
湟中区	4		1	6			3	1	
大通回族土族自治县				1			8		
湟源县									
海东市	**4**		**3**	**9**	**2**	**2**	**2**		
乐都区	3		2	5	1	1	1		
平安区	1		1	4	1	1	1		
民和回族土族自治县									
互助土族自治县									
化隆回族自治县									
循化撒拉族自治县									
海北藏族自治州									
门源回族自治县									
祁连县									
海晏县									
刚察县									
黄南藏族自治州									
同仁县									
尖扎县									
泽库县									
河南蒙古族自治县									
海南藏族自治州									
共和县									
同德县									
贵德县									
兴海县									
贵南县									
果洛藏族自治州									
玛沁县									
班玛县									
甘德县									
达日县									
久治县									
玛多县									
玉树藏族自治州			**1**	**1**					**2**
玉树市			1	1					2
杂多县									
称多县									
治多县									
囊谦县									
曲麻莱县									
海西蒙古族藏族自治州	**4**		**3**	**4**	**1**	**1**	**2**		**5**
格尔木市	2		3	4	1		2		5
德令哈市	2					1			
茫崖市									
乌兰县									
都兰县									
天峻县									
大柴旦行政委员会									

4-4a 续表 9

单位：人

地 区 性 别	制造业								
	文教、工美、体育和娱乐用品制造业	石油、煤炭及其他燃料加工业	化学原料和化学制品制造业	医 药制造业	化学纤维制造业	橡胶和塑 料制品业	非金属矿 物制品业	黑色金属冶炼和压延加工业	有色金属冶炼和压延加工业
全省	**239**	**180**	**1490**	**224**	**10**	**171**	**508**	**611**	**969**
西宁市	**136**	**57**	**214**	**198**	**9**	**71**	**288**	**534**	**766**
城东区	9	8	26	42	5	7	33	16	161
城中区	58	28	51	32		19	88	21	120
城西区	3	6	53	32	3	3	28	51	102
城北区	14	15	58	81	1	36	110	432	248
湟中区	52		21	2		3	13	13	96
大通回族土族自治县			5	9		3	16	1	39
湟源县									
海东市	**4**	**2**	**37**	**2**		**2**	**66**	**27**	**30**
乐都区		2	33			2	45	23	21
平安区	4		4	2			21	4	9
民和回族土族自治县									
互助土族自治县									
化隆回族自治县									
循化撒拉族自治县									
海北藏族自治州									
门源回族自治县									
祁连县									
海晏县									
刚察县									
黄南藏族自治州									
同仁县									
尖扎县									
泽库县									
河南蒙古族自治县									
海南藏族自治州									
共和县									
同德县									
贵德县									
兴海县									
贵南县									
果洛藏族自治州									
玛沁县									
班玛县									
甘德县									
达日县									
久治县									
玛多县									
玉树藏族自治州	**60**								
玉树市	59								
杂多县									
称多县									
治多县									
囊谦县									
曲麻莱县	1								
海西蒙古族藏族自治州	**39**	**121**	**1239**	**24**	**1**	**98**	**154**	**50**	**173**
格尔木市	31	121	848	2	1	96	87	17	168
德令哈市	8		371	22		2	61	33	5
茫崖市			20				6		
乌兰县									
都兰县									
天峻县									
大柴旦行政委员会									

4－4a　续表 10　　　　单位：人

地　区 性　别	制造业 文教、工美、体育和娱乐用品制造业	石油、煤炭及其他燃料加工业	化学原料和化学制品制造业	医　药制造业	化学纤维制造业	橡胶和塑　料制品业	非金属矿　物制品业	黑色金属冶炼和压延加工业	有色金属冶炼和压延加工业
男	**141**	**125**	**1017**	**106**	**4**	**99**	**380**	**496**	**742**
西宁市	**77**	**43**	**140**	**98**	**3**	**43**	**217**	**435**	**603**
城东区	5	4	19	18		7	28	14	130
城中区	28	20	37	16		10	59	18	102
城西区	1	5	35	15	2	2	20	36	67
城北区	9	14	30	44	1	21	88	356	188
湟中区	34		15	1		1	12	10	81
大通回族土族自治县			4	4		2	10	1	35
湟源县									
海东市	**1**	**1**	**29**			**2**	**48**	**21**	**27**
乐都区		1	25			2	33	17	18
平安区	1		4				15	4	9
民和回族土族自治县									
互助土族自治县									
化隆回族自治县									
循化撒拉族自治县									
海北藏族自治州									
门源回族自治县									
祁连县									
海晏县									
刚察县									
黄南藏族自治州									
同仁县									
尖扎县									
泽库县									
河南蒙古族自治县									
海南藏族自治州									
共和县									
同德县									
贵德县									
兴海县									
贵南县									
果洛藏族自治州									
玛沁县									
班玛县									
甘德县									
达日县									
久治县									
玛多县									
玉树藏族自治州	**38**								
玉树市	38								
杂多县									
称多县									
治多县									
囊谦县									
曲麻莱县									
海西蒙古族藏族自治州	**25**	**81**	**848**	**8**	**1**	**54**	**115**	**40**	**112**
格尔木市	21	81	562	1	1	53	64	13	109
德令哈市	4		271	7		1	46	27	3
茫崖市			15				5		
乌兰县									
都兰县									
天峻县									
大柴旦行政委员会									

4-4a　续表 11　　　　单位：人

地区 性别	制造业								
	文教、工美、体育和娱乐用品制造业	石油、煤炭及其他燃料加工业	化学原料和化学制品制造业	医药制造业	化学纤维制造业	橡胶和塑料制品业	非金属矿物制品业	黑色金属冶炼和压延加工业	有色金属冶炼和压延加工业
女	**98**	**55**	**473**	**118**	**6**	**72**	**128**	**115**	**227**
西宁市	**59**	**14**	**74**	**100**	**6**	**28**	**71**	**99**	**163**
城东区	4	4	7	24	5		5	2	31
城中区	30	8	14	16		9	29	3	18
城西区	2	1	18	17	1	1	8	15	35
城北区	5	1	28	37		15	22	76	60
湟中区	18		6	1		2	1	3	15
大通回族土族自治县			1	5		1	6		4
湟源县									
海东市	**3**	**1**	**8**	**2**			**18**	**6**	**3**
乐都区		1	8				12	6	3
平安区	3			2			6		
民和回族土族自治县									
互助土族自治县									
化隆回族自治县									
循化撒拉族自治县									
海北藏族自治州									
门源回族自治县									
祁连县									
海晏县									
刚察县									
黄南藏族自治州									
同仁县									
尖扎县									
泽库县									
河南蒙古族自治县									
海南藏族自治州									
共和县									
同德县									
贵德县									
兴海县									
贵南县									
果洛藏族自治州									
玛沁县									
班玛县									
甘德县									
达日县									
久治县									
玛多县									
玉树藏族自治州	**22**								
玉树市	21								
杂多县									
称多县									
治多县									
囊谦县									
曲麻莱县	1								
海西蒙古族藏族自治州	**14**	**40**	**391**	**16**		**44**	**39**	**10**	**61**
格尔木市	10	40	286	1		43	23	4	59
德令哈市	4		100	15		1	15	6	2
茫崖市			5				1		
乌兰县									
都兰县									
天峻县									
大柴旦行政委员会									

4-4a　续表 12　　　　单位：人

地　区 性　别	制造业 金　属 制品业	通用设备 制造业	专用设备 制造业	汽　车 制造业	铁路、船舶、 航空航天和 其他运输 设备制造业	电气机械 和器材 制造业	计算机、 通信和其 他电子设 备制造业	仪器仪表 制造业	其　他 制造业
全省	**445**	**178**	**238**	**28**	**15**	**521**	**263**	**24**	**32**
西宁市	**360**	**124**	**116**	**24**	**9**	**463**	**241**	**18**	**23**
城东区	74	21	14	9	1	52	170	5	1
城中区	77	38	27	7	5	345	20	2	6
城西区	42	12	14	1	1	17	9	3	2
城北区	126	53	59	5	2	37	34	7	11
湟中区	17		2	2		11	6	1	3
大通回族土族自治县	24					1	2		
湟源县									
海东市	**31**	**17**	**10**	**2**	**2**	**17**	**11**	**2**	
乐都区	15	10	10	1	2	8	6		
平安区	16	7		1		9	5	2	
民和回族土族自治县									
互助土族自治县									
化隆回族自治县									
循化撒拉族自治县									
海北藏族自治州									
门源回族自治县									
祁连县									
海晏县									
刚察县									
黄南藏族自治州									
同仁县									
尖扎县									
泽库县									
河南蒙古族自治县									
海南藏族自治州									
共和县									
同德县									
贵德县									
兴海县									
贵南县									
果洛藏族自治州									
玛沁县									
班玛县									
甘德县									
达日县									
久治县									
玛多县									
玉树藏族自治州	**9**	**9**							
玉树市	9	9							
杂多县									
称多县									
治多县									
囊谦县									
曲麻莱县									
海西蒙古族藏族自治州	**45**	**28**	**112**	**2**	**4**	**41**	**11**	**4**	**9**
格尔木市	39	27	110	2	4	15	9	4	9
德令哈市	6	1	2			26	1		
茫崖市							1		
乌兰县									
都兰县									
天峻县									
大柴旦行政委员会									

4-4a　续表 13　　　　单位：人

地　区 性　别	制造业								
	金　属 制品业	通用设备 制造业	专用设备 制造业	汽　车 制造业	铁路、船舶、 航空航天和 其他运输 设备制造业	电气机械 和器材 制造业	计算机、 通信和其 他电子设 备制造业	仪器仪表 制造业	其　他 制造业
男	**329**	**140**	**155**	**23**	**11**	**387**	**194**	**15**	**23**
西宁市	**261**	**96**	**73**	**20**	**6**	**341**	**182**	**9**	**17**
城东区	51	16	7	7	1	40	131	2	1
城中区	57	29	19	7	2	257	13		5
城西区	25	10	10	1	1	12	9	2	1
城北区	99	41	37	4	2	25	23	4	8
湟中区	13			1		6	5	1	2
大通回族土族自治县	16					1	1		
湟源县									
海东市	**24**	**15**	**8**	**1**	**2**	**14**	**6**	**2**	
乐都区	10	8	8		2	5	2		
平安区	14	7		1		9	4	2	
民和回族土族自治县									
互助土族自治县									
化隆回族自治县									
循化撒拉族自治县									
海北藏族自治州									
门源回族自治县									
祁连县									
海晏县									
刚察县									
黄南藏族自治州									
同仁县									
尖扎县									
泽库县									
河南蒙古族自治县									
海南藏族自治州									
共和县									
同德县									
贵德县									
兴海县									
贵南县									
果洛藏族自治州									
玛沁县									
班玛县									
甘德县									
达日县									
久治县									
玛多县									
玉树藏族自治州	**7**	**8**							
玉树市	7	8							
杂多县									
称多县									
治多县									
囊谦县									
曲麻莱县									
海西蒙古族藏族自治州	**37**	**21**	**74**	**2**	**3**	**32**	**6**	**4**	**6**
格尔木市	31	20	72	2	3	11	5	4	6
德令哈市	6	1	2			21	1		
茫崖市									
乌兰县									
都兰县									
天峻县									
大柴旦行政委员会									

4－4a 续表 14

单位：人

地区 性别	制造业								
	金属制品业	通用设备制造业	专用设备制造业	汽车制造业	铁路、船舶、航空航天和其他运输设备制造业	电气机械和器材制造业	计算机、通信和其他电子设备制造业	仪器仪表制造业	其他制造业
女	**116**	**38**	**83**	**5**	**4**	**134**	**69**	**9**	**9**
西宁市	**99**	**28**	**43**	**4**	**3**	**122**	**59**	**9**	**6**
城东区	23	5	7	2		12	39	3	
城中区	20	9	8		3	88	7	2	1
城西区	17	2	4			5		1	1
城北区	27	12	22	1		12	11	3	3
湟中区	4		2	1		5	1		1
大通回族土族自治县	8						1		
湟源县									
海东市	**7**	**2**	**2**	**1**		**3**	**5**		
乐都区	5	2	2	1		3	4		
平安区	2						1		
民和回族土族自治县									
互助土族自治县									
化隆回族自治县									
循化撒拉族自治县									
海北藏族自治州									
门源回族自治县									
祁连县									
海晏县									
刚察县									
黄南藏族自治州									
同仁县									
尖扎县									
泽库县									
河南蒙古族自治县									
海南藏族自治州									
共和县									
同德县									
贵德县									
兴海县									
贵南县									
果洛藏族自治州									
玛沁县									
班玛县									
甘德县									
达日县									
久治县									
玛多县									
玉树藏族自治州	**2**	**1**							
玉树市	2	1							
杂多县									
称多县									
治多县									
囊谦县									
曲麻莱县									
海西蒙古族藏族自治州	**8**	**7**	**38**		**1**	**9**	**5**		**3**
格尔木市	8	7	38		1	4	4		3
德令哈市						5			
茫崖市							1		
乌兰县									
都兰县									
天峻县									
大柴旦行政委员会									

4-4a 续表 15　　单位：人

地区 性别	制造业		电力、热力、燃气及水生产和供应业				建筑业		
	废弃资源综合利用业	金属制品、机械和设备修理业	小计	电力、热力生产和供应业	燃气生产和供应业	水的生产和供应业	小计	房屋建筑业	土木工程建筑业
全省	**74**	**130**	**2175**	**1729**	**228**	**218**	**9081**	**4077**	**1555**
西宁市	**37**	**87**	**1625**	**1317**	**143**	**165**	**6816**	**2777**	**1238**
城东区	1	11	228	166	32	30	1349	587	309
城中区	10	19	219	163	31	25	1626	538	178
城西区	7	26	675	586	34	55	1283	562	341
城北区	13	30	462	372	40	50	2113	773	378
湟中区	1	1	29	19	6	4	266	191	27
大通回族土族自治县	5		12	11		1	179	126	5
湟源县									
海东市	**13**	**5**	**150**	**124**	**17**	**9**	**1448**	**912**	**215**
乐都区	5	5	105	91	9	5	1037	666	155
平安区	8		45	33	8	4	411	246	60
民和回族土族自治县									
互助土族自治县									
化隆回族自治县									
循化撒拉族自治县									
海北藏族自治州									
门源回族自治县									
祁连县									
海晏县									
刚察县									
黄南藏族自治州									
同仁县									
尖扎县									
泽库县									
河南蒙古族自治县									
海南藏族自治州									
共和县									
同德县									
贵德县									
兴海县									
贵南县									
果洛藏族自治州									
玛沁县									
班玛县									
甘德县									
达日县									
久治县									
玛多县									
玉树藏族自治州			**24**	**21**		**3**	**31**	**12**	**2**
玉树市			22	19		3	29	10	2
杂多县									
称多县									
治多县									
囊谦县									
曲麻莱县			2	2			2	2	
海西蒙古族藏族自治州	**24**	**38**	**376**	**267**	**68**	**41**	**786**	**376**	**100**
格尔木市	21	27	219	153	47	19	481	170	77
德令哈市		1	119	76	21	22	251	183	16
茫崖市	3	10	38	38			54	23	7
乌兰县									
都兰县									
天峻县									
大柴旦行政委员会									

4-4a 续表 16　　　　单位：人

地　区 性　别	制造业		电力、热力、燃气及水生产和供应业				建筑业		
	废弃资源综合利用业	金属制品、机械和设备修理业	小计	电力、热力生产和供应业	燃气生产和供应业	水的生产和供应业	小计	房屋建筑业	土木工程建筑业
男	**59**	**107**	**1587**	**1274**	**160**	**153**	**7114**	**3183**	**1253**
西宁市	**32**	**69**	**1171**	**952**	**104**	**115**	**5292**	**2166**	**978**
城东区	1	10	167	121	23	23	1067	464	251
城中区	10	13	168	128	25	15	1266	418	144
城西区	6	18	451	395	23	33	964	421	247
城北区	12	27	349	280	28	41	1635	592	306
湟中区		1	24	17	5	2	228	162	26
大通回族土族自治县	3		12	11		1	132	109	4
湟源县									
海东市	**10**	**5**	**127**	**108**	**11**	**8**	**1145**	**700**	**192**
乐都区	5	5	93	82	6	5	819	507	139
平安区	5		34	26	5	3	326	193	53
民和回族土族自治县									
互助土族自治县									
化隆回族自治县									
循化撒拉族自治县									
海北藏族自治州									
门源回族自治县									
祁连县									
海晏县									
刚察县									
黄南藏族自治州									
同仁县									
尖扎县									
泽库县									
河南蒙古族自治县									
海南藏族自治州									
共和县									
同德县									
贵德县									
兴海县									
贵南县									
果洛藏族自治州									
玛沁县									
班玛县									
甘德县									
达日县									
久治县									
玛多县									
玉树藏族自治州			**18**	**16**		**2**	**23**	**9**	**2**
玉树市			16	14		2	21	7	2
杂多县									
称多县									
治多县									
囊谦县									
曲麻莱县			2	2			2	2	
海西蒙古族藏族自治州	**17**	**33**	**271**	**198**	**45**	**28**	**654**	**308**	**81**
格尔木市	16	26	153	110	28	15	404	141	60
德令哈市		1	89	59	17	13	204	148	14
茫崖市	1	6	29	29			46	19	7
乌兰县									
都兰县									
天峻县									
大柴旦行政委员会									

4-4a 续表 17

单位：人

地区 性别	制造业		电力、热力、燃气及水生产和供应业				建筑业		
	废弃资源综合利用业	金属制品、机械和设备修理业	小计	电力、热力生产和供应业	燃气生产和供应业	水的生产和供应业	小计	房屋建筑业	土木工程建筑业
女	**15**	**23**	**588**	**455**	**68**	**65**	**1967**	**894**	**302**
西宁市	**5**	**18**	**454**	**365**	**39**	**50**	**1524**	**611**	**260**
城东区		1	61	45	9	7	282	123	58
城中区		6	51	35	6	10	360	120	34
城西区	1	8	224	191	11	22	319	141	94
城北区	1	3	113	92	12	9	478	181	72
湟中区	1		5	2	1	2	38	29	1
大通回族土族自治县	2						47	17	1
湟源县									
海东市	**3**		**23**	**16**	**6**	**1**	**303**	**212**	**23**
乐都区			12	9	3		218	159	16
平安区	3		11	7	3	1	85	53	7
民和回族土族自治县									
互助土族自治县									
化隆回族自治县									
循化撒拉族自治县									
海北藏族自治州									
门源回族自治县									
祁连县									
海晏县									
刚察县									
黄南藏族自治州									
同仁县									
尖扎县									
泽库县									
河南蒙古族自治县									
海南藏族自治州									
共和县									
同德县									
贵德县									
兴海县									
贵南县									
果洛藏族自治州									
玛沁县									
班玛县									
甘德县									
达日县									
久治县									
玛多县									
玉树藏族自治州			**6**	**5**		**1**	**8**	**3**	
玉树市			6	5		1	8	3	
杂多县									
称多县									
治多县									
囊谦县									
曲麻莱县									
海西蒙古族藏族自治州	**7**	**5**	**105**	**69**	**23**	**13**	**132**	**68**	**19**
格尔木市	5	1	66	43	19	4	77	29	17
德令哈市			30	17	4	9	47	35	2
茫崖市	2	4	9	9			8	4	
乌兰县									
都兰县									
天峻县									
大柴旦行政委员会									

4-4a 续表 18　　　　单位：人

地区 性别	建筑业		批发和零售业			交通运输、仓储和邮政业			
	建筑安装业	建筑装饰、装修和其他建筑业	小计	批发业	零售业	小计	铁路运输业	道路运输业	水上运输业
全省	**519**	**2930**	**16018**	**4338**	**11680**	**7260**	**1749**	**4183**	**9**
西宁市	**396**	**2405**	**13265**	**3569**	**9696**	**5386**	**1305**	**3122**	**6**
城东区	79	374	4393	953	3440	2610	1072	1185	3
城中区	74	836	2268	490	1778	809	67	553	
城西区	85	295	2326	662	1664	679	105	393	3
城北区	148	814	3773	1394	2379	991	57	729	
湟中区	7	41	388	34	354	210		186	
大通回族土族自治县	3	45	117	36	81	87	4	76	
湟源县									
海东市	**69**	**252**	**937**	**144**	**793**	**532**	**28**	**362**	**1**
乐都区	49	167	513	52	461	263	18	203	1
平安区	20	85	424	92	332	269	10	159	
民和回族土族自治县									
互助土族自治县									
化隆回族自治县									
循化撒拉族自治县									
海北藏族自治州									
门源回族自治县									
祁连县									
海晏县									
刚察县									
黄南藏族自治州									
同仁县									
尖扎县									
泽库县									
河南蒙古族自治县									
海南藏族自治州									
共和县									
同德县									
贵德县									
兴海县									
贵南县									
果洛藏族自治州									
玛沁县									
班玛县									
甘德县									
达日县									
久治县									
玛多县									
玉树藏族自治州	**3**	**14**	**207**	**31**	**176**	**61**		**27**	
玉树市	3	14	195	31	164	61		27	
杂多县									
称多县									
治多县									
囊谦县									
曲麻莱县			12		12				
海西蒙古族藏族自治州	**51**	**259**	**1609**	**594**	**1015**	**1281**	**416**	**672**	**2**
格尔木市	33	201	1172	492	680	901	357	395	1
德令哈市	7	45	354	90	264	247	59	166	1
茫崖市	11	13	83	12	71	133		111	
乌兰县									
都兰县									
天峻县									
大柴旦行政委员会									

4-4a　续表 19　　　　单位：人

地　区 性　别	建筑业		批发和零售业			交通运输、仓储和邮政业			
	建　筑 安装业	建筑装饰、装修和其他建筑业	小计	批发业	零售业	小计	铁　路 运输业	道　路 运输业	水　上 运输业
男	**437**	**2241**	**8164**	**2721**	**5443**	**5841**	**1335**	**3530**	**7**
西宁市	**324**	**1824**	**6745**	**2225**	**4520**	**4318**	**974**	**2636**	**5**
城东区	59	293	2306	600	1706	2127	811	1044	2
城中区	61	643	1071	304	767	641	45	462	
城西区	71	225	1210	408	802	498	75	294	3
城北区	123	614	1912	862	1050	788	41	595	
湟中区	7	33	195	26	169	188		172	
大通回族土族自治县	3	16	51	25	26	76	2	69	
湟源县									
海东市	**66**	**187**	**418**	**89**	**329**	**428**	**19**	**306**	
乐都区	46	127	225	36	189	216	13	176	
平安区	20	60	193	53	140	212	6	130	
民和回族土族自治县									
互助土族自治县									
化隆回族自治县									
循化撒拉族自治县									
海北藏族自治州									
门源回族自治县									
祁连县									
海晏县									
刚察县									
黄南藏族自治州									
同仁县									
尖扎县									
泽库县									
河南蒙古族自治县									
海南藏族自治州									
共和县									
同德县									
贵德县									
兴海县									
贵南县									
果洛藏族自治州									
玛沁县									
班玛县									
甘德县									
达日县									
久治县									
玛多县									
玉树藏族自治州	**3**	**9**	**125**	**20**	**105**	**45**		**22**	
玉树市	3	9	119	20	99	45		22	
杂多县									
称多县									
治多县									
囊谦县									
曲麻莱县			6		6				
海西蒙古族藏族自治州	**44**	**221**	**876**	**387**	**489**	**1050**	**342**	**566**	**2**
格尔木市	28	175	662	321	341	741	293	333	1
德令哈市	6	36	169	58	111	196	49	134	1
茫崖市	10	10	45	8	37	113		99	
乌兰县									
都兰县									
天峻县									
大柴旦行政委员会									

4－4a 续表 20

单位：人

地区 性别	建筑业		批发和零售业			交通运输、仓储和邮政业			
	建筑安装业	建筑装饰、装修和其他建筑业	小计	批发业	零售业	小计	铁路运输业	道路运输业	水上运输业
女	**82**	**689**	**7854**	**1617**	**6237**	**1419**	**414**	**653**	**2**
西宁市	**72**	**581**	**6520**	**1344**	**5176**	**1068**	**331**	**486**	**1**
城东区	20	81	2087	353	1734	483	261	141	1
城中区	13	193	1197	186	1011	168	22	91	
城西区	14	70	1116	254	862	181	30	99	
城北区	25	200	1861	532	1329	203	16	134	
湟中区		8	193	8	185	22		14	
大通回族土族自治县		29	66	11	55	11	2	7	
湟源县									
海东市	**3**	**65**	**519**	**55**	**464**	**104**	**9**	**56**	**1**
乐都区	3	40	288	16	272	47	5	27	1
平安区		25	231	39	192	57	4	29	
民和回族土族自治县									
互助土族自治县									
化隆回族自治县									
循化撒拉族自治县									
海北藏族自治州									
门源回族自治县									
祁连县									
海晏县									
刚察县									
黄南藏族自治州									
同仁县									
尖扎县									
泽库县									
河南蒙古族自治县									
海南藏族自治州									
共和县									
同德县									
贵德县									
兴海县									
贵南县									
果洛藏族自治州									
玛沁县									
班玛县									
甘德县									
达日县									
久治县									
玛多县									
玉树藏族自治州		**5**	**82**	**11**	**71**	**16**		**5**	
玉树市		5	76	11	65	16		5	
杂多县									
称多县									
治多县									
囊谦县									
曲麻莱县			6		6				
海西蒙古族藏族自治州	**7**	**38**	**733**	**207**	**526**	**231**	**74**	**106**	
格尔木市	5	26	510	171	339	160	64	62	
德令哈市	1	9	185	32	153	51	10	32	
茫崖市	1	3	38	4	34	20		12	
乌兰县									
都兰县									
天峻县									
大柴旦行政委员会									

4-4a 续表 21

单位：人

地区 性别	交通运输、仓储和邮政业					住宿和餐饮业		
	航空运输业	管道运输业	多式联运和运输代理业	装卸搬运和仓储业	邮政业	小计	住宿业	餐饮业
全省	**191**	**18**	**146**	**314**	**650**	**6196**	**1110**	**5086**
西宁市	**141**	**1**	**93**	**184**	**534**	**4747**	**841**	**3906**
城东区	31		47	77	195	1624	263	1361
城中区	36	1	14	32	106	844	203	641
城西区	44		2	16	116	1048	158	890
城北区	28		24	56	97	976	169	807
湟中区	2		5	1	16	206	40	166
大通回族土族自治县			1	2	4	49	8	41
湟源县								
海东市	**24**		**12**	**50**	**55**	**635**	**61**	**574**
乐都区	5		1	12	23	338	33	305
平安区	19		11	38	32	297	28	269
民和回族土族自治县								
互助土族自治县								
化隆回族自治县								
循化撒拉族自治县								
海北藏族自治州								
门源回族自治县								
祁连县								
海晏县								
刚察县								
黄南藏族自治州								
同仁县								
尖扎县								
泽库县								
河南蒙古族自治县								
海南藏族自治州								
共和县								
同德县								
贵德县								
兴海县								
贵南县								
果洛藏族自治州								
玛沁县								
班玛县								
甘德县								
达日县								
久治县								
玛多县								
玉树藏族自治州	**9**			**21**	**4**	**90**	**16**	**74**
玉树市	9			21	4	84	15	69
杂多县								
称多县								
治多县								
囊谦县								
曲麻莱县						6	1	5
海西蒙古族藏族自治州	**17**	**17**	**41**	**59**	**57**	**724**	**192**	**532**
格尔木市	8	17	38	48	37	469	92	377
德令哈市	1			3	17	185	86	99
茫崖市	8		3	8	3	70	14	56
乌兰县								
都兰县								
天峻县								
大柴旦行政委员会								

4-4a 续表 22　　　　　　　　　　　　　　　　　　　　单位：人

地区 性别	交通运输、仓储和邮政业					住宿和餐饮业		
	航空运输业	管道运输业	多式联运和运输代理业	装卸搬运和仓储业	邮政业	小计	住宿业	餐饮业
男	**114**	**13**	**109**	**258**	**475**	**3085**	**451**	**2634**
西宁市	**80**	**1**	**73**	**157**	**392**	**2456**	**364**	**2092**
城东区	18		38	66	148	933	126	807
城中区	21	1	11	28	73	396	83	313
城西区	23		1	12	90	541	78	463
城北区	17		19	48	68	479	60	419
湟中区	1		3	1	11	89	14	75
大通回族土族自治县			1	2	2	18	3	15
湟源县								
海东市	**13**		**8**	**43**	**39**	**270**	**23**	**247**
乐都区	1		1	9	16	136	14	122
平安区	12		7	34	23	134	9	125
民和回族土族自治县								
互助土族自治县								
化隆回族自治县								
循化撒拉族自治县								
海北藏族自治州								
门源回族自治县								
祁连县								
海晏县								
刚察县								
黄南藏族自治州								
同仁县								
尖扎县								
泽库县								
河南蒙古族自治县								
海南藏族自治州								
共和县								
同德县								
贵德县								
兴海县								
贵南县								
果洛藏族自治州								
玛沁县								
班玛县								
甘德县								
达日县								
久治县								
玛多县								
玉树藏族自治州	**8**			**13**	**2**	**43**	**4**	**39**
玉树市	8			13	2	42	4	38
杂多县								
称多县								
治多县								
囊谦县								
曲麻莱县						1		1
海西蒙古族藏族自治州	**13**	**12**	**28**	**45**	**42**	**316**	**60**	**256**
格尔木市	6	12	27	37	32	222	36	186
德令哈市	1			2	9	67	22	45
茫崖市	6		1	6	1	27	2	25
乌兰县								
都兰县								
天峻县								
大柴旦行政委员会								

4-4a 续表 23

单位：人

地区 性别	交通运输、仓储和邮政业					住宿和餐饮业		
	航空运输业	管道运输业	多式联运和运输代理业	装卸搬运和仓储业	邮政业	小计	住宿业	餐饮业
女	**77**	**5**	**37**	**56**	**175**	**3111**	**659**	**2452**
西宁市	**61**		**20**	**27**	**142**	**2291**	**477**	**1814**
城东区	13		9	11	47	691	137	554
城中区	15		3	4	33	448	120	328
城西区	21		1	4	26	507	80	427
城北区	11		5	8	29	497	109	388
湟中区	1		2		5	117	26	91
大通回族土族自治县					2	31	5	26
湟源县								
海东市	**11**		**4**	**7**	**16**	**365**	**38**	**327**
乐都区	4			3	7	202	19	183
平安区	7		4	4	9	163	19	144
民和回族土族自治县								
互助土族自治县								
化隆回族自治县								
循化撒拉族自治县								
海北藏族自治州								
门源回族自治县								
祁连县								
海晏县								
刚察县								
黄南藏族自治州								
同仁县								
尖扎县								
泽库县								
河南蒙古族自治县								
海南藏族自治州								
共和县								
同德县								
贵德县								
兴海县								
贵南县								
果洛藏族自治州								
玛沁县								
班玛县								
甘德县								
达日县								
久治县								
玛多县								
玉树藏族自治州	**1**			**8**	**2**	**47**	**12**	**35**
玉树市	1			8	2	42	11	31
杂多县								
称多县								
治多县								
囊谦县								
曲麻莱县						5	1	4
海西蒙古族藏族自治州	**4**	**5**	**13**	**14**	**15**	**408**	**132**	**276**
格尔木市	2	5	11	11	5	247	56	191
德令哈市				1	8	118	64	54
茫崖市	2		2	2	2	43	12	31
乌兰县								
都兰县								
天峻县								
大柴旦行政委员会								

4－4a 续表 24 单位：人

地　区 性　别	信息传输、软件和信息技术服务业				金融业				
	小计	电信、广播电视和卫星传输服务	互联网和相关服务	软件和信息技术服务业	小计	货币金融服务	资本市场服务	保险业	其他金融业
全省	**1885**	**1002**	**283**	**600**	**2698**	**1711**	**98**	**746**	**143**
西宁市	**1579**	**810**	**243**	**526**	**2251**	**1424**	**91**	**622**	**114**
城东区	423	227	82	114	462	257	27	153	25
城中区	293	164	34	95	446	303	19	115	9
城西区	493	265	63	165	832	589	24	187	32
城北区	345	137	62	146	460	241	21	150	48
湟中区	20	14	1	5	45	31		14	
大通回族土族自治县	5	3	1	1	6	3		3	
湟源县									
海东市	**128**	**84**	**17**	**27**	**188**	**129**	**1**	**53**	**5**
乐都区	55	34	5	16	81	61		20	
平安区	73	50	12	11	107	68	1	33	5
民和回族土族自治县									
互助土族自治县									
化隆回族自治县									
循化撒拉族自治县									
海北藏族自治州									
门源回族自治县									
祁连县									
海晏县									
刚察县									
黄南藏族自治州									
同仁县									
尖扎县									
泽库县									
河南蒙古族自治县									
海南藏族自治州									
共和县									
同德县									
贵德县									
兴海县									
贵南县									
果洛藏族自治州									
玛沁县									
班玛县									
甘德县									
达日县									
久治县									
玛多县									
玉树藏族自治州	**31**	**22**	**1**	**8**	**36**	**22**		**14**	
玉树市	31	22	1	8	36	22		14	
杂多县									
称多县									
治多县									
囊谦县									
曲麻莱县									
海西蒙古族藏族自治州	**147**	**86**	**22**	**39**	**223**	**136**	**6**	**57**	**24**
格尔木市	84	48	8	28	137	67	6	40	24
德令哈市	50	34	5	11	80	64		16	
茫崖市	13	4	9		6	5		1	
乌兰县									
都兰县									
天峻县									
大柴旦行政委员会									

4-4a　续表 25　　　　单位：人

地　区 性　别	信息传输、软件和信息技术服务业				金融业				
	小计	电信、广播电视和卫星传输服务	互联网和相关服务	软件和信息技术服务业	小计	货币金融服务	资本市场服务	保险业	其他金融业
男	**1111**	**517**	**188**	**406**	**1215**	**798**	**50**	**287**	**80**
西宁市	**930**	**415**	**160**	**355**	**1001**	**645**	**48**	**244**	**64**
城东区	267	128	56	83	216	114	15	67	20
城中区	169	82	16	71	201	145	12	40	4
城西区	290	136	45	109	375	267	13	78	17
城北区	189	62	41	86	185	102	8	52	23
湟中区	13	7	1	5	21	16		5	
大通回族土族自治县	2		1	1	3	1		2	
湟源县									
海东市	**78**	**48**	**12**	**18**	**89**	**69**		**18**	**2**
乐都区	38	21	3	14	33	30		3	
平安区	40	27	9	4	56	39		15	2
民和回族土族自治县									
互助土族自治县									
化隆回族自治县									
循化撒拉族自治县									
海北藏族自治州									
门源回族自治县									
祁连县									
海晏县									
刚察县									
黄南藏族自治州									
同仁县									
尖扎县									
泽库县									
河南蒙古族自治县									
海南藏族自治州									
共和县									
同德县									
贵德县									
兴海县									
贵南县									
果洛藏族自治州									
玛沁县									
班玛县									
甘德县									
达日县									
久治县									
玛多县									
玉树藏族自治州	**14**	**10**	**1**	**3**	**24**	**16**		**8**	
玉树市	14	10	1	3	24	16		8	
杂多县									
称多县									
治多县									
囊谦县									
曲麻莱县									
海西蒙古族藏族自治州	**89**	**44**	**15**	**30**	**101**	**68**	**2**	**17**	**14**
格尔木市	45	23	3	19	59	31	2	12	14
德令哈市	35	20	4	11	41	36		5	
茫崖市	9	1	8		1	1			
乌兰县									
都兰县									
天峻县									
大柴旦行政委员会									

4-4a 续表 26

单位：人

地区 性别	信息传输、软件和信息技术服务业				金融业				
	小计	电信、广播电视和卫星传输服务	互联网和相关服务	软件和信息技术服务业	小计	货币金融服务	资本市场服务	保险业	其他金融业
女	**774**	**485**	**95**	**194**	**1483**	**913**	**48**	**459**	**63**
西宁市	**649**	**395**	**83**	**171**	**1250**	**779**	**43**	**378**	**50**
城东区	156	99	26	31	246	143	12	86	5
城中区	124	82	18	24	245	158	7	75	5
城西区	203	129	18	56	457	322	11	109	15
城北区	156	75	21	60	275	139	13	98	25
湟中区	7	7			24	15		9	
大通回族土族自治县	3	3			3	2		1	
湟源县									
海东市	**50**	**36**	**5**	**9**	**99**	**60**	**1**	**35**	**3**
乐都区	17	13	2	2	48	31		17	
平安区	33	23	3	7	51	29	1	18	3
民和回族土族自治县									
互助土族自治县									
化隆回族自治县									
循化撒拉族自治县									
海北藏族自治州									
门源回族自治县									
祁连县									
海晏县									
刚察县									
黄南藏族自治州									
同仁县									
尖扎县									
泽库县									
河南蒙古族自治县									
海南藏族自治州									
共和县									
同德县									
贵德县									
兴海县									
贵南县									
果洛藏族自治州									
玛沁县									
班玛县									
甘德县									
达日县									
久治县									
玛多县									
玉树藏族自治州	**17**	**12**		**5**	**12**	**6**		**6**	
玉树市	17	12		5	12	6		6	
杂多县									
称多县									
治多县									
囊谦县									
曲麻莱县									
海西蒙古族藏族自治州	**58**	**42**	**7**	**9**	**122**	**68**	**4**	**40**	**10**
格尔木市	39	25	5	9	78	36	4	28	10
德令哈市	15	14	1		39	28		11	
茫崖市	4	3	1		5	4		1	
乌兰县									
都兰县									
天峻县									
大柴旦行政委员会									

4-4a 续表 27

单位：人

地区 性别	房地产业		租赁和商务服务业			科学研究和技术服务业			
	小计	房地产业	小计	租赁业	商务服务业	小计	研究和试验发展	专业技术服务业	科技推广和应用服务业
全省	**3062**	**3062**	**3637**	**333**	**3304**	**2672**	**229**	**2181**	**262**
西宁市	**2576**	**2576**	**2830**	**265**	**2565**	**2353**	**208**	**1923**	**222**
城东区	669	669	674	73	601	399	24	343	32
城中区	561	561	556	41	515	437	19	366	52
城西区	533	533	669	48	621	920	111	728	81
城北区	732	732	837	80	757	572	54	465	53
湟中区	57	57	57	13	44	21		17	4
大通回族土族自治县	24	24	37	10	27	4		4	
湟源县									
海东市	**337**	**337**	**238**	**11**	**227**	**117**	**3**	**92**	**22**
乐都区	256	256	106	7	99	61		48	13
平安区	81	81	132	4	128	56	3	44	9
民和回族土族自治县									
互助土族自治县									
化隆回族自治县									
循化撒拉族自治县									
海北藏族自治州									
门源回族自治县									
祁连县									
海晏县									
刚察县									
黄南藏族自治州									
同仁县									
尖扎县									
泽库县									
河南蒙古族自治县									
海南藏族自治州									
共和县									
同德县									
贵德县									
兴海县									
贵南县									
果洛藏族自治州									
玛沁县									
班玛县									
甘德县									
达日县									
久治县									
玛多县									
玉树藏族自治州	**5**	**5**	**27**	**1**	**26**	**3**		**3**	
玉树市	4	4	27	1	26	3		3	
杂多县									
称多县									
治多县									
囊谦县									
曲麻莱县	1	1							
海西蒙古族藏族自治州	**144**	**144**	**542**	**56**	**486**	**199**	**18**	**163**	**18**
格尔木市	105	105	386	44	342	142	13	117	12
德令哈市	35	35	74	8	66	38	5	28	5
茫崖市	4	4	82	4	78	19		18	1
乌兰县									
都兰县									
天峻县									
大柴旦行政委员会									

4-4a 续表 28

单位：人

地区 性别	房地产业		租赁和商务服务业			科学研究和技术服务业			
	小计	房地产业	小计	租赁业	商务服务业	小计	研究和试验发展	专业技术服务业	科技推广和应用服务业
男	**1818**	**1818**	**2242**	**285**	**1957**	**1790**	**140**	**1485**	**165**
西宁市	**1498**	**1498**	**1742**	**224**	**1518**	**1563**	**124**	**1298**	**141**
城东区	391	391	451	62	389	281	16	241	24
城中区	337	337	350	33	317	328	10	280	38
城西区	311	311	398	40	358	580	67	462	51
城北区	417	417	479	66	413	361	31	304	26
湟中区	34	34	36	13	23	12		10	2
大通回族土族自治县	8	8	28	10	18	1		1	
湟源县									
海东市	**231**	**231**	**134**	**9**	**125**	**84**	**2**	**67**	**15**
乐都区	183	183	55	6	49	46		37	9
平安区	48	48	79	3	76	38	2	30	6
民和回族土族自治县									
互助土族自治县									
化隆回族自治县									
循化撒拉族自治县									
海北藏族自治州									
门源回族自治县									
祁连县									
海晏县									
刚察县									
黄南藏族自治州									
同仁县									
尖扎县									
泽库县									
河南蒙古族自治县									
海南藏族自治州									
共和县									
同德县									
贵德县									
兴海县									
贵南县									
果洛藏族自治州									
玛沁县									
班玛县									
甘德县									
达日县									
久治县									
玛多县									
玉树藏族自治州	**2**	**2**	**17**	**1**	**16**	**1**		**1**	
玉树市	1	1	17	1	16	1		1	
杂多县									
称多县									
治多县									
囊谦县									
曲麻莱县	1	1							
海西蒙古族藏族自治州	**87**	**87**	**349**	**51**	**298**	**142**	**14**	**119**	**9**
格尔木市	67	67	241	39	202	105	10	90	5
德令哈市	20	20	58	8	50	23	4	16	3
茫崖市			50	4	46	14		13	1
乌兰县									
都兰县									
天峻县									
大柴旦行政委员会									

4-4a　续表 29

单位：人

地　区 性　别	房地产业		租赁和商务服务业			科学研究和技术服务业			
	小计	房地产业	小计	租赁业	商　务服务业	小计	研究和试验发展	专业技术服务业	科技推广和应用服务业
女	**1244**	**1244**	**1395**	**48**	**1347**	**882**	**89**	**696**	**97**
西宁市	**1078**	**1078**	**1088**	**41**	**1047**	**790**	**84**	**625**	**81**
城东区	278	278	223	11	212	118	8	102	8
城中区	224	224	206	8	198	109	9	86	14
城西区	222	222	271	8	263	340	44	266	30
城北区	315	315	358	14	344	211	23	161	27
湟中区	23	23	21		21	9		7	2
大通回族土族自治县	16	16	9		9	3		3	
湟源县									
海东市	**106**	**106**	**104**	**2**	**102**	**33**	**1**	**25**	**7**
乐都区	73	73	51	1	50	15		11	4
平安区	33	33	53	1	52	18	1	14	3
民和回族土族自治县									
互助土族自治县									
化隆回族自治县									
循化撒拉族自治县									
海北藏族自治州									
门源回族自治县									
祁连县									
海晏县									
刚察县									
黄南藏族自治州									
同仁县									
尖扎县									
泽库县									
河南蒙古族自治县									
海南藏族自治州									
共和县									
同德县									
贵德县									
兴海县									
贵南县									
果洛藏族自治州									
玛沁县									
班玛县									
甘德县									
达日县									
久治县									
玛多县									
玉树藏族自治州	**3**	**3**	**10**		**10**	**2**		**2**	
玉树市	3	3	10		10	2		2	
杂多县									
称多县									
治多县									
囊谦县									
曲麻莱县									
海西蒙古族藏族自治州	**57**	**57**	**193**	**5**	**188**	**57**	**4**	**44**	**9**
格尔木市	38	38	145	5	140	37	3	27	7
德令哈市	15	15	16		16	15	1	12	2
茫崖市	4	4	32		32	5		5	
乌兰县									
都兰县									
天峻县									
大柴旦行政委员会									

4-4a 续表 30

单位：人

地区 性别	水利、环境和公共设施管理业					居民服务、修理和其他服务业			
	小计	水利管理业	生态保护和环境治理业	公共设施管理业	土地管理业	小计	居民服务业	机动车、电子产品和日用产品修理业	其他服务业
全省	**838**	**112**	**123**	**581**	**22**	**2847**	**1587**	**927**	**333**
西宁市	**599**	**89**	**88**	**405**	**17**	**2130**	**1303**	**594**	**233**
城东区	165	21	30	111	3	542	314	175	53
城中区	97	14	15	66	2	460	296	134	30
城西区	142	26	21	89	6	379	288	69	22
城北区	163	23	17	118	5	649	357	185	107
湟中区	25	5	5	14	1	67	37	27	3
大通回族土族自治县	7			7		33	11	4	18
湟源县									
海东市	**113**	**11**	**9**	**90**	**3**	**255**	**136**	**82**	**37**
乐都区	52	8	5	37	2	132	81	36	15
平安区	61	3	4	53	1	123	55	46	22
民和回族土族自治县									
互助土族自治县									
化隆回族自治县									
循化撒拉族自治县									
海北藏族自治州									
门源回族自治县									
祁连县									
海晏县									
刚察县									
黄南藏族自治州									
同仁县									
尖扎县									
泽库县									
河南蒙古族自治县									
海南藏族自治州									
共和县									
同德县									
贵德县									
兴海县									
贵南县									
果洛藏族自治州									
玛沁县									
班玛县									
甘德县									
达日县									
久治县									
玛多县									
玉树藏族自治州	**22**	**2**	**1**	**18**	**1**	**59**	**10**	**46**	**3**
玉树市	20	2	1	16	1	59	10	46	3
杂多县									
称多县									
治多县									
囊谦县									
曲麻莱县	2			2					
海西蒙古族藏族自治州	**104**	**10**	**25**	**68**	**1**	**403**	**138**	**205**	**60**
格尔木市	53	8	15	29	1	298	100	150	48
德令哈市	40	2	2	36		69	29	37	3
茫崖市	11		8	3		36	9	18	9
乌兰县									
都兰县									
天峻县									
大柴旦行政委员会									

4-4a　续表 31　　　　单位：人

地　区 性　别	水利、环境和公共设施管理业					居民服务、修理和其他服务业			
	小计	水　利 管理业	生态保护 和环境 治理业	公共设施 管理业	土　地 管理业	小计	居　民 服务业	机动车、 电子产品 和日用产 品修理业	其　他 服务业
男	**509**	**80**	**87**	**328**	**14**	**1409**	**521**	**737**	**151**
西宁市	**375**	**64**	**58**	**241**	**12**	**1026**	**435**	**474**	**117**
城东区	107	18	20	67	2	279	110	138	31
城中区	59	9	9	40	1	213	90	108	15
城西区	83	16	13	50	4	171	104	53	14
城北区	108	18	12	74	4	319	114	151	54
湟中区	12	3	4	4	1	34	13	20	1
大通回族土族自治县	6			6		10	4	4	2
湟源县									
海东市	**64**	**9**	**8**	**47**		**103**	**33**	**61**	**9**
乐都区	31	7	5	19		46	16	29	1
平安区	33	2	3	28		57	17	32	8
民和回族土族自治县									
互助土族自治县									
化隆回族自治县									
循化撒拉族自治县									
海北藏族自治州									
门源回族自治县									
祁连县									
海晏县									
刚察县									
黄南藏族自治州									
同仁县									
尖扎县									
泽库县									
河南蒙古族自治县									
海南藏族自治州									
共和县									
同德县									
贵德县									
兴海县									
贵南县									
果洛藏族自治州									
玛沁县									
班玛县									
甘德县									
达日县									
久治县									
玛多县									
玉树藏族自治州	**13**	**1**	**1**	**10**	**1**	**46**	**6**	**38**	**2**
玉树市	12	1	1	9	1	46	6	38	2
杂多县									
称多县									
治多县									
囊谦县									
曲麻莱县	1			1					
海西蒙古族藏族自治州	**57**	**6**	**20**	**30**	**1**	**234**	**47**	**164**	**23**
格尔木市	33	5	12	15	1	172	34	122	16
德令哈市	16	1	2	13		40	9	29	2
茫崖市	8		6	2		22	4	13	5
乌兰县									
都兰县									
天峻县									
大柴旦行政委员会									

4－4a 续表 32

单位：人

地区 性别	水利、环境和公共设施管理业					居民服务、修理和其他服务业			
	小计	水利管理业	生态保护和环境治理业	公共设施管理业	土地管理业	小计	居民服务业	机动车、电子产品和日用产品修理业	其他服务业
女	**329**	**32**	**36**	**253**	**8**	**1438**	**1066**	**190**	**182**
西宁市	**224**	**25**	**30**	**164**	**5**	**1104**	**868**	**120**	**116**
城东区	58	3	10	44	1	263	204	37	22
城中区	38	5	6	26	1	247	206	26	15
城西区	59	10	8	39	2	208	184	16	8
城北区	55	5	5	44	1	330	243	34	53
湟中区	13	2	1	10		33	24	7	2
大通回族土族自治县	1			1		23	7		16
湟源县									
海东市	**49**	**2**	**1**	**43**	**3**	**152**	**103**	**21**	**28**
乐都区	21	1		18	2	86	65	7	14
平安区	28	1	1	25	1	66	38	14	14
民和回族土族自治县									
互助土族自治县									
化隆回族自治县									
循化撒拉族自治县									
海北藏族自治州									
门源回族自治县									
祁连县									
海晏县									
刚察县									
黄南藏族自治州									
同仁县									
尖扎县									
泽库县									
河南蒙古族自治县									
海南藏族自治州									
共和县									
同德县									
贵德县									
兴海县									
贵南县									
果洛藏族自治州									
玛沁县									
班玛县									
甘德县									
达日县									
久治县									
玛多县									
玉树藏族自治州	**9**	**1**		**8**		**13**	**4**	**8**	**1**
玉树市	8	1		7		13	4	8	1
杂多县									
称多县									
治多县									
囊谦县									
曲麻莱县	1			1					
海西蒙古族藏族自治州	**47**	**4**	**5**	**38**		**169**	**91**	**41**	**37**
格尔木市	20	3	3	14		126	66	28	32
德令哈市	24	1		23		29	20	8	1
茫崖市	3		2	1		14	5	5	4
乌兰县									
都兰县									
天峻县									
大柴旦行政委员会									

4-4a　续表 33　　　　单位：人

地　区 性　别	教育		卫生和社会工作			文化、体育和娱乐业				
	小计	教育	小计	卫生	社会工作	小计	新闻和出版业	广播、电视、电影和录音制作业	文　化艺术业	体育
全省	**5408**	**5408**	**3934**	**3833**	**101**	**1209**	**158**	**180**	**265**	**133**
西宁市	**4158**	**4158**	**3296**	**3207**	**89**	**1014**	**132**	**162**	**198**	**117**
城东区	955	955	970	948	22	212	26	40	35	29
城中区	793	793	806	785	21	253	37	23	55	38
城西区	1117	1117	904	876	28	308	50	68	59	18
城北区	1127	1127	547	532	15	201	17	30	39	30
湟中区	138	138	64	61	3	40	2	1	10	2
大通回族土族自治县	28	28	5	5						
湟源县										
海东市	**591**	**591**	**271**	**262**	**9**	**65**	**15**	**5**	**27**	**3**
乐都区	387	387	160	157	3	22	3	2	6	2
平安区	204	204	111	105	6	43	12	3	21	1
民和回族土族自治县										
互助土族自治县										
化隆回族自治县										
循化撒拉族自治县										
海北藏族自治州										
门源回族自治县										
祁连县										
海晏县										
刚察县										
黄南藏族自治州										
同仁县										
尖扎县										
泽库县										
河南蒙古族自治县										
海南藏族自治州										
共和县										
同德县										
贵德县										
兴海县										
贵南县										
果洛藏族自治州										
玛沁县										
班玛县										
甘德县										
达日县										
久治县										
玛多县										
玉树藏族自治州	**161**	**161**	**71**	**70**	**1**	**17**			**6**	
玉树市	156	156	70	69	1	15			6	
杂多县										
称多县										
治多县										
囊谦县										
曲麻莱县	5	5	1	1		2				
海西蒙古族藏族自治州	**498**	**498**	**296**	**294**	**2**	**113**	**11**	**13**	**34**	**13**
格尔木市	312	312	162	161	1	48	2	4	11	6
德令哈市	169	169	116	115	1	60	8	9	22	7
茫崖市	17	17	18	18		5	1		1	
乌兰县										
都兰县										
天峻县										
大柴旦行政委员会										

4－4a　续表 34　　　　　　　　　　　　　　　　　　　　　　　　　　　　　　单位：人

地　区 性　别	教育		卫生和社会工作			文化、体育和娱乐业				
	小计	教育	小计	卫生	社会工作	小计	新闻和出版业	广播、电视、电影和录音制作业	文化艺术业	体育
男	**1984**	**1984**	**1105**	**1071**	**34**	**683**	**85**	**108**	**144**	**83**
西宁市	**1495**	**1495**	**914**	**884**	**30**	**580**	**73**	**99**	**109**	**72**
城东区	362	362	274	264	10	125	14	26	15	22
城中区	280	280	219	216	3	135	20	15	34	21
城西区	366	366	249	241	8	193	31	43	35	8
城北区	429	429	150	144	6	104	7	14	19	20
湟中区	51	51	21	18	3	23	1	1	6	1
大通回族土族自治县	7	7	1	1						
湟源县										
海东市	**276**	**276**	**72**	**69**	**3**	**34**	**9**	**2**	**13**	**3**
乐都区	180	180	41	39	2	12	1	1	3	2
平安区	96	96	31	30	1	22	8	1	10	1
民和回族土族自治县										
互助土族自治县										
化隆回族自治县										
循化撒拉族自治县										
海北藏族自治州										
门源回族自治县										
祁连县										
海晏县										
刚察县										
黄南藏族自治州										
同仁县										
尖扎县										
泽库县										
河南蒙古族自治县										
海南藏族自治州										
共和县										
同德县										
贵德县										
兴海县										
贵南县										
果洛藏族自治州										
玛沁县										
班玛县										
甘德县										
达日县										
久治县										
玛多县										
玉树藏族自治州	**59**	**59**	**24**	**24**		**10**			**3**	
玉树市	57	57	24	24		9			3	
杂多县										
称多县										
治多县										
囊谦县										
曲麻莱县	2	2				1				
海西蒙古族藏族自治州	**154**	**154**	**95**	**94**	**1**	**59**	**3**	**7**	**19**	**8**
格尔木市	98	98	57	56	1	25	1	1	6	4
德令哈市	51	51	35	35		31	2	6	12	4
茫崖市	5	5	3	3		3			1	
乌兰县										
都兰县										
天峻县										
大柴旦行政委员会										

4-4a　续表 35　　　　单位：人

地　区 性　别	教育		卫生和社会工作			文化、体育和娱乐业				
	小计	教育	小计	卫生	社会工作	小计	新闻和出版业	广播、电视、电影和录音制作业	文　化艺术业	体育
女	**3424**	**3424**	**2829**	**2762**	**67**	**526**	**73**	**72**	**121**	**50**
西宁市	**2663**	**2663**	**2382**	**2323**	**59**	**434**	**59**	**63**	**89**	**45**
城东区	593	593	696	684	12	87	12	14	20	7
城中区	513	513	587	569	18	118	17	8	21	17
城西区	751	751	655	635	20	115	19	25	24	10
城北区	698	698	397	388	9	97	10	16	20	10
湟中区	87	87	43	43		17	1		4	1
大通回族土族自治县	21	21	4	4						
湟源县										
海东市	**315**	**315**	**199**	**193**	**6**	**31**	**6**	**3**	**14**	
乐都区	207	207	119	118	1	10	2	1	3	
平安区	108	108	80	75	5	21	4	2	11	
民和回族土族自治县										
互助土族自治县										
化隆回族自治县										
循化撒拉族自治县										
海北藏族自治州										
门源回族自治县										
祁连县										
海晏县										
刚察县										
黄南藏族自治州										
同仁县										
尖扎县										
泽库县										
河南蒙古族自治县										
海南藏族自治州										
共和县										
同德县										
贵德县										
兴海县										
贵南县										
果洛藏族自治州										
玛沁县										
班玛县										
甘德县										
达日县										
久治县										
玛多县										
玉树藏族自治州	**102**	**102**	**47**	**46**	**1**	**7**			**3**	
玉树市	99	99	46	45	1	6			3	
杂多县										
称多县										
治多县										
囊谦县										
曲麻莱县	3	3	1	1		1				
海西蒙古族藏族自治州	**344**	**344**	**201**	**200**	**1**	**54**	**8**	**6**	**15**	**5**
格尔木市	214	214	105	105		23	1	3	5	2
德令哈市	118	118	81	80	1	29	6	3	10	3
茫崖市	12	12	15	15		2	1			
乌兰县										
都兰县										
天峻县										
大柴旦行政委员会										

4-4a　续表 36

单位：人

地　区 性　别	娱乐业	公共管理、社会保障和社会组织							国际组织	
		小计	中国共产党机关	国家机构	人民政协、民主党派	社会保障	群众团体、社会团体和其他成员组织	基层群众自治组织	小计	国际组织
全省	**473**	**9016**	**324**	**7680**	**55**	**34**	**432**	**491**	**1**	**1**
西宁市	**405**	**6590**	**240**	**5605**	**40**	**28**	**307**	**370**	**1**	**1**
城东区	82	1510	35	1302	7	9	68	89	1	1
城中区	100	1594	44	1406	11	8	51	74		
城西区	113	2027	120	1785	20		51	51		
城北区	85	1154	40	937		9	37	131		
湟中区	25	299	1	172	2	2	100	22		
大通回族土族自治县		6		3				3		
湟源县										
海东市	**15**	**906**	**27**	**807**	**5**	**3**	**13**	**51**		
乐都区	9	452	17	385	3	3	7	37		
平安区	6	454	10	422	2		6	14		
民和回族土族自治县										
互助土族自治县										
化隆回族自治县										
循化撒拉族自治县										
海北藏族自治州										
门源回族自治县										
祁连县										
海晏县										
刚察县										
黄南藏族自治州										
同仁县										
尖扎县										
泽库县										
河南蒙古族自治县										
海南藏族自治州										
共和县										
同德县										
贵德县										
兴海县										
贵南县										
果洛藏族自治州										
玛沁县										
班玛县										
甘德县										
达日县										
久治县										
玛多县										
玉树藏族自治州	**11**	**338**	**8**	**254**	**3**		**64**	**9**		
玉树市	9	327	6	252	3		57	9		
杂多县										
称多县										
治多县										
囊谦县										
曲麻莱县	2	11	2	2			7			
海西蒙古族藏族自治州	**42**	**1182**	**49**	**1014**	**7**	**3**	**48**	**61**		
格尔木市	25	512	6	431		2	31	42		
德令哈市	14	578	38	502	7		14	17		
茫崖市	3	92	5	81		1	3	2		
乌兰县										
都兰县										
天峻县										
大柴旦行政委员会										

4-4a　续表 37

单位：人

地　区 性　别	娱乐业	公共管理、社会保障和社会组织						国际组织	
		小计	中国共产党机关	国家机构	人民政协、民主党派	社会保障	群众团体、社会团体和其他成员组织	基层群众自治组织	小计	国际组织
男	**263**	**5461**	**228**	**4709**	**40**	**7**	**273**	**204**	**1**	**1**
西宁市	**227**	**4022**	**175**	**3453**	**32**	**5**	**203**	**154**	**1**	**1**
城东区	48	942	26	822	6	2	43	43	1	1
城中区	45	1010	35	916	8	1	25	25		
城西区	76	1235	86	1088	18		21	22		
城北区	44	617	27	523		2	16	49		
湟中区	14	216	1	103			98	14		
大通回族土族自治县		2		1				1		
湟源县										
海东市	**7**	**541**	**19**	**476**	**2**	**1**	**9**	**34**		
乐都区	5	258	9	218	1	1	5	24		
平安区	2	283	10	258	1		4	10		
民和回族土族自治县										
互助土族自治县										
化隆回族自治县										
循化撒拉族自治县										
海北藏族自治州										
门源回族自治县										
祁连县										
海晏县										
刚察县										
黄南藏族自治州										
同仁县										
尖扎县										
泽库县										
河南蒙古族自治县										
海南藏族自治州										
共和县										
同德县										
贵德县										
兴海县										
贵南县										
果洛藏族自治州										
玛沁县										
班玛县										
甘德县										
达日县										
久治县										
玛多县										
玉树藏族自治州	**7**	**217**	**6**	**163**	**2**		**40**	**6**		
玉树市	6	210	5	162	2		35	6		
杂多县										
称多县										
治多县										
囊谦县										
曲麻莱县	1	7	1	1			5			
海西蒙古族藏族自治州	**22**	**681**	**28**	**617**	**4**	**1**	**21**	**10**		
格尔木市	13	294	5	274		1	12	2		
德令哈市	7	322	20	283	4		8	7		
茫崖市	2	65	3	60			1	1		
乌兰县										
都兰县										
天峻县										
大柴旦行政委员会										

4－4a 续表 38　　　　单位：人

地区 性别	娱乐业	公共管理、社会保障和社会组织							国际组织	
		小计	中国共产党机关	国家机构	人民政协、民主党派	社会保障	群众团体、社会团体和其他成员组织	基层群众自治组织	小计	国际组织
女	**210**	**3555**	**96**	**2971**	**15**	**27**	**159**	**287**		
西宁市	**178**	**2568**	**65**	**2152**	**8**	**23**	**104**	**216**		
城东区	34	568	9	480	1	7	25	46		
城中区	55	584	9	490	3	7	26	49		
城西区	37	792	34	697	2		30	29		
城北区	41	537	13	414		7	21	82		
湟中区	11	83		69	2	2	2	8		
大通回族土族自治县		4		2				2		
湟源县										
海东市	**8**	**365**	**8**	**331**	**3**	**2**	**4**	**17**		
乐都区	4	194	8	167	2	2	2	13		
平安区	4	171		164	1		2	4		
民和回族土族自治县										
互助土族自治县										
化隆回族自治县										
循化撒拉族自治县										
海北藏族自治州										
门源回族自治县										
祁连县										
海晏县										
刚察县										
黄南藏族自治州										
同仁县										
尖扎县										
泽库县										
河南蒙古族自治县										
海南藏族自治州										
共和县										
同德县										
贵德县										
兴海县										
贵南县										
果洛藏族自治州										
玛沁县										
班玛县										
甘德县										
达日县										
久治县										
玛多县										
玉树藏族自治州	**4**	**121**	**2**	**91**	**1**		**24**	**3**		
玉树市	3	117	1	90	1		22	3		
杂多县										
称多县										
治多县										
囊谦县										
曲麻莱县	1	4	1	1			2			
海西蒙古族藏族自治州	**20**	**501**	**21**	**397**	**3**	**2**	**27**	**51**		
格尔木市	12	218	1	157		1	19	40		
德令哈市	7	256	18	219	3		6	10		
茫崖市	1	27	2	21		1	2	1		
乌兰县										
都兰县										
天峻县										
大柴旦行政委员会										

4-4b 各地区分性别、行业大类的就业人口(镇)

单位：人

地区 性别	合计	农、林、牧、渔业						采矿业	
		小计	农业	林业	畜牧业	渔业	农、林、牧、渔专业及辅助性活动	小计	煤炭开采和洗选业
全省	**53603**	**7153**	**2490**	**1720**	**2720**	**18**	**205**	**739**	**297**
西宁市	**12894**	**812**	**411**	**74**	**274**		**53**	**165**	**87**
城东区									
城中区	181								
城西区	23								
城北区									
湟中区	2881	164	53	30	75		6	10	1
大通回族土族自治县	7381	492	305	34	129		24	131	80
湟源县	2428	156	53	10	70		23	24	6
海东市	**12470**	**886**	**610**	**45**	**178**	**1**	**52**	**62**	**18**
乐都区	444	17	10		7			5	
平安区	102	2			2			1	
民和回族土族自治县	4285	290	242	8	36	1	3	25	7
互助土族自治县	5102	462	308	35	73		46	24	9
化隆回族自治县	1192	67	30	1	34		2	1	
循化撒拉族自治县	1345	48	20	1	26		1	6	2
海北藏族自治州	**5372**	**629**	**85**	**52**	**473**	**1**	**18**	**137**	**114**
门源回族自治县	1948	148	51	32	62	1	2	19	4
祁连县	1100	202	4	19	177		2	4	2
海晏县	1496	114	23	1	86		4	8	2
刚察县	828	165	7		148		10	106	106
黄南藏族自治州	**4168**	**505**	**237**	**15**	**247**		**6**	**3**	
同仁县	2138	264	156	8	98		2	2	
尖扎县	1034	146	80	6	57		3	1	
泽库县	533	65		1	63		1		
河南蒙古族自治县	463	30	1		29				
海南藏族自治州	**8063**	**1487**	**499**	**12**	**960**	**16**		**9**	**3**
共和县	3265	562	146	3	400	13		4	1
同德县	656	54	15	1	38			1	1
贵德县	2035	192	136	1	54	1		3	1
兴海县	1056	386	111	3	272			1	
贵南县	1051	293	91	4	196	2			
果洛藏族自治州	**1913**	**66**	**4**	**1**	**35**		**26**		
玛沁县	628	18			12		6		
班玛县	360	31	1		10		20		
甘德县	111								
达日县	310	6	2	1	3				
久治县	210	2	1		1				
玛多县	294	9			9				
玉树藏族自治州	**2941**	**1864**	**6**	**1514**	**340**		**4**		
玉树市	203	115		52	63				
杂多县	894	585		579	2		4		
称多县	712	410	2	179	229				
治多县	211	108		68	40				
囊谦县	743	596	4	590	2				
曲麻莱县	178	50		46	4				
海西蒙古族藏族自治州	**5782**	**904**	**638**	**7**	**213**		**46**	**363**	**75**
格尔木市	1683	127	69		50		8	6	
德令哈市	112	19	11		8			1	
茫崖市	298							101	
乌兰县	1097	75	24	5	44		2	39	
都兰县	1521	624	533	2	53		36	56	1
天峻县	317	43			43			11	11
大柴旦行政委员会	754	16	1		15			149	63

4－4b 续表 1

单位：人

地区 性别	合计	农、林、牧、渔业						采矿业	
		小计	农业	林业	畜牧业	渔业	农、林、牧、渔专业及辅助性活动	小计	煤炭开采和洗选业
男	**32112**	**4096**	**1404**	**827**	**1703**	**11**	**151**	**637**	**264**
西宁市	**7989**	**518**	**220**	**48**	**210**		**40**	**151**	**78**
城东区									
城中区	163								
城西区	18								
城北区									
湟中区	1792	108	32	16	55		5	9	
大通回族土族自治县	4601	303	157	24	102		20	120	73
湟源县	1415	107	31	8	53		15	22	5
海东市	**7388**	**534**	**341**	**26**	**129**	**1**	**37**	**58**	**16**
乐都区	289	12	8		4			5	
平安区	82	2			2			1	
民和回族土族自治县	2558	189	152	5	29	1	2	23	7
互助土族自治县	2946	258	155	20	50		33	22	7
化隆回族自治县	673	39	15	1	22		1	1	
循化撒拉族自治县	840	34	11		22		1	6	2
海北藏族自治州	**3085**	**425**	**62**	**28**	**320**	**1**	**14**	**121**	**99**
门源回族自治县	1104	112	38	20	52	1	1	18	3
祁连县	641	142	4	8	129		1	4	2
海晏县	830	73	15		56		2	7	2
刚察县	510	98	5		83		10	92	92
黄南藏族自治州	**2411**	**257**	**90**	**14**	**149**		**4**	**3**	
同仁县	1246	119	57	7	54		1	2	
尖扎县	596	84	33	6	43		2	1	
泽库县	309	34		1	32		1		
河南蒙古族自治县	260	20			20				
海南藏族自治州	**4584**	**845**	**271**	**9**	**556**	**9**		**9**	**3**
共和县	1851	313	87	2	217	7		4	1
同德县	386	32	8	1	23			1	1
贵德县	1154	104	62	1	40	1		3	1
兴海县	620	222	55	3	164			1	
贵南县	573	174	59	2	112	1			
果洛藏族自治州	**1178**	**42**	**3**	**1**	**20**		**18**		
玛沁县	407	10			7		3		
班玛县	221	21	1		5		15		
甘德县	63								
达日县	188	6	2	1	3				
久治县	126	1			1				
玛多县	173	4			4				
玉树藏族自治州	**1605**	**886**	**5**	**697**	**181**		**3**		
玉树市	113	50		21	29				
杂多县	483	256		252	1		3		
称多县	390	205	2	79	124				
治多县	121	53		30	23				
囊谦县	388	295	3	290	2				
曲麻莱县	110	27		25	2				
海西蒙古族藏族自治州	**3872**	**589**	**412**	**4**	**138**		**35**	**295**	**68**
格尔木市	1240	76	40		31		5	6	
德令哈市	75	15	9		6			1	
茫崖市	220							65	
乌兰县	707	49	16	2	30		1	30	
都兰县	907	411	346	2	34		29	48	
天峻县	185	28			28			11	11
大柴旦行政委员会	538	10	1		9			134	57

4-4b　续表 2　　　　　　　　　　　　　　　　　　　　　　　　　　单位：人

地　区 性　别	合计	农、林、牧、渔业						采矿业	
		小计	农业	林业	畜牧业	渔业	农、林、牧、渔专业及辅助性活动	小计	煤炭开采和洗选业
女	**21491**	**3057**	**1086**	**893**	**1017**	**7**	**54**	**102**	**33**
西宁市	**4905**	**294**	**191**	**26**	**64**		**13**	**14**	**9**
城东区									
城中区	18								
城西区	5								
城北区									
湟中区	1089	56	21	14	20		1	1	1
大通回族土族自治县	2780	189	148	10	27		4	11	7
湟源县	1013	49	22	2	17		8	2	1
海东市	**5082**	**352**	**269**	**19**	**49**		**15**	**4**	**2**
乐都区	155	5	2		3				
平安区	20								
民和回族土族自治县	1727	101	90	3	7		1	2	
互助土族自治县	2156	204	153	15	23		13	2	2
化隆回族自治县	519	28	15		12		1		
循化撒拉族自治县	505	14	9	1	4				
海北藏族自治州	**2287**	**204**	**23**	**24**	**153**		**4**	**16**	**15**
门源回族自治县	844	36	13	12	10		1	1	1
祁连县	459	60		11	48		1		
海晏县	666	41	8	1	30		2	1	
刚察县	318	67	2		65			14	14
黄南藏族自治州	**1757**	**248**	**147**	**1**	**98**		**2**		
同仁县	892	145	99	1	44		1		
尖扎县	438	62	47		14		1		
泽库县	224	31			31				
河南蒙古族自治县	203	10	1		9				
海南藏族自治州	**3479**	**642**	**228**	**3**	**404**	**7**			
共和县	1414	249	59	1	183	6			
同德县	270	22	7		15				
贵德县	881	88	74		14				
兴海县	436	164	56		108				
贵南县	478	119	32	2	84	1			
果洛藏族自治州	**735**	**24**	**1**		**15**		**8**		
玛沁县	221	8			5		3		
班玛县	139	10			5		5		
甘德县	48								
达日县	122								
久治县	84	1	1						
玛多县	121	5			5				
玉树藏族自治州	**1336**	**978**	**1**	**817**	**159**		**1**		
玉树市	90	65		31	34				
杂多县	411	329		327	1		1		
称多县	322	205		100	105				
治多县	90	55		38	17				
囊谦县	355	301	1	300					
曲麻莱县	68	23		21	2				
海西蒙古族藏族自治州	**1910**	**315**	**226**	**3**	**75**		**11**	**68**	**7**
格尔木市	443	51	29		19		3		
德令哈市	37	4	2		2				
茫崖市	78							36	
乌兰县	390	26	8	3	14		1	9	
都兰县	614	213	187		19		7	8	1
天峻县	132	15			15				
大柴旦行政委员会	216	6			6			15	6

4-4b 续表 3

单位：人

地区 性别	采矿业						制造业		
	石油和天然气开采业	黑色金属矿采选业	有色金属矿采选业	非金属矿采选业	开采专业及辅助性活动	其他采矿业	小计	农副食品加工业	食品制造业
全省	**57**	**49**	**133**	**166**	**22**	**15**	**4606**	**292**	**193**
西宁市	**13**	**7**	**6**	**38**	**10**	**4**	**2104**	**81**	**75**
城东区									
城中区									
城西区									
城北区									
湟中区	2		1	6			498	15	8
大通回族土族自治县	5	7	4	25	8	2	1403	51	44
湟源县	6		1	7	2	2	203	15	23
海东市	**4**	**1**	**7**	**25**	**4**	**3**	**988**	**92**	**58**
乐都区			2	3			78	3	4
平安区	1						32		
民和回族土族自治县	2	1	3	10	2		268	27	8
互助土族自治县	1		2	7	2	3	469	46	32
化隆回族自治县				1			78	12	7
循化撒拉族自治县				4			63	4	7
海北藏族自治州	**9**	**1**	**5**	**3**	**3**	**2**	**181**	**32**	**32**
门源回族自治县	4	1	5		3	2	82	9	15
祁连县				2			24	4	4
海晏县	5			1			63	14	13
刚察县							12	5	
黄南藏族自治州				**2**		**1**	**180**	**17**	**7**
同仁县				1		1	100	2	3
尖扎县				1			43	2	4
泽库县							22	12	
河南蒙古族自治县							15	1	
海南藏族自治州	**2**		**1**	**3**			**233**	**27**	**5**
共和县				3			88	11	5
同德县							24	8	
贵德县	2						73	7	
兴海县			1				21		
贵南县							27	1	
果洛藏族自治州							**52**	**8**	**8**
玛沁县							27	8	4
班玛县							14		2
甘德县									
达日县							6		
久治县							5		2
玛多县									
玉树藏族自治州							**21**	**3**	**2**
玉树市									
杂多县							3		
称多县							15	3	2
治多县									
囊谦县							3		
曲麻莱县									
海西蒙古族藏族自治州	**29**	**40**	**114**	**95**	**5**	**5**	**847**	**32**	**6**
格尔木市		1		2	2	1	295	9	6
德令哈市			1				6		
茫崖市	29	15		55	2		130		
乌兰县		1	1	36	1		155	5	
都兰县		23	30	2			32	15	
天峻县							6	3	
大柴旦行政委员会			82			4	223		

4-4b 续表 4

单位：人

地 区 性 别	采矿业						制造业		
	石油和天然气开采业	黑色金属矿采选业	有色金属矿采选业	非金属矿采选业	开采专业及辅助性活动	其他采矿业	小计	农副食品加工业	食品制造业
男	**46**	**31**	**120**	**139**	**22**	**15**	**3349**	**187**	**82**
西宁市	**12**	**6**	**6**	**35**	**10**	**4**	**1546**	**49**	**27**
城东区									
城中区									
城西区									
城北区									
湟中区	2		1	6			374	8	2
大通回族土族自治县	5	6	4	22	8	2	1046	31	19
湟源县	5		1	7	2	2	126	10	6
海东市	**3**	**1**	**7**	**24**	**4**	**3**	**681**	**54**	**27**
乐都区			2	3			52	2	1
平安区	1						31		
民和回族土族自治县	1	1	3	9	2		200	16	4
互助土族自治县	1		2	7	2	3	301	24	15
化隆回族自治县				1			54	9	3
循化撒拉族自治县				4			43	3	4
海北藏族自治州	**8**	**1**	**5**	**3**	**3**	**2**	**127**	**22**	**14**
门源回族自治县	4	1	5		3	2	60	7	6
祁连县				2			14	2	1
海晏县	4			1			43	10	7
刚察县							10	3	
黄南藏族自治州				**2**		**1**	**137**	**10**	**2**
同仁县				1		1	81	1	1
尖扎县				1			31	2	1
泽库县							14	6	
河南蒙古族自治县							11	1	
海南藏族自治州	**2**		**1**	**3**			**151**	**20**	**2**
共和县				3			55	6	2
同德县							19	6	
贵德县	2						52	7	
兴海县			1				13		
贵南县							12	1	
果洛藏族自治州							**40**	**8**	**5**
玛沁县							22	8	3
班玛县							10		2
甘德县									
达日县							5		
久治县							3		
玛多县									
玉树藏族自治州							**16**	**2**	**1**
玉树市									
杂多县							3		
称多县							11	2	1
治多县									
囊谦县							2		
曲麻莱县									
海西蒙古族藏族自治州	**21**	**23**	**101**	**72**	**5**	**5**	**651**	**22**	**4**
格尔木市		1		2	2	1	232	8	4
德令哈市			1				5		
茫崖市	21	1		41	2		109		
乌兰县		1	1	27	1		123	3	
都兰县		20	26	2			21	9	
天峻县							5	2	
大柴旦行政委员会			73			4	156		

4-4b 续表 5

单位：人

地区 性别	采矿业						制造业		
	石油和天然气开采业	黑色金属矿采选业	有色金属矿采选业	非金属矿采选业	开采专业及辅助性活动	其他采矿业	小计	农副食品加工业	食品制造业
女	**11**	**18**	**13**	**27**			**1257**	**105**	**111**
西宁市	**1**	**1**		**3**			**558**	**32**	**48**
城东区									
城中区									
城西区									
城北区									
湟中区							124	7	6
大通回族土族自治县		1		3			357	20	25
湟源县	1						77	5	17
海东市	**1**			**1**			**307**	**38**	**31**
乐都区							26	1	3
平安区							1		
民和回族土族自治县	1			1			68	11	4
互助土族自治县							168	22	17
化隆回族自治县							24	3	4
循化撒拉族自治县							20	1	3
海北藏族自治州	**1**						**54**	**10**	**18**
门源回族自治县							22	2	9
祁连县							10	2	3
海晏县	1						20	4	6
刚察县							2	2	
黄南藏族自治州							**43**	**7**	**5**
同仁县							19	1	2
尖扎县							12		3
泽库县							8	6	
河南蒙古族自治县							4		
海南藏族自治州							**82**	**7**	**3**
共和县							33	5	3
同德县							5	2	
贵德县							21		
兴海县							8		
贵南县							15		
果洛藏族自治州							**12**		**3**
玛沁县							5		1
班玛县							4		
甘德县									
达日县							1		
久治县							2		2
玛多县									
玉树藏族自治州							**5**	**1**	**1**
玉树市									
杂多县									
称多县							4	1	1
治多县									
囊谦县							1		
曲麻莱县									
海西蒙古族藏族自治州	**8**	**17**	**13**	**23**			**196**	**10**	**2**
格尔木市							63	1	2
德令哈市							1		
茫崖市	8	14		14			21		
乌兰县				9			32	2	
都兰县		3	4				11	6	
天峻县							1	1	
大柴旦行政委员会			9				67		

4-4b　续表 6　　　　单位：人

地　区 性　别	制造业								
	酒、饮料和精制茶制造业	烟　草制品业	纺织业	纺织服装、服饰业	皮革、毛皮、羽毛及其制品和制鞋业	木材加工和木、竹、藤、棕、草制品业	家　具制造业	造纸和纸制品业	印刷和记录媒介复制业
全省	**186**	**2**	**49**	**115**	**6**	**50**	**35**	**9**	**40**
西宁市	**31**		**16**	**19**	**1**	**10**	**10**	**6**	**11**
城东区									
城中区									
城西区									
城北区									
湟中区	6		7	3		1	2	2	3
大通回族土族自治县	15		6	14		8	7	2	5
湟源县	10		3	2	1	1	1	2	3
海东市	**144**	**2**	**16**	**31**	**3**	**28**	**8**	**2**	**6**
乐都区	1			2		5	1		
平安区									
民和回族土族自治县			1	8		4	3	1	
互助土族自治县	139	2	5	15	1	4	3	1	5
化隆回族自治县	2		8	1		6	1		1
循化撒拉族自治县	2		2	5	2	9			
海北藏族自治州	**3**		**4**	**4**	**2**		**3**		**9**
门源回族自治县	3						3		3
祁连县									6
海晏县			3	1	2				
刚察县			1	3					
黄南藏族自治州			**6**	**15**		**9**	**1**	**1**	**10**
同仁县			1	5		5			1
尖扎县			5	5		4	1	1	
泽库县				1					6
河南蒙古族自治县				4					3
海南藏族自治州	**7**		**6**	**33**		**3**	**11**		
共和县	1		1	13			2		
同德县				4		1	2		
贵德县	6		3	3		2	4		
兴海县				5			3		
贵南县			2	8					
果洛藏族自治州				**6**					
玛沁县				1					
班玛县				5					
甘德县									
达日县									
久治县									
玛多县									
玉树藏族自治州				**6**			**1**		
玉树市									
杂多县									
称多县				4					
治多县									
囊谦县				2			1		
曲麻莱县									
海西蒙古族藏族自治州	**1**		**1**	**1**			**1**		**4**
格尔木市							1		
德令哈市									
茫崖市									
乌兰县	1		1	1					1
都兰县									1
天峻县									2
大柴旦行政委员会									

4-4b 续表 7 单位：人

地区 性别	制造业								
	酒、饮料和精制茶制造业	烟草制品业	纺织业	纺织服装、服饰业	皮革、毛皮、羽毛及其制品和制鞋业	木材加工和木、竹、藤、棕、草制品业	家具制造业	造纸和纸制品业	印刷和记录媒介复制业
男	**118**	**2**	**20**	**40**	**3**	**35**	**26**	**6**	**24**
西宁市	**16**		**6**	**2**		**6**	**9**	**4**	**5**
城东区									
城中区									
城西区									
城北区									
湟中区	3		2			1	2	2	2
大通回族土族自治县	9		4	2		4	7	1	2
湟源县	4					1		1	1
海东市	**94**	**2**	**6**	**8**	**2**	**19**	**3**	**1**	**2**
乐都区						1			
平安区									
民和回族土族自治县				3		4	2	1	
互助土族自治县	91	2	2	2	1	3	1		2
化隆回族自治县	1		3			5			
循化撒拉族自治县	2		1	3	1	6			
海北藏族自治州	**1**		**2**	**3**	**1**		**2**		**6**
门源回族自治县	1						2		3
祁连县									3
海晏县			1		1				
刚察县			1	3					
黄南藏族自治州			**3**	**9**		**8**	**1**	**1**	**7**
同仁县				2		4			
尖扎县			3	4		4	1	1	
泽库县				1					4
河南蒙古族自治县				2					3
海南藏族自治州	**6**		**2**	**10**		**2**	**9**		
共和县	1			4			2		
同德县				3		1	2		
贵德县	5		1			1	3		
兴海县				2			2		
贵南县			1	1					
果洛藏族自治州				**3**					
玛沁县									
班玛县				3					
甘德县									
达日县									
久治县									
玛多县									
玉树藏族自治州				**5**			**1**		
玉树市									
杂多县									
称多县				4					
治多县									
囊谦县				1			1		
曲麻莱县									
海西蒙古族藏族自治州	**1**		**1**				**1**		**4**
格尔木市							1		
德令哈市									
茫崖市									
乌兰县	1		1						1
都兰县									1
天峻县									2
大柴旦行政委员会									

4-4b 续表 8

单位：人

地区 性别	制造业								
	酒、饮料和精制茶制造业	烟草制品业	纺织业	纺织服装、服饰业	皮革、毛皮、羽毛及其制品和制鞋业	木材加工和木、竹、藤、棕、草制品业	家具制造业	造纸和纸制品业	印刷和记录媒介复制业
女	**68**		**29**	**75**	**3**	**15**	**9**	**3**	**16**
西宁市	**15**		**10**	**17**	**1**	**4**	**1**	**2**	**6**
城东区									
城中区									
城西区									
城北区									
湟中区	3		5	3					1
大通回族土族自治县	6		2	12		4		1	3
湟源县	6		3	2	1		1	1	2
海东市	**50**		**10**	**23**	**1**	**9**	**5**	**1**	**4**
乐都区	1			2		4	1		
平安区									
民和回族土族自治县			1	5			1		
互助土族自治县	48		3	13		1	2	1	3
化隆回族自治县	1		5	1		1	1		1
循化撒拉族自治县			1	2	1	3			
海北藏族自治州	**2**		**2**	**1**	**1**		**1**		**3**
门源回族自治县	2						1		
祁连县									3
海晏县			2	1	1				
刚察县									
黄南藏族自治州			**3**	**6**		**1**			**3**
同仁县			1	3		1			1
尖扎县			2	1					
泽库县									2
河南蒙古族自治县				2					
海南藏族自治州	**1**		**4**	**23**		**1**	**2**		
共和县			1	9					
同德县				1					
贵德县	1		2	3		1	1		
兴海县				3			1		
贵南县			1	7					
果洛藏族自治州				**3**					
玛沁县				1					
班玛县				2					
甘德县									
达日县									
久治县									
玛多县									
玉树藏族自治州				**1**					
玉树市									
杂多县									
称多县									
治多县									
囊谦县				1					
曲麻莱县									
海西蒙古族藏族自治州				**1**					
格尔木市									
德令哈市									
茫崖市									
乌兰县				1					
都兰县									
天峻县									
大柴旦行政委员会									

4－4b 续表 9

单位：人

地区 性别	制造业								
	文教、工美、体育和娱乐用品制造业	石油、煤炭及其他燃料加工业	化学原料和化学制品制造业	医药制造业	化学纤维制造业	橡胶和塑料制品业	非金属矿物制品业	黑色金属冶炼和压延加工业	有色金属冶炼和压延加工业
全省	**147**	**144**	**818**	**34**	**12**	**60**	**558**	**164**	**771**
西宁市	**18**	**8**	**256**	**10**	**9**	**49**	**368**	**115**	**631**
城东区									
城中区									
城西区									
城北区									
湟中区	12	3	76	4	7	3	105	24	136
大通回族土族自治县	3	3	165	6	1	36	245	48	479
湟源县	3	2	15		1	10	18	43	16
海东市	**13**	**7**	**43**	**7**		**8**	**120**	**39**	**112**
乐都区		2	19	1		2	17	4	1
平安区							1	1	1
民和回族土族自治县	1	1	10				39	24	76
互助土族自治县	8	3	11	6		5	51	10	19
化隆回族自治县		1					6		15
循化撒拉族自治县	4		3			1	6		
海北藏族自治州	**5**	**2**	**12**		**2**		**7**	**4**	
门源回族自治县	2	2	4		2		5	2	
祁连县			1						
海晏县	2		7				2	2	
刚察县	1								
黄南藏族自治州	**84**			**3**	**1**		**5**	**1**	**1**
同仁县	73						1	1	
尖扎县	6				1		3		
泽库县	3								
河南蒙古族自治县	2			3			1		1
海南藏族自治州	**19**		**3**	**11**			**31**	**4**	**11**
共和县	11		3	9			23		
同德县	3							2	
贵德县	2			2			7		2
兴海县	1						1		7
贵南县	2							2	2
果洛藏族自治州	**3**						**6**		**2**
玛沁县	2						2		
班玛县	1								
甘德县									
达日县							4		2
久治县									
玛多县									
玉树藏族自治州	**2**						**3**		
玉树市									
杂多县							3		
称多县	2								
治多县									
囊谦县									
曲麻莱县									
海西蒙古族藏族自治州	**3**	**127**	**504**	**3**		**3**	**18**	**1**	**14**
格尔木市	2	1	155			2	11		7
德令哈市			5						
茫崖市			118						
乌兰县		126	5			1	5		
都兰县	1		4				1	1	7
天峻县			1						
大柴旦行政委员会			216	3			1		

4-4b　续表 10　　　　单位：人

地　区 性　别	制造业								
	文教、工美、体育和娱乐用品制造业	石油、煤炭及其他燃料加工业	化学原料和化学制品制造业	医　药制造业	化学纤维制造业	橡胶和塑　料制品业	非金属矿　物制品业	黑色金属冶炼和压延加工业	有色金属冶炼和压延加工业
男	**112**	**115**	**599**	**22**	**8**	**31**	**423**	**127**	**643**
西宁市	**12**	**8**	**178**	**4**	**6**	**24**	**276**	**88**	**533**
城东区									
城中区									
城西区									
城北区									
湟中区	7	3	57	2	4	2	83	18	109
大通回族土族自治县	2	3	108	2	1	19	182	38	412
湟源县	3	2	13		1	3	11	32	12
海东市	**6**	**4**	**31**	**5**		**5**	**88**	**31**	**95**
乐都区		1	16	1		2	13	2	1
平安区							1	1	1
民和回族土族自治县		1	6				27	21	65
互助土族自治县	4	1	7	4		2	36	7	15
化隆回族自治县		1					6		13
循化撒拉族自治县	2		2			1	5		
海北藏族自治州	**4**	**2**	**11**		**1**		**5**	**3**	
门源回族自治县	1	2	4		1		4	1	
祁连县									
海晏县	2		7				1	2	
刚察县	1								
黄南藏族自治州	**73**			**2**	**1**		**4**	**1**	**1**
同仁县	65						1	1	
尖扎县	4				1		2		
泽库县	3								
河南蒙古族自治县	1			2			1		1
海南藏族自治州	**11**		**3**	**8**			**26**	**3**	**6**
共和县	5		3	6			19		
同德县	2							2	
贵德县	2			2			6		2
兴海县	1						1		3
贵南县	1							1	1
果洛藏族自治州	**2**						**6**		**1**
玛沁县	1						2		
班玛县	1								
甘德县									
达日县							4		1
久治县									
玛多县									
玉树藏族自治州	**1**						**3**		
玉树市									
杂多县							3		
称多县	1								
治多县									
囊谦县									
曲麻莱县									
海西蒙古族藏族自治州	**3**	**101**	**376**	**3**		**2**	**15**	**1**	**7**
格尔木市	2		116			2	8		3
德令哈市			4						
茫崖市			98						
乌兰县		101	4				5		
都兰县	1		3				1	1	4
天峻县			1						
大柴旦行政委员会			150	3			1		

4－4b 续表 11

单位：人

地 区 性 别	制造业								
	文教、工美、体育和娱乐用品制造业	石油、煤炭及其他燃料加工业	化学原料和化学制品制造业	医 药制造业	化学纤维制造业	橡胶和塑 料制品业	非金属矿 物制品业	黑色金属冶炼和压延加工业	有色金属冶炼和压延加工业
女	**35**	**29**	**219**	**12**	**4**	**29**	**135**	**37**	**128**
西宁市	**6**		**78**	**6**	**3**	**25**	**92**	**27**	**98**
城东区									
城中区									
城西区									
城北区									
湟中区	5		19	2	3	1	22	6	27
大通回族土族自治县	1		57	4		17	63	10	67
湟源县			2			7	7	11	4
海东市	**7**	**3**	**12**	**2**		**3**	**32**	**8**	**17**
乐都区		1	3				4	2	
平安区									
民和回族土族自治县	1		4				12	3	11
互助土族自治县	4	2	4	2		3	15	3	4
化隆回族自治县									2
循化撒拉族自治县	2		1				1		
海北藏族自治州	**1**		**1**		**1**		**2**	**1**	
门源回族自治县	1				1		1	1	
祁连县			1						
海晏县							1		
刚察县									
黄南藏族自治州	**11**			**1**			**1**		
同仁县	8								
尖扎县	2						1		
泽库县									
河南蒙古族自治县	1			1					
海南藏族自治州	**8**			**3**			**5**	**1**	**5**
共和县	6			3			4		
同德县	1								
贵德县							1		
兴海县									4
贵南县	1							1	1
果洛藏族自治州	**1**								**1**
玛沁县	1								
班玛县									
甘德县									
达日县									1
久治县									
玛多县									
玉树藏族自治州	**1**								
玉树市									
杂多县									
称多县	1								
治多县									
囊谦县									
曲麻莱县									
海西蒙古族藏族自治州		**26**	**128**			**1**	**3**		**7**
格尔木市		1	39				3		4
德令哈市			1						
茫崖市			20						
乌兰县		25	1			1			
都兰县			1						3
天峻县									
大柴旦行政委员会			66						

4-4b　续表 12　　　　单位：人

地　区 性　别	制造业 金　属 制品业	通用设备 制造业	专用设备 制造业	汽　车 制造业	铁路、船舶、 航空航天和 其他运输 设备制造业	电气机械 和器材 制造业	计算机、 通信和其 他电子设 备制造业	仪器仪表 制造业	其　他 制造业
全省	**316**	**92**	**53**	**19**	**10**	**131**	**150**		**9**
西宁市	**95**	**55**	**16**	**7**	**8**	**76**	**79**		**4**
城东区									
城中区									
城西区									
城北区									
湟中区	25	1	8	1	4	18	9		3
大通回族土族自治县	54	51	6	4	4	49	70		
湟源县	16	3	2	2		9			1
海东市	**108**	**17**	**9**	**11**	**1**	**44**	**45**		**2**
乐都区	2	3				3	7		1
平安区	5					22	2		
民和回族土族自治县	31	2		2	1	3	22		
互助土族自治县	40	12	9	9		14	10		1
化隆回族自治县	12					2	4		
循化撒拉族自治县	18								
海北藏族自治州	**23**	**5**	**1**			**2**	**14**		**1**
门源回族自治县	10	3				2	9		1
祁连县	2	2					4		
海晏县	10		1				1		
刚察县	1								
黄南藏族自治州	**7**	**1**	**6**		**1**		**1**		**2**
同仁县	3	1	1		1		1		1
尖扎县	4		5						1
泽库县									
河南蒙古族自治县									
海南藏族自治州	**41**	**5**	**2**			**1**	**5**		
共和县	4	3	1				1		
同德县		2							
贵德县	29		1			1	1		
兴海县							3		
贵南县	8								
果洛藏族自治州	**18**						**1**		
玛沁县	10								
班玛县	5						1		
甘德县									
达日县									
久治县	3								
玛多县									
玉树藏族自治州	**3**								
玉树市									
杂多县									
称多县	3								
治多县									
囊谦县									
曲麻莱县									
海西蒙古族藏族自治州	**21**	**9**	**19**	**1**		**8**	**5**		
格尔木市	12	9	18	1		6	4		
德令哈市						1			
茫崖市			1						
乌兰县	7					1	1		
都兰县	2								
天峻县									
大柴旦行政委员会									

4-4b 续表 13 单位：人

地区 性别	制造业								
	金属制品业	通用设备制造业	专用设备制造业	汽车制造业	铁路、船舶、航空航天和其他运输设备制造业	电气机械和器材制造业	计算机、通信和其他电子设备制造业	仪器仪表制造业	其他制造业
男	**257**	**78**	**40**	**12**	**9**	**98**	**104**		**8**
西宁市	**80**	**45**	**14**	**4**	**7**	**50**	**55**		**4**
城东区									
城中区									
城西区									
城北区									
湟中区	21	1	8	1	4	13	5		3
大通回族土族自治县	44	43	5	2	3	31	50		
湟源县	15	1	1	1		6			1
海东市	**89**	**13**	**6**	**7**	**1**	**39**	**29**		**2**
乐都区	2	3				2	4		1
平安区	5					22	1		
民和回族土族自治县	26	2		1	1	2	14		
互助土族自治县	35	8	6	6		11	7		1
化隆回族自治县	8					2	3		
循化撒拉族自治县	13								
海北藏族自治州	**22**	**5**				**1**	**11**		**1**
门源回族自治县	9	3				1	8		1
祁连县	2	2					3		
海晏县	10								
刚察县	1								
黄南藏族自治州	**5**	**1**	**4**		**1**		**1**		**1**
同仁县	2	1	1		1		1		
尖扎县	3		3						1
泽库县									
河南蒙古族自治县									
海南藏族自治州	**26**	**5**	**1**				**4**		
共和县	3	3					1		
同德县		2							
贵德县	19		1						
兴海县							3		
贵南县	4								
果洛藏族自治州	**15**								
玛沁县	8								
班玛县	4								
甘德县									
达日县									
久治县	3								
玛多县									
玉树藏族自治州	**2**								
玉树市									
杂多县									
称多县	2								
治多县									
囊谦县									
曲麻莱县									
海西蒙古族藏族自治州	**18**	**9**	**15**	**1**		**8**	**4**		
格尔木市	11	9	14	1		6	4		
德令哈市						1			
茫崖市			1						
乌兰县	6					1			
都兰县	1								
天峻县									
大柴旦行政委员会									

4-4b 续表 14 单位：人

地区 性别	制造业								
	金属制品业	通用设备制造业	专用设备制造业	汽车制造业	铁路、船舶、航空航天和其他运输设备制造业	电气机械和器材制造业	计算机、通信和其他电子设备制造业	仪器仪表制造业	其他制造业
女	**59**	**14**	**13**	**7**	**1**	**33**	**46**		**1**
西宁市	**15**	**10**	**2**	**3**	**1**	**26**	**24**		
城东区									
城中区									
城西区									
城北区									
湟中区	4					5	4		
大通回族土族自治县	10	8	1	2	1	18	20		
湟源县	1	2	1	1		3			
海东市	**19**	**4**	**3**	**4**		**5**	**16**		
乐都区						1	3		
平安区							1		
民和回族土族自治县	5			1		1	8		
互助土族自治县	5	4	3	3		3	3		
化隆回族自治县	4						1		
循化撒拉族自治县	5								
海北藏族自治州	**1**		**1**			**1**	**3**		
门源回族自治县	1					1	1		
祁连县							1		
海晏县			1				1		
刚察县									
黄南藏族自治州	**2**		**2**						**1**
同仁县	1								1
尖扎县	1		2						
泽库县									
河南蒙古族自治县									
海南藏族自治州	**15**		**1**			**1**	**1**		
共和县	1		1						
同德县									
贵德县	10					1	1		
兴海县									
贵南县	4								
果洛藏族自治州	**3**						**1**		
玛沁县	2								
班玛县	1						1		
甘德县									
达日县									
久治县									
玛多县									
玉树藏族自治州	**1**								
玉树市									
杂多县									
称多县	1								
治多县									
囊谦县									
曲麻莱县									
海西蒙古族藏族自治州	**3**		**4**				**1**		
格尔木市	1		4						
德令哈市									
茫崖市									
乌兰县	1						1		
都兰县	1								
天峻县									
大柴旦行政委员会									

4–4b 续表 15

单位：人

地区 性别	制造业		电力、热力、燃气及水生产和供应业				建筑业		
	废弃资源综合利用业	金属制品、机械和设备修理业	小计	电力、热力生产和供应业	燃气生产和供应业	水的生产和供应业	小计	房屋建筑业	土木工程建筑业
全省	**56**	**85**	**1254**	**1070**	**87**	**97**	**5397**	**3280**	**787**
西宁市	**16**	**24**	**256**	**195**	**32**	**29**	**1763**	**1132**	**274**
城东区									
城中区							176	175	1
城西区							1		
城北区									
湟中区	4	8	63	57	1	5	393	250	71
大通回族土族自治县	11	16	146	105	24	17	896	536	137
湟源县	1		47	33	7	7	297	171	65
海东市	**6**	**6**	**202**	**147**	**29**	**26**	**1696**	**1008**	**275**
乐都区			5	5			117	81	17
平安区			1	1			15	8	3
民和回族土族自治县	2	2	79	54	12	13	633	443	40
互助土族自治县	4	4	82	59	14	9	751	359	194
化隆回族自治县			16	13	1	2	69	42	15
循化撒拉族自治县			19	15	2	2	111	75	6
海北藏族自治州	**13**	**1**	**176**	**162**	**1**	**13**	**414**	**214**	**102**
门源回族自治县	6	1	54	49		5	206	105	41
祁连县	1		22	21		1	72	24	36
海晏县	5		86	81	1	4	107	63	23
刚察县	1		14	11		3	29	22	2
黄南藏族自治州		**1**	**139**	**131**	**3**	**5**	**286**	**197**	**29**
同仁县			43	40		3	145	95	17
尖扎县		1	83	81		2	118	94	12
泽库县			2	2			7	7	
河南蒙古族自治县			11	8	3		16	1	
海南藏族自治州	**5**	**3**	**306**	**284**	**9**	**13**	**642**	**409**	**60**
共和县			227	216	3	8	188	99	18
同德县	2		18	16	1	1	26	10	
贵德县	1	2	39	32	4	3	297	227	36
兴海县	1		13	12	1		104	62	1
贵南县	1	1	9	8		1	27	11	5
果洛藏族自治州			**67**	**59**	**2**	**6**	**79**	**48**	**12**
玛沁县			25	21		4	38	32	
班玛县			17	16		1	22	4	12
甘德县			6	6			2	1	
达日县			5	2	2	1	4	1	
久治县			6	6			13	10	
玛多县			8	8					
玉树藏族自治州		**1**	**11**	**10**		**1**	**17**	**9**	**2**
玉树市									
杂多县							2	1	1
称多县		1	8	8			4	2	
治多县			2	1		1			
囊谦县			1	1			11	6	1
曲麻莱县									
海西蒙古族藏族自治州	**16**	**49**	**97**	**82**	**11**	**4**	**500**	**263**	**33**
格尔木市	13	38	8	8			330	178	11
德令哈市							26	11	
茫崖市		11	7	6	1		3		3
乌兰县			24	20	3	1	71	35	10
都兰县			34	27	5	2	40	27	1
天峻县			7	7			5	1	4
大柴旦行政委员会	3		17	14	2	1	25	11	4

4-4b　续表 16　　　　　　　　　　　　　　　　　　　　单位：人

地　区 性　别	制造业		电力、热力、燃气及水生产和供应业				建筑业		
	废弃资源综合利用业	金属制品、机械和设备修理业	小计	电力、热力生产和供应业	燃气生产和供应业	水的生产和供应业	小计	房屋建筑业	土木工程建筑业
男	**40**	**80**	**969**	**847**	**57**	**65**	**4388**	**2686**	**699**
西宁市	**11**	**23**	**204**	**160**	**21**	**23**	**1485**	**960**	**254**
城东区									
城中区							160	159	1
城西区							1		
城北区									
湟中区	3	8	51	46	1	4	339	213	69
大通回族土族自治县	7	15	117	89	16	12	736	444	122
湟源县	1		36	25	4	7	249	144	62
海东市	**6**	**6**	**156**	**121**	**19**	**16**	**1353**	**813**	**241**
乐都区			4	4			94	64	16
平安区			1	1			13	8	1
民和回族土族自治县	2	2	60	46	8	6	496	362	36
互助土族自治县	4	4	65	48	9	8	603	282	172
化隆回族自治县			12	11		1	56	38	10
循化撒拉族自治县			14	11	2	1	91	59	6
海北藏族自治州	**9**	**1**	**120**	**114**	**1**	**5**	**350**	**175**	**93**
门源回族自治县	5	1	37	35		2	175	85	40
祁连县	1		15	14		1	62	21	30
海晏县	2		57	55	1	1	88	50	21
刚察县	1		11	10		1	25	19	2
黄南藏族自治州		**1**	**105**	**98**	**2**	**5**	**204**	**136**	**20**
同仁县			30	27		3	105	69	8
尖扎县		1	63	61		2	81	61	12
泽库县			2	2			5	5	
河南蒙古族自治县			10	8	2		13	1	
海南藏族自治州	**4**	**3**	**246**	**233**	**6**	**7**	**496**	**328**	**49**
共和县			181	173	2	6	134	71	15
同德县	1		16	14	1	1	17	7	
贵德县	1	2	28	26	2		244	188	29
兴海县	1		13	12	1		78	52	1
贵南县	1	1	8	8			23	10	4
果洛藏族自治州			**56**	**50**	**1**	**5**	**60**	**37**	**10**
玛沁县			22	19		3	27	23	
班玛县			14	13		1	17	3	10
甘德县			6	6			2	1	
达日县			4	2	1	1	4	1	
久治县			5	5			10	9	
玛多县			5	5					
玉树藏族自治州		**1**	**8**	**7**		**1**	**13**	**8**	**2**
玉树市									
杂多县							2	1	1
称多县		1	5	5			3	2	
治多县			2	1		1			
囊谦县			1	1			8	5	1
曲麻莱县									
海西蒙古族藏族自治州	**10**	**45**	**74**	**64**	**7**	**3**	**427**	**229**	**30**
格尔木市	8	35	7	7			278	152	11
德令哈市							24	10	
茫崖市		10	5	4	1		3		3
乌兰县			20	17	2	1	60	31	8
都兰县			26	22	3	1	35	25	1
天峻县			3	3			5	1	4
大柴旦行政委员会	2		13	11	1	1	22	10	3

4-4b 续表 17

单位：人

地区 性别	制造业		电力、热力、燃气及水生产和供应业				建筑业		
	废弃资源综合利用业	金属制品、机械和设备修理业	小计	电力、热力生产和供应业	燃气生产和供应业	水的生产和供应业	小计	房屋建筑业	土木工程建筑业
女	**16**	**5**	**285**	**223**	**30**	**32**	**1009**	**594**	**88**
西宁市	**5**	**1**	**52**	**35**	**11**	**6**	**278**	**172**	**20**
城东区									
城中区							16	16	
城西区									
城北区									
湟中区	1		12	11		1	54	37	2
大通回族土族自治县	4	1	29	16	8	5	160	92	15
湟源县			11	8	3		48	27	3
海东市			**46**	**26**	**10**	**10**	**343**	**195**	**34**
乐都区			1	1			23	17	1
平安区							2		2
民和回族土族自治县			19	8	4	7	137	81	4
互助土族自治县			17	11	5	1	148	77	22
化隆回族自治县			4	2	1	1	13	4	5
循化撒拉族自治县			5	4		1	20	16	
海北藏族自治州	**4**		**56**	**48**		**8**	**64**	**39**	**9**
门源回族自治县	1		17	14		3	31	20	1
祁连县			7	7			10	3	6
海晏县	3		29	26		3	19	13	2
刚察县			3	1		2	4	3	
黄南藏族自治州			**34**	**33**	**1**		**82**	**61**	**9**
同仁县			13	13			40	26	9
尖扎县			20	20			37	33	
泽库县							2	2	
河南蒙古族自治县			1		1		3		
海南藏族自治州	**1**		**60**	**51**	**3**	**6**	**146**	**81**	**11**
共和县			46	43	1	2	54	28	3
同德县	1		2	2			9	3	
贵德县			11	6	2	3	53	39	7
兴海县							26	10	
贵南县			1			1	4	1	1
果洛藏族自治州			**11**	**9**	**1**	**1**	**19**	**11**	**2**
玛沁县			3	2		1	11	9	
班玛县			3	3			5	1	2
甘德县									
达日县			1		1				
久治县			1	1			3	1	
玛多县			3	3					
玉树藏族自治州			**3**	**3**			**4**	**1**	
玉树市									
杂多县									
称多县			3	3			1		
治多县									
囊谦县							3	1	
曲麻莱县									
海西蒙古族藏族自治州	**6**	**4**	**23**	**18**	**4**	**1**	**73**	**34**	**3**
格尔木市	5	3	1	1			52	26	
德令哈市							2	1	
茫崖市		1	2	2					
乌兰县			4	3	1		11	4	2
都兰县			8	5	2	1	5	2	
天峻县			4	4					
大柴旦行政委员会	1		4	3	1		3	1	1

4-4b　续表 18　　　　单位：人

地区 性别	建筑业		批发和零售业			交通运输、仓储和邮政业			
	建筑安装业	建筑装饰、装修和其他建筑业	小计	批发业	零售业	小计	铁路运输业	道路运输业	水上运输业
全省	**217**	**1113**	**6523**	**853**	**5670**	**3288**	**152**	**2380**	**9**
西宁市	**73**	**284**	**1691**	**347**	**1344**	**1048**	**26**	**866**	
城东区									
城中区			4	1	3				
城西区		1	1	1		4		4	
城北区									
湟中区	21	51	439	66	373	206	4	167	
大通回族土族自治县	44	179	898	191	707	607	12	514	
湟源县	8	53	349	88	261	231	10	181	
海东市	**57**	**356**	**1629**	**229**	**1400**	**758**	**31**	**535**	**3**
乐都区	5	14	60	5	55	33	4	23	
平安区	4		2		2	6	2	1	
民和回族土族自治县	13	137	626	82	544	244	8	189	
互助土族自治县	34	164	613	115	498	364	17	231	2
化隆回族自治县		12	167	12	155	36		26	1
循化撒拉族自治县	1	29	161	15	146	75		65	
海北藏族自治州	**20**	**78**	**561**	**26**	**535**	**277**	**6**	**218**	
门源回族自治县	9	51	242	3	239	105	3	83	
祁连县	2	10	146	10	136	59		45	
海晏县	8	13	110	12	98	88	3	67	
刚察县	1	4	63	1	62	25		23	
黄南藏族自治州	**5**	**55**	**600**	**30**	**570**	**115**	**5**	**84**	**1**
同仁县	4	29	335	11	324	72	5	52	1
尖扎县	1	11	116	17	99	26		18	
泽库县			73	2	71	5		4	
河南蒙古族自治县		15	76		76	12		10	
海南藏族自治州	**13**	**160**	**1107**	**55**	**1052**	**406**	**6**	**288**	**4**
共和县	5	66	419	21	398	204	3	139	1
同德县		16	101	5	96	20		17	1
贵德县	5	29	281	18	263	114	3	88	2
兴海县		41	155	8	147	24		17	
贵南县	3	8	151	3	148	44		27	
果洛藏族自治州		**19**	**305**	**32**	**273**	**42**		**29**	**1**
玛沁县		6	105	27	78	24		18	1
班玛县		6	41	1	40	7		2	
甘德县		1	16		16				
达日县		3	80	4	76	4		3	
久治县		3	37		37	4		3	
玛多县			26		26	3		3	
玉树藏族自治州		**6**	**128**	**29**	**99**	**37**		**19**	
玉树市						1		1	
杂多县			36	13	23	14		1	
称多县		2	36	5	31	9		6	
治多县			11		11	3		1	
囊谦县		4	29	5	24	10		10	
曲麻莱县			16	6	10				
海西蒙古族藏族自治州	**49**	**155**	**502**	**105**	**397**	**605**	**78**	**341**	
格尔木市	30	111	142	62	80	333	4	196	
德令哈市	15		13	3	10	8		6	
茫崖市			6	1	5	8		5	
乌兰县	1	25	101	13	88	102	28	55	
都兰县		12	159	18	141	55		43	
天峻县			46	3	43	5	1	4	
大柴旦行政委员会	3	7	35	5	30	94	45	32	

4-4b 续表 19　　　　单位：人

地区 性别	建筑业		批发和零售业			交通运输、仓储和邮政业			
	建筑安装业	建筑装饰、装修和其他建筑业	小计	批发业	零售业	小计	铁路运输业	道路运输业	水上运输业
男	**199**	**804**	**3162**	**554**	**2608**	**2876**	**124**	**2183**	**6**
西宁市	**66**	**205**	**765**	**231**	**534**	**937**	**19**	**796**	
城东区									
城中区			2	1	1				
城西区		1	1	1		4		4	
城北区									
湟中区	21	36	203	50	153	184	2	155	
大通回族土族自治县	39	131	407	126	281	542	8	470	
湟源县	6	37	152	53	99	207	9	167	
海东市	**51**	**248**	**746**	**134**	**612**	**650**	**21**	**490**	**1**
乐都区	5	9	26	2	24	28	2	23	
平安区	4					4	1	1	
民和回族土族自治县	9	89	284	54	230	222	8	178	
互助土族自治县	32	117	261	60	201	297	10	204	
化隆回族自治县		8	89	8	81	34		26	1
循化撒拉族自治县	1	25	86	10	76	65		58	
海北藏族自治州	**19**	**63**	**239**	**15**	**224**	**252**	**5**	**209**	
门源回族自治县	9	41	98	1	97	97	3	81	
祁连县	2	9	65	8	57	54		44	
海晏县	7	10	38	5	33	79	2	63	
刚察县	1	3	38	1	37	22		21	
黄南藏族自治州	**5**	**43**	**337**	**16**	**321**	**99**	**4**	**79**	
同仁县	4	24	202	7	195	62	4	49	
尖扎县	1	7	56	8	48	21		17	
泽库县			40	1	39	5		4	
河南蒙古族自治县		12	39		39	11		9	
海南藏族自治州	**12**	**107**	**524**	**35**	**489**	**355**	**5**	**265**	**4**
共和县	5	43	187	13	174	175	3	127	1
同德县		10	52	2	50	18		16	1
贵德县	5	22	120	14	106	100	2	80	2
兴海县		25	89	4	85	22		17	
贵南县	2	7	76	2	74	40		25	
果洛藏族自治州		**13**	**200**	**28**	**172**	**32**		**27**	**1**
玛沁县		4	73	23	50	19		17	1
班玛县		4	25	1	24	3		1	
甘德县		1	9		9				
达日县		3	53	4	49	3		3	
久治县		1	26		26	4		3	
玛多县			14		14	3		3	
玉树藏族自治州		**3**	**86**	**18**	**68**	**29**		**15**	
玉树市						1		1	
杂多县			24	9	15	11		1	
称多县		1	27	3	24	6		4	
治多县			7		7	3		1	
囊谦县		2	19	3	16	8		8	
曲麻莱县			9	3	6				
海西蒙古族藏族自治州	**46**	**122**	**265**	**77**	**188**	**522**	**70**	**302**	
格尔木市	28	87	85	44	41	289	4	176	
德令哈市	14		7	3	4	8		6	
茫崖市			4	1	3	6		5	
乌兰县	1	20	52	9	43	86	24	47	
都兰县		9	72	14	58	46		36	
天峻县			25	2	23	5	1	4	
大柴旦行政委员会	3	6	20	4	16	82	41	28	

4-4b　续表 20　　　　　　　　　　　　　　　　　　　　　　　　单位：人

地　区 性　别	建筑业		批发和零售业			交通运输、仓储和邮政业			
	建　筑 安装业	建筑装饰、装修和其他建筑业	小计	批发业	零售业	小计	铁　路 运输业	道　路 运输业	水　上 运输业
女	**18**	**309**	**3361**	**299**	**3062**	**412**	**28**	**197**	**3**
西宁市	**7**	**79**	**926**	**116**	**810**	**111**	**7**	**70**	
城东区									
城中区			2		2				
城西区									
城北区									
湟中区		15	236	16	220	22	2	12	
大通回族土族自治县	5	48	491	65	426	65	4	44	
湟源县	2	16	197	35	162	24	1	14	
海东市	**6**	**108**	**883**	**95**	**788**	**108**	**10**	**45**	**2**
乐都区		5	34	3	31	5	2		
平安区			2		2	2	1		
民和回族土族自治县	4	48	342	28	314	22		11	
互助土族自治县	2	47	352	55	297	67	7	27	2
化隆回族自治县		4	78	4	74	2			
循化撒拉族自治县		4	75	5	70	10		7	
海北藏族自治州	**1**	**15**	**322**	**11**	**311**	**25**	**1**	**9**	
门源回族自治县		10	144	2	142	8		2	
祁连县		1	81	2	79	5		1	
海晏县	1	3	72	7	65	9	1	4	
刚察县		1	25		25	3		2	
黄南藏族自治州		**12**	**263**	**14**	**249**	**16**	**1**	**5**	**1**
同仁县		5	133	4	129	10	1	3	1
尖扎县		4	60	9	51	5		1	
泽库县			33	1	32				
河南蒙古族自治县		3	37		37	1		1	
海南藏族自治州	**1**	**53**	**583**	**20**	**563**	**51**	**1**	**23**	
共和县		23	232	8	224	29		12	
同德县		6	49	3	46	2		1	
贵德县		7	161	4	157	14	1	8	
兴海县		16	66	4	62	2			
贵南县	1	1	75	1	74	4		2	
果洛藏族自治州		**6**	**105**	**4**	**101**	**10**		**2**	
玛沁县		2	32	4	28	5		1	
班玛县		2	16		16	4		1	
甘德县			7		7				
达日县			27		27	1			
久治县		2	11		11				
玛多县			12		12				
玉树藏族自治州		**3**	**42**	**11**	**31**	**8**		**4**	
玉树市									
杂多县			12	4	8	3			
称多县		1	9	2	7	3		2	
治多县			4		4				
囊谦县		2	10	2	8	2		2	
曲麻莱县			7	3	4				
海西蒙古族藏族自治州	**3**	**33**	**237**	**28**	**209**	**83**	**8**	**39**	
格尔木市	2	24	57	18	39	44		20	
德令哈市	1		6		6				
茫崖市			2		2	2			
乌兰县		5	49	4	45	16	4	8	
都兰县		3	87	4	83	9		7	
天峻县			21	1	20				
大柴旦行政委员会		1	15	1	14	12	4	4	

4-4b 续表 21

单位：人

地区 性别	交通运输、仓储和邮政业					住宿和餐饮业		
	航空运输业	管道运输业	多式联运和运输代理业	装卸搬运和仓储业	邮政业	小计	住宿业	餐饮业
全省	**50**	**1**	**37**	**328**	**331**	**4800**	**621**	**4179**
西宁市	**7**		**13**	**46**	**90**	**995**	**109**	**886**
城东区								
城中区								
城西区						1		1
城北区								
湟中区	3		1	6	25	228	31	197
大通回族土族自治县	3		11	28	39	545	48	497
湟源县	1		1	12	26	221	30	191
海东市	**16**	**1**	**15**	**80**	**77**	**1782**	**104**	**1678**
乐都区		1	1	1	3	23	1	22
平安区				2	1	13	8	5
民和回族土族自治县	1		3	9	34	517	33	484
互助土族自治县	15		11	64	24	519	42	477
化隆回族自治县				4	5	368	4	364
循化撒拉族自治县					10	342	16	326
海北藏族自治州	**3**			**14**	**36**	**404**	**80**	**324**
门源回族自治县	2			5	12	139	28	111
祁连县				5	9	123	21	102
海晏县				4	14	95	26	69
刚察县	1				1	47	5	42
黄南藏族自治州	**1**		**2**	**9**	**13**	**295**	**45**	**250**
同仁县	1		2	7	4	134	25	109
尖扎县				1	7	87	6	81
泽库县					1	46	7	39
河南蒙古族自治县				1	1	28	7	21
海南藏族自治州			**1**	**57**	**50**	**672**	**141**	**531**
共和县			1	36	24	276	76	200
同德县				2		34	13	21
贵德县				4	17	204	28	176
兴海县				4	3	88	19	69
贵南县				11	6	70	5	65
果洛藏族自治州	**4**			**4**	**4**	**198**	**36**	**162**
玛沁县	3			2		70	20	50
班玛县				2	3	36	5	31
甘德县						8		8
达日县	1					30	3	27
久治县					1	27	2	25
玛多县						27	6	21
玉树藏族自治州				**1**	**17**	**57**	**6**	**51**
玉树市						1	1	
杂多县					13	11		11
称多县					3	22	1	21
治多县				1	1	2	2	
囊谦县						18	2	16
曲麻莱县						3		3
海西蒙古族藏族自治州	**19**		**6**	**117**	**44**	**397**	**100**	**297**
格尔木市	18		5	99	11	98	8	90
德令哈市					2	6	1	5
茫崖市					3	7	1	6
乌兰县				4	15	122	49	73
都兰县				2	10	102	22	80
天峻县						7	2	5
大柴旦行政委员会	1		1	12	3	55	17	38

4-4b 续表 22　　　　单位：人

地区 性别	交通运输、仓储和邮政业					住宿和餐饮业		
	航空运输业	管道运输业	多式联运和运输代理业	装卸搬运和仓储业	邮政业	小计	住宿业	餐饮业
男	**28**	**1**	**30**	**269**	**235**	**2244**	**227**	**2017**
西宁市	**5**		**12**	**40**	**65**	**413**	**31**	**382**
城东区								
城中区								
城西区						1		1
城北区								
湟中区	3		1	5	18	79	3	76
大通回族土族自治县	1		10	24	29	245	16	229
湟源县	1		1	11	18	88	12	76
海东市	**9**	**1**	**13**	**63**	**52**	**903**	**42**	**861**
乐都区		1		1	1	9		9
平安区				2		10	8	2
民和回族土族自治县			3	7	26	250	11	239
互助土族自治县	9		10	50	14	225	14	211
化隆回族自治县				3	4	206	2	204
循化撒拉族自治县					7	203	7	196
海北藏族自治州	**1**			**12**	**25**	**179**	**29**	**150**
门源回族自治县	1			4	8	59	9	50
祁连县				4	6	60	9	51
海晏县				4	10	34	7	27
刚察县					1	26	4	22
黄南藏族自治州			**2**	**6**	**8**	**142**	**19**	**123**
同仁县			2	4	3	68	12	56
尖扎县				1	3	43	4	39
泽库县					1	19	1	18
河南蒙古族自治县				1	1	12	2	10
海南藏族自治州				**42**	**39**	**298**	**49**	**249**
共和县				26	18	118	22	96
同德县				1		13	7	6
贵德县				3	13	84	5	79
兴海县				2	3	49	11	38
贵南县				10	5	34	4	30
果洛藏族自治州				**2**	**2**	**94**	**16**	**78**
玛沁县				1		34	9	25
班玛县				1	1	15	1	14
甘德县						7		7
达日县						13	1	12
久治县					1	12	1	11
玛多县						13	4	9
玉树藏族自治州				**1**	**13**	**32**	**4**	**28**
玉树市								
杂多县					10	5		5
称多县					2	13	1	12
治多县				1	1	1	1	
囊谦县						11	2	9
曲麻莱县						2		2
海西蒙古族藏族自治州	**13**		**3**	**103**	**31**	**183**	**37**	**146**
格尔木市	13		2	87	7	42	1	41
德令哈市					2	2		2
茫崖市					1	1		1
乌兰县				4	11	62	22	40
都兰县				2	8	44	6	38
天峻县						5	1	4
大柴旦行政委员会			1	10	2	27	7	20

4-4b 续表 23

单位：人

地 区 性 别	交通运输、仓储和邮政业					住宿和餐饮业		
	航空运输业	管道运输业	多式联运和运输代理业	装卸搬运和仓储业	邮政业	小计	住宿业	餐饮业
女	**22**		**7**	**59**	**96**	**2556**	**394**	**2162**
西宁市	**2**		**1**	**6**	**25**	**582**	**78**	**504**
城东区								
城中区								
城西区								
城北区								
湟中区				1	7	149	28	121
大通回族土族自治县	2		1	4	10	300	32	268
湟源县				1	8	133	18	115
海东市	**7**		**2**	**17**	**25**	**879**	**62**	**817**
乐都区			1		2	14	1	13
平安区					1	3		3
民和回族土族自治县	1			2	8	267	22	245
互助土族自治县	6		1	14	10	294	28	266
化隆回族自治县				1	1	162	2	160
循化撒拉族自治县					3	139	9	130
海北藏族自治州	**2**			**2**	**11**	**225**	**51**	**174**
门源回族自治县	1			1	4	80	19	61
祁连县				1	3	63	12	51
海晏县					4	61	19	42
刚察县	1					21	1	20
黄南藏族自治州	**1**			**3**	**5**	**153**	**26**	**127**
同仁县	1			3	1	66	13	53
尖扎县					4	44	2	42
泽库县						27	6	21
河南蒙古族自治县						16	5	11
海南藏族自治州			**1**	**15**	**11**	**374**	**92**	**282**
共和县			1	10	6	158	54	104
同德县				1		21	6	15
贵德县				1	4	120	23	97
兴海县				2		39	8	31
贵南县				1	1	36	1	35
果洛藏族自治州	**4**			**2**	**2**	**104**	**20**	**84**
玛沁县	3			1		36	11	25
班玛县				1	2	21	4	17
甘德县						1		1
达日县	1					17	2	15
久治县						15	1	14
玛多县						14	2	12
玉树藏族自治州					**4**	**25**	**2**	**23**
玉树市						1	1	
杂多县					3	6		6
称多县					1	9		9
治多县						1	1	
囊谦县						7		7
曲麻莱县						1		1
海西蒙古族藏族自治州	**6**		**3**	**14**	**13**	**214**	**63**	**151**
格尔木市	5		3	12	4	56	7	49
德令哈市						4	1	3
茫崖市					2	6	1	5
乌兰县					4	60	27	33
都兰县					2	58	16	42
天峻县						2	1	1
大柴旦行政委员会	1			2	1	28	10	18

4-4b　续表 24

单位：人

地　区 性　别	信息传输、软件和信息技术服务业				金融业				
	小计	电信、广播电视和卫星传输服务	互联网和相关服务	软件和信息技术服务业	小计	货币金融服务	资本市场服务	保险业	其他金融业
全省	**533**	**412**	**66**	**55**	**904**	**608**	**5**	**261**	**30**
西宁市	**128**	**89**	**25**	**14**	**228**	**137**	**1**	**85**	**5**
城东区									
城中区									
城西区									
城北区									
湟中区	30	20	5	5	33	20		12	1
大通回族土族自治县	61	43	14	4	142	90	1	48	3
湟源县	37	26	6	5	53	27		25	1
海东市	**86**	**50**	**16**	**20**	**207**	**132**	**2**	**64**	**9**
乐都区	2		1	1	4	2		1	1
平安区	2			2	1			1	
民和回族土族自治县	30	25	3	2	81	47	2	30	2
互助土族自治县	42	20	9	13	88	61		24	3
化隆回族自治县	4	1	3		6	1		5	
循化撒拉族自治县	6	4		2	27	21		3	3
海北藏族自治州	**78**	**66**	**6**	**6**	**141**	**99**	**1**	**41**	
门源回族自治县	18	13	2	3	40	24		16	
祁连县	14	12	2		24	18		6	
海晏县	41	36	2	3	59	46	1	12	
刚察县	5	5			18	11		7	
黄南藏族自治州	**46**	**38**	**2**	**6**	**85**	**60**		**17**	**8**
同仁县	33	26	1	6	44	27		10	7
尖扎县	5	4	1		16	15		1	
泽库县	5	5			15	12		2	1
河南蒙古族自治县	3	3			10	6		4	
海南藏族自治州	**94**	**79**	**10**	**5**	**150**	**112**	**1**	**32**	**5**
共和县	51	36	10	5	73	55		14	4
同德县	7	7			9	8		1	
贵德县	19	19			41	25	1	14	1
兴海县	9	9			10	9		1	
贵南县	8	8			17	15		2	
果洛藏族自治州	**42**	**39**	**3**		**23**	**17**		**6**	
玛沁县	28	25	3		9	6		3	
班玛县	2	2			4	2		2	
甘德县					4	4			
达日县	6	6			2	1		1	
久治县					1	1			
玛多县	6	6			3	3			
玉树藏族自治州	**10**	**9**	**1**		**8**	**8**			
玉树市									
杂多县	2	2			2	2			
称多县	3	3			3	3			
治多县	1	1			1	1			
囊谦县	3	2	1		1	1			
曲麻莱县	1	1			1	1			
海西蒙古族藏族自治州	**49**	**42**	**3**	**4**	**62**	**43**		**16**	**3**
格尔木市	5	2		3	2			2	
德令哈市	2	2			2	1		1	
茫崖市	2	2							
乌兰县	15	14	1		20	15		4	1
都兰县	12	10	2		23	16		7	
天峻县	7	7			11	7		2	2
大柴旦行政委员会	6	5		1	4	4			

4-4b　续表 25

单位：人

地　区 性　别	信息传输、软件和信息技术服务业				金融业				
	小计	电信、广播电视和卫星传输服务	互联网和相关服务	软件和信息技术服务业	小计	货币金融服务	资本市场服务	保险业	其他金融业
男	**324**	**241**	**42**	**41**	**420**	**303**	**3**	**96**	**18**
西宁市	**74**	**47**	**18**	**9**	**83**	**65**		**15**	**3**
城东区									
城中区									
城西区									
城北区									
湟中区	19	13	3	3	9	7		1	1
大通回族土族自治县	34	22	9	3	53	41		10	2
湟源县	21	12	6	3	21	17		4	
海东市	**57**	**29**	**11**	**17**	**92**	**59**	**2**	**29**	**2**
乐都区	2		1	1					
平安区	2			2	1			1	
民和回族土族自治县	18	14	2	2	42	24	2	16	
互助土族自治县	28	11	7	10	35	26		9	
化隆回族自治县	1		1		2			2	
循化撒拉族自治县	6	4		2	12	9		1	2
海北藏族自治州	**45**	**36**	**5**	**4**	**73**	**48**	**1**	**24**	
门源回族自治县	12	8	2	2	22	14		8	
祁连县	9	8	1		12	8		4	
海晏县	21	17	2	2	27	19	1	7	
刚察县	3	3			12	7		5	
黄南藏族自治州	**31**	**26**		**5**	**50**	**32**		**11**	**7**
同仁县	24	19		5	24	14		4	6
尖扎县	2	2			12	11		1	
泽库县	4	4			8	5		2	1
河南蒙古族自治县	1	1			6	2		4	
海南藏族自治州	**50**	**44**	**4**	**2**	**72**	**58**		**10**	**4**
共和县	25	19	4	2	33	27		3	3
同德县	4	4			8	7		1	
贵德县	9	9			17	11		5	1
兴海县	6	6			8	8			
贵南县	6	6			6	5		1	
果洛藏族自治州	**36**	**33**	**3**		**14**	**12**		**2**	
玛沁县	25	22	3		6	5		1	
班玛县	1	1			3	2		1	
甘德县					3	3			
达日县	5	5							
久治县									
玛多县	5	5			2	2			
玉树藏族自治州	**6**	**5**	**1**		**4**	**4**			
玉树市									
杂多县	1	1			2	2			
称多县	2	2			1	1			
治多县	1	1			1	1			
囊谦县	2	1	1						
曲麻莱县									
海西蒙古族藏族自治州	**25**	**21**		**4**	**32**	**25**		**5**	**2**
格尔木市	4	1		3	1			1	
德令哈市									
茫崖市	2	2							
乌兰县	8	8			11	9		1	1
都兰县	3	3			11	9		2	
天峻县	5	5			7	5		1	1
大柴旦行政委员会	3	2		1	2	2			

4-4b 续表 26

单位：人

地 区 性 别	信息传输、软件和信息技术服务业				金融业				
	小计	电信、广播电视和卫星传输服务	互联网和相关服务	软件和信息技术服务业	小计	货币金融服务	资本市场服务	保险业	其他金融业
女	**209**	**171**	**24**	**14**	**484**	**305**	**2**	**165**	**12**
西宁市	**54**	**42**	**7**	**5**	**145**	**72**	**1**	**70**	**2**
城东区									
城中区									
城西区									
城北区									
湟中区	11	7	2	2	24	13		11	
大通回族土族自治县	27	21	5	1	89	49	1	38	1
湟源县	16	14		2	32	10		21	1
海东市	**29**	**21**	**5**	**3**	**115**	**73**		**35**	**7**
乐都区					4	2		1	1
平安区									
民和回族土族自治县	12	11	1		39	23		14	2
互助土族自治县	14	9	2	3	53	35		15	3
化隆回族自治县	3	1	2		4	1		3	
循化撒拉族自治县					15	12		2	1
海北藏族自治州	**33**	**30**	**1**	**2**	**68**	**51**		**17**	
门源回族自治县	6	5		1	18	10		8	
祁连县	5	4	1		12	10		2	
海晏县	20	19		1	32	27		5	
刚察县	2	2			6	4		2	
黄南藏族自治州	**15**	**12**	**2**	**1**	**35**	**28**		**6**	**1**
同仁县	9	7	1	1	20	13		6	1
尖扎县	3	2	1		4	4			
泽库县	1	1			7	7			
河南蒙古族自治县	2	2			4	4			
海南藏族自治州	**44**	**35**	**6**	**3**	**78**	**54**	**1**	**22**	**1**
共和县	26	17	6	3	40	28		11	1
同德县	3	3			1	1			
贵德县	10	10			24	14	1	9	
兴海县	3	3			2	1		1	
贵南县	2	2			11	10		1	
果洛藏族自治州	**6**	**6**			**9**	**5**		**4**	
玛沁县	3	3			3	1		2	
班玛县	1	1			1			1	
甘德县					1	1			
达日县	1	1			2	1		1	
久治县					1	1			
玛多县	1	1			1	1			
玉树藏族自治州	**4**	**4**			**4**	**4**			
玉树市									
杂多县	1	1							
称多县	1	1			2	2			
治多县									
囊谦县	1	1			1	1			
曲麻莱县	1	1			1	1			
海西蒙古族藏族自治州	**24**	**21**	**3**		**30**	**18**		**11**	**1**
格尔木市	1	1			1			1	
德令哈市	2	2			2	1		1	
茫崖市									
乌兰县	7	6	1		9	6		3	
都兰县	9	7	2		12	7		5	
天峻县	2	2			4	2		1	1
大柴旦行政委员会	3	3			2	2			

4－4b 续表 27

单位：人

地区 性别	房地产业		租赁和商务服务业			科学研究和技术服务业			
	小计	房地产业	小计	租赁业	商务服务业	小计	研究和试验发展	专业技术服务业	科技推广和应用服务业
全省	**740**	**740**	**1066**	**156**	**910**	**454**	**23**	**373**	**58**
西宁市	**283**	**283**	**297**	**64**	**233**	**131**	**10**	**104**	**17**
城东区									
城中区									
城西区	1	1	13	11	2				
城北区									
湟中区	82	82	74	18	56	31	1	30	
大通回族土族自治县	167	167	172	30	142	69	5	58	6
湟源县	33	33	38	5	33	31	4	16	11
海东市	**259**	**259**	**249**	**26**	**223**	**119**	**8**	**95**	**16**
乐都区	14	14	17	2	15	8	4	4	
平安区			11		11				
民和回族土族自治县	146	146	72	8	64	38		36	2
互助土族自治县	91	91	134	10	124	61	4	44	13
化隆回族自治县	4	4	4	3	1	8		7	1
循化撒拉族自治县	4	4	11	3	8	4		4	
海北藏族自治州	**60**	**60**	**73**	**7**	**66**	**69**	**1**	**60**	**8**
门源回族自治县	36	36	27	2	25	27		26	1
祁连县	5	5	8	1	7	11		9	2
海晏县	14	14	29	3	26	20	1	14	5
刚察县	5	5	9	1	8	11		11	
黄南藏族自治州	**20**	**20**	**75**	**1**	**74**	**30**		**27**	**3**
同仁县	18	18	61	1	60	16		13	3
尖扎县	2	2	6		6	8		8	
泽库县			5		5	6		6	
河南蒙古族自治县			3		3				
海南藏族自治州	**55**	**55**	**126**	**23**	**103**	**46**	**2**	**39**	**5**
共和县	27	27	61	16	45	24	1	20	3
同德县	4	4	14		14	5	1	4	
贵德县	21	21	23	3	20	15		13	2
兴海县	1	1	15	3	12	1		1	
贵南县	2	2	13	1	12	1		1	
果洛藏族自治州	**1**	**1**	**13**		**13**	**3**		**2**	**1**
玛沁县			7		7	1			1
班玛县			3		3				
甘德县			1		1				
达日县									
久治县			2		2	1		1	
玛多县	1	1				1		1	
玉树藏族自治州	**6**	**6**	**22**		**22**	**9**		**9**	
玉树市									
杂多县	2	2	3		3				
称多县	2	2	5		5	1		1	
治多县			2		2	4		4	
囊谦县	2	2	10		10				
曲麻莱县			2		2	4		4	
海西蒙古族藏族自治州	**56**	**56**	**211**	**35**	**176**	**47**	**2**	**37**	**8**
格尔木市	23	23	181	25	156	11		8	3
德令哈市	1	1				2	2		
茫崖市	6	6	2	1	1	1		1	
乌兰县	9	9	9	2	7	16		13	3
都兰县	6	6	9	1	8	5		4	1
天峻县	3	3	2		2	5		4	1
大柴旦行政委员会	8	8	8	6	2	7		7	

4-4b 续表 28

单位：人

地区 性别	房地产业		租赁和商务服务业			科学研究和技术服务业			
	小计	房地产业	小计	租赁业	商务服务业	小计	研究和试验发展	专业技术服务业	科技推广和应用服务业
男	**411**	**411**	**746**	**144**	**602**	**314**	**15**	**262**	**37**
西宁市	**152**	**152**	**204**	**58**	**146**	**95**	**8**	**78**	**9**
城东区									
城中区									
城西区	1	1	10	9	1				
城北区									
湟中区	39	39	59	17	42	25	1	24	
大通回族土族自治县	89	89	111	28	83	49	3	44	2
湟源县	23	23	24	4	20	21	4	10	7
海东市	**144**	**144**	**174**	**24**	**150**	**79**	**3**	**66**	**10**
乐都区	6	6	13	2	11	4	2	2	
平安区			8		8				
民和回族土族自治县	82	82	43	7	36	26		25	1
互助土族自治县	49	49	96	10	86	42	1	33	8
化隆回族自治县	4	4	3	2	1	5		4	1
循化撒拉族自治县	3	3	11	3	8	2		2	
海北藏族自治州	**32**	**32**	**53**	**7**	**46**	**45**	**1**	**40**	**4**
门源回族自治县	16	16	21	2	19	18		18	
祁连县	3	3	7	1	6	6		5	1
海晏县	10	10	18	3	15	12	1	8	3
刚察县	3	3	7	1	6	9		9	
黄南藏族自治州	**15**	**15**	**47**	**1**	**46**	**20**		**17**	**3**
同仁县	14	14	39	1	38	9		6	3
尖扎县	1	1	3		3	5		5	
泽库县			3		3	6		6	
河南蒙古族自治县			2		2				
海南藏族自治州	**29**	**29**	**88**	**21**	**67**	**35**	**2**	**28**	**5**
共和县	15	15	46	14	32	20	1	16	3
同德县	1	1	9		9	3	1	2	
贵德县	10	10	14	3	11	11		9	2
兴海县	1	1	10	3	7	1		1	
贵南县	2	2	9	1	8				
果洛藏族自治州			**8**		**8**	**2**		**1**	**1**
玛沁县			3		3	1			1
班玛县			3		3				
甘德县									
达日县									
久治县			2		2				
玛多县						1		1	
玉树藏族自治州	**5**	**5**	**15**		**15**	**6**		**6**	
玉树市									
杂多县	2	2	3		3				
称多县	2	2	4		4	1		1	
治多县			1		1	3		3	
囊谦县	1	1	6		6				
曲麻莱县			1		1	2		2	
海西蒙古族藏族自治州	**34**	**34**	**157**	**33**	**124**	**32**	**1**	**26**	**5**
格尔木市	15	15	135	24	111	7		5	2
德令哈市	1	1				1	1		
茫崖市	6	6	1	1		1		1	
乌兰县	3	3	6	1	5	11		9	2
都兰县	2	2	7	1	6	4		3	1
天峻县	2	2	1		1	2		2	
大柴旦行政委员会	5	5	7	6	1	6		6	

4-4b 续表 29　　单位：人

地区 性别	房地产业		租赁和商务服务业			科学研究和技术服务业			
	小计	房地产业	小计	租赁业	商务服务业	小计	研究和试验发展	专业技术服务业	科技推广和应用服务业
女	**329**	**329**	**320**	**12**	**308**	**140**	**8**	**111**	**21**
西宁市	**131**	**131**	**93**	**6**	**87**	**36**	**2**	**26**	**8**
城东区									
城中区									
城西区			3	2	1				
城北区									
湟中区	43	43	15	1	14	6		6	
大通回族土族自治县	78	78	61	2	59	20	2	14	4
湟源县	10	10	14	1	13	10		6	4
海东市	**115**	**115**	**75**	**2**	**73**	**40**	**5**	**29**	**6**
乐都区	8	8	4		4	4	2	2	
平安区			3		3				
民和回族土族自治县	64	64	29	1	28	12		11	1
互助土族自治县	42	42	38		38	19	3	11	5
化隆回族自治县			1	1		3		3	
循化撒拉族自治县	1	1				2		2	
海北藏族自治州	**28**	**28**	**20**		**20**	**24**		**20**	**4**
门源回族自治县	20	20	6		6	9		8	1
祁连县	2	2	1		1	5		4	1
海晏县	4	4	11		11	8		6	2
刚察县	2	2	2		2	2		2	
黄南藏族自治州	**5**	**5**	**28**		**28**	**10**		**10**	
同仁县	4	4	22		22	7		7	
尖扎县	1	1	3		3	3		3	
泽库县			2		2				
河南蒙古族自治县			1		1				
海南藏族自治州	**26**	**26**	**38**	**2**	**36**	**11**		**11**	
共和县	12	12	15	2	13	4		4	
同德县	3	3	5		5	2		2	
贵德县	11	11	9		9	4		4	
兴海县			5		5				
贵南县			4		4	1		1	
果洛藏族自治州	**1**	**1**	**5**		**5**	**1**		**1**	
玛沁县			4		4				
班玛县									
甘德县			1		1				
达日县									
久治县						1		1	
玛多县	1	1							
玉树藏族自治州	**1**	**1**	**7**		**7**	**3**		**3**	
玉树市									
杂多县									
称多县			1		1				
治多县			1		1	1		1	
囊谦县	1	1	4		4				
曲麻莱县			1		1	2		2	
海西蒙古族藏族自治州	**22**	**22**	**54**	**2**	**52**	**15**	**1**	**11**	**3**
格尔木市	8	8	46	1	45	4		3	1
德令哈市						1	1		
茫崖市			1		1				
乌兰县	6	6	3	1	2	5		4	1
都兰县	4	4	2		2	1		1	
天峻县	1	1	1		1	3		2	1
大柴旦行政委员会	3	3	1		1	1		1	

4-4b 续表 30 单位：人

地 区 性 别	水利、环境和公共设施管理业					居民服务、修理和其他服务业			
	小计	水 利 管理业	生态保护 和环境 治理业	公共设施 管理业	土 地 管理业	小计	居 民 服务业	机动车、 电子产品 和日用产 品修理业	其 他 服务业
全省	**812**	**77**	**300**	**427**	**8**	**1515**	**625**	**717**	**173**
西宁市	**188**	**23**	**28**	**133**	**4**	**423**	**182**	**193**	**48**
城东区									
城中区									
城西区									
城北区									
湟中区	47	7	4	36		129	56	65	8
大通回族土族自治县	88	9	10	67	2	222	100	92	30
湟源县	53	7	14	30	2	72	26	36	10
海东市	**121**	**17**	**21**	**80**	**3**	**442**	**226**	**155**	**61**
乐都区	4	1		3		21	7	13	1
平安区						3	1		2
民和回族土族自治县	20	3		16	1	117	58	56	3
互助土族自治县	85	12	17	54	2	245	141	54	50
化隆回族自治县	7			7		34	11	21	2
循化撒拉族自治县	5	1	4			22	8	11	3
海北藏族自治州	**56**	**13**	**16**	**27**		**159**	**57**	**80**	**22**
门源回族自治县	11	4	4	3		64	25	32	7
祁连县	9	5	2	2		20	5	8	7
海晏县	28		9	19		46	22	17	7
刚察县	8	4	1	3		29	5	23	1
黄南藏族自治州	**32**	**9**	**2**	**20**	**1**	**74**	**26**	**45**	**3**
同仁县	24	9	1	13	1	36	14	20	2
尖扎县	3			3		22	9	12	1
泽库县						9	2	7	
河南蒙古族自治县	5		1	4		7	1	6	
海南藏族自治州	**90**	**9**	**27**	**54**		**213**	**84**	**115**	**14**
共和县	21	2	3	16		81	28	42	11
同德县	4	1	1	2		22	5	16	1
贵德县	56	1	20	35		55	34	19	2
兴海县						33	9	24	
贵南县	9	5	3	1		22	8	14	
果洛藏族自治州	**65**		**62**	**3**		**67**	**13**	**50**	**4**
玛沁县	3		3			34	6	27	1
班玛县	1			1		12	3	8	1
甘德县									
达日县						9		7	2
久治县						8	4	4	
玛多县	61		59	2		4		4	
玉树藏族自治州	**142**		**135**	**7**		**28**	**8**	**14**	**6**
玉树市	1			1		2			2
杂多县	126		124	2		8	1	6	1
称多县	3			3		10	6	4	
治多县	1			1		6		3	3
囊谦县	2		2			2	1	1	
曲麻莱县	9		9						
海西蒙古族藏族自治州	**118**	**6**	**9**	**103**		**109**	**29**	**65**	**15**
格尔木市	40	4	8	28		37	9	16	12
德令哈市	1			1		5	2	3	
茫崖市	3			3					
乌兰县	59	1	1	57		29	8	19	2
都兰县	10	1		9		22	8	13	1
天峻县	1			1		10	1	9	
大柴旦行政委员会	4			4		6	1	5	

4-4b 续表 31

单位：人

地区 性别	水利、环境和公共设施管理业					居民服务、修理和其他服务业			
	小计	水利管理业	生态保护和环境治理业	公共设施管理业	土地管理业	小计	居民服务业	机动车、电子产品和日用产品修理业	其他服务业
男	**515**	**56**	**238**	**216**	**5**	**830**	**195**	**578**	**57**
西宁市	**103**	**15**	**24**	**62**	**2**	**232**	**57**	**157**	**18**
城东区									
城中区									
城西区									
城北区									
湟中区	29	4	4	21		66	13	52	1
大通回族土族自治县	36	5	8	22	1	133	40	79	14
湟源县	38	6	12	19	1	33	4	26	3
海东市	**76**	**14**	**15**	**44**	**3**	**216**	**73**	**123**	**20**
乐都区	3	1		2		14	3	11	
平安区						2	1		1
民和回族土族自治县	17	2		14	1	66	19	45	2
互助土族自治县	51	11	12	26	2	97	42	39	16
化隆回族自治县	2			2		22	5	17	
循化撒拉族自治县	3		3			15	3	11	1
海北藏族自治州	**36**	**10**	**14**	**12**		**82**	**12**	**63**	**7**
门源回族自治县	7	2	3	2		30	4	25	1
祁连县	8	4	2	2		12	3	7	2
海晏县	15		8	7		23	5	15	3
刚察县	6	4	1	1		17		16	1
黄南藏族自治州	**13**	**5**	**2**	**6**		**43**	**7**	**35**	**1**
同仁县	10	5	1	4		19	4	14	1
尖扎县	1			1		15	3	12	
泽库县						5		5	
河南蒙古族自治县	2		1	1		4		4	
海南藏族自治州	**59**	**8**	**18**	**33**		**119**	**26**	**92**	**1**
共和县	10	2	2	6		40	7	33	
同德县	2	1		1		16	3	13	
贵德县	42	1	16	25		30	11	18	1
兴海县						19	3	16	
贵南县	5	4		1		14	2	12	
果洛藏族自治州	**45**		**44**	**1**		**51**	**7**	**42**	**2**
玛沁县	3		3			27	3	24	
班玛县						9	2	7	
甘德县									
达日县						7		5	2
久治县						5	2	3	
玛多县	42		41	1		3		3	
玉树藏族自治州	**123**		**118**	**5**		**20**	**6**	**12**	**2**
玉树市	1			1		1			1
杂多县	110		109	1		6	1	5	
称多县	2			2		7	4	3	
治多县	1			1		4		3	1
囊谦县	2		2			2	1	1	
曲麻莱县	7		7						
海西蒙古族藏族自治州	**60**	**4**	**3**	**53**		**67**	**7**	**54**	**6**
格尔木市	15	4	2	9		24	3	16	5
德令哈市						4	1	3	
茫崖市	2			2					
乌兰县	37		1	36		18		17	1
都兰县	3			3		11	2	9	
天峻县	1			1		7	1	6	
大柴旦行政委员会	2			2		3		3	

4-4b　续表 32　　　　单位：人

地区 性别	水利、环境和公共设施管理业					居民服务、修理和其他服务业			
	小计	水利管理业	生态保护和环境治理业	公共设施管理业	土地管理业	小计	居民服务业	机动车、电子产品和日用产品修理业	其他服务业
女	**297**	**21**	**62**	**211**	**3**	**685**	**430**	**139**	**116**
西宁市	**85**	**8**	**4**	**71**	**2**	**191**	**125**	**36**	**30**
城东区									
城中区									
城西区									
城北区									
湟中区	18	3		15		63	43	13	7
大通回族土族自治县	52	4	2	45	1	89	60	13	16
湟源县	15	1	2	11	1	39	22	10	7
海东市	**45**	**3**	**6**	**36**		**226**	**153**	**32**	**41**
乐都区	1			1		7	4	2	1
平安区						1			1
民和回族土族自治县	3	1		2		51	39	11	1
互助土族自治县	34	1	5	28		148	99	15	34
化隆回族自治县	5			5		12	6	4	2
循化撒拉族自治县	2	1	1			7	5		2
海北藏族自治州	**20**	**3**	**2**	**15**		**77**	**45**	**17**	**15**
门源回族自治县	4	2	1	1		34	21	7	6
祁连县	1	1				8	2	1	5
海晏县	13		1	12		23	17	2	4
刚察县	2			2		12	5	7	
黄南藏族自治州	**19**	**4**		**14**	**1**	**31**	**19**	**10**	**2**
同仁县	14	4		9	1	17	10	6	1
尖扎县	2			2		7	6		1
泽库县						4	2	2	
河南蒙古族自治县	3			3		3	1	2	
海南藏族自治州	**31**	**1**	**9**	**21**		**94**	**58**	**23**	**13**
共和县	11		1	10		41	21	9	11
同德县	2		1	1		6	2	3	1
贵德县	14		4	10		25	23	1	1
兴海县						14	6	8	
贵南县	4	1	3			8	6	2	
果洛藏族自治州	**20**		**18**	**2**		**16**	**6**	**8**	**2**
玛沁县						7	3	3	1
班玛县	1			1		3	1	1	1
甘德县									
达日县						2		2	
久治县						3	2	1	
玛多县	19		18	1		1		1	
玉树藏族自治州	**19**		**17**	**2**		**8**	**2**	**2**	**4**
玉树市						1			1
杂多县	16		15	1		2		1	1
称多县	1			1		3	2	1	
治多县						2			2
囊谦县									
曲麻莱县	2		2						
海西蒙古族藏族自治州	**58**	**2**	**6**	**50**		**42**	**22**	**11**	**9**
格尔木市	25		6	19		13	6		7
德令哈市	1			1		1	1		
茫崖市	1			1					
乌兰县	22	1		21		11	8	2	1
都兰县	7	1		6		11	6	4	1
天峻县						3		3	
大柴旦行政委员会	2			2		3	1	2	

4-4b 续表 33

单位：人

地区 性别	教育		卫生和社会工作			文化、体育和娱乐业				
	小计	教育	小计	卫生	社会工作	小计	新闻和出版业	广播、电视、电影和录音制作业	文化艺术业	体育
全省	**4349**	**4349**	**2201**	**2116**	**85**	**408**	**27**	**54**	**141**	**32**
西宁市	**880**	**880**	**556**	**513**	**43**	**92**	**1**	**11**	**14**	**10**
城东区										
城中区										
城西区										
城北区										
湟中区	201	201	105	98	7	22		1		1
大通回族土族自治县	512	512	310	289	21	51	1	6	9	9
湟源县	167	167	141	126	15	19		4	5	
海东市	**1123**	**1123**	**556**	**545**	**11**	**75**	**3**	**7**	**31**	**8**
乐都区	13	13	7	7		4			2	
平安区	2	2	1	1						
民和回族土族自治县	395	395	203	199	4	18		1	8	
互助土族自治县	421	421	224	219	5	43	3	4	16	7
化隆回族自治县	150	150	66	66		1				
循化撒拉族自治县	142	142	55	53	2	9		2	5	1
海北藏族自治州	**584**	**584**	**259**	**254**	**5**	**58**	**6**	**6**	**26**	**5**
门源回族自治县	310	310	111	109	2	15		2	7	1
祁连县	114	114	33	32	1	12	1	1	6	
海晏县	113	113	74	73	1	27	4	2	13	3
刚察县	47	47	41	40	1	4	1	1		1
黄南藏族自治州	**453**	**453**	**229**	**215**	**14**	**73**	**6**	**12**	**42**	**3**
同仁县	227	227	105	102	3	45	5	2	30	3
尖扎县	99	99	46	41	5	13		5	6	
泽库县	69	69	39	35	4	4	1			
河南蒙古族自治县	58	58	39	37	2	11		5	6	
海南藏族自治州	**784**	**784**	**374**	**370**	**4**	**64**	**9**	**10**	**12**	**4**
共和县	255	255	145	144	1	35	5	6	8	2
同德县	119	119	51	51		9	2	1	3	
贵德县	213	213	94	92	2	17	1	2	1	1
兴海县	56	56	29	29		2		1		1
贵南县	141	141	55	54	1	1	1			
果洛藏族自治州	**167**	**167**	**62**	**61**	**1**	**13**		**3**	**2**	**2**
玛沁县	50	50	19	19		2		1	1	
班玛县	37	37	12	12		3			1	1
甘德县	20	20	2	2		1		1		
达日县	23	23	14	13	1	2				
久治县	18	18	5	5		5		1		1
玛多县	19	19	10	10						
玉树藏族自治州	**136**	**136**	**64**	**62**	**2**	**10**		**3**	**4**	
玉树市	1	1	1	1						
杂多县	28	28	14	14		2			1	
称多县	63	63	18	18		1			1	
治多县	12	12	9	7	2	2		2		
囊谦县	16	16	13	13		1				
曲麻莱县	16	16	9	9		4		1	2	
海西蒙古族藏族自治州	**222**	**222**	**101**	**96**	**5**	**23**	**2**	**2**	**10**	
格尔木市	20	20	11	11		3			3	
德令哈市	5	5	2	2						
茫崖市	4	4	4	4						
乌兰县	50	50	29	27	2	4			3	
都兰县	101	101	37	34	3	11	2	2	1	
天峻县	28	28	10	10		3			1	
大柴旦行政委员会	14	14	8	8		2			2	

4-4b 续表 34

单位：人

地区 性别	教育		卫生和社会工作			文化、体育和娱乐业				
	小计	教育	小计	卫生	社会工作	小计	新闻和出版业	广播、电视、电影和录音制作业	文化艺术业	体育
男	**1760**	**1760**	**732**	**705**	**27**	**196**	**10**	**26**	**65**	**20**
西宁市	**343**	**343**	**156**	**143**	**13**	**32**		**5**	**4**	**3**
城东区										
城中区										
城西区										
城北区										
湟中区	79	79	32	29	3	8				
大通回族土族自治县	194	194	88	82	6	19		4	2	3
湟源县	70	70	36	32	4	5		1	2	
海东市	**497**	**497**	**180**	**176**	**4**	**39**	**2**	**2**	**12**	**7**
乐都区	6	6	1	1		2			1	
平安区	2	2								
民和回族土族自治县	176	176	67	65	2	9			2	
互助土族自治县	199	199	74	74		23	2	1	7	6
化隆回族自治县	53	53	19	19		1				
循化撒拉族自治县	61	61	19	17	2	4		1	2	1
海北藏族自治州	**191**	**191**	**91**	**90**	**1**	**25**	**1**	**2**	**11**	**3**
门源回族自治县	106	106	43	43		7		1	3	1
祁连县	34	34	10	9	1	6			3	
海晏县	35	35	24	24		12	1	1	5	2
刚察县	16	16	14	14						
黄南藏族自治州	**211**	**211**	**91**	**83**	**8**	**43**	**2**	**9**	**23**	**3**
同仁县	111	111	39	39		28	2	2	17	3
尖扎县	45	45	18	15	3	7		3	4	
泽库县	32	32	21	17	4	2				
河南蒙古族自治县	23	23	13	12	1	6		4	2	
海南藏族自治州	**298**	**298**	**126**	**125**	**1**	**36**	**5**	**5**	**7**	**2**
共和县	101	101	48	48		24	4	5	5	2
同德县	59	59	20	20		3	1		1	
贵德县	74	74	29	29		9			1	
兴海县	19	19	10	10						
贵南县	45	45	19	18	1					
果洛藏族自治州	**72**	**72**	**23**	**23**		**6**			**1**	**2**
玛沁县	23	23	11	11						
班玛县	14	14	4	4		3			1	1
甘德县	9	9								
达日县	7	7	5	5						
久治县	11	11				3				1
玛多县	8	8	3	3						
玉树藏族自治州	**61**	**61**	**31**	**31**		**4**		**2**	**1**	
玉树市			1	1						
杂多县	14	14	7	7						
称多县	27	27	6	6						
治多县	6	6	5	5		1		1		
囊谦县	8	8	6	6						
曲麻莱县	6	6	6	6		3		1	1	
海西蒙古族藏族自治州	**87**	**87**	**34**	**34**		**11**		**1**	**6**	
格尔木市	9	9	7	7		2			2	
德令哈市	1	1								
茫崖市	2	2	3	3						
乌兰县	22	22	9	9		2			2	
都兰县	40	40	11	11		5		1	1	
天峻县	9	9	1	1		2			1	
大柴旦行政委员会	4	4	3	3						

4-4b 续表 35 单位：人

地区 性别	教育		卫生和社会工作			文化、体育和娱乐业				
	小计	教育	小计	卫生	社会工作	小计	新闻和出版业	广播、电视、电影和录音制作业	文化艺术业	体育
女	**2589**	**2589**	**1469**	**1411**	**58**	**212**	**17**	**28**	**76**	**12**
西宁市	**537**	**537**	**400**	**370**	**30**	**60**	**1**	**6**	**10**	**7**
城东区										
城中区										
城西区										
城北区										
湟中区	122	122	73	69	4	14		1		1
大通回族土族自治县	318	318	222	207	15	32	1	2	7	6
湟源县	97	97	105	94	11	14		3	3	
海东市	**626**	**626**	**376**	**369**	**7**	**36**	**1**	**5**	**19**	**1**
乐都区	7	7	6	6		2			1	
平安区			1	1						
民和回族土族自治县	219	219	136	134	2	9		1	6	
互助土族自治县	222	222	150	145	5	20	1	3	9	1
化隆回族自治县	97	97	47	47						
循化撒拉族自治县	81	81	36	36		5		1	3	
海北藏族自治州	**393**	**393**	**168**	**164**	**4**	**33**	**5**	**4**	**15**	**2**
门源回族自治县	204	204	68	66	2	8		1	4	
祁连县	80	80	23	23		6	1	1	3	
海晏县	78	78	50	49	1	15	3	1	8	1
刚察县	31	31	27	26	1	4	1	1		1
黄南藏族自治州	**242**	**242**	**138**	**132**	**6**	**30**	**4**	**3**	**19**	
同仁县	116	116	66	63	3	17	3		13	
尖扎县	54	54	28	26	2	6		2	2	
泽库县	37	37	18	18		2	1			
河南蒙古族自治县	35	35	26	25	1	5		1	4	
海南藏族自治州	**486**	**486**	**248**	**245**	**3**	**28**	**4**	**5**	**5**	**2**
共和县	154	154	97	96	1	11	1	1	3	
同德县	60	60	31	31		6	1	1	2	
贵德县	139	139	65	63	2	8	1	2		1
兴海县	37	37	19	19		2		1		1
贵南县	96	96	36	36		1	1			
果洛藏族自治州	**95**	**95**	**39**	**38**	**1**	**7**		**3**	**1**	
玛沁县	27	27	8	8		2		1	1	
班玛县	23	23	8	8						
甘德县	11	11	2	2		1		1		
达日县	16	16	9	8	1	2				
久治县	7	7	5	5		2		1		
玛多县	11	11	7	7						
玉树藏族自治州	**75**	**75**	**33**	**31**	**2**	**6**		**1**	**3**	
玉树市	1	1								
杂多县	14	14	7	7		2			1	
称多县	36	36	12	12		1			1	
治多县	6	6	4	2	2	1		1		
囊谦县	8	8	7	7		1				
曲麻莱县	10	10	3	3		1			1	
海西蒙古族藏族自治州	**135**	**135**	**67**	**62**	**5**	**12**	**2**	**1**	**4**	
格尔木市	11	11	4	4		1			1	
德令哈市	4	4	2	2						
茫崖市	2	2	1	1						
乌兰县	28	28	20	18	2	2			1	
都兰县	61	61	26	23	3	6	2	1		
天峻县	19	19	9	9		1				
大柴旦行政委员会	10	10	5	5		2			2	

4-4b　续表 36

单位：人

地区 性别	娱乐业	公共管理、社会保障和社会组织							国际组织	
		小计	中国共产党机关	国家机构	人民政协、民主党派	社会保障	群众团体、社会团体和其他成员组织	基层群众自治组织	小计	国际组织
全省	**154**	**6861**	**251**	**5689**	**35**	**36**	**351**	**499**		
西宁市	**56**	**854**	**11**	**680**	**3**	**9**	**19**	**132**		
城东区										
城中区		1					1			
城西区		2						2		
城北区										
湟中区	20	126		91		1	2	32		
大通回族土族自治县	26	469	9	364	2	5	11	78		
湟源县	10	256	2	225	1	3	5	20		
海东市	**26**	**1230**	**35**	**1054**	**5**	**1**	**52**	**83**		
乐都区	2	12	1	10				1		
平安区		10		9				1		
民和回族土族自治县	9	483	11	411	2		16	43		
互助土族自治县	13	384	5	335		1	23	20		
化隆回族自治县	1	106	3	86	1		6	10		
循化撒拉族自治县	1	235	15	203	2		7	8		
海北藏族自治州	**15**	**1056**	**50**	**920**	**9**	**4**	**27**	**46**		
门源回族自治县	5	294	6	258	4	2	8	16		
祁连县	4	198	10	174		1	8	5		
海晏县	5	374	27	327	3	1	3	13		
刚察县	1	190	7	161	2		8	12		
黄南藏族自治州	**10**	**928**	**36**	**792**	**2**	**14**	**28**	**56**		
同仁县	5	434	25	374	1	10	17	7		
尖扎县	2	194	9	153	1	3	6	22		
泽库县	3	161	2	135		1	2	21		
河南蒙古族自治县		139		130			3	6		
海南藏族自治州	**29**	**1205**	**70**	**993**	**5**	**1**	**54**	**82**		
共和县	14	524	30	444	2	1	22	25		
同德县	3	134	4	104	1		14	11		
贵德县	12	278	21	218	2		11	26		
兴海县		108	2	95			4	7		
贵南县		161	13	132			3	13		
果洛藏族自治州	**6**	**648**	**7**	**561**	**4**	**2**	**36**	**38**		
玛沁县		168	2	147	2		6	11		
班玛县	1	118		95			22	1		
甘德县		51	2	46				3		
达日县	2	119		93	2	2	5	17		
久治县	3	76	3	71			1	1		
玛多县		116		109			2	5		
玉树藏族自治州	**3**	**371**	**5**	**211**	**2**	**2**	**123**	**28**		
玉树市		81		8			73			
杂多县	1	56	1	32			13	10		
称多县		99	1	59			33	6		
治多县		47		45				2		
囊谦县	1	25		14		2	4	5		
曲麻莱县	1	63	3	53	2			5		
海西蒙古族藏族自治州	**9**	**569**	**37**	**478**	**5**	**3**	**12**	**34**		
格尔木市		11		6			3	2		
德令哈市		13		11				2		
茫崖市		14		13				1		
乌兰县	1	168	7	142	2	1	4	12		
都兰县	6	183	17	150			5	11		
天峻县	2	107	9	91	3			4		
大柴旦行政委员会		73	4	65		2		2		

4−4b 续表 37

单位：人

地区 性别	娱乐业	公共管理、社会保障和社会组织							国际组织	
		小计	中国共产党机关	国家机构	人民政协、民主党派	社会保障	群众团体、社会团体和其他成员组织	基层群众自治组织	小计	国际组织
男	**75**	**4143**	**163**	**3456**	**25**	**14**	**232**	**253**		
西宁市	**20**	**496**	**9**	**411**	**3**	**3**	**12**	**58**		
城东区										
城中区		1					1			
城西区										
城北区										
湟中区	8	80		59		1	1	19		
大通回族土族自治县	10	279	7	228	2	2	8	32		
湟源县	2	136	2	124	1		2	7		
海东市	**16**	**753**	**28**	**648**	**4**		**27**	**46**		
乐都区	1	8		7				1		
平安区		5		4				1		
民和回族土族自治县	7	288	9	247	2		9	21		
互助土族自治县	7	220	4	196			8	12		
化隆回族自治县	1	70	2	54	1		5	8		
循化撒拉族自治县		162	13	140	1		5	3		
海北藏族自治州	**8**	**599**	**34**	**517**	**6**	**2**	**15**	**25**		
门源回族自治县	2	166	6	145	2	1	3	9		
祁连县	3	118	5	101		1	8	3		
海晏县	3	214	18	188	2		1	5		
刚察县		101	5	83	2		3	8		
黄南藏族自治州	**6**	**563**	**24**	**481**		**6**	**20**	**32**		
同仁县	4	260	17	226		3	12	2		
尖扎县		107	7	79		3	6	12		
泽库县	2	109		96				13		
河南蒙古族自治县		87		80			2	5		
海南藏族自治州	**17**	**748**	**40**	**628**	**3**	**1**	**37**	**39**		
共和县	8	322	15	280	1	1	15	10		
同德县	1	93	3	69	1		12	8		
贵德县	8	174	16	138	1		6	13		
兴海县		59		56			2	1		
贵南县		100	6	85			2	7		
果洛藏族自治州	**3**	**397**	**4**	**342**	**3**	**1**	**25**	**22**		
玛沁县		101	2	89	2		5	3		
班玛县	1	79		63			15	1		
甘德县		27	1	25				1		
达日县		76		56	1	1	4	14		
久治县	2	44	1	43						
玛多县		70		66			1	3		
玉树藏族自治州	**1**	**260**	**4**	**145**	**2**	**1**	**92**	**16**		
玉树市		59		6			53			
杂多县		37	1	21			11	4		
称多县		68	1	38			25	4		
治多县		32		30				2		
囊谦县		17		10		1	3	3		
曲麻莱县	1	47	2	40	2			3		
海西蒙古族藏族自治州	**4**	**327**	**20**	**284**	**4**		**4**	**15**		
格尔木市		6		3			2	1		
德令哈市		6		6						
茫崖市		10		9				1		
乌兰县		98	1	93	2			2		
都兰县	3	107	9	88			2	8		
天峻县	1	61	6	50	2			3		
大柴旦行政委员会		39	4	35						

4-4b　续表 38　　单位：人

地区 性别	娱乐业	公共管理、社会保障和社会组织 小计	中国共产党机关	国家机构	人民政协、民主党派	社会保障	群众团体、社会团体和其他成员组织	基层群众自治组织	国际组织 小计	国际组织
女	**79**	**2718**	**88**	**2233**	**10**	**22**	**119**	**246**		
西宁市	**36**	**358**	**2**	**269**		**6**	**7**	**74**		
城东区										
城中区										
城西区		2						2		
城北区										
湟中区	12	46		32			1	13		
大通回族土族自治县	16	190	2	136		3	3	46		
湟源县	8	120		101		3	3	13		
海东市	**10**	**477**	**7**	**406**	**1**	**1**	**25**	**37**		
乐都区	1	4	1	3						
平安区		5		5						
民和回族土族自治县	2	195	2	164			7	22		
互助土族自治县	6	164	1	139		1	15	8		
化隆回族自治县		36	1	32			1	2		
循化撒拉族自治县	1	73	2	63	1		2	5		
海北藏族自治州	**7**	**457**	**16**	**403**	**3**	**2**	**12**	**21**		
门源回族自治县	3	128		113	2	1	5	7		
祁连县	1	80	5	73				2		
海晏县	2	160	9	139	1	1	2	8		
刚察县	1	89	2	78			5	4		
黄南藏族自治州	**4**	**365**	**12**	**311**	**2**	**8**	**8**	**24**		
同仁县	1	174	8	148	1	7	5	5		
尖扎县	2	87	2	74	1			10		
泽库县	1	52	2	39		1	2	8		
河南蒙古族自治县		52		50			1	1		
海南藏族自治州	**12**	**457**	**30**	**365**	**2**		**17**	**43**		
共和县	6	202	15	164	1		7	15		
同德县	2	41	1	35			2	3		
贵德县	4	104	5	80	1		5	13		
兴海县		49	2	39			2	6		
贵南县		61	7	47			1	6		
果洛藏族自治州	**3**	**251**	**3**	**219**	**1**	**1**	**11**	**16**		
玛沁县		67		58			1	8		
班玛县		39		32			7			
甘德县		24	1	21				2		
达日县	2	43		37	1	1	1	3		
久治县	1	32	2	28			1	1		
玛多县		46		43			1	2		
玉树藏族自治州	**2**	**111**	**1**	**66**		**1**	**31**	**12**		
玉树市		22		2			20			
杂多县	1	19		11			2	6		
称多县		31		21			8	2		
治多县		15		15						
囊谦县	1	8		4		1	1	2		
曲麻莱县		16	1	13				2		
海西蒙古族藏族自治州	**5**	**242**	**17**	**194**	**1**	**3**	**8**	**19**		
格尔木市		5		3			1	1		
德令哈市		7		5				2		
茫崖市		4		4						
乌兰县	1	70	6	49		1	4	10		
都兰县	3	76	8	62			3	3		
天峻县	1	46	3	41	1			1		
大柴旦行政委员会		34		30		2		2		

4–4c 各地区分性别、行业大类的就业人口(乡村)

单位：人

地区 性别	合计	农、林、牧、渔业						采矿业	
		小计	农业	林业	畜牧业	渔业	农、林、牧、渔专业及辅助性活动	小计	煤炭开采和洗选业
全省	**83569**	**43578**	**18347**	**3439**	**21243**	**46**	**503**	**1136**	**418**
西宁市	**19066**	**5306**	**3043**	**132**	**2005**	**2**	**124**	**159**	**50**
城东区									
城中区	33	4	2		2				
城西区									
城北区	497	40	35	1	4			1	
湟中区	9672	1833	813	75	917		28	58	18
大通回族土族自治县	6681	2586	1787	50	680	1	68	74	23
湟源县	2183	843	406	6	402	1	28	26	9
海东市	**25732**	**11407**	**9608**	**135**	**1591**	**2**	**71**	**112**	**34**
乐都区	3789	1262	993	32	222		15	29	6
平安区	1044	234	121	1	112			11	1
民和回族土族自治县	5539	2537	2117	28	389	1	2	40	22
互助土族自治县	10217	6239	5739	55	392	1	52	25	5
化隆回族自治县	3124	679	348	13	316		2	5	
循化撒拉族自治县	2019	456	290	6	160			2	
海北藏族自治州	**4908**	**2849**	**339**	**166**	**2308**	**2**	**34**	**105**	**57**
门源回族自治县	2337	951	258	119	569	2	3	90	49
祁连县	993	676	5	46	620		5	14	7
海晏县	728	522	54	1	466		1		
刚察县	850	700	22		653		25	1	1
黄南藏族自治州	**6572**	**4932**	**1625**	**24**	**3282**		**1**	**8**	
同仁县	2506	1773	1190	14	568		1		
尖扎县	1079	519	434	7	78			8	
泽库县	1684	1432	1	3	1428				
河南蒙古族自治县	1303	1208			1208				
海南藏族自治州	**12718**	**9648**	**2568**	**9**	**7027**	**40**	**4**	**14**	**3**
共和县	3170	2487	810	4	1638	34	1	1	
同德县	2564	1955	435		1518		2	8	2
贵德县	2575	1434	755	3	673	2	1	5	1
兴海县	2179	1943	98	2	1843				
贵南县	2230	1829	470		1355	4			
果洛藏族自治州	**2932**	**2035**	**14**	**1**	**1832**		**188**	**43**	
玛沁县	368	214		1	197		16	43	
班玛县	966	719	14		595		110		
甘德县	12								
达日县	531	297			282		15		
久治县	919	746			742		4		
玛多县	136	59			16		43		
玉树藏族自治州	**6761**	**5485**	**109**	**2956**	**2410**		**10**		
玉树市	2010	1539	5	602	930		2		
杂多县	1212	957		908	49				
称多县	905	775	38	138	599				
治多县	350	341		85	256				
囊谦县	1786	1551	66	1076	405		4		
曲麻莱县	498	322		147	171		4		
海西蒙古族藏族自治州	**4880**	**1916**	**1041**	**16**	**788**		**71**	**695**	**274**
格尔木市	1289	304	225		35		44	177	
德令哈市	981	355	204		151			8	7
茫崖市									
乌兰县	456	225	68	11	144		2	7	
都兰县	1401	963	524	5	409		25	48	4
天峻县	74	35			35			1	1
大柴旦行政委员会	679	34	20		14			454	262

4-4c　续表 1　　　　　　　　　　　　　　　　　　　　　　单位：人

地区 性别	合计	农、林、牧、渔业						采矿业	
		小计	农业	林业	畜牧业	渔业	农、林、牧、渔专业及辅助性活动	小计	煤炭开采和洗选业
男	**50806**	**23484**	**9245**	**1809**	**12019**	**36**	**375**	**995**	**385**
西宁市	**12505**	**3153**	**1525**	**99**	**1441**	**2**	**86**	**145**	**48**
城东区									
城中区	22	3	1		2				
城西区									
城北区	322	22	19	1	2			1	
湟中区	6369	1181	413	59	688		21	54	18
大通回族土族自治县	4356	1409	866	34	463	1	45	65	21
湟源县	1436	538	226	5	286	1	20	25	9
海东市	**15808**	**6073**	**4824**	**97**	**1096**	**1**	**55**	**101**	**31**
乐都区	2404	688	508	15	154		11	23	5
平安区	689	154	70	1	83			11	1
民和回族土族自治县	3493	1419	1120	23	273	1	2	38	20
互助土族自治县	5957	3180	2832	43	264		41	22	5
化隆回族自治县	1972	407	171	10	225		1	5	
循化撒拉族自治县	1293	225	123	5	97			2	
海北藏族自治州	**3173**	**1700**	**214**	**104**	**1351**	**1**	**30**	**98**	**53**
门源回族自治县	1646	648	162	75	408	1	2	84	46
祁连县	635	400	4	29	364		3	13	6
海晏县	433	288	33		255				
刚察县	459	364	15		324		25	1	1
黄南藏族自治州	**3560**	**2521**	**750**	**18**	**1753**			**7**	
同仁县	1289	852	552	11	289				
尖扎县	626	258	197	7	54			7	
泽库县	966	787	1		786				
河南蒙古族自治县	679	624			624				
海南藏族自治州	**7185**	**5100**	**1310**	**6**	**3749**	**32**	**3**	**13**	**2**
共和县	1835	1358	438	3	889	27	1	1	
同德县	1410	1003	226		776		1	7	1
贵德县	1518	740	347	2	388	2	1	5	1
兴海县	1188	1015	60	1	954				
贵南县	1234	984	239		742	3			
果洛藏族自治州	**1678**	**1066**	**5**	**1**	**913**		**147**	**37**	
玛沁县	212	113		1	101		11	37	
班玛县	555	386	5		297		84		
甘德县	6								
达日县	344	156			142		14		
久治县	472	368			365		3		
玛多县	89	43			8		35		
玉树藏族自治州	**3645**	**2779**	**44**	**1474**	**1254**		**7**		
玉树市	1099	801	2	324	474		1		
杂多县	638	438		414	24				
称多县	511	421	18	78	325				
治多县	190	185		43	142				
囊谦县	919	768	24	541	201		2		
曲麻莱县	288	166		74	88		4		
海西蒙古族藏族自治州	**3252**	**1092**	**573**	**10**	**462**		**47**	**594**	**251**
格尔木市	884	174	125		23		26	138	
德令哈市	587	194	104		90			7	6
茫崖市									
乌兰县	288	129	34	8	87			6	
都兰县	856	557	302	2	232		21	40	4
天峻县	50	20			20			1	1
大柴旦行政委员会	587	18	8		10			402	240

4-4c 续表 2

单位：人

地区 性别	合计	农、林、牧、渔业						采矿业	
		小计	农业	林业	畜牧业	渔业	农、林、牧、渔专业及辅助性活动	小计	煤炭开采和洗选业
女	**32763**	**20094**	**9102**	**1630**	**9224**	**10**	**128**	**141**	**33**
西宁市	**6561**	**2153**	**1518**	**33**	**564**		**38**	**14**	**2**
城东区									
城中区	11	1	1						
城西区									
城北区	175	18	16		2				
湟中区	3303	652	400	16	229		7	4	
大通回族土族自治县	2325	1177	921	16	217		23	9	2
湟源县	747	305	180	1	116		8	1	
海东市	**9924**	**5334**	**4784**	**38**	**495**	**1**	**16**	**11**	**3**
乐都区	1385	574	485	17	68		4	6	1
平安区	355	80	51		29				
民和回族土族自治县	2046	1118	997	5	116			2	2
互助土族自治县	4260	3059	2907	12	128	1	11	3	
化隆回族自治县	1152	272	177	3	91		1		
循化撒拉族自治县	726	231	167	1	63				
海北藏族自治州	**1735**	**1149**	**125**	**62**	**957**	**1**	**4**	**7**	**4**
门源回族自治县	691	303	96	44	161	1	1	6	3
祁连县	358	276	1	17	256		2	1	1
海晏县	295	234	21	1	211		1		
刚察县	391	336	7		329				
黄南藏族自治州	**3012**	**2411**	**875**	**6**	**1529**		**1**	**1**	
同仁县	1217	921	638	3	279		1		
尖扎县	453	261	237		24			1	
泽库县	718	645		3	642				
河南蒙古族自治县	624	584			584				
海南藏族自治州	**5533**	**4548**	**1258**	**3**	**3278**	**8**	**1**	**1**	**1**
共和县	1335	1129	372	1	749	7			
同德县	1154	952	209		742		1	1	1
贵德县	1057	694	408	1	285				
兴海县	991	928	38	1	889				
贵南县	996	845	231		613	1			
果洛藏族自治州	**1254**	**969**	**9**		**919**		**41**	**6**	
玛沁县	156	101			96		5	6	
班玛县	411	333	9		298		26		
甘德县	6								
达日县	187	141			140		1		
久治县	447	378			377		1		
玛多县	47	16			8		8		
玉树藏族自治州	**3116**	**2706**	**65**	**1482**	**1156**		**3**		
玉树市	911	738	3	278	456		1		
杂多县	574	519		494	25				
称多县	394	354	20	60	274				
治多县	160	156		42	114				
囊谦县	867	783	42	535	204		2		
曲麻莱县	210	156		73	83				
海西蒙古族藏族自治州	**1628**	**824**	**468**	**6**	**326**		**24**	**101**	**23**
格尔木市	405	130	100		12		18	39	
德令哈市	394	161	100		61			1	1
茫崖市									
乌兰县	168	96	34	3	57		2	1	
都兰县	545	406	222	3	177		4	8	
天峻县	24	15			15				
大柴旦行政委员会	92	16	12		4			52	22

4-4c 续表 3 单位：人

地区 性别	采矿业						制造业		
	石油和天然气开采业	黑色金属矿采选业	有色金属矿采选业	非金属矿采选业	开采专业及辅助性活动	其他采矿业	小计	农副食品加工业	食品制造业
全省	**125**	**151**	**281**	**111**	**26**	**24**	**4131**	**328**	**151**
西宁市	**21**	**7**	**19**	**45**	**10**	**7**	**2096**	**150**	**64**
城东区									
城中区							4		
城西区									
城北区		1					74	1	2
湟中区	8		15	14	1	2	1178	79	18
大通回族土族自治县	13	3	3	24	5	3	614	49	34
湟源县		3	1	7	4	2	226	21	10
海东市	**9**	**5**	**10**	**44**	**5**	**5**	**1240**	**116**	**66**
乐都区	1	3	5	14			314	13	7
平安区				9	1		70	16	1
民和回族土族自治县	3	1	2	10	1	1	300	40	9
互助土族自治县	4	1	2	6	3	4	349	30	33
化隆回族自治县	1		1	3			180	14	13
循化撒拉族自治县				2			27	3	3
海北藏族自治州	**6**	**2**	**28**		**10**	**2**	**272**	**30**	**12**
门源回族自治县	6	2	21		10	2	236	26	11
祁连县			7				10		1
海晏县							21	4	
刚察县							5		
黄南藏族自治州				**8**			**118**	**6**	**2**
同仁县							48	1	
尖扎县				8			63	2	2
泽库县							3	1	
河南蒙古族自治县							4	2	
海南藏族自治州	**2**		**7**	**2**			**102**	**15**	**3**
共和县			1				19	3	
同德县			6				20	5	
贵德县	2			2			44	4	2
兴海县							4		
贵南县							15	3	1
果洛藏族自治州			**34**			**9**	**8**	**3**	
玛沁县			34			9	3	3	
班玛县							2		
甘德县									
达日县									
久治县							3		
玛多县									
玉树藏族自治州							**11**		**1**
玉树市							5		
杂多县									
称多县							1		
治多县									
囊谦县							4		1
曲麻莱县							1		
海西蒙古族藏族自治州	**87**	**137**	**183**	**12**	**1**	**1**	**284**	**8**	**3**
格尔木市		119	54	3		1	83	1	2
德令哈市			1				78	3	
茫崖市									
乌兰县			1	6			14	2	
都兰县		18	23	2	1		40	2	1
天峻县									
大柴旦行政委员会	87		104	1			69		

4–4c　续表 4　　　　单位：人

地　区 性　别	采矿业						制造业		
	石油和天然气开采业	黑色金属矿采选业	有色金属矿采选业	非金属矿采选业	开采专业及辅助性活　动	其　他采矿业	小计	农副食品加工业	食　品制造业
男	**95**	**115**	**251**	**101**	**25**	**23**	**3069**	**217**	**63**
西宁市	**17**	**5**	**17**	**41**	**10**	**7**	**1547**	**94**	**27**
城东区									
城中区							2		
城西区									
城北区		1					53	1	1
湟中区	6		13	14	1	2	870	47	10
大通回族土族自治县	11	2	3	20	5	3	462	34	13
湟源县		2	1	7	4	2	160	12	3
海东市	**7**	**4**	**9**	**41**	**5**	**4**	**920**	**81**	**24**
乐都区		2	5	11			225	8	1
平安区				9	1		56	12	1
民和回族土族自治县	3	1	2	10	1	1	230	30	4
互助土族自治县	3	1	1	6	3	3	254	20	13
化隆回族自治县	1		1	3			134	8	4
循化撒拉族自治县				2			21	3	1
海北藏族自治州	**6**	**1**	**27**		**9**	**2**	**195**	**23**	**6**
门源回族自治县	6	1	20		9	2	166	20	5
祁连县			7				8		1
海晏县							16	3	
刚察县							5		
黄南藏族自治州				**7**			**89**	**2**	**1**
同仁县							43		
尖扎县				7			40		1
泽库县							2		
河南蒙古族自治县							4	2	
海南藏族自治州	**2**		**7**	**2**			**72**	**11**	**3**
共和县			1				13	1	
同德县			6				14	4	
贵德县	2			2			32	3	2
兴海县							2		
贵南县							11	3	1
果洛藏族自治州			**28**			**9**	**4**	**1**	
玛沁县			28			9	1	1	
班玛县							2		
甘德县									
达日县									
久治县							1		
玛多县									
玉树藏族自治州							**9**		**1**
玉树市							4		
杂多县									
称多县							1		
治多县									
囊谦县							3		1
曲麻莱县							1		
海西蒙古族藏族自治州	**63**	**105**	**163**	**10**	**1**	**1**	**233**	**5**	**1**
格尔木市		87	48	2		1	67		1
德令哈市			1				65	2	
茫崖市									
乌兰县			1	5			10	2	
都兰县		18	15	2	1		36	1	
天峻县									
大柴旦行政委员会	63		98	1			55		

4-4c　续表 5　　　　单位：人

地　区 性　别	采矿业						制造业		
	石油和天然气开采业	黑色金属矿采选业	有色金属矿采选业	非金属矿采选业	开采专业及辅助性活动	其他采矿业	小计	农副食品加工业	食品制造业
女	**30**	**36**	**30**	**10**	**1**	**1**	**1062**	**111**	**88**
西宁市	**4**	**2**	**2**	**4**			**549**	**56**	**37**
城东区									
城中区							2		
城西区									
城北区							21		1
湟中区	2		2				308	32	8
大通回族土族自治县	2	1		4			152	15	21
湟源县		1					66	9	7
海东市	**2**	**1**	**1**	**3**		**1**	**320**	**35**	**42**
乐都区	1	1		3			89	5	6
平安区							14	4	
民和回族土族自治县							70	10	5
互助土族自治县	1		1			1	95	10	20
化隆回族自治县							46	6	9
循化撒拉族自治县							6		2
海北藏族自治州		**1**	**1**		**1**		**77**	**7**	**6**
门源回族自治县		1	1		1		70	6	6
祁连县							2		
海晏县							5	1	
刚察县									
黄南藏族自治州				**1**			**29**	**4**	**1**
同仁县							5	1	
尖扎县				1			23	2	1
泽库县							1	1	
河南蒙古族自治县									
海南藏族自治州							**30**	**4**	
共和县							6	2	
同德县							6	1	
贵德县							12	1	
兴海县							2		
贵南县							4		
果洛藏族自治州			**6**				**4**	**2**	
玛沁县			6				2	2	
班玛县									
甘德县									
达日县									
久治县							2		
玛多县									
玉树藏族自治州							**2**		
玉树市							1		
杂多县									
称多县									
治多县									
囊谦县							1		
曲麻莱县									
海西蒙古族藏族自治州	**24**	**32**	**20**	**2**			**51**	**3**	**2**
格尔木市		32	6	1			16	1	1
德令哈市							13	1	
茫崖市									
乌兰县				1			4		
都兰县			8				4	1	1
天峻县									
大柴旦行政委员会	24		6				14		

4−4c　续表 6　　　　　　　　　　　　　　　　　　单位：人

地　区 性　别	制造业								
	酒、饮料和精制茶制造业	烟　草制品业	纺织业	纺织服装、服饰业	皮革、毛皮、羽毛及其制品和制鞋业	木材加工和木、竹、藤、棕、草制品业	家　具制造业	造纸和纸制品业	印刷和记录媒介复制业
全省	**75**	**1**	**51**	**58**	**4**	**138**	**59**	**17**	**20**
西宁市	**28**		**29**	**22**	**2**	**53**	**40**	**12**	**12**
城东区									
城中区									
城西区									
城北区	1		6	4		5	10		2
湟中区	13		13	14		34	25	6	5
大通回族土族自治县	14		3	2	2	13	4	2	1
湟源县			7	2		1	1	4	4
海东市	**39**		**18**	**14**	**2**	**69**	**10**	**1**	**2**
乐都区	2		3			20	2		1
平安区			2			5	2		
民和回族土族自治县			9		1	14	4		
互助土族自治县	32		4	8	1	13	2		1
化隆回族自治县	4			3		15		1	
循化撒拉族自治县	1			3		2			
海北藏族自治州		**1**	**1**	**1**		**6**	**1**	**1**	**2**
门源回族自治县		1	1			6	1	1	
祁连县				1					
海晏县									1
刚察县									1
黄南藏族自治州	**3**		**1**	**6**		**6**		**2**	**2**
同仁县	1		1	3		1			
尖扎县				3		5		2	
泽库县									2
河南蒙古族自治县	2								
海南藏族自治州	**1**		**2**	**10**		**1**	**5**	**1**	
共和县				2			3		
同德县			1	4			1		
贵德县	1		1			1	1		
兴海县				2					
贵南县				2				1	
果洛藏族自治州				**2**		**1**			
玛沁县									
班玛县						1			
甘德县									
达日县									
久治县				2					
玛多县									
玉树藏族自治州				**1**		**2**	**3**		
玉树市							3		
杂多县									
称多县						1			
治多县									
囊谦县						1			
曲麻莱县				1					
海西蒙古族藏族自治州	**4**			**2**					**2**
格尔木市	1			1					
德令哈市	3								1
茫崖市									
乌兰县									1
都兰县				1					
天峻县									
大柴旦行政委员会									

4-4c 续表 7 单位：人

地区 性别	制造业								
	酒、饮料和精制茶制造业	烟草制品业	纺织业	纺织服装、服饰业	皮革、毛皮、羽毛及其制品和制鞋业	木材加工和木、竹、藤、棕、草制品业	家具制造业	造纸和纸制品业	印刷和记录媒介复制业
男	**49**	**1**	**22**	**17**	**1**	**112**	**41**	**8**	**12**
西宁市	**16**		**11**	**4**	**1**	**41**	**23**	**4**	**5**
城东区									
城中区									
城西区									
城北区			4	1		5	7		
湟中区	9		4	2		24	12	1	1
大通回族土族自治县	7		2		1	11	3	1	1
湟源县			1	1		1	1	2	3
海东市	**26**		**9**	**4**		**57**	**10**	**1**	**1**
乐都区	1		1			15	2		1
平安区						4	2		
民和回族土族自治县			6			11	4		
互助土族自治县	22		2	1		12	2		
化隆回族自治县	2			1		13		1	
循化撒拉族自治县	1			2		2			
海北藏族自治州		**1**	**1**	**1**		**5**	**1**		**2**
门源回族自治县		1	1			5	1		
祁连县				1					
海晏县									1
刚察县									1
黄南藏族自治州	**3**			**3**		**5**		**2**	**2**
同仁县	1			2		1			
尖扎县				1		4		2	
泽库县									2
河南蒙古族自治县	2								
海南藏族自治州	**1**		**1**	**3**		**1**	**4**	**1**	
共和县							2		
同德县			1	1			1		
贵德县	1					1	1		
兴海县				1					
贵南县				1				1	
果洛藏族自治州				**1**		**1**			
玛沁县									
班玛县						1			
甘德县									
达日县									
久治县				1					
玛多县									
玉树藏族自治州				**1**		**2**	**3**		
玉树市							3		
杂多县									
称多县						1			
治多县									
囊谦县						1			
曲麻莱县				1					
海西蒙古族藏族自治州	**3**								**2**
格尔木市									
德令哈市	3								1
茫崖市									
乌兰县									1
都兰县									
天峻县									
大柴旦行政委员会									

4−4c 续表 8

单位：人

地区 性别	制造业								
	酒、饮料和精制茶制造业	烟草制品业	纺织业	纺织服装、服饰业	皮革、毛皮、羽毛及其制品和制鞋业	木材加工和木、竹、藤、棕、草制品业	家具制造业	造纸和纸制品业	印刷和记录媒介复制业
女	**26**		**29**	**41**	**3**	**26**	**18**	**9**	**8**
西宁市	**12**		**18**	**18**	**1**	**12**	**17**	**8**	**7**
城东区									
城中区									
城西区									
城北区	1		2	3			3		2
湟中区	4		9	12		10	13	5	4
大通回族土族自治县	7		1	2	1	2	1	1	
湟源县			6	1				2	1
海东市	**13**		**9**	**10**	**2**	**12**			**1**
乐都区	1		2			5			
平安区			2			1			
民和回族土族自治县			3		1	3			
互助土族自治县	10		2	7	1	1			1
化隆回族自治县	2			2		2			
循化撒拉族自治县				1					
海北藏族自治州						**1**		**1**	
门源回族自治县						1		1	
祁连县									
海晏县									
刚察县									
黄南藏族自治州			**1**	**3**		**1**			
同仁县			1	1					
尖扎县				2		1			
泽库县									
河南蒙古族自治县									
海南藏族自治州			**1**	**7**			**1**		
共和县				2			1		
同德县				3					
贵德县			1						
兴海县				1					
贵南县				1					
果洛藏族自治州				**1**					
玛沁县									
班玛县									
甘德县									
达日县									
久治县				1					
玛多县									
玉树藏族自治州									
玉树市									
杂多县									
称多县									
治多县									
囊谦县									
曲麻莱县									
海西蒙古族藏族自治州	**1**			**2**					
格尔木市	1			1					
德令哈市									
茫崖市									
乌兰县									
都兰县				1					
天峻县									
大柴旦行政委员会									

4-4c　续表 9　　　　单位：人

地区 性别	制造业								
	文教、工美、体育和娱乐用品制造业	石油、煤炭及其他燃料加工业	化学原料和化学制品制造业	医药制造业	化学纤维制造业	橡胶和塑料制品业	非金属矿物制品业	黑色金属冶炼和压延加工业	有色金属冶炼和压延加工业
全省	**163**	**26**	**416**	**22**	**12**	**59**	**491**	**300**	**541**
西宁市	**76**	**8**	**165**	**15**	**11**	**43**	**181**	**171**	**413**
城东区									
城中区							1		
城西区									
城北区			1				13	3	3
湟中区	66	4	72	13	9	23	100	64	316
大通回族土族自治县	9	3	83	1	1	18	49	24	89
湟源县	1	1	9	1	1	2	18	80	5
海东市	**14**	**5**	**82**	**4**		**7**	**230**	**111**	**103**
乐都区	2	1	33	1			79	56	34
平安区			2	1		1	17		3
民和回族土族自治县			24	1		2	15	47	37
互助土族自治县	2	2	10	1		2	75	7	17
化隆回族自治县	7	2	9			2	41	1	12
循化撒拉族自治县	3		4				3		
海北藏族自治州	**3**	**7**	**20**			**7**	**4**	**10**	
门源回族自治县	3	2	11			7	3	10	
祁连县									
海晏县		5	9				1		
刚察县									
黄南藏族自治州	**45**				**1**		**27**		
同仁县	41								
尖扎县	4				1		27		
泽库县									
河南蒙古族自治县									
海南藏族自治州	**19**		**1**			**1**	**13**		
共和县	2						4		
同德县	6								
贵德县	9					1	9		
兴海县									
贵南县	2		1						
果洛藏族自治州							**1**		
玛沁县									
班玛县									
甘德县									
达日县									
久治县							1		
玛多县									
玉树藏族自治州	**2**						**2**		
玉树市	2								
杂多县									
称多县									
治多县									
囊谦县							2		
曲麻莱县									
海西蒙古族藏族自治州	**4**	**6**	**148**	**3**		**1**	**33**	**8**	**25**
格尔木市	2	1	35			1	9	2	5
德令哈市			38	3			20	6	
茫崖市									
乌兰县	2	5	1				2		
都兰县			6				2		20
天峻县									
大柴旦行政委员会			68						

4-4c 续表 10

单位：人

地区 性别	制造业								
	文教、工美、体育和娱乐用品制造业	石油、煤炭及其他燃料加工业	化学原料和化学制品制造业	医药制造业	化学纤维制造业	橡胶和塑料制品业	非金属矿物制品业	黑色金属冶炼和压延加工业	有色金属冶炼和压延加工业
男	**124**	**18**	**315**	**12**	**9**	**30**	**387**	**248**	**446**
西宁市	**58**	**6**	**117**	**7**	**8**	**21**	**146**	**146**	**343**
城东区									
城中区							1		
城西区									
城北区							9	3	3
湟中区	51	2	45	6	6	10	76	60	254
大通回族土族自治县	7	3	65	1	1	11	45	22	83
湟源县		1	7		1		15	61	3
海东市	**9**	**2**	**65**	**2**		**5**	**178**	**86**	**80**
乐都区	1		29				55	43	20
平安区			2			1	14		3
民和回族土族自治县			18	1		1	13	35	32
互助土族自治县	2	1	7	1		1	58	7	14
化隆回族自治县	5	1	6			2	35	1	11
循化撒拉族自治县	1		3				3		
海北藏族自治州	**1**	**6**	**14**			**3**	**4**	**9**	
门源回族自治县	1	2	7			3	3	9	
祁连县									
海晏县		4	7				1		
刚察县									
黄南藏族自治州	**42**				**1**		**17**		
同仁县	39								
尖扎县	3				1		17		
泽库县									
河南蒙古族自治县									
海南藏族自治州	**11**		**1**				**12**		
共和县	1						4		
同德县	5								
贵德县	5						8		
兴海县									
贵南县			1						
果洛藏族自治州									
玛沁县									
班玛县									
甘德县									
达日县									
久治县									
玛多县									
玉树藏族自治州	**1**						**1**		
玉树市	1								
杂多县									
称多县									
治多县									
囊谦县							1		
曲麻莱县									
海西蒙古族藏族自治州	**2**	**4**	**118**	**3**		**1**	**29**	**7**	**23**
格尔木市	2	1	25			1	8	2	4
德令哈市			32	3			17	5	
茫崖市									
乌兰县		3	1				2		
都兰县			6				2		19
天峻县									
大柴旦行政委员会			54						

4-4c 续表 11 单位：人

地区 性别	制造业								
	文教、工美、体育和娱乐用品制造业	石油、煤炭及其他燃料加工业	化学原料和化学制品制造业	医药制造业	化学纤维制造业	橡胶和塑料制品业	非金属矿物制品业	黑色金属冶炼和压延加工业	有色金属冶炼和压延加工业
女	**39**	**8**	**101**	**10**	**3**	**29**	**104**	**52**	**95**
西宁市	**18**	**2**	**48**	**8**	**3**	**22**	**35**	**25**	**70**
城东区									
城中区									
城西区									
城北区			1				4		
湟中区	15	2	27	7	3	13	24	4	62
大通回族土族自治县	2		18			7	4	2	6
湟源县	1		2	1		2	3	19	2
海东市	**5**	**3**	**17**	**2**		**2**	**52**	**25**	**23**
乐都区	1	1	4	1			24	13	14
平安区				1			3		
民和回族土族自治县			6			1	2	12	5
互助土族自治县		1	3			1	17		3
化隆回族自治县	2	1	3				6		1
循化撒拉族自治县	2		1						
海北藏族自治州	**2**	**1**	**6**			**4**		**1**	
门源回族自治县	2		4			4		1	
祁连县									
海晏县		1	2						
刚察县									
黄南藏族自治州	**3**						**10**		
同仁县	2								
尖扎县	1						10		
泽库县									
河南蒙古族自治县									
海南藏族自治州	**8**					**1**	**1**		
共和县	1								
同德县	1								
贵德县	4					1	1		
兴海县									
贵南县	2								
果洛藏族自治州							**1**		
玛沁县									
班玛县									
甘德县									
达日县									
久治县							1		
玛多县									
玉树藏族自治州	**1**						**1**		
玉树市	1								
杂多县									
称多县									
治多县									
囊谦县							1		
曲麻莱县									
海西蒙古族藏族自治州	**2**	**2**	**30**				**4**	**1**	**2**
格尔木市			10				1		1
德令哈市			6				3	1	
茫崖市									
乌兰县	2	2							
都兰县									1
天峻县									
大柴旦行政委员会			14						

4-4c 续表 12

单位：人

地区 性别	制造业								
	金属制品业	通用设备制造业	专用设备制造业	汽车制造业	铁路、船舶、航空航天和其他运输设备制造业	电气机械和器材制造业	计算机、通信和其他电子设备制造业	仪器仪表制造业	其他制造业
全省	**400**	**80**	**57**	**38**	**12**	**186**	**319**	**6**	**10**
西宁市	**230**	**33**	**28**	**14**	**5**	**116**	**121**	**1**	**7**
城东区									
城中区	1				1				1
城西区									
城北区	13		1						
湟中区	130	25	14	4	3	58	36	1	6
大通回族土族自治县	58	7	10	9	1	36	85		
湟源县	28	1	3	1		22			
海东市	**110**	**22**	**21**	**9**	**3**	**47**	**105**	**3**	**3**
乐都区	21	3	5	1		7	14		
平安区	12	2	1			4	1		
民和回族土族自治县	12	5	3	6	3	13	52		
互助土族自治县	48	11	10	1		11	12	1	3
化隆回族自治县	17	1	2	1		11	22	2	
循化撒拉族自治县						1	4		
海北藏族自治州	**34**	**13**	**2**	**13**	**4**	**13**	**78**		
门源回族自治县	28	11	1	13	4	13	74		
祁连县	3	2					3		
海晏县							1		
刚察县	3		1						
黄南藏族自治州	**2**					**5**	**7**	**2**	
同仁县									
尖扎县	2					5	7	2	
泽库县									
河南蒙古族自治县									
海南藏族自治州	**11**	**8**	**1**			**3**	**4**		
共和县		4					1		
同德县	1					2			
贵德县	9		1			1	1		
兴海县							2		
贵南县	1	4							
果洛藏族自治州	**1**								
玛沁县									
班玛县	1								
甘德县									
达日县									
久治县									
玛多县									
玉树藏族自治州									
玉树市									
杂多县									
称多县									
治多县									
囊谦县									
曲麻莱县									
海西蒙古族藏族自治州	**12**	**4**	**5**	**2**		**2**	**4**		
格尔木市	8	4	4	1					
德令哈市						2	2		
茫崖市									
乌兰县							1		
都兰县	4			1			1		
天峻县									
大柴旦行政委员会			1						

4-4c　续表 13　　　　　　　　　　　　　　　　　　　　　　　　　　　　单位：人

地　区 性　别	制造业								
	金　属 制品业	通用设备 制造业	专用设备 制造业	汽　车 制造业	铁路、船舶、 航空航天和 其他运输 设备制造业	电气机械 和器材 制造业	计算机、 通信和其 他电子设 备制造业	仪器仪表 制造业	其　他 制造业
男	**351**	**66**	**44**	**29**	**9**	**133**	**215**	**5**	**5**
西宁市	**202**	**25**	**19**	**11**	**4**	**83**	**83**	**1**	**3**
城东区									
城中区	1								
城西区									
城北区	11		1						
湟中区	116	20	11	4	3	42	28	1	3
大通回族土族自治县	50	4	5	6	1	24	55		
湟源县	24	1	2	1		17			
海东市	**94**	**20**	**17**	**6**	**3**	**38**	**74**	**3**	**2**
乐都区	17	3	4			7	8		
平安区	10	2	1			3	1		
民和回族土族自治县	11	5	3	4	3	9	38		
互助土族自治县	42	9	8	1		9	7	1	2
化隆回族自治县	14	1	1	1		9	16	2	
循化撒拉族自治县						1	4		
海北藏族自治州	**31**	**10**	**2**	**10**	**2**	**7**	**48**		
门源回族自治县	25	8	1	10	2	7	47		
祁连县	3	2					1		
海晏县									
刚察县	3		1						
黄南藏族自治州	**2**					**2**	**5**	**1**	
同仁县									
尖扎县	2					2	5	1	
泽库县									
河南蒙古族自治县									
海南藏族自治州	**9**	**7**	**1**			**2**	**2**		
共和县		4					1		
同德县	1					1			
贵德县	7		1			1			
兴海县							1		
贵南县	1	3							
果洛藏族自治州	**1**								
玛沁县									
班玛县	1								
甘德县									
达日县									
久治县									
玛多县									
玉树藏族自治州									
玉树市									
杂多县									
称多县									
治多县									
囊谦县									
曲麻莱县									
海西蒙古族藏族自治州	**12**	**4**	**5**	**2**		**1**	**3**		
格尔木市	8	4	4	1					
德令哈市						1	1		
茫崖市									
乌兰县							1		
都兰县	4			1			1		
天峻县									
大柴旦行政委员会			1						

4-4c 续表 14

单位：人

地区 性别	制造业								
	金属制品业	通用设备制造业	专用设备制造业	汽车制造业	铁路、船舶、航空航天和其他运输设备制造业	电气机械和器材制造业	计算机、通信和其他电子设备制造业	仪器仪表制造业	其他制造业
女	**49**	**14**	**13**	**9**	**3**	**53**	**104**	**1**	**5**
西宁市	**28**	**8**	**9**	**3**	**1**	**33**	**38**		**4**
城东区									
城中区					1				1
城西区									
城北区	2								
湟中区	14	5	3			16	8		3
大通回族土族自治县	8	3	5	3		12	30		
湟源县	4		1			5			
海东市	**16**	**2**	**4**	**3**		**9**	**31**		**1**
乐都区	4		1	1			6		
平安区	2					1			
民和回族土族自治县	1			2		4	14		
互助土族自治县	6	2	2			2	5		1
化隆回族自治县	3		1			2	6		
循化撒拉族自治县									
海北藏族自治州	**3**	**3**		**3**	**2**	**6**	**30**		
门源回族自治县	3	3		3	2	6	27		
祁连县							2		
海晏县							1		
刚察县									
黄南藏族自治州						**3**	**2**	**1**	
同仁县									
尖扎县						3	2	1	
泽库县									
河南蒙古族自治县									
海南藏族自治州	**2**	**1**				**1**	**2**		
共和县									
同德县						1			
贵德县	2						1		
兴海县							1		
贵南县		1							
果洛藏族自治州									
玛沁县									
班玛县									
甘德县									
达日县									
久治县									
玛多县									
玉树藏族自治州									
玉树市									
杂多县									
称多县									
治多县									
囊谦县									
曲麻莱县									
海西蒙古族藏族自治州						**1**	**1**		
格尔木市									
德令哈市						1	1		
茫崖市									
乌兰县									
都兰县									
天峻县									
大柴旦行政委员会									

4-4c　续表 15　　　　单位：人

地　区 性　别	制造业		电力、热力、燃气及水生产和供应业				建筑业		
	废弃资源综合利用业	金属制品、机械和设备修理业	小计	电力、热力生产和供应业	燃气生产和供应业	水的生产和供应业	小计	房屋建筑业	土木工程建筑业
全省	**39**	**52**	**1007**	**896**	**54**	**57**	**9808**	**6264**	**1792**
西宁市	**24**	**22**	**362**	**319**	**20**	**23**	**3504**	**2305**	**551**
城东区									
城中区							3	1	
城西区									
城北区	9		6	5		1	70	32	12
湟中区	9	18	217	195	6	16	2015	1339	279
大通回族土族自治县	6	1	98	80	12	6	1147	766	206
湟源县		3	41	39	2		269	167	54
海东市	**7**	**17**	**273**	**238**	**16**	**19**	**4291**	**2733**	**830**
乐都区	5	4	53	48	2	3	828	547	167
平安区			20	13	2	5	172	113	22
民和回族土族自治县		3	71	60	7	4	931	676	121
互助土族自治县	2	10	85	78	3	4	1526	755	413
化隆回族自治县			31	27	1	3	566	420	85
循化撒拉族自治县			13	12	1		268	222	22
海北藏族自治州	**4**	**5**	**85**	**79**	**2**	**4**	**549**	**184**	**248**
门源回族自治县	4	5	64	61	2	1	353	131	158
祁连县			15	13		2	97	9	82
海晏县							84	32	7
刚察县			6	5		1	15	12	1
黄南藏族自治州		**1**	**21**	**21**			**385**	**283**	**53**
同仁县			1	1			225	163	35
尖扎县		1	15	15			152	114	18
泽库县							7	6	
河南蒙古族自治县			5	5			1		
海南藏族自治州	**3**		**162**	**152**	**6**	**4**	**561**	**462**	**26**
共和县			82	80	2		83	54	2
同德县			13	12		1	32	20	
贵德县	3		44	37	4	3	377	332	22
兴海县			20	20			34	33	
贵南县			3	3			35	23	2
果洛藏族自治州			**5**	**3**	**2**		**20**	**13**	**2**
玛沁县			1	1					
班玛县			3	1	2		6	2	1
甘德县									
达日县			1	1			7	7	
久治县							4	1	1
玛多县							3	3	
玉树藏族自治州			**6**	**5**		**1**	**23**	**14**	**2**
玉树市			2	1		1	6	4	2
杂多县							5	2	
称多县			4	4			5	4	
治多县									
囊谦县							3		
曲麻莱县							4	4	
海西蒙古族藏族自治州	**1**	**7**	**93**	**79**	**8**	**6**	**475**	**270**	**80**
格尔木市	1	5	5	4		1	206	52	67
德令哈市			17	14	1	2	208	172	8
茫崖市									
乌兰县			25	24	1		17	11	1
都兰县		2	21	16	2	3	42	35	2
天峻县			2	2			2		2
大柴旦行政委员会			23	19	4				

4-4c 续表 16 单位：人

地区 性别	制造业		电力、热力、燃气及水生产和供应业				建筑业		
	废弃资源综合利用业	金属制品、机械和设备修理业	小计	电力、热力生产和供应业	燃气生产和供应业	水的生产和供应业	小计	房屋建筑业	土木工程建筑业
男	**33**	**47**	**858**	**769**	**44**	**45**	**7955**	**5002**	**1591**
西宁市	**19**	**19**	**314**	**278**	**17**	**19**	**2933**	**1937**	**502**
城东区									
城中区							2		
城西区									
城北区	7		3	3			56	29	11
湟中区	7	15	181	162	6	13	1643	1095	253
大通回族土族自治县	5	1	96	79	11	6	990	662	192
湟源县		3	34	34			242	151	46
海东市	**7**	**16**	**226**	**200**	**11**	**15**	**3426**	**2145**	**718**
乐都区	5	4	44	39	2	3	672	438	141
平安区			12	8	1	3	147	100	19
民和回族土族自治县		2	61	52	5	4	747	547	110
互助土族自治县	2	10	75	69	3	3	1261	612	363
化隆回族自治县			23	21		2	402	286	67
循化撒拉族自治县			11	11			197	162	18
海北藏族自治州	**4**	**4**	**73**	**67**	**2**	**4**	**471**	**155**	**223**
门源回族自治县	4	4	52	49	2	1	308	110	142
祁连县			15	13		2	88	9	74
海晏县							62	26	6
刚察县			6	5		1	13	10	1
黄南藏族自治州		**1**	**18**	**18**			**252**	**179**	**41**
同仁县			1	1			141	102	25
尖扎县		1	14	14			104	72	16
泽库县							6	5	
河南蒙古族自治县			3	3			1		
海南藏族自治州	**2**		**139**	**132**	**4**	**3**	**451**	**365**	**26**
共和县			74	72	2		73	49	2
同德县			10	9		1	27	17	
贵德县	2		34	30	2	2	299	258	22
兴海县			19	19			24	23	
贵南县			2	2			28	18	2
果洛藏族自治州			**4**	**2**	**2**		**12**	**7**	**2**
玛沁县									
班玛县			3	1	2		3		1
甘德县									
达日县			1	1			4	4	
久治县							2		1
玛多县							3	3	
玉树藏族自治州			**5**	**4**		**1**	**18**	**10**	**2**
玉树市			2	1		1	6	4	2
杂多县							4	2	
称多县			3	3			2	1	
治多县									
囊谦县							3		
曲麻莱县							3	3	
海西蒙古族藏族自治州	**1**	**7**	**79**	**68**	**8**	**3**	**392**	**204**	**77**
格尔木市	1	5	2	2			192	47	64
德令哈市			13	11	1	1	145	115	8
茫崖市									
乌兰县			21	20	1		16	11	1
都兰县		2	19	15	2	2	37	31	2
天峻县			2	2			2		2
大柴旦行政委员会			22	18	4				

4-4c　续表 17　　　　单位：人

地　区 性　别	制造业		电力、热力、燃气及水生产和供应业				建筑业		
	废弃资源综合利用业	金属制品、机械和设备修理业	小计	电力、热力生产和供应业	燃气生产和供应业	水的生产和供应业	小计	房屋建筑业	土木工程建筑业
女	**6**	**5**	**149**	**127**	**10**	**12**	**1853**	**1262**	**201**
西宁市	**5**	**3**	**48**	**41**	**3**	**4**	**571**	**368**	**49**
城东区									
城中区							1	1	
城西区									
城北区	2		3	2		1	14	3	1
湟中区	2	3	36	33		3	372	244	26
大通回族土族自治县	1		2	1	1		157	104	14
湟源县			7	5	2		27	16	8
海东市		**1**	**47**	**38**	**5**	**4**	**865**	**588**	**112**
乐都区			9	9			156	109	26
平安区			8	5	1	2	25	13	3
民和回族土族自治县		1	10	8	2		184	129	11
互助土族自治县			10	9		1	265	143	50
化隆回族自治县			8	6	1	1	164	134	18
循化撒拉族自治县			2	1	1		71	60	4
海北藏族自治州		**1**	**12**	**12**			**78**	**29**	**25**
门源回族自治县		1	12	12			45	21	16
祁连县							9		8
海晏县							22	6	1
刚察县							2	2	
黄南藏族自治州			**3**	**3**			**133**	**104**	**12**
同仁县							84	61	10
尖扎县			1	1			48	42	2
泽库县							1	1	
河南蒙古族自治县			2	2					
海南藏族自治州	**1**		**23**	**20**	**2**	**1**	**110**	**97**	
共和县			8	8			10	5	
同德县			3	3			5	3	
贵德县	1		10	7	2	1	78	74	
兴海县			1	1			10	10	
贵南县			1	1			7	5	
果洛藏族自治州			**1**	**1**			**8**	**6**	
玛沁县			1	1					
班玛县							3	2	
甘德县									
达日县							3	3	
久治县							2	1	
玛多县									
玉树藏族自治州			**1**	**1**			**5**	**4**	
玉树市									
杂多县							1		
称多县			1	1			3	3	
治多县									
囊谦县									
曲麻莱县							1	1	
海西蒙古族藏族自治州			**14**	**11**		**3**	**83**	**66**	**3**
格尔木市			3	2		1	14	5	3
德令哈市			4	3		1	63	57	
茫崖市									
乌兰县			4	4			1		
都兰县			2	1		1	5	4	
天峻县									
大柴旦行政委员会			1	1					

4–4c 续表 18 单位：人

地区 性别	建筑业		批发和零售业			交通运输、仓储和邮政业			
	建筑安装业	建筑装饰、装修和其他建筑业	小计	批发业	零售业	小计	铁路运输业	道路运输业	水上运输业
全省	**318**	**1434**	**3911**	**661**	**3250**	**3106**	**144**	**2403**	**1**
西宁市	**119**	**529**	**1518**	**319**	**1199**	**1370**	**36**	**1120**	
城东区									
城中区		2	6	2	4	2		2	
城西区									
城北区	4	22	61	19	42	89		75	
湟中区	79	318	877	155	722	725	15	583	
大通回族土族自治县	23	152	419	95	324	417	13	352	
湟源县	13	35	155	48	107	137	8	108	
海东市	**121**	**607**	**1321**	**209**	**1112**	**946**	**46**	**718**	
乐都区	24	90	245	23	222	168	12	138	
平安区	11	26	91	10	81	79	3	60	
民和回族土族自治县	14	120	321	49	272	234	16	177	
互助土族自治县	63	295	385	93	292	284	14	187	
化隆回族自治县	6	55	164	24	140	71	1	51	
循化撒拉族自治县	3	21	115	10	105	110		105	
海北藏族自治州	**18**	**99**	**182**	**18**	**164**	**162**	**25**	**110**	
门源回族自治县	14	50	120	8	112	94	7	73	
祁连县	2	4	39	1	38	26		14	
海晏县	2	43	7	2	5	30	13	16	
刚察县		2	16	7	9	12	5	7	
黄南藏族自治州	**15**	**34**	**158**	**2**	**156**	**109**	**3**	**60**	
同仁县		27	75	1	74	79	3	32	
尖扎县	15	5	24	1	23	28		26	
泽库县		1	40		40	2		2	
河南蒙古族自治县		1	19		19				
海南藏族自治州	**15**	**58**	**355**	**24**	**331**	**207**	**2**	**156**	
共和县	4	23	66	4	62	82	2	51	
同德县	2	10	67	9	58	11		9	
贵德县	7	16	141	9	132	76		71	
兴海县	1		18	1	17	13		4	
贵南县	1	9	63	1	62	25		21	
果洛藏族自治州	**1**	**4**	**99**	**7**	**92**	**11**		**8**	
玛沁县			27	3	24	3		3	
班玛县	1	2	25	2	23	3		2	
甘德县			1		1				
达日县			19		19	2		1	
久治县		2	27	2	25	3		2	
玛多县									
玉树藏族自治州		**7**	**55**	**20**	**35**	**48**	**1**	**35**	
玉树市			22	9	13	27		15	
杂多县		3	4	2	2	1		1	
称多县		1	6		6	2		2	
治多县			3		3				
囊谦县		3	14	7	7	13	1	12	
曲麻莱县			6	2	4	5		5	
海西蒙古族藏族自治州	**29**	**96**	**223**	**62**	**161**	**253**	**31**	**196**	**1**
格尔木市	19	68	88	37	51	80	1	69	
德令哈市	6	22	61	20	41	50	3	39	
茫崖市									
乌兰县	2	3	17	2	15	22	6	10	1
都兰县	2	3	55	3	52	37		35	
天峻县			1		1	2	1	1	
大柴旦行政委员会			1		1	62	20	42	

4-4c　续表 19　　　　单位：人

地　区 性　别	建筑业		批发和零售业			交通运输、仓储和邮政业			
	建筑安装业	建筑装饰、装修和其他建筑业	小计	批发业	零售业	小计	铁路运输业	道路运输业	水上运输业
男	**290**	**1072**	**2114**	**470**	**1644**	**2790**	**116**	**2243**	
西宁市	**108**	**386**	**789**	**233**	**556**	**1250**	**27**	**1053**	
城东区									
城中区		2	4	1	3	2		2	
城西区									
城北区	4	12	24	10	14	83		69	
湟中区	69	226	454	111	343	657	11	545	
大通回族土族自治县	22	114	229	77	152	382	9	335	
湟源县	13	32	78	34	44	126	7	102	
海东市	**115**	**448**	**737**	**147**	**590**	**833**	**33**	**659**	
乐都区	22	71	114	14	100	152	10	128	
平安区	10	18	45	6	39	69	1	58	
民和回族土族自治县	13	77	184	38	146	209	14	161	
互助土族自治县	62	224	219	65	154	239	7	168	
化隆回族自治县	5	44	101	18	83	62	1	45	
循化撒拉族自治县	3	14	74	6	68	102		99	
海北藏族自治州	**15**	**78**	**104**	**13**	**91**	**152**	**22**	**108**	
门源回族自治县	12	44	67	5	62	88	5	71	
祁连县	2	3	21		21	23		14	
海晏县	1	29	5	2	3	30	13	16	
刚察县		2	11	6	5	11	4	7	
黄南藏族自治州	**11**	**21**	**83**	**1**	**82**	**90**	**3**	**58**	
同仁县		14	44	1	43	60	3	30	
尖扎县	11	5	10		10	28		26	
泽库县		1	19		19	2		2	
河南蒙古族自治县		1	10		10				
海南藏族自治州	**13**	**47**	**192**	**15**	**177**	**186**	**2**	**145**	
共和县	4	18	34	2	32	74	2	48	
同德县	1	9	39	6	33	11		9	
贵德县	6	13	78	7	71	67		64	
兴海县	1		10		10	12		4	
贵南县	1	7	31		31	22		20	
果洛藏族自治州	**1**	**2**	**60**	**3**	**57**	**9**		**8**	
玛沁县			16	1	15	3		3	
班玛县	1	1	15	1	14	2		2	
甘德县			1		1				
达日县			11		11	1		1	
久治县		1	17	1	16	3		2	
玛多县									
玉树藏族自治州		**6**	**29**	**11**	**18**	**43**	**1**	**33**	
玉树市			11	4	7	23		14	
杂多县		2	2	1	1	1		1	
称多县		1	3		3	2		2	
治多县			1		1				
囊谦县		3	9	6	3	13	1	12	
曲麻莱县			3		3	4		4	
海西蒙古族藏族自治州	**27**	**84**	**120**	**47**	**73**	**227**	**28**	**179**	
格尔木市	18	63	55	29	26	73	1	63	
德令哈市	6	16	25	13	12	40	1	34	
茫崖市									
乌兰县	2	2	10	2	8	19	5	10	
都兰县	1	3	28	3	25	35		33	
天峻县			1		1	2	1	1	
大柴旦行政委员会			1		1	58	20	38	

4−4c 续表 20

单位：人

地区 性别	建筑业		批发和零售业			交通运输、仓储和邮政业			
	建筑安装业	建筑装饰、装修和其他建筑业	小计	批发业	零售业	小计	铁路运输业	道路运输业	水上运输业
女	**28**	**362**	**1797**	**191**	**1606**	**316**	**28**	**160**	**1**
西宁市	**11**	**143**	**729**	**86**	**643**	**120**	**9**	**67**	
城东区									
城中区			2	1	1				
城西区									
城北区		10	37	9	28	6		6	
湟中区	10	92	423	44	379	68	4	38	
大通回族土族自治县	1	38	190	18	172	35	4	17	
湟源县		3	77	14	63	11	1	6	
海东市	**6**	**159**	**584**	**62**	**522**	**113**	**13**	**59**	
乐都区	2	19	131	9	122	16	2	10	
平安区	1	8	46	4	42	10	2	2	
民和回族土族自治县	1	43	137	11	126	25	2	16	
互助土族自治县	1	71	166	28	138	45	7	19	
化隆回族自治县	1	11	63	6	57	9		6	
循化撒拉族自治县		7	41	4	37	8		6	
海北藏族自治州	**3**	**21**	**78**	**5**	**73**	**10**	**3**	**2**	
门源回族自治县	2	6	53	3	50	6	2	2	
祁连县		1	18	1	17	3			
海晏县	1	14	2		2				
刚察县			5	1	4	1	1		
黄南藏族自治州	**4**	**13**	**75**	**1**	**74**	**19**		**2**	
同仁县		13	31		31	19		2	
尖扎县	4		14	1	13				
泽库县			21		21				
河南蒙古族自治县			9		9				
海南藏族自治州	**2**	**11**	**163**	**9**	**154**	**21**		**11**	
共和县		5	32	2	30	8		3	
同德县	1	1	28	3	25				
贵德县	1	3	63	2	61	9		7	
兴海县			8	1	7	1			
贵南县		2	32	1	31	3		1	
果洛藏族自治州		**2**	**39**	**4**	**35**	**2**			
玛沁县			11	2	9				
班玛县		1	10	1	9	1			
甘德县									
达日县			8		8	1			
久治县		1	10	1	9				
玛多县									
玉树藏族自治州		**1**	**26**	**9**	**17**	**5**		**2**	
玉树市			11	5	6	4		1	
杂多县		1	2	1	1				
称多县			3		3				
治多县			2		2				
囊谦县			5	1	4				
曲麻莱县			3	2	1	1		1	
海西蒙古族藏族自治州	**2**	**12**	**103**	**15**	**88**	**26**	**3**	**17**	**1**
格尔木市	1	5	33	8	25	7		6	
德令哈市		6	36	7	29	10	2	5	
茫崖市									
乌兰县		1	7		7	3	1		1
都兰县	1		27		27	2		2	
天峻县									
大柴旦行政委员会						4		4	

4-4c 续表 21

单位：人

地 区 性 别	交通运输、仓储和邮政业					住宿和餐饮业		
	航空运输业	管道运输业	多式联运和运输代理业	装卸搬运和仓储业	邮政业	小计	住宿业	餐饮业
全省	**32**		**17**	**332**	**177**	**5146**	**351**	**4795**
西宁市	**9**		**8**	**118**	**79**	**1260**	**161**	**1099**
城东区								
城中区						2		2
城西区								
城北区	2		2	9	1	25	4	21
湟中区	5		3	65	54	653	119	534
大通回族土族自治县	2		2	30	18	444	24	420
湟源县			1	14	6	136	14	122
海东市	**11**		**6**	**98**	**67**	**2934**	**82**	**2852**
乐都区			2	9	7	235	23	212
平安区	4		1	4	7	139	5	134
民和回族土族自治县	1			21	19	435	8	427
互助土族自治县	5		2	50	26	402	29	373
化隆回族自治县	1		1	13	4	881	11	870
循化撒拉族自治县				1	4	842	6	836
海北藏族自治州	**6**			**13**	**8**	**190**	**20**	**170**
门源回族自治县				9	5	131	5	126
祁连县	6			3	3	33	10	23
海晏县				1		20	5	15
刚察县						6		6
黄南藏族自治州				**43**	**3**	**198**	**12**	**186**
同仁县				43	1	72	9	63
尖扎县					2	110	2	108
泽库县						9	1	8
河南蒙古族自治县						7		7
海南藏族自治州	**1**			**40**	**8**	**303**	**36**	**267**
共和县				25	4	97	19	78
同德县				1	1	27	2	25
贵德县	1			1	3	128	10	118
兴海县				9		21	1	20
贵南县				4		30	4	26
果洛藏族自治州					**3**	**35**	**5**	**30**
玛沁县						10		10
班玛县					1	18	5	13
甘德县								
达日县					1			
久治县					1	5		5
玛多县						2		2
玉树藏族自治州			**1**	**10**	**1**	**36**	**10**	**26**
玉树市			1	10	1	16	3	13
杂多县						2		2
称多县						5	1	4
治多县								
囊谦县						10	5	5
曲麻莱县						3	1	2
海西蒙古族藏族自治州	**5**		**2**	**10**	**8**	**190**	**25**	**165**
格尔木市			2	7	1	49	3	46
德令哈市	5			1	2	59	7	52
茫崖市								
乌兰县				2	3	34	6	28
都兰县					2	46	9	37
天峻县						1		1
大柴旦行政委员会						1		1

4–4c 续表 22

单位：人

地区 性别	交通运输、仓储和邮政业					住宿和餐饮业		
	航空运输业	管道运输业	多式联运和运输代理业	装卸搬运和仓储业	邮政业	小计	住宿业	餐饮业
男	**21**		**17**	**269**	**124**	**2511**	**103**	**2408**
西宁市	**7**		**8**	**102**	**53**	**503**	**36**	**467**
城东区								
城中区						2		2
城西区								
城北区	2		2	9	1	9	1	8
湟中区	4		3	55	39	226	22	204
大通回族土族自治县	1		2	25	10	222	8	214
湟源县			1	13	3	44	5	39
海东市	**6**		**6**	**80**	**49**	**1578**	**23**	**1555**
乐都区			2	6	6	98	7	91
平安区	1		1	4	4	62	1	61
民和回族土族自治县	1			19	14	225	3	222
互助土族自治县	4		2	39	19	168	6	162
化隆回族自治县			1	11	4	490	3	487
循化撒拉族自治县				1	2	535	3	532
海北藏族自治州	**4**			**12**	**6**	**102**	**11**	**91**
门源回族自治县				8	4	76	4	72
祁连县	4			3	2	15	4	11
海晏县				1		8	3	5
刚察县						3		3
黄南藏族自治州				**26**	**3**	**99**	**7**	**92**
同仁县				26	1	31	6	25
尖扎县					2	60	1	59
泽库县						4		4
河南蒙古族自治县						4		4
海南藏族自治州	**1**			**33**	**5**	**136**	**13**	**123**
共和县				21	3	39	7	32
同德县				1	1	12	1	11
贵德县	1			1	1	66	3	63
兴海县				8		9	1	8
贵南县				2		10	1	9
果洛藏族自治州					**1**	**12**		**12**
玛沁县						5		5
班玛县						5		5
甘德县								
达日县								
久治县					1	1		1
玛多县						1		1
玉树藏族自治州			**1**	**7**	**1**	**18**	**8**	**10**
玉树市			1	7	1	8	2	6
杂多县								
称多县						2	1	1
治多县								
囊谦县						7	5	2
曲麻莱县						1		1
海西蒙古族藏族自治州	**3**		**2**	**9**	**6**	**63**	**5**	**58**
格尔木市			2	6	1	14	1	13
德令哈市	3			1	1	18		18
茫崖市								
乌兰县				2	2	15	2	13
都兰县					2	15	2	13
天峻县						1		1
大柴旦行政委员会								

4-4c　续表 23

单位：人

地　区 性　别	交通运输、仓储和邮政业					住宿和餐饮业		
	航　空 运输业	管　道 运输业	多式联运 和运输 代理业	装卸搬运 和仓储业	邮政业	小计	住宿业	餐饮业
女	**11**			**63**	**53**	**2635**	**248**	**2387**
西宁市	**2**			**16**	**26**	**757**	**125**	**632**
城东区								
城中区								
城西区								
城北区						16	3	13
湟中区	1			10	15	427	97	330
大通回族土族自治县	1			5	8	222	16	206
湟源县				1	3	92	9	83
海东市	**5**			**18**	**18**	**1356**	**59**	**1297**
乐都区				3	1	137	16	121
平安区	3				3	77	4	73
民和回族土族自治县				2	5	210	5	205
互助土族自治县	1			11	7	234	23	211
化隆回族自治县	1			2		391	8	383
循化撒拉族自治县					2	307	3	304
海北藏族自治州	**2**			**1**	**2**	**88**	**9**	**79**
门源回族自治县				1	1	55	1	54
祁连县	2				1	18	6	12
海晏县						12	2	10
刚察县						3		3
黄南藏族自治州				**17**		**99**	**5**	**94**
同仁县				17		41	3	38
尖扎县						50	1	49
泽库县						5	1	4
河南蒙古族自治县						3		3
海南藏族自治州				**7**	**3**	**167**	**23**	**144**
共和县				4	1	58	12	46
同德县						15	1	14
贵德县					2	62	7	55
兴海县				1		12		12
贵南县				2		20	3	17
果洛藏族自治州					**2**	**23**	**5**	**18**
玛沁县						5		5
班玛县					1	13	5	8
甘德县								
达日县					1			
久治县						4		4
玛多县						1		1
玉树藏族自治州				**3**		**18**	**2**	**16**
玉树市				3		8	1	7
杂多县						2		2
称多县						3		3
治多县								
囊谦县						3		3
曲麻莱县						2	1	1
海西蒙古族藏族自治州	**2**			**1**	**2**	**127**	**20**	**107**
格尔木市				1		35	2	33
德令哈市	2				1	41	7	34
茫崖市								
乌兰县					1	19	4	15
都兰县						31	7	24
天峻县								
大柴旦行政委员会						1		1

4－4c　续表 24　　　　单位：人

地区 性别	信息传输、软件和信息技术服务业				金融业				
	小计	电信、广播电视和卫星传输服务	互联网和相关服务	软件和信息技术服务业	小计	货币金融服务	资本市场服务	保险业	其他金融业
全省	**252**	**166**	**47**	**39**	**233**	**134**	**3**	**92**	**4**
西宁市	**111**	**73**	**25**	**13**	**86**	**47**	**1**	**36**	**2**
城东区									
城中区									
城西区									
城北区	5	5			5	2	1	2	
湟中区	57	31	17	9	52	25		26	1
大通回族土族自治县	32	27	3	2	21	16		4	1
湟源县	17	10	5	2	8	4		4	
海东市	**94**	**55**	**17**	**22**	**71**	**48**	**1**	**22**	
乐都区	20	11	2	7	13	9		4	
平安区	11	7	2	2	5	2		3	
民和回族土族自治县	18	10	3	5	15	10	1	4	
互助土族自治县	28	13	8	7	16	8		8	
化隆回族自治县	15	12	2	1	14	13		1	
循化撒拉族自治县	2	2			8	6		2	
海北藏族自治州	**12**	**8**	**2**	**2**	**17**	**7**		**9**	**1**
门源回族自治县	9	6	2	1	8	3		5	
祁连县	1	1			4	1		3	
海晏县	2	1		1	2	1			1
刚察县					3	2		1	
黄南藏族自治州	**7**	**7**			**12**	**8**		**4**	
同仁县	3	3			3	3			
尖扎县	2	2			2	2			
泽库县	2	2			5	2		3	
河南蒙古族自治县					2	1		1	
海南藏族自治州	**18**	**16**	**2**		**23**	**11**	**1**	**11**	
共和县	4	4			7	4		3	
同德县	2	2			4	3		1	
贵德县	6	5	1		7	2	1	4	
兴海县					2	1		1	
贵南县	6	5	1		3	1		2	
果洛藏族自治州	**2**	**2**			**2**			**2**	
玛沁县					1			1	
班玛县	1	1			1			1	
甘德县									
达日县									
久治县	1	1							
玛多县									
玉树藏族自治州	**2**	**2**			**7**	**3**		**4**	
玉树市					1			1	
杂多县					1			1	
称多县					1	1			
治多县									
囊谦县	1	1			3	2		1	
曲麻莱县	1	1			1			1	
海西蒙古族藏族自治州	**6**	**3**	**1**	**2**	**15**	**10**		**4**	**1**
格尔木市	4	1	1	2	1			1	
德令哈市					5	4			1
茫崖市									
乌兰县	1	1			2	1		1	
都兰县	1	1			6	4		2	
天峻县					1	1			
大柴旦行政委员会									

4-4c 续表 25

单位：人

地区 性别	信息传输、软件和信息技术服务业				金融业				
	小计	电信、广播电视和卫星传输服务	互联网和相关服务	软件和信息技术服务业	小计	货币金融服务	资本市场服务	保险业	其他金融业
男	**161**	**102**	**32**	**27**	**115**	**72**	**1**	**40**	**2**
西宁市	**75**	**49**	**16**	**10**	**28**	**19**		**8**	**1**
城东区									
城中区									
城西区									
城北区	3	3			2	2			
湟中区	41	22	12	7	16	11		4	1
大通回族土族自治县	24	20	2	2	8	5		3	
湟源县	7	4	2	1	2	1		1	
海东市	**57**	**31**	**12**	**14**	**38**	**27**		**11**	
乐都区	14	8	1	5	4	2		2	
平安区	7	4	1	2	3	1		2	
民和回族土族自治县	8	4	1	3	10	8		2	
互助土族自治县	14	4	7	3	6	3		3	
化隆回族自治县	12	9	2	1	7	7			
循化撒拉族自治县	2	2			8	6		2	
海北藏族自治州	**9**	**7**	**1**	**1**	**11**	**4**		**6**	**1**
门源回族自治县	6	5	1		5	1		4	
祁连县	1	1			3	1		2	
海晏县	2	1		1	2	1			1
刚察县					1	1			
黄南藏族自治州	**3**	**3**			**9**	**6**		**3**	
同仁县	2	2			2	2			
尖扎县					1	1			
泽库县	1	1			4	2		2	
河南蒙古族自治县					2	1		1	
海南藏族自治州	**10**	**8**	**2**		**14**	**7**	**1**	**6**	
共和县	4	4			5	3		2	
同德县	1	1			3	2		1	
贵德县	3	2	1		3	1	1	1	
兴海县									
贵南县	2	1	1		3	1		2	
果洛藏族自治州					**1**			**1**	
玛沁县					1			1	
班玛县									
甘德县									
达日县									
久治县									
玛多县									
玉树藏族自治州	**1**	**1**			**6**	**3**		**3**	
玉树市					1			1	
杂多县					1			1	
称多县					1	1			
治多县									
囊谦县					3	2		1	
曲麻莱县	1	1							
海西蒙古族藏族自治州	**6**	**3**	**1**	**2**	**8**	**6**		**2**	
格尔木市	4	1	1	2					
德令哈市					2	2			
茫崖市									
乌兰县	1	1							
都兰县	1	1			5	3		2	
天峻县					1	1			
大柴旦行政委员会									

4-4c 续表 26 单位：人

地区 性别	信息传输、软件和信息技术服务业				金融业				
	小计	电信、广播电视和卫星传输服务	互联网和相关服务	软件和信息技术服务业	小计	货币金融服务	资本市场服务	保险业	其他金融业
女	**91**	**64**	**15**	**12**	**118**	**62**	**2**	**52**	**2**
西宁市	**36**	**24**	**9**	**3**	**58**	**28**	**1**	**28**	**1**
城东区									
城中区									
城西区									
城北区	2	2			3		1	2	
湟中区	16	9	5	2	36	14		22	
大通回族土族自治县	8	7	1		13	11		1	1
湟源县	10	6	3	1	6	3		3	
海东市	**37**	**24**	**5**	**8**	**33**	**21**	**1**	**11**	
乐都区	6	3	1	2	9	7		2	
平安区	4	3	1		2	1		1	
民和回族土族自治县	10	6	2	2	5	2	1	2	
互助土族自治县	14	9	1	4	10	5		5	
化隆回族自治县	3	3			7	6		1	
循化撒拉族自治县									
海北藏族自治州	**3**	**1**	**1**	**1**	**6**	**3**		**3**	
门源回族自治县	3	1	1	1	3	2		1	
祁连县					1			1	
海晏县									
刚察县					2	1		1	
黄南藏族自治州	**4**	**4**			**3**	**2**		**1**	
同仁县	1	1			1	1			
尖扎县	2	2			1	1			
泽库县	1	1			1			1	
河南蒙古族自治县									
海南藏族自治州	**8**	**8**			**9**	**4**		**5**	
共和县					2	1		1	
同德县	1	1			1	1			
贵德县	3	3			4	1		3	
兴海县					2	1		1	
贵南县	4	4							
果洛藏族自治州	**2**	**2**			**1**			**1**	
玛沁县									
班玛县	1	1			1			1	
甘德县									
达日县									
久治县	1	1							
玛多县									
玉树藏族自治州	**1**	**1**			**1**			**1**	
玉树市									
杂多县									
称多县									
治多县									
囊谦县	1	1							
曲麻莱县					1			1	
海西蒙古族藏族自治州					**7**	**4**		**2**	**1**
格尔木市					1			1	
德令哈市					3	2			1
茫崖市									
乌兰县					2	1		1	
都兰县					1	1			
天峻县									
大柴旦行政委员会									

4-4c 续表 27 单位：人

地区 性别	房地产业		租赁和商务服务业			科学研究和技术服务业			
	小计	房地产业	小计	租赁业	商务服务业	小计	研究和试验发展	专业技术服务业	科技推广和应用服务业
全省	**643**	**643**	**845**	**189**	**656**	**366**	**18**	**299**	**49**
西宁市	**371**	**371**	**362**	**106**	**256**	**146**	**11**	**125**	**10**
城东区									
城中区	4	4	1		1	1		1	
城西区									
城北区	35	35	18	5	13	4	2	1	1
湟中区	264	264	230	59	171	83	7	72	4
大通回族土族自治县	59	59	91	39	52	47	1	41	5
湟源县	9	9	22	3	19	11	1	10	
海东市	**213**	**213**	**260**	**53**	**207**	**100**	**5**	**78**	**17**
乐都区	102	102	62	5	57	26		22	4
平安区	11	11	23	3	20	6	2	3	1
民和回族土族自治县	30	30	47	16	31	20	1	17	2
互助土族自治县	48	48	103	20	83	32	1	24	7
化隆回族自治县	20	20	16	5	11	12	1	8	3
循化撒拉族自治县	2	2	9	4	5	4		4	
海北藏族自治州	**10**	**10**	**42**		**42**	**19**	**1**	**17**	**1**
门源回族自治县	9	9	32		32	11	1	10	
祁连县	1	1	7		7	4		3	1
海晏县			1		1	2		2	
刚察县			2		2	2		2	
黄南藏族自治州	**1**	**1**	**17**		**17**	**3**		**3**	
同仁县	1	1	16		16	2		2	
尖扎县			1		1	1		1	
泽库县									
河南蒙古族自治县									
海南藏族自治州	**17**	**17**	**40**	**10**	**30**	**41**		**38**	**3**
共和县	7	7	15	5	10	6		6	
同德县	3	3	6	1	5	15		15	
贵德县	6	6	14	4	10	14		11	3
兴海县	1	1				4		4	
贵南县			5		5	2		2	
果洛藏族自治州			**3**		**3**				
玛沁县									
班玛县			3		3				
甘德县									
达日县									
久治县									
玛多县									
玉树藏族自治州	**1**	**1**	**16**		**16**	**3**		**3**	
玉树市			3		3				
杂多县			3		3				
称多县			3		3				
治多县									
囊谦县	1	1	6		6	2		2	
曲麻莱县			1		1	1		1	
海西蒙古族藏族自治州	**30**	**30**	**105**	**20**	**85**	**54**	**1**	**35**	**18**
格尔木市	24	24	59	14	45	32		15	17
德令哈市	3	3	18	3	15	5	1	3	1
茫崖市									
乌兰县	3	3	2		2	1		1	
都兰县			9	3	6	1		1	
天峻县									
大柴旦行政委员会			17		17	15		15	

4-4c 续表 28　　单位：人

地区 性别	房地产业		租赁和商务服务业			科学研究和技术服务业			
	小计	房地产业	小计	租赁业	商务服务业	小计	研究和试验发展	专业技术服务业	科技推广和应用服务业
男	**381**	**381**	**639**	**182**	**457**	**266**	**8**	**229**	**29**
西宁市	**195**	**195**	**276**	**102**	**174**	**107**	**4**	**96**	**7**
城东区									
城中区	3	3				1		1	
城西区									
城北区	17	17	16	5	11	1			1
湟中区	137	137	173	57	116	61	4	55	2
大通回族土族自治县	31	31	74	37	37	37		33	4
湟源县	7	7	13	3	10	7		7	
海东市	**147**	**147**	**201**	**52**	**149**	**75**	**3**	**62**	**10**
乐都区	70	70	43	5	38	20		18	2
平安区	7	7	19	3	16	6	2	3	1
民和回族土族自治县	19	19	39	15	24	10		10	
互助土族自治县	37	37	78	20	58	27		22	5
化隆回族自治县	14	14	14	5	9	9	1	6	2
循化撒拉族自治县			8	4	4	3		3	
海北藏族自治州	**10**	**10**	**32**		**32**	**13**	**1**	**12**	
门源回族自治县	9	9	24		24	9	1	8	
祁连县	1	1	5		5	2		2	
海晏县			1		1	1		1	
刚察县			2		2	1		1	
黄南藏族自治州	**1**	**1**	**9**		**9**	**2**		**2**	
同仁县	1	1	8		8	1		1	
尖扎县			1		1	1		1	
泽库县									
河南蒙古族自治县									
海南藏族自治州	**10**	**10**	**32**	**10**	**22**	**31**		**29**	**2**
共和县	5	5	12	5	7	6		6	
同德县	1	1	5	1	4	10		10	
贵德县	3	3	11	4	7	11		9	2
兴海县	1	1				2		2	
贵南县			4		4	2		2	
果洛藏族自治州			**1**		**1**				
玛沁县									
班玛县			1		1				
甘德县									
达日县									
久治县									
玛多县									
玉树藏族自治州	**1**	**1**	**13**		**13**	**2**		**2**	
玉树市			3		3				
杂多县			2		2				
称多县			3		3				
治多县									
囊谦县	1	1	4		4	1		1	
曲麻莱县			1		1	1		1	
海西蒙古族藏族自治州	**17**	**17**	**75**	**18**	**57**	**36**		**26**	**10**
格尔木市	14	14	39	13	26	16		7	9
德令哈市	1	1	12	2	10	4		3	1
茫崖市									
乌兰县	2	2	2		2	1		1	
都兰县			7	3	4	1		1	
天峻县									
大柴旦行政委员会			15		15	14		14	

4–4c　续表 29　　　　　　　　　　　　　　　　　　　　　　单位：人

地　区 性　别	房地产业		租赁和商务服务业			科学研究和技术服务业			
	小计	房地产业	小计	租赁业	商　务 服务业	小计	研究和 试验发展	专业技术 服务业	科技推广 和应用 服务业
女	**262**	**262**	**206**	**7**	**199**	**100**	**10**	**70**	**20**
西宁市	**176**	**176**	**86**	**4**	**82**	**39**	**7**	**29**	**3**
城东区									
城中区	1	1	1		1				
城西区									
城北区	18	18	2		2	3	2	1	
湟中区	127	127	57	2	55	22	3	17	2
大通回族土族自治县	28	28	17	2	15	10	1	8	1
湟源县	2	2	9		9	4	1	3	
海东市	**66**	**66**	**59**	**1**	**58**	**25**	**2**	**16**	**7**
乐都区	32	32	19		19	6		4	2
平安区	4	4	4		4				
民和回族土族自治县	11	11	8	1	7	10	1	7	2
互助土族自治县	11	11	25		25	5	1	2	2
化隆回族自治县	6	6	2		2	3		2	1
循化撒拉族自治县	2	2	1		1	1		1	
海北藏族自治州			**10**		**10**	**6**		**5**	**1**
门源回族自治县			8		8	2		2	
祁连县			2		2	2		1	1
海晏县						1		1	
刚察县						1		1	
黄南藏族自治州			**8**		**8**	**1**		**1**	
同仁县			8		8	1		1	
尖扎县									
泽库县									
河南蒙古族自治县									
海南藏族自治州	**7**	**7**	**8**		**8**	**10**		**9**	**1**
共和县	2	2	3		3				
同德县	2	2	1		1	5		5	
贵德县	3	3	3		3	3		2	1
兴海县						2		2	
贵南县			1		1				
果洛藏族自治州			**2**		**2**				
玛沁县									
班玛县			2		2				
甘德县									
达日县									
久治县									
玛多县									
玉树藏族自治州			**3**		**3**	**1**		**1**	
玉树市									
杂多县			1		1				
称多县									
治多县									
囊谦县			2		2	1		1	
曲麻莱县									
海西蒙古族藏族自治州	**13**	**13**	**30**	**2**	**28**	**18**	**1**	**9**	**8**
格尔木市	10	10	20	1	19	16		8	8
德令哈市	2	2	6	1	5	1	1		
茫崖市									
乌兰县	1	1							
都兰县			2		2				
天峻县									
大柴旦行政委员会			2		2	1		1	

4-4c 续表 30 单位：人

地区 性别	水利、环境和公共设施管理业					居民服务、修理和其他服务业			
	小计	水利管理业	生态保护和环境治理业	公共设施管理业	土地管理业	小计	居民服务业	机动车、电子产品和日用产品修理业	其他服务业
全省	**959**	**104**	**398**	**435**	**22**	**1247**	**537**	**485**	**225**
西宁市	**298**	**14**	**60**	**207**	**17**	**538**	**269**	**208**	**61**
城东区									
城中区						2	2		
城西区									
城北区	5			5		15	8	4	3
湟中区	183	9	23	149	2	343	171	130	42
大通回族土族自治县	61	4	14	41	2	141	73	56	12
湟源县	49	1	23	12	13	37	15	18	4
海东市	**198**	**19**	**21**	**154**	**4**	**443**	**185**	**135**	**123**
乐都区	58	6	5	47		81	45	30	6
平安区	32	3		29		33	8	13	12
民和回族土族自治县	26	3	1	18	4	65	34	25	6
互助土族自治县	63	6	13	44		200	79	33	88
化隆回族自治县	19	1	2	16		35	13	16	6
循化撒拉族自治县						29	6	18	5
海北藏族自治州	**20**	**1**	**8**	**11**		**49**	**18**	**24**	**7**
门源回族自治县	15		7	8		28	9	19	
祁连县	2	1		1		10	7	2	1
海晏县	1		1			7	2		5
刚察县	2			2		4		3	1
黄南藏族自治州	**24**	**1**	**4**	**18**	**1**	**42**	**13**	**25**	**4**
同仁县	18		4	13	1	20	7	11	2
尖扎县	5	1		4		15	6	7	2
泽库县						5		5	
河南蒙古族自治县	1			1		2		2	
海南藏族自治州	**74**	**29**	**20**	**25**		**83**	**27**	**46**	**10**
共和县	32	18	3	11		21	8	7	6
同德县	7	1	6			13		12	1
贵德县	18	2	6	10		29	8	18	3
兴海县	3		2	1		12	9	3	
贵南县	14	8	3	3		8	2	6	
果洛藏族自治州	**38**		**37**	**1**		**21**	**4**	**12**	**5**
玛沁县	2		1	1		7	1	6	
班玛县						3	1		2
甘德县									
达日县						6		4	2
久治县						2	2		
玛多县	36		36			3		2	1
玉树藏族自治州	**247**		**243**	**4**		**14**	**4**	**8**	**2**
玉树市	39		39			5		3	2
杂多县	187		187			1	1		
称多县	5		3	2		2	1	1	
治多县	1			1					
囊谦县	15		14	1		3	1	2	
曲麻莱县						3	1	2	
海西蒙古族藏族自治州	**60**	**40**	**5**	**15**		**57**	**17**	**27**	**13**
格尔木市	33	21	5	7		25	4	10	11
德令哈市	5	1		4		13	6	7	
茫崖市									
乌兰县	2			2		3	1	2	
都兰县	20	18		2		13	3	8	2
天峻县						1	1		
大柴旦行政委员会						2	2		

4-4c 续表 31 单位：人

地区 性别	水利、环境和公共设施管理业					居民服务、修理和其他服务业			
	小计	水利管理业	生态保护和环境治理业	公共设施管理业	土地管理业	小计	居民服务业	机动车、电子产品和日用产品修理业	其他服务业
男	**664**	**91**	**314**	**241**	**18**	**646**	**151**	**409**	**86**
西宁市	**182**	**10**	**45**	**112**	**15**	**267**	**69**	**176**	**22**
城东区									
城中区									
城西区									
城北区	2			2		7	3	4	
湟中区	114	8	18	86	2	158	39	106	13
大通回族土族自治县	30	2	10	17	1	78	24	48	6
湟源县	36		17	7	12	24	3	18	3
海东市	**129**	**18**	**17**	**92**	**2**	**225**	**56**	**119**	**50**
乐都区	43	6	4	33		39	10	24	5
平安区	20	2		18		15	3	10	2
民和回族土族自治县	12	3		7	2	37	13	23	1
互助土族自治县	45	6	12	27		95	23	32	40
化隆回族自治县	9	1	1	7		19	4	13	2
循化撒拉族自治县						20	3	17	
海北藏族自治州	**11**	**1**	**3**	**7**		**20**	**2**	**16**	**2**
门源回族自治县	7		2	5		13		13	
祁连县	2	1		1		5	2	2	1
海晏县	1		1			1			1
刚察县	1			1		1		1	
黄南藏族自治州	**12**		**3**	**8**	**1**	**24**	**4**	**18**	**2**
同仁县	9		3	5	1	11	2	8	1
尖扎县	2			2		8	2	5	1
泽库县						4		4	
河南蒙古族自治县	1			1		1		1	
海南藏族自治州	**51**	**24**	**17**	**10**		**55**	**10**	**40**	**5**
共和县	21	15	3	3		12	2	7	3
同德县	6	1	5			11		10	1
贵德县	13	2	5	6		17	1	15	1
兴海县	1		1			8	6	2	
贵南县	10	6	3	1		7	1	6	
果洛藏族自治州	**25**		**25**			**12**	**1**	**8**	**3**
玛沁县	1		1			4		4	
班玛县						1			1
甘德县									
达日县						4		3	1
久治县						1	1		
玛多县	24		24			2		1	1
玉树藏族自治州	**204**		**202**	**2**		**10**	**2**	**8**	
玉树市	30		30			3		3	
杂多县	159		159			1	1		
称多县	1			1		1		1	
治多县									
囊谦县	14		13	1		2		2	
曲麻莱县						3	1	2	
海西蒙古族藏族自治州	**50**	**38**	**2**	**10**		**33**	**7**	**24**	**2**
格尔木市	26	20	2	4		13	3	9	1
德令哈市	4	1		3		6		6	
茫崖市									
乌兰县	1			1		1		1	
都兰县	19	17		2		10	1	8	1
天峻县						1	1		
大柴旦行政委员会						2	2		

4-4c 续表 32 单位：人

地区 性别	水利、环境和公共设施管理业					居民服务、修理和其他服务业			
	小计	水利管理业	生态保护和环境治理业	公共设施管理业	土地管理业	小计	居民服务业	机动车、电子产品和日用产品修理业	其他服务业
女	**295**	**13**	**84**	**194**	**4**	**601**	**386**	**76**	**139**
西宁市	**116**	**4**	**15**	**95**	**2**	**271**	**200**	**32**	**39**
城东区									
城中区						2	2		
城西区									
城北区	3			3		8	5		3
湟中区	69	1	5	63		185	132	24	29
大通回族土族自治县	31	2	4	24	1	63	49	8	6
湟源县	13	1	6	5	1	13	12		1
海东市	**69**	**1**	**4**	**62**	**2**	**218**	**129**	**16**	**73**
乐都区	15		1	14		42	35	6	1
平安区	12	1		11		18	5	3	10
民和回族土族自治县	14		1	11	2	28	21	2	5
互助土族自治县	18		1	17		105	56	1	48
化隆回族自治县	10		1	9		16	9	3	4
循化撒拉族自治县						9	3	1	5
海北藏族自治州	**9**		**5**	**4**		**29**	**16**	**8**	**5**
门源回族自治县	8		5	3		15	9	6	
祁连县						5	5		
海晏县						6	2		4
刚察县	1			1		3		2	1
黄南藏族自治州	**12**	**1**	**1**	**10**		**18**	**9**	**7**	**2**
同仁县	9		1	8		9	5	3	1
尖扎县	3	1		2		7	4	2	1
泽库县						1		1	
河南蒙古族自治县						1		1	
海南藏族自治州	**23**	**5**	**3**	**15**		**28**	**17**	**6**	**5**
共和县	11	3		8		9	6		3
同德县	1		1			2		2	
贵德县	5		1	4		12	7	3	2
兴海县	2		1	1		4	3	1	
贵南县	4	2		2		1	1		
果洛藏族自治州	**13**		**12**	**1**		**9**	**3**	**4**	**2**
玛沁县	1			1		3	1	2	
班玛县						2	1		1
甘德县									
达日县						2		1	1
久治县						1	1		
玛多县	12		12			1		1	
玉树藏族自治州	**43**		**41**	**2**		**4**	**2**		**2**
玉树市	9		9			2			2
杂多县	28		28						
称多县	4		3	1		1	1		
治多县	1			1					
囊谦县	1		1			1	1		
曲麻莱县									
海西蒙古族藏族自治州	**10**	**2**	**3**	**5**		**24**	**10**	**3**	**11**
格尔木市	7	1	3	3		12	1	1	10
德令哈市	1			1		7	6	1	
茫崖市									
乌兰县	1			1		2	1	1	
都兰县	1	1				3	2		1
天峻县									
大柴旦行政委员会									

4-4c 续表 33

单位：人

地区 性别	教育		卫生和社会工作			文化、体育和娱乐业				
	小计	教育	小计	卫生	社会工作	小计	新闻和出版业	广播、电视、电影和录音制作业	文化艺术业	体育
全省	**1870**	**1870**	**957**	**898**	**59**	**237**	**7**	**13**	**58**	**23**
西宁市	**493**	**493**	**307**	**280**	**27**	**101**		**5**	**11**	**8**
城东区										
城中区	1	1	1	1						
城西区										
城北区	13	13	10	9	1	3				
湟中区	277	277	166	147	19	71		5	8	3
大通回族土族自治县	144	144	92	86	6	19			3	4
湟源县	58	58	38	37	1	8				1
海东市	**568**	**568**	**285**	**261**	**24**	**55**	**3**	**4**	**12**	**7**
乐都区	85	85	54	48	6	15	1	1	1	3
平安区	24	24	13	13		7		2		
民和回族土族自治县	136	136	66	63	3	7			3	
互助土族自治县	179	179	80	69	11	18	1		4	4
化隆回族自治县	107	107	47	44	3	6	1	1	4	
循化撒拉族自治县	37	37	25	24	1	2				
海北藏族自治州	**86**	**86**	**57**	**56**	**1**	**16**				**2**
门源回族自治县	56	56	30	30		1				
祁连县	8	8	9	8	1	1				1
海晏县	4	4	4	4		13				
刚察县	18	18	14	14		1				1
黄南藏族自治州	**174**	**174**	**53**	**51**	**2**	**16**		**1**	**11**	**1**
同仁县	60	60	29	28	1	12		1	9	1
尖扎县	50	50	9	9		2			1	
泽库县	49	49	10	9	1	1				
河南蒙古族自治县	15	15	5	5		1			1	
海南藏族自治州	**223**	**223**	**134**	**133**	**1**	**18**	**2**	**2**	**7**	**2**
共和县	34	34	31	30	1	5		1	2	
同德县	47	47	17	17		2	1			
贵德县	61	61	49	49		6		1	2	2
兴海县	19	19	10	10						
贵南县	62	62	27	27		5	1		3	
果洛藏族自治州	**114**	**114**	**27**	**25**	**2**	**4**			**4**	
玛沁县	16	16	7	7		1			1	
班玛县	22	22	5	5						
甘德县	4	4	2	2						
达日县	25	25	4	4						
久治县	31	31	6	5	1	3			3	
玛多县	16	16	3	2	1					
玉树藏族自治州	**125**	**125**	**39**	**38**	**1**	**14**	**1**	**1**	**7**	**3**
玉树市	58	58	12	11	1	1				1
杂多县	10	10	2	2		1	1			
称多县	18	18	8	8		3			3	
治多县	1	1								
囊谦县	27	27	10	10		7		1	2	2
曲麻莱县	11	11	7	7		2			2	
海西蒙古族藏族自治州	**87**	**87**	**55**	**54**	**1**	**13**	**1**		**6**	
格尔木市	39	39	12	12		3				
德令哈市	11	11	15	14	1	4	1			
茫崖市										
乌兰县	8	8	8	8		4			4	
都兰县	25	25	18	18		1			1	
天峻县	3	3	2	2		1			1	
大柴旦行政委员会	1	1								

4－4c 续表 34

单位：人

地　区 性　别	教育		卫生和社会工作			文化、体育和娱乐业				
	小计	教育	小计	卫生	社会工作	小计	新闻和出版业	广播、电视、电影和录音制作业	文 化艺术业	体育
男	**736**	**736**	**366**	**353**	**13**	**139**	**5**	**8**	**37**	**13**
西宁市	**156**	**156**	**111**	**105**	**6**	**57**		**2**	**8**	**3**
城东区										
城中区	1	1								
城西区										
城北区	7	7	2	2		2				
湟中区	85	85	56	53	3	34		2	6	
大通回族土族自治县	46	46	41	38	3	13			2	2
湟源县	17	17	12	12		8				1
海东市	**246**	**246**	**107**	**104**	**3**	**33**	**2**	**4**	**9**	**4**
乐都区	30	30	13	12	1	11	1	1	1	2
平安区	10	10	3	3		2		2		
民和回族土族自治县	52	52	26	26		4			2	
互助土族自治县	84	84	34	33	1	10	1		3	2
化隆回族自治县	52	52	21	21		4		1	3	
循化撒拉族自治县	18	18	10	9	1	2				
海北藏族自治州	**24**	**24**	**26**	**26**		**9**				**1**
门源回族自治县	11	11	13	13		1				
祁连县	5	5	5	5		1				1
海晏县	1	1	3	3		7				
刚察县	7	7	5	5						
黄南藏族自治州	**86**	**86**	**22**	**22**		**8**		**1**	**4**	**1**
同仁县	27	27	10	10		5		1	3	1
尖扎县	26	26	4	4		1				
泽库县	26	26	6	6		1				
河南蒙古族自治县	7	7	2	2		1			1	
海南藏族自治州	**81**	**81**	**57**	**56**	**1**	**12**	**2**	**1**	**4**	**1**
共和县	11	11	15	14	1	4		1	2	
同德县	26	26	10	10		2	1			
贵德县	14	14	18	18		3			1	1
兴海县	8	8	5	5						
贵南县	22	22	9	9		3	1		1	
果洛藏族自治州	**55**	**55**	**12**	**10**	**2**	**3**			**3**	
玛沁县	8	8	2	2		1			1	
班玛县	10	10	4	4						
甘德县			2	2						
达日县	13	13	1	1						
久治县	18	18	2	1	1	2			2	
玛多县	6	6	1		1					
玉树藏族自治州	**59**	**59**	**16**	**15**	**1**	**11**	**1**		**5**	**3**
玉树市	27	27	4	3	1	1				1
杂多县	5	5	1	1		1	1			
称多县	9	9	4	4		2			2	
治多县	1	1								
囊谦县	13	13	5	5		6			2	2
曲麻莱县	4	4	2	2		1			1	
海西蒙古族藏族自治州	**29**	**29**	**15**	**15**		**6**			**4**	
格尔木市	17	17	4	4		1				
德令哈市	3	3	3	3		1				
茫崖市										
乌兰县	2	2	1	1		3			3	
都兰县	5	5	5	5						
天峻县	2	2	2	2		1			1	
大柴旦行政委员会										

4-4c　续表 35　　　　单位：人

地　区 性　别	教育		卫生和社会工作			文化、体育和娱乐业				
	小计	教育	小计	卫生	社会工作	小计	新闻和出版业	广播、电视、电影和录音制作业	文化艺术业	体育
女	**1134**	**1134**	**591**	**545**	**46**	**98**	**2**	**5**	**21**	**10**
西宁市	**337**	**337**	**196**	**175**	**21**	**44**		**3**	**3**	**5**
城东区										
城中区			1	1						
城西区										
城北区	6	6	8	7	1	1				
湟中区	192	192	110	94	16	37		3	2	3
大通回族土族自治县	98	98	51	48	3	6			1	2
湟源县	41	41	26	25	1					
海东市	**322**	**322**	**178**	**157**	**21**	**22**	**1**		**3**	**3**
乐都区	55	55	41	36	5	4				1
平安区	14	14	10	10		5				
民和回族土族自治县	84	84	40	37	3	3			1	
互助土族自治县	95	95	46	36	10	8			1	2
化隆回族自治县	55	55	26	23	3	2	1		1	
循化撒拉族自治县	19	19	15	15						
海北藏族自治州	**62**	**62**	**31**	**30**	**1**	**7**				**1**
门源回族自治县	45	45	17	17						
祁连县	3	3	4	3	1					
海晏县	3	3	1	1		6				
刚察县	11	11	9	9		1				1
黄南藏族自治州	**88**	**88**	**31**	**29**	**2**	**8**			**7**	
同仁县	33	33	19	18	1	7			6	
尖扎县	24	24	5	5		1			1	
泽库县	23	23	4	3	1					
河南蒙古族自治县	8	8	3	3						
海南藏族自治州	**142**	**142**	**77**	**77**		**6**		**1**	**3**	**1**
共和县	23	23	16	16		1				
同德县	21	21	7	7						
贵德县	47	47	31	31		3		1	1	1
兴海县	11	11	5	5						
贵南县	40	40	18	18		2			2	
果洛藏族自治州	**59**	**59**	**15**	**15**		**1**			**1**	
玛沁县	8	8	5	5						
班玛县	12	12	1	1						
甘德县	4	4								
达日县	12	12	3	3						
久治县	13	13	4	4		1			1	
玛多县	10	10	2	2						
玉树藏族自治州	**66**	**66**	**23**	**23**		**3**		**1**	**2**	
玉树市	31	31	8	8						
杂多县	5	5	1	1						
称多县	9	9	4	4		1			1	
治多县										
囊谦县	14	14	5	5		1		1		
曲麻莱县	7	7	5	5		1			1	
海西蒙古族藏族自治州	**58**	**58**	**40**	**39**	**1**	**7**	**1**		**2**	
格尔木市	22	22	8	8		2				
德令哈市	8	8	12	11	1	3	1			
茫崖市										
乌兰县	6	6	7	7		1			1	
都兰县	20	20	13	13		1			1	
天峻县	1	1								
大柴旦行政委员会	1	1								

4−4c 续表 36

单位：人

地区 性别	娱乐业	公共管理、社会保障和社会组织						国际组织	
		小计	中国共产党机关	国家机构	人民政协、民主党派	社会保障	群众团体、社会团体和其他成员组织	基层群众自治组织	小计	国际组织
全省	**136**	**4137**	**19**	**1624**	**4**	**7**	**1401**	**1082**		
西宁市	**77**	**678**		**252**		**3**	**41**	**382**		
城东区										
城中区		2						2		
城西区										
城北区	3	18		9				9		
湟中区	55	390		150		2	26	212		
大通回族土族自治县	12	175		54		1	10	110		
湟源县	7	93		39			5	49		
海东市	**29**	**921**	**9**	**440**		**2**	**167**	**303**		
乐都区	9	139	1	74			5	59		
平安区	5	63		42			13	8		
民和回族土族自治县	4	240	2	73		1	27	137		
互助土族自治县	9	155		69			39	47		
化隆回族自治县		256	4	153		1	61	37		
循化撒拉族自治县	2	68	2	29			22	15		
海北藏族自治州	**14**	**186**		**105**			**11**	**70**		
门源回族自治县	1	99		41			5	53		
祁连县		36		25			3	8		
海晏县	13	8		4				4		
刚察县		43		35			3	5		
黄南藏族自治州	**3**	**294**	**1**	**163**	**3**	**1**	**74**	**52**		
同仁县	1	69		54	1	1	4	9		
尖扎县	1	73	1	34	2		28	8		
泽库县	1	119		45			42	32		
河南蒙古族自治县		33		30				3		
海南藏族自治州	**5**	**695**	**3**	**148**		**1**	**441**	**102**		
共和县	2	91		38			29	24		
同德县	1	315		28		1	277	9		
贵德县	1	116	3	42			36	35		
兴海县		75		5			66	4		
贵南县	1	98		35			33	30		
果洛藏族自治州		**465**		**136**			**262**	**67**		
玛沁县		33		22			4	7		
班玛县		155		33			101	21		
甘德县		5		5						
达日县		170		47			89	34		
久治县		88		19			67	2		
玛多县		14		10			1	3		
玉树藏族自治州	**2**	**629**	**2**	**208**	**1**		**392**	**26**		
玉树市		274		56	1		209	8		
杂多县		38	2	11			20	5		
称多县		67		18			47	2		
治多县		4		2			1	1		
囊谦县	2	116		11			99	6		
曲麻莱县		130		110			16	4		
海西蒙古族藏族自治州	**6**	**269**	**4**	**172**			**13**	**80**		
格尔木市	3	65	3	31				31		
德令哈市	3	66	1	44			3	18		
茫崖市										
乌兰县		61		51			4	6		
都兰县		55		37			6	12		
天峻县		22		9				13		
大柴旦行政委员会										

4-4c 续表 37

单位：人

地区 性别	娱乐业	公共管理、社会保障和社会组织 小计	中国共产党机关	国家机构	人民政协、民主党派	社会保障	群众团体、社会团体和其他成员组织	基层群众自治组织	国际组织 小计	国际组织
男	**76**	**2917**	**15**	**1063**	**2**	**3**	**1068**	**766**		
西宁市	**44**	**417**		**148**		**1**	**31**	**237**		
城东区										
城中区		2						2		
城西区										
城北区	2	12		6				6		
湟中区	26	228		87		1	20	120		
大通回族土族自治县	9	119		35			9	75		
湟源县	7	56		20			2	34		
海东市	**14**	**656**	**7**	**271**		**2**	**151**	**225**		
乐都区	6	101	1	47			3	50		
平安区		41		28			9	4		
民和回族土族自治县	2	163	2	43		1	25	92		
互助土族自治县	4	109		41			37	31		
化隆回族自治县		187	3	91		1	58	34		
循化撒拉族自治县	2	55	1	21			19	14		
海北藏族自治州	**8**	**113**		**57**			**10**	**46**		
门源回族自治县	1	59		19			4	36		
祁连县		22		15			3	4		
海晏县	7	5		3				2		
刚察县		27		20			3	4		
黄南藏族自治州	**2**	**225**	**1**	**107**	**2**		**71**	**44**		
同仁县		41		31			4	6		
尖扎县	1	61	1	25	2		26	7		
泽库县	1	104		34			41	29		
河南蒙古族自治县		19		17				2		
海南藏族自治州	**4**	**543**	**3**	**107**			**346**	**87**		
共和县	1	74		23			29	22		
同德县	1	212		21			186	5		
贵德县	1	101	3	33			33	32		
兴海县		72		4			65	3		
贵南县	1	84		26			33	25		
果洛藏族自治州		**365**		**93**			**219**	**53**		
玛沁县		20		11			4	5		
班玛县		123		21			85	17		
甘德县		3		3						
达日县		153		42			84	27		
久治县		57		9			46	2		
玛多县		9		7				2		
玉树藏族自治州	**2**	**421**	**1**	**169**			**229**	**22**		
玉树市		175		49			119	7		
杂多县		23	1	9			9	4		
称多县		56		15			39	2		
治多县		3		2				1		
囊谦县	2	67		11			51	5		
曲麻莱县		97		83			11	3		
海西蒙古族藏族自治州	**2**	**177**	**3**	**111**			**11**	**52**		
格尔木市	1	35	3	14				18		
德令哈市	1	44		30			2	12		
茫崖市										
乌兰县		48		38			4	6		
都兰县		36		25			5	6		
天峻县		14		4				10		
大柴旦行政委员会										

4-4c 续表 38

单位：人

地 区 性 别	娱乐业	公共管理、社会保障和社会组织							国际组织	
		小计	中国共产党机关	国家机构	人民政协、民主党派	社会保障	群众团体、社会团体和其他成员组织	基层群众自治组织	小计	国际组织
女	**60**	**1220**	**4**	**561**	**2**	**4**	**333**	**316**		
西宁市	**33**	**261**		**104**		**2**	**10**	**145**		
城东区										
城中区										
城西区										
城北区	1	6		3				3		
湟中区	29	162		63		1	6	92		
大通回族土族自治县	3	56		19		1	1	35		
湟源县		37		19			3	15		
海东市	**15**	**265**	**2**	**169**			**16**	**78**		
乐都区	3	38		27			2	9		
平安区	5	22		14			4	4		
民和回族土族自治县	2	77		30			2	45		
互助土族自治县	5	46		28			2	16		
化隆回族自治县		69	1	62			3	3		
循化撒拉族自治县		13	1	8			3	1		
海北藏族自治州	**6**	**73**		**48**			**1**	**24**		
门源回族自治县		40		22			1	17		
祁连县		14		10				4		
海晏县	6	3		1				2		
刚察县		16		15				1		
黄南藏族自治州	**1**	**69**		**56**	**1**	**1**	**3**	**8**		
同仁县	1	28		23	1	1		3		
尖扎县		12		9			2	1		
泽库县		15		11			1	3		
河南蒙古族自治县		14		13				1		
海南藏族自治州	**1**	**152**		**41**		**1**	**95**	**15**		
共和县	1	17		15				2		
同德县		103		7		1	91	4		
贵德县		15		9			3	3		
兴海县		3		1			1	1		
贵南县		14		9				5		
果洛藏族自治州		**100**		**43**			**43**	**14**		
玛沁县		13		11				2		
班玛县		32		12			16	4		
甘德县		2		2						
达日县		17		5			5	7		
久治县		31		10			21			
玛多县		5		3			1	1		
玉树藏族自治州		**208**	**1**	**39**	**1**		**163**	**4**		
玉树市		99		7	1		90	1		
杂多县		15	1	2			11	1		
称多县		11		3			8			
治多县		1					1			
囊谦县		49					48	1		
曲麻莱县		33		27			5	1		
海西蒙古族藏族自治州	**4**	**92**	**1**	**61**			**2**	**28**		
格尔木市	2	30		17				13		
德令哈市	2	22	1	14			1	6		
茫崖市										
乌兰县		13		13						
都兰县		19		12			1	6		
天峻县		8		5				3		
大柴旦行政委员会										

4-5 全省分年龄、性别、行业大类的就业人口

单位：人

年龄组 性别	合计	农、林、牧、渔业						采矿业	
		小计	农业	林业	畜牧业	渔业	农、林、牧、渔专业及辅助性活动	小计	煤炭开采和洗选业
总 计	**226183**	**52762**	**21537**	**5978**	**24369**	**80**	**798**	**3249**	**799**
16-19岁	3652	1278	251	354	665		8	17	1
20-24岁	16303	3531	807	675	2003	6	40	154	24
25-29岁	30453	4972	1318	746	2833	9	66	389	86
30-34岁	35127	6031	1958	732	3247	13	81	599	135
35-39岁	28543	6267	2251	771	3165	8	72	488	107
40-44岁	31425	7032	2900	742	3256	10	124	550	143
45-49岁	34337	8001	3628	775	3420	18	160	593	168
50-54岁	26786	7361	3840	581	2791	10	139	366	107
55-59岁	13093	4850	2682	314	1776	4	74	74	22
60-64岁	3412	1654	1005	81	545	2	21	12	4
65-69岁	2014	1128	635	80	405		8	3	
70-74岁	638	407	185	64	154		4	3	2
75岁及以上	400	250	77	63	109		1	1	
男	**135636**	**28837**	**11075**	**3096**	**14020**	**58**	**588**	**2720**	**721**
16-19岁	2268	702	132	198	366		6	17	1
20-24岁	9269	1927	420	336	1144	3	24	131	21
25-29岁	17084	2647	667	377	1544	8	51	306	70
30-34岁	20178	3184	980	333	1803	10	58	483	121
35-39岁	16348	3267	1080	388	1738	4	57	403	95
40-44岁	18317	3781	1441	385	1861	8	86	458	128
45-49岁	20464	4282	1805	390	1961	12	114	498	153
50-54岁	17927	4046	1939	322	1670	7	108	340	105
55-59岁	9216	2842	1440	210	1129	4	59	68	21
60-64岁	2479	1056	627	48	362	2	17	11	4
65-69岁	1427	718	380	51	282		5	2	
70-74岁	413	242	121	32	86		3	3	2
75岁及以上	246	143	43	26	74				
女	**90547**	**23925**	**10462**	**2882**	**10349**	**22**	**210**	**529**	**78**
16-19岁	1384	576	119	156	299		2		
20-24岁	7034	1604	387	339	859	3	16	23	3
25-29岁	13369	2325	651	369	1289	1	15	83	16
30-34岁	14949	2847	978	399	1444	3	23	116	14
35-39岁	12195	3000	1171	383	1427	4	15	85	12
40-44岁	13108	3251	1459	357	1395	2	38	92	15
45-49岁	13873	3719	1823	385	1459	6	46	95	15
50-54岁	8859	3315	1901	259	1121	3	31	26	2
55-59岁	3877	2008	1242	104	647		15	6	1
60-64岁	933	598	378	33	183		4	1	
65-69岁	587	410	255	29	123		3	1	
70-74岁	225	165	64	32	68		1		
75岁及以上	154	107	34	37	35		1	1	

4—5 续表 1

单位：人

年龄组 性别	采矿业						制造业		
	石油和天然气开采业	黑色金属矿采选业	有色金属矿采选业	非金属矿采选业	开采专业及辅助性活动	其他采矿业	小计	农副食品加工业	食品制造业
总　计	**490**	**221**	**514**	**389**	**733**	**103**	**16406**	**891**	**715**
16—19岁	1	3	3	4	4	1	187	8	12
20—24岁	20	20	20	26	40	4	1157	35	52
25—29岁	57	38	71	46	78	13	2458	77	84
30—34岁	102	32	96	49	167	18	3056	110	115
35—39岁	86	24	78	45	134	14	2004	97	102
40—44岁	78	35	81	66	131	16	2291	142	96
45—49岁	85	34	86	87	117	16	2546	152	143
50—54岁	55	30	57	47	53	17	1826	150	80
55—59岁	6	5	19	12	7	3	612	81	22
60—64岁			3	4	1		160	23	2
65—69岁				2	1		79	13	4
70—74岁						1	14	1	1
75岁及以上				1			16	2	2
男	**349**	**163**	**445**	**321**	**632**	**89**	**11672**	**568**	**313**
16—19岁	1	3	3	4	4	1	136	5	6
20—24岁	12	15	18	24	38	3	845	20	24
25—29岁	33	27	59	37	70	10	1734	55	31
30—34岁	66	22	81	37	140	16	2107	67	46
35—39岁	59	17	70	38	112	12	1372	52	45
40—44岁	65	24	68	48	111	14	1552	80	38
45—49岁	62	24	74	74	99	12	1761	96	60
50—54岁	47	26	53	42	50	17	1460	103	42
55—59岁	4	5	16	12	7	3	492	61	13
60—64岁			3	3	1		134	19	2
65—69岁				2			59	8	4
70—74岁						1	9		1
75岁及以上							11	2	1
女	**141**	**58**	**69**	**68**	**101**	**14**	**4734**	**323**	**402**
16—19岁							51	3	6
20—24岁	8	5	2	2	2	1	312	15	28
25—29岁	24	11	12	9	8	3	724	22	53
30—34岁	36	10	15	12	27	2	949	43	69
35—39岁	27	7	8	7	22	2	632	45	57
40—44岁	13	11	13	18	20	2	739	62	58
45—49岁	23	10	12	13	18	4	785	56	83
50—54岁	8	4	4	5	3		366	47	38
55—59岁	2		3				120	20	9
60—64岁				1			26	4	
65—69岁					1		20	5	
70—74岁							5	1	
75岁及以上				1			5		1

4-5　续表 2　　　　　　　　　　　　　　　　　　　　　　　　单位：人

年龄组 性　别	制造业								
	酒、饮料和精制茶制造业	烟　草制品业	纺织业	纺织服装、服饰业	皮革、毛皮、羽毛及其制品和制鞋业	木材加工和木、竹、藤、棕、草制品业	家　具制造业	造纸和纸制品业	印刷和记录媒介复制业
总　计	**381**	**8**	**165**	**270**	**26**	**259**	**201**	**50**	**232**
16-19岁	1		3	1	1	3	6		1
20-24岁	15		7	5	2	12	12	6	15
25-29岁	65	1	15	15	3	21	18	4	37
30-34岁	66		26	34		23	35	11	49
35-39岁	45		28	33	5	34	30	5	22
40-44岁	60	2	24	55	3	32	27	8	30
45-49岁	73	3	28	56	6	51	30	5	35
50-54岁	32		17	41	4	48	26	5	29
55-59岁	12	1	8	24	1	26	12	2	6
60-64岁	6		4	3	1	7	3	1	7
65-69岁	5	1	4	2		2		2	1
70-74岁				1			2		
75岁及以上	1		1					1	
男	**237**	**7**	**65**	**94**	**10**	**206**	**131**	**30**	**126**
16-19岁	1		1		1	3	4		1
20-24岁	10		4	4		12	10	6	10
25-29岁	44	1	8	3	1	17	13	2	21
30-34岁	39		6	11		20	21	6	26
35-39岁	23		8	8	2	27	19	3	12
40-44岁	29	2	13	10	1	22	16	4	15
45-49岁	44	2	10	21	2	34	20	4	17
50-54岁	26		7	19	1	41	16	2	15
55-59岁	9	1	3	15	1	22	8	2	5
60-64岁	6		2	1	1	7	3	1	4
65-69岁	5	1	2	2		1			
70-74岁							1		
75岁及以上	1		1						
女	**144**	**1**	**100**	**176**	**16**	**53**	**70**	**20**	**106**
16-19岁			2	1			2		
20-24岁	5		3	1	2		2		5
25-29岁	21		7	12	2	4	5	2	16
30-34岁	27		20	23		3	14	5	23
35-39岁	22		20	25	3	7	11	2	10
40-44岁	31		11	45	2	10	11	4	15
45-49岁	29	1	18	35	4	17	10	1	18
50-54岁	6		10	22	3	7	10	3	14
55-59岁	3		5	9		4	4		1
60-64岁			2	2					3
65-69岁			2			1		2	1
70-74岁				1			1		
75岁及以上								1	

4−5 续表 3

单位：人

年龄组 性别	制造业								
	文教、工美、体育和娱乐用品制造业	石油、煤炭及其他燃料加工业	化学原料和化学制品制造业	医药制造业	化学纤维制造业	橡胶和塑料制品业	非金属矿物制品业	黑色金属冶炼和压延加工业	有色金属冶炼和压延加工业
总　计	**549**	**350**	**2724**	**280**	**34**	**290**	**1557**	**1075**	**2281**
16−19岁	18	3	12	1	1	2	4	4	5
20−24岁	46	29	212	18	1	13	60	46	117
25−29岁	71	67	572	37	12	51	150	119	287
30−34岁	118	63	680	57	5	61	232	154	429
35−39岁	93	41	319	24	5	36	182	121	307
40−44岁	65	39	313	45	4	30	263	202	392
45−49岁	56	77	318	55	2	40	295	233	438
50−54岁	56	28	218	31	2	38	231	160	249
55−59岁	16	2	61	8	1	14	99	27	50
60−64岁	6	1	7	3	1	3	29	5	5
65−69岁	1		10			2	9	1	2
70−74岁	3		1	1			2	1	
75岁及以上			1				1	2	
男	**377**	**258**	**1931**	**140**	**21**	**160**	**1190**	**871**	**1831**
16−19岁	11	3	10			1	3	4	5
20−24岁	37	20	144	9		10	53	36	92
25−29岁	55	46	386	21	7	32	109	105	232
30−34岁	73	48	469	23	3	31	167	124	335
35−39岁	68	26	212	10	3	20	135	98	240
40−44岁	43	30	217	21	3	11	186	145	317
45−49岁	35	58	234	25	2	15	222	177	336
50−54岁	38	25	185	22	2	26	191	153	228
55−59岁	12	1	56	8		10	90	23	39
60−64岁	2	1	6		1	2	26	4	5
65−69岁	1		10			2	6		2
70−74岁	2		1	1			2	1	
75岁及以上			1					1	
女	**172**	**92**	**793**	**140**	**13**	**130**	**367**	**204**	**450**
16−19岁	7		2	1	1	1	1		
20−24岁	9	9	68	9	1	3	7	10	25
25−29岁	16	21	186	16	5	19	41	14	55
30−34岁	45	15	211	34	2	30	65	30	94
35−39岁	25	15	107	14	2	16	47	23	67
40−44岁	22	9	96	24	1	19	77	57	75
45−49岁	21	19	84	30		25	73	56	102
50−54岁	18	3	33	9		12	40	7	21
55−59岁	4	1	5		1	4	9	4	11
60−64岁	4		1	3		1	3	1	
65−69岁							3	1	
70−74岁	1								
75岁及以上							1	1	

4-5　续表 4　　　　　　　　　　　　　　　　　　　　　　　　　　单位：人

年龄组 性　别	制造业								
	金　属 制品业	通用设备 制造业	专用设备 制造业	汽　车 制造业	铁路、船舶、 航空航天和 其他运输 设备制造业	电气机械 和器材 制造业	计算机、 通信和其 他电子设 备制造业	仪器仪表 制造业	其　他 制造业
总　计	**1161**	**350**	**348**	**85**	**37**	**838**	**732**	**30**	**51**
16-19岁	11	4	3	6	1	18	52		
20-24岁	68	18	27	10	2	165	132	2	3
25-29岁	132	41	56	16	8	262	175	3	5
30-34岁	208	75	89	24	11	156	149	7	6
35-39岁	152	39	51	10	5	76	91	4	8
40-44岁	178	45	33	8	4	59	56	5	8
45-49岁	178	55	42	3	3	54	42	4	9
50-54岁	157	46	32	3	2	31	30	2	8
55-59岁	51	18	11	3	1	11	3	2	3
60-64岁	13	6	4	2		3	2		1
65-69岁	10	3				1		1	
70-74岁						1			
75岁及以上	3					1			
男	**937**	**284**	**239**	**64**	**29**	**618**	**513**	**20**	**36**
16-19岁	11	4	3	5	1	14	33		
20-24岁	55	14	16	8	1	129	91	1	3
25-29岁	102	34	36	10	7	187	118	3	4
30-34岁	170	55	55	17	9	118	106	4	5
35-39岁	122	26	43	7	4	53	65	4	5
40-44岁	137	37	23	8	3	45	39	2	4
45-49岁	145	48	29	3	1	35	32	2	4
50-54岁	129	43	24	2	2	24	24	2	8
55-59岁	43	14	7	2	1	9	3	2	2
60-64岁	13	6	3	2		3	2		1
65-69岁	8	3							
70-74岁									
75岁及以上	2					1			
女	**224**	**66**	**109**	**21**	**8**	**220**	**219**	**10**	**15**
16-19岁				1		4	19		
20-24岁	13	4	11	2	1	36	41	1	
25-29岁	30	7	20	6	1	75	57		1
30-34岁	38	20	34	7	2	38	43	3	1
35-39岁	30	13	8	3	1	23	26		3
40-44岁	41	8	10		1	14	17	3	4
45-49岁	33	7	13		2	19	10	2	5
50-54岁	28	3	8	1		7	6		
55-59岁	8	4	4	1		2			1
60-64岁			1						
65-69岁	2					1		1	
70-74岁						1			
75岁及以上	1								

4-5 续表 5

单位：人

年龄组 性别	制造业		电力、热力、燃气及水生产和供应业				建筑业		
	废弃资源综合利用业	金属制品、机械和设备修理业	小计	电力、热力生产和供应业	燃气生产和供应业	水的生产和供应业	小计	房屋建筑业	土木工程建筑业
总计	**169**	**267**	**4436**	**3695**	**369**	**372**	**24286**	**13621**	**4134**
16-19岁	4	2	18	15	2	1	157	80	24
20-24岁	2	25	300	264	18	18	1214	637	271
25-29岁	12	42	716	601	56	59	2494	1282	581
30-34岁	9	54	736	576	85	75	3513	1848	699
35-39岁	14	25	564	475	53	36	3201	1819	491
40-44岁	30	33	644	530	61	53	3908	2283	560
45-49岁	27	33	739	631	47	61	4418	2560	655
50-54岁	30	40	509	429	33	47	3456	1961	547
55-59岁	28	8	167	135	12	20	1512	911	248
60-64岁	9	3	31	28	2	1	282	158	42
65-69岁	4	1	9	9			101	66	10
70-74岁			1	1			17	9	4
75岁及以上		1	2	1		1	13	7	2
男	**132**	**234**	**3414**	**2890**	**261**	**263**	**19457**	**10871**	**3543**
16-19岁	4	2	16	13	2	1	141	71	24
20-24岁	2	24	233	206	13	14	955	493	232
25-29岁	10	34	539	459	38	42	2057	1046	493
30-34岁	6	47	557	454	52	51	2782	1444	578
35-39岁	9	23	406	350	39	17	2487	1380	413
40-44岁	24	27	467	393	39	35	3011	1756	478
45-49岁	20	28	553	471	38	44	3431	2006	553
50-54岁	23	37	449	381	28	40	2877	1643	490
55-59岁	23	7	156	129	10	17	1333	809	230
60-64岁	8	3	26	23	2	1	263	148	39
65-69岁	3	1	9	9			95	61	9
70-74岁			1	1			14	8	2
75岁及以上		1	2	1		1	11	6	2
女	**37**	**33**	**1022**	**805**	**108**	**109**	**4829**	**2750**	**591**
16-19岁			2	2			16	9	
20-24岁		1	67	58	5	4	259	144	39
25-29岁	2	8	177	142	18	17	437	236	88
30-34岁	3	7	179	122	33	24	731	404	121
35-39岁	5	2	158	125	14	19	714	439	78
40-44岁	6	6	177	137	22	18	897	527	82
45-49岁	7	5	186	160	9	17	987	554	102
50-54岁	7	3	60	48	5	7	579	318	57
55-59岁	5	1	11	6	2	3	179	102	18
60-64岁	1		5	5			19	10	3
65-69岁	1						6	5	1
70-74岁							3	1	2
75岁及以上							2	1	

4-5　续表 6

单位：人

年龄组 性　别	建筑业		批发和零售业			交通运输、仓储和邮政业			
	建　筑 安装业	建筑装饰、装修和其他建筑业	小计	批发业	零售业	小计	铁　路 运输业	道　路 运输业	水　上 运输业
总　计	**1054**	**5477**	**26452**	**5852**	**20600**	**13654**	**2045**	**8966**	**19**
16-19岁	7	46	231	46	185	81	10	36	
20-24岁	66	240	1453	282	1171	815	238	343	1
25-29岁	116	515	3257	730	2527	1891	397	1023	4
30-34岁	160	806	4340	1003	3337	2292	373	1471	
35-39岁	148	743	3740	830	2910	1869	135	1394	3
40-44岁	175	890	4187	858	3329	2245	178	1695	2
45-49岁	189	1014	4501	981	3520	2287	336	1616	2
50-54岁	130	818	2946	710	2236	1562	272	1017	4
55-59岁	46	307	1198	291	907	506	97	306	3
60-64岁	14	68	311	76	235	72	3	47	
65-69岁	3	22	192	30	162	22	5	9	
70-74岁		4	64	12	52	6	1	4	
75岁及以上		4	32	3	29	6		5	
男	**926**	**4117**	**13440**	**3745**	**9695**	**11507**	**1575**	**7956**	**13**
16-19岁	6	40	145	31	114	60	3	30	
20-24岁	50	180	807	192	615	657	180	305	1
25-29岁	105	413	1635	456	1179	1546	306	900	4
30-34岁	145	615	2071	625	1446	1887	291	1286	
35-39岁	133	561	1713	496	1217	1578	92	1231	3
40-44岁	157	620	1950	516	1434	1883	130	1473	1
45-49岁	156	716	2203	609	1594	1908	229	1436	
50-54岁	116	628	1704	502	1202	1421	250	942	3
55-59岁	41	253	788	226	562	468	86	291	1
60-64岁	14	62	224	58	166	67	2	45	
65-69岁	3	22	138	23	115	20	5	8	
70-74岁		4	44	8	36	6	1	4	
75岁及以上		3	18	3	15	6		5	
女	**128**	**1360**	**13012**	**2107**	**10905**	**2147**	**470**	**1010**	**6**
16-19岁	1	6	86	15	71	21	7	6	
20-24岁	16	60	646	90	556	158	58	38	
25-29岁	11	102	1622	274	1348	345	91	123	
30-34岁	15	191	2269	378	1891	405	82	185	
35-39岁	15	182	2027	334	1693	291	43	163	
40-44岁	18	270	2237	342	1895	362	48	222	1
45-49岁	33	298	2298	372	1926	379	107	180	2
50-54岁	14	190	1242	208	1034	141	22	75	1
55-59岁	5	54	410	65	345	38	11	15	2
60-64岁		6	87	18	69	5	1	2	
65-69岁			54	7	47	2		1	
70-74岁			20	4	16				
75岁及以上		1	14		14				

4−5 续表 7

单位：人

年龄组 性别	交通运输、仓储和邮政业					住宿和餐饮业		
	航空运输业	管道运输业	多式联运和运输代理业	装卸搬运和仓储业	邮政业	小计	住宿业	餐饮业
总　计	**273**	**19**	**200**	**974**	**1158**	**16142**	**2082**	**14060**
16−19岁				16	19	686	39	647
20−24岁	25		14	54	140	1931	184	1747
25−29岁	90		24	79	274	2531	242	2289
30−34岁	57	2	30	105	254	2907	293	2614
35−39岁	39	2	32	143	121	2133	274	1859
40−44岁	23	4	30	159	154	2071	312	1759
45−49岁	19	4	38	178	94	1894	357	1537
50−54岁	16	7	26	142	78	1280	243	1037
55−59岁	3		3	75	19	548	95	453
60−64岁			2	15	5	101	29	72
65−69岁			1	7		46	11	35
70−74岁				1		11	2	9
75岁及以上	1					3	1	2
男	**163**	**14**	**156**	**796**	**834**	**7840**	**781**	**7059**
16−19岁				14	13	455	19	436
20−24岁	11		9	44	107	1083	69	1014
25−29岁	55		18	59	204	1285	96	1189
30−34岁	31	1	18	86	174	1412	88	1324
35−39岁	24	1	28	110	89	1010	91	919
40−44岁	16	2	23	127	111	880	96	784
45−49岁	9	3	31	141	59	747	116	631
50−54岁	13	7	23	123	60	571	106	465
55−59岁	3		3	72	12	288	61	227
60−64岁			2	13	5	71	27	44
65−69岁			1	6		31	10	21
70−74岁				1		6	2	4
75岁及以上	1					1		1
女	**110**	**5**	**44**	**178**	**324**	**8302**	**1301**	**7001**
16−19岁				2	6	231	20	211
20−24岁	14		5	10	33	848	115	733
25−29岁	35		6	20	70	1246	146	1100
30−34岁	26	1	12	19	80	1495	205	1290
35−39岁	15	1	4	33	32	1123	183	940
40−44岁	7	2	7	32	43	1191	216	975
45−49岁	10	1	7	37	35	1147	241	906
50−54岁	3		3	19	18	709	137	572
55−59岁				3	7	260	34	226
60−64岁				2		30	2	28
65−69岁				1		15	1	14
70−74岁						5		5
75岁及以上						2	1	1

4-5　续表 8

单位：人

年龄组 性　别	信息传输、软件和信息技术服务业				金融业				
	小计	电信、广播电视和卫星传输服务	互联网和相关服务	软件和信息技术服务业	小计	货币金融服务	资本市场服务	保险业	其他金融业
总　计	**2670**	**1580**	**396**	**694**	**3835**	**2453**	**106**	**1099**	**177**
16-19岁	16	8	6	2	6	1		5	
20-24岁	311	179	53	79	316	208	9	82	17
25-29岁	653	341	110	202	939	620	28	248	43
30-34岁	629	361	105	163	777	516	20	203	38
35-39岁	358	225	36	97	463	257	15	168	23
40-44岁	290	184	39	67	359	192	11	142	14
45-49岁	241	154	32	55	474	288	12	153	21
50-54岁	133	97	14	22	374	273	9	75	17
55-59岁	32	25	1	6	106	80	2	20	4
60-64岁	5	4		1	13	10		3	
65-69岁	1	1			5	5			
70-74岁					2	2			
75岁及以上	1	1			1	1			
男	**1596**	**860**	**262**	**474**	**1750**	**1173**	**54**	**423**	**100**
16-19岁	8	4	2	2	3			3	
20-24岁	191	99	39	53	138	74	4	50	10
25-29岁	361	162	68	131	405	249	9	125	22
30-34岁	375	181	74	120	329	217	8	86	18
35-39岁	207	122	24	61	178	98	11	55	14
40-44岁	175	104	24	47	142	92	7	35	8
45-49岁	151	94	19	38	200	145	6	36	13
50-54岁	101	73	11	17	261	218	7	24	12
55-59岁	23	18	1	4	80	68	2	7	3
60-64岁	4	3		1	9	7		2	
65-69岁					4	4			
70-74岁					1	1			
75岁及以上									
女	**1074**	**720**	**134**	**220**	**2085**	**1280**	**52**	**676**	**77**
16-19岁	8	4	4		3	1		2	
20-24岁	120	80	14	26	178	134	5	32	7
25-29岁	292	179	42	71	534	371	19	123	21
30-34岁	254	180	31	43	448	299	12	117	20
35-39岁	151	103	12	36	285	159	4	113	9
40-44岁	115	80	15	20	217	100	4	107	6
45-49岁	90	60	13	17	274	143	6	117	8
50-54岁	32	24	3	5	113	55	2	51	5
55-59岁	9	7		2	26	12		13	1
60-64岁	1	1			4	3		1	
65-69岁	1	1			1	1			
70-74岁					1	1			
75岁及以上	1	1			1	1			

4-5 续表 9

单位：人

年龄组 性别	房地产业		租赁和商务服务业			科学研究和技术服务业			
	小计	房地产业	小计	租赁业	商务服务业	小计	研究和试验发展	专业技术服务业	科技推广和应用服务业
总计	**4445**	**4445**	**5548**	**678**	**4870**	**3492**	**270**	**2853**	**369**
16—19岁	28	28	53	8	45	13	4	7	2
20—24岁	228	228	451	42	409	289	23	242	24
25—29岁	512	512	939	95	844	689	45	586	58
30—34岁	618	618	989	130	859	755	47	648	60
35—39岁	424	424	678	101	577	467	43	379	45
40—44岁	550	550	642	98	544	383	34	296	53
45—49岁	763	763	810	108	702	392	23	315	54
50—54岁	715	715	592	66	526	340	33	260	47
55—59岁	395	395	266	19	247	132	16	92	24
60—64岁	137	137	81	9	72	15	2	13	
65—69岁	62	62	39	2	37	11		10	1
70—74岁	10	10	7		7	2		2	
75岁及以上	3	3	1		1	4		3	1
男	**2610**	**2610**	**3627**	**611**	**3016**	**2370**	**163**	**1976**	**231**
16—19岁	14	14	38	8	30	11	3	6	2
20—24岁	125	125	242	38	204	189	11	163	15
25—29岁	291	291	532	88	444	451	22	392	37
30—34岁	329	329	604	117	487	502	26	440	36
35—39岁	206	206	433	94	339	304	25	249	30
40—44岁	262	262	416	85	331	245	22	193	30
45—49岁	419	419	544	96	448	267	14	225	28
50—54岁	487	487	468	60	408	271	23	212	36
55—59岁	295	295	233	15	218	104	15	73	16
60—64岁	118	118	74	8	66	13	2	11	
65—69岁	54	54	36	2	34	11		10	1
70—74岁	7	7	7		7	1		1	
75岁及以上	3	3				1		1	
女	**1835**	**1835**	**1921**	**67**	**1854**	**1122**	**107**	**877**	**138**
16—19岁	14	14	15		15	2	1	1	
20—24岁	103	103	209	4	205	100	12	79	9
25—29岁	221	221	407	7	400	238	23	194	21
30—34岁	289	289	385	13	372	253	21	208	24
35—39岁	218	218	245	7	238	163	18	130	15
40—44岁	288	288	226	13	213	138	12	103	23
45—49岁	344	344	266	12	254	125	9	90	26
50—54岁	228	228	124	6	118	69	10	48	11
55—59岁	100	100	33	4	29	28	1	19	8
60—64岁	19	19	7	1	6	2		2	
65—69岁	8	8	3		3				
70—74岁	3	3				1		1	
75岁及以上			1		1	3		2	1

4−5　续表 10

单位：人

年龄组 性别	水利、环境和公共设施管理业					居民服务、修理和其他服务业			
	小计	水利管理业	生态保护和环境治理业	公共设施管理业	土地管理业	小计	居民服务业	机动车、电子产品和日用产品修理业	其他服务业
总计	**2609**	**293**	**821**	**1443**	**52**	**5609**	**2749**	**2129**	**731**
16−19岁	7		3	4		169	81	85	3
20−24岁	93	10	34	46	3	602	278	294	30
25−29岁	220	32	80	98	10	786	369	372	45
30−34岁	306	45	123	134	4	893	447	384	62
35−39岁	291	37	102	145	7	727	366	279	82
40−44岁	379	45	109	216	9	740	393	235	112
45−49岁	474	56	130	280	8	746	383	223	140
50−54岁	423	41	124	253	5	566	248	171	147
55−59岁	255	20	79	151	5	248	121	61	66
60−64岁	84	3	11	70		76	31	16	29
65−69岁	51	3	10	37	1	45	23	9	13
70−74岁	17	1	9	7		10	8		2
75岁及以上	9		7	2		1	1		
男	**1688**	**227**	**639**	**785**	**37**	**2885**	**867**	**1724**	**294**
16−19岁	2			2		112	30	80	2
20−24岁	70	8	23	37	2	374	94	263	17
25−29岁	161	26	63	66	6	451	110	317	24
30−34岁	200	34	92	71	3	476	140	313	23
35−39岁	197	29	82	81	5	345	108	207	30
40−44岁	227	36	91	93	7	312	108	167	37
45−49岁	252	33	95	118	6	331	106	173	52
50−54岁	292	36	106	147	3	284	92	133	59
55−59岁	171	18	62	87	4	116	45	49	22
60−64岁	60	3	9	48		49	15	15	19
65−69岁	39	3	6	29	1	29	14	7	8
70−74岁	13	1	7	5		5	4		1
75岁及以上	4		3	1		1	1		
女	**921**	**66**	**182**	**658**	**15**	**2724**	**1882**	**405**	**437**
16−19岁	5		3	2		57	51	5	1
20−24岁	23	2	11	9	1	228	184	31	13
25−29岁	59	6	17	32	4	335	259	55	21
30−34岁	106	11	31	63	1	417	307	71	39
35−39岁	94	8	20	64	2	382	258	72	52
40−44岁	152	9	18	123	2	428	285	68	75
45−49岁	222	23	35	162	2	415	277	50	88
50−54岁	131	5	18	106	2	282	156	38	88
55−59岁	84	2	17	64	1	132	76	12	44
60−64岁	24		2	22		27	16	1	10
65−69岁	12		4	8		16	9	2	5
70−74岁	4		2	2		5	4		1
75岁及以上	5		4	1					

4－5 续表 11　　　　单位：人

年龄组 性　别	教育		卫生和社会工作			文化、体育和娱乐业				
	小计	教育	小计	卫生	社会工作	小计	新闻和出版业	广播、电视、电影和录音制作业	文化艺术业	体育
总　计	**11627**	**11627**	**7092**	**6847**	**245**	**1854**	**192**	**247**	**464**	**188**
16－19岁	399	399	56	55	1	32		1	5	3
20－24岁	1063	1063	770	760	10	217	10	17	58	25
25－29岁	1818	1818	1693	1666	27	374	35	49	97	43
30－34岁	1694	1694	1370	1339	31	353	37	56	89	30
35－39岁	1457	1457	837	805	32	213	15	43	54	23
40－44岁	1666	1666	760	725	35	188	25	21	39	16
45－49岁	1616	1616	714	669	45	223	39	22	57	18
50－54岁	1274	1274	513	483	30	155	20	25	37	20
55－59岁	519	519	253	232	21	71	8	12	19	3
60－64岁	74	74	61	55	6	20	1	1	5	6
65－69岁	32	32	43	38	5	8	2		4	1
70－74岁	5	5	13	11	2					
75岁及以上	10	10	9	9						
男	**4480**	**4480**	**2203**	**2129**	**74**	**1018**	**100**	**142**	**246**	**116**
16－19岁	190	190	16	16		20			1	1
20－24岁	237	237	142	139	3	105	5	11	24	13
25－29岁	446	446	349	341	8	182	12	23	42	29
30－34岁	495	495	333	324	9	194	18	32	47	16
35－39岁	452	452	270	259	11	129	6	27	34	19
40－44岁	649	649	289	284	5	99	12	10	21	10
45－49岁	706	706	294	287	7	115	23	13	31	7
50－54岁	794	794	275	263	12	95	15	16	23	14
55－59岁	412	412	136	126	10	54	6	9	15	2
60－64岁	60	60	43	40	3	18	1	1	4	5
65－69岁	28	28	36	31	5	7	2		4	
70－74岁	4	4	12	11	1					
75岁及以上	7	7	8	8						
女	**7147**	**7147**	**4889**	**4718**	**171**	**836**	**92**	**105**	**218**	**72**
16－19岁	209	209	40	39	1	12		1	4	2
20－24岁	826	826	628	621	7	112	5	6	34	12
25－29岁	1372	1372	1344	1325	19	192	23	26	55	14
30－34岁	1199	1199	1037	1015	22	159	19	24	42	14
35－39岁	1005	1005	567	546	21	84	9	16	20	4
40－44岁	1017	1017	471	441	30	89	13	11	18	6
45－49岁	910	910	420	382	38	108	16	9	26	11
50－54岁	480	480	238	220	18	60	5	9	14	6
55－59岁	107	107	117	106	11	17	2	3	4	1
60－64岁	14	14	18	15	3	2			1	1
65－69岁	4	4	7	7		1				1
70－74岁	1	1	1		1					
75岁及以上	3	3	1	1						

4-5　续表 12　　　　单位：人

年龄组 性　别	娱乐业	公共管理、社会保障和社会组织							国际组织	
		小计	中国共产党机关	国家机构	人民政协、民主党派	社会保障	群众团体、社会团体和其他成员组织	基层群众自治组织	小计	国际组织
总　计	**763**	**20014**	**594**	**14993**	**94**	**77**	**2184**	**2072**	**1**	**1**
16—19岁	23	218		23			187	8		
20—24岁	107	1408	14	1020	5	11	287	71		
25—29岁	150	3122	85	2633	4	10	259	131		
30—34岁	141	3269	109	2664	4	15	280	197		
35—39岁	78	2362	97	1824	13	8	204	216		
40—44岁	87	2539	87	1878	10	14	256	294	1	1
45—49岁	87	2905	87	2141	14	12	260	391		
50—54岁	53	2395	78	1692	18	3	242	362		
55—59岁	29	1349	37	920	24	2	112	254		
60—64岁	7	223		108	2		37	76		
65—69岁	1	137		59		1	23	54		
70—74岁		49		19		1	14	15		
75岁及以上		38		12			23	3		
男	**414**	**12521**	**406**	**9228**	**67**	**24**	**1573**	**1223**	**1**	**1**
16—19岁	18	182		20			158	4		
20—24岁	52	818	4	590	1	2	197	24		
25—29岁	76	1706	54	1438	1	4	158	51		
30—34岁	81	1858	68	1535	2	4	174	75		
35—39岁	43	1391	66	1070	10	1	135	109		
40—44岁	46	1518	66	1088	7	5	183	169	1	1
45—49岁	41	1802	61	1334	10	3	194	200		
50—54岁	27	1731	57	1199	14	2	196	263		
55—59岁	22	1157	30	801	20	2	102	202		
60—64岁	7	179		83	2		29	65		
65—69岁	1	111		48			18	45		
70—74岁		38		13		1	10	14		
75岁及以上		30		9			19	2		
女	**349**	**7493**	**188**	**5765**	**27**	**53**	**611**	**849**		
16—19岁	5	36		3			29	4		
20—24岁	55	590	10	430	4	9	90	47		
25—29岁	74	1416	31	1195	3	6	101	80		
30—34岁	60	1411	41	1129	2	11	106	122		
35—39岁	35	971	31	754	3	7	69	107		
40—44岁	41	1021	21	790	3	9	73	125		
45—49岁	46	1103	26	807	4	9	66	191		
50—54岁	26	664	21	493	4	1	46	99		
55—59岁	7	192	7	119	4		10	52		
60—64岁		44		25			8	11		
65—69岁		26		11		1	5	9		
70—74岁		11		6			4	1		
75岁及以上		8		3			4	1		

4－5a 全省分年龄、性别、行业大类的就业人口(城市)

单位：人

年龄组 性别	合计	农、林、牧、渔业						采矿业	
		小计	农业	林业	畜牧业	渔业	农、林、牧、渔专业及辅助性活动	小计	煤炭开采和洗选业
总　计	**89011**	**2031**	**700**	**819**	**406**	**16**	**90**	**1374**	**84**
16－19岁	898	24	7	11	4		2	4	
20－24岁	5633	114	21	69	18	2	4	58	
25－29岁	13219	161	31	90	30		10	161	9
30－34岁	16030	243	44	123	65	2	9	300	21
35－39岁	11582	231	67	123	33	1	7	246	15
40－44岁	12139	295	104	110	65	3	13	233	10
45－49岁	13978	367	151	125	70	3	18	240	17
50－54岁	10198	348	168	89	69	5	17	113	8
55－59岁	4030	160	78	41	34		7	12	1
60－64岁	775	42	18	12	11		1	3	1
65－69岁	366	28	9	10	7		2	1	
70－74岁	79	8	2	6				2	2
75岁及以上	84	10		10				1	
男	**52718**	**1257**	**426**	**460**	**298**	**11**	**62**	**1088**	**72**
16－19岁	571	14	4	7	2		1	4	
20－24岁	3154	71	15	41	12	2	1	50	
25－29岁	7148	94	19	49	20		6	118	8
30－34岁	8977	147	29	62	52	1	3	224	17
35－39岁	6545	145	39	72	27	1	6	192	12
40－44岁	6830	175	62	60	44	2	7	185	9
45－49岁	8249	227	90	71	49	2	15	192	14
50－54岁	7181	219	98	51	53	3	14	108	8
55－59岁	3067	110	52	26	25		7	10	1
60－64岁	606	28	10	9	8		1	3	1
65－69岁	284	19	7	5	6		1		
70－74岁	53	3	1	2				2	2
75岁及以上	53	5		5					
女	**36293**	**774**	**274**	**359**	**108**	**5**	**28**	**286**	**12**
16－19岁	327	10	3	4	2		1		
20－24岁	2479	43	6	28	6		3	8	
25－29岁	6071	67	12	41	10		4	43	1
30－34岁	7053	96	15	61	13	1	6	76	4
35－39岁	5037	86	28	51	6		1	54	3
40－44岁	5309	120	42	50	21	1	6	48	1
45－49岁	5729	140	61	54	21	1	3	48	3
50－54岁	3017	129	70	38	16	2	3	5	
55－59岁	963	50	26	15	9			2	
60－64岁	169	14	8	3	3				
65－69岁	82	9	2	5	1		1	1	
70－74岁	26	5	1	4					
75岁及以上	31	5		5				1	

4-5a 续表 1 单位：人

年龄组 性别	采矿业						制造业		
	石油和天然气开采业	黑色金属矿采选业	有色金属矿采选业	非金属矿采选业	开采专业及辅助性活动	其他采矿业	小计	农副食品加工业	食品制造业
总　计	**308**	**21**	**100**	**112**	**685**	**64**	**7669**	**271**	**371**
16-19岁				1	3		48	1	8
20-24岁	9	1	2	6	38	2	484	7	25
25-29岁	34	2	17	18	72	9	1230	27	42
30-34岁	70	1	18	23	157	10	1637	42	59
35-39岁	60	3	16	14	127	11	948	33	62
40-44岁	53	3	19	20	120	8	1014	46	50
45-49岁	58	4	17	18	115	11	1196	52	75
50-54岁	23	6	8	9	47	12	799	29	42
55-59岁	1	1	2	2	4	1	206	26	7
60-64岁			1		1		62	5	
65-69岁					1		27	2	
70-74岁							4		
75岁及以上				1			14	1	1
男	**208**	**17**	**74**	**81**	**585**	**51**	**5254**	**164**	**168**
16-19岁				1	3		35	1	4
20-24岁	5		2	6	36	1	334	2	10
25-29岁	15	2	10	12	65	6	829	18	17
30-34岁	41		13	15	130	8	1072	23	23
35-39岁	39	2	13	12	105	9	638	16	28
40-44岁	42	3	14	11	100	6	666	28	19
45-49岁	44	3	12	14	97	8	799	28	35
50-54岁	22	6	8	8	44	12	646	24	27
55-59岁		1	1	2	4	1	159	18	4
60-64岁			1		1		47	4	
65-69岁							16	1	
70-74岁							3		
75岁及以上							10	1	1
女	**100**	**4**	**26**	**31**	**100**	**13**	**2415**	**107**	**203**
16-19岁							13		4
20-24岁	4	1			2	1	150	5	15
25-29岁	19		7	6	7	3	401	9	25
30-34岁	29	1	5	8	27	2	565	19	36
35-39岁	21	1	3	2	22	2	310	17	34
40-44岁	11		5	9	20	2	348	18	31
45-49岁	14	1	5	4	18	3	397	24	40
50-54岁	1			1	3		153	5	15
55-59岁	1		1				47	8	3
60-64岁							15	1	
65-69岁					1		11	1	
70-74岁							1		
75岁及以上				1			4		

4-5a 续表 2

单位：人

年龄组 性　别	制造业								
	酒、饮料和精制茶制造业	烟　草制品业	纺织业	纺织服装、服饰业	皮革、毛皮、羽毛及其制品和制鞋业	木材加工和木、竹、藤、棕、草制品业	家　具制造业	造纸和纸制品业	印刷和记录媒介复制业
总　计	**120**	**5**	**65**	**97**	**16**	**71**	**107**	**24**	**172**
16-19岁				1		3	5		
20-24岁	4		1	1	1	5	6	3	8
25-29岁	28	1	5	6	2	10	11	3	21
30-34岁	21		9	9		11	18	2	37
35-39岁	16		14	14	5	9	16	3	16
40-44岁	16	1	9	13	1	9	14	5	26
45-49岁	25	2	11	28	4	10	17	4	27
50-54岁	7		8	14	3	10	12	1	26
55-59岁	2		3	9		2	6	1	4
60-64岁			1	2		2	2		6
65-69岁		1	3					1	1
70-74岁									
75岁及以上	1		1					1	
男	**70**	**4**	**23**	**37**	**6**	**59**	**64**	**16**	**90**
16-19岁						3	3		
20-24岁	2			1		5	5	3	4
25-29岁	19	1	2	3	1	7	7	2	11
30-34岁	11		2	4		9	9	1	20
35-39岁	10		3	3	2	8	11	2	8
40-44岁	6	1	5	2	1	7	7	3	13
45-49岁	16	1	3	9	1	6	10	3	13
50-54岁	3		5	8	1	10	7	1	13
55-59岁	2		1	6		2	3	1	4
60-64岁				1		2	2		4
65-69岁		1	1						
70-74岁									
75岁及以上	1		1						
女	**50**	**1**	**42**	**60**	**10**	**12**	**43**	**8**	**82**
16-19岁				1			2		
20-24岁	2		1		1		1		4
25-29岁	9		3	3	1	3	4	1	10
30-34岁	10		7	5		2	9	1	17
35-39岁	6		11	11	3	1	5	1	8
40-44岁	10		4	11		2	7	2	13
45-49岁	9	1	8	19	3	4	7	1	14
50-54岁	4		3	6	2		5		13
55-59岁			2	3			3		
60-64岁			1	1					2
65-69岁			2					1	1
70-74岁									
75岁及以上								1	

4-5a　续表 3　　　　单位：人

年龄组 性　别	制造业								
	文教、工美、体育和娱乐用品制造业	石油、煤炭及其他燃料加工业	化学原料和化学制品制造业	医　药制造业	化学纤维制造业	橡胶和塑　料制品业	非金属矿　物制品业	黑色金属冶炼和压延加工业	有色金属冶炼和压延加工业
总　计	**239**	**180**	**1490**	**224**	**10**	**171**	**508**	**611**	**969**
16-19岁	3		4			1	1	3	2
20-24岁	18	12	82	10		8	16	23	50
25-29岁	21	34	312	28	4	37	56	82	119
30-34岁	57	29	430	44	3	39	93	100	217
35-39岁	42	23	181	17	2	17	63	63	138
40-44岁	31	10	175	41	1	14	71	124	142
45-49岁	25	54	174	53		24	98	112	180
50-54岁	28	17	102	24		21	79	91	107
55-59岁	7	1	21	5		7	23	7	12
60-64岁	6		3	2		2	5	2	1
65-69岁			4			1	2	1	1
70-74岁	1		1					1	
75岁及以上			1				1	2	
男	**141**	**125**	**1017**	**106**	**4**	**99**	**380**	**496**	**742**
16-19岁	1		3			1	1	3	2
20-24岁	13	8	52	5		5	12	19	35
25-29岁	14	21	200	13	2	24	35	71	90
30-34岁	29	20	285	15	1	20	62	80	160
35-39岁	28	15	118	6	1	11	48	53	104
40-44岁	19	6	114	19		6	54	90	107
45-49岁	13	40	130	24		9	77	84	137
50-54岁	16	14	88	19		17	64	87	96
55-59岁	5	1	19	5		4	22	6	9
60-64岁	2		2			1	5	1	1
65-69岁			4			1			1
70-74岁	1		1					1	
75岁及以上			1					1	
女	**98**	**55**	**473**	**118**	**6**	**72**	**128**	**115**	**227**
16-19岁	2		1						
20-24岁	5	4	30	5		3	4	4	15
25-29岁	7	13	112	15	2	13	21	11	29
30-34岁	28	9	145	29	2	19	31	20	57
35-39岁	14	8	63	11	1	6	15	10	34
40-44岁	12	4	61	22	1	8	17	34	35
45-49岁	12	14	44	29		15	21	28	43
50-54岁	12	3	14	5		4	15	4	11
55-59岁	2		2			3	1	1	3
60-64岁	4		1	2		1		1	
65-69岁							2	1	
70-74岁									
75岁及以上							1	1	

4-5a　续表 4　　　　单位：人

年龄组 性　别	制造业								
	金　属 制品业	通用设备 制造业	专用设备 制造业	汽　车 制造业	铁路、船舶、 航空航天和 其他运输 设备制造业	电气机械 和器材 制造业	计算机、 通信和其 他电子设 备制造业	仪器仪表 制造业	其　他 制造业
总　计	**445**	**178**	**238**	**28**	**15**	**521**	**263**	**24**	**32**
16−19岁	1			2	1	8	4		
20−24岁	24	8	12			109	34		2
25−29岁	50	19	38	4	1	178	59	1	2
30−34岁	89	40	72	11	6	101	59	7	5
35−39岁	56	12	31	1		45	41	3	5
40−44岁	64	21	20	5	3	30	26	5	5
45−49岁	68	36	34	1	2	26	21	4	4
50−54岁	63	20	22	1	1	16	17	1	6
55−59岁	18	15	8	1	1	4	1	2	2
60−64岁	6	4	1	2		1	1		1
65−69岁	3	3				1		1	
70−74岁						1			
75岁及以上	3					1			
男	**329**	**140**	**155**	**23**	**11**	**387**	**194**	**15**	**23**
16−19岁	1			2	1	6	3		
20−24岁	18	6	6			86	21		2
25−29岁	35	16	23	3	1	125	43	1	1
30−34岁	67	28	44	7	5	77	41	4	4
35−39岁	39	7	25	1		33	35	3	3
40−44岁	44	18	12	5	2	25	18	2	3
45−49岁	50	30	24	1		16	16	2	2
50−54岁	50	17	16	1	1	14	15	1	6
55−59岁	15	11	5	1	1	3	1	2	1
60−64岁	6	4		2		1	1		1
65−69岁	2	3							
70−74岁									
75岁及以上	2					1			
女	**116**	**38**	**83**	**5**	**4**	**134**	**69**	**9**	**9**
16−19岁						2	1		
20−24岁	6	2	6			23	13		
25−29岁	15	3	15	1		53	16		1
30−34岁	22	12	28	4	1	24	18	3	1
35−39岁	17	5	6			12	6		2
40−44岁	20	3	8		1	5	8	3	2
45−49岁	18	6	10		2	10	5	2	2
50−54岁	13	3	6			2	2		
55−59岁	3	4	3			1			1
60−64岁			1						
65−69岁	1					1		1	
70−74岁						1			
75岁及以上	1								

4-5a　续表 5

单位：人

年龄组 性　别	制造业		电力、热力、燃气及水生产和供应业				建筑业		
	废弃资源综合利用业	金属制品、机械和设备修理业	小计	电力、热力生产和供应业	燃气生产和供应业	水的生产和供应业	小计	房屋建筑业	土木工程建筑业
总　计	**74**	**130**	**2175**	**1729**	**228**	**218**	**9081**	**4077**	**1555**
16-19岁			5	4	1		33	10	6
20-24岁	1	14	105	82	10	13	378	149	79
25-29岁	7	22	347	271	36	40	978	415	218
30-34岁	4	23	404	297	55	52	1432	631	324
35-39岁	6	14	268	218	30	20	1164	512	208
40-44岁	19	17	322	252	41	29	1325	616	207
45-49岁	10	15	362	301	29	32	1693	809	231
50-54岁	13	18	265	219	20	26	1327	562	193
55-59岁	8	3	84	73	5	6	572	290	66
60-64岁	5	2	11	10	1		116	44	18
65-69岁	1	1	2	2			44	28	2
70-74岁							11	6	2
75岁及以上		1					8	5	1
男	**59**	**107**	**1587**	**1274**	**160**	**153**	**7114**	**3183**	**1253**
16-19岁			4	3	1		29	7	6
20-24岁	1	13	71	55	6	10	265	104	60
25-29岁	6	17	230	181	23	26	767	320	168
30-34岁	2	19	285	217	34	34	1107	480	252
35-39岁	4	13	183	149	24	10	909	387	162
40-44岁	17	13	226	179	27	20	1011	467	163
45-49岁	8	11	263	216	22	25	1283	618	189
50-54岁	10	15	236	196	17	23	1087	471	174
55-59岁	5	2	78	68	5	5	490	254	58
60-64岁	5	2	9	8	1		108	40	17
65-69岁	1	1	2	2			42	26	2
70-74岁							9	5	1
75岁及以上		1					7	4	1
女	**15**	**23**	**588**	**455**	**68**	**65**	**1967**	**894**	**302**
16-19岁			1	1			4	3	
20-24岁		1	34	27	4	3	113	45	19
25-29岁	1	5	117	90	13	14	211	95	50
30-34岁	2	4	119	80	21	18	325	151	72
35-39岁	2	1	85	69	6	10	255	125	46
40-44岁	2	4	96	73	14	9	314	149	44
45-49岁	2	4	99	85	7	7	410	191	42
50-54岁	3	3	29	23	3	3	240	91	19
55-59岁	3	1	6	5		1	82	36	8
60-64岁			2	2			8	4	1
65-69岁							2	2	
70-74岁							2	1	1
75岁及以上							1	1	

4-5a 续表 6

单位：人

年龄组 性别	建筑业		批发和零售业			交通运输、仓储和邮政业			
	建筑安装业	建筑装饰、装修和其他建筑业	小计	批发业	零售业	小计	铁路运输业	道路运输业	水上运输业
总　计	**519**	**2930**	**16018**	**4338**	**11680**	**7260**	**1749**	**4183**	**9**
16-19岁		17	122	29	93	31	6	16	
20-24岁	33	117	827	203	624	441	178	149	1
25-29岁	58	287	2073	556	1517	1016	323	430	2
30-34岁	75	402	2757	790	1967	1234	315	670	
35-39岁	82	362	2366	639	1727	926	116	635	1
40-44岁	89	413	2546	619	1927	1112	165	781	
45-49岁	93	560	2818	728	2090	1307	307	832	1
50-54岁	63	509	1683	498	1185	910	250	522	3
55-59岁	17	199	580	199	381	236	86	118	1
60-64岁	8	46	148	52	96	30	1	21	
65-69岁	1	13	69	18	51	10	2	4	
70-74岁		3	14	6	8	2		1	
75岁及以上		2	15	1	14	5		4	
男	**437**	**2241**	**8164**	**2721**	**5443**	**5841**	**1335**	**3530**	**7**
16-19岁		16	78	20	58	20	2	12	
20-24岁	24	77	497	141	356	345	133	124	1
25-29岁	48	231	1063	348	715	785	240	354	2
30-34岁	66	309	1353	479	874	948	239	550	
35-39岁	74	286	1115	380	735	748	82	537	1
40-44岁	77	304	1138	353	785	868	121	629	
45-49岁	74	402	1355	440	915	1040	207	712	
50-54岁	51	391	997	352	645	825	231	475	2
55-59岁	14	164	394	152	242	218	77	110	1
60-64岁	8	43	107	38	69	28	1	19	
65-69岁	1	13	53	14	39	9	2	3	
70-74岁		3	8	3	5	2		1	
75岁及以上		2	6	1	5	5		4	
女	**82**	**689**	**7854**	**1617**	**6237**	**1419**	**414**	**653**	**2**
16-19岁		1	44	9	35	11	4	4	
20-24岁	9	40	330	62	268	96	45	25	
25-29岁	10	56	1010	208	802	231	83	76	
30-34岁	9	93	1404	311	1093	286	76	120	
35-39岁	8	76	1251	259	992	178	34	98	
40-44岁	12	109	1408	266	1142	244	44	152	
45-49岁	19	158	1463	288	1175	267	100	120	1
50-54岁	12	118	686	146	540	85	19	47	1
55-59岁	3	35	186	47	139	18	9	8	
60-64岁		3	41	14	27	2		2	
65-69岁			16	4	12	1		1	
70-74岁			6	3	3				
75岁及以上			9		9				

4-5a　续表 7　　　　单位：人

年龄组 性　别	交通运输、仓储和邮政业					住宿和餐饮业		
	航　空 运输业	管　道 运输业	多式联运 和运输 代理业	装卸搬运 和仓储业	邮政业	小计	住宿业	餐饮业
总　计	**191**	**18**	**146**	**314**	**650**	**6196**	**1110**	**5086**
16–19岁				3	6	204	23	181
20–24岁	11		10	19	73	604	75	529
25–29岁	63		18	24	156	917	133	784
30–34岁	45	2	25	36	141	1077	158	919
35–39岁	29	2	21	50	72	811	145	666
40–44岁	18	4	17	43	84	831	173	658
45–49岁	12	3	30	61	61	832	176	656
50–54岁	9	7	20	51	48	601	147	454
55–59岁	3		2	18	8	244	58	186
60–64岁			2	5	1	45	12	33
65–69岁			1	3		25	7	18
70–74岁				1		4	2	2
75岁及以上	1					1	1	
男	**114**	**13**	**109**	**258**	**475**	**3085**	**451**	**2634**
16–19岁				2	4	154	15	139
20–24岁	6		5	18	58	363	37	326
25–29岁	39		13	18	119	460	51	409
30–34岁	22	1	13	25	98	547	49	498
35–39岁	17	1	18	41	51	388	54	334
40–44岁	11	2	13	33	59	370	59	311
45–49岁	7	2	24	48	40	344	56	288
50–54岁	8	7	18	46	38	282	71	211
55–59岁	3		2	18	7	129	40	89
60–64岁			2	5	1	29	10	19
65–69岁			1	3		17	7	10
70–74岁				1		2	2	
75岁及以上	1							
女	**77**	**5**	**37**	**56**	**175**	**3111**	**659**	**2452**
16–19岁				1	2	50	8	42
20–24岁	5		5	1	15	241	38	203
25–29岁	24		5	6	37	457	82	375
30–34岁	23	1	12	11	43	530	109	421
35–39岁	12	1	3	9	21	423	91	332
40–44岁	7	2	4	10	25	461	114	347
45–49岁	5	1	6	13	21	488	120	368
50–54岁	1		2	5	10	319	76	243
55–59岁					1	115	18	97
60–64岁						16	2	14
65–69岁						8		8
70–74岁						2		2
75岁及以上						1	1	

4-5a 续表 8

单位：人

年龄组 性别	信息传输、软件和信息技术服务业				金融业				
	小计	电信、广播电视和卫星传输服务	互联网和相关服务	软件和信息技术服务业	小计	货币金融服务	资本市场服务	保险业	其他金融业
总　计	**1885**	**1002**	**283**	**600**	**2698**	**1711**	**98**	**746**	**143**
16-19岁	8	3	5		1			1	
20-24岁	174	84	33	57	181	114	7	46	14
25-29岁	449	199	72	178	601	387	25	161	28
30-34岁	454	229	86	139	589	391	19	146	33
35-39岁	272	161	25	86	361	197	15	128	21
40-44岁	211	122	25	64	264	142	11	100	11
45-49岁	182	109	24	49	352	221	11	100	20
50-54岁	107	74	12	21	261	193	8	47	13
55-59岁	25	19	1	5	75	56	2	14	3
60-64岁	3	2		1	8	5		3	
65-69岁					3	3			
70-74岁					1	1			
75岁及以上					1	1			
男	**1111**	**517**	**188**	**406**	**1215**	**798**	**50**	**287**	**80**
16-19岁	3	1	2		1			1	
20-24岁	103	43	22	38	77	36	3	30	8
25-29岁	252	91	46	115	241	143	7	76	15
30-34岁	270	107	61	102	245	161	8	60	16
35-39岁	153	82	17	54	138	72	11	43	12
40-44岁	121	61	16	44	110	71	7	25	7
45-49岁	107	61	14	32	157	108	6	31	12
50-54岁	81	56	9	16	183	154	6	15	8
55-59岁	18	13	1	4	54	46	2	4	2
60-64岁	3	2		1	6	4		2	
65-69岁					3	3			
70-74岁									
75岁及以上									
女	**774**	**485**	**95**	**194**	**1483**	**913**	**48**	**459**	**63**
16-19岁	5	2	3						
20-24岁	71	41	11	19	104	78	4	16	6
25-29岁	197	108	26	63	360	244	18	85	13
30-34岁	184	122	25	37	344	230	11	86	17
35-39岁	119	79	8	32	223	125	4	85	9
40-44岁	90	61	9	20	154	71	4	75	4
45-49岁	75	48	10	17	195	113	5	69	8
50-54岁	26	18	3	5	78	39	2	32	5
55-59岁	7	6		1	21	10		10	1
60-64岁					2	1		1	
65-69岁									
70-74岁					1	1			
75岁及以上					1	1			

4–5a　续表 9　　单位：人

年龄组 性　别	房地产业		租赁和商务服务业			科学研究和技术服务业			
	小计	房地产业	小计	租赁业	商　务 服务业	小计	研究和 试验发展	专业技术 服务业	科技推广 和应用 服务业
总　计	**3062**	**3062**	**3637**	**333**	**3304**	**2672**	**229**	**2181**	**262**
16–19岁	16	16	26	1	25	5	2	3	
20–24岁	140	140	256	14	242	176	11	149	16
25–29岁	374	374	618	39	579	488	35	411	42
30–34岁	438	438	689	61	628	614	42	521	51
35–39岁	294	294	485	55	430	390	37	317	36
40–44岁	400	400	430	47	383	304	32	238	34
45–49岁	524	524	533	61	472	306	23	247	36
50–54岁	484	484	386	41	345	259	30	202	27
55–59岁	262	262	162	9	153	108	15	74	19
60–64岁	83	83	33	3	30	10	2	8	
65–69岁	40	40	15	2	13	6		6	
70–74岁	6	6	3		3	2		2	
75岁及以上	1	1	1		1	4		3	1
男	**1818**	**1818**	**2242**	**285**	**1957**	**1790**	**140**	**1485**	**165**
16–19岁	9	9	17	1	16	3	1	2	
20–24岁	76	76	124	12	112	111	5	95	11
25–29岁	215	215	321	36	285	309	18	266	25
30–34岁	241	241	392	51	341	408	23	354	31
35–39岁	146	146	283	49	234	250	21	205	24
40–44岁	193	193	265	37	228	192	21	151	20
45–49岁	292	292	347	51	296	214	14	179	21
50–54岁	339	339	301	37	264	206	21	164	21
55–59岁	198	198	142	6	136	81	14	55	12
60–64岁	69	69	32	3	29	8	2	6	
65–69岁	34	34	15	2	13	6		6	
70–74岁	5	5	3		3	1		1	
75岁及以上	1	1				1		1	
女	**1244**	**1244**	**1395**	**48**	**1347**	**882**	**89**	**696**	**97**
16–19岁	7	7	9		9	2	1	1	
20–24岁	64	64	132	2	130	65	6	54	5
25–29岁	159	159	297	3	294	179	17	145	17
30–34岁	197	197	297	10	287	206	19	167	20
35–39岁	148	148	202	6	196	140	16	112	12
40–44岁	207	207	165	10	155	112	11	87	14
45–49岁	232	232	186	10	176	92	9	68	15
50–54岁	145	145	85	4	81	53	9	38	6
55–59岁	64	64	20	3	17	27	1	19	7
60–64岁	14	14	1		1	2		2	
65–69岁	6	6							
70–74岁	1	1				1		1	
75岁及以上			1		1	3		2	1

4−5a 续表 10 单位：人

年龄组 性 别	水利、环境和公共设施管理业					居民服务、修理和其他服务业			
	小计	水 利 管理业	生态保护 和环境 治理业	公共设施 管理业	土 地 管理业	小计	居 民 服务业	机动车、 电子产品 和日用产 品修理业	其 他 服务业
总 计	**838**	**112**	**123**	**581**	**22**	**2847**	**1587**	**927**	**333**
16−19岁	1			1		87	48	36	3
20−24岁	32	4	7	19	2	306	175	115	16
25−29岁	81	16	21	37	7	378	209	137	32
30−34岁	109	20	21	66	2	514	298	181	35
35−39岁	109	18	21	65	5	357	210	112	35
40−44岁	112	15	7	88	2	385	219	117	49
45−49岁	158	18	22	116	2	393	221	105	67
50−54岁	130	16	16	98		281	131	90	60
55−59岁	59	4	6	47	2	103	55	23	25
60−64岁	32	1	2	29		24	10	7	7
65−69岁	11			11		17	9	4	4
70−74岁	2			2		2	2		
75岁及以上	2			2					
男	**509**	**80**	**87**	**328**	**14**	**1409**	**521**	**737**	**151**
16−19岁	1			1		51	18	31	2
20−24岁	25	3	5	16	1	176	64	103	9
25−29岁	60	13	15	27	5	202	67	115	20
30−34岁	59	13	10	35	1	264	102	148	14
35−39岁	66	14	13	35	4	173	71	83	19
40−44岁	60	10	7	42	1	154	54	81	19
45−49岁	76	8	17	50	1	169	61	80	28
50−54岁	91	14	15	62		154	54	72	28
55−59岁	39	4	4	30	1	43	20	15	8
60−64岁	21	1	1	19		13	4	6	3
65−69岁	10			10		9	5	3	1
70−74岁						1	1		
75岁及以上	1			1					
女	**329**	**32**	**36**	**253**	**8**	**1438**	**1066**	**190**	**182**
16−19岁						36	30	5	1
20−24岁	7	1	2	3	1	130	111	12	7
25−29岁	21	3	6	10	2	176	142	22	12
30−34岁	50	7	11	31	1	250	196	33	21
35−39岁	43	4	8	30	1	184	139	29	16
40−44岁	52	5		46	1	231	165	36	30
45−49岁	82	10	5	66	1	224	160	25	39
50−54岁	39	2	1	36		127	77	18	32
55−59岁	20		2	17	1	60	35	8	17
60−64岁	11		1	10		11	6	1	4
65−69岁	1			1		8	4	1	3
70−74岁	2			2		1	1		
75岁及以上	1			1					

4-5a　续表 11

单位：人

年龄组 性　别	教育		卫生和社会工作			文化、体育和娱乐业				
	小计	教育	小计	卫生	社会工作	小计	新闻和出版业	广播、电视、电影和录音制作业	文化艺术业	体育
总　计	**5408**	**5408**	**3934**	**3833**	**101**	**1209**	**158**	**180**	**265**	**133**
16-19岁	217	217	24	23	1	21		1	4	2
20-24岁	452	452	344	341	3	133	6	11	31	17
25-29岁	845	845	921	907	14	252	30	33	50	32
30-34岁	831	831	860	849	11	236	26	47	45	21
35-39岁	621	621	493	480	13	141	12	27	36	18
40-44岁	706	706	416	404	12	127	21	15	24	11
45-49岁	774	774	397	378	19	137	34	14	35	15
50-54岁	664	664	298	288	10	105	18	20	24	14
55-59岁	254	254	137	126	11	44	8	11	10	1
60-64岁	29	29	24	20	4	6	1	1	2	1
65-69岁	9	9	12	9	3	7	2		4	1
70-74岁	1	1	5	5						
75岁及以上	5	5	3	3						
男	**1984**	**1984**	**1105**	**1071**	**34**	**683**	**85**	**108**	**144**	**83**
16-19岁	112	112	4	4		12				1
20-24岁	90	90	54	52	2	69	3	9	12	10
25-29岁	192	192	173	169	4	115	11	13	21	21
30-34岁	227	227	173	171	2	136	10	28	26	11
35-39岁	173	173	136	132	4	91	5	19	23	16
40-44岁	256	256	146	143	3	74	12	8	15	6
45-49岁	329	329	159	154	5	73	21	8	19	6
50-54岁	386	386	156	152	4	66	14	14	14	10
55-59岁	188	188	71	66	5	35	6	8	8	1
60-64岁	21	21	16	14	2	6	1	1	2	1
65-69岁	5	5	9	6	3	6	2		4	
70-74岁	1	1	5	5						
75岁及以上	4	4	3	3						
女	**3424**	**3424**	**2829**	**2762**	**67**	**526**	**73**	**72**	**121**	**50**
16-19岁	105	105	20	19	1	9		1	4	1
20-24岁	362	362	290	289	1	64	3	2	19	7
25-29岁	653	653	748	738	10	137	19	20	29	11
30-34岁	604	604	687	678	9	100	16	19	19	10
35-39岁	448	448	357	348	9	50	7	8	13	2
40-44岁	450	450	270	261	9	53	9	7	9	5
45-49岁	445	445	238	224	14	64	13	6	16	9
50-54岁	278	278	142	136	6	39	4	6	10	4
55-59岁	66	66	66	60	6	9	2	3	2	
60-64岁	8	8	8	6	2					
65-69岁	4	4	3	3		1				1
70-74岁										
75岁及以上	1	1								

4-5a 续表 12

单位：人

年龄组 性别	娱乐业	公共管理、社会保障和社会组织							国际组织	
		小计	中国共产党机关	国家机构	人民政协、民主党派	社会保障	群众团体、社会团体和其他成员组织	基层群众自治组织	小计	国际组织
总　计	**473**	**9016**	**324**	**7680**	**55**	**34**	**432**	**491**	**1**	**1**
16-19岁	14	21		7			13	1		
20-24岁	68	428	5	379	1	3	24	16		
25-29岁	107	1329	38	1193	3	3	54	38		
30-34岁	97	1612	67	1411	1	9	66	58		
35-39岁	48	1099	48	931	7	6	56	51		
40-44岁	56	1105	51	923	6	6	51	68	1	1
45-49岁	39	1407	49	1159	9	3	68	119		
50-54岁	29	1177	43	1008	10	2	51	63		
55-59岁	14	707	23	590	16	1	34	43		
60-64岁	1	66		41	2		7	16		
65-69岁		40		23			2	15		
70-74岁		12		8		1	1	2		
75岁及以上		13		7			5	1		
男	**263**	**5461**	**228**	**4709**	**40**	**7**	**273**	**204**	**1**	**1**
16-19岁	11	20		6			13	1		
20-24岁	35	253	2	235			14	2		
25-29岁	49	722	25	657	1		25	14		
30-34岁	61	879	43	783		2	37	14		
35-39岁	28	618	32	531	5		33	17		
40-44岁	33	619	38	527	4	1	30	19	1	1
45-49岁	19	823	39	704	7	1	40	32		
50-54岁	14	818	31	697	8	1	38	43		
55-59岁	12	610	18	513	13	1	30	35		
60-64岁	1	52		31	2		6	13		
65-69岁		29		16			2	11		
70-74岁		8		4		1	1	2		
75岁及以上		10		5			4	1		
女	**210**	**3555**	**96**	**2971**	**15**	**27**	**159**	**287**		
16-19岁	3	1		1						
20-24岁	33	175	3	144	1	3	10	14		
25-29岁	58	607	13	536	2	3	29	24		
30-34岁	36	733	24	628	1	7	29	44		
35-39岁	20	481	16	400	2	6	23	34		
40-44岁	23	486	13	396	2	5	21	49		
45-49岁	20	584	10	455	2	2	28	87		
50-54岁	15	359	12	311	2	1	13	20		
55-59岁	2	97	5	77	3		4	8		
60-64岁		14		10			1	3		
65-69岁		11		7				4		
70-74岁		4		4						
75岁及以上		3		2			1			

4-5b　全省分年龄、性别、行业大类的就业人口(镇)

单位：人

年龄组 性　别	合计	农、林、牧、渔业						采矿业	
		小计	农业	林业	畜牧业	渔业	农、林、牧、渔专业及辅助性活动	小计	煤炭开采和洗选业
总　计	**53603**	**7153**	**2490**	**1720**	**2720**	**18**	**205**	**739**	**297**
16—19岁	707	218	30	139	47		2	2	1
20—24岁	3831	467	95	180	184		8	44	8
25—29岁	7205	605	141	168	282	1	13	83	31
30—34岁	8501	877	261	202	384	5	25	101	50
35—39岁	7078	885	268	243	355	3	16	91	39
40—44岁	8139	964	336	213	378	2	35	143	60
45—49岁	8199	1100	423	208	422	5	42	156	60
50—54岁	5989	978	434	182	326	1	35	102	43
55—59岁	2702	588	288	80	197	1	22	13	4
60—64岁	654	202	101	23	73		5	3	1
65—69岁	384	150	69	31	48		2		
70—74岁	144	81	34	28	19			1	
75岁及以上	70	38	10	23	5				
男	**32112**	**4096**	**1404**	**827**	**1703**	**11**	**151**	**637**	**264**
16—19岁	436	110	16	69	23		2	2	1
20—24岁	2121	243	54	75	111		3	39	7
25—29岁	4022	332	65	80	175	1	11	68	25
30—34岁	4847	491	149	87	233	3	19	86	43
35—39岁	4001	473	137	113	210	1	12	79	35
40—44岁	4765	568	195	111	236	1	25	115	52
45—49岁	4902	622	230	98	260	4	30	133	53
50—54岁	4107	585	248	91	221		25	98	43
55—59岁	1995	374	171	49	136	1	17	13	4
60—64岁	486	126	61	12	48		5	3	1
65—69岁	282	96	44	16	34		2		
70—74岁	108	57	27	17	13			1	
75岁及以上	40	19	7	9	3				
女	**21491**	**3057**	**1086**	**893**	**1017**	**7**	**54**	**102**	**33**
16—19岁	271	108	14	70	24				
20—24岁	1710	224	41	105	73		5	5	1
25—29岁	3183	273	76	88	107		2	15	6
30—34岁	3654	386	112	115	151	2	6	15	7
35—39岁	3077	412	131	130	145	2	4	12	4
40—44岁	3374	396	141	102	142	1	10	28	8
45—49岁	3297	478	193	110	162	1	12	23	7
50—54岁	1882	393	186	91	105	1	10	4	
55—59岁	707	214	117	31	61		5		
60—64岁	168	76	40	11	25				
65—69岁	102	54	25	15	14				
70—74岁	36	24	7	11	6				
75岁及以上	30	19	3	14	2				

4-5b 续表 1

单位：人

年龄组 性 别	采矿业						制造业		
	石油和天然气开采业	黑色金属矿采选业	有色金属矿采选业	非金属矿采选业	开采专业及辅助性活动	其他采矿业	小计	农副食品加工业	食品制造业
总　计	**57**	**49**	**133**	**166**	**22**	**15**	**4606**	**292**	**193**
16－19岁						1	44	3	1
20－24岁	5	5	8	15	1	2	325	16	6
25－29岁	9	2	19	17	4	1	672	30	19
30－34岁	10	4	17	14	6		787	36	28
35－39岁	11	3	19	17	2		562	32	23
40－44岁	9	14	19	32	5	4	705	51	25
45－49岁	6	12	29	48	1		706	42	47
50－54岁	7	7	20	18	2	5	527	45	27
55－59岁		2	2	3	1	1	194	22	11
60－64岁				2			47	8	1
65－69岁							32	7	4
70－74岁						1	4		
75岁及以上							1		1
男	**46**	**31**	**120**	**139**	**22**	**15**	**3349**	**187**	**82**
16－19岁						1	32	2	1
20－24岁	4	4	8	13	1	2	235	9	2
25－29岁	5		18	15	4	1	483	21	7
30－34岁	7	4	15	11	6		574	23	13
35－39岁	9	2	18	13	2		387	19	10
40－44岁	9	6	15	24	5	4	491	28	12
45－49岁	5	8	26	40	1		497	26	16
50－54岁	7	5	18	18	2	5	427	30	10
55－59岁		2	2	3	1	1	150	17	6
60－64岁				2			43	7	1
65－69岁							27	5	4
70－74岁						1	3		
75岁及以上									
女	**11**	**18**	**13**	**27**			**1257**	**105**	**111**
16－19岁							12	1	
20－24岁	1	1		2			90	7	4
25－29岁	4	2	1	2			189	9	12
30－34岁	3		2	3			213	13	15
35－39岁	2	1	1	4			175	13	13
40－44岁		8	4	8			214	23	13
45－49岁	1	4	3	8			209	16	31
50－54岁		2	2				100	15	17
55－59岁							44	5	5
60－64岁							4	1	
65－69岁							5	2	
70－74岁							1		
75岁及以上							1		1

4-5b　续表 2　　　　单位：人

年龄组 性　别	制造业								
	酒、饮料和精制茶制造业	烟　草制品业	纺织业	纺织服装、服饰业	皮革、毛皮、羽毛及其制品和制鞋业	木材加工和木、竹、藤、棕、草制品业	家　具制造业	造纸和纸制品业	印刷和记录媒介复制业
总　计	**186**	**2**	**49**	**115**	**6**	**50**	**35**	**9**	**40**
16-19岁							1		1
20-24岁	7		3	2		3	2		6
25-29岁	25		4	4		3	3	1	11
30-34岁	31		9	16		4	4	5	8
35-39岁	20		10	13		4	4		4
40-44岁	35		7	30	2	6	3	2	2
45-49岁	41	1	6	21	1	17	6	1	3
50-54岁	16		6	15	1	8	9		3
55-59岁	6	1	2	11	1	4	2		1
60-64岁	3		2		1				1
65-69岁	2			2		1			
70-74岁				1			1		
75岁及以上									
男	**118**	**2**	**20**	**40**	**3**	**35**	**26**	**6**	**24**
16-19岁							1		1
20-24岁	6		2	2		3	1		5
25-29岁	18		2			3	2		6
30-34岁	20		2	4		4	3	4	5
35-39岁	9		4	3		3	2		2
40-44岁	17		4	6		3	3	1	2
45-49岁	24	1	3	10	1	10	5	1	1
50-54岁	16		1	7		6	6		2
55-59岁	3	1	1	6	1	3	2		
60-64岁	3		1		1				
65-69岁	2			2					
70-74岁							1		
75岁及以上									
女	**68**		**29**	**75**	**3**	**15**	**9**	**3**	**16**
16-19岁									
20-24岁	1		1				1		1
25-29岁	7		2	4			1	1	5
30-34岁	11		7	12			1	1	3
35-39岁	11		6	10		1	2		2
40-44岁	18		3	24	2	3		1	
45-49岁	17		3	11		7	1		2
50-54岁			5	8	1	2	3		1
55-59岁	3		1	5		1			1
60-64岁			1						1
65-69岁						1			
70-74岁				1					
75岁及以上									

4－5b 续表 3

单位：人

年龄组 性 别	制造业								
	文教、工美、体育和娱乐用品制造业	石油、煤炭及其他燃料加工业	化学原料和化学制品制造业	医 药制造业	化学纤维制造业	橡胶和塑 料制品业	非金属矿 物制品业	黑色金属冶炼和压延加工业	有色金属冶炼和压延加工业
总 计	**147**	**144**	**818**	**34**	**12**	**60**	**558**	**164**	**771**
16－19岁	6	2	4	1	1		2		1
20－24岁	10	15	92	4	1	2	26	10	41
25－29岁	28	30	181	7	5	7	50	9	106
30－34岁	28	28	175	7	1	13	79	20	134
35－39岁	26	14	89	5	2	8	64	26	103
40－44岁	17	24	89	2	1	8	112	21	150
45－49岁	15	20	84		1	7	101	39	143
50－54岁	11	9	70	5		9	72	29	77
55－59岁	5	1	27	3		4	33	8	13
60－64岁		1	4			1	12	2	2
65－69岁	1		3			1	5		1
70－74岁							2		
75岁及以上									
男	**112**	**115**	**599**	**22**	**8**	**31**	**423**	**127**	**643**
16－19岁	4	2	3				1		1
20－24岁	9	11	62	2		2	25	6	33
25－29岁	23	23	120	7	4	4	37	8	88
30－34岁	21	25	127	4	1	8	58	17	108
35－39岁	20	8	62	3	1	3	46	20	83
40－44岁	10	20	66	1	1	3	78	12	129
45－49岁	10	16	67		1	1	70	29	114
50－54岁	10	9	61	2		5	62	27	74
55－59岁	4		24	3		3	29	6	10
60－64岁		1	4			1	11	2	2
65－69岁	1		3			1	4		1
70－74岁							2		
75岁及以上									
女	**35**	**29**	**219**	**12**	**4**	**29**	**135**	**37**	**128**
16－19岁	2		1	1	1		1		
20－24岁	1	4	30	2	1		1	4	8
25－29岁	5	7	61		1	3	13	1	18
30－34岁	7	3	48	3		5	21	3	26
35－39岁	6	6	27	2	1	5	18	6	20
40－44岁	7	4	23	1		5	34	9	21
45－49岁	5	4	17			6	31	10	29
50－54岁	1		9	3		4	10	2	3
55－59岁	1	1	3			1	4	2	3
60－64岁							1		
65－69岁							1		
70－74岁									
75岁及以上									

4-5b　续表 4

单位：人

年龄组 性　别	制造业								
	金　属 制品业	通用设备 制造业	专用设备 制造业	汽　车 制造业	铁路、船舶、航空航天和其他运输设备制造业	电气机械和器材制造业	计算机、通信和其他电子设备制造业	仪器仪表 制造业	其　他 制造业
总　计	**316**	**92**	**53**	**19**	**10**	**131**	**150**		**9**
16-19岁	4		1			3	12		
20-24岁	12	3	5	3	1	17	30		1
25-29岁	35	11	4	2	4	42	37		1
30-34岁	50	21	10	4	2	19	36		1
35-39岁	47	8	15	4	2	9	14		2
40-44岁	49	11	9	2		18	10		1
45-49岁	49	15	4		1	9	5		1
50-54岁	45	19	3	2		9	6		1
55-59岁	17	2	2	2		4			1
60-64岁	4	2				1			
65-69岁	4								
70-74岁									
75岁及以上									
男	**257**	**78**	**40**	**12**	**9**	**98**	**104**		**8**
16-19岁	4		1			2	8		
20-24岁	10	3	1	2		12	19		1
25-29岁	25	9	4	1	4	32	25		1
30-34岁	43	16	5	3	2	15	25		1
35-39岁	38	5	14	2	2	6	11		1
40-44岁	38	8	8	2		14	8		1
45-49岁	40	14	3		1	7	4		1
50-54岁	38	19	3	1		6	4		1
55-59岁	14	2	1	1		3			1
60-64岁	4	2				1			
65-69岁	3								
70-74岁									
75岁及以上									
女	**59**	**14**	**13**	**7**	**1**	**33**	**46**		**1**
16-19岁						1	4		
20-24岁	2		4	1	1	5	11		
25-29岁	10	2		1		10	12		
30-34岁	7	5	5	1		4	11		
35-39岁	9	3	1	2		3	3		1
40-44岁	11	3	1			4	2		
45-49岁	9	1	1			2	1		
50-54岁	7			1		3	2		
55-59岁	3		1	1		1			
60-64岁									
65-69岁	1								
70-74岁									
75岁及以上									

4-5b 续表 5

单位：人

年龄组 性别	制造业		电力、热力、燃气及水生产和供应业				建筑业		
	废弃资源综合利用业	金属制品、机械和设备修理业	小计	电力、热力生产和供应业	燃气生产和供应业	水的生产和供应业	小计	房屋建筑业	土木工程建筑业
总计	**56**	**85**	**1254**	**1070**	**87**	**97**	**5397**	**3280**	**787**
16-19岁	1		2	2			40	20	4
20-24岁	1	6	93	88	2	3	247	140	51
25-29岁	2	11	201	174	11	16	521	296	100
30-34岁	4	14	190	153	23	14	768	428	135
35-39岁	6	8	180	150	16	14	711	414	104
40-44岁	5	13	188	161	13	14	927	576	109
45-49岁	13	13	228	195	11	22	1017	645	127
50-54岁	12	18	123	108	6	9	756	475	99
55-59岁	9	2	33	25	4	4	337	232	51
60-64岁	2		10	8	1	1	51	38	6
65-69岁	1		5	5			18	13	1
70-74岁			1	1			1	1	
75岁及以上							3	2	
男	**40**	**80**	**969**	**847**	**57**	**65**	**4388**	**2686**	**699**
16-19岁	1		1	1			34	17	4
20-24岁	1	6	78	74	2	2	203	110	47
25-29岁	1	8	163	142	8	13	441	256	85
30-34岁	3	14	149	126	13	10	624	355	112
35-39岁	3	7	132	115	10	7	563	328	93
40-44岁	4	12	132	118	7	7	721	449	100
45-49岁	8	13	165	142	9	14	802	519	109
50-54岁	9	18	106	93	5	8	633	397	93
55-59岁	7	2	30	25	2	3	297	203	49
60-64岁	2		7	5	1	1	49	37	6
65-69岁	1		5	5			17	12	1
70-74岁			1	1			1	1	
75岁及以上							3	2	
女	**16**	**5**	**285**	**223**	**30**	**32**	**1009**	**594**	**88**
16-19岁			1	1			6	3	
20-24岁			15	14		1	44	30	4
25-29岁	1	3	38	32	3	3	80	40	15
30-34岁	1		41	27	10	4	144	73	23
35-39岁	3	1	48	35	6	7	148	86	11
40-44岁	1	1	56	43	6	7	206	127	9
45-49岁	5		63	53	2	8	215	126	18
50-54岁	3		17	15	1	1	123	78	6
55-59岁	2		3		2	1	40	29	2
60-64岁			3	3			2	1	
65-69岁							1	1	
70-74岁									
75岁及以上									

4-5b　续表 6　　　　单位：人

年龄组 性　别	建筑业		批发和零售业			交通运输、仓储和邮政业			
	建　筑 安装业	建筑装饰、装修和其他建筑业	小计	批发业	零售业	小计	铁　路 运输业	道　路 运输业	水　上 运输业
总　计	**217**	**1113**	**6523**	**853**	**5670**	**3288**	**152**	**2380**	**9**
16—19岁	2	14	48	4	44	24	2	5	
20—24岁	11	45	334	35	299	174	29	79	
25—29岁	20	105	711	89	622	429	46	258	2
30—34岁	40	165	1065	129	936	530	31	376	
35—39岁	30	163	904	116	788	478	9	376	2
40—44岁	36	206	1105	147	958	605	5	478	2
45—49岁	40	205	1068	133	935	536	12	437	1
50—54岁	29	153	783	125	658	342	11	252	1
55—59岁	8	46	347	57	290	137	3	101	1
60—64岁	1	6	76	10	66	23	2	13	
65—69岁		4	51	1	50	6	1	2	
70—74岁			22	5	17	4	1	3	
75岁及以上		1	9	2	7				
男	**199**	**804**	**3162**	**554**	**2608**	**2876**	**124**	**2183**	**6**
16—19岁	1	12	27	3	24	19		5	
20—24岁	8	38	164	20	144	144	25	73	
25—29岁	20	80	346	57	289	353	38	227	2
30—34岁	37	120	471	87	384	460	27	342	
35—39岁	26	116	379	64	315	419	5	340	2
40—44岁	33	139	525	99	426	542	4	443	1
45—49岁	36	138	498	82	416	469	10	399	
50—54岁	29	114	426	86	340	312	10	237	1
55—59岁	8	37	221	43	178	127	2	99	
60—64岁	1	5	51	6	45	22	1	13	
65—69岁		4	30	1	29	5	1	2	
70—74岁			17	4	13	4	1	3	
75岁及以上		1	7	2	5				
女	**18**	**309**	**3361**	**299**	**3062**	**412**	**28**	**197**	**3**
16—19岁	1	2	21	1	20	5	2		
20—24岁	3	7	170	15	155	30	4	6	
25—29岁		25	365	32	333	76	8	31	
30—34岁	3	45	594	42	552	70	4	34	
35—39岁	4	47	525	52	473	59	4	36	
40—44岁	3	67	580	48	532	63	1	35	1
45—49岁	4	67	570	51	519	67	2	38	1
50—54岁		39	357	39	318	30	1	15	
55—59岁		9	126	14	112	10	1	2	1
60—64岁		1	25	4	21	1	1		
65—69岁			21		21	1			
70—74岁			5	1	4				
75岁及以上			2		2				

4－5b 续表 7 单位：人

年龄组 性 别	交通运输、仓储和邮政业					住宿和餐饮业		
	航 空 运输业	管 道 运输业	多式联运 和运输 代理业	装卸搬运 和仓储业	邮政业	小计	住宿业	餐饮业
总 计	**50**	**1**	**37**	**328**	**331**	**4800**	**621**	**4179**
16－19岁				8	9	157	6	151
20－24岁	10		3	19	34	523	60	463
25－29岁	14		2	32	75	721	65	656
30－34岁	5		4	36	78	897	80	817
35－39岁	6		7	45	33	713	91	622
40－44岁	5		9	55	51	692	88	604
45－49岁	7	1	7	51	20	563	127	436
50－54岁	3		5	48	22	337	61	276
55－59岁				26	6	153	25	128
60－64岁				5	3	32	14	18
65－69岁				3		6	4	2
70－74岁						5		5
75岁及以上						1		1
男	**28**	**1**	**30**	**269**	**235**	**2244**	**227**	**2017**
16－19岁				7	7	102	1	101
20－24岁	4		3	13	26	277	19	258
25－29岁	8		1	23	54	378	27	351
30－34岁	3		4	33	51	415	27	388
35－39岁	4		6	36	26	330	30	300
40－44岁	5		6	46	37	276	24	252
45－49岁	2	1	6	38	13	215	46	169
50－54岁	2		4	42	16	138	20	118
55－59岁				24	2	82	16	66
60－64岁				5	3	22	14	8
65－69岁				2		4	3	1
70－74岁						4		4
75岁及以上						1		1
女	**22**		**7**	**59**	**96**	**2556**	**394**	**2162**
16－19岁				1	2	55	5	50
20－24岁	6			6	8	246	41	205
25－29岁	6		1	9	21	343	38	305
30－34岁	2			3	27	482	53	429
35－39岁	2		1	9	7	383	61	322
40－44岁			3	9	14	416	64	352
45－49岁	5		1	13	7	348	81	267
50－54岁	1		1	6	6	199	41	158
55－59岁				2	4	71	9	62
60－64岁						10		10
65－69岁				1		2	1	1
70－74岁						1		1
75岁及以上								

4-5b　续表 8

单位：人

年龄组 性　别	信息传输、软件和信息技术服务业				金融业				
	小计	电信、广播电视和卫星传输服务	互联网和相关服务	软件和信息技术服务业	小计	货币金融服　务	资本市场服　务	保险业	其　他金融业
总　计	**533**	**412**	**66**	**55**	**904**	**608**	**5**	**261**	**30**
16–19岁	3	3			2	1		1	
20–24岁	81	61	10	10	93	69	2	19	3
25–29岁	123	89	21	13	247	177	2	56	12
30–34岁	128	102	12	14	167	112	1	49	5
35–39岁	65	46	8	11	87	50		35	2
40–44岁	62	53	7	2	79	44		32	3
45–49岁	43	33	6	4	109	62		46	1
50–54岁	21	18	2	1	94	71		19	4
55–59岁	3	3			22	18		4	
60–64岁	2	2			2	2			
65–69岁	1	1			1	1			
70–74岁					1	1			
75岁及以上	1	1							
男	**324**	**241**	**42**	**41**	**420**	**303**	**3**	**96**	**18**
16–19岁	2	2			1			1	
20–24岁	56	39	9	8	43	29	1	11	2
25–29岁	63	42	12	9	117	78	2	31	6
30–34岁	72	54	8	10	72	49		21	2
35–39岁	41	28	6	7	32	20		10	2
40–44岁	41	37	2	2	25	17		7	1
45–49岁	30	23	3	4	38	33		4	1
50–54岁	16	13	2	1	70	57		9	4
55–59岁	2	2			18	16		2	
60–64岁	1	1			2	2			
65–69岁					1	1			
70–74岁					1	1			
75岁及以上									
女	**209**	**171**	**24**	**14**	**484**	**305**	**2**	**165**	**12**
16–19岁	1	1			1	1			
20–24岁	25	22	1	2	50	40	1	8	1
25–29岁	60	47	9	4	130	99		25	6
30–34岁	56	48	4	4	95	63	1	28	3
35–39岁	24	18	2	4	55	30		25	
40–44岁	21	16	5		54	27		25	2
45–49岁	13	10	3		71	29		42	
50–54岁	5	5			24	14		10	
55–59岁	1	1			4	2		2	
60–64岁	1	1							
65–69岁	1	1							
70–74岁									
75岁及以上	1	1							

4－5b 续表 9

单位：人

年龄组 性　别	房地产业		租赁和商务服务业			科学研究和技术服务业			
	小计	房地产业	小计	租赁业	商　务 服务业	小计	研究和 试验发展	专业技术 服务业	科技推广 和应用 服务业
总　计	**740**	**740**	**1066**	**156**	**910**	**454**	**23**	**373**	**58**
16－19岁	8	8	11	2	9	3		2	1
20－24岁	40	40	99	8	91	55	7	45	3
25－29岁	70	70	169	20	149	92	4	79	9
30－34岁	107	107	177	33	144	80	1	75	4
35－39岁	83	83	111	24	87	47	5	37	5
40－44岁	86	86	130	24	106	53	2	40	11
45－49岁	119	119	160	22	138	53		41	12
50－54岁	121	121	110	9	101	50	3	37	10
55－59岁	65	65	59	8	51	15	1	12	2
60－64岁	25	25	27	6	21	3		3	
65－69岁	12	12	13		13	3		2	1
70－74岁	3	3							
75岁及以上	1	1							
男	**411**	**411**	**746**	**144**	**602**	**314**	**15**	**262**	**37**
16－19岁	4	4	9	2	7	3		2	1
20－24岁	23	23	57	7	50	40	5	34	1
25－29岁	33	33	110	18	92	68	2	60	6
30－34岁	48	48	118	31	87	52	1	48	3
35－39岁	32	32	86	23	63	27	3	22	2
40－44岁	38	38	83	21	62	36	1	27	8
45－49岁	67	67	108	21	87	25		21	4
50－54岁	79	79	89	9	80	42	2	31	9
55－59岁	49	49	52	7	45	15	1	12	2
60－64岁	23	23	23	5	18	3		3	
65－69岁	12	12	11		11	3		2	1
70－74岁	2	2							
75岁及以上	1	1							
女	**329**	**329**	**320**	**12**	**308**	**140**	**8**	**111**	**21**
16－19岁	4	4	2		2				
20－24岁	17	17	42	1	41	15	2	11	2
25－29岁	37	37	59	2	57	24	2	19	3
30－34岁	59	59	59	2	57	28		27	1
35－39岁	51	51	25	1	24	20	2	15	3
40－44岁	48	48	47	3	44	17	1	13	3
45－49岁	52	52	52	1	51	28		20	8
50－54岁	42	42	21		21	8	1	6	1
55－59岁	16	16	7	1	6				
60－64岁	2	2	4	1	3				
65－69岁			2		2				
70－74岁	1	1							
75岁及以上									

4-5b 续表 10 单位：人

年龄组 性别	水利、环境和公共设施管理业					居民服务、修理和其他服务业			
	小计	水利管理业	生态保护和环境治理业	公共设施管理业	土地管理业	小计	居民服务业	机动车、电子产品和日用产品修理业	其他服务业
总计	**812**	**77**	**300**	**427**	**8**	**1515**	**625**	**717**	**173**
16-19岁	3		2	1		32	9	23	
20-24岁	36	2	13	20	1	150	52	94	4
25-29岁	65	7	27	30	1	213	80	127	6
30-34岁	99	12	47	40		229	84	132	13
35-39岁	91	8	38	44	1	224	95	108	21
40-44岁	129	13	39	74	3	215	106	79	30
45-49岁	160	21	51	87	1	185	82	74	29
50-54岁	126	9	46	71		154	60	52	42
55-59岁	72	3	26	43		75	38	23	14
60-64岁	13	1	3	9		24	11	3	10
65-69岁	10		2	7	1	13	8	2	3
70-74岁	5	1	3	1		1			1
75岁及以上	3		3						
男	**515**	**56**	**238**	**216**	**5**	**830**	**195**	**578**	**57**
16-19岁	1			1		26	3	23	
20-24岁	26	1	10	14	1	99	16	82	1
25-29岁	46	4	24	18		132	26	104	2
30-34岁	71	11	35	25		131	21	105	5
35-39岁	62	4	32	26		109	22	81	6
40-44岁	73	10	34	26	3	102	36	57	9
45-49岁	82	12	39	31		92	21	61	10
50-54岁	89	9	38	42		75	24	40	11
55-59岁	47	3	19	25		39	14	21	4
60-64岁	8	1	3	4		15	5	3	7
65-69岁	5		1	3	1	10	7	1	2
70-74岁	4	1	2	1					
75岁及以上	1		1						
女	**297**	**21**	**62**	**211**	**3**	**685**	**430**	**139**	**116**
16-19岁	2		2			6	6		
20-24岁	10	1	3	6		51	36	12	3
25-29岁	19	3	3	12	1	81	54	23	4
30-34岁	28	1	12	15		98	63	27	8
35-39岁	29	4	6	18	1	115	73	27	15
40-44岁	56	3	5	48		113	70	22	21
45-49岁	78	9	12	56	1	93	61	13	19
50-54岁	37		8	29		79	36	12	31
55-59岁	25		7	18		36	24	2	10
60-64岁	5			5		9	6		3
65-69岁	5		1	4		3	1	1	1
70-74岁	1		1			1			1
75岁及以上	2		2						

4−5b 续表 11

单位：人

年龄组 性 别	教育		卫生和社会工作			文化、体育和娱乐业				
	小计	教育	小计	卫生	社会工作	小计	新闻和出版业	广播、电视、电影和录音制作业	文化艺术业	体育
总 计	**4349**	**4349**	**2201**	**2116**	**85**	**408**	**27**	**54**	**141**	**32**
16−19岁	58	58	14	14		7				
20−24岁	286	286	245	243	2	44	3	2	16	2
25−29岁	549	549	508	498	10	69	4	13	29	4
30−34岁	644	644	395	383	12	83	7	8	30	7
35−39岁	647	647	269	255	14	47	3	14	12	4
40−44岁	778	778	262	250	12	46	4	6	14	3
45−49岁	687	687	244	228	16	57	4	5	19	3
50−54岁	484	484	155	141	14	34	2	5	11	4
55−59岁	180	180	69	65	4	13		1	7	
60−64岁	20	20	16	16		8			3	5
65−69岁	10	10	15	15						
70−74岁	2	2	5	4	1					
75岁及以上	4	4	4	4						
男	**1760**	**1760**	**732**	**705**	**27**	**196**	**10**	**26**	**65**	**20**
16−19岁	26	26	5	5		5				
20−24岁	63	63	53	53		19	1		7	1
25−29岁	133	133	115	112	3	33	1	8	11	4
30−34岁	196	196	118	113	5	36	4	3	11	3
35−39岁	210	210	97	92	5	25	1	7	8	2
40−44岁	320	320	98	97	1	19		2	5	3
45−49岁	317	317	97	95	2	26	2	3	9	1
50−54岁	313	313	84	77	7	19	1	2	7	2
55−59岁	151	151	37	34	3	8		1	5	
60−64岁	18	18	8	8		6			2	4
65−69岁	10	10	12	12						
70−74岁	1	1	5	4	1					
75岁及以上	2	2	3	3						
女	**2589**	**2589**	**1469**	**1411**	**58**	**212**	**17**	**28**	**76**	**12**
16−19岁	32	32	9	9		2				
20−24岁	223	223	192	190	2	25	2	2	9	1
25−29岁	416	416	393	386	7	36	3	5	18	
30−34岁	448	448	277	270	7	47	3	5	19	4
35−39岁	437	437	172	163	9	22	2	7	4	2
40−44岁	458	458	164	153	11	27	4	4	9	
45−49岁	370	370	147	133	14	31	2	2	10	2
50−54岁	171	171	71	64	7	15	1	3	4	2
55−59岁	29	29	32	31	1	5			2	
60−64岁	2	2	8	8		2			1	1
65−69岁			3	3						
70−74岁	1	1								
75岁及以上	2	2	1	1						

4-5b　续表 12　　　　单位：人

年龄组 性　别	娱乐业	公共管理、社会保障和社会组织						国际组织	
		小计	中国共产党机关	国家机构	人民政协、民主党派	社会保障	群众团体、社会团体和其他成员组织	基层群众自治组织	小计	国际组织
总　计	**154**	**6861**	**251**	**5689**	**35**	**36**	**351**	**499**		
16-19岁	7	31		7			23	1		
20-24岁	21	495	8	427	1	5	31	23		
25-29岁	19	1157	40	1042	1	6	37	31		
30-34岁	31	1177	41	1009	2	5	51	69		
35-39岁	14	883	46	723	6	2	37	69		
40-44岁	19	970	34	791	4	7	54	80		
45-49岁	26	1008	37	827	5	8	46	85		
50-54岁	12	692	32	534	8	1	44	73		
55-59岁	5	327	13	251	8	1	14	40		
60-64岁		70		44			8	18		
65-69岁		38		25		1	4	8		
70-74岁		8		6			1	1		
75岁及以上		5		3			1	1		
男	**75**	**4143**	**163**	**3456**	**25**	**14**	**232**	**253**		
16-19岁	5	27		6			21			
20-24岁	10	259	1	230		1	21	6		
25-29岁	9	608	24	555		3	17	9		
30-34岁	15	663	24	589	1	1	27	21		
35-39岁	7	518	31	429	5	1	21	31		
40-44岁	9	560	26	449	3	4	36	42		
45-49岁	11	619	22	524	3	2	31	37		
50-54岁	7	506	24	390	6	1	34	51		
55-59岁	2	283	11	220	7	1	13	31		
60-64岁		56		34			6	16		
65-69岁		34		23			3	8		
70-74岁		7		5			1	1		
75岁及以上		3		2			1			
女	**79**	**2718**	**88**	**2233**	**10**	**22**	**119**	**246**		
16-19岁	2	4		1			2	1		
20-24岁	11	236	7	197	1	4	10	17		
25-29岁	10	549	16	487	1	3	20	22		
30-34岁	16	514	17	420	1	4	24	48		
35-39岁	7	365	15	294	1	1	16	38		
40-44岁	10	410	8	342	1	3	18	38		
45-49岁	15	389	15	303	2	6	15	48		
50-54岁	5	186	8	144	2		10	22		
55-59岁	3	44	2	31	1		1	9		
60-64岁		14		10			2	2		
65-69岁		4		2		1	1			
70-74岁		1		1						
75岁及以上		2		1				1		

4-5c 全省分年龄、性别、行业大类的就业人口(乡村)

单位：人

年龄组 性别	合计	农、林、牧、渔业						采矿业	
		小计	农业	林业	畜牧业	渔业	农、林、牧、渔专业及辅助性活动	小计	煤炭开采和洗选业
总　计	**83569**	**43578**	**18347**	**3439**	**21243**	**46**	**503**	**1136**	**418**
16-19岁	2047	1036	214	204	614		4	11	
20-24岁	6839	2950	691	426	1801	4	28	52	16
25-29岁	10029	4206	1146	488	2521	8	43	145	46
30-34岁	10596	4911	1653	407	2798	6	47	198	64
35-39岁	9883	5151	1916	405	2777	4	49	151	53
40-44岁	11147	5773	2460	419	2813	5	76	174	73
45-49岁	12160	6534	3054	442	2928	10	100	197	91
50-54岁	10599	6035	3238	310	2396	4	87	151	56
55-59岁	6361	4102	2316	193	1545	3	45	49	17
60-64岁	1983	1410	886	46	461	2	15	6	2
65-69岁	1264	950	557	39	350		4	2	
70-74岁	415	318	149	30	135		4		
75岁及以上	246	202	67	30	104		1		
男	**50806**	**23484**	**9245**	**1809**	**12019**	**36**	**375**	**995**	**385**
16-19岁	1261	578	112	122	341		3	11	
20-24岁	3994	1613	351	220	1021	1	20	42	14
25-29岁	5914	2221	583	248	1349	7	34	120	37
30-34岁	6354	2546	802	184	1518	6	36	173	61
35-39岁	5802	2649	904	203	1501	2	39	132	48
40-44岁	6722	3038	1184	214	1581	5	54	158	67
45-49岁	7313	3433	1485	221	1652	6	69	173	86
50-54岁	6639	3242	1593	180	1396	4	69	134	54
55-59岁	4154	2358	1217	135	968	3	35	45	16
60-64岁	1387	902	556	27	306	2	11	5	2
65-69岁	861	603	329	30	242		2	2	
70-74岁	252	182	93	13	73		3		
75岁及以上	153	119	36	12	71				
女	**32763**	**20094**	**9102**	**1630**	**9224**	**10**	**128**	**141**	**33**
16-19岁	786	458	102	82	273		1		
20-24岁	2845	1337	340	206	780	3	8	10	2
25-29岁	4115	1985	563	240	1172	1	9	25	9
30-34岁	4242	2365	851	223	1280		11	25	3
35-39岁	4081	2502	1012	202	1276	2	10	19	5
40-44岁	4425	2735	1276	205	1232		22	16	6
45-49岁	4847	3101	1569	221	1276	4	31	24	5
50-54岁	3960	2793	1645	130	1000		18	17	2
55-59岁	2207	1744	1099	58	577		10	4	1
60-64岁	596	508	330	19	155		4	1	
65-69岁	403	347	228	9	108		2		
70-74岁	163	136	56	17	62		1		
75岁及以上	93	83	31	18	33		1		

4-5c　续表 1

单位：人

年龄组 性　别	采矿业						制造业		
	石油和天然气开采业	黑色金属矿采选业	有色金属矿采选业	非金属矿采选业	开采专业及辅助性活　动	其　他采矿业	小计	农副食品加工业	食　品制造业
总　计	**125**	**151**	**281**	**111**	**26**	**24**	**4131**	**328**	**151**
16—19岁	1	3	3	3	1		95	4	3
20—24岁	6	14	10	5	1		348	12	21
25—29岁	14	34	35	11	2	3	556	20	23
30—34岁	22	27	61	12	4	8	632	32	28
35—39岁	15	18	43	14	5	3	494	32	17
40—44岁	16	18	43	14	6	4	572	45	21
45—49岁	21	18	40	21	1	5	644	58	21
50—54岁	25	17	29	20	4		500	76	11
55—59岁	5	2	15	7	2	1	212	33	4
60—64岁			2	2			51	10	1
65—69岁				2			20	4	
70—74岁							6	1	1
75岁及以上							1	1	
男	**95**	**115**	**251**	**101**	**25**	**23**	**3069**	**217**	**63**
16—19岁	1	3	3	3	1		69	2	1
20—24岁	3	11	8	5	1		276	9	12
25—29岁	13	25	31	10	1	3	422	16	7
30—34岁	18	18	53	11	4	8	461	21	10
35—39岁	11	13	39	13	5	3	347	17	7
40—44岁	14	15	39	13	6	4	395	24	7
45—49岁	13	13	36	20	1	4	465	42	9
50—54岁	18	15	27	16	4		387	49	5
55—59岁	4	2	13	7	2	1	183	26	3
60—64岁			2	1			44	8	1
65—69岁				2			16	2	
70—74岁							3		1
75岁及以上							1	1	
女	**30**	**36**	**30**	**10**	**1**	**1**	**1062**	**111**	**88**
16—19岁							26	2	2
20—24岁	3	3	2				72	3	9
25—29岁	1	9	4	1	1		134	4	16
30—34岁	4	9	8	1			171	11	18
35—39岁	4	5	4	1			147	15	10
40—44岁	2	3	4	1			177	21	14
45—49岁	8	5	4	1		1	179	16	12
50—54岁	7	2	2	4			113	27	6
55—59岁	1		2				29	7	1
60—64岁				1			7	2	
65—69岁							4	2	
70—74岁							3	1	
75岁及以上									

4-5c 续表 2

单位：人

年龄组 性别	制造业								
	酒、饮料和精制茶制造业	烟草制品业	纺织业	纺织服装、服饰业	皮革、毛皮、羽毛及其制品和制鞋业	木材加工和木、竹、藤、棕、草制品业	家具制造业	造纸和纸制品业	印刷和记录媒介复制业
总计	**75**	**1**	**51**	**58**	**4**	**138**	**59**	**17**	**20**
16-19岁	1		3		1				
20-24岁	4		3	2	1	4	4	3	1
25-29岁	12		6	5	1	8	4		5
30-34岁	14		8	9		8	13	4	4
35-39岁	9		4	6		21	10	2	2
40-44岁	9	1	8	12		17	10	1	2
45-49岁	7		11	7	1	24	7		5
50-54岁	9		3	12		30	5	4	
55-59岁	4		3	4		20	4	1	1
60-64岁	3		1	1		5	1	1	
65-69岁	3		1			1		1	
70-74岁							1		
75岁及以上									
男	**49**	**1**	**22**	**17**	**1**	**112**	**41**	**8**	**12**
16-19岁	1		1		1				
20-24岁	2		2	1		4	4	3	1
25-29岁	7		4			7	4		4
30-34岁	8		2	3		7	9	1	1
35-39岁	4		1	2		16	6	1	2
40-44岁	6	1	4	2		12	6		
45-49岁	4		4	2		18	5		3
50-54岁	7		1	4		25	3	1	
55-59岁	4		1	3		17	3	1	1
60-64岁	3		1			5	1	1	
65-69岁	3		1			1			
70-74岁									
75岁及以上									
女	**26**		**29**	**41**	**3**	**26**	**18**	**9**	**8**
16-19岁			2						
20-24岁	2		1	1	1				
25-29岁	5		2	5	1	1			1
30-34岁	6		6	6		1	4	3	3
35-39岁	5		3	4		5	4	1	
40-44岁	3		4	10		5	4	1	2
45-49岁	3		7	5	1	6	2		2
50-54岁	2		2	8		5	2	3	
55-59岁			2	1		3	1		
60-64岁				1					
65-69岁								1	
70-74岁							1		
75岁及以上									

4−5c 续表 3

单位：人

年龄组 性 别	制造业								
	文教、工美、体育和娱乐用品制造业	石油、煤炭及其他燃料加工业	化学原料和化学制品制造业	医 药制造业	化学纤维制造业	橡胶和塑 料制品业	非金属矿 物制品业	黑色金属冶炼和压延加工业	有色金属冶炼和压延加工业
总 计	**163**	**26**	**416**	**22**	**12**	**59**	**491**	**300**	**541**
16−19岁	9	1	4			1	1	1	2
20−24岁	18	2	38	4		3	18	13	26
25−29岁	22	3	79	2	3	7	44	28	62
30−34岁	33	6	75	6	1	9	60	34	78
35−39岁	25	4	49	2	1	11	55	32	66
40−44岁	17	5	49	2	2	8	80	57	100
45−49岁	16	3	60	2	1	9	96	82	115
50−54岁	17	2	46	2	2	8	80	40	65
55−59岁	4		13		1	3	43	12	25
60−64岁				1	1		12	1	2
65−69岁			3				2		
70−74岁	2			1					
75岁及以上									
男	**124**	**18**	**315**	**12**	**9**	**30**	**387**	**248**	**446**
16−19岁	6	1	4				1	1	2
20−24岁	15	1	30	2		3	16	11	24
25−29岁	18	2	66	1	1	4	37	26	54
30−34岁	23	3	57	4	1	3	47	27	67
35−39岁	20	3	32	1	1	6	41	25	53
40−44岁	14	4	37	1	2	2	54	43	81
45−49岁	12	2	37	1	1	5	75	64	85
50−54岁	12	2	36	1	2	4	65	39	58
55−59岁	3		13			3	39	11	20
60−64岁					1		10	1	2
65−69岁			3				2		
70−74岁	1			1					
75岁及以上									
女	**39**	**8**	**101**	**10**	**3**	**29**	**104**	**52**	**95**
16−19岁	3					1			
20−24岁	3	1	8	2			2	2	2
25−29岁	4	1	13	1	2	3	7	2	8
30−34岁	10	3	18	2		6	13	7	11
35−39岁	5	1	17	1		5	14	7	13
40−44岁	3	1	12	1		6	26	14	19
45−49岁	4	1	23	1		4	21	18	30
50−54岁	5		10	1		4	15	1	7
55−59岁	1				1		4	1	5
60−64岁				1			2		
65−69岁									
70−74岁	1								
75岁及以上									

4-5c 续表 4

单位：人

年龄组 性别	制造业								
	金属制品业	通用设备制造业	专用设备制造业	汽车制造业	铁路、船舶、航空航天和其他运输设备制造业	电气机械和器材制造业	计算机、通信和其他电子设备制造业	仪器仪表制造业	其他制造业
总计	**400**	**80**	**57**	**38**	**12**	**186**	**319**	**6**	**10**
16-19岁	6	4	2	4		7	36		
20-24岁	32	7	10	7	1	39	68	2	
25-29岁	47	11	14	10	3	42	79	2	2
30-34岁	69	14	7	9	3	36	54		
35-39岁	49	19	5	5	3	22	36	1	1
40-44岁	65	13	4	1	1	11	20		2
45-49岁	61	4	4	2		19	16		4
50-54岁	49	7	7		1	6	7	1	1
55-59岁	16	1	1			3	2		
60-64岁	3		3			1	1		
65-69岁	3								
70-74岁									
75岁及以上									
男	**351**	**66**	**44**	**29**	**9**	**133**	**215**	**5**	**5**
16-19岁	6	4	2	3		6	22		
20-24岁	27	5	9	6	1	31	51	1	
25-29岁	42	9	9	6	2	30	50	2	2
30-34岁	60	11	6	7	2	26	40		
35-39岁	45	14	4	4	2	14	19	1	1
40-44岁	55	11	3	1	1	6	13		
45-49岁	55	4	2	2		12	12		1
50-54岁	41	7	5		1	4	5	1	1
55-59岁	14	1	1			3	2		
60-64岁	3		3			1	1		
65-69岁	3								
70-74岁									
75岁及以上									
女	**49**	**14**	**13**	**9**	**3**	**53**	**104**	**1**	**5**
16-19岁				1		1	14		
20-24岁	5	2	1	1		8	17	1	
25-29岁	5	2	5	4	1	12	29		
30-34岁	9	3	1	2	1	10	14		
35-39岁	4	5	1	1	1	8	17		
40-44岁	10	2	1			5	7		2
45-49岁	6		2			7	4		3
50-54岁	8		2			2	2		
55-59岁	2								
60-64岁									
65-69岁									
70-74岁									
75岁及以上									

4-5c　续表 5

单位：人

年龄组 性　别	制造业		电力、热力、燃气及水生产和供应业				建筑业		
	废弃资源综　合利用业	金属制品、机械和设备修理业	小计	电力、热力生产和供应业	燃气生产和供应业	水的生产和供应业	小计	房　屋建筑业	土木工程建筑业
总　计	**39**	**52**	**1007**	**896**	**54**	**57**	**9808**	**6264**	**1792**
16-19岁	3	2	11	9	1	1	84	50	14
20-24岁		5	102	94	6	2	589	348	141
25-29岁	3	9	168	156	9	3	995	571	263
30-34岁	1	17	142	126	7	9	1313	789	240
35-39岁	2	3	116	107	7	2	1326	893	179
40-44岁	6	3	134	117	7	10	1656	1091	244
45-49岁	4	5	149	135	7	7	1708	1106	297
50-54岁	5	4	121	102	7	12	1373	924	255
55-59岁	11	3	50	37	3	10	603	389	131
60-64岁	2	1	10	10			115	76	18
65-69岁	2		2	2			39	25	7
70-74岁							5	2	2
75岁及以上			2	1		1	2		1
男	**33**	**47**	**858**	**769**	**44**	**45**	**7955**	**5002**	**1591**
16-19岁	3	2	11	9	1	1	78	47	14
20-24岁		5	84	77	5	2	487	279	125
25-29岁	3	9	146	136	7	3	849	470	240
30-34岁	1	14	123	111	5	7	1051	609	214
35-39岁	2	3	91	86	5		1015	665	158
40-44岁	3	2	109	96	5	8	1279	840	215
45-49岁	4	4	125	113	7	5	1346	869	255
50-54岁	4	4	107	92	6	9	1157	775	223
55-59岁	11	3	48	36	3	9	546	352	123
60-64岁	1	1	10	10			106	71	16
65-69岁	1		2	2			36	23	6
70-74岁							4	2	1
75岁及以上			2	1		1	1		1
女	**6**	**5**	**149**	**127**	**10**	**12**	**1853**	**1262**	**201**
16-19岁							6	3	
20-24岁			18	17	1		102	69	16
25-29岁			22	20	2		146	101	23
30-34岁		3	19	15	2	2	262	180	26
35-39岁			25	21	2	2	311	228	21
40-44岁	3	1	25	21	2	2	377	251	29
45-49岁		1	24	22		2	362	237	42
50-54岁	1		14	10	1	3	216	149	32
55-59岁			2	1		1	57	37	8
60-64岁	1						9	5	2
65-69岁	1						3	2	1
70-74岁							1		1
75岁及以上							1		

4-5c 续表 6

单位：人

年龄组 性别	建筑业		批发和零售业			交通运输、仓储和邮政业			
	建筑安装业	建筑装饰、装修和其他建筑业	小计	批发业	零售业	小计	铁路运输业	道路运输业	水上运输业
总　计	**318**	**1434**	**3911**	**661**	**3250**	**3106**	**144**	**2403**	**1**
16-19岁	5	15	61	13	48	26	2	15	
20-24岁	22	78	292	44	248	200	31	115	
25-29岁	38	123	473	85	388	446	28	335	
30-34岁	45	239	518	84	434	528	27	425	
35-39岁	36	218	470	75	395	465	10	383	
40-44岁	50	271	536	92	444	528	8	436	
45-49岁	56	249	615	120	495	444	17	347	
50-54岁	38	156	480	87	393	310	11	243	
55-59岁	21	62	271	35	236	133	8	87	1
60-64岁	5	16	87	14	73	19		13	
65-69岁	2	5	72	11	61	6	2	3	
70-74岁		1	28	1	27				
75岁及以上		1	8		8	1		1	
男	**290**	**1072**	**2114**	**470**	**1644**	**2790**	**116**	**2243**	
16-19岁	5	12	40	8	32	21	1	13	
20-24岁	18	65	146	31	115	168	22	108	
25-29岁	37	102	226	51	175	408	28	319	
30-34岁	42	186	247	59	188	479	25	394	
35-39岁	33	159	219	52	167	411	5	354	
40-44岁	47	177	287	64	223	473	5	401	
45-49岁	46	176	350	87	263	399	12	325	
50-54岁	36	123	281	64	217	284	9	230	
55-59岁	19	52	173	31	142	123	7	82	
60-64岁	5	14	66	14	52	17		13	
65-69岁	2	5	55	8	47	6	2	3	
70-74岁		1	19	1	18				
75岁及以上			5		5	1		1	
女	**28**	**362**	**1797**	**191**	**1606**	**316**	**28**	**160**	**1**
16-19岁		3	21	5	16	5	1	2	
20-24岁	4	13	146	13	133	32	9	7	
25-29岁	1	21	247	34	213	38		16	
30-34岁	3	53	271	25	246	49	2	31	
35-39岁	3	59	251	23	228	54	5	29	
40-44岁	3	94	249	28	221	55	3	35	
45-49岁	10	73	265	33	232	45	5	22	
50-54岁	2	33	199	23	176	26	2	13	
55-59岁	2	10	98	4	94	10	1	5	1
60-64岁		2	21		21	2			
65-69岁			17	3	14				
70-74岁			9		9				
75岁及以上		1	3		3				

4−5c　续表 7　　　　单位：人

年龄组 性　别	交通运输、仓储和邮政业					住宿和餐饮业		
	航　空 运输业	管　道 运输业	多式联运 和运输 代理业	装卸搬运 和仓储业	邮政业	小计	住宿业	餐饮业
总　计	**32**		**17**	**332**	**177**	**5146**	**351**	**4795**
16−19岁				5	4	325	10	315
20−24岁	4		1	16	33	804	49	755
25−29岁	13		4	23	43	893	44	849
30−34岁	7		1	33	35	933	55	878
35−39岁	4		4	48	16	609	38	571
40−44岁			4	61	19	548	51	497
45−49岁			1	66	13	499	54	445
50−54岁	4		1	43	8	342	35	307
55−59岁			1	31	5	151	12	139
60−64岁				5	1	24	3	21
65−69岁				1		15		15
70−74岁						2		2
75岁及以上						1		1
男	**21**		**17**	**269**	**124**	**2511**	**103**	**2408**
16−19岁				5	2	199	3	196
20−24岁	1		1	13	23	443	13	430
25−29岁	8		4	18	31	447	18	429
30−34岁	6		1	28	25	450	12	438
35−39岁	3		4	33	12	292	7	285
40−44岁			4	48	15	234	13	221
45−49岁			1	55	6	188	14	174
50−54岁	3		1	35	6	151	15	136
55−59岁			1	30	3	77	5	72
60−64岁				3	1	20	3	17
65−69岁				1		10		10
70−74岁								
75岁及以上								
女	**11**			**63**	**53**	**2635**	**248**	**2387**
16−19岁					2	126	7	119
20−24岁	3			3	10	361	36	325
25−29岁	5			5	12	446	26	420
30−34岁	1			5	10	483	43	440
35−39岁	1			15	4	317	31	286
40−44岁				13	4	314	38	276
45−49岁				11	7	311	40	271
50−54岁	1			8	2	191	20	171
55−59岁				1	2	74	7	67
60−64岁				2		4		4
65−69岁						5		5
70−74岁						2		2
75岁及以上						1		1

4-5c 续表 8

单位：人

年龄组 性 别	信息传输、软件和信息技术服务业				金融业				
	小计	电信、广播电视和卫星传输服务	互联网和相关服务	软件和信息技术服务业	小计	货币金融服务	资本市场服务	保险业	其他金融业
总　计	**252**	**166**	**47**	**39**	**233**	**134**	**3**	**92**	**4**
16-19岁	5	2	1	2	3			3	
20-24岁	56	34	10	12	42	25		17	
25-29岁	81	53	17	11	91	56	1	31	3
30-34岁	47	30	7	10	21	13		8	
35-39岁	21	18	3		15	10		5	
40-44岁	17	9	7	1	16	6		10	
45-49岁	16	12	2	2	13	5	1	7	
50-54岁	5	5			19	9	1	9	
55-59岁	4	3		1	9	6		2	1
60-64岁					3	3			
65-69岁					1	1			
70-74岁									
75岁及以上									
男	**161**	**102**	**32**	**27**	**115**	**72**	**1**	**40**	**2**
16-19岁	3	1		2	1			1	
20-24岁	32	17	8	7	18	9		9	
25-29岁	46	29	10	7	47	28		18	1
30-34岁	33	20	5	8	12	7		5	
35-39岁	13	12	1		8	6		2	
40-44岁	13	6	6	1	7	4		3	
45-49岁	14	10	2	2	5	4		1	
50-54岁	4	4			8	7	1		
55-59岁	3	3			8	6		1	1
60-64岁					1	1			
65-69岁									
70-74岁									
75岁及以上									
女	**91**	**64**	**15**	**12**	**118**	**62**	**2**	**52**	**2**
16-19岁	2	1	1		2			2	
20-24岁	24	17	2	5	24	16		8	
25-29岁	35	24	7	4	44	28	1	13	2
30-34岁	14	10	2	2	9	6		3	
35-39岁	8	6	2		7	4		3	
40-44岁	4	3	1		9	2		7	
45-49岁	2	2			8	1	1	6	
50-54岁	1	1			11	2		9	
55-59岁	1			1	1			1	
60-64岁					2	2			
65-69岁					1	1			
70-74岁									
75岁及以上									

4-5c 续表 9

单位：人

年龄组 性 别	房地产业		租赁和商务服务业			科学研究和技术服务业			
	小计	房地产业	小计	租赁业	商 务 服务业	小计	研究和 试验发展	专业技术 服务业	科技推广 和应用 服务业
总 计	**643**	**643**	**845**	**189**	**656**	**366**	**18**	**299**	**49**
16—19岁	4	4	16	5	11	5	2	2	1
20—24岁	48	48	96	20	76	58	5	48	5
25—29岁	68	68	152	36	116	109	6	96	7
30—34岁	73	73	123	36	87	61	4	52	5
35—39岁	47	47	82	22	60	30	1	25	4
40—44岁	64	64	82	27	55	26		18	8
45—49岁	120	120	117	25	92	33		27	6
50—54岁	110	110	96	16	80	31		21	10
55—59岁	68	68	45	2	43	9		6	3
60—64岁	29	29	21		21	2		2	
65—69岁	10	10	11		11	2		2	
70—74岁	1	1	4		4				
75岁及以上	1	1							
男	**381**	**381**	**639**	**182**	**457**	**266**	**8**	**229**	**29**
16—19岁	1	1	12	5	7	5	2	2	1
20—24岁	26	26	61	19	42	38	1	34	3
25—29岁	43	43	101	34	67	74	2	66	6
30—34岁	40	40	94	35	59	42	2	38	2
35—39岁	28	28	64	22	42	27	1	22	4
40—44岁	31	31	68	27	41	17		15	2
45—49岁	60	60	89	24	65	28		25	3
50—54岁	69	69	78	14	64	23		17	6
55—59岁	48	48	39	2	37	8		6	2
60—64岁	26	26	19		19	2		2	
65—69岁	8	8	10		10	2		2	
70—74岁			4		4				
75岁及以上	1	1							
女	**262**	**262**	**206**	**7**	**199**	**100**	**10**	**70**	**20**
16—19岁	3	3	4		4				
20—24岁	22	22	35	1	34	20	4	14	2
25—29岁	25	25	51	2	49	35	4	30	1
30—34岁	33	33	29	1	28	19	2	14	3
35—39岁	19	19	18		18	3		3	
40—44岁	33	33	14		14	9		3	6
45—49岁	60	60	28	1	27	5		2	3
50—54岁	41	41	18	2	16	8		4	4
55—59岁	20	20	6		6	1			1
60—64岁	3	3	2		2				
65—69岁	2	2	1		1				
70—74岁	1	1							
75岁及以上									

4－5c　续表 10　　单位：人

年龄组 性　别	水利、环境和公共设施管理业					居民服务、修理和其他服务业			
	小计	水　利 管理业	生态保护 和环境 治理业	公共设施 管理业	土　地 管理业	小计	居　民 服务业	机动车、 电子产品 和日用产 品修理业	其　他 服务业
总　计	**959**	**104**	**398**	**435**	**22**	**1247**	**537**	**485**	**225**
16－19岁	3		1	2		50	24	26	
20－24岁	25	4	14	7		146	51	85	10
25－29岁	74	9	32	31	2	195	80	108	7
30－34岁	98	13	55	28	2	150	65	71	14
35－39岁	91	11	43	36	1	146	61	59	26
40－44岁	138	17	63	54	4	140	68	39	33
45－49岁	156	17	57	77	5	168	80	44	44
50－54岁	167	16	62	84	5	131	57	29	45
55－59岁	124	13	47	61	3	70	28	15	27
60－64岁	39	1	6	32		28	10	6	12
65－69岁	30	3	8	19		15	6	3	6
70－74岁	10		6	4		7	6		1
75岁及以上	4		4			1	1		
男	**664**	**91**	**314**	**241**	**18**	**646**	**151**	**409**	**86**
16－19岁						35	9	26	
20－24岁	19	4	8	7		99	14	78	7
25－29岁	55	9	24	21	1	117	17	98	2
30－34岁	70	10	47	11	2	81	17	60	4
35－39岁	69	11	37	20	1	63	15	43	5
40－44岁	94	16	50	25	3	56	18	29	9
45－49岁	94	13	39	37	5	70	24	32	14
50－54岁	112	13	53	43	3	55	14	21	20
55－59岁	85	11	39	32	3	34	11	13	10
60－64岁	31	1	5	25		21	6	6	9
65－69岁	24	3	5	16		10	2	3	5
70－74岁	9		5	4		4	3		1
75岁及以上	2		2			1	1		
女	**295**	**13**	**84**	**194**	**4**	**601**	**386**	**76**	**139**
16－19岁	3		1	2		15	15		
20－24岁	6		6			47	37	7	3
25－29岁	19		8	10	1	78	63	10	5
30－34岁	28	3	8	17		69	48	11	10
35－39岁	22		6	16		83	46	16	21
40－44岁	44	1	13	29	1	84	50	10	24
45－49岁	62	4	18	40		98	56	12	30
50－54岁	55	3	9	41	2	76	43	8	25
55－59岁	39	2	8	29		36	17	2	17
60－64岁	8		1	7		7	4		3
65－69岁	6		3	3		5	4		1
70－74岁	1		1			3	3		
75岁及以上	2		2						

4-5c　续表 11　　　　　　　　　　　　　　　　　　　单位：人

年龄组 性　别	教育		卫生和社会工作			文化、体育和娱乐业				
	小计	教育	小计	卫生	社会工作	小计	新闻和出版业	广播、电视、电影和录音制作业	文　化艺术业	体育
总　计	**1870**	**1870**	**957**	**898**	**59**	**237**	**7**	**13**	**58**	**23**
16-19岁	124	124	18	18		4			1	1
20-24岁	325	325	181	176	5	40	1	4	11	6
25-29岁	424	424	264	261	3	53	1	3	18	7
30-34岁	219	219	115	107	8	34	4	1	14	2
35-39岁	189	189	75	70	5	25		2	6	1
40-44岁	182	182	82	71	11	15			1	2
45-49岁	155	155	73	63	10	29	1	3	3	
50-54岁	126	126	60	54	6	16			2	2
55-59岁	85	85	47	41	6	14			2	2
60-64岁	25	25	21	19	2	6				
65-69岁	13	13	16	14	2	1				
70-74岁	2	2	3	2	1					
75岁及以上	1	1	2	2						
男	**736**	**736**	**366**	**353**	**13**	**139**	**5**	**8**	**37**	**13**
16-19岁	52	52	7	7		3			1	
20-24岁	84	84	35	34	1	17	1	2	5	2
25-29岁	121	121	61	60	1	34		2	10	4
30-34岁	72	72	42	40	2	22	4	1	10	2
35-39岁	69	69	37	35	2	13		1	3	1
40-44岁	73	73	45	44	1	6			1	1
45-49岁	60	60	38	38		16		2	3	
50-54岁	95	95	35	34	1	10			2	2
55-59岁	73	73	28	26	2	11			2	1
60-64岁	21	21	19	18	1	6				
65-69岁	13	13	15	13	2	1				
70-74岁	2	2	2	2						
75岁及以上	1	1	2	2						
女	**1134**	**1134**	**591**	**545**	**46**	**98**	**2**	**5**	**21**	**10**
16-19岁	72	72	11	11		1				1
20-24岁	241	241	146	142	4	23		2	6	4
25-29岁	303	303	203	201	2	19	1	1	8	3
30-34岁	147	147	73	67	6	12			4	
35-39岁	120	120	38	35	3	12		1	3	
40-44岁	109	109	37	27	10	9				1
45-49岁	95	95	35	25	10	13	1	1		
50-54岁	31	31	25	20	5	6				
55-59岁	12	12	19	15	4	3				1
60-64岁	4	4	2	1	1					
65-69岁			1	1						
70-74岁			1		1					
75岁及以上										

4-5c 续表 12

单位：人

年龄组 性 别	娱乐业	公共管理、社会保障和社会组织							国际组织	
		小计	中国共产党机关	国家机构	人民政协、民主党派	社会保障	群众团体、社会团体和其他成员组织	基层群众自治组织	小计	国际组织
总 计	**136**	**4137**	**19**	**1624**	**4**	**7**	**1401**	**1082**		
16-19岁	2	166		9			151	6		
20-24岁	18	485	1	214	3	3	232	32		
25-29岁	24	636	7	398		1	168	62		
30-34岁	13	480	1	244	1	1	163	70		
35-39岁	16	380	3	170			111	96		
40-44岁	12	464	2	164		1	151	146		
45-49岁	22	490	1	155		1	146	187		
50-54岁	12	526	3	150			147	226		
55-59岁	10	315	1	79			64	171		
60-64岁	6	87		23			22	42		
65-69岁	1	59		11			17	31		
70-74岁		29		5			12	12		
75岁及以上		20		2			17	1		
男	**76**	**2917**	**15**	**1063**	**2**	**3**	**1068**	**766**		
16-19岁	2	135		8			124	3		
20-24岁	7	306	1	125	1	1	162	16		
25-29岁	18	376	5	226		1	116	28		
30-34岁	5	316	1	163	1	1	110	40		
35-39岁	8	255	3	110			81	61		
40-44岁	4	339	2	112			117	108		
45-49岁	11	360		106			123	131		
50-54岁	6	407	2	112			124	169		
55-59岁	8	264	1	68			59	136		
60-64岁	6	71		18			17	36		
65-69岁	1	48		9			13	26		
70-74岁		23		4			8	11		
75岁及以上		17		2			14	1		
女	**60**	**1220**	**4**	**561**	**2**	**4**	**333**	**316**		
16-19岁		31		1			27	3		
20-24岁	11	179		89	2	2	70	16		
25-29岁	6	260	2	172			52	34		
30-34岁	8	164		81			53	30		
35-39岁	8	125		60			30	35		
40-44岁	8	125		52		1	34	38		
45-49岁	11	130	1	49		1	23	56		
50-54岁	6	119	1	38			23	57		
55-59岁	2	51		11			5	35		
60-64岁		16		5			5	6		
65-69岁		11		2			4	5		
70-74岁		6		1			4	1		
75岁及以上		3					3			

4-6　各地区分性别、职业中类的就业人口

单位：人

地　区 性　别	合计	党的机关、国家机关、群众团体和社会组织、企事业单位负责人						
		小计	中国共产党机关负责人	国家机关负责人	民主党派和工商联负责人	人民团体和群众团体、社会组织及其他成员组织负责人	基层群众自治组织负责人	企事业单位负责人
全省	**226183**	**5185**	**51**	**575**	**2**	**228**	**486**	**3843**
西宁市	**99072**	**3133**	**13**	**186**	**2**	**112**	**142**	**2678**
城东区	18394	331	2	43		15	1	270
城中区	13749	546	2	51	1	17	2	473
城西区	14951	834	1	34	1	15	5	778
城北区	17633	858	1	27		25	12	793
湟中区	14888	324	1	10		27	66	220
大通回族土族自治县	14846	147	6	12		10	40	79
湟源县	4611	93		9		3	16	65
海东市	**45700**	**648**	**16**	**83**		**32**	**155**	**362**
乐都区	8645	185	7	10		6	45	117
平安区	4232	100		5		2	10	83
民和回族土族自治县	9824	125	2	22		4	42	55
互助土族自治县	15319	103		11		17	10	65
化隆回族自治县	4316	74	1	15		3	37	18
循化撒拉族自治县	3364	61	6	20			11	24
海北藏族自治州	**10280**	**190**	**4**	**51**		**5**	**46**	**84**
门源回族自治县	4285	87		15		1	34	37
祁连县	2093	43		10		2	5	26
海晏县	2224	41	2	20		1	5	13
刚察县	1678	19	2	6		1	2	8
黄南藏族自治州	**10740**	**149**	**3**	**63**		**6**	**23**	**54**
同仁县	4644	72		28		4	4	36
尖扎县	2113	37		19			9	9
泽库县	2217	12		2			5	5
河南蒙古族自治县	1766	28	3	14		2	5	4
海南藏族自治州	**20781**	**256**		**72**		**20**	**56**	**108**
共和县	6435	90		23		2	24	41
同德县	3220	24		2		11	5	6
贵德县	4610	93		26		3	18	46
兴海县	3235	13		8		1		4
贵南县	3281	36		13		3	9	11
果洛藏族自治州	**4845**	**117**	**2**	**44**		**8**	**7**	**56**
玛沁县	996	28	1	4				23
班玛县	1326	18		10		2	4	2
甘德县	123	1		1				
达日县	841	27		10		2	1	14
久治县	1129	28		12		1	1	14
玛多县	430	15	1	7		3	1	3
玉树藏族自治州	**11732**	**99**	**2**	**21**		**16**	**17**	**43**
玉树市	4197	43	1	7		5	7	23
杂多县	2106	17		7		6		4
称多县	1617	14		3			3	8
治多县	561	3					2	1
囊谦县	2529	13		2		3	2	6
曲麻莱县	722	9	1	2		2	3	1
海西蒙古族藏族自治州	**23033**	**593**	**11**	**55**		**29**	**40**	**458**
格尔木市	10618	259	2	15		14	2	226
德令哈市	4242	144		12		8	14	110
茫崖市	1874	54	2	5		3	2	42
乌兰县	1553	38	2	2		3	5	26
都兰县	2922	59	3	13		1	11	31
天峻县	391	16		6			6	4
大柴旦行政委员会	1433	23	2	2				19

4−6 续表 1

单位：人

地区 性别	合计	党的机关、国家机关、群众团体和社会组织、企事业单位负责人						
		小计	中国共产党机关负责人	国家机关负责人	民主党派和工商联负责人	人民团体和群众团体、社会组织及其他成员组织负责人	基层群众自治组织负责人	企事业单位负责人
男	**135636**	**4035**	**43**	**462**	**1**	**128**	**415**	**2986**
西宁市	**59697**	**2356**	**11**	**136**	**1**	**58**	**120**	**2030**
城东区	11129	279	1	33		10	1	234
城中区	8030	394	2	37		10		345
城西区	8333	606	1	23	1	7	4	570
城北区	10269	627	1	18		20	9	579
湟中区	9650	253	1	8		6	59	179
大通回族土族自治县	9435	122	5	11		4	33	69
湟源县	2851	75		6		1	14	54
海东市	**27711**	**549**	**13**	**74**		**18**	**145**	**299**
乐都区	5382	158	6	9		2	44	97
平安区	2597	77		5		1	8	63
民和回族土族自治县	6051	113	1	16		4	39	53
互助土族自治县	8903	78		11		10	8	49
化隆回族自治县	2645	66		15		1	35	15
循化撒拉族自治县	2133	57	6	18			11	22
海北藏族自治州	**6258**	**148**	**4**	**42**		**3**	**29**	**70**
门源回族自治县	2750	62		12		1	18	31
祁连县	1276	36		10		1	5	20
海晏县	1263	34	2	16		1	4	11
刚察县	969	16	2	4			2	8
黄南藏族自治州	**5971**	**123**	**2**	**49**		**4**	**22**	**46**
同仁县	2535	54		18		3	4	29
尖扎县	1222	35		17			9	9
泽库县	1275	11		1			5	5
河南蒙古族自治县	939	23	2	13		1	4	3
海南藏族自治州	**11769**	**200**		**61**		**12**	**43**	**84**
共和县	3686	71		18		2	18	33
同德县	1796	18		2		7	4	5
贵德县	2672	68		22		3	12	31
兴海县	1808	10		6				4
贵南县	1807	33		13			9	11
果洛藏族自治州	**2856**	**94**	**2**	**37**		**5**	**7**	**43**
玛沁县	619	22	1	2				19
班玛县	776	17		10		1	4	2
甘德县	69							
达日县	532	22		10		2	1	9
久治县	598	21		8		1	1	11
玛多县	262	12	1	7		1	1	2
玉树藏族自治州	**6410**	**79**	**2**	**18**		**10**	**16**	**33**
玉树市	2348	32	1	6		4	6	15
杂多县	1121	13		7		2		4
称多县	901	12		2			3	7
治多县	311	3					2	1
囊谦县	1307	11		1		3	2	5
曲麻莱县	422	8	1	2		1	3	1
海西蒙古族藏族自治州	**14964**	**486**	**9**	**45**		**18**	**33**	**381**
格尔木市	6926	201	1	10		7	1	182
德令哈市	2545	122		10		7	11	94
茫崖市	1375	48	2	5		3	2	36
乌兰县	995	29	1	2			4	22
都兰县	1763	49	3	11		1	9	25
天峻县	235	15		5			6	4
大柴旦行政委员会	1125	22	2	2				18

4-6 续表 2

单位：人

地 区 性 别	合计	党的机关、国家机关、群众团体和社会组织、企事业单位负责人						
		小计	中国共产党机关负责人	国家机关负责人	民主党派和工商联负责人	人民团体和群众团体、社会组织及其他成员组织负责人	基层群众自治组织负责人	企事业单位负责人
女	**90547**	**1150**	**8**	**113**	**1**	**100**	**71**	**857**
西宁市	**39375**	**777**	**2**	**50**	**1**	**54**	**22**	**648**
城东区	7265	52	1	10		5		36
城中区	5719	152		14	1	7	2	128
城西区	6618	228		11		8	1	208
城北区	7364	231		9		5	3	214
湟中区	5238	71		2		21	7	41
大通回族土族自治县	5411	25	1	1		6	7	10
湟源县	1760	18		3		2	2	11
海东市	**17989**	**99**	**3**	**9**		**14**	**10**	**63**
乐都区	3263	27	1	1		4	1	20
平安区	1635	23				1	2	20
民和回族土族自治县	3773	12	1	6			3	2
互助土族自治县	6416	25				7	2	16
化隆回族自治县	1671	8	1			2	2	3
循化撒拉族自治县	1231	4		2				2
海北藏族自治州	**4022**	**42**		**9**		**2**	**17**	**14**
门源回族自治县	1535	25		3			16	6
祁连县	817	7				1		6
海晏县	961	7		4			1	2
刚察县	709	3		2		1		
黄南藏族自治州	**4769**	**26**	**1**	**14**		**2**	**1**	**8**
同仁县	2109	18		10		1		7
尖扎县	891	2		2				
泽库县	942	1		1				
河南蒙古族自治县	827	5	1	1		1	1	1
海南藏族自治州	**9012**	**56**		**11**		**8**	**13**	**24**
共和县	2749	19		5			6	8
同德县	1424	6				4	1	1
贵德县	1938	25		4			6	15
兴海县	1427	3		2		1		
贵南县	1474	3				3		
果洛藏族自治州	**1989**	**23**		**7**		**3**		**13**
玛沁县	377	6		2				4
班玛县	550	1				1		
甘德县	54	1		1				
达日县	309	5						5
久治县	531	7		4				3
玛多县	168	3				2		1
玉树藏族自治州	**5322**	**20**		**3**		**6**	**1**	**10**
玉树市	1849	11		1		1	1	8
杂多县	985	4				4		
称多县	716	2		1				1
治多县	250							
囊谦县	1222	2		1				1
曲麻莱县	300	1				1		
海西蒙古族藏族自治州	**8069**	**107**	**2**	**10**		**11**	**7**	**77**
格尔木市	3692	58	1	5		7	1	44
德令哈市	1697	22		2		1	3	16
茫崖市	499	6						6
乌兰县	558	9	1			3	1	4
都兰县	1159	10		2			2	6
天峻县	156	1		1				
大柴旦行政委员会	308	1						1

4-6 续表 3

单位：人

地 区 性 别	专业技术人员 小计	科学研究人员	工程技术人员	农业技术人员	飞机和船舶技术人员	卫生专业技术人员	经济和金融专业人员	法律、社会和宗教专业人员	教学人员	文学艺术、体育专业人员
全省	**30759**	**143**	**6073**	**398**	**8**	**5794**	**5529**	**2365**	**9246**	**400**
西宁市	**16486**	**118**	**3741**	**156**	**5**	**3347**	**3592**	**544**	**4323**	**202**
城东区	3036	5	618	39	1	777	576	90	801	20
城中区	2688	11	517	12		651	597	72	691	50
城西区	4299	62	1040	27	1	769	1091	156	974	50
城北区	3165	35	884	21	3	435	806	67	796	39
湟中区	1312	2	286	17		254	190	112	393	31
大通回族土族自治县	1492	2	335	31		325	232	31	506	11
湟源县	494	1	61	9		136	100	16	162	1
海东市	**4683**	**7**	**803**	**83**		**935**	**570**	**247**	**1887**	**49**
乐都区	1033	1	244	18		187	148	33	381	4
平安区	516	3	86	4		105	84	20	172	20
民和回族土族自治县	1045		139	13		220	128	59	468	2
互助土族自治县	1289	2	280	24		262	147	46	477	12
化隆回族自治县	486	1	41	13		90	32	66	233	6
循化撒拉族自治县	314		13	11		71	31	23	156	5
海北藏族自治州	**1298**	**2**	**175**	**43**	**2**	**275**	**223**	**57**	**466**	**27**
门源回族自治县	562	2	67	20	2	125	77	12	241	6
祁连县	245		52	4		38	33	16	95	5
海晏县	320		45	10		69	73	16	86	9
刚察县	171		11	9		43	40	13	44	7
黄南藏族自治州	**1214**	**2**	**92**	**18**		**231**	**133**	**117**	**561**	**38**
同仁县	558	2	43	7		111	75	21	253	33
尖扎县	293		38			48	23	38	142	3
泽库县	225		7	5		41	15	51	105	
河南蒙古族自治县	138		4	6		31	20	7	61	2
海南藏族自治州	**2233**	**3**	**197**	**23**		**428**	**288**	**491**	**734**	**21**
共和县	719	2	122	6		153	129	65	215	7
同德县	505		15	2		57	34	276	110	2
贵德县	490	1	47	7		111	79	39	190	3
兴海县	191		7	2		36	11	71	57	4
贵南县	328		6	6		71	35	40	162	5
果洛藏族自治州	**736**	**1**	**30**	**22**		**72**	**54**	**298**	**236**	**15**
玛沁县	118		4	8		22	9	9	62	1
班玛县	227		18	1		15	8	128	48	6
甘德县	36					4	8		23	
达日县	159	1	3	4		9	7	92	42	
久治县	128		4	2		10	13	68	28	3
玛多县	68		1	7		12	9	1	33	5
玉树藏族自治州	**1218**	**1**	**41**	**27**	**1**	**139**	**56**	**534**	**384**	**21**
玉树市	667	1	27	17	1	70	23	314	203	7
杂多县	96		1	3		14	6	34	35	2
称多县	188		4			23	8	77	71	2
治多县	32		2	4		5	5	2	12	
囊谦县	165		5	1		15	2	98	37	3
曲麻莱县	70		2	2		12	12	9	26	7
海西蒙古族藏族自治州	**2891**	**9**	**994**	**26**		**367**	**613**	**77**	**655**	**27**
格尔木市	1374		528	9		151	277	28	303	8
德令哈市	588	4	121	4		108	162	19	135	7
茫崖市	319	5	207			18	64	3	17	3
乌兰县	201		55	3		28	31	11	52	6
都兰县	258		38	6		44	40	12	112	1
天峻县	67		1	4		13	16	2	27	2
大柴旦行政委员会	84		44			5	23	2	9	

4-6 续表 4

单位：人

地区 性别	专业技术人员 小计	科学研究人员	工程技术人员	农业技术人员	飞机和船舶技术人员	卫生专业技术人员	经济和金融专业人员	法律、社会和宗教专业人员	教学人员	文学艺术、体育专业人员
男	**14215**	**81**	**4986**	**252**	**6**	**1651**	**1654**	**1647**	**3317**	**246**
西宁市	**7073**	**65**	**3043**	**98**	**4**	**840**	**982**	**334**	**1383**	**121**
城东区	1271	4	496	25	1	191	168	51	271	10
城中区	1073	5	427	6		152	147	41	223	37
城西区	1810	35	799	14		189	313	75	296	30
城北区	1342	16	713	12	3	95	179	32	246	15
湟中区	666	2	253	14		83	58	105	115	21
大通回族土族自治县	716	2	304	21		93	84	20	177	7
湟源县	195	1	51	6		37	33	10	55	1
海东市	**2317**	**5**	**701**	**56**		**296**	**186**	**189**	**801**	**30**
乐都区	501	1	212	15		41	43	14	166	3
平安区	233	1	74	4		34	17	12	72	9
民和回族土族自治县	495		116	7		70	52	42	199	
互助土族自治县	696	2	249	14		97	48	40	214	10
化隆回族自治县	244	1	37	6		32	14	61	86	5
循化撒拉族自治县	148		13	10		22	12	20	64	3
海北藏族自治州	**577**	**2**	**148**	**31**	**1**	**107**	**80**	**32**	**149**	**16**
门源回族自治县	247	2	56	16	1	53	31	5	75	4
祁连县	119		45	2		15	12	13	28	3
海晏县	129		36	5		24	23	5	30	4
刚察县	82		11	8		15	14	9	16	5
黄南藏族自治州	**606**	**2**	**72**	**9**		**88**	**39**	**97**	**266**	**22**
同仁县	253	2	31	3		40	21	13	119	19
尖扎县	160		31			17	8	33	70	1
泽库县	138		7	3		23	6	46	52	
河南蒙古族自治县	55		3	3		8	4	5	25	2
海南藏族自治州	**1124**	**2**	**170**	**18**		**150**	**115**	**373**	**260**	**14**
共和县	348	1	104	5		52	45	49	75	6
同德县	304		13	1		25	18	185	55	1
贵德县	218	1	42	7		39	36	33	54	2
兴海县	120		6	1		14	5	69	22	3
贵南县	134		5	4		20	11	37	54	2
果洛藏族自治州	**445**	**1**	**24**	**13**		**26**	**20**	**245**	**103**	**11**
玛沁县	58		4	4		9	4	8	27	1
班玛县	154		13	1		7	4	106	19	4
甘德县	16					2	5		9	
达日县	115	1	3	4		3	1	84	18	
久治县	77		3			2	5	47	18	2
玛多县	25		1	4		3	1		12	4
玉树藏族自治州	**624**		**19**	**15**	**1**	**50**	**22**	**336**	**159**	**12**
玉树市	330		12	7	1	19	8	198	79	3
杂多县	49			2		7	3	20	15	1
称多县	113		3			6	4	62	34	1
治多县	17		1	3		5	1		6	
囊谦县	82		1	1		7	1	49	18	3
曲麻莱县	33		2	2		6	5	7	7	4
海西蒙古族藏族自治州	**1449**	**4**	**809**	**12**		**94**	**210**	**41**	**196**	**20**
格尔木市	688		414	6		40	88	14	81	5
德令哈市	244	4	98	2		27	50	9	39	5
茫崖市	224		174			4	36		6	3
乌兰县	107		51			5	9	8	20	4
都兰县	107		34	4		14	7	8	38	1
天峻县	22					3	6		10	2
大柴旦行政委员会	57		38			1	14	2	2	

4-6 续表 5

单位：人

地区 性别	专业技术人员 小计	科学研究人员	工程技术人员	农业技术人员	飞机和船舶技术人员	卫生专业技术人员	经济和金融专业人员	法律、社会和宗教专业人员	教学人员	文学艺术、体育专业人员
女	**16544**	**62**	**1087**	**146**	**2**	**4143**	**3875**	**718**	**5929**	**154**
西宁市	**9413**	**53**	**698**	**58**	**1**	**2507**	**2610**	**210**	**2940**	**81**
城东区	1765	1	122	14		586	408	39	530	10
城中区	1615	6	90	6		499	450	31	468	13
城西区	2489	27	241	13	1	580	778	81	678	20
城北区	1823	19	171	9		340	627	35	550	24
湟中区	646		33	3		171	132	7	278	10
大通回族土族自治县	776		31	10		232	148	11	329	4
湟源县	299		10	3		99	67	6	107	
海东市	**2366**	**2**	**102**	**27**		**639**	**384**	**58**	**1086**	**19**
乐都区	532		32	3		146	105	19	215	1
平安区	283	2	12			71	67	8	100	11
民和回族土族自治县	550		23	6		150	76	17	269	2
互助土族自治县	593		31	10		165	99	6	263	2
化隆回族自治县	242		4	7		58	18	5	147	1
循化撒拉族自治县	166			1		49	19	3	92	2
海北藏族自治州	**721**		**27**	**12**	**1**	**168**	**143**	**25**	**317**	**11**
门源回族自治县	315		11	4	1	72	46	7	166	2
祁连县	126		7	2		23	21	3	67	2
海晏县	191		9	5		45	50	11	56	5
刚察县	89			1		28	26	4	28	2
黄南藏族自治州	**608**		**20**	**9**		**143**	**94**	**20**	**295**	**16**
同仁县	305		12	4		71	54	8	134	14
尖扎县	133		7			31	15	5	72	2
泽库县	87			2		18	9	5	53	
河南蒙古族自治县	83		1	3		23	16	2	36	
海南藏族自治州	**1109**	**1**	**27**	**5**		**278**	**173**	**118**	**474**	**7**
共和县	371	1	18	1		101	84	16	140	1
同德县	201		2	1		32	16	91	55	1
贵德县	272		5			72	43	6	136	1
兴海县	71		1	1		22	6	2	35	1
贵南县	194		1	2		51	24	3	108	3
果洛藏族自治州	**291**		**6**	**9**		**46**	**34**	**53**	**133**	**4**
玛沁县	60			4		13	5	1	35	
班玛县	73		5			8	4	22	29	2
甘德县	20					2	3		14	
达日县	44					6	6	8	24	
久治县	51		1	2		8	8	21	10	1
玛多县	43			3		9	8	1	21	1
玉树藏族自治州	**594**	**1**	**22**	**12**		**89**	**34**	**198**	**225**	**9**
玉树市	337	1	15	10		51	15	116	124	4
杂多县	47		1	1		7	3	14	20	1
称多县	75		1			17	4	15	37	1
治多县	15		1	1			4	2	6	
囊谦县	83		4			8	1	49	19	
曲麻莱县	37					6	7	2	19	3
海西蒙古族藏族自治州	**1442**	**5**	**185**	**14**		**273**	**403**	**36**	**459**	**7**
格尔木市	686		114	3		111	189	14	222	3
德令哈市	344		23	2		81	112	10	96	2
茫崖市	95	5	33			14	28	3	11	
乌兰县	94		4	3		23	22	3	32	2
都兰县	151		4	2		30	33	4	74	
天峻县	45		1	4		10	10	2	17	
大柴旦行政委员会	27		6			4	9		7	

4-6 续表 6

单位：人

地区 性别	专业技术人员		办事人员和有关人员				社会生产服务和生活服务人员		
	新闻出版、文化专业人员	其他专业技术人员	小计	办事人员	安全和消防人员	其他办事人员和有关人员	小计	批发与零售服务人员	交通运输、仓储和邮政业服务人员
全省	**628**	**175**	**18835**	**14780**	**3936**	**119**	**79596**	**25419**	**16967**
西宁市	**382**	**76**	**10365**	**8236**	**2082**	**47**	**43683**	**15239**	**9549**
城东区	89	20	1896	1583	313		10509	4125	2385
城中区	68	19	1973	1652	311	10	5828	2021	1033
城西区	119	10	2856	2437	407	12	5729	2002	778
城北区	62	17	2008	1526	469	13	8022	3474	1606
湟中区	17	10	509	339	165	5	6483	1678	1699
大通回族土族自治县	19		856	526	323	7	5367	1419	1607
湟源县	8		267	173	94		1745	520	441
海东市	**70**	**32**	**2410**	**1898**	**494**	**18**	**15940**	**4066**	**2910**
乐都区	14	3	492	385	106	1	2994	878	702
平安区	16	6	466	419	45	2	2055	489	414
民和回族土族自治县	8	8	458	376	79	3	3219	981	609
互助土族自治县	24	15	569	380	177	12	3880	1103	781
化隆回族自治县	4		191	169	22		2017	336	218
循化撒拉族自治县	4		234	169	65		1775	279	186
海北藏族自治州	**26**	**2**	**848**	**682**	**164**	**2**	**2917**	**792**	**556**
门源回族自治县	8	2	244	187	57		1350	365	268
祁连县	2		176	128	48		581	182	114
海晏县	12		281	245	34	2	642	164	112
刚察县	4		147	122	25		344	81	62
黄南藏族自治州	**21**	**1**	**725**	**590**	**122**	**13**	**2195**	**779**	**322**
同仁县	13		388	319	64	5	1081	423	218
尖扎县	1		146	114	30	2	567	145	65
泽库县	1		117	93	18	6	322	114	12
河南蒙古族自治县	6	1	74	64	10		225	97	27
海南藏族自治州	**47**	**1**	**1164**	**853**	**307**	**4**	**4535**	**1488**	**1051**
共和县	20		497	327	170		1679	494	395
同德县	8	1	158	127	31		392	168	47
贵德县	13		285	225	57	3	1466	433	458
兴海县	3		76	55	21		445	171	60
贵南县	3		148	119	28	1	553	222	91
果洛藏族自治州	**8**		**535**	**416**	**111**	**8**	**1114**	**400**	**97**
玛沁县	3		158	128	22	8	347	125	34
班玛县	3		87	59	28		197	64	26
甘德县	1		49	45	4		33	15	
达日县	1		102	87	15		163	102	10
久治县			58	40	18		141	67	17
玛多县			81	57	24		233	27	10
玉树藏族自治州	**10**	**4**	**579**	**423**	**144**	**12**	**1289**	**444**	**120**
玉树市	4		315	223	90	2	549	251	66
杂多县	1		52	43	7	2	384	48	3
称多县	3		81	69	12		126	55	14
治多县	1	1	40	25	11	4	32	13	3
囊谦县	1	3	29	24	3	2	118	46	19
曲麻莱县			62	39	21	2	80	31	15
海西蒙古族藏族自治州	**64**	**59**	**2209**	**1682**	**512**	**15**	**7923**	**2211**	**2362**
格尔木市	21	49	943	647	286	10	4172	1287	1258
德令哈市	28		573	491	82		1450	368	399
茫崖市	1	1	171	116	55		519	91	189
乌兰县	6	9	137	117	18	2	556	116	136
都兰县	5		165	135	29	1	667	252	120
天峻县	2		105	83	22		110	50	10
大柴旦行政委员会	1		115	93	20	2	449	47	250

4-6 续表 7

单位：人

地区 性别	专业技术人员		办事人员和有关人员				社会生产服务和生活服务人员		
	新闻出版、文化专业人员	其他专业技术人员	小计	办事人员	安全和消防人员	其他办事人员和有关人员	小计	批发与零售服务人员	交通运输、仓储和邮政业服务人员
男	**243**	**132**	**11630**	**8253**	**3309**	**68**	**45981**	**12290**	**14806**
西宁市	**144**	**59**	**6245**	**4477**	**1743**	**25**	**25006**	**7201**	**8310**
城东区	37	17	1123	863	260		6412	2094	2037
城中区	23	12	1198	938	256	4	3250	890	905
城西区	50	9	1753	1417	330	6	3207	1009	647
城北区	19	12	1159	746	406	7	4441	1606	1374
湟中区	6	9	317	177	135	5	3585	774	1510
大通回族土族自治县	8		543	262	278	3	3164	606	1445
湟源县	1		152	74	78		947	222	392
海东市	**29**	**24**	**1556**	**1122**	**423**	**11**	**9080**	**1950**	**2531**
乐都区	4	2	297	211	86		1639	386	614
平安区	8	2	304	264	39	1	1161	213	354
民和回族土族自治县	2	7	288	222	64	2	1837	474	538
互助土族自治县	9	13	380	218	154	8	2122	520	680
化隆回族自治县	2		120	99	21		1182	190	177
循化撒拉族自治县	4		167	108	59		1139	167	168
海北藏族自治州	**9**	**2**	**513**	**374**	**138**	**1**	**1609**	**369**	**522**
门源回族自治县	2	2	145	95	50		761	171	250
祁连县	1		112	69	43		327	87	106
海晏县	2		171	143	27	1	319	66	105
刚察县	4		85	67	18		202	45	61
黄南藏族自治州	**10**	**1**	**454**	**343**	**104**	**7**	**1292**	**433**	**280**
同仁县	5		240	184	55	1	654	252	179
尖扎县			87	61	24	2	321	70	64
泽库县	1		84	63	17	4	191	59	11
河南蒙古族自治县	4	1	43	35	8		126	52	26
海南藏族自治州	**21**	**1**	**789**	**523**	**264**	**2**	**2559**	**707**	**889**
共和县	11		336	190	146		951	219	352
同德县	5	1	114	88	26		218	85	40
贵德县	4		194	144	49	1	815	194	366
兴海县			48	29	19		257	96	48
贵南县	1		97	72	24	1	318	113	83
果洛藏族自治州	**2**		**337**	**241**	**90**	**6**	**685**	**243**	**83**
玛沁县	1		95	71	18	6	232	79	31
班玛县			56	35	21		104	37	20
甘德县			27	24	3		22	8	
达日县	1		71	57	14		94	63	7
久治县			33	19	14		80	42	15
玛多县			55	35	20		153	14	10
玉树藏族自治州	**8**	**2**	**398**	**269**	**120**	**9**	**891**	**282**	**103**
玉树市	3		214	139	74	1	347	157	56
杂多县	1		35	27	6	2	316	33	3
称多县	3		53	42	11		79	34	12
治多县	1		27	16	8	3	21	8	3
囊谦县		2	23	19	3	1	83	31	17
曲麻莱县			46	26	18	2	45	19	12
海西蒙古族藏族自治州	**20**	**43**	**1338**	**904**	**427**	**7**	**4859**	**1105**	**2088**
格尔木市	7	33	584	337	242	5	2604	674	1097
德令哈市	10		330	262	68		808	161	339
茫崖市		1	107	62	45		339	47	171
乌兰县	1	9	81	66	15		334	55	126
都兰县	1		102	78	23	1	369	116	112
天峻县	1		66	48	18		69	26	10
大柴旦行政委员会			68	51	16	1	336	26	233

4-6 续表 8

单位：人

地区 性别	专业技术人员		办事人员和有关人员				社会生产服务和生活服务人员		
	新闻出版、文化专业人员	其他专业技术人员	小计	办事人员	安全和消防人员	其他办事人员和有关人员	小计	批发与零售服务人员	交通运输、仓储和邮政业服务人员
女	**385**	**43**	**7205**	**6527**	**627**	**51**	**33615**	**13129**	**2161**
西宁市	**238**	**17**	**4120**	**3759**	**339**	**22**	**18677**	**8038**	**1239**
城东区	52	3	773	720	53		4097	2031	348
城中区	45	7	775	714	55	6	2578	1131	128
城西区	69	1	1103	1020	77	6	2522	993	131
城北区	43	5	849	780	63	6	3581	1868	232
湟中区	11	1	192	162	30		2898	904	189
大通回族土族自治县	11		313	264	45	4	2203	813	162
湟源县	7		115	99	16		798	298	49
海东市	**41**	**8**	**854**	**776**	**71**	**7**	**6860**	**2116**	**379**
乐都区	10	1	195	174	20	1	1355	492	88
平安区	8	4	162	155	6	1	894	276	60
民和回族土族自治县	6	1	170	154	15	1	1382	507	71
互助土族自治县	15	2	189	162	23	4	1758	583	101
化隆回族自治县	2		71	70	1		835	146	41
循化撒拉族自治县			67	61	6		636	112	18
海北藏族自治州	**17**		**335**	**308**	**26**	**1**	**1308**	**423**	**34**
门源回族自治县	6		99	92	7		589	194	18
祁连县	1		64	59	5		254	95	8
海晏县	10		110	102	7	1	323	98	7
刚察县			62	55	7		142	36	1
黄南藏族自治州	**11**		**271**	**247**	**18**	**6**	**903**	**346**	**42**
同仁县	8		148	135	9	4	427	171	39
尖扎县	1		59	53	6		246	75	1
泽库县			33	30	1	2	131	55	1
河南蒙古族自治县	2		31	29	2		99	45	1
海南藏族自治州	**26**		**375**	**330**	**43**	**2**	**1976**	**781**	**162**
共和县	9		161	137	24		728	275	43
同德县	3		44	39	5		174	83	7
贵德县	9		91	81	8	2	651	239	92
兴海县	3		28	26	2		188	75	12
贵南县	2		51	47	4		235	109	8
果洛藏族自治州	**6**		**198**	**175**	**21**	**2**	**429**	**157**	**14**
玛沁县	2		63	57	4	2	115	46	3
班玛县	3		31	24	7		93	27	6
甘德县	1		22	21	1		11	7	
达日县			31	30	1		69	39	3
久治县			25	21	4		61	25	2
玛多县			26	22	4		80	13	
玉树藏族自治州	**2**	**2**	**181**	**154**	**24**	**3**	**398**	**162**	**17**
玉树市	1		101	84	16	1	202	94	10
杂多县			17	16	1		68	15	
称多县			28	27	1		47	21	2
治多县		1	13	9	3	1	11	5	
囊谦县	1	1	6	5		1	35	15	2
曲麻莱县			16	13	3		35	12	3
海西蒙古族藏族自治州	**44**	**16**	**871**	**778**	**85**	**8**	**3064**	**1106**	**274**
格尔木市	14	16	359	310	44	5	1568	613	161
德令哈市	18		243	229	14		642	207	60
茫崖市	1		64	54	10		180	44	18
乌兰县	5		56	51	3	2	222	61	10
都兰县	4		63	57	6		298	136	8
天峻县	1		39	35	4		41	24	
大柴旦行政委员会	1		47	42	4	1	113	21	17

4－6 续表 9

单位：人

地 区 性 别	社会生产服务和生活服务人员								
	住宿和餐饮服务人员	信息传输、软件和信息技术服务人员	金融服务人员	房地产服务人员	租赁和商务服务人员	技术辅助服务人员	水利、环境和公共设施管理服务人员	居民服务人员	电力、燃气及水供应服务人员
全省	**16151**	**1500**	**2073**	**1047**	**2881**	**1294**	**5323**	**2550**	**1271**
西宁市	**6674**	**937**	**1409**	**805**	**1785**	**915**	**2635**	**1553**	**569**
城东区	1476	229	287	195	542	190	390	271	102
城中区	740	155	231	211	359	182	301	258	53
城西区	949	212	462	137	210	205	229	246	138
城北区	876	166	221	166	183	199	387	336	110
湟中区	1094	73	77	50	362	64	834	217	48
大通回族土族自治县	1164	72	97	42	72	60	349	183	100
湟源县	375	30	34	4	57	15	145	42	18
海东市	**5451**	**196**	**282**	**144**	**461**	**166**	**1018**	**499**	**236**
乐都区	654	47	45	25	115	44	218	122	40
平安区	448	59	73	30	138	33	181	50	47
民和回族土族自治县	962	24	61	41	115	31	180	77	36
互助土族自治县	932	45	68	40	66	44	354	216	89
化隆回族自治县	1261	16	8	5	25	8	64	20	16
循化撒拉族自治县	1194	5	27	3	2	6	21	14	8
海北藏族自治州	**662**	**69**	**86**	**11**	**146**	**29**	**271**	**83**	**62**
门源回族自治县	306	26	34	6	73	11	115	43	33
祁连县	163	8	18	1	12	4	37	14	7
海晏县	127	31	24	3	46	13	66	16	13
刚察县	66	4	10	1	15	1	53	10	9
黄南藏族自治州	**498**	**38**	**57**	**4**	**61**	**13**	**208**	**54**	**70**
同仁县	195	20	23	3	31	12	76	23	17
尖扎县	206	8	11	1	19	1	29	25	37
泽库县	62	6	16		5		79	5	4
河南蒙古族自治县	35	4	7		6		24	1	12
海南藏族自治州	**1002**	**64**	**80**	**17**	**73**	**36**	**236**	**128**	**149**
共和县	377	23	30	10	20	20	87	36	114
同德县	73	7		1	6	4	31	5	9
贵德县	322	17	25	5	19	9	66	50	13
兴海县	114	8	10	1	5		21	21	6
贵南县	116	9	15		23	3	31	16	7
果洛藏族自治州	**240**	**23**	**13**		**13**	**5**	**187**	**30**	**33**
玛沁县	78	17	5		10	3	13	10	18
班玛县	67	2	4		1		14	8	2
甘德县	9		2				1		6
达日县	21	2					7	4	3
久治县	30				1	2	9	8	2
玛多县	35	2	2		1		143		2
玉树藏族自治州	**181**	**28**	**25**	**6**	**12**	**9**	**349**	**28**	**11**
玉树市	95	21	13	4	3	7	24	12	5
杂多县	13		4	1	3	1	302	1	1
称多县	30		4	1	2		3	8	3
治多县	2	1			1		5	2	1
囊谦县	27	4	3		2	1	5	4	1
曲麻莱县	14	2	1		1		10	1	
海西蒙古族藏族自治州	**1443**	**145**	**121**	**60**	**330**	**121**	**419**	**175**	**141**
格尔木市	670	70	46	43	131	50	212	113	65
德令哈市	265	26	39	6	96	26	114	33	10
茫崖市	100	11	9	4	11	20	20	6	32
乌兰县	165	20	13	3	32	4	18	13	2
都兰县	158	5	7	1	36	6	27	8	20
天峻县	11	8	4		4	2	7		5
大柴旦行政委员会	74	5	3	3	20	13	21	2	7

4-6　续表 10　　　　　　　　　　　　　　　　　　　　　　单位：人

地　区 性　别	社会生产服务和生活服务人员 住宿和餐饮服务人员	信息传输、软件和信息技术服务人员	金融服务人员	房地产服务人员	租赁和商务服务人员	技术辅助服务人员	水利、环境和公共设施管理服务人员	居民服务人员	电力、燃气及水供应服务人员
男	**7349**	**934**	**879**	**566**	**2236**	**874**	**1849**	**739**	**1023**
西宁市	**2990**	**568**	**580**	**435**	**1376**	**628**	**751**	**466**	**450**
城东区	797	144	124	119	440	121	116	92	81
城中区	328	90	96	107	289	133	83	73	46
城西区	482	130	205	77	132	148	77	83	97
城北区	411	94	83	85	115	136	103	105	87
湟中区	366	47	25	24	298	41	201	37	43
大通回族土族自治县	487	45	35	20	60	40	110	69	82
湟源县	119	18	12	3	42	9	61	7	14
海东市	**2696**	**127**	**120**	**79**	**387**	**103**	**358**	**126**	**196**
乐都区	247	30	17	12	93	28	71	21	33
平安区	193	36	34	11	118	19	61	11	39
民和回族土族自治县	458	10	29	26	97	16	58	20	32
互助土族自治县	370	34	21	25	56	29	140	61	76
化隆回族自治县	698	12	5	3	21	5	20	7	12
循化撒拉族自治县	730	5	14	2	2	6	8	6	4
海北藏族自治州	**266**	**43**	**43**	**6**	**106**	**21**	**72**	**10**	**47**
门源回族自治县	125	17	20	4	53	8	35	2	26
祁连县	69	6	7		12	4	10	5	6
海晏县	39	18	9	2	32	8	11	1	8
刚察县	33	2	7		9	1	16	2	7
黄南藏族自治州	**229**	**23**	**32**	**2**	**50**	**10**	**92**	**20**	**56**
同仁县	90	13	12	2	24	9	20	10	15
尖扎县	101	4	5		17	1	7	8	28
泽库县	23	4	10		3		63	2	3
河南蒙古族自治县	15	2	5		6		2		10
海南藏族自治州	**405**	**37**	**37**	**7**	**57**	**21**	**71**	**33**	**129**
共和县	141	14	13	3	13	11	21	6	100
同德县	30	4		1	5	2	7	3	9
贵德县	132	9	9	2	17	7	18	11	9
兴海县	58	5	7	1	4		6	8	6
贵南县	44	5	8		18	1	19	5	5
果洛藏族自治州	**108**	**19**	**8**		**10**	**5**	**114**	**13**	**28**
玛沁县	39	14	4		8	3	6	3	17
班玛县	25	1	2				4	5	2
甘德县	7		1						6
达日县	9	2						2	2
久治县	11				1	2	2	3	1
玛多县	17	2	1		1		102		
玉树藏族自治州	**83**	**16**	**17**	**5**	**12**	**7**	**277**	**18**	**11**
玉树市	42	13	9	3	3	5	9	7	5
杂多县	5		4	1	3	1	260		1
称多县	13		1	1	2		2	6	3
治多县	1				1		2	1	1
囊谦县	17	2	3		2	1	2	3	1
曲麻莱县	5	1			1		2	1	
海西蒙古族藏族自治州	**572**	**101**	**42**	**32**	**238**	**79**	**114**	**53**	**106**
格尔木市	276	50	11	24	83	32	69	42	48
德令哈市	90	19	18	3	77	14	21	7	5
茫崖市	33	6	1	3	9	13	8	2	26
乌兰县	77	15	5	1	19	2	4		1
都兰县	60	2	4		29	5	5	1	17
天峻县	7	6	2		4	2	2		3
大柴旦行政委员会	29	3	1	1	17	11	5	1	6

4-6 续表 11

单位：人

地区 性别	社会生产服务和生活服务人员								
	住宿和餐饮服务人员	信息传输、软件和信息技术服务人员	金融服务人员	房地产服务人员	租赁和商务服务人员	技术辅助服务人员	水利、环境和公共设施管理服务人员	居民服务人员	电力、燃气及水供应服务人员
女	**8802**	**566**	**1194**	**481**	**645**	**420**	**3474**	**1811**	**248**
西宁市	**3684**	**369**	**829**	**370**	**409**	**287**	**1884**	**1087**	**119**
城东区	679	85	163	76	102	69	274	179	21
城中区	412	65	135	104	70	49	218	185	7
城西区	467	82	257	60	78	57	152	163	41
城北区	465	72	138	81	68	63	284	231	23
湟中区	728	26	52	26	64	23	633	180	5
大通回族土族自治县	677	27	62	22	12	20	239	114	18
湟源县	256	12	22	1	15	6	84	35	4
海东市	**2755**	**69**	**162**	**65**	**74**	**63**	**660**	**373**	**40**
乐都区	407	17	28	13	22	16	147	101	7
平安区	255	23	39	19	20	14	120	39	8
民和回族土族自治县	504	14	32	15	18	15	122	57	4
互助土族自治县	562	11	47	15	10	15	214	155	13
化隆回族自治县	563	4	3	2	4	3	44	13	4
循化撒拉族自治县	464		13	1			13	8	4
海北藏族自治州	**396**	**26**	**43**	**5**	**40**	**8**	**199**	**73**	**15**
门源回族自治县	181	9	14	2	20	3	80	41	7
祁连县	94	2	11	1			27	9	1
海晏县	88	13	15	1	14	5	55	15	5
刚察县	33	2	3	1	6		37	8	2
黄南藏族自治州	**269**	**15**	**25**	**2**	**11**	**3**	**116**	**34**	**14**
同仁县	105	7	11	1	7	3	56	13	2
尖扎县	105	4	6	1	2		22	17	9
泽库县	39	2	6		2		16	3	1
河南蒙古族自治县	20	2	2				22	1	2
海南藏族自治州	**597**	**27**	**43**	**10**	**16**	**15**	**165**	**95**	**20**
共和县	236	9	17	7	7	9	66	30	14
同德县	43	3			1	2	24	2	
贵德县	190	8	16	3	2	2	48	39	4
兴海县	56	3	3		1		15	13	
贵南县	72	4	7		5	2	12	11	2
果洛藏族自治州	**132**	**4**	**5**		**3**		**73**	**17**	**5**
玛沁县	39	3	1		2		7	7	1
班玛县	42	1	2		1		10	3	
甘德县	2		1				1		
达日县	12						7	2	1
久治县	19						7	5	1
玛多县	18		1				41		2
玉树藏族自治州	**98**	**12**	**8**	**1**		**2**	**72**	**10**	
玉树市	53	8	4	1		2	15	5	
杂多县	8						42	1	
称多县	17		3				1	2	
治多县	1	1					3	1	
囊谦县	10	2					3	1	
曲麻莱县	9	1	1				8		
海西蒙古族藏族自治州	**871**	**44**	**79**	**28**	**92**	**42**	**305**	**122**	**35**
格尔木市	394	20	35	19	48	18	143	71	17
德令哈市	175	7	21	3	19	12	93	26	5
茫崖市	67	5	8	1	2	7	12	4	6
乌兰县	88	5	8	2	13	2	14	13	1
都兰县	98	3	3	1	7	1	22	7	3
天峻县	4	2	2				5		2
大柴旦行政委员会	45	2	2	2	3	2	16	1	1

4-6　续表 12

单位：人

地　区 性　别	社会生产服务和生活服务人员				农、林、牧、渔业生产及辅助人员				
	修理及制作服务人员	文化、体育和娱乐服务人员	健康服务人员	其他社会生产和生活服务人员	小计	农业生产人员	林业生产人员	畜牧业生产人员	渔业生产人员
全省	**2508**	**407**	**146**	**59**	**52756**	**21144**	**6875**	**24409**	**59**
西宁市	**1236**	**258**	**92**	**27**	**6523**	**3519**	**358**	**2518**	**4**
城东区	245	39	26	7	135	43	23	59	1
城中区	196	70	17	1	119	57	7	48	
城西区	79	63	17	2	56	19	11	15	2
城北区	239	39	14	6	179	117	21	32	
湟中区	245	24	9	9	2013	771	155	1057	1
大通回族土族自治县	179	15	6	2	3025	2045	107	827	
湟源县	53	8	3		996	467	34	480	
海东市	**435**	**41**	**19**	**16**	**12487**	**10287**	**343**	**1801**	**5**
乐都区	91	12	1		1418	1084	86	237	1
平安区	77	7	5	4	329	161	32	133	
民和回族土族自治县	84	7	5	6	2827	2332	58	430	2
互助土族自治县	116	13	7	6	6653	6026	137	469	1
化隆回族自治县	39		1		759	378	21	348	1
循化撒拉族自治县	28	2			501	306	9	184	
海北藏族自治州	**113**	**19**	**6**	**12**	**3432**	**387**	**231**	**2787**	**2**
门源回族自治县	52	4	2	12	1063	275	146	622	2
祁连县	13	6	2		881	11	72	798	
海晏县	21	4	2		640	82	6	547	
刚察县	27	5			848	19	7	820	
黄南藏族自治州	**70**	**14**	**5**	**2**	**5482**	**1862**	**91**	**3526**	
同仁县	30	6	3	1	2036	1346	25	664	
尖扎县	18	2			678	514	27	135	
泽库县	12	4	2	1	1502	1	10	1491	
河南蒙古族自治县	10	2			1266	1	29	1236	
海南藏族自治州	**186**	**17**	**8**		**11146**	**2989**	**96**	**7985**	**46**
共和县	58	13	2		3057	957	21	2029	38
同德县	36		5		2011	439	9	1554	
贵德县	46	3			1641	881	43	712	2
兴海县	27		1		2325	201	9	2114	
贵南县	19	1			2112	511	14	1576	6
果洛藏族自治州	**61**	**11**	**1**		**2120**	**17**	**233**	**1864**	
玛沁县	30	3	1		233	2	23	205	
班玛县	8	1			755	15	134	605	
甘德县									
达日县	13	1			360		71	288	
久治县	4	1			747		5	742	
玛多县	6	5			25			24	
玉树藏族自治州	**59**	**11**	**4**	**2**	**8304**	**155**	**5354**	**2787**	**1**
玉树市	40	5	1	2	2460	37	1414	1007	
杂多县	5	1	1		1550	3	1497	48	
称多县	4	2			1185	39	316	829	1
治多县	3	1			451		153	298	
囊谦县	4	1	1		2174	76	1680	418	
曲麻莱县	3	1	1		484		294	187	
海西蒙古族藏族自治州	**348**	**36**	**11**		**3262**	**1928**	**169**	**1141**	**1**
格尔木市	206	15	6		748	526	33	180	1
德令哈市	55	11	2		503	267	37	197	
茫崖市	20	5	1		18			18	
乌兰县	32	1	1		342	98	64	175	
都兰县	25	1	1		1541	1034	35	464	
天峻县	7	2			77			77	
大柴旦行政委员会	3	1			33	3		30	

4-6 续表 13 单位：人

地区 性别	社会生产服务和生活服务人员 修理及制作服务人员	文化、体育和娱乐服务人员	健康服务人员	其他社会生产和生活服务人员	农、林、牧、渔业生产及辅助人员 小计	农业生产人员	林业生产人员	畜牧业生产人员	渔业生产人员
男	**2125**	**224**	**48**	**39**	**28887**	**10810**	**3811**	**14034**	**47**
西宁市	**1060**	**145**	**26**	**20**	**3978**	**1787**	**271**	**1831**	**4**
城东区	214	23	6	4	100	28	15	49	1
城中区	167	35	7	1	87	40	3	40	
城西区	68	45	5	2	42	13	10	12	2
城北区	214	19	5	4	99	62	13	19	
湟中区	199	11	1	8	1336	405	121	790	1
大通回族土族自治县	156	7	1	1	1665	982	78	574	
湟源县	42	5	1		649	257	31	347	
海东市	**365**	**25**	**6**	**11**	**6726**	**5200**	**241**	**1250**	**4**
乐都区	79	8			789	558	58	167	1
平安区	61	6	1	4	217	96	23	96	
民和回族土族自治县	71	4	2	2	1600	1256	35	304	2
互助土族自治县	97	6	2	5	3413	2972	105	323	1
化隆回族自治县	31		1		453	186	15	245	
循化撒拉族自治县	26	1			254	132	5	115	
海北藏族自治州	**87**	**9**	**3**	**5**	**2090**	**248**	**144**	**1679**	**1**
门源回族自治县	42	3		5	732	171	92	453	1
祁连县	11	3	1		543	9	42	492	
海晏县	16	2	2		366	52	5	308	
刚察县	18	1			449	16	5	426	
黄南藏族自治州	**55**	**8**	**1**	**1**	**2809**	**834**	**71**	**1902**	
同仁县	23	4		1	968	604	20	343	
尖扎县	16				350	229	23	97	
泽库县	9	3	1		825	1	6	818	
河南蒙古族自治县	7	1			666		22	644	
海南藏族自治州	**152**	**10**	**4**		**5962**	**1531**	**71**	**4298**	**36**
共和县	49	8	1		1681	526	16	1099	30
同德县	29		3		1038	228	5	798	
贵德县	39	2			860	404	35	416	2
兴海县	18				1232	107	7	1117	
贵南县	17				1151	266	8	868	4
果洛藏族自治州	**49**	**4**	**1**		**1127**	**8**	**186**	**930**	
玛沁县	26	1	1		126	1	17	106	
班玛县	7	1			412	7	104	301	
甘德县									
达日县	9				210		63	146	
久治县	3				368		2	366	
玛多县	4	2			11			11	
玉树藏族自治州	**50**	**6**	**2**	**2**	**4241**	**71**	**2707**	**1457**	**1**
玉树市	33	3		2	1309	16	780	511	
杂多县	4		1		703	1	676	24	
称多县	4	1			625	21	153	450	1
治多县	3	1			240		73	167	
囊谦县	3		1		1087	33	848	206	
曲麻莱县	3	1			277		177	99	
海西蒙古族藏族自治州	**307**	**17**	**5**		**1954**	**1131**	**120**	**687**	**1**
格尔木市	189	6	3		431	301	14	112	1
德令哈市	46	7	1		292	146	23	122	
茫崖市	16	3	1		9			9	
乌兰县	29				217	50	54	109	
都兰县	18				936	632	29	268	
天峻县	6	1			48			48	
大柴旦行政委员会	3				21	2		19	

4-6　续表 14

单位：人

地区 性别	社会生产服务和生活服务人员				农、林、牧、渔业生产及辅助人员				
	修理及制作服务人员	文化、体育和娱乐服务人员	健康服务人员	其他社会生产和生活服务人员	小计	农业生产人员	林业生产人员	畜牧业生产人员	渔业生产人员
女	**383**	**183**	**98**	**20**	**23869**	**10334**	**3064**	**10375**	**12**
西宁市	**176**	**113**	**66**	**7**	**2545**	**1732**	**87**	**687**	
城东区	31	16	20	3	35	15	8	10	
城中区	29	35	10		32	17	4	8	
城西区	11	18	12		14	6	1	3	
城北区	25	20	9	2	80	55	8	13	
湟中区	46	13	8	1	677	366	34	267	
大通回族土族自治县	23	8	5	1	1360	1063	29	253	
湟源县	11	3	2		347	210	3	133	
海东市	**70**	**16**	**13**	**5**	**5761**	**5087**	**102**	**551**	**1**
乐都区	12	4	1		629	526	28	70	
平安区	16	1	4		112	65	9	37	
民和回族土族自治县	13	3	3	4	1227	1076	23	126	
互助土族自治县	19	7	5	1	3240	3054	32	146	
化隆回族自治县	8				306	192	6	103	1
循化撒拉族自治县	2	1			247	174	4	69	
海北藏族自治州	**26**	**10**	**3**	**7**	**1342**	**139**	**87**	**1108**	**1**
门源回族自治县	10	1	2	7	331	104	54	169	1
祁连县	2	3	1		338	2	30	306	
海晏县	5	2			274	30	1	239	
刚察县	9	4			399	3	2	394	
黄南藏族自治州	**15**	**6**	**4**	**1**	**2673**	**1028**	**20**	**1624**	
同仁县	7	2	3		1068	742	5	321	
尖扎县	2	2			328	285	4	38	
泽库县	3	1	1	1	677		4	673	
河南蒙古族自治县	3	1			600	1	7	592	
海南藏族自治州	**34**	**7**	**4**		**5184**	**1458**	**25**	**3687**	**10**
共和县	9	5	1		1376	431	5	930	8
同德县	7		2		973	211	4	756	
贵德县	7	1			781	477	8	296	
兴海县	9		1		1093	94	2	997	
贵南县	2	1			961	245	6	708	2
果洛藏族自治州	**12**	**7**			**993**	**9**	**47**	**934**	
玛沁县	4	2			107	1	6	99	
班玛县	1				343	8	30	304	
甘德县									
达日县	4	1			150		8	142	
久治县	1	1			379		3	376	
玛多县	2	3			14			13	
玉树藏族自治州	**9**	**5**	**2**		**4063**	**84**	**2647**	**1330**	
玉树市	7	2	1		1151	21	634	496	
杂多县	1	1			847	2	821	24	
称多县		1			560	18	163	379	
治多县					211		80	131	
囊谦县	1	1			1087	43	832	212	
曲麻莱县			1		207		117	88	
海西蒙古族藏族自治州	**41**	**19**	**6**		**1308**	**797**	**49**	**454**	
格尔木市	17	9	3		317	225	19	68	
德令哈市	9	4	1		211	121	14	75	
茫崖市	4	2			9			9	
乌兰县	3	1	1		125	48	10	66	
都兰县	7	1	1		605	402	6	196	
天峻县	1	1			29			29	
大柴旦行政委员会		1			12	1		11	

4-6 续表 15

单位：人

地区 性别	农林牧渔生产辅助人员	其他农、林、牧、渔业生产加工人员	生产制造及有关人员 小计	农副产品加工人员	食品、饮料生产加工人员	烟草及其制品加工人员	纺织、针织、印染人员	纺织品、服装和皮革、毛皮制品加工制作人员	木材加工、家具与木制品制作人员
全省	**260**	**9**	**38430**	**568**	**656**	**5**	**55**	**460**	**897**
西宁市	**120**	**4**	**18503**	**266**	**327**	**5**	**44**	**201**	**550**
城东区	9		2446	26	81		2	59	36
城中区	7		2574	14	51	1	22	39	147
城西区	9		1168	4	6	1	1	8	21
城北区	9		3136	29	92	3	3	21	128
湟中区	27	2	4235	77	34		12	31	97
大通回族土族自治县	44	2	3937	93	46		2	27	110
湟源县	15		1007	23	17		2	16	11
海东市	**49**	**2**	**9418**	**168**	**190**		**5**	**111**	**203**
乐都区	10		2502	27	5			20	55
平安区	3		760	11	18		1	9	25
民和回族土族自治县	3	2	2148	61	18		1	20	26
互助土族自治县	20		2743	44	116		3	39	59
化隆回族自治县	11		786	20	25			12	23
循化撒拉族自治县	2		479	5	8			11	15
海北藏族自治州	**24**	**1**	**1585**	**42**	**35**		**1**	**11**	**23**
门源回族自治县	18		977	24	22			4	22
祁连县			165	6	5			1	
海晏县	4	1	294	7	6			5	1
刚察县	2		149	5	2		1	1	
黄南藏族自治州	**3**		**971**	**16**	**7**		**1**	**31**	**20**
同仁县	1		507		1			11	3
尖扎县	2		390	3	3		1	15	17
泽库县			39	12				1	
河南蒙古族自治县			35	1	3			4	
海南藏族自治州	**30**		**1422**	**27**	**21**		**2**	**43**	**37**
共和县	12		389	6	3			15	11
同德县	9		127	2	1		1	6	3
贵德县	3		620	7	17		1	3	20
兴海县	1		185	8				6	3
贵南县	5		101	4				13	
果洛藏族自治州	**5**	**1**	**215**	**12**	**9**			**9**	**3**
玛沁县	2	1	108	11	4			2	
班玛县	1		42		1			5	3
甘德县			4	1					
达日县	1		29		3				
久治县			24		1			2	
玛多县	1		8						
玉树藏族自治州	**6**	**1**	**237**	**8**	**1**			**16**	**13**
玉树市	2		160	6				9	10
杂多县	2		6						
称多县			23	1				4	1
治多县			3						
囊谦县			30		1			1	2
曲麻莱县	2	1	15	1				2	
海西蒙古族藏族自治州	**23**		**6079**	**29**	**66**		**2**	**38**	**48**
格尔木市	8		3059	19	39		1	34	17
德令哈市	2		982	3	16			1	23
茫崖市			784		2				
乌兰县	5		279	4	1		1	2	
都兰县	8		231	1	8			1	3
天峻县			16	2					
大柴旦行政委员会			728						5

4-6　续表 16

单位：人

地　区 性　别	农林牧渔生产辅助人员	其他农、林、牧、渔业生产加工人员	生产制造及有关人员 小计	农副产品加工人员	食品、饮料生产加工人员	烟草及其制品加工人员	纺织、针织、印染人员	纺织品、服装和皮革、毛皮制品加工制作人员	木材加工、家具与木制品制作人员
男	**180**	**5**	**30498**	**383**	**301**	**2**	**11**	**168**	**773**
西宁市	**82**	**3**	**14797**	**172**	**120**	**2**	**6**	**57**	**475**
城东区	7		1911	15	33		1	17	32
城中区	4		2014	7	15		4	14	130
城西区	5		909	4	3			4	19
城北区	5		2441	21	41	2	1	5	105
湟中区	17	2	3486	47	13			5	85
大通回族土族自治县	30	1	3208	65	11			10	94
湟源县	14		828	13	4			2	10
海东市	**30**	**1**	**7413**	**113**	**112**		**1**	**37**	**172**
乐都区	5		1983	16	3			6	42
平安区	2		600	7	8			4	20
民和回族土族自治县	2	1	1718	43	9		1	8	26
互助土族自治县	12		2167	29	80			9	51
化隆回族自治县	7		577	14	9			4	21
循化撒拉族自治县	2		368	4	3			6	12
海北藏族自治州	**18**		**1315**	**30**	**15**		**1**	**6**	**21**
门源回族自治县	15		802	19	8			2	20
祁连县			139	4	2			1	
海晏县	1		239	4	3			2	1
刚察县	2		135	3	2		1	1	
黄南藏族自治州	**2**		**686**	**8**	**3**		**1**	**16**	**17**
同仁县	1		365					4	2
尖扎县	1		269	1	1		1	9	15
泽库县			26	6				1	
河南蒙古族自治县			26	1	2			2	
海南藏族自治州	**26**		**1124**	**24**	**12**		**1**	**15**	**32**
共和县	10		298	4	2			3	8
同德县	7		103	2	1		1	4	2
贵德县	3		510	6	9			1	20
兴海县	1		141	8				3	2
贵南县	5		72	4				4	
果洛藏族自治州	**2**	**1**	**162**	**11**	**5**			**5**	**3**
玛沁县	1	1	83	10	3			1	
班玛县			33		1			3	3
甘德县			4	1					
达日县	1		19		1				
久治县			17					1	
玛多县			6						
玉树藏族自治州	**5**		**173**	**5**				**10**	**11**
玉树市	2		113	3				5	8
杂多县	2		5						
称多县			19	1				4	1
治多县			3						
囊谦县			21						2
曲麻莱县	1		12	1				1	
海西蒙古族藏族自治州	**15**		**4828**	**20**	**34**		**1**	**22**	**42**
格尔木市	3		2378	14	22			22	15
德令哈市	1		747	2	6				20
茫崖市			642		1				
乌兰县	4		227	2			1		
都兰县	7		199	1	5				2
天峻县			15	1					
大柴旦行政委员会			620						5

4-6 续表 17

单位：人

地区 性别	农林牧渔生产辅助人员	其他农、林、牧、渔业生产加工人员	生产制造及有关人员 小计	农副产品加工人员	食品、饮料生产加工人员	烟草及其制品加工人员	纺织、针织、印染人员	纺织品、服装和皮革、毛皮制品加工制作人员	木材加工、家具与木制品制作人员
女	**80**	**4**	**7932**	**185**	**355**	**3**	**44**	**292**	**124**
西宁市	**38**	**1**	**3706**	**94**	**207**	**3**	**38**	**144**	**75**
城东区	2		535	11	48		1	42	4
城中区	3		560	7	36	1	18	25	17
城西区	4		259		3	1	1	4	2
城北区	4		695	8	51	1	2	16	23
湟中区	10		749	30	21		12	26	12
大通回族土族自治县	14	1	729	28	35		2	17	16
湟源县	1		179	10	13		2	14	1
海东市	**19**	**1**	**2005**	**55**	**78**		**4**	**74**	**31**
乐都区	5		519	11	2			14	13
平安区	1		160	4	10		1	5	5
民和回族土族自治县	1	1	430	18	9			12	
互助土族自治县	8		576	15	36		3	30	8
化隆回族自治县	4		209	6	16			8	2
循化撒拉族自治县			111	1	5			5	3
海北藏族自治州	**6**	**1**	**270**	**12**	**20**			**5**	**2**
门源回族自治县	3		175	5	14			2	2
祁连县			26	2	3				
海晏县	3	1	55	3	3			3	
刚察县			14	2					
黄南藏族自治州	**1**		**285**	**8**	**4**			**15**	**3**
同仁县			142		1			7	1
尖扎县	1		121	2	2			6	2
泽库县			13	6					
河南蒙古族自治县			9		1			2	
海南藏族自治州	**4**		**298**	**3**	**9**		**1**	**28**	**5**
共和县	2		91	2	1			12	3
同德县	2		24					2	1
贵德县			110	1	8		1	2	
兴海县			44					3	1
贵南县			29					9	
果洛藏族自治州	**3**		**53**	**1**	**4**			**4**	
玛沁县	1		25	1	1			1	
班玛县	1		9					2	
甘德县									
达日县			10		2				
久治县			7		1			1	
玛多县	1		2						
玉树藏族自治州	**1**	**1**	**64**	**3**	**1**			**6**	**2**
玉树市			47	3				4	2
杂多县			1						
称多县			4						
治多县									
囊谦县			9		1			1	
曲麻莱县	1	1	3					1	
海西蒙古族藏族自治州	**8**		**1251**	**9**	**32**		**1**	**16**	**6**
格尔木市	5		681	5	17		1	12	2
德令哈市	1		235	1	10			1	3
茫崖市			142		1				
乌兰县	1		52	2	1			2	
都兰县	1		32		3			1	1
天峻县			1	1					
大柴旦行政委员会			108						

4-6　续表 18　　　　单位：人

地　区 性　别	生产制造及有关人员								
	纸及纸制品生产加工人员	印刷和记录媒介复制人员	文教、工美、体育和娱乐用品制造人员	石油加工和炼焦、煤化工生产人员	化学原料和化学制品制造人员	医药制造人员	化学纤维制造人员	橡胶和塑料制品制造人员	非金属矿物制品制造人员
全省	**21**	**286**	**441**	**212**	**985**	**167**	**5**	**184**	**590**
西宁市	**15**	**146**	**176**	**31**	**207**	**119**	**1**	**81**	**270**
城东区	3	42	6	6	16	17		10	18
城中区	4	28	26	15	13	15	1	9	30
城西区		31	2		16	7			6
城北区	3	27	3	3	9	58		6	48
湟中区	3	8	125	3	55	13		15	57
大通回族土族自治县	2	8	11	1	93	8		33	95
湟源县		2	3	3	5	1		8	16
海东市	**5**	**27**	**33**	**6**	**59**	**14**		**15**	**158**
乐都区	1	9		3	27	4		4	55
平安区		3	5		3	1		2	8
民和回族土族自治县	2	7	5	1	15			2	34
互助土族自治县	1	7	12	2	8	9		5	48
化隆回族自治县	1	1	5		3			2	9
循化撒拉族自治县			6		3				4
海北藏族自治州		**17**	**11**	**5**	**8**	**4**	**2**	**8**	**8**
门源回族自治县		5	7	4	6	2	2	8	7
祁连县		5		1					
海晏县		7	2		2	2			1
刚察县			2						
黄南藏族自治州		**23**	**110**		**1**	**5**	**1**		**29**
同仁县		5	100		1	2	1		1
尖扎县		6	9						27
泽库县		8	1						
河南蒙古族自治县		4				3			1
海南藏族自治州		**44**	**25**		**1**	**4**		**2**	**29**
共和县		11	11			3		1	9
同德县		5	1						5
贵德县		10	8		1	1		1	14
兴海县		11	1						1
贵南县		7	4						
果洛藏族自治州						**2**			**1**
玛沁县									1
班玛县						2			
甘德县									
达日县									
久治县									
玛多县									
玉树藏族自治州		**12**	**64**			**1**			**1**
玉树市		8	60						1
杂多县									
称多县		4							
治多县									
囊谦县						1			
曲麻莱县			4						
海西蒙古族藏族自治州	**1**	**17**	**22**	**170**	**709**	**18**	**1**	**78**	**94**
格尔木市	1	8	19	62	356	2	1	77	57
德令哈市		4	3		157	12			29
茫崖市		1			52				1
乌兰县				108	5			1	5
都兰县		1			3				2
天峻县		2							
大柴旦行政委员会		1			136	4			

4-6 续表 19

单位：人

地区 性别	生产制造及有关人员 纸及纸制品生产加工人员	印刷和记录媒介复制人员	文教、工美、体育和娱乐用品制造人员	石油加工和炼焦、煤化工生产人员	化学原料和化学制品制造人员	医药制造人员	化学纤维制造人员	橡胶和塑料制品制造人员	非金属矿物制品制造人员
男	**9**	**163**	**314**	**161**	**729**	**74**	**3**	**103**	**462**
西宁市	**5**	**74**	**122**	**24**	**148**	**52**		**41**	**218**
城东区	2	22	2	4	13	7		6	14
城中区	2	14	10	12	8	6		6	18
城西区		18	1		10	2			4
城北区		12	1	2	6	33		2	40
湟中区	1	2	96	3	35	3		8	46
大通回族土族自治县		5	9		72	1		19	81
湟源县		1	3	3	4				15
海东市	**3**	**14**	**17**	**6**	**50**	**7**		**11**	**117**
乐都区	1	4		3	24	2		3	33
平安区		1	1		3			2	7
民和回族土族自治县	1	5	2	1	14			2	27
互助土族自治县		4	8	2	5	5		2	39
化隆回族自治县	1		3		2			2	8
循化撒拉族自治县			3		2				3
海北藏族自治州		**11**	**7**	**3**	**5**	**1**	**1**	**4**	**6**
门源回族自治县		3	3	2	4	1	1	4	5
祁连县		2		1					
海晏县		6	2		1				1
刚察县			2						
黄南藏族自治州		**14**	**100**			**4**	**1**		**22**
同仁县		2	93			2	1		1
尖扎县		3	6						20
泽库县		6	1						
河南蒙古族自治县		3				2			1
海南藏族自治州		**30**	**13**		**1**	**1**		**1**	**23**
共和县		8	6					1	7
同德县		4	1						4
贵德县		6	4		1	1			11
兴海县		7	1						1
贵南县		5	1						
果洛藏族自治州						**2**			**1**
玛沁县									1
班玛县						2			
甘德县									
达日县									
久治县									
玛多县									
玉树藏族自治州		**10**	**41**			**1**			**1**
玉树市		6	38						1
杂多县									
称多县		4							
治多县									
囊谦县						1			
曲麻莱县			3						
海西蒙古族藏族自治州	**1**	**10**	**14**	**128**	**525**	**6**	**1**	**46**	**74**
格尔木市	1	4	12	42	256		1	46	44
德令哈市		2	2		116	3			22
茫崖市					47				1
乌兰县				86	3				5
都兰县		1			2				2
天峻县		2							
大柴旦行政委员会		1			101	3			

4-6　续表 20

单位：人

地　区 性　别	生产制造及有关人员								
	纸及纸制品生产加工人员	印刷和记录媒介复制人员	文教、工美、体育和娱乐用品制造人　员	石油加工和炼焦、煤化工生产人员	化学原料和化学制品制造人　员	医药制造人　员	化学纤维制造人员	橡胶和塑料制品制造人员	非金属矿物制品制造人员
女	**12**	**123**	**127**	**51**	**256**	**93**	**2**	**81**	**128**
西宁市	**10**	**72**	**54**	**7**	**59**	**67**	**1**	**40**	**52**
城东区	1	20	4	2	3	10		4	4
城中区	2	14	16	3	5	9	1	3	12
城西区		13	1		6	5			2
城北区	3	15	2	1	3	25		4	8
湟中区	2	6	29		20	10		7	11
大通回族土族自治县	2	3	2	1	21	7		14	14
湟源县		1			1	1		8	1
海东市	**2**	**13**	**16**		**9**	**7**		**4**	**41**
乐都区		5			3	2		1	22
平安区		2	4			1			1
民和回族土族自治县	1	2	3		1				7
互助土族自治县	1	3	4		3	4		3	9
化隆回族自治县		1	2		1				1
循化撒拉族自治县			3		1				1
海北藏族自治州		**6**	**4**	**2**	**3**	**3**	**1**	**4**	**2**
门源回族自治县		2	4	2	2	1	1	4	2
祁连县		3							
海晏县		1			1	2			
刚察县									
黄南藏族自治州		**9**	**10**		**1**	**1**			**7**
同仁县		3	7		1				
尖扎县		3	3						7
泽库县		2							
河南蒙古族自治县		1				1			
海南藏族自治州		**14**	**12**			**3**		**1**	**6**
共和县		3	5			3			2
同德县		1							1
贵德县		4	4					1	3
兴海县		4							
贵南县		2	3						
果洛藏族自治州									
玛沁县									
班玛县									
甘德县									
达日县									
久治县									
玛多县									
玉树藏族自治州		**2**	**23**						
玉树市		2	22						
杂多县									
称多县									
治多县									
囊谦县									
曲麻莱县			1						
海西蒙古族藏族自治州		**7**	**8**	**42**	**184**	**12**		**32**	**20**
格尔木市		4	7	20	100	2		31	13
德令哈市		2	1		41	9			7
茫崖市		1			5				
乌兰县				22	2			1	
都兰县					1				
天峻县									
大柴旦行政委员会					35	1			

4－6 续表 21

单位：人

地区 性别	生产制造及有关人员								
	采矿人员	金属冶炼和压延加工人员	机械制造基础加工人员	金属制品制造人员	通用设备制造人员	专用设备制造人员	汽车制造人员	铁路、船舶、航空设备制造人员	电气机械和器材制造人员
全省	**1498**	**1394**	**1186**	**508**	**179**	**52**	**87**	**38**	**347**
西宁市	**264**	**1079**	**673**	**281**	**95**	**31**	**42**	**24**	**252**
城东区	25	118	37	45	22	7	9	9	10
城中区	25	51	50	26	16	4	1	1	161
城西区	12	52	22	12	2	3	4	1	2
城北区	43	194	110	80	28	10	9	4	11
湟中区	33	278	215	47	13	5	9	4	23
大通回族土族自治县	111	304	190	56	13	2	9	4	26
湟源县	15	82	49	15	1		1	1	19
海东市	**86**	**230**	**250**	**114**	**17**	**10**	**21**	**3**	**57**
乐都区	13	66	56	23	6	2	1	1	7
平安区	5	10	28	11			1		23
民和回族土族自治县	31	104	55	20	1	3	10		7
互助土族自治县	29	29	96	29	10	3	8	2	13
化隆回族自治县	3	21	15	14		2	1		7
循化撒拉族自治县	5			17					
海北藏族自治州	**133**	**8**	**72**	**10**	**6**	**3**	**11**	**3**	**14**
门源回族自治县	87	7	51	6	5	2	10	3	14
祁连县	2		9	3			1		
海晏县	1	1	6	1	1	1			
刚察县	43		6						
黄南藏族自治州	**2**		**7**	**9**	**9**				**3**
同仁县	2		5	3	5				2
尖扎县			2	4	4				1
泽库县				2					
河南蒙古族自治县									
海南藏族自治州	**15**	**4**	**38**	**36**	**1**	**1**		**4**	**2**
共和县	4		12	4				1	1
同德县	7	2	2	1	1	1		3	
贵德县	3		17	26					1
兴海县	1			3					
贵南县		2	7	2					
果洛藏族自治州	**16**		**7**	**15**		**4**	**1**		
玛沁县	16		4	8		1			
班玛县			1	6		3			
甘德县							1		
达日县			2						
久治县				1					
玛多县									
玉树藏族自治州		**2**	**6**	**4**			**2**		**1**
玉树市		2	5	4			2		1
杂多县									
称多县			1						
治多县									
囊谦县									
曲麻莱县									
海西蒙古族藏族自治州	**982**	**71**	**133**	**39**	**51**	**3**	**10**	**4**	**18**
格尔木市	97	48	65	23	45	2	8	3	7
德令哈市	10	11	42	11	3	1		1	11
茫崖市	478		8		3		1		
乌兰县	9	2	5						
都兰县	32	8	9	5			1		
天峻县	1								
大柴旦行政委员会	355	2	4						

4-6　续表 22　　　　　　　　　　　　　　　　　　　　　　　　　　　　单位：人

地　区 性　别	生产制造及有关人员								
	采矿人员	金属冶炼和压延加工人员	机械制造基础加工人员	金属制品制造人员	通用设备制造人员	专用设备制造人员	汽车制造人员	铁路、船舶、航空设备制造人员	电气机械和器材制造人员
男	**1303**	**1219**	**1098**	**375**	**159**	**39**	**67**	**34**	**285**
西宁市	**239**	**950**	**614**	**212**	**85**	**21**	**34**	**23**	**204**
城东区	21	95	28	33	20	5	8	8	9
城中区	22	47	41	18	16	4	1	1	132
城西区	10	37	21	9	2	1	3	1	2
城北区	36	162	98	67	25	6	7	4	10
湟中区	30	258	198	36	10	3	8	4	18
大通回族土族自治县	105	283	180	41	11	2	6	4	19
湟源县	15	68	48	8	1		1	1	14
海东市	**79**	**202**	**237**	**86**	**16**	**7**	**15**	**3**	**51**
乐都区	13	61	54	18	6	2		1	6
平安区	5	10	26	9			1		23
民和回族土族自治县	28	86	52	15	1	2	8		5
互助土族自治县	25	26	91	23	9	2	5	2	12
化隆回族自治县	3	19	14	10		1	1		5
循化撒拉族自治县	5			11					
海北藏族自治州	**130**	**7**	**69**	**8**	**6**	**3**	**7**	**2**	**9**
门源回族自治县	84	6	49	4	5	2	7	2	9
祁连县	2		9	3					
海晏县	1	1	5	1	1	1			
刚察县	43		6						
黄南藏族自治州	**2**		**6**	**6**	**7**				**2**
同仁县	2		4	1	4				2
尖扎县			2	3	3				
泽库县				2					
河南蒙古族自治县									
海南藏族自治州	**15**	**3**	**34**	**21**	**1**	**1**		**3**	**1**
共和县	4		12	3				1	1
同德县	7	2	2	1	1	1		2	
贵德县	3		16	15					
兴海县	1			1					
贵南县		1	4	1					
果洛藏族自治州	**15**		**5**	**12**		**4**	**1**		
玛沁县	15		3	6		1			
班玛县			1	5		3			
甘德县							1		
达日县			1						
久治县				1					
玛多县									
玉树藏族自治州		**2**	**5**	**3**			**2**		**1**
玉树市		2	4	3			2		1
杂多县									
称多县			1						
治多县									
囊谦县									
曲麻莱县									
海西蒙古族藏族自治州	**823**	**55**	**128**	**27**	**44**	**3**	**8**	**3**	**17**
格尔木市	77	38	62	17	39	2	6	2	6
德令哈市	5	8	41	7	2	1		1	11
茫崖市	386		7		3		1		
乌兰县	8	2	5						
都兰县	30	5	9	3			1		
天峻县	1								
大柴旦行政委员会	316	2	4						

4-6 续表 23

单位：人

地区 性别	生产制造及有关人员								
	采矿人员	金属冶炼和压延加工人员	机械制造基础加工人员	金属制品制造人员	通用设备制造人员	专用设备制造人员	汽车制造人员	铁路、船舶、航空设备制造人员	电气机械和器材制造人员
女	**195**	**175**	**88**	**133**	**20**	**13**	**20**	**4**	**62**
西宁市	**25**	**129**	**59**	**69**	**10**	**10**	**8**	**1**	**48**
城东区	4	23	9	12	2	2	1	1	1
城中区	3	4	9	8					29
城西区	2	15	1	3		2	1		
城北区	7	32	12	13	3	4	2		1
湟中区	3	20	17	11	3	2	1		5
大通回族土族自治县	6	21	10	15	2		3		7
湟源县		14	1	7					5
海东市	**7**	**28**	**13**	**28**	**1**	**3**	**6**		**6**
乐都区		5	2	5			1		1
平安区			2	2					
民和回族土族自治县	3	18	3	5		1	2		2
互助土族自治县	4	3	5	6	1	1	3		1
化隆回族自治县		2	1	4		1			2
循化撒拉族自治县				6					
海北藏族自治州	**3**	**1**	**3**	**2**			**4**	**1**	**5**
门源回族自治县	3	1	2	2			3	1	5
祁连县							1		
海晏县			1						
刚察县									
黄南藏族自治州			**1**	**3**	**2**				**1**
同仁县			1	2	1				
尖扎县				1	1				1
泽库县									
河南蒙古族自治县									
海南藏族自治州		**1**	**4**	**15**				**1**	**1**
共和县				1					
同德县								1	
贵德县			1	11					1
兴海县				2					
贵南县		1	3	1					
果洛藏族自治州	**1**		**2**	**3**					
玛沁县	1		1	2					
班玛县				1					
甘德县									
达日县			1						
久治县									
玛多县									
玉树藏族自治州			**1**	**1**					
玉树市			1	1					
杂多县									
称多县									
治多县									
囊谦县									
曲麻莱县									
海西蒙古族藏族自治州	**159**	**16**	**5**	**12**	**7**		**2**	**1**	**1**
格尔木市	20	10	3	6	6		2	1	1
德令哈市	5	3	1	4	1				
茫崖市	92		1						
乌兰县	1								
都兰县	2	3		2					
天峻县									
大柴旦行政委员会	39								

4-6　续表 24　　　　单位：人

地区 性别	生产制造及有关人员								不便分类的其他从业人员
	计算机、通信和其他电子设备制造人员	仪器仪表制造人员	废弃资源综合利用人员	电力、热力、气体、水生产和输配人员	建筑施工人员	运输设备和通用工程机械操作人员及有关人员	生产辅助人员	其他生产制造及有关人员	
全省	**937**	**48**	**60**	**822**	**17938**	**2372**	**5361**	**71**	**622**
西宁市	**479**	**21**	**18**	**406**	**8099**	**1240**	**3020**	**40**	**379**
城东区	115	3	7	40	864	274	526	13	41
城中区	40		3	56	1225	60	433	7	21
城西区	23	1		60	528	46	297		9
城北区	52	11	3	71	1346	114	612	5	265
湟中区	75		2	105	1971	407	509	9	12
大通回族土族自治县	168	3	3	57	1699	269	488	6	22
湟源县	6	3		17	466	70	155		9
海东市	**162**	**5**	**16**	**113**	**6122**	**487**	**720**	**11**	**114**
乐都区	23	3	1	18	1643	137	292		21
平安区	10		9	5	470	40	62		6
民和回族土族自治县	63		1	22	1397	107	135		2
互助土族自治县	33		5	42	1733	162	186	10	82
化隆回族自治县	29	2		8	531	25	27		3
循化撒拉族自治县	4			18	348	16	18	1	
海北藏族自治州	**90**	**3**	**3**	**67**	**643**	**144**	**198**	**2**	**10**
门源回族自治县	82	3	1	39	376	69	109		2
祁连县	7		1	11	75	14	24		2
海晏县	1		1	9	145	60	32	2	6
刚察县				8	47	1	33		
黄南藏族自治州	**12**	**2**		**31**	**583**	**39**	**30**		**4**
同仁县	1			15	319	14	16		2
尖扎县	11	2		16	232	23	14		2
泽库县					15				
河南蒙古族自治县					17	2			
海南藏族自治州	**25**		**7**	**22**	**823**	**85**	**124**		**25**
共和县	4		1	10	221	24	37		4
同德县	2		1	2	54	15	12		3
贵德县	10		4	3	372	38	63		15
兴海县	5		1	7	122	6	10		
贵南县	4				54	2	2		3
果洛藏族自治州	**1**			**7**	**106**	**6**	**16**		**8**
玛沁县				3	45	5	8		4
班玛县	1				19		1		
甘德县					2				
达日县					19	1	4		1
久治县				1	17		2		3
玛多县				3	4		1		
玉树藏族自治州	**2**			**4**	**73**	**14**	**13**		**6**
玉树市	1			4	33	4	10		3
杂多县					6				1
称多县					8	1	3		
治多县						3			
囊谦县	1				19	5			
曲麻莱县					7	1			2
海西蒙古族藏族自治州	**166**	**17**	**16**	**172**	**1489**	**357**	**1240**	**18**	**76**
格尔木市	153	17	5	65	909	230	671	18	63
德令哈市	4		10	44	377	26	183		2
茫崖市	4		1	18	40	41	134		9
乌兰县	1			7	71	10	47		
都兰县	4			11	66	33	43		1
天峻县				3	7		1		
大柴旦行政委员会				24	19	17	161		1

4-6 续表 25　　　　单位：人

地　区 性　别	生产制造及有关人员								不便分类的其他从业人员
	计算机、通信和其他电子设备制造人　员	仪器仪表制造人员	废弃资源综合利用人　员	电力、热力、气体、水生产和输配人员	建筑施工人　员	运输设备和通用工程机械操作人员及有关人员	生产辅助人　员	其他生产制造及有关人员	
男	**671**	**31**	**46**	**675**	**14501**	**2193**	**4097**	**49**	**390**
西宁市	**360**	**13**	**14**	**337**	**6709**	**1129**	**2312**	**25**	**242**
城东区	87	2	7	33	718	250	409	10	33
城中区	31		3	50	1003	56	340	3	14
城西区	17			39	431	40	231		6
城北区	41	8	1	58	1102	101	441	3	160
湟中区	61		2	97	1638	368	405	6	7
大通回族土族自治县	117	3	1	45	1409	247	365	3	17
湟源县	6			15	408	67	121		5
海东市	**113**	**2**	**13**	**97**	**4836**	**447**	**539**	**10**	**70**
乐都区	13		1	14	1305	116	236		15
平安区	8		7	4	375	36	43		5
民和回族土族自治县	47		1	19	1104	104	107		
互助土族自治县	20		4	38	1398	154	115	9	47
化隆回族自治县	21	2		5	389	21	22		3
循化撒拉族自治县	4			17	265	16	16	1	
海北藏族自治州	**57**	**2**	**3**	**54**	**542**	**144**	**159**	**2**	**6**
门源回族自治县	52	2	1	32	319	69	87		1
祁连县	5		1	9	68	14	18		
海晏县			1	6	114	60	26	2	5
刚察县				7	41	1	28		
黄南藏族自治州	**9**	**1**		**23**	**385**	**36**	**23**		**1**
同仁县	1			11	211	14	10		1
尖扎县	8	1		12	151	20	13		
泽库县					10				
河南蒙古族自治县					13	2			
海南藏族自治州	**19**		**5**	**21**	**664**	**82**	**101**		**11**
共和县	3			9	171	24	31		1
同德县	1		1	2	40	15	9		1
贵德县	8		3	3	316	37	50		7
兴海县	4		1	7	91	4	10		
贵南县	3				46	2	1		2
果洛藏族自治州				**5**	**77**	**6**	**10**		**6**
玛沁县				2	31	5	5		3
班玛县					14		1		
甘德县					2				
达日县					14	1	2		1
久治县				1	12		2		2
玛多县				2	4				
玉树藏族自治州	**1**			**4**	**53**	**13**	**10**		**4**
玉树市	1			4	25	3	7		3
杂多县					5				
称多县					4	1	3		
治多县						3			
囊谦县					13	5			
曲麻莱县					6	1			1
海西蒙古族藏族自治州	**112**	**13**	**11**	**134**	**1235**	**336**	**943**	**12**	**50**
格尔木市	102	13	4	49	770	213	487	12	40
德令哈市	2		7	37	288	23	141		2
茫崖市	3			11	32	40	110		6
乌兰县	1			5	62	10	37		
都兰县	4			8	57	33	36		1
天峻县				3	7		1		
大柴旦行政委员会				21	19	17	131		1

4-6 续表 26

单位：人

地区 性别	生产制造及有关人员								不便分类的其他从业人员
	计算机、通信和其他电子设备制造人员	仪器仪表制造人员	废弃资源综合利用人员	电力、热力、气体、水生产和输配人员	建筑施工人员	运输设备和通用工程机械操作人员及有关人员	生产辅助人员	其他生产制造及有关人员	
女	**266**	**17**	**14**	**147**	**3437**	**179**	**1264**	**22**	**232**
西宁市	**119**	**8**	**4**	**69**	**1390**	**111**	**708**	**15**	**137**
城东区	28	1		7	146	24	117	3	8
城中区	9			6	222	4	93	4	7
城西区	6	1		21	97	6	66		3
城北区	11	3	2	13	244	13	171	2	105
湟中区	14			8	333	39	104	3	5
大通回族土族自治县	51		2	12	290	22	123	3	5
湟源县		3		2	58	3	34		4
海东市	**49**	**3**	**3**	**16**	**1286**	**40**	**181**	**1**	**44**
乐都区	10	3		4	338	21	56		6
平安区	2		2	1	95	4	19		1
民和回族土族自治县	16			3	293	3	28		2
互助土族自治县	13		1	4	335	8	71	1	35
化隆回族自治县	8			3	142	4	5		
循化撒拉族自治县				1	83		2		
海北藏族自治州	**33**	**1**		**13**	**101**		**39**		**4**
门源回族自治县	30	1		7	57		22		1
祁连县	2			2	7		6		2
海晏县	1			3	31		6		1
刚察县				1	6		5		
黄南藏族自治州	**3**	**1**		**8**	**198**	**3**	**7**		**3**
同仁县				4	108		6		1
尖扎县	3	1		4	81	3	1		2
泽库县					5				
河南蒙古族自治县					4				
海南藏族自治州	**6**		**2**	**1**	**159**	**3**	**23**		**14**
共和县	1		1	1	50		6		3
同德县	1				14		3		2
贵德县	2		1		56	1	13		8
兴海县	1				31	2			
贵南县	1				8		1		1
果洛藏族自治州	**1**			**2**	**29**		**6**		**2**
玛沁县				1	14		3		1
班玛县	1				5				
甘德县									
达日县					5		2		
久治县					5				1
玛多县				1			1		
玉树藏族自治州	**1**				**20**	**1**	**3**		**2**
玉树市					8	1	3		
杂多县					1				1
称多县					4				
治多县									
囊谦县	1				6				
曲麻莱县					1				1
海西蒙古族藏族自治州	**54**	**4**	**5**	**38**	**254**	**21**	**297**	**6**	**26**
格尔木市	51	4	1	16	139	17	184	6	23
德令哈市	2		3	7	89	3	42		
茫崖市	1		1	7	8	1	24		3
乌兰县				2	9		10		
都兰县				3	9		7		
天峻县									
大柴旦行政委员会				3			30		

4-6a 各地区分性别、职业中类的就业人口(城市)

单位：人

地区 性别	合计	党的机关、国家机关、群众团体和社会组织、企事业单位负责人						
		小计	中国共产党机关负责人	国家机关负责人	民主党派和工商联负责人	人民团体和群众团体、社会组织及其他成员组织负责人	基层群众自治组织负责人	企事业单位负责人
全省	**89011**	**3278**	**19**	**213**	**2**	**102**	**61**	**2881**
西宁市	**67112**	**2628**	**6**	**163**	**2**	**77**	**29**	**2351**
城东区	18394	331	2	43		15	1	270
城中区	13535	546	2	51	1	17	2	473
城西区	14928	834	1	34	1	15	5	778
城北区	17136	850	1	27		25	11	786
湟中区	2335	66		8		5	9	44
大通回族土族自治县	784	1					1	
湟源县								
海东市	**7498**	**208**	**7**	**14**		**4**	**20**	**163**
乐都区	4412	123	7	10		3	14	89
平安区	3086	85		4		1	6	74
民和回族土族自治县								
互助土族自治县								
化隆回族自治县								
循化撒拉族自治县								
海北藏族自治州								
门源回族自治县								
祁连县								
海晏县								
刚察县								
黄南藏族自治州								
同仁县								
尖扎县								
泽库县								
河南蒙古族自治县								
海南藏族自治州								
共和县								
同德县								
贵德县								
兴海县								
贵南县								
果洛藏族自治州								
玛沁县								
班玛县								
甘德县								
达日县								
久治县								
玛多县								
玉树藏族自治州	**2030**	**33**	**2**	**7**		**1**	**3**	**20**
玉树市	1984	32	1	7		1	3	20
杂多县								
称多县								
治多县								
囊谦县								
曲麻莱县	46	1	1					
海西蒙古族藏族自治州	**12371**	**409**	**4**	**29**		**20**	**9**	**347**
格尔木市	7646	233	2	14		10		207
德令哈市	3149	134		12		7	7	108
茫崖市	1576	42	2	3		3	2	32
乌兰县								
都兰县								
天峻县								
大柴旦行政委员会								

4-6a　续表 1　　　　　　　　　　　　　　　　　　　　　　　　　　单位：人

地　区 性　别	合计	党的机关、国家机关、群众团体和社会组织、企事业单位负责人						
		小计	中国共产党机关负责人	国家机关负责人	民主党派和工商联负责人	人民团体和群众团体、社会组织及其他成员组织负责人	基层群众自治组织负责人	企事业单位负责人
男	**52718**	**2482**	**16**	**158**	**1**	**67**	**51**	**2189**
西宁市	**39203**	**1961**	**5**	**117**	**1**	**51**	**23**	**1764**
城东区	11129	279	1	33		10	1	234
城中区	7845	394	2	37		10		345
城西区	8315	606	1	23	1	7	4	570
城北区	9947	622	1	18		20	8	575
湟中区	1489	59		6		4	9	40
大通回族土族自治县	478	1					1	
湟源县								
海东市	**4515**	**166**	**6**	**13**		**2**	**18**	**127**
乐都区	2689	101	6	9		1	13	72
平安区	1826	65		4		1	5	55
民和回族土族自治县								
互助土族自治县								
化隆回族自治县								
循化撒拉族自治县								
海北藏族自治州								
门源回族自治县								
祁连县								
海晏县								
刚察县								
黄南藏族自治州								
同仁县								
尖扎县								
泽库县								
河南蒙古族自治县								
海南藏族自治州								
共和县								
同德县								
贵德县								
兴海县								
贵南县								
果洛藏族自治州								
玛沁县								
班玛县								
甘德县								
达日县								
久治县								
玛多县								
玉树藏族自治州	**1160**	**25**	**2**	**6**		**1**	**2**	**14**
玉树市	1136	24	1	6		1	2	14
杂多县								
称多县								
治多县								
囊谦县								
曲麻莱县	24	1	1					
海西蒙古族藏族自治州	**7840**	**330**	**3**	**22**		**13**	**8**	**284**
格尔木市	4802	178	1	9		4		164
德令哈市	1883	114		10		6	6	92
茫崖市	1155	38	2	3		3	2	28
乌兰县								
都兰县								
天峻县								
大柴旦行政委员会								

4-6a 续表 2

单位：人

地区 性别	合计	党的机关、国家机关、群众团体和社会组织、企事业单位负责人						
		小计	中国共产党机关负责人	国家机关负责人	民主党派和工商联负责人	人民团体和群众团体、社会组织及其他成员组织负责人	基层群众自治组织负责人	企事业单位负责人
女	**36293**	**796**	**3**	**55**	**1**	**35**	**10**	**692**
西宁市	**27909**	**667**	**1**	**46**	**1**	**26**	**6**	**587**
城东区	7265	52	1	10		5		36
城中区	5690	152		14	1	7	2	128
城西区	6613	228		11		8	1	208
城北区	7189	228		9		5	3	211
湟中区	846	7		2		1		4
大通回族土族自治县	306							
湟源县								
海东市	**2983**	**42**	**1**	**1**		**2**	**2**	**36**
乐都区	1723	22	1	1		2	1	17
平安区	1260	20					1	19
民和回族土族自治县								
互助土族自治县								
化隆回族自治县								
循化撒拉族自治县								
海北藏族自治州								
门源回族自治县								
祁连县								
海晏县								
刚察县								
黄南藏族自治州								
同仁县								
尖扎县								
泽库县								
河南蒙古族自治县								
海南藏族自治州								
共和县								
同德县								
贵德县								
兴海县								
贵南县								
果洛藏族自治州								
玛沁县								
班玛县								
甘德县								
达日县								
久治县								
玛多县								
玉树藏族自治州	**870**	**8**		**1**			**1**	**6**
玉树市	848	8		1			1	6
杂多县								
称多县								
治多县								
囊谦县								
曲麻莱县	22							
海西蒙古族藏族自治州	**4531**	**79**	**1**	**7**		**7**	**1**	**63**
格尔木市	2844	55	1	5		6		43
德令哈市	1266	20		2		1	1	16
茫崖市	421	4						4
乌兰县								
都兰县								
天峻县								
大柴旦行政委员会								

4-6a 续表 3

单位：人

地区 性别	专业技术人员									
	小计	科学研究人员	工程技术人员	农业技术人员	飞机和船舶技术人员	卫生专业技术人员	经济和金融专业人员	法律、社会和宗教专业人员	教学人员	文学艺术、体育专业人员
全省	**17128**	**127**	**4045**	**134**	**6**	**3198**	**3823**	**615**	**4421**	**217**
西宁市	**13534**	**113**	**3079**	**107**	**5**	**2674**	**3131**	**480**	**3366**	**168**
城东区	3036	5	618	39	1	777	576	90	801	20
城中区	2675	11	507	12		650	595	72	691	50
城西区	4298	62	1040	27	1	769	1091	155	974	50
城北区	3135	35	875	21	3	427	802	67	788	38
湟中区	357		36	7		48	55	96	98	10
大通回族土族自治县	33		3	1		3	12		14	
湟源县										
海东市	**1277**	**4**	**223**	**17**		**228**	**210**	**45**	**497**	**22**
乐都区	808	1	153	13		136	128	29	335	2
平安区	469	3	70	4		92	82	16	162	20
民和回族土族自治县										
互助土族自治县										
化隆回族自治县										
循化撒拉族自治县										
海北藏族自治州										
门源回族自治县										
祁连县										
海晏县										
刚察县										
黄南藏族自治州										
同仁县										
尖扎县										
泽库县										
河南蒙古族自治县										
海南藏族自治州										
共和县										
同德县										
贵德县										
兴海县										
贵南县										
果洛藏族自治州										
玛沁县										
班玛县										
甘德县										
达日县										
久治县										
玛多县										
玉树藏族自治州	**321**	**1**	**26**	**2**	**1**	**59**	**24**	**43**	**152**	**9**
玉树市	312	1	25	2	1	59	23	41	149	7
杂多县										
称多县										
治多县										
囊谦县										
曲麻莱县	9		1				1	2	3	2
海西蒙古族藏族自治州	**1996**	**9**	**717**	**8**		**237**	**458**	**47**	**406**	**18**
格尔木市	1166		417	7		129	249	26	264	8
德令哈市	536	4	106	1		93	151	18	128	7
茫崖市	294	5	194			15	58	3	14	3
乌兰县										
都兰县										
天峻县										
大柴旦行政委员会										

4－6a　续表 4　　　　单位：人

地区 性别	专业技术人员 小计	科学研究人员	工程技术人员	农业技术人员	飞机和船舶技术人员	卫生专业技术人员	经济和金融专业人员	法律、社会和宗教专业人员	教学人员	文学艺术、体育专业人员
男	**7383**	**66**	**3212**	**85**	**5**	**768**	**1047**	**367**	**1462**	**126**
西宁市	**5692**	**60**	**2455**	**63**	**4**	**640**	**828**	**292**	**1070**	**98**
城东区	1271	4	496	25	1	191	168	51	271	10
城中区	1062	5	417	6		152	146	41	223	37
城西区	1810	35	799	14		189	313	75	296	30
城北区	1328	16	706	12	3	93	178	32	243	14
湟中区	207		34	5		14	18	93	33	7
大通回族土族自治县	14		3	1		1	5		4	
湟源县										
海东市	**585**	**2**	**185**	**15**		**59**	**56**	**22**	**223**	**11**
乐都区	379	1	126	11		29	39	13	155	2
平安区	206	1	59	4		30	17	9	68	9
民和回族土族自治县										
互助土族自治县										
化隆回族自治县										
循化撒拉族自治县										
海北藏族自治州										
门源回族自治县										
祁连县										
海晏县										
刚察县										
黄南藏族自治州										
同仁县										
尖扎县										
泽库县										
河南蒙古族自治县										
海南藏族自治州										
共和县										
同德县										
贵德县										
兴海县										
贵南县										
果洛藏族自治州										
玛沁县										
班玛县										
甘德县										
达日县										
久治县										
玛多县										
玉树藏族自治州	**132**		**11**	**1**	**1**	**15**	**8**	**33**	**56**	**4**
玉树市	127		10	1	1	15	8	31	55	3
杂多县										
称多县										
治多县										
囊谦县										
曲麻莱县	5		1					2	1	1
海西蒙古族藏族自治州	**974**	**4**	**561**	**6**		**54**	**155**	**20**	**113**	**13**
格尔木市	545		313	6		29	73	12	70	5
德令哈市	221	4	85			23	48	8	38	5
茫崖市	208		163			2	34		5	3
乌兰县										
都兰县										
天峻县										
大柴旦行政委员会										

4-6a　续表 5

单位：人

地　区 性　别	专业技术人员									
	小计	科学研究人员	工程技术人员	农业技术人员	飞机和船舶技术人员	卫生专业技术人员	经济和金融专业人员	法律、社会和宗教专业人员	教学人员	文学艺术、体育专业人员
女	**9745**	**61**	**833**	**49**	**1**	**2430**	**2776**	**248**	**2959**	**91**
西宁市	**7842**	**53**	**624**	**44**	**1**	**2034**	**2303**	**188**	**2296**	**70**
城东区	1765	1	122	14		586	408	39	530	10
城中区	1613	6	90	6		498	449	31	468	13
城西区	2488	27	241	13	1	580	778	80	678	20
城北区	1807	19	169	9		334	624	35	545	24
湟中区	150		2	2		34	37	3	65	3
大通回族土族自治县	19					2	7		10	
湟源县										
海东市	**692**	**2**	**38**	**2**		**169**	**154**	**23**	**274**	**11**
乐都区	429		27	2		107	89	16	180	
平安区	263	2	11			62	65	7	94	11
民和回族土族自治县										
互助土族自治县										
化隆回族自治县										
循化撒拉族自治县										
海北藏族自治州										
门源回族自治县										
祁连县										
海晏县										
刚察县										
黄南藏族自治州										
同仁县										
尖扎县										
泽库县										
河南蒙古族自治县										
海南藏族自治州										
共和县										
同德县										
贵德县										
兴海县										
贵南县										
果洛藏族自治州										
玛沁县										
班玛县										
甘德县										
达日县										
久治县										
玛多县										
玉树藏族自治州	**189**	**1**	**15**	**1**		**44**	**16**	**10**	**96**	**5**
玉树市	185	1	15	1		44	15	10	94	4
杂多县										
称多县										
治多县										
囊谦县										
曲麻莱县	4						1		2	1
海西蒙古族藏族自治州	**1022**	**5**	**156**	**2**		**183**	**303**	**27**	**293**	**5**
格尔木市	621		104	1		100	176	14	194	3
德令哈市	315		21	1		70	103	10	90	2
茫崖市	86	5	31			13	24	3	9	
乌兰县										
都兰县										
天峻县										
大柴旦行政委员会										

4-6a　续表 6

单位：人

地　区 性　别	专业技术人员		办事人员和有关人员				社会生产服务和生活服务人员		
	新闻出版、文化专业人员	其他专业技术人员	小计	办事人员	安全和消防人员	其他办事人员和有关人员	小计	批发与零售服务人员	交通运输、仓储和邮政业服务人员
全省	**419**	**123**	**11487**	**9342**	**2094**	**51**	**39904**	**14762**	**8130**
西宁市	**344**	**67**	**8891**	**7305**	**1549**	**37**	**31380**	**12087**	**6092**
城东区	89	20	1896	1583	313		10509	4125	2385
城中区	68	19	1970	1650	311	9	5806	2012	1029
城西区	119	10	2854	2436	406	12	5718	2002	774
城北区	62	17	1970	1515	442	13	7771	3415	1501
湟中区	6	1	156	108	45	3	1190	405	303
大通回族土族自治县			45	13	32		386	128	100
湟源县									
海东市	**25**	**6**	**787**	**673**	**111**	**3**	**3297**	**948**	**690**
乐都区	11		367	295	71	1	1748	540	382
平安区	14	6	420	378	40	2	1549	408	308
民和回族土族自治县									
互助土族自治县									
化隆回族自治县									
循化撒拉族自治县									
海北藏族自治州									
门源回族自治县									
祁连县									
海晏县									
刚察县									
黄南藏族自治州									
同仁县									
尖扎县									
泽库县									
河南蒙古族自治县									
海南藏族自治州									
共和县									
同德县									
贵德县									
兴海县									
贵南县									
果洛藏族自治州									
玛沁县									
班玛县									
甘德县									
达日县									
久治县									
玛多县									
玉树藏族自治州	**4**		**281**	**214**	**66**	**1**	**488**	**243**	**38**
玉树市	4		278	213	64	1	463	230	38
杂多县									
称多县									
治多县									
囊谦县									
曲麻莱县			3	1	2		25	13	
海西蒙古族藏族自治州	**46**	**50**	**1528**	**1150**	**368**	**10**	**4739**	**1484**	**1310**
格尔木市	17	49	849	589	250	10	3123	1087	826
德令哈市	28		525	456	69		1175	311	329
茫崖市	1	1	154	105	49		441	86	155
乌兰县									
都兰县									
天峻县									
大柴旦行政委员会									

4-6a　续表 7

单位：人

地　区 性　别	专业技术人员		办事人员和有关人员				社会生产服务和生活服务人员		
	新闻出版、文化专业人员	其他专业技术人员	小计	办事人员	安全和消防人员	其他办事人员和有关人员	小计	批发与零售服务人员	交通运输、仓储和邮政业服务人员
男	**158**	**87**	**6903**	**5144**	**1733**	**26**	**22962**	**7107**	**6951**
西宁市	**131**	**51**	**5317**	**4011**	**1287**	**19**	**18022**	**5807**	**5223**
城东区	37	17	1123	863	260		6412	2094	2037
城中区	23	12	1195	936	256	3	3237	886	902
城西区	50	9	1752	1417	329	6	3198	1009	643
城北区	19	12	1128	741	380	7	4289	1584	1277
湟中区	2	1	88	52	33	3	673	182	276
大通回族土族自治县			31	2	29		213	52	88
湟源县									
海东市	**10**	**2**	**494**	**403**	**90**	**1**	**1779**	**406**	**578**
乐都区	3		219	163	56		923	231	323
平安区	7	2	275	240	34	1	856	175	255
民和回族土族自治县									
互助土族自治县									
化隆回族自治县									
循化撒拉族自治县									
海北藏族自治州									
门源回族自治县									
祁连县									
海晏县									
刚察县									
黄南藏族自治州									
同仁县									
尖扎县									
泽库县									
河南蒙古族自治县									
海南藏族自治州									
共和县									
同德县									
贵德县									
兴海县									
贵南县									
果洛藏族自治州									
玛沁县									
班玛县									
甘德县									
达日县									
久治县									
玛多县									
玉树藏族自治州	**3**		**185**	**133**	**51**	**1**	**297**	**149**	**31**
玉树市	3		182	132	49	1	288	143	31
杂多县									
称多县									
治多县									
囊谦县									
曲麻莱县			3	1	2		9	6	
海西蒙古族藏族自治州	**14**	**34**	**907**	**597**	**305**	**5**	**2864**	**745**	**1119**
格尔木市	4	33	517	302	210	5	1910	564	703
德令哈市	10		296	241	55		668	137	278
茫崖市		1	94	54	40		286	44	138
乌兰县									
都兰县									
天峻县									
大柴旦行政委员会									

4−6a　续表 8　　　　单位：人

地　区 性　别	专业技术人员		办事人员和有关人员				社会生产服务和生活服务人员		
	新闻出版、文化专业人员	其他专业技术人员	小计	办事人员	安全和消防人员	其他办事人员和有关人员	小计	批发与零售服务人员	交通运输、仓储和邮政业服务人员
女	**261**	**36**	**4584**	**4198**	**361**	**25**	**16942**	**7655**	**1179**
西宁市	**213**	**16**	**3574**	**3294**	**262**	**18**	**13358**	**6280**	**869**
城东区	52	3	773	720	53		4097	2031	348
城中区	45	7	775	714	55	6	2569	1126	127
城西区	69	1	1102	1019	77	6	2520	993	131
城北区	43	5	842	774	62	6	3482	1831	224
湟中区	4		68	56	12		517	223	27
大通回族土族自治县			14	11	3		173	76	12
湟源县									
海东市	**15**	**4**	**293**	**270**	**21**	**2**	**1518**	**542**	**112**
乐都区	8		148	132	15	1	825	309	59
平安区	7	4	145	138	6	1	693	233	53
民和回族土族自治县									
互助土族自治县									
化隆回族自治县									
循化撒拉族自治县									
海北藏族自治州									
门源回族自治县									
祁连县									
海晏县									
刚察县									
黄南藏族自治州									
同仁县									
尖扎县									
泽库县									
河南蒙古族自治县									
海南藏族自治州									
共和县									
同德县									
贵德县									
兴海县									
贵南县									
果洛藏族自治州									
玛沁县									
班玛县									
甘德县									
达日县									
久治县									
玛多县									
玉树藏族自治州	**1**		**96**	**81**	**15**		**191**	**94**	**7**
玉树市	1		96	81	15		175	87	7
杂多县									
称多县									
治多县									
囊谦县									
曲麻莱县							16	7	
海西蒙古族藏族自治州	**32**	**16**	**621**	**553**	**63**	**5**	**1875**	**739**	**191**
格尔木市	13	16	332	287	40	5	1213	523	123
德令哈市	18		229	215	14		507	174	51
茫崖市	1		60	51	9		155	42	17
乌兰县									
都兰县									
天峻县									
大柴旦行政委员会									

4-6a　续表 9　　　　单位：人

地区 性别	社会生产服务和生活服务人员								
	住宿和餐饮服务人员	信息传输、软件和信息技术服务人员	金融服务人员	房地产服务人员	租赁和商务服务人员	技术辅助服务人员	水利、环境和公共设施管理服务人员	居民服务人员	电力、燃气及水供应服务人员
全省	**5719**	**979**	**1441**	**804**	**1735**	**942**	**1860**	**1416**	**585**
西宁市	**4259**	**772**	**1231**	**721**	**1370**	**797**	**1383**	**1147**	**420**
城东区	1476	229	287	195	542	190	390	271	102
城中区	738	155	231	210	359	182	297	257	53
城西区	948	212	462	137	205	205	229	245	138
城北区	852	163	220	166	182	195	347	331	108
湟中区	191	10	26	12	68	19	76	32	7
大通回族土族自治县	54	3	5	1	14	6	44	11	12
湟源县									
海东市	**626**	**88**	**108**	**45**	**178**	**59**	**243**	**127**	**63**
乐都区	353	35	39	17	71	28	124	79	27
平安区	273	53	69	28	107	31	119	48	36
民和回族土族自治县									
互助土族自治县									
化隆回族自治县									
循化撒拉族自治县									
海北藏族自治州									
门源回族自治县									
祁连县									
海晏县									
刚察县									
黄南藏族自治州									
同仁县									
尖扎县									
泽库县									
河南蒙古族自治县									
海南藏族自治州									
共和县									
同德县									
贵德县									
兴海县									
贵南县									
果洛藏族自治州									
玛沁县									
班玛县									
甘德县									
达日县									
久治县									
玛多县									
玉树藏族自治州	**85**	**20**	**13**	**3**	**2**	**6**	**21**	**11**	**5**
玉树市	78	20	13	3	2	6	16	11	5
杂多县									
称多县									
治多县									
囊谦县									
曲麻莱县	7						5		
海西蒙古族藏族自治州	**749**	**99**	**89**	**35**	**185**	**80**	**213**	**131**	**97**
格尔木市	472	65	46	27	103	39	112	102	59
德令哈市	193	25	34	5	75	26	87	23	10
茫崖市	84	9	9	3	7	15	14	6	28
乌兰县									
都兰县									
天峻县									
大柴旦行政委员会									

4-6a 续表 10 单位：人

地区 性别	社会生产服务和生活服务人员								
	住宿和餐饮服务人员	信息传输、软件和信息技术服务人员	金融服务人员	房地产服务人员	租赁和商务服务人员	技术辅助服务人员	水利、环境和公共设施管理服务人员	居民服务人员	电力、燃气及水供应服务人员
男	**2693**	**603**	**605**	**431**	**1321**	**639**	**523**	**440**	**453**
西宁市	**2102**	**465**	**521**	**393**	**1040**	**546**	**392**	**362**	**326**
城东区	797	144	124	119	440	121	116	92	81
城中区	326	90	96	107	289	133	80	73	46
城西区	481	130	205	77	129	148	77	82	97
城北区	403	92	83	85	115	132	95	103	85
湟中区	76	7	10	5	53	10	12	9	5
大通回族土族自治县	19	2	3		14	2	12	3	12
湟源县									
海东市	**252**	**56**	**46**	**19**	**148**	**36**	**68**	**25**	**51**
乐都区	134	24	15	8	58	19	31	14	23
平安区	118	32	31	11	90	17	37	11	28
民和回族土族自治县									
互助土族自治县									
化隆回族自治县									
循化撒拉族自治县									
海北藏族自治州									
门源回族自治县									
祁连县									
海晏县									
刚察县									
黄南藏族自治州									
同仁县									
尖扎县									
泽库县									
河南蒙古族自治县									
海南藏族自治州									
共和县									
同德县									
贵德县									
兴海县									
贵南县									
果洛藏族自治州									
玛沁县									
班玛县									
甘德县									
达日县									
久治县									
玛多县									
玉树藏族自治州	**37**	**13**	**9**	**2**	**2**	**4**	**7**	**6**	**5**
玉树市	35	13	9	2	2	4	6	6	5
杂多县									
称多县									
治多县									
囊谦县									
曲麻莱县	2						1		
海西蒙古族藏族自治州	**302**	**69**	**29**	**17**	**131**	**53**	**56**	**47**	**71**
格尔木市	205	46	11	12	64	26	36	39	43
德令哈市	69	19	17	3	61	14	14	6	5
茫崖市	28	4	1	2	6	13	6	2	23
乌兰县									
都兰县									
天峻县									
大柴旦行政委员会									

4-6a 续表 11

单位：人

地区 性别	社会生产服务和生活服务人员								
	住宿和餐饮服务人员	信息传输、软件和信息技术服务人员	金融服务人员	房地产服务人员	租赁和商务服务人员	技术辅助服务人员	水利、环境和公共设施管理服务人员	居民服务人员	电力、燃气及水供应服务人员
女	**3026**	**376**	**836**	**373**	**414**	**303**	**1337**	**976**	**132**
西宁市	**2157**	**307**	**710**	**328**	**330**	**251**	**991**	**785**	**94**
城东区	679	85	163	76	102	69	274	179	21
城中区	412	65	135	103	70	49	217	184	7
城西区	467	82	257	60	76	57	152	163	41
城北区	449	71	137	81	67	63	252	228	23
湟中区	115	3	16	7	15	9	64	23	2
大通回族土族自治县	35	1	2	1		4	32	8	
湟源县									
海东市	**374**	**32**	**62**	**26**	**30**	**23**	**175**	**102**	**12**
乐都区	219	11	24	9	13	9	93	65	4
平安区	155	21	38	17	17	14	82	37	8
民和回族土族自治县									
互助土族自治县									
化隆回族自治县									
循化撒拉族自治县									
海北藏族自治州									
门源回族自治县									
祁连县									
海晏县									
刚察县									
黄南藏族自治州									
同仁县									
尖扎县									
泽库县									
河南蒙古族自治县									
海南藏族自治州									
共和县									
同德县									
贵德县									
兴海县									
贵南县									
果洛藏族自治州									
玛沁县									
班玛县									
甘德县									
达日县									
久治县									
玛多县									
玉树藏族自治州	**48**	**7**	**4**	**1**		**2**	**14**	**5**	
玉树市	43	7	4	1		2	10	5	
杂多县									
称多县									
治多县									
囊谦县									
曲麻莱县	5						4		
海西蒙古族藏族自治州	**447**	**30**	**60**	**18**	**54**	**27**	**157**	**84**	**26**
格尔木市	267	19	35	15	39	13	76	63	16
德令哈市	124	6	17	2	14	12	73	17	5
茫崖市	56	5	8	1	1	2	8	4	5
乌兰县									
都兰县									
天峻县									
大柴旦行政委员会									

4−6a 续表 12 单位：人

地 区 性 别	社会生产服务和生活服务人员				农、林、牧、渔业生产及辅助人员				
	修理及制作服务人员	文化、体育和娱乐服务人员	健康服务人员	其他社会生产和生活服务人员	小计	农业生产人员	林业生产人员	畜牧业生产人员	渔业生产人员
全省	**1159**	**259**	**89**	**24**	**1906**	**602**	**873**	**375**	**4**
西宁市	**791**	**216**	**76**	**18**	**569**	**220**	**81**	**228**	**3**
城东区	245	39	26	7	135	43	23	59	1
城中区	196	70	16	1	114	55	7	46	
城西区	79	63	17	2	56	19	11	15	2
城北区	233	38	14	6	139	83	20	27	
湟中区	32	6	2	1	105	10	17	75	
大通回族土族自治县	6		1	1	20	10	3	6	
湟源县									
海东市	**100**	**14**	**4**	**4**	**208**	**124**	**47**	**31**	
乐都区	43	10			138	86	31	16	
平安区	57	4	4	4	70	38	16	15	
民和回族土族自治县									
互助土族自治县									
化隆回族自治县									
循化撒拉族自治县									
海北藏族自治州									
门源回族自治县									
祁连县									
海晏县									
刚察县									
黄南藏族自治州									
同仁县									
尖扎县									
泽库县									
河南蒙古族自治县									
海南藏族自治州									
共和县									
同德县									
贵德县									
兴海县									
贵南县									
果洛藏族自治州									
玛沁县									
班玛县									
甘德县									
达日县									
久治县									
玛多县									
玉树藏族自治州	**36**	**3**		**2**	**749**	**5**	**716**	**26**	
玉树市	36	3		2	748	5	716	25	
杂多县									
称多县									
治多县									
囊谦县									
曲麻莱县					1			1	
海西蒙古族藏族自治州	**232**	**26**	**9**		**380**	**253**	**29**	**90**	**1**
格尔木市	167	12	6		254	203	11	34	1
德令哈市	46	9	2		108	50	18	38	
茫崖市	19	5	1		18			18	
乌兰县									
都兰县									
天峻县									
大柴旦行政委员会									

4-6a　续表 13　　　　单位：人

地　区 性　别	社会生产服务和生活服务人员				农、林、牧、渔业生产及辅助人员				
	修理及制作服务人　员	文化、体育和娱乐服务人员	健康服务人　员	其他社会生产和生活服务人　员	小计	农业生产人　员	林业生产人　员	畜牧业生产人员	渔业生产人　员
男	**1002**	**147**	**28**	**19**	**1167**	**365**	**502**	**267**	**4**
西宁市	**687**	**123**	**22**	**13**	**390**	**136**	**55**	**175**	**3**
城东区	214	23	6	4	100	28	15	49	1
城中区	167	35	6	1	83	39	3	38	
城西区	68	45	5	2	42	13	10	12	2
城北区	208	18	5	4	77	44	12	16	
湟中区	25	2		1	79	8	14	56	
大通回族土族自治县	5			1	9	4	1	4	
湟源县									
海东市	**80**	**9**	**1**	**4**	**139**	**75**	**36**	**24**	
乐都区	37	6			91	50	24	14	
平安区	43	3	1	4	48	25	12	10	
民和回族土族自治县									
互助土族自治县									
化隆回族自治县									
循化撒拉族自治县									
海北藏族自治州									
门源回族自治县									
祁连县									
海晏县									
刚察县									
黄南藏族自治州									
同仁县									
尖扎县									
泽库县									
河南蒙古族自治县									
海南藏族自治州									
共和县									
同德县									
贵德县									
兴海县									
贵南县									
果洛藏族自治州									
玛沁县									
班玛县									
甘德县									
达日县									
久治县									
玛多县									
玉树藏族自治州	**29**	**1**		**2**	**411**	**3**	**393**	**13**	
玉树市	29	1		2	410	3	393	12	
杂多县									
称多县									
治多县									
囊谦县									
曲麻莱县					1			1	
海西蒙古族藏族自治州	**206**	**14**	**5**		**227**	**151**	**18**	**55**	**1**
格尔木市	153	5	3		150	120	6	22	1
德令哈市	38	6	1		68	31	12	24	
茫崖市	15	3	1		9			9	
乌兰县									
都兰县									
天峻县									
大柴旦行政委员会									

4-6a 续表 14

单位：人

地区 性别	社会生产服务和生活服务人员				农、林、牧、渔业生产及辅助人员				
	修理及制作服务人员	文化、体育和娱乐服务人员	健康服务人员	其他社会生产和生活服务人员	小计	农业生产人员	林业生产人员	畜牧业生产人员	渔业生产人员
女	**157**	**112**	**61**	**5**	**739**	**237**	**371**	**108**	
西宁市	**104**	**93**	**54**	**5**	**179**	**84**	**26**	**53**	
城东区	31	16	20	3	35	15	8	10	
城中区	29	35	10		31	16	4	8	
城西区	11	18	12		14	6	1	3	
城北区	25	20	9	2	62	39	8	11	
湟中区	7	4	2		26	2	3	19	
大通回族土族自治县	1		1		11	6	2	2	
湟源县									
海东市	**20**	**5**	**3**		**69**	**49**	**11**	**7**	
乐都区	6	4			47	36	7	2	
平安区	14	1	3		22	13	4	5	
民和回族土族自治县									
互助土族自治县									
化隆回族自治县									
循化撒拉族自治县									
海北藏族自治州									
门源回族自治县									
祁连县									
海晏县									
刚察县									
黄南藏族自治州									
同仁县									
尖扎县									
泽库县									
河南蒙古族自治县									
海南藏族自治州									
共和县									
同德县									
贵德县									
兴海县									
贵南县									
果洛藏族自治州									
玛沁县									
班玛县									
甘德县									
达日县									
久治县									
玛多县									
玉树藏族自治州	**7**	**2**			**338**	**2**	**323**	**13**	
玉树市	7	2			338	2	323	13	
杂多县									
称多县									
治多县									
囊谦县									
曲麻莱县									
海西蒙古族藏族自治州	**26**	**12**	**4**		**153**	**102**	**11**	**35**	
格尔木市	14	7	3		104	83	5	12	
德令哈市	8	3	1		40	19	6	14	
茫崖市	4	2			9			9	
乌兰县									
都兰县									
天峻县									
大柴旦行政委员会									

4-6a　续表 15

单位：人

地　区 性　别	农林牧渔生产辅助人员	其他农、林、牧、渔业生产加工人员	生产制造及有关人员 小计	农副产品加工人员	食品、饮料生产加工人员	烟草及其制品加工人员	纺织、针织、印染人员	纺织品、服装和皮革、毛皮制品加工制作人员	木材加工、家具与木制品制作人员
全省	**52**		**14894**	**119**	**305**	**5**	**30**	**174**	**400**
西宁市	**37**		**9773**	**87**	**241**	**5**	**28**	**128**	**340**
城东区	9		2446	26	81		2	59	36
城中区	6		2403	14	51	1	22	38	147
城西区	9		1159	4	6	1	1	8	21
城北区	9		3006	28	91	3	3	15	105
湟中区	3		461	5	5			7	7
大通回族土族自治县	1		298	10	7			1	24
湟源县									
海东市	**6**		**1712**	**11**	**16**		**1**	**22**	**37**
乐都区	5		1222	10	3			14	19
平安区	1		490	1	13		1	8	18
民和回族土族自治县									
互助土族自治县									
化隆回族自治县									
循化撒拉族自治县									
海北藏族自治州									
门源回族自治县									
祁连县									
海晏县									
刚察县									
黄南藏族自治州									
同仁县									
尖扎县									
泽库县									
河南蒙古族自治县									
海南藏族自治州									
共和县									
同德县									
贵德县									
兴海县									
贵南县									
果洛藏族自治州									
玛沁县									
班玛县									
甘德县									
达日县									
久治县									
玛多县									
玉树藏族自治州	**2**		**156**	**6**				**10**	**4**
玉树市	2		149	6				9	4
杂多县									
称多县									
治多县									
囊谦县									
曲麻莱县			7					1	
海西蒙古族藏族自治州	**7**		**3253**	**15**	**48**		**1**	**14**	**19**
格尔木市	5		1964	15	36		1	13	9
德令哈市	2		671		10			1	10
茫崖市			618		2				
乌兰县									
都兰县									
天峻县									
大柴旦行政委员会									

4−6a　续表 16

单位：人

地　　区 性　　别	农林牧渔生产辅助人　　员	其他农、林、牧、渔业生产加工人员	生产制造及有关人员 小计	农副产品加工人员	食品、饮料生产加工人员	烟草及其制品加工人员	纺织、针织、印染人员	纺织品、服装和皮革、毛皮制品加工制作人员	木材加工、家具与木制品制作人员
男	**29**		**11556**	**77**	**129**	**2**	**6**	**59**	**338**
西宁市	**21**		**7608**	**56**	**96**	**2**	**6**	**40**	**290**
城东区	7		1911	15	33		1	17	32
城中区	3		1860	7	15		4	14	130
城西区	5		901	4	3			4	19
城北区	5		2343	20	41	2	1	3	87
湟中区	1		383	4	3			2	6
大通回族土族自治县			210	6	1				16
湟源县									
海东市	**4**		**1344**	**8**	**9**			**8**	**30**
乐都区	3		970	7	3			5	16
平安区	1		374	1	6			3	14
民和回族土族自治县									
互助土族自治县									
化隆回族自治县									
循化撒拉族自治县									
海北藏族自治州									
门源回族自治县									
祁连县									
海晏县									
刚察县									
黄南藏族自治州									
同仁县									
尖扎县									
泽库县									
河南蒙古族自治县									
海南藏族自治州									
共和县									
同德县									
贵德县									
兴海县									
贵南县									
果洛藏族自治州									
玛沁县									
班玛县									
甘德县									
达日县									
久治县									
玛多县									
玉树藏族自治州	**2**		**108**	**3**				**5**	**2**
玉树市	2		103	3				5	2
杂多县									
称多县									
治多县									
囊谦县									
曲麻莱县			5						
海西蒙古族藏族自治州	**2**		**2496**	**10**	**24**			**6**	**16**
格尔木市	1		1466	10	20			6	8
德令哈市	1		516		3				8
茫崖市			514		1				
乌兰县									
都兰县									
天峻县									
大柴旦行政委员会									

4-6a　续表 17

单位：人

地区 性别	农林牧渔生产辅助人员	其他农、林、牧、渔业生产加工人员	生产制造及有关人员 小计	农副产品加工人员	食品、饮料生产加工人员	烟草及其制品加工人员	纺织、针织、印染人员	纺织品、服装和皮革、毛皮制品加工制作人员	木材加工、家具与木制品制作人员
女	**23**		**3338**	**42**	**176**	**3**	**24**	**115**	**62**
西宁市	**16**		**2165**	**31**	**145**	**3**	**22**	**88**	**50**
城东区	2		535	11	48		1	42	4
城中区	3		543	7	36	1	18	24	17
城西区	4		258		3	1	1	4	2
城北区	4		663	8	50	1	2	12	18
湟中区	2		78	1	2			5	1
大通回族土族自治县	1		88	4	6			1	8
湟源县									
海东市	**2**		**368**	**3**	**7**		**1**	**14**	**7**
乐都区	2		252	3				9	3
平安区			116		7		1	5	4
民和回族土族自治县									
互助土族自治县									
化隆回族自治县									
循化撒拉族自治县									
海北藏族自治州									
门源回族自治县									
祁连县									
海晏县									
刚察县									
黄南藏族自治州									
同仁县									
尖扎县									
泽库县									
河南蒙古族自治县									
海南藏族自治州									
共和县									
同德县									
贵德县									
兴海县									
贵南县									
果洛藏族自治州									
玛沁县									
班玛县									
甘德县									
达日县									
久治县									
玛多县									
玉树藏族自治州			**48**	**3**				**5**	**2**
玉树市			46	3				4	2
杂多县									
称多县									
治多县									
囊谦县									
曲麻莱县			2					1	
海西蒙古族藏族自治州	**5**		**757**	**5**	**24**		**1**	**8**	**3**
格尔木市	4		498	5	16		1	7	1
德令哈市	1		155		7			1	2
茫崖市			104		1				
乌兰县									
都兰县									
天峻县									
大柴旦行政委员会									

4-6a 续表 18 单位：人

地　区 性　别	生产制造及有关人员								
	纸及纸制品生产加工人员	印刷和记录媒介复制人员	文教、工美、体育和娱乐用品制造人　员	石油加工和炼焦、煤化工生产人员	化学原料和化学制品制造人　员	医药制造人　员	化学纤维制造人员	橡胶和塑料制品制造人员	非金属矿物制品制造人员
全省	**12**	**157**	**178**	**86**	**513**	**119**	**2**	**106**	**161**
西宁市	**10**	**127**	**90**	**24**	**63**	**103**	**1**	**30**	**101**
城东区	3	42	6	6	16	17		10	18
城中区	4	28	26	15	13	15	1	9	30
城西区		31	2		16	7			6
城北区	3	25	3	3	9	58		6	37
湟中区		1	53		7	2		2	2
大通回族土族自治县					2	4		3	8
湟源县									
海东市	**1**	**9**	**4**	**2**	**9**	**4**		**2**	**12**
乐都区	1	6		2	6	3		1	8
平安区		3	4		3	1		1	4
民和回族土族自治县									
互助土族自治县									
化隆回族自治县									
循化撒拉族自治县									
海北藏族自治州									
门源回族自治县									
祁连县									
海晏县									
刚察县									
黄南藏族自治州									
同仁县									
尖扎县									
泽库县									
河南蒙古族自治县									
海南藏族自治州									
共和县									
同德县									
贵德县									
兴海县									
贵南县									
果洛藏族自治州									
玛沁县									
班玛县									
甘德县									
达日县									
久治县									
玛多县									
玉树藏族自治州		**8**	**63**						**1**
玉树市		8	59						1
杂多县									
称多县									
治多县									
囊谦县									
曲麻莱县			4						
海西蒙古族藏族自治州	**1**	**13**	**21**	**60**	**441**	**12**	**1**	**74**	**47**
格尔木市	1	8	18	60	306	2	1	74	28
德令哈市		4	3		133	10			18
茫崖市		1			2				1
乌兰县									
都兰县									
天峻县									
大柴旦行政委员会									

4-6a　续表 19　　　　　　　　　　　　　　　　　　　　　　　　单位：人

地　　区 性　　别	生产制造及有关人员								
	纸及纸制品生产加工人员	印刷和记录媒介复制人员	文教、工美、体育和娱乐用品制造人　员	石油加工和炼焦、煤化工生产人员	化学原料和化学制品制造人　员	医药制造人　　员	化学纤维制造人员	橡胶和塑料制品制造人员	非金属矿物制品制造人员
男	**6**	**81**	**105**	**61**	**362**	**51**	**1**	**63**	**118**
西宁市	**4**	**66**	**50**	**18**	**44**	**49**		**17**	**75**
城东区	2	22	2	4	13	7		6	14
城中区	2	14	10	12	8	6		6	18
城西区		18	1		10	2			4
城北区		12	1	2	6	33		2	32
湟中区			36		5	1		1	2
大通回族土族自治县					2			2	5
湟源县									
海东市	**1**	**3**	**1**	**2**	**7**	**1**		**2**	**7**
乐都区	1	2		2	4	1		1	4
平安区		1	1		3			1	3
民和回族土族自治县									
互助土族自治县									
化隆回族自治县									
循化撒拉族自治县									
海北藏族自治州									
门源回族自治县									
祁连县									
海晏县									
刚察县									
黄南藏族自治州									
同仁县									
尖扎县									
泽库县									
河南蒙古族自治县									
海南藏族自治州									
共和县									
同德县									
贵德县									
兴海县									
贵南县									
果洛藏族自治州									
玛沁县									
班玛县									
甘德县									
达日县									
久治县									
玛多县									
玉树藏族自治州		**6**	**41**						**1**
玉树市		6	38						1
杂多县									
称多县									
治多县									
囊谦县									
曲麻莱县			3						
海西蒙古族藏族自治州	**1**	**6**	**13**	**41**	**311**	**1**	**1**	**44**	**35**
格尔木市	1	4	11	41	215		1	44	21
德令哈市		2	2		94	1			13
茫崖市					2				1
乌兰县									
都兰县									
天峻县									
大柴旦行政委员会									

4-6a 续表 20

单位：人

地区 性别	生产制造及有关人员								
	纸及纸制品生产加工人员	印刷和记录媒介复制人员	文教、工美、体育和娱乐用品制造人员	石油加工和炼焦、煤化工生产人员	化学原料和化学制品制造人员	医药制造人员	化学纤维制造人员	橡胶和塑料制品制造人员	非金属矿物制品制造人员
女	**6**	**76**	**73**	**25**	**151**	**68**	**1**	**43**	**43**
西宁市	**6**	**61**	**40**	**6**	**19**	**54**	**1**	**13**	**26**
城东区	1	20	4	2	3	10		4	4
城中区	2	14	16	3	5	9	1	3	12
城西区		13	1		6	5			2
城北区	3	13	2	1	3	25		4	5
湟中区		1	17		2	1		1	
大通回族土族自治县						4		1	3
湟源县									
海东市		**6**	**3**		**2**	**3**			**5**
乐都区		4			2	2			4
平安区		2	3			1			1
民和回族土族自治县									
互助土族自治县									
化隆回族自治县									
循化撒拉族自治县									
海北藏族自治州									
门源回族自治县									
祁连县									
海晏县									
刚察县									
黄南藏族自治州									
同仁县									
尖扎县									
泽库县									
河南蒙古族自治县									
海南藏族自治州									
共和县									
同德县									
贵德县									
兴海县									
贵南县									
果洛藏族自治州									
玛沁县									
班玛县									
甘德县									
达日县									
久治县									
玛多县									
玉树藏族自治州		**2**	**22**						
玉树市		2	21						
杂多县									
称多县									
治多县									
囊谦县									
曲麻莱县			1						
海西蒙古族藏族自治州		**7**	**8**	**19**	**130**	**11**		**30**	**12**
格尔木市		4	7	19	91	2		30	7
德令哈市		2	1		39	9			5
茫崖市		1							
乌兰县									
都兰县									
天峻县									
大柴旦行政委员会									

4-6a　续表 21　　　　单位：人

地　区 性　别	生产制造及有关人员								
	采矿人员	金属冶炼和压延加工人员	机械制造基础加工人员	金属制品制造人员	通用设备制造人员	专用设备制造人员	汽车制造人员	铁路、船舶、航空设备制造人员	电气机械和器材制造人员
全省	**625**	**560**	**359**	**214**	**105**	**27**	**33**	**19**	**213**
西宁市	**109**	**482**	**243**	**174**	**68**	**24**	**25**	**15**	**187**
城东区	25	118	37	45	22	7	9	9	10
城中区	25	51	49	26	16	4	1	1	161
城西区	12	52	22	12	2	3	4	1	2
城北区	43	191	108	68	28	10	9	4	11
湟中区	3	37	21	5			2		3
大通回族土族自治县	1	33	6	18					
湟源县									
海东市	**13**	**32**	**43**	**11**	**2**			**1**	**12**
乐都区	8	23	26	3	2			1	4
平安区	5	9	17	8					8
民和回族土族自治县									
互助土族自治县									
化隆回族自治县									
循化撒拉族自治县									
海北藏族自治州									
门源回族自治县									
祁连县									
海晏县									
刚察县									
黄南藏族自治州									
同仁县									
尖扎县									
泽库县									
河南蒙古族自治县									
海南藏族自治州									
共和县									
同德县									
贵德县									
兴海县									
贵南县									
果洛藏族自治州									
玛沁县									
班玛县									
甘德县									
达日县									
久治县									
玛多县									
玉树藏族自治州		**2**	**5**	**4**			**2**		**1**
玉树市		2	5	4			2		1
杂多县									
称多县									
治多县									
囊谦县									
曲麻莱县									
海西蒙古族藏族自治州	**503**	**44**	**68**	**25**	**35**	**3**	**6**	**3**	**13**
格尔木市	62	33	31	18	31	2	5	3	4
德令哈市	8	11	31	7	3	1			9
茫崖市	433		6		1		1		
乌兰县									
都兰县									
天峻县									
大柴旦行政委员会									

4-6a 续表 22　　　　单位：人

地区 性别	生产制造及有关人员								
	采矿人员	金属冶炼和压延加工人员	机械制造基础加工人员	金属制品制造人员	通用设备制造人员	专用设备制造人员	汽车制造人员	铁路、船舶、航空设备制造人员	电气机械和器材制造人员
男	**512**	**470**	**320**	**162**	**96**	**19**	**28**	**17**	**179**
西宁市	**92**	**403**	**210**	**133**	**63**	**16**	**21**	**14**	**155**
城东区	21	95	28	33	20	5	8	8	9
城中区	22	47	40	18	16	4	1	1	132
城西区	10	37	21	9	2	1	3	1	2
城北区	36	159	96	57	25	6	7	4	10
湟中区	2	35	19	4			2		2
大通回族土族自治县	1	30	6	12					
湟源县									
海东市	**13**	**31**	**41**	**8**	**2**			**1**	**11**
乐都区	8	22	25	1	2			1	3
平安区	5	9	16	7					8
民和回族土族自治县									
互助土族自治县									
化隆回族自治县									
循化撒拉族自治县									
海北藏族自治州									
门源回族自治县									
祁连县									
海晏县									
刚察县									
黄南藏族自治州									
同仁县									
尖扎县									
泽库县									
河南蒙古族自治县									
海南藏族自治州									
共和县									
同德县									
贵德县									
兴海县									
贵南县									
果洛藏族自治州									
玛沁县									
班玛县									
甘德县									
达日县									
久治县									
玛多县									
玉树藏族自治州		**2**	**4**	**3**			**2**		**1**
玉树市		2	4	3			2		1
杂多县									
称多县									
治多县									
囊谦县									
曲麻莱县									
海西蒙古族藏族自治州	**407**	**34**	**65**	**18**	**31**	**3**	**5**	**2**	**12**
格尔木市	43	26	28	13	28	2	4	2	3
德令哈市	4	8	31	5	2	1			9
茫崖市	360		6		1		1		
乌兰县									
都兰县									
天峻县									
大柴旦行政委员会									

4-6a　续表 23　　　　单位：人

地　区 性　别	生产制造及有关人员								
	采矿人员	金属冶炼和压延加工人员	机械制造基础加工人员	金属制品制造人员	通用设备制造人员	专用设备制造人员	汽车制造人员	铁路、船舶、航空设备制造人员	电气机械和器材制造人员
女	**113**	**90**	**39**	**52**	**9**	**8**	**5**	**2**	**34**
西宁市	**17**	**79**	**33**	**41**	**5**	**8**	**4**	**1**	**32**
城东区	4	23	9	12	2	2	1	1	1
城中区	3	4	9	8					29
城西区	2	15	1	3		2	1		
城北区	7	32	12	11	3	4	2		1
湟中区	1	2	2	1					1
大通回族土族自治县		3		6					
湟源县									
海东市		**1**	**2**	**3**					**1**
乐都区		1	1	2					1
平安区			1	1					
民和回族土族自治县									
互助土族自治县									
化隆回族自治县									
循化撒拉族自治县									
海北藏族自治州									
门源回族自治县									
祁连县									
海晏县									
刚察县									
黄南藏族自治州									
同仁县									
尖扎县									
泽库县									
河南蒙古族自治县									
海南藏族自治州									
共和县									
同德县									
贵德县									
兴海县									
贵南县									
果洛藏族自治州									
玛沁县									
班玛县									
甘德县									
达日县									
久治县									
玛多县									
玉树藏族自治州			**1**	**1**					
玉树市			1	1					
杂多县									
称多县									
治多县									
囊谦县									
曲麻莱县									
海西蒙古族藏族自治州	**96**	**10**	**3**	**7**	**4**		**1**	**1**	**1**
格尔木市	19	7	3	5	3		1	1	1
德令哈市	4	3		2	1				
茫崖市	73								
乌兰县									
都兰县									
天峻县									
大柴旦行政委员会									

4－6a　续表 24　　　　单位：人

地　区 性　别	生产制造及有关人员 计算机、通信和其他电子设备制造人　员	仪器仪表制造人员	废弃资源综合利用人　员	电力、热力、气体、水生产和输配人员	建筑施工人　员	运输设备和通用工程机械操作人员及有关人员	生产辅助人　员	其他生产制造及有关人员	不便分类的其他从业人员
全省	**378**	**32**	**42**	**351**	**5865**	**804**	**2858**	**42**	**414**
西宁市	**238**	**15**	**16**	**235**	**4073**	**553**	**1913**	**25**	**337**
城东区	115	3	7	40	864	274	526	13	41
城中区	40		3	53	1068	57	427	7	21
城西区	23	1		60	526	43	293		9
城北区	51	11	3	69	1298	107	601	5	265
湟中区	4		1	11	164	62	57		
大通回族土族自治县	5		2	2	153	10	9		1
湟源县									
海东市	**12**	**3**	**10**	**10**	**1164**	**71**	**198**		**9**
乐都区	4	3	1	7	858	51	158		6
平安区	8		9	3	306	20	40		3
民和回族土族自治县									
互助土族自治县									
化隆回族自治县									
循化撒拉族自治县									
海北藏族自治州									
门源回族自治县									
祁连县									
海晏县									
刚察县									
黄南藏族自治州									
同仁县									
尖扎县									
泽库县									
河南蒙古族自治县									
海南藏族自治州									
共和县									
同德县									
贵德县									
兴海县									
贵南县									
果洛藏族自治州									
玛沁县									
班玛县									
甘德县									
达日县									
久治县									
玛多县									
玉树藏族自治州				**3**	**32**	**5**	**10**		**2**
玉树市				3	31	4	10		2
杂多县									
称多县									
治多县									
囊谦县									
曲麻莱县					1	1			
海西蒙古族藏族自治州	**128**	**14**	**16**	**103**	**596**	**175**	**737**	**17**	**66**
格尔木市	122	14	5	56	375	132	482	17	57
德令哈市	2		10	38	184	16	162		
茫崖市	4		1	9	37	27	93		9
乌兰县									
都兰县									
天峻县									
大柴旦行政委员会									

4-6a　续表 25

单位：人

地　区 性　别	生产制造及有关人员								不便分类的其他从业人员
	计算机、通信和其他电子设备制造人员	仪器仪表制造人员	废弃资源综合利用人员	电力、热力、气体、水生产和输配人员	建筑施工人员	运输设备和通用工程机械操作人员及有关人员	生产辅助人员	其他生产制造及有关人员	
男	**269**	**20**	**31**	**271**	**4771**	**723**	**2182**	**27**	**265**
西宁市	**181**	**10**	**12**	**186**	**3322**	**500**	**1461**	**16**	**213**
城东区	87	2	7	33	718	250	409	10	33
城中区	31		3	47	861	53	335	3	14
城西区	17			39	430	37	227		6
城北区	40	8	1	56	1066	94	433	3	160
湟中区	3		1	9	141	56	49		
大通回族土族自治县	3			2	106	10	8		
湟源县									
海东市	**7**		**8**	**7**	**916**	**58**	**162**		**8**
乐都区	1		1	4	677	41	138		6
平安区	6		7	3	239	17	24		2
民和回族土族自治县									
互助土族自治县									
化隆回族自治县									
循化撒拉族自治县									
海北藏族自治州									
门源回族自治县									
祁连县									
海晏县									
刚察县									
黄南藏族自治州									
同仁县									
尖扎县									
泽库县									
河南蒙古族自治县									
海南藏族自治州									
共和县									
同德县									
贵德县									
兴海县									
贵南县									
果洛藏族自治州									
玛沁县									
班玛县									
甘德县									
达日县									
久治县									
玛多县									
玉树藏族自治州				**3**	**24**	**4**	**7**		**2**
玉树市				3	23	3	7		2
杂多县									
称多县									
治多县									
囊谦县									
曲麻莱县					1	1			
海西蒙古族藏族自治州	**81**	**10**	**11**	**75**	**509**	**161**	**552**	**11**	**42**
格尔木市	76	10	4	41	328	120	345	11	36
德令哈市	2		7	31	152	15	126		
茫崖市	3			3	29	26	81		6
乌兰县									
都兰县									
天峻县									
大柴旦行政委员会									

4-6a 续表 26

单位：人

地　区 性　别	生产制造及有关人员 计算机、通信和其他电子设备制造人员	仪器仪表制造人员	废弃资源综合利用人员	电力、热力、气体、水生产和输配人员	建筑施工人员	运输设备和通用工程机械操作人员及有关人员	生产辅助人员	其他生产制造及有关人员	不便分类的其他从业人员
女	**109**	**12**	**11**	**80**	**1094**	**81**	**676**	**15**	**149**
西宁市	**57**	**5**	**4**	**49**	**751**	**53**	**452**	**9**	**124**
城东区	28	1		7	146	24	117	3	8
城中区	9			6	207	4	92	4	7
城西区	6	1		21	96	6	66		3
城北区	11	3	2	13	232	13	168	2	105
湟中区	1			2	23	6	8		
大通回族土族自治县	2		2		47		1		1
湟源县									
海东市	**5**	**3**	**2**	**3**	**248**	**13**	**36**		**1**
乐都区	3	3		3	181	10	20		
平安区	2		2		67	3	16		1
民和回族土族自治县									
互助土族自治县									
化隆回族自治县									
循化撒拉族自治县									
海北藏族自治州									
门源回族自治县									
祁连县									
海晏县									
刚察县									
黄南藏族自治州									
同仁县									
尖扎县									
泽库县									
河南蒙古族自治县									
海南藏族自治州									
共和县									
同德县									
贵德县									
兴海县									
贵南县									
果洛藏族自治州									
玛沁县									
班玛县									
甘德县									
达日县									
久治县									
玛多县									
玉树藏族自治州					**8**	**1**	**3**		
玉树市					8	1	3		
杂多县									
称多县									
治多县									
囊谦县									
曲麻莱县									
海西蒙古族藏族自治州	**47**	**4**	**5**	**28**	**87**	**14**	**185**	**6**	**24**
格尔木市	46	4	1	15	47	12	137	6	21
德令哈市			3	7	32	1	36		
茫崖市	1		1	6	8	1	12		3
乌兰县									
都兰县									
天峻县									
大柴旦行政委员会									

4—6b　各地区分性别、职业中类的就业人口(镇)

单位：人

地　区 性　别	合计	党的机关、国家机关、群众团体和社会组织、企事业单位负责人						
		小计	中国共产党机关负责人	国家机关负责人	民主党派和工商联负责人	人民团体和群众团体、社会组织及其他成员组织负责人	基层群众自治组织负责人	企事业单位负责人
全省	**53603**	**1180**	**28**	**324**		**54**	**115**	**659**
西宁市	**12894**	**249**	**7**	**21**		**11**	**28**	**182**
城东区								
城中区	181							
城西区	23							
城北区								
湟中区	2881	77	1	1		2	11	62
大通回族土族自治县	7381	104	6	11		7	13	67
湟源县	2428	68		9		2	4	53
海东市	**12470**	**229**	**6**	**57**		**15**	**23**	**128**
乐都区	444	8					1	7
平安区	102	2					1	1
民和回族土族自治县	4285	76	1	20		4	6	45
互助土族自治县	5102	75		10		11	4	50
化隆回族自治县	1192	19		8			8	3
循化撒拉族自治县	1345	49	5	19			3	22
海北藏族自治州	**5372**	**138**	**4**	**50**		**2**	**18**	**64**
门源回族自治县	1948	55		15			12	28
祁连县	1100	30		10		1	2	17
海晏县	1496	36	2	19		1	2	12
刚察县	828	17	2	6			2	7
黄南藏族自治州	**4168**	**116**	**2**	**55**		**5**	**11**	**43**
同仁县	2138	58		22		4	2	30
尖扎县	1034	31		18			6	7
泽库县	533	6		2				4
河南蒙古族自治县	463	21	2	13		1	3	2
海南藏族自治州	**8063**	**184**		**70**		**5**	**20**	**89**
共和县	3265	65		23		1	7	34
同德县	656	13		1		3	3	6
贵德县	2035	72		26			8	38
兴海县	1056	10		8				2
贵南县	1051	24		12		1	2	9
果洛藏族自治州	**1913**	**95**	**2**	**40**		**5**	**2**	**46**
玛沁县	628	24	1	4				19
班玛县	360	12		9		2		1
甘德县	111	1		1				
达日县	310	18		7			1	10
久治县	210	25		12				13
玛多县	294	15	1	7		3	1	3
玉树藏族自治州	**2941**	**37**		**8**		**7**	**5**	**17**
玉树市	203							
杂多县	894	11		3		5		3
称多县	712	12		2			2	8
治多县	211	2					1	1
囊谦县	743	7		1		2		4
曲麻莱县	178	5		2			2	1
海西蒙古族藏族自治州	**5782**	**132**	**7**	**23**		**4**	**8**	**90**
格尔木市	1683	12				1		11
德令哈市	112	1					1	
茫崖市	298	12		2				10
乌兰县	1097	32	2	2		3	2	23
都兰县	1521	46	3	11			4	28
天峻县	317	9		6			1	2
大柴旦行政委员会	754	20	2	2				16

4-6b 续表 1

单位：人

地区 性别	合计	党的机关、国家机关、群众团体和社会组织、企事业单位负责人						
		小计	中国共产党机关负责人	国家机关负责人	民主党派和工商联负责人	人民团体和群众团体、社会组织及其他成员组织负责人	基层群众自治组织负责人	企事业单位负责人
男	**32112**	**962**	**25**	**270**		**30**	**88**	**549**
西宁市	**7989**	**199**	**6**	**17**		**4**	**21**	**151**
城东区								
城中区	163							
城西区	18							
城北区								
湟中区	1792	61	1	1			11	48
大通回族土族自治县	4601	85	5	10		3	7	60
湟源县	1415	53		6		1	3	43
海东市	**7388**	**197**	**5**	**50**		**11**	**20**	**111**
乐都区	289	8					1	7
平安区	82	2					1	1
民和回族土族自治县	2558	68		15		4	6	43
互助土族自治县	2946	56		10		7	2	37
化隆回族自治县	673	18		8			7	3
循化撒拉族自治县	840	45	5	17			3	20
海北藏族自治州	**3085**	**110**	**4**	**41**		**2**	**11**	**52**
门源回族自治县	1104	40		12			5	23
祁连县	641	25		10		1	2	12
海晏县	830	30	2	15		1	2	10
刚察县	510	15	2	4			2	7
黄南藏族自治州	**2411**	**98**	**2**	**44**		**4**	**11**	**37**
同仁县	1246	44		15		3	2	24
尖扎县	596	29		16			6	7
泽库县	309	5		1				4
河南蒙古族自治县	260	20	2	12		1	3	2
海南藏族自治州	**4584**	**144**		**59**		**2**	**12**	**71**
共和县	1851	51		18		1	3	29
同德县	386	9		1		1	2	5
贵德县	1154	53		22			5	26
兴海县	620	8		6				2
贵南县	573	23		12			2	9
果洛藏族自治州	**1178**	**74**	**2**	**33**		**2**	**2**	**35**
玛沁县	407	19	1	2				16
班玛县	221	11		9		1		1
甘德县	63							
达日县	188	14		7			1	6
久治县	126	18		8				10
玛多县	173	12	1	7		1	1	2
玉树藏族自治州	**1605**	**30**		**6**		**4**	**5**	**15**
玉树市	113							
杂多县	483	8		3		2		3
称多县	390	10		1			2	7
治多县	121	2					1	1
囊谦县	388	5				2		3
曲麻莱县	110	5		2			2	1
海西蒙古族藏族自治州	**3872**	**110**	**6**	**20**		**1**	**6**	**77**
格尔木市	1240	12				1		11
德令哈市	75							
茫崖市	220	10		2				8
乌兰县	707	23	1	2			1	19
都兰县	907	38	3	9			4	22
天峻县	185	8		5			1	2
大柴旦行政委员会	538	19	2	2				15

4-6b 续表 2

单位：人

地区 性别	合计	党的机关、国家机关、群众团体和社会组织、企事业单位负责人						
		小计	中国共产党机关负责人	国家机关负责人	民主党派和工商联负责人	人民团体和群众团体、社会组织及其他成员组织负责人	基层群众自治组织负责人	企事业单位负责人
女	**21491**	**218**	**3**	**54**		**24**	**27**	**110**
西宁市	**4905**	**50**	**1**	**4**		**7**	**7**	**31**
城东区								
城中区	18							
城西区	5							
城北区								
湟中区	1089	16				2		14
大通回族土族自治县	2780	19	1	1		4	6	7
湟源县	1013	15		3		1	1	10
海东市	**5082**	**32**	**1**	**7**		**4**	**3**	**17**
乐都区	155							
平安区	20							
民和回族土族自治县	1727	8	1	5				2
互助土族自治县	2156	19				4	2	13
化隆回族自治县	519	1					1	
循化撒拉族自治县	505	4		2				2
海北藏族自治州	**2287**	**28**		**9**			**7**	**12**
门源回族自治县	844	15		3			7	5
祁连县	459	5						5
海晏县	666	6		4				2
刚察县	318	2		2				
黄南藏族自治州	**1757**	**18**		**11**		**1**		**6**
同仁县	892	14		7		1		6
尖扎县	438	2		2				
泽库县	224	1		1				
河南蒙古族自治县	203	1		1				
海南藏族自治州	**3479**	**40**		**11**		**3**	**8**	**18**
共和县	1414	14		5			4	5
同德县	270	4				2	1	1
贵德县	881	19		4			3	12
兴海县	436	2		2				
贵南县	478	1				1		
果洛藏族自治州	**735**	**21**		**7**		**3**		**11**
玛沁县	221	5		2				3
班玛县	139	1				1		
甘德县	48	1		1				
达日县	122	4						4
久治县	84	7		4				3
玛多县	121	3				2		1
玉树藏族自治州	**1336**	**7**		**2**		**3**		**2**
玉树市	90							
杂多县	411	3				3		
称多县	322	2		1				1
治多县	90							
囊谦县	355	2		1				1
曲麻莱县	68							
海西蒙古族藏族自治州	**1910**	**22**	**1**	**3**		**3**	**2**	**13**
格尔木市	443							
德令哈市	37	1					1	
茫崖市	78	2						2
乌兰县	390	9	1			3	1	4
都兰县	614	8		2				6
天峻县	132	1		1				
大柴旦行政委员会	216	1						1

4-6b 续表 3

单位：人

地区 性别	专业技术人员 小计	科学研究人员	工程技术人员	农业技术人员	飞机和船舶技术人员	卫生专业技术人员	经济和金融专业人员	法律、社会和宗教专业人员	教学人员	文学艺术、体育专业人员
全省	**8671**	**13**	**1079**	**185**		**1786**	**1306**	**427**	**3566**	**113**
西宁市	**1871**	**3**	**340**	**41**		**431**	**287**	**38**	**690**	**12**
城东区										
城中区	9		8				1			
城西区	1							1		
城北区										
湟中区	358		77	7		82	44	4	136	4
大通回族土族自治县	1130	2	211	26		248	170	23	424	7
湟源县	373	1	44	8		101	72	10	130	1
海东市	**2139**	**2**	**241**	**51**		**462**	**261**	**52**	**1007**	**15**
乐都区	27		7			6	4	1	7	1
平安区	8		5			1		1	1	
民和回族土族自治县	748		81	11		164	94	29	357	1
互助土族自治县	895	2	133	21		189	125	11	374	8
化隆回族自治县	228		4	9		54	11	6	143	
循化撒拉族自治县	233		11	10		48	27	4	125	5
海北藏族自治州	**1062**	**2**	**106**	**30**		**224**	**192**	**48**	**414**	**22**
门源回族自治县	426	2	31	14		98	56	9	205	4
祁连县	194		21	2		29	27	14	94	5
海晏县	310		43	9		65	73	15	85	8
刚察县	132		11	5		32	36	10	30	5
黄南藏族自治州	**897**	**2**	**73**	**14**		**179**	**129**	**44**	**406**	**29**
同仁县	455	2	37	5		83	74	16	200	26
尖扎县	198		27			38	22	12	96	2
泽库县	130		7	4		32	15	9	62	
河南蒙古族自治县	114		2	5		26	18	7	48	1
海南藏族自治州	**1426**	**3**	**137**	**14**		**309**	**246**	**68**	**591**	**16**
共和县	602	2	89	6		125	122	36	198	5
同德县	174		10	1		37	26	10	82	2
贵德县	354	1	32	5		73	62	10	156	3
兴海县	97		3	2		27	9	5	46	3
贵南县	199		3			47	27	7	109	3
果洛藏族自治州	**348**	**1**	**30**	**13**		**50**	**52**	**35**	**150**	**10**
玛沁县	90		4	6		17	9	5	46	
班玛县	99		18			12	7	22	33	5
甘德县	31					2	8		20	
达日县	45	1	3	1		5	7	5	22	
久治县	34		4	1		4	12	2	11	
玛多县	49		1	5		10	9	1	18	5
玉树藏族自治州	**346**		**11**	**9**		**48**	**25**	**122**	**123**	**5**
玉树市	76		1			1		73	1	
杂多县	62			3		12	6	13	27	1
称多县	113		2			16	7	32	55	
治多县	29		2	4		5	4	1	11	
囊谦县	30		5			7	1	2	14	1
曲麻莱县	36		1	2		7	7	1	15	3
海西蒙古族藏族自治州	**582**		**141**	**13**		**83**	**114**	**20**	**185**	**4**
格尔木市	74		37	2		10	12	1	11	
德令哈市	14		4			2	3		5	
茫崖市	25		13			3	6		3	
乌兰县	157		35	3		21	28	8	45	2
都兰县	195		24	6		30	35	7	89	1
天峻县	59		1	2		12	15	2	24	1
大柴旦行政委员会	58		27			5	15	2	8	

4-6b 续表 4

单位：人

地区 性别	专业技术人员 小计	科学研究人员	工程技术人员	农业技术人员	飞机和船舶技术人员	卫生专业技术人员	经济和金融专业人员	法律、社会和宗教专业人员	教学人员	文学艺术、体育专业人员
男	**3865**	**12**	**915**	**116**		**568**	**420**	**267**	**1400**	**77**
西宁市	**822**	**3**	**292**	**29**		**113**	**90**	**21**	**255**	**9**
城东区										
城中区	9		8				1			
城西区										
城北区										
湟中区	166		63	6		25	15	2	50	4
大通回族土族自治县	506	2	186	18		62	55	14	157	4
湟源县	141	1	35	5		26	19	5	48	1
海东市	**975**	**2**	**216**	**31**		**142**	**85**	**29**	**432**	**12**
乐都区	9		6						2	1
平安区	6		5						1	
民和回族土族自治县	334		68	5		50	34	13	160	
互助土族自治县	443	2	122	12		64	39	7	170	8
化隆回族自治县	79		4	5		14	2	6	48	
循化撒拉族自治县	104		11	9		14	10	3	51	3
海北藏族自治州	**432**	**2**	**85**	**20**		**83**	**58**	**24**	**138**	**14**
门源回族自治县	171	2	25	10		42	15	2	70	3
祁连县	75		15	1		9	8	11	27	3
海晏县	124		34	5		21	23	5	30	4
刚察县	62		11	4		11	12	6	11	4
黄南藏族自治州	**408**	**2**	**56**	**7**		**67**	**38**	**25**	**184**	**18**
同仁县	204	2	26	2		30	21	8	94	16
尖扎县	95		21			13	8	7	45	1
泽库县	66		7	3		17	6	5	27	
河南蒙古族自治县	43		2	2		7	3	5	18	1
海南藏族自治州	**591**	**2**	**117**	**11**		**96**	**85**	**43**	**209**	**10**
共和县	266	1	74	5		39	41	20	72	4
同德县	86		10			13	12	10	37	1
贵德县	136	1	27	5		22	23	5	47	2
兴海县	39		3	1		9	3	4	17	2
贵南县	64		3			13	6	4	36	1
果洛藏族自治州	**163**	**1**	**24**	**7**		**17**	**19**	**25**	**60**	**8**
玛沁县	43		4	3		8	4	4	19	
班玛县	52		13			4	4	16	11	4
甘德县	14						5		9	
达日县	19	1	3	1		2	1	3	7	
久治县	17		3				4	2	8	
玛多县	18		1	3		3	1		6	4
玉树藏族自治州	**194**		**6**	**7**		**23**	**10**	**88**	**55**	**3**
玉树市	55		1			1		53		
杂多县	34			2		6	3	10	13	
称多县	59		2			3	3	24	26	
治多县	15		1	3		5			5	
囊谦县	15		1			4	1	1	7	1
曲麻莱县	16		1	2		4	3		4	2
海西蒙古族藏族自治州	**280**		**119**	**4**		**27**	**35**	**12**	**67**	**3**
格尔木市	47		31			6	5	1	3	
德令哈市	7		4			1	1		1	
茫崖市	16		11			2	2		1	
乌兰县	78		31			5	7	5	19	1
都兰县	80		20	4		10	7	4	33	1
天峻县	17					2	5		8	1
大柴旦行政委员会	35		22			1	8	2	2	

4–6b 续表 5

单位：人

地区 性别	专业技术人员									
	小计	科学研究人员	工程技术人员	农业技术人员	飞机和船舶技术人员	卫生专业技术人员	经济和金融专业人员	法律、社会和宗教专业人员	教学人员	文学艺术、体育专业人员
女	**4806**	**1**	**164**	**69**		**1218**	**886**	**160**	**2166**	**36**
西宁市	**1049**		**48**	**12**		**318**	**197**	**17**	**435**	**3**
城东区										
城中区										
城西区	1							1		
城北区										
湟中区	192		14	1		57	29	2	86	
大通回族土族自治县	624		25	8		186	115	9	267	3
湟源县	232		9	3		75	53	5	82	
海东市	**1164**		**25**	**20**		**320**	**176**	**23**	**575**	**3**
乐都区	18		1			6	4	1	5	
平安区	2					1		1		
民和回族土族自治县	414		13	6		114	60	16	197	1
互助土族自治县	452		11	9		125	86	4	204	
化隆回族自治县	149			4		40	9		95	
循化撒拉族自治县	129			1		34	17	1	74	2
海北藏族自治州	**630**		**21**	**10**		**141**	**134**	**24**	**276**	**8**
门源回族自治县	255		6	4		56	41	7	135	1
祁连县	119		6	1		20	19	3	67	2
海晏县	186		9	4		44	50	10	55	4
刚察县	70			1		21	24	4	19	1
黄南藏族自治州	**489**		**17**	**7**		**112**	**91**	**19**	**222**	**11**
同仁县	251		11	3		53	53	8	106	10
尖扎县	103		6			25	14	5	51	1
泽库县	64			1		15	9	4	35	
河南蒙古族自治县	71			3		19	15	2	30	
海南藏族自治州	**835**	**1**	**20**	**3**		**213**	**161**	**25**	**382**	**6**
共和县	336	1	15	1		86	81	16	126	1
同德县	88			1		24	14		45	1
贵德县	218		5			51	39	5	109	1
兴海县	58			1		18	6	1	29	1
贵南县	135					34	21	3	73	2
果洛藏族自治州	**185**		**6**	**6**		**33**	**33**	**10**	**90**	**2**
玛沁县	47			3		9	5	1	27	
班玛县	47		5			8	3	6	22	1
甘德县	17					2	3		11	
达日县	26					3	6	2	15	
久治县	17		1	1		4	8		3	
玛多县	31			2		7	8	1	12	1
玉树藏族自治州	**152**		**5**	**2**		**25**	**15**	**34**	**68**	**2**
玉树市	21							20	1	
杂多县	28			1		6	3	3	14	1
称多县	54					13	4	8	29	
治多县	14		1	1			4	1	6	
囊谦县	15		4			3		1	7	
曲麻莱县	20					3	4	1	11	1
海西蒙古族藏族自治州	**302**		**22**	**9**		**56**	**79**	**8**	**118**	**1**
格尔木市	27		6	2		4	7		8	
德令哈市	7					1	2		4	
茫崖市	9		2			1	4		2	
乌兰县	79		4	3		16	21	3	26	1
都兰县	115		4	2		20	28	3	56	
天峻县	42		1	2		10	10	2	16	
大柴旦行政委员会	23		5			4	7		6	

4-6b　续表 6

单位：人

地区 性别	专业技术人员		办事人员和有关人员				社会生产服务和生活服务人员		
	新闻出版、文化专业人员	其他专业技术人员	小计	办事人员	安全和消防人员	其他办事人员和有关人员	小计	批发与零售服务人员	交通运输、仓储和邮政业服务人员
全省	**165**	**31**	**5549**	**4248**	**1257**	**44**	**21296**	**6664**	**4380**
西宁市	**28**	**1**	**984**	**663**	**315**	**6**	**5616**	**1647**	**1513**
城东区									
城中区			3	2		1	6	3	
城西区			2	1	1		11		4
城北区									
湟中区	3	1	128	91	35	2	1374	387	329
大通回族土族自治县	19		629	421	205	3	3094	893	904
湟源县	6		222	148	74		1131	364	276
海东市	**31**	**17**	**1118**	**869**	**241**	**8**	**5606**	**1723**	**913**
乐都区	1		28	17	11		183	67	37
平安区			18	16	2		38	1	4
民和回族土族自治县	8	3	364	310	53	1	1886	635	322
互助土族自治县	18	14	445	314	124	7	2188	692	420
化隆回族自治县	1		69	63	6		657	165	57
循化撒拉族自治县	3		194	149	45		654	163	73
海北藏族自治州	**23**	**1**	**751**	**608**	**141**	**2**	**2069**	**598**	**352**
门源回族自治县	6	1	206	157	49		805	233	144
祁连县	2		150	112	38		423	147	66
海晏县	12		269	234	33	2	569	157	92
刚察县	3		126	105	21		272	61	50
黄南藏族自治州	**20**	**1**	**606**	**492**	**104**	**10**	**1534**	**619**	**194**
同仁县	12		327	267	57	3	789	350	129
尖扎县	1		124	97	25	2	354	118	35
泽库县	1		90	71	14	5	209	73	9
河南蒙古族自治县	6	1	65	57	8		182	78	21
海南藏族自治州	**41**	**1**	**970**	**723**	**244**	**3**	**3129**	**1120**	**619**
共和县	19		450	303	147		1316	424	295
同德县	5	1	116	98	18		242	116	22
贵德县	12		225	179	43	3	840	270	215
兴海县	2		69	52	17		351	153	27
贵南县	3		110	91	19		380	157	60
果洛藏族自治州	**7**		**426**	**345**	**78**	**3**	**794**	**298**	**71**
玛沁县	3		133	118	12	3	279	96	24
班玛县	2		64	43	21		117	38	19
甘德县	1		44	41	3		31	14	
达日县	1		70	60	10		133	84	8
久治县			43	32	11		89	39	13
玛多县			72	51	21		145	27	7
玉树藏族自治州	**2**	**1**	**210**	**162**	**39**	**9**	**436**	**145**	**38**
玉树市			4	3	1		5		1
杂多县			42	36	5	1	195	45	2
称多县	1		64	58	6		102	48	12
治多县	1	1	40	25	11	4	27	10	3
囊谦县			16	13	1	2	74	31	10
曲麻莱县			44	27	15	2	33	11	10
海西蒙古族藏族自治州	**13**	**9**	**484**	**386**	**95**	**3**	**2112**	**514**	**680**
格尔木市	1		36	19	17		697	119	321
德令哈市			8	7	1		39	10	11
茫崖市			17	11	6		78	5	34
乌兰县	6	9	125	109	14	2	458	97	109
都兰县	3		132	111	21		470	193	77
天峻县	2		91	69	22		103	49	8
大柴旦行政委员会	1		75	60	14	1	267	41	120

4-6b 续表 7

单位：人

地区 性别	专业技术人员		办事人员和有关人员				社会生产服务和生活服务人员		
	新闻出版、文化专业人员	其他专业技术人员	小计	办事人员	安全和消防人员	其他办事人员和有关人员	小计	批发与零售服务人员	交通运输、仓储和邮政业服务人员
男	**63**	**27**	**3494**	**2424**	**1045**	**25**	**11943**	**3106**	**3889**
西宁市	**9**	**1**	**608**	**344**	**260**	**4**	**3088**	**670**	**1339**
城东区									
城中区			3	2		1	3	1	
城西区			1		1		9		4
城北区									
湟中区		1	90	59	29	2	715	160	290
大通回族土族自治县	8		388	216	171	1	1764	360	805
湟源县	1		126	67	59		597	149	240
海东市	**12**	**14**	**722**	**511**	**206**	**5**	**3050**	**784**	**799**
乐都区			20	10	10		106	27	35
平安区			11	9	2		31		3
民和回族土族自治县	2	2	226	184	42		1021	281	283
互助土族自治县	7	12	292	181	106	5	1114	295	364
化隆回族自治县			40	34	6		382	89	50
循化撒拉族自治县	3		133	93	40		396	92	64
海北藏族自治州	**7**	**1**	**447**	**330**	**116**	**1**	**1072**	**259**	**327**
门源回族自治县	1	1	122	80	42		408	96	131
祁连县	1		93	60	33		229	70	61
海晏县	2		162	135	26	1	276	61	85
刚察县	3		70	55	15		159	32	50
黄南藏族自治州	**10**	**1**	**378**	**287**	**86**	**5**	**903**	**348**	**176**
同仁县	5		205	157	48		487	210	113
尖扎县			71	50	19	2	195	58	34
泽库县	1		63	47	13	3	120	39	9
河南蒙古族自治县	4	1	39	33	6		101	41	20
海南藏族自治州	**17**	**1**	**635**	**430**	**204**	**1**	**1714**	**515**	**538**
共和县	10		299	175	124		723	183	259
同德县	2	1	82	68	14		128	56	19
贵德县	4		144	108	35	1	438	108	178
兴海县			42	27	15		206	87	25
贵南县	1		68	52	16		219	81	57
果洛藏族自治州	**2**		**260**	**195**	**63**	**2**	**497**	**183**	**61**
玛沁县	1		80	66	12	2	190	62	22
班玛县			39	25	14		68	22	15
甘德县			24	22	2		21	7	
达日县	1		44	35	9		78	53	6
久治县			24	16	8		52	25	11
玛多县			49	31	18		88	14	7
玉树藏族自治州	**2**		**139**	**99**	**33**	**7**	**316**	**98**	**32**
玉树市			3	2	1		3		1
杂多县			27	21	5	1	158	32	2
称多县	1		39	34	5		65	31	10
治多县	1		27	16	8	3	19	7	3
囊谦县			10	8	1	1	50	21	8
曲麻莱县			33	18	13	2	21	7	8
海西蒙古族藏族自治州	**4**	**9**	**305**	**228**	**77**		**1303**	**249**	**617**
格尔木市	1		30	15	15		471	64	289
德令哈市			5	4	1		23	5	11
茫崖市			13	8	5		53	3	33
乌兰县	1	9	73	61	12		273	44	99
都兰县	1		84	68	16		245	86	70
天峻县	1		57	39	18		63	25	8
大柴旦行政委员会			43	33	10		175	22	107

4-6b 续表 8

单位：人

地区 性别	专业技术人员		办事人员和有关人员				社会生产服务和生活服务人员		
	新闻出版、文化专业人员	其他专业技术人员	小计	办事人员	安全和消防人员	其他办事人员和有关人员	小计	批发与零售服务人员	交通运输、仓储和邮政业服务人员
女	**102**	**4**	**2055**	**1824**	**212**	**19**	**9353**	**3558**	**491**
西宁市	**19**		**376**	**319**	**55**	**2**	**2528**	**977**	**174**
城东区									
城中区							3	2	
城西区			1	1			2		
城北区									
湟中区	3		38	32	6		659	227	39
大通回族土族自治县	11		241	205	34	2	1330	533	99
湟源县	5		96	81	15		534	215	36
海东市	**19**	**3**	**396**	**358**	**35**	**3**	**2556**	**939**	**114**
乐都区	1		8	7	1		77	40	2
平安区			7	7			7	1	1
民和回族土族自治县	6	1	138	126	11	1	865	354	39
互助土族自治县	11	2	153	133	18	2	1074	397	56
化隆回族自治县	1		29	29			275	76	7
循化撒拉族自治县			61	56	5		258	71	9
海北藏族自治州	**16**		**304**	**278**	**25**	**1**	**997**	**339**	**25**
门源回族自治县	5		84	77	7		397	137	13
祁连县	1		57	52	5		194	77	5
海晏县	10		107	99	7	1	293	96	7
刚察县			56	50	6		113	29	
黄南藏族自治州	**10**		**228**	**205**	**18**	**5**	**631**	**271**	**18**
同仁县	7		122	110	9	3	302	140	16
尖扎县	1		53	47	6		159	60	1
泽库县			27	24	1	2	89	34	
河南蒙古族自治县	2		26	24	2		81	37	1
海南藏族自治州	**24**		**335**	**293**	**40**	**2**	**1415**	**605**	**81**
共和县	9		151	128	23		593	241	36
同德县	3		34	30	4		114	60	3
贵德县	8		81	71	8	2	402	162	37
兴海县	2		27	25	2		145	66	2
贵南县	2		42	39	3		161	76	3
果洛藏族自治州	**5**		**166**	**150**	**15**	**1**	**297**	**115**	**10**
玛沁县	2		53	52		1	89	34	2
班玛县	2		25	18	7		49	16	4
甘德县	1		20	19	1		10	7	
达日县			26	25	1		55	31	2
久治县			19	16	3		37	14	2
玛多县			23	20	3		57	13	
玉树藏族自治州		**1**	**71**	**63**	**6**	**2**	**120**	**47**	**6**
玉树市			1	1			2		
杂多县			15	15			37	13	
称多县			25	24	1		37	17	2
治多县		1	13	9	3	1	8	3	
囊谦县			6	5		1	24	10	2
曲麻莱县			11	9	2		12	4	2
海西蒙古族藏族自治州	**9**		**179**	**158**	**18**	**3**	**809**	**265**	**63**
格尔木市			6	4	2		226	55	32
德令哈市			3	3			16	5	
茫崖市			4	3	1		25	2	1
乌兰县	5		52	48	2	2	185	53	10
都兰县	2		48	43	5		225	107	7
天峻县	1		34	30	4		40	24	
大柴旦行政委员会	1		32	27	4	1	92	19	13

4－6b 续表 9

单位：人

地区 性别	社会生产服务和生活服务人员								
	住宿和餐饮服务人员	信息传输、软件和信息技术服务人员	金融服务人员	房地产服务人员	租赁和商务服务人员	技术辅助服务人员	水利、环境和公共设施管理服务人员	居民服务人员	电力、燃气及水供应服务人员
全省	**4944**	**349**	**495**	**145**	**610**	**221**	**1521**	**632**	**395**
西宁市	**1071**	**87**	**127**	**52**	**159**	**58**	**399**	**189**	**69**
城东区									
城中区							3		
城西区	1				5			1	
城北区									
湟中区	247	25	22	15	78	16	125	48	7
大通回族土族自治县	594	42	78	33	36	35	191	109	51
湟源县	229	20	27	4	40	7	80	31	11
海东市	**1773**	**49**	**133**	**58**	**146**	**71**	**280**	**188**	**67**
乐都区	30	2	1	2	15	6	7	5	
平安区	18		1		6		5		2
民和回族土族自治县	510	12	47	32	81	24	88	46	21
互助土族自治县	506	27	60	22	36	32	150	121	32
化隆回族自治县	366	4	3		7	4	16	8	5
循化撒拉族自治县	343	4	21	2	1	5	14	8	7
海北藏族自治州	**438**	**58**	**77**	**8**	**115**	**26**	**194**	**55**	**36**
门源回族自治县	157	17	31	3	59	9	74	26	10
祁连县	126	7	15	1	3	3	26	6	7
海晏县	99	30	23	3	41	13	58	14	13
刚察县	56	4	8	1	12	1	36	9	6
黄南藏族自治州	**289**	**30**	**46**	**4**	**47**	**12**	**129**	**43**	**60**
同仁县	125	17	20	3	23	11	49	19	16
尖扎县	91	5	9	1	14	1	17	19	32
泽库县	48	4	11		5		41	4	2
河南蒙古族自治县	25	4	6		5		22	1	10
海南藏族自治州	**682**	**54**	**68**	**13**	**46**	**29**	**144**	**96**	**104**
共和县	281	20	26	9	14	18	59	28	80
同德县	40	6			1	1	17	5	6
贵德县	186	15	21	3	8	7	44	40	6
兴海县	91	8	9	1	5		14	12	6
贵南县	84	5	12		18	3	10	11	6
果洛藏族自治州	**180**	**22**	**11**		**11**	**3**	**88**	**22**	**31**
玛沁县	62	17	4		10	2	12	9	17
班玛县	37	1	3				4	5	1
甘德县	8		2				1		6
达日县	20	2					5	3	3
久治县	20					1	4	5	2
玛多县	33	2	2		1		62		2
玉树藏族自治州	**59**	**5**	**7**	**2**	**5**	**1**	**139**	**10**	**4**
玉树市	1						3		
杂多县	11		2	1	1		126		1
称多县	24		4	1	1		1	5	1
治多县	2	1			1		3	2	1
囊谦县	18	3			1	1	2	3	1
曲麻莱县	3	1	1		1		4		
海西蒙古族藏族自治州	**452**	**44**	**26**	**8**	**81**	**21**	**148**	**29**	**24**
格尔木市	127	5			12	3	77	8	2
德令哈市	7	1	2		3		1	2	
茫崖市	16	2		1	4	5	6		4
乌兰县	131	18	11	3	28	4	14	12	1
都兰县	106	5	6	1	21	5	23	5	12
天峻县	9	8	4		3	2	7		4
大柴旦行政委员会	56	5	3	3	10	2	20	2	1

4-6b　续表 10

单位：人

地区 性别	社会生产服务和生活服务人员								
	住宿和餐饮服务人员	信息传输、软件和信息技术服务人员	金融服务人员	房地产服务人员	租赁和商务服务人员	技术辅助服务人员	水利、环境和公共设施管理服务人员	居民服务人员	电力、燃气及水供应服务人员
男	**2141**	**218**	**205**	**74**	**473**	**144**	**493**	**178**	**308**
西宁市	**396**	**53**	**45**	**26**	**126**	**42**	**101**	**54**	**50**
城东区									
城中区							2		
城西区	1				3			1	
城北区									
湟中区	77	15	8	5	62	10	19	6	7
大通回族土族自治县	240	24	27	18	28	26	54	43	35
湟源县	78	14	10	3	33	6	26	4	8
海东市	**861**	**31**	**49**	**33**	**119**	**42**	**71**	**55**	**50**
乐都区	12	1		1	13	3	3	1	
平安区	14		1		6		4		2
民和回族土族自治县	231	5	19	19	66	13	18	14	18
互助土族自治县	204	20	19	11	28	19	35	34	24
化隆回族自治县	204	1	2		5	2	5	3	3
循化撒拉族自治县	196	4	8	2	1	5	6	3	3
海北藏族自治州	**164**	**34**	**36**	**3**	**80**	**20**	**40**	**6**	**24**
门源回族自治县	50	10	17	1	42	8	15		6
祁连县	56	5	5		3	3	6	3	6
海晏县	30	17	8	2	28	8	9	1	8
刚察县	28	2	6		7	1	10	2	4
黄南藏族自治州	**136**	**19**	**24**	**2**	**39**	**9**	**41**	**17**	**48**
同仁县	64	11	10	2	19	8	8	9	14
尖扎县	42	3	4		12	1	2	6	23
泽库县	19	3	6		3		29	2	2
河南蒙古族自治县	11	2	4		5		2		9
海南藏族自治州	**279**	**30**	**30**	**5**	**36**	**16**	**31**	**25**	**88**
共和县	109	11	10	3	10	9	8	5	67
同德县	16	3			1		2	3	6
贵德县	73	7	8	1	7	6	13	11	4
兴海县	49	5	7	1	4		4	2	6
贵南县	32	4	5		14	1	4	4	5
果洛藏族自治州	**86**	**19**	**7**		**9**	**3**	**50**	**9**	**27**
玛沁县	31	14	3		8	2	6	3	17
班玛县	15	1	2				1	3	1
甘德县	7		1						6
达日县	9	2						1	2
久治县	8					1	1	2	1
玛多县	16	2	1		1		42		
玉树藏族自治州	**30**	**2**	**3**	**2**	**5**	**1**	**115**	**8**	**4**
玉树市							2		
杂多县	5		2	1	1		110		1
称多县	11		1	1	1		1	4	1
治多县	1				1		1	1	1
囊谦县	11	2			1	1		3	1
曲麻莱县	2				1		1		
海西蒙古族藏族自治州	**189**	**30**	**11**	**3**	**59**	**11**	**44**	**4**	**17**
格尔木市	49	4			8	3	29	2	2
德令哈市	2				2			1	
茫崖市	5	2		1	3		2		3
乌兰县	63	13	5	1	16	2	3		1
都兰县	42	2	3		17	4	3		9
天峻县	6	6	2		3	2	2		2
大柴旦行政委员会	22	3	1	1	10		5	1	

4−6b 续表 11

单位：人

地区 性别	社会生产服务和生活服务人员								
	住宿和餐饮服务人员	信息传输、软件和信息技术服务人员	金融服务人员	房地产服务人员	租赁和商务服务人员	技术辅助服务人员	水利、环境和公共设施管理服务人员	居民服务人员	电力、燃气及水供应服务人员
女	**2803**	**131**	**290**	**71**	**137**	**77**	**1028**	**454**	**87**
西宁市	**675**	**34**	**82**	**26**	**33**	**16**	**298**	**135**	**19**
城东区									
城中区							1		
城西区					2				
城北区									
湟中区	170	10	14	10	16	6	106	42	
大通回族土族自治县	354	18	51	15	8	9	137	66	16
湟源县	151	6	17	1	7	1	54	27	3
海东市	**912**	**18**	**84**	**25**	**27**	**29**	**209**	**133**	**17**
乐都区	18	1	1	1	2	3	4	4	
平安区	4						1		
民和回族土族自治县	279	7	28	13	15	11	70	32	3
互助土族自治县	302	7	41	11	8	13	115	87	8
化隆回族自治县	162	3	1		2	2	11	5	2
循化撒拉族自治县	147		13				8	5	4
海北藏族自治州	**274**	**24**	**41**	**5**	**35**	**6**	**154**	**49**	**12**
门源回族自治县	107	7	14	2	17	1	59	26	4
祁连县	70	2	10	1			20	3	1
海晏县	69	13	15	1	13	5	49	13	5
刚察县	28	2	2	1	5		26	7	2
黄南藏族自治州	**153**	**11**	**22**	**2**	**8**	**3**	**88**	**26**	**12**
同仁县	61	6	10	1	4	3	41	10	2
尖扎县	49	2	5	1	2		15	13	9
泽库县	29	1	5		2		12	2	
河南蒙古族自治县	14	2	2				20	1	1
海南藏族自治州	**403**	**24**	**38**	**8**	**10**	**13**	**113**	**71**	**16**
共和县	172	9	16	6	4	9	51	23	13
同德县	24	3				1	15	2	
贵德县	113	8	13	2	1	1	31	29	2
兴海县	42	3	2		1		10	10	
贵南县	52	1	7		4	2	6	7	1
果洛藏族自治州	**94**	**3**	**4**		**2**		**38**	**13**	**4**
玛沁县	31	3	1		2		6	6	
班玛县	22		1				3	2	
甘德县	1		1				1		
达日县	11						5	2	1
久治县	12						3	3	1
玛多县	17		1				20		2
玉树藏族自治州	**29**	**3**	**4**				**24**	**2**	
玉树市	1						1		
杂多县	6						16		
称多县	13		3					1	
治多县	1	1					2	1	
囊谦县	7	1					2		
曲麻莱县	1	1	1				3		
海西蒙古族藏族自治州	**263**	**14**	**15**	**5**	**22**	**10**	**104**	**25**	**7**
格尔木市	78	1			4		48	6	
德令哈市	5	1	2		1		1	1	
茫崖市	11				1	5	4		1
乌兰县	68	5	6	2	12	2	11	12	
都兰县	64	3	3	1	4	1	20	5	3
天峻县	3	2	2				5		2
大柴旦行政委员会	34	2	2	2		2	15	1	1

4-6b 续表 12

单位：人

地区 性别	社会生产服务和生活服务人员				农、林、牧、渔业生产及辅助人员				
	修理及制作服务人员	文化、体育和娱乐服务人员	健康服务人员	其他社会生产和生活服务人员	小计	农业生产人员	林业生产人员	畜牧业生产人员	渔业生产人员
全省	**779**	**105**	**39**	**17**	**7140**	**2431**	**1926**	**2700**	**12**
西宁市	**210**	**25**	**10**		**760**	**386**	**80**	**275**	
城东区									
城中区									
城西区									
城北区									
湟中区	65	7	3		157	44	36	73	
大通回族土族自治县	111	13	4		454	287	27	130	
湟源县	34	5	3		149	55	17	72	
海东市	**167**	**18**	**11**	**9**	**887**	**620**	**77**	**181**	**1**
乐都区	11				15	8	2	5	
平安区	1				4		2	2	
民和回族土族自治县	56	5	4	3	291	236	15	38	1
互助土族自治县	66	11	7	6	458	326	53	76	
化隆回族自治县	22				72	31	2	35	
循化撒拉族自治县	11	2			47	19	3	25	
海北藏族自治州	**85**	**15**	**5**	**7**	**613**	**73**	**60**	**464**	**1**
门源回族自治县	30	3	2	7	127	36	26	55	1
祁连县	10	5	1		206	5	26	175	
海晏县	20	4	2		120	25	6	84	
刚察县	25	3			160	7	2	150	
黄南藏族自治州	**43**	**13**	**4**	**1**	**531**	**236**	**47**	**245**	
同仁县	18	6	2	1	265	157	11	96	
尖扎县	10	2			148	78	11	57	
泽库县	7	3	2		69		6	63	
河南蒙古族自治县	8	2			49	1	19	29	
海南藏族自治州	**135**	**12**	**7**		**1498**	**478**	**51**	**953**	**10**
共和县	51	10	1		564	145	12	398	7
同德县	23		5		50	10	2	38	
贵德县	23	2			214	132	25	53	1
兴海县	24		1		386	111	5	270	
贵南县	14				284	80	7	194	2
果洛藏族自治州	**46**	**11**			**86**	**4**	**43**	**36**	
玛沁县	23	3			21	2	5	12	
班玛县	8	1			31	2	19	10	
甘德县									
达日县	7	1			23		18	4	
久治县	4	1			2		1	1	
玛多县	4	5			9			9	
玉树藏族自治州	**14**	**6**	**1**		**1876**	**7**	**1524**	**342**	
玉树市					118		54	64	
杂多县	4	1	1		582	1	579	1	
称多县	3	2			408	1	179	228	
治多县	3	1			110		68	42	
囊谦县	3	1			598	5	589	4	
曲麻莱县	1	1			60		55	3	
海西蒙古族藏族自治州	**79**	**5**	**1**		**889**	**627**	**44**	**204**	
格尔木市	23				143	78	9	54	
德令哈市	2				21	12	2	7	
茫崖市	1								
乌兰县	28	1	1		85	28	22	31	
都兰县	15	1			581	507	11	55	
天峻县	7	2			42			42	
大柴旦行政委员会	3	1			17	2		15	

4-6b 续表 13

单位：人

地 区 性 别	社会生产服务和生活服务人员				农、林、牧、渔业生产及辅助人员				
	修理及制作服务人员	文化、体育和娱乐服务人员	健康服务人员	其他社会生产和生活服务人员	小计	农业生产人员	林业生产人员	畜牧业生产人员	渔业生产人员
男	**638**	**49**	**16**	**11**	**4097**	**1352**	**989**	**1690**	**10**
西宁市	**171**	**12**	**3**		**484**	**197**	**59**	**212**	
城东区									
城中区									
城西区									
城北区									
湟中区	52	3	1		105	26	22	54	
大通回族土族自治县	96	7	1		271	140	22	101	
湟源县	23	2	1		108	31	15	57	
海东市	**137**	**9**	**4**	**6**	**532**	**344**	**49**	**131**	**1**
乐都区	10				10	6	1	3	
平安区	1				3		1	2	
民和回族土族自治县	48	3	2	1	188	147	9	30	1
互助土族自治县	49	5	2	5	258	165	37	53	
化隆回族自治县	18				42	16	1	22	
循化撒拉族自治县	11	1			31	10		21	
海北藏族自治州	**66**	**6**	**3**	**4**	**413**	**54**	**37**	**313**	**1**
门源回族自治县	26	2		4	96	26	17	46	1
祁连县	8	2	1		144	4	13	127	
海晏县	15	2	2		78	17	5	55	
刚察县	17				95	7	2	85	
黄南藏族自治州	**35**	**7**	**1**	**1**	**272**	**87**	**36**	**147**	
同仁县	14	4		1	117	55	9	52	
尖扎县	10				84	32	8	43	
泽库县	5	2	1		37		5	32	
河南蒙古族自治县	6	1			34		14	20	
海南藏族自治州	**110**	**7**	**4**		**858**	**258**	**36**	**550**	**8**
共和县	42	6	1		318	87	8	215	6
同德县	19		3		31	7	1	23	
贵德县	21	1			123	58	21	40	1
兴海县	16				221	55	4	162	
贵南县	12				165	51	2	110	1
果洛藏族自治州	**39**	**4**			**60**	**3**	**33**	**21**	
玛沁县	21	1			14	1	4	7	
班玛县	7	1			22	2	15	5	
甘德县									
达日县	5				19		14	4	
久治县	3				1			1	
玛多县	3	2			4			4	
玉树藏族自治州	**12**	**3**	**1**		**898**	**6**	**706**	**184**	
玉树市					52		23	29	
杂多县	3		1		255		253	1	
称多县	3	1			204	1	79	124	
治多县	3	1			55		30	25	
囊谦县	2				297	5	289	3	
曲麻莱县	1	1			35		32	2	
海西蒙古族藏族自治州	**68**	**1**			**580**	**403**	**33**	**132**	
格尔木市	21				84	46	4	32	
德令哈市	2				14	9		5	
茫崖市	1								
乌兰县	26				62	17	20	22	
都兰县	9				382	330	9	36	
天峻县	6	1			28			28	
大柴旦行政委员会	3				10	1		9	

4-6b 续表 14

单位：人

地区 性别	社会生产服务和生活服务人员				农、林、牧、渔业生产及辅助人员				
	修理及制作服务人员	文化、体育和娱乐服务人员	健康服务人员	其他社会生产和生活服务人员	小计	农业生产人员	林业生产人员	畜牧业生产人员	渔业生产人员
女	**141**	**56**	**23**	**6**	**3043**	**1079**	**937**	**1010**	**2**
西宁市	**39**	**13**	**7**		**276**	**189**	**21**	**63**	
城东区									
城中区									
城西区									
城北区									
湟中区	13	4	2		52	18	14	19	
大通回族土族自治县	15	6	3		183	147	5	29	
湟源县	11	3	2		41	24	2	15	
海东市	**30**	**9**	**7**	**3**	**355**	**276**	**28**	**50**	
乐都区	1				5	2	1	2	
平安区					1		1		
民和回族土族自治县	8	2	2	2	103	89	6	8	
互助土族自治县	17	6	5	1	200	161	16	23	
化隆回族自治县	4				30	15	1	13	
循化撒拉族自治县		1			16	9	3	4	
海北藏族自治州	**19**	**9**	**2**	**3**	**200**	**19**	**23**	**151**	
门源回族自治县	4	1	2	3	31	10	9	9	
祁连县	2	3			62	1	13	48	
海晏县	5	2			42	8	1	29	
刚察县	8	3			65			65	
黄南藏族自治州	**8**	**6**	**3**		**259**	**149**	**11**	**98**	
同仁县	4	2	2		148	102	2	44	
尖扎县		2			64	46	3	14	
泽库县	2	1	1		32		1	31	
河南蒙古族自治县	2	1			15	1	5	9	
海南藏族自治州	**25**	**5**	**3**		**640**	**220**	**15**	**403**	**2**
共和县	9	4			246	58	4	183	1
同德县	4		2		19	3	1	15	
贵德县	2	1			91	74	4	13	
兴海县	8		1		165	56	1	108	
贵南县	2				119	29	5	84	1
果洛藏族自治州	**7**	**7**			**26**	**1**	**10**	**15**	
玛沁县	2	2			7	1	1	5	
班玛县	1				9		4	5	
甘德县									
达日县	2	1			4		4		
久治县	1	1			1		1		
玛多县	1	3			5			5	
玉树藏族自治州	**2**	**3**			**978**	**1**	**818**	**158**	
玉树市					66		31	35	
杂多县	1	1			327	1	326		
称多县		1			204		100	104	
治多县					55		38	17	
囊谦县	1	1			301		300	1	
曲麻莱县					25		23	1	
海西蒙古族藏族自治州	**11**	**4**	**1**		**309**	**224**	**11**	**72**	
格尔木市	2				59	32	5	22	
德令哈市					7	3	2	2	
茫崖市									
乌兰县	2	1	1		23	11	2	9	
都兰县	6	1			199	177	2	19	
天峻县	1	1			14			14	
大柴旦行政委员会		1			7	1		6	

4－6b 续表 15

单位：人

地 区 性 别	农林牧渔生产辅助人员	其他农、林、牧、渔业生产加工人员	生产制造及有关人员 小计	农副产品加工人员	食品、饮料生产加工人员	烟草及其制品加工人员	纺织、针织、印染人员	纺织品、服装和皮革、毛皮制品加工制作人员	木材加工、家具与木制品制作人员
全省	**69**	**2**	**9677**	**170**	**230**		**16**	**166**	**151**
西宁市	**19**		**3395**	**53**	**44**		**10**	**32**	**49**
城东区									
城中区			163						
城西区			9						
城北区									
湟中区	4		785	11	9		6	5	9
大通回族土族自治县	10		1955	35	24		2	19	31
湟源县	5		483	7	11		2	8	9
海东市	**8**		**2454**	**56**	**118**		**2**	**53**	**44**
乐都区			183	4	1			3	4
平安区			32		1				
民和回族土族自治县	1		920	26	13			10	7
互助土族自治县	3		1005	13	88		2	23	18
化隆回族自治县	4		146	11	10			9	6
循化撒拉族自治县			168	2	5			8	9
海北藏族自治州	**14**	**1**	**731**	**17**	**25**		**1**	**9**	**12**
门源回族自治县	9		327	4	13			3	11
祁连县			95	5	4				
海晏县	4	1	188	4	6			5	1
刚察县	1		121	4	2		1	1	
黄南藏族自治州	**3**		**481**	**13**	**5**			**23**	**12**
同仁县	1		242		1			6	3
尖扎县	2		178	1	3			12	9
泽库县			29	11				1	
河南蒙古族自治县			32	1	1			4	
海南藏族自治州	**6**		**839**	**11**	**17**		**2**	**33**	**25**
共和县	2		266	4	3			13	8
同德县			61	1	1		1	2	2
贵德县	3		315	5	13		1	3	12
兴海县			143					4	3
贵南县	1		54	1				11	
果洛藏族自治州	**2**	**1**	**160**	**9**	**9**			**6**	**2**
玛沁县	1	1	78	8	4			1	
班玛县			37		1			5	2
甘德县			4	1					
达日县	1		21		3				
久治县			16		1				
玛多县			4						
玉树藏族自治州	**3**		**35**	**1**	**1**			**5**	**1**
玉树市									
杂多县	1		1						
称多县			13	1				4	
治多县			3						
囊谦县			18		1			1	1
曲麻莱县	2								
海西蒙古族藏族自治州	**14**		**1582**	**10**	**11**		**1**	**5**	**6**
格尔木市	2		721	4	2			3	1
德令哈市			29		2				
茫崖市			166						
乌兰县	4		240	4			1	2	
都兰县	8		97		7				
天峻县			13	2					
大柴旦行政委员会			316						5

4-6b 续表 16

单位：人

地区 性别	农林牧渔生产辅助人员	其他农、林、牧、渔业生产加工人员	生产制造及有关人员 小计	农副产品加工人员	食品、饮料生产加工人员	烟草及其制品加工人员	纺织、针织、印染人员	纺织品、服装和皮革、毛皮制品加工制作人员	木材加工、家具与木制品制作人员
男	**55**	**1**	**7696**	**114**	**119**		**3**	**60**	**131**
西宁市	**16**		**2771**	**32**	**11**			**10**	**45**
城东区									
城中区			148						
城西区			8						
城北区									
湟中区	3		653	4	2			1	9
大通回族土族自治县	8		1574	23	7			8	28
湟源县	5		388	5	2			1	8
海东市	**7**		**1893**	**38**	**77**			**14**	**36**
乐都区			136	2					2
平安区			29						
民和回族土族自治县	1		721	17	7			2	7
互助土族自治县	3		765	10	64			5	15
化隆回族自治县	3		111	8	4			3	6
循化撒拉族自治县			131	1	2			4	6
海北藏族自治州	**8**		**606**	**11**	**9**		**1**	**4**	**10**
门源回族自治县	6		266	4	3			1	9
祁连县			75	3	1				
海晏县	1		156	2	3			2	1
刚察县	1		109	2	2		1	1	
黄南藏族自治州	**2**		**351**	**8**	**1**			**13**	**10**
同仁县	1		188					2	2
尖扎县	1		122	1	1			8	8
泽库县			18	6				1	
河南蒙古族自治县			23	1				2	
海南藏族自治州	**6**		**634**	**8**	**9**		**1**	**11**	**21**
共和县	2		193	2	2			3	6
同德县			50	1	1		1	2	1
贵德县	3		253	4	6			1	12
兴海县			104					2	2
贵南县	1		34	1				3	
果洛藏族自治州	**2**	**1**	**120**	**9**	**5**			**3**	**2**
玛沁县	1	1	58	8	3				
班玛县			29		1			3	2
甘德县			4	1					
达日县	1		14		1				
久治县			13						
玛多县			2						
玉树藏族自治州	**2**		**28**	**1**				**4**	**1**
玉树市									
杂多县	1		1						
称多县			13	1				4	
治多县			3						
囊谦县			11						1
曲麻莱县	1								
海西蒙古族藏族自治州	**12**		**1293**	**7**	**7**		**1**	**1**	**6**
格尔木市	2		596	4	2			1	1
德令哈市			26		1				
茫崖市			128						
乌兰县	3		198	2			1		
都兰县	7		78		4				
天峻县			12	1					
大柴旦行政委员会			255						5

4−6b 续表 17

单位：人

地区 性别	农林牧渔生产辅助人员	其他农、林、牧、渔业生产加工人员	生产制造及有关人员 小计	农副产品加工人员	食品、饮料生产加工人员	烟草及其制品加工人员	纺织、针织、印染人员	纺织品、服装和皮革、毛皮制品加工制作人员	木材加工、家具与木制品制作人员
女	**14**	**1**	**1981**	**56**	**111**		**13**	**106**	**20**
西宁市	**3**		**624**	**21**	**33**		**10**	**22**	**4**
城东区									
城中区			15						
城西区			1						
城北区									
湟中区	1		132	7	7		6	4	
大通回族土族自治县	2		381	12	17		2	11	3
湟源县			95	2	9		2	7	1
海东市	**1**		**561**	**18**	**41**		**2**	**39**	**8**
乐都区			47	2	1			3	2
平安区			3		1				
民和回族土族自治县			199	9	6			8	
互助土族自治县			240	3	24		2	18	3
化隆回族自治县	1		35	3	6			6	
循化撒拉族自治县			37	1	3			4	3
海北藏族自治州	**6**	**1**	**125**	**6**	**16**			**5**	**2**
门源回族自治县	3		61		10			2	2
祁连县			20	2	3				
海晏县	3	1	32	2	3			3	
刚察县			12	2					
黄南藏族自治州	**1**		**130**	**5**	**4**			**10**	**2**
同仁县			54		1			4	1
尖扎县	1		56		2			4	1
泽库县			11	5					
河南蒙古族自治县			9		1			2	
海南藏族自治州			**205**	**3**	**8**		**1**	**22**	**4**
共和县			73	2	1			10	2
同德县			11						1
贵德县			62	1	7		1	2	
兴海县			39					2	1
贵南县			20					8	
果洛藏族自治州			**40**		**4**			**3**	
玛沁县			20		1			1	
班玛县			8					2	
甘德县									
达日县			7		2				
久治县			3		1				
玛多县			2						
玉树藏族自治州	**1**		**7**		**1**			**1**	
玉树市									
杂多县									
称多县									
治多县									
囊谦县			7		1			1	
曲麻莱县	1								
海西蒙古族藏族自治州	**2**		**289**	**3**	**4**			**4**	
格尔木市			125					2	
德令哈市			3		1				
茫崖市			38						
乌兰县	1		42	2				2	
都兰县	1		19		3				
天峻县			1	1					
大柴旦行政委员会			61						

4-6b 续表 18

单位：人

地区 性别	生产制造及有关人员								
	纸及纸制品生产加工人员	印刷和记录媒介复制人员	文教、工美、体育和娱乐用品制造人员	石油加工和炼焦、煤化工生产人员	化学原料和化学制品制造人员	医药制造人员	化学纤维制造人员	橡胶和塑料制品制造人员	非金属矿物制品制造人员
全省	**4**	**89**	**113**	**111**	**302**	**24**	**3**	**29**	**198**
西宁市	**3**	**11**	**14**	**2**	**88**	**6**		**21**	**94**
城东区									
城中区									
城西区									
城北区									
湟中区	1	4	8		27	2		1	30
大通回族土族自治县	2	6	3	1	59	3		16	63
湟源县		1	3	1	2	1		4	1
海东市	**1**	**7**	**13**	**2**	**17**	**3**		**4**	**49**
乐都区				1	7	1		1	7
平安区									
民和回族土族自治县		3	1		6				23
互助土族自治县	1	3	9	1	4	2		3	14
化隆回族自治县		1							2
循化撒拉族自治县			3						3
海北藏族自治州		**15**	**5**	**1**	**1**	**4**	**2**		**5**
门源回族自治县		4	1		1	2	2		5
祁连县		5		1					
海晏县		6	2			2			
刚察县			2						
黄南藏族自治州		**18**	**66**		**1**	**5**	**1**		**4**
同仁县		2	59		1	2	1		1
尖扎县		6	6						2
泽库县		6	1						
河南蒙古族自治县		4				3			1
海南藏族自治州		**31**	**15**			**4**			**17**
共和县		9	9			3			7
同德县		3							1
贵德县		3	3			1			8
兴海县		11	1						1
贵南县		5	2						
果洛藏族自治州						**2**			**1**
玛沁县									1
班玛县						2			
甘德县									
达日县									
久治县									
玛多县									
玉树藏族自治州		**3**							
玉树市									
杂多县									
称多县		3							
治多县									
囊谦县									
曲麻莱县									
海西蒙古族藏族自治州		**4**		**106**	**195**			**4**	**28**
格尔木市				2	38			3	21
德令哈市					2				
茫崖市					50				
乌兰县				104	5			1	5
都兰县		1			3				2
天峻县		2							
大柴旦行政委员会		1			97				

4－6b 续表 19

单位：人

地区 性别	生产制造及有关人员								
	纸及纸制品生产加工人员	印刷和记录媒介复制人员	文教、工美、体育和娱乐用品制造人员	石油加工和炼焦、煤化工生产人员	化学原料和化学制品制造人员	医药制造人员	化学纤维制造人员	橡胶和塑料制品制造人员	非金属矿物制品制造人员
男	**1**	**58**	**90**	**88**	**230**	**10**	**2**	**16**	**157**
西宁市	**1**	**5**	**11**	**1**	**64**	**1**		**11**	**76**
城东区									
城中区									
城西区									
城北区									
湟中区	1	2	6		20			1	22
大通回族土族自治县		3	2		42	1		10	53
湟源县			3	1	2				1
海东市		**5**	**7**	**2**	**15**	**1**		**3**	**37**
乐都区				1	7	1		1	5
平安区									
民和回族土族自治县		3			6				17
互助土族自治县		2	5	1	2			2	11
化隆回族自治县									2
循化撒拉族自治县			2						2
海北藏族自治州		**9**	**4**	**1**	**1**	**1**	**1**		**3**
门源回族自治县		2			1	1	1		3
祁连县		2		1					
海晏县		5	2						
刚察县			2						
黄南藏族自治州		**11**	**59**			**4**	**1**		**3**
同仁县		1	54			2	1		1
尖扎县		3	4						1
泽库县		4	1						
河南蒙古族自治县		3				2			1
海南藏族自治州		**21**	**9**			**1**			**13**
共和县		6	5						6
同德县		3							1
贵德县		2	2			1			5
兴海县		7	1						1
贵南县		3	1						
果洛藏族自治州						**2**			**1**
玛沁县									1
班玛县						2			
甘德县									
达日县									
久治县									
玛多县									
玉树藏族自治州		**3**							
玉树市									
杂多县									
称多县		3							
治多县									
囊谦县									
曲麻莱县									
海西蒙古族藏族自治州		**4**		**84**	**150**			**2**	**24**
格尔木市				1	31			2	17
德令哈市					2				
茫崖市					45				
乌兰县				83	3				5
都兰县		1			2				2
天峻县		2							
大柴旦行政委员会		1			67				

4-6b 续表 20 单位：人

地区 性别	生产制造及有关人员								
	纸及纸制品生产加工人员	印刷和记录媒介复制人员	文教、工美、体育和娱乐用品制造人员	石油加工和炼焦、煤化工生产人员	化学原料和化学制品制造人员	医药制造人员	化学纤维制造人员	橡胶和塑料制品制造人员	非金属矿物制品制造人员
女	**3**	**31**	**23**	**23**	**72**	**14**	**1**	**13**	**41**
西宁市	**2**	**6**	**3**	**1**	**24**	**5**		**10**	**18**
城东区									
城中区									
城西区									
城北区									
湟中区		2	2		7	2			8
大通回族土族自治县	2	3	1	1	17	2		6	10
湟源县		1				1		4	
海东市	**1**	**2**	**6**		**2**	**2**		**1**	**12**
乐都区									2
平安区									
民和回族土族自治县			1						6
互助土族自治县	1	1	4		2	2		1	3
化隆回族自治县		1							
循化撒拉族自治县			1						1
海北藏族自治州		**6**	**1**			**3**	**1**		**2**
门源回族自治县		2	1			1	1		2
祁连县		3							
海晏县		1				2			
刚察县									
黄南藏族自治州		**7**	**7**		**1**	**1**			**1**
同仁县		1	5		1				
尖扎县		3	2						1
泽库县		2							
河南蒙古族自治县		1				1			
海南藏族自治州		**10**	**6**			**3**			**4**
共和县		3	4			3			1
同德县									
贵德县		1	1						3
兴海县		4							
贵南县		2	1						
果洛藏族自治州									
玛沁县									
班玛县									
甘德县									
达日县									
久治县									
玛多县									
玉树藏族自治州									
玉树市									
杂多县									
称多县									
治多县									
囊谦县									
曲麻莱县									
海西蒙古族藏族自治州				**22**	**45**			**2**	**4**
格尔木市				1	7			1	4
德令哈市									
茫崖市					5				
乌兰县				21	2			1	
都兰县					1				
天峻县									
大柴旦行政委员会					30				

4-6b　续表 21　　　　　　　　　　　　　　　　　　　　　　　　　　　　　单位：人

地　区 性　别	生产制造及有关人员								
	采矿人员	金属冶炼和压延加工人员	机械制造基础加工人员	金属制品制造人员	通用设备制造人员	专用设备制造人员	汽车制造人员	铁路、船舶、航空设备制造人员	电气机械和器材制造人员
全省	**320**	**387**	**339**	**157**	**34**	**12**	**17**	**8**	**48**
西宁市	**77**	**282**	**156**	**36**	**13**	**2**	**2**	**4**	**22**
城东区									
城中区									
城西区									
城北区									
湟中区	5	65	30	7	5	1		3	5
大通回族土族自治县	64	200	104	19	8	1	2	1	12
湟源县	8	17	22	10					5
海东市	**28**	**82**	**79**	**50**	**6**	**4**	**10**		**21**
乐都区		2	7	1		1			
平安区			3						12
民和回族土族自治县	14	52	34	17	1		2		2
互助土族自治县	10	17	30	9	5	3	8		7
化隆回族自治县		11	5	6					
循化撒拉族自治县	4			17					
海北藏族自治州	**57**	**4**	**28**	**6**	**3**	**1**	**1**		
门源回族自治县	12	3	18	2	2	1			
祁连县	1		4	3			1		
海晏县	1	1	5	1	1				
刚察县	43		1						
黄南藏族自治州	**2**		**4**	**8**	**5**				**2**
同仁县	2		4	2	4				2
尖扎县				4	1				
泽库县				2					
河南蒙古族自治县									
海南藏族自治州	**7**	**4**	**25**	**34**		**1**		**4**	**1**
共和县	2		8	4				1	
同德县	1	2		1		1		3	
贵德县	3		11	24					1
兴海县	1			3					
贵南县		2	6	2					
果洛藏族自治州			**6**	**15**		**4**	**1**		
玛沁县			4	8		1			
班玛县				6		3			
甘德县							1		
达日县			2						
久治县				1					
玛多县									
玉树藏族自治州			**1**						
玉树市									
杂多县									
称多县			1						
治多县									
囊谦县									
曲麻莱县									
海西蒙古族藏族自治州	**149**	**15**	**40**	**8**	**7**		**3**		**2**
格尔木市	8	8	24	4	5		3		2
德令哈市			1						
茫崖市	45		2		2				
乌兰县	8	1	5						
都兰县	15	4	4	4					
天峻县	1								
大柴旦行政委员会	72	2	4						

4-6b　续表 22　　　　单位：人

地　　区 性　　别	生产制造及有关人员								
	采矿人员	金属冶炼和压延加工人员	机械制造基础加工人员	金属制品制造人员	通用设备制造人员	专用设备制造人员	汽车制造人员	铁路、船舶、航空设备制造人员	电气机械和器材制造人员
男	**284**	**346**	**319**	**106**	**31**	**11**	**12**	**7**	**39**
西宁市	**73**	**259**	**147**	**25**	**10**	**2**	**2**	**4**	**16**
城东区									
城中区									
城西区									
城北区									
湟中区	5	60	30	5	3	1		3	4
大通回族土族自治县	60	186	95	14	7	1	2	1	9
湟源县	8	13	22	6					3
海东市	**25**	**69**	**75**	**34**	**6**	**3**	**7**		**19**
乐都区		2	6	1		1			
平安区			3						12
民和回族土族自治县	11	43	32	12	1		2		1
互助土族自治县	10	15	29	6	5	2	5		6
化隆回族自治县		9	5	4					
循化撒拉族自治县	4			11					
海北藏族自治州	**56**	**4**	**28**	**5**	**3**	**1**			
门源回族自治县	11	3	18	1	2	1			
祁连县	1		4	3					
海晏县	1	1	5	1	1				
刚察县	43		1						
黄南藏族自治州	**2**		**3**	**5**	**5**				**2**
同仁县	2		3		4				2
尖扎县				3	1				
泽库县				2					
河南蒙古族自治县									
海南藏族自治州	**7**	**3**	**22**	**20**		**1**		**3**	
共和县	2		8	3				1	
同德县	1	2		1		1		2	
贵德县	3		11	14					
兴海县	1			1					
贵南县		1	3	1					
果洛藏族自治州			**4**	**12**		**4**	**1**		
玛沁县			3	6		1			
班玛县				5		3			
甘德县							1		
达日县			1						
久治县				1					
玛多县									
玉树藏族自治州			**1**						
玉树市									
杂多县									
称多县			1						
治多县									
囊谦县									
曲麻莱县									
海西蒙古族藏族自治州	**121**	**11**	**39**	**5**	**7**		**2**		**2**
格尔木市	8	6	24	3	5		2		2
德令哈市			1						
茫崖市	26		1		2				
乌兰县	7	1	5						
都兰县	13	2	4	2					
天峻县	1								
大柴旦行政委员会	66	2	4						

4-6b 续表 23

单位：人

地区 性别	生产制造及有关人员								
	采矿人员	金属冶炼和压延加工人员	机械制造基础加工人员	金属制品制造人员	通用设备制造人员	专用设备制造人员	汽车制造人员	铁路、船舶、航空设备制造人员	电气机械和器材制造人员
女	**36**	**41**	**20**	**51**	**3**	**1**	**5**	**1**	**9**
西宁市	**4**	**23**	**9**	**11**	**3**				**6**
城东区									
城中区									
城西区									
城北区									
湟中区		5		2	2				1
大通回族土族自治县	4	14	9	5	1				3
湟源县		4		4					2
海东市	**3**	**13**	**4**	**16**		**1**	**3**		**2**
乐都区			1						
平安区									
民和回族土族自治县	3	9	2	5					1
互助土族自治县		2	1	3		1	3		1
化隆回族自治县		2		2					
循化撒拉族自治县				6					
海北藏族自治州	**1**			**1**			**1**		
门源回族自治县	1			1					
祁连县							1		
海晏县									
刚察县									
黄南藏族自治州			**1**	**3**					
同仁县			1	2					
尖扎县				1					
泽库县									
河南蒙古族自治县									
海南藏族自治州		**1**	**3**	**14**				**1**	**1**
共和县				1					
同德县								1	
贵德县				10					1
兴海县				2					
贵南县		1	3	1					
果洛藏族自治州			**2**	**3**					
玛沁县			1	2					
班玛县				1					
甘德县									
达日县			1						
久治县									
玛多县									
玉树藏族自治州									
玉树市									
杂多县									
称多县									
治多县									
囊谦县									
曲麻莱县									
海西蒙古族藏族自治州	**28**	**4**	**1**	**3**			**1**		
格尔木市		2		1			1		
德令哈市									
茫崖市	19		1						
乌兰县	1								
都兰县	2	2		2					
天峻县									
大柴旦行政委员会	6								

4-6b 续表 24

单位：人

地区 性别	生产制造及有关人员								不便分类的其他从业人员
	计算机、通信和其他电子设备制造人员	仪器仪表制造人员	废弃资源综合利用人员	电力、热力、气体、水生产和输配人员	建筑施工人员	运输设备和通用工程机械操作人员及有关人员	生产辅助人员	其他生产制造及有关人员	
全省	**211**	**6**	**8**	**263**	**4214**	**655**	**1382**	**10**	**90**
西宁市	**116**	**4**		**78**	**1301**	**267**	**605**	**3**	**19**
城东区									
城中区					154	3	6		
城西区					2	3	4		
城北区									
湟中区	20			29	257	98	145	2	2
大通回族土族自治县	93	3		40	661	132	350	1	15
湟源县	3	1		9	227	31	100		2
海东市	**41**		**2**	**47**	**1366**	**127**	**217**	**5**	**37**
乐都区	3			1	106	13	20		
平安区					8	2	6		
民和回族土族自治县	23		1	10	564	32	79		
互助土族自治县	11		1	25	529	70	95	4	36
化隆回族自治县	4			2	68	4	7		1
循化撒拉族自治县				9	91	6	10	1	
海北藏族自治州	**14**		**3**	**45**	**263**	**80**	**127**	**2**	**8**
门源回族自治县	8		1	22	129	23	60		2
祁连县	6		1	7	35	13	9		2
海晏县			1	9	69	44	28	2	4
刚察县				7	30		30		
黄南藏族自治州	**5**			**28**	**236**	**16**	**27**		**3**
同仁县	1			14	112	11	14		2
尖扎县	4			14	100	3	13		1
泽库县					8				
河南蒙古族自治县					16	2			
海南藏族自治州	**10**		**3**	**15**	**455**	**47**	**78**		**17**
共和县	2			9	138	14	32		2
同德县			1	1	24	9	7		
贵德县	5		1	3	162	20	36		15
兴海县	3		1	2	109	2	2		
贵南县					22	2	1		
果洛藏族自治州	**1**			**7**	**85**	**4**	**8**		**4**
玛沁县				3	44	3	1		3
班玛县	1				16		1		
甘德县					2				
达日县					11	1	4		
久治县				1	12		1		1
玛多县				3			1		
玉树藏族自治州					**17**	**4**	**2**		**1**
玉树市									
杂多县					1				1
称多县					2		2		
治多县						3			
囊谦县					14	1			
曲麻莱县									
海西蒙古族藏族自治州	**24**	**2**		**43**	**491**	**110**	**318**		**1**
格尔木市	24	2		4	370	68	125		
德令哈市					21	2	1		
茫崖市				9	3	14	41		
乌兰县				6	55	8	35		
都兰县				6	25	12	14		
天峻县				3	5				
大柴旦行政委员会				15	12	6	102		1

4-6b 续表 25

单位：人

地区 性别	生产制造及有关人员								不便分类的其他从业人员
	计算机、通信和其他电子设备制造人员	仪器仪表制造人员	废弃资源综合利用人员	电力、热力、气体、水生产和输配人员	建筑施工人员	运输设备和通用工程机械操作人员及有关人员	生产辅助人员	其他生产制造及有关人员	
男	**155**	**5**	**8**	**215**	**3402**	**612**	**1057**	**8**	**55**
西宁市	**85**	**3**		**65**	**1100**	**239**	**471**	**2**	**17**
城东区									
城中区					140	3	5		
城西区					1	3	4		
城北区									
湟中区	17			27	224	88	117	1	2
大通回族土族自治县	65	3		30	541	115	267	1	13
湟源县	3			8	194	30	78		2
海东市	**28**		**2**	**42**	**1082**	**116**	**146**	**4**	**19**
乐都区	2			1	83	7	14		
平安区					6	2	6		
民和回族土族自治县	16		1	8	444	31	60		
互助土族自治县	7		1	22	419	66	52	3	18
化隆回族自治县	3			2	56	4	5		1
循化撒拉族自治县				9	74	6	9	1	
海北藏族自治州	**11**		**3**	**34**	**223**	**80**	**101**	**2**	**5**
门源回族自治县	6		1	17	109	23	49		1
祁连县	5		1	5	31	13	5		
海晏县			1	6	57	44	22	2	4
刚察县				6	26		25		
黄南藏族自治州	**4**			**20**	**164**	**16**	**20**		**1**
同仁县	1			10	84	11	8		1
尖扎县	3			10	64	3	12		
泽库县					4				
河南蒙古族自治县					12	2			
海南藏族自治州	**7**		**3**	**14**	**350**	**46**	**64**		**8**
共和县	1			8	99	14	27		1
同德县			1	1	16	9	6		
贵德县	3		1	3	137	19	29		7
兴海县	3		1	2	79	2	2		
贵南县					19	2			
果洛藏族自治州				**5**	**63**	**4**	**5**		**4**
玛沁县				2	30	3	1		3
班玛县					12		1		
甘德县					2				
达日县					9	1	2		
久治县				1	10		1		1
玛多县				2					
玉树藏族自治州					**12**	**4**	**2**		
玉树市									
杂多县					1				
称多县					2		2		
治多县						3			
囊谦县					9	1			
曲麻莱县									
海西蒙古族藏族自治州	**20**	**2**		**35**	**408**	**107**	**248**		**1**
格尔木市	20	2		3	299	65	98		
德令哈市					20	2			
茫崖市				8	3	14	29		
乌兰县				4	48	8	31		
都兰县				4	21	12	11		
天峻县				3	5				
大柴旦行政委员会				13	12	6	79		1

4-6b 续表 26

单位：人

地 区 性 别	生产制造及有关人员								
	计算机、通信和其他电子设备制造人员	仪器仪表制造人员	废弃资源综合利用人员	电力、热力、气体、水生产和输配人员	建筑施工人员	运输设备和通用工程机械操作人员及有关人员	生产辅助人员	其他生产制造及有关人员	不便分类的其他从业人员
女	**56**	**1**		**48**	**812**	**43**	**325**	**2**	**35**
西宁市	**31**	**1**		**13**	**201**	**28**	**134**	**1**	**2**
城东区									
城中区					14		1		
城西区					1				
城北区									
湟中区	3			2	33	10	28	1	
大通回族土族自治县	28			10	120	17	83		2
湟源县		1		1	33	1	22		
海东市	**13**			**5**	**284**	**11**	**71**	**1**	**18**
乐都区	1				23	6	6		
平安区					2				
民和回族土族自治县	7			2	120	1	19		
互助土族自治县	4			3	110	4	43	1	18
化隆回族自治县	1				12		2		
循化撒拉族自治县					17		1		
海北藏族自治州	**3**			**11**	**40**		**26**		**3**
门源回族自治县	2			5	20		11		1
祁连县	1			2	4		4		2
海晏县				3	12		6		
刚察县				1	4		5		
黄南藏族自治州	**1**			**8**	**72**		**7**		**2**
同仁县				4	28		6		1
尖扎县	1			4	36		1		1
泽库县					4				
河南蒙古族自治县					4				
海南藏族自治州	**3**			**1**	**105**	**1**	**14**		**9**
共和县	1			1	39		5		1
同德县					8		1		
贵德县	2				25	1	7		8
兴海县					30				
贵南县					3		1		
果洛藏族自治州	**1**			**2**	**22**		**3**		
玛沁县				1	14				
班玛县	1				4				
甘德县									
达日县					2		2		
久治县					2				
玛多县				1			1		
玉树藏族自治州					**5**				**1**
玉树市									
杂多县									1
称多县									
治多县									
囊谦县					5				
曲麻莱县									
海西蒙古族藏族自治州	**4**			**8**	**83**	**3**	**70**		
格尔木市	4			1	71	3	27		
德令哈市					1		1		
茫崖市				1			12		
乌兰县				2	7		4		
都兰县				2	4		3		
天峻县									
大柴旦行政委员会				2			23		

4–6c　各地区分性别、职业中类的就业人口(乡村)

单位：人

地　区 性　别	合计	党的机关、国家机关、群众团体和社会组织、企事业单位负责人						
		小计	中国共产党机关负责人	国家机关负责人	民主党派和工商联负责人	人民团体和群众团体、社会组织及其他成员组织负责人	基层群众自治组织负责人	企事业单位负责人
全省	**83569**	**727**	**4**	**38**		**72**	**310**	**303**
西宁市	**19066**	**256**		**2**		**24**	**85**	**145**
城东区								
城中区	33							
城西区								
城北区	497	8					1	7
湟中区	9672	181		1		20	46	114
大通回族土族自治县	6681	42		1		3	26	12
湟源县	2183	25				1	12	12
海东市	**25732**	**211**	**3**	**12**		**13**	**112**	**71**
乐都区	3789	54				3	30	21
平安区	1044	13		1		1	3	8
民和回族土族自治县	5539	49	1	2			36	10
互助土族自治县	10217	28		1		6	6	15
化隆回族自治县	3124	55	1	7		3	29	15
循化撒拉族自治县	2019	12	1	1			8	2
海北藏族自治州	**4908**	**52**		**1**		**3**	**28**	**20**
门源回族自治县	2337	32				1	22	9
祁连县	993	13				1	3	9
海晏县	728	5		1			3	1
刚察县	850	2				1		1
黄南藏族自治州	**6572**	**33**	**1**	**8**		**1**	**12**	**11**
同仁县	2506	14		6			2	6
尖扎县	1079	6		1			3	2
泽库县	1684	6					5	1
河南蒙古族自治县	1303	7	1	1		1	2	2
海南藏族自治州	**12718**	**72**		**2**		**15**	**36**	**19**
共和县	3170	25				1	17	7
同德县	2564	11		1		8	2	
贵德县	2575	21				3	10	8
兴海县	2179	3				1		2
贵南县	2230	12		1		2	7	2
果洛藏族自治州	**2932**	**22**		**4**		**3**	**5**	**10**
玛沁县	368	4						4
班玛县	966	6		1			4	1
甘德县	12							
达日县	531	9		3		2		4
久治县	919	3				1	1	1
玛多县	136							
玉树藏族自治州	**6761**	**29**		**6**		**8**	**9**	**6**
玉树市	2010	11				4	4	3
杂多县	1212	6		4		1		1
称多县	905	2		1			1	
治多县	350	1					1	
囊谦县	1786	6		1		1	2	2
曲麻莱县	498	3				2	1	
海西蒙古族藏族自治州	**4880**	**52**		**3**		**5**	**23**	**21**
格尔木市	1289	14		1		3	2	8
德令哈市	981	9				1	6	2
茫崖市								
乌兰县	456	6					3	3
都兰县	1401	13		2		1	7	3
天峻县	74	7					5	2
大柴旦行政委员会	679	3						3

4-6c　续表 1

单位：人

地区 性别	合计	党的机关、国家机关、群众团体和社会组织、企事业单位负责人						
		小计	中国共产党机关负责人	国家机关负责人	民主党派和工商联负责人	人民团体和群众团体、社会组织及其他成员组织负责人	基层群众自治组织负责人	企事业单位负责人
男	**50806**	**591**	**2**	**34**		**31**	**276**	**248**
西宁市	**12505**	**196**		**2**		**3**	**76**	**115**
城东区								
城中区	22							
城西区								
城北区	322	5					1	4
湟中区	6369	133		1		2	39	91
大通回族土族自治县	4356	36		1		1	25	9
湟源县	1436	22					11	11
海东市	**15808**	**186**	**2**	**11**		**5**	**107**	**61**
乐都区	2404	49				1	30	18
平安区	689	10		1			2	7
民和回族土族自治县	3493	45	1	1			33	10
互助土族自治县	5957	22		1		3	6	12
化隆回族自治县	1972	48		7		1	28	12
循化撒拉族自治县	1293	12	1	1			8	2
海北藏族自治州	**3173**	**38**		**1**		**1**	**18**	**18**
门源回族自治县	1646	22				1	13	8
祁连县	635	11					3	8
海晏县	433	4		1			2	1
刚察县	459	1						1
黄南藏族自治州	**3560**	**25**		**5**			**11**	**9**
同仁县	1289	10		3			2	5
尖扎县	626	6		1			3	2
泽库县	966	6					5	1
河南蒙古族自治县	679	3		1			1	1
海南藏族自治州	**7185**	**56**		**2**		**10**	**31**	**13**
共和县	1835	20				1	15	4
同德县	1410	9		1		6	2	
贵德县	1518	15				3	7	5
兴海县	1188	2						2
贵南县	1234	10		1			7	2
果洛藏族自治州	**1678**	**20**		**4**		**3**	**5**	**8**
玛沁县	212	3						3
班玛县	555	6		1			4	1
甘德县	6							
达日县	344	8		3		2		3
久治县	472	3				1	1	1
玛多县	89							
玉树藏族自治州	**3645**	**24**		**6**		**5**	**9**	**4**
玉树市	1099	8				3	4	1
杂多县	638	5		4				1
称多县	511	2		1			1	
治多县	190	1					1	
囊谦县	919	6		1		1	2	2
曲麻莱县	288	2				1	1	
海西蒙古族藏族自治州	**3252**	**46**		**3**		**4**	**19**	**20**
格尔木市	884	11		1		2	1	7
德令哈市	587	8				1	5	2
茫崖市								
乌兰县	288	6					3	3
都兰县	856	11		2		1	5	3
天峻县	50	7					5	2
大柴旦行政委员会	587	3						3

4－6c 续表 2

单位：人

地区 性别	合计	党的机关、国家机关、群众团体和社会组织、企事业单位负责人						
		小计	中国共产党机关负责人	国家机关负责人	民主党派和工商联负责人	人民团体和群众团体、社会组织及其他成员组织负责人	基层群众自治组织负责人	企事业单位负责人
女	**32763**	**136**	**2**	**4**		**41**	**34**	**55**
西宁市	**6561**	**60**				**21**	**9**	**30**
城东区								
城中区	11							
城西区								
城北区	175	3						3
湟中区	3303	48				18	7	23
大通回族土族自治县	2325	6				2	1	3
湟源县	747	3				1	1	1
海东市	**9924**	**25**	**1**	**1**		**8**	**5**	**10**
乐都区	1385	5				2		3
平安区	355	3				1	1	1
民和回族土族自治县	2046	4		1			3	
互助土族自治县	4260	6				3		3
化隆回族自治县	1152	7	1			2	1	3
循化撒拉族自治县	726							
海北藏族自治州	**1735**	**14**				**2**	**10**	**2**
门源回族自治县	691	10					9	1
祁连县	358	2				1		1
海晏县	295	1					1	
刚察县	391	1				1		
黄南藏族自治州	**3012**	**8**	**1**	**3**		**1**	**1**	**2**
同仁县	1217	4		3				1
尖扎县	453							
泽库县	718							
河南蒙古族自治县	624	4	1			1	1	1
海南藏族自治州	**5533**	**16**				**5**	**5**	**6**
共和县	1335	5					2	3
同德县	1154	2				2		
贵德县	1057	6					3	3
兴海县	991	1				1		
贵南县	996	2				2		
果洛藏族自治州	**1254**	**2**						**2**
玛沁县	156	1						1
班玛县	411							
甘德县	6							
达日县	187	1						1
久治县	447							
玛多县	47							
玉树藏族自治州	**3116**	**5**				**3**		**2**
玉树市	911	3				1		2
杂多县	574	1				1		
称多县	394							
治多县	160							
囊谦县	867							
曲麻莱县	210	1				1		
海西蒙古族藏族自治州	**1628**	**6**				**1**	**4**	**1**
格尔木市	405	3				1	1	1
德令哈市	394	1					1	
茫崖市								
乌兰县	168							
都兰县	545	2					2	
天峻县	24							
大柴旦行政委员会	92							

4-6c 续表 3

单位：人

地区 性别	专业技术人员 小计	科学研究人员	工程技术人员	农业技术人员	飞机和船舶技术人员	卫生专业技术人员	经济和金融专业人员	法律、社会和宗教专业人员	教学人员	文学艺术、体育专业人员
全省	**4960**	**3**	**949**	**79**	**2**	**810**	**400**	**1323**	**1259**	**70**
西宁市	**1081**	**2**	**322**	**8**		**242**	**174**	**26**	**267**	**22**
城东区										
城中区	4		2			1	1			
城西区										
城北区	30		9			8	4		8	1
湟中区	597	2	173	3		124	91	12	159	17
大通回族土族自治县	329		121	4		74	50	8	68	4
湟源县	121		17	1		35	28	6	32	
海东市	**1267**	**1**	**339**	**15**		**245**	**99**	**150**	**383**	**12**
乐都区	198		84	5		45	16	3	39	1
平安区	39		11			12	2	3	9	
民和回族土族自治县	297		58	2		56	34	30	111	1
互助土族自治县	394		147	3		73	22	35	103	4
化隆回族自治县	258	1	37	4		36	21	60	90	6
循化撒拉族自治县	81		2	1		23	4	19	31	
海北藏族自治州	**236**		**69**	**13**	**2**	**51**	**31**	**9**	**52**	**5**
门源回族自治县	136		36	6	2	27	21	3	36	2
祁连县	51		31	2		9	6	2	1	
海晏县	10		2	1		4		1	1	1
刚察县	39			4		11	4	3	14	2
黄南藏族自治州	**317**		**19**	**4**		**52**	**4**	**73**	**155**	**9**
同仁县	103		6	2		28	1	5	53	7
尖扎县	95		11			10	1	26	46	1
泽库县	95			1		9		42	43	
河南蒙古族自治县	24		2	1		5	2		13	1
海南藏族自治州	**807**		**60**	**9**		**119**	**42**	**423**	**143**	**5**
共和县	117		33			28	7	29	17	2
同德县	331		5	1		20	8	266	28	
贵德县	136		15	2		38	17	29	34	
兴海县	94		4			9	2	66	11	1
贵南县	129		3	6		24	8	33	53	2
果洛藏族自治州	**388**			**9**		**22**	**2**	**263**	**86**	**5**
玛沁县	28			2		5		4	16	1
班玛县	128			1		3	1	106	15	1
甘德县	5					2			3	
达日县	114			3		4		87	20	
久治县	94			1		6	1	66	17	3
玛多县	19			2		2			15	
玉树藏族自治州	**551**		**4**	**16**		**32**	**7**	**369**	**109**	**7**
玉树市	279		1	15		10		200	53	
杂多县	34		1			2		21	8	1
称多县	75		2			7	1	45	16	2
治多县	3						1	1	1	
囊谦县	135			1		8	1	96	23	2
曲麻莱县	25					5	4	6	8	2
海西蒙古族藏族自治州	**313**		**136**	**5**		**47**	**41**	**10**	**64**	**5**
格尔木市	134		74			12	16	1	28	
德令哈市	38		11	3		13	8	1	2	
茫崖市										
乌兰县	44		20			7	3	3	7	4
都兰县	63		14			14	5	5	23	
天峻县	8			2		1	1		3	1
大柴旦行政委员会	26		17				8		1	

4-6c 续表 4

单位：人

地区 性别	专业技术人员 小计	科学研究人员	工程技术人员	农业技术人员	飞机和船舶技术人员	卫生专业技术人员	经济和金融专业人员	法律、社会和宗教专业人员	教学人员	文学艺术、体育专业人员
男	**2967**	**3**	**859**	**51**	**1**	**315**	**187**	**1013**	**455**	**43**
西宁市	**559**	**2**	**296**	**6**		**87**	**64**	**21**	**58**	**14**
城东区										
城中区	2		2							
城西区										
城北区	14		7			2	1		3	1
湟中区	293	2	156	3		44	25	10	32	10
大通回族土族自治县	196		115	2		30	24	6	16	3
湟源县	54		16	1		11	14	5	7	
海东市	**757**	**1**	**300**	**10**		**95**	**45**	**138**	**146**	**7**
乐都区	113		80	4		12	4	1	9	
平安区	21		10			4		3	3	
民和回族土族自治县	161		48	2		20	18	29	39	
互助土族自治县	253		127	2		33	9	33	44	2
化隆回族自治县	165	1	33	1		18	12	55	38	5
循化撒拉族自治县	44		2	1		8	2	17	13	
海北藏族自治州	**145**		**63**	**11**	**1**	**24**	**22**	**8**	**11**	**2**
门源回族自治县	76		31	6	1	11	16	3	5	1
祁连县	44		30	1		6	4	2	1	
海晏县	5		2			3				
刚察县	20			4		4	2	3	5	1
黄南藏族自治州	**198**		**16**	**2**		**21**	**1**	**72**	**82**	**4**
同仁县	49		5	1		10		5	25	3
尖扎县	65		10			4		26	25	
泽库县	72					6		41	25	
河南蒙古族自治县	12		1	1		1	1		7	1
海南藏族自治州	**533**		**53**	**7**		**54**	**30**	**330**	**51**	**4**
共和县	82		30			13	4	29	3	2
同德县	218		3	1		12	6	175	18	
贵德县	82		15	2		17	13	28	7	
兴海县	81		3			5	2	65	5	1
贵南县	70		2	4		7	5	33	18	1
果洛藏族自治州	**282**			**6**		**9**	**1**	**220**	**43**	**3**
玛沁县	15			1		1		4	8	1
班玛县	102			1		3		90	8	
甘德县	2					2				
达日县	96			3		1		81	11	
久治县	60					2	1	45	10	2
玛多县	7			1					6	
玉树藏族自治州	**298**		**2**	**7**		**12**	**4**	**215**	**48**	**5**
玉树市	148		1	6		3		114	24	
杂多县	15					1		10	2	1
称多县	54		1			3	1	38	8	1
治多县	2						1		1	
囊谦县	67			1		3		48	11	2
曲麻莱县	12					2	2	5	2	1
海西蒙古族藏族自治州	**195**		**129**	**2**		**13**	**20**	**9**	**16**	**4**
格尔木市	96		70			5	10	1	8	
德令哈市	16		9	2		3	1	1		
茫崖市										
乌兰县	29		20				2	3	1	3
都兰县	27		14			4		4	5	
天峻县	5					1	1		2	1
大柴旦行政委员会	22		16				6			

4-6c 续表 5 单位：人

地区 性别	专业技术人员 小计	科学研究人员	工程技术人员	农业技术人员	飞机和船舶技术人员	卫生专业技术人员	经济和金融专业人员	法律、社会和宗教专业人员	教学人员	文学艺术、体育专业人员
女	**1993**		**90**	**28**	**1**	**495**	**213**	**310**	**804**	**27**
西宁市	**522**		**26**	**2**		**155**	**110**	**5**	**209**	**8**
城东区										
城中区	2					1	1			
城西区										
城北区	16		2			6	3		5	
湟中区	304		17			80	66	2	127	7
大通回族土族自治县	133		6	2		44	26	2	52	1
湟源县	67		1			24	14	1	25	
海东市	**510**		**39**	**5**		**150**	**54**	**12**	**237**	**5**
乐都区	85		4	1		33	12	2	30	1
平安区	18		1			8	2		6	
民和回族土族自治县	136		10			36	16	1	72	1
互助土族自治县	141		20	1		40	13	2	59	2
化隆回族自治县	93		4	3		18	9	5	52	1
循化撒拉族自治县	37					15	2	2	18	
海北藏族自治州	**91**		**6**	**2**	**1**	**27**	**9**	**1**	**41**	**3**
门源回族自治县	60		5		1	16	5		31	1
祁连县	7		1	1		3	2			
海晏县	5			1		1		1	1	1
刚察县	19					7	2		9	1
黄南藏族自治州	**119**		**3**	**2**		**31**	**3**	**1**	**73**	**5**
同仁县	54		1	1		18	1		28	4
尖扎县	30		1			6	1		21	1
泽库县	23			1		3		1	18	
河南蒙古族自治县	12		1			4	1		6	
海南藏族自治州	**274**		**7**	**2**		**65**	**12**	**93**	**92**	**1**
共和县	35		3			15	3		14	
同德县	113		2			8	2	91	10	
贵德县	54					21	4	1	27	
兴海县	13		1			4		1	6	
贵南县	59		1	2		17	3		35	1
果洛藏族自治州	**106**			**3**		**13**	**1**	**43**	**43**	**2**
玛沁县	13			1		4			8	
班玛县	26						1	16	7	1
甘德县	3								3	
达日县	18					3		6	9	
久治县	34			1		4		21	7	1
玛多县	12			1		2			9	
玉树藏族自治州	**253**		**2**	**9**		**20**	**3**	**154**	**61**	**2**
玉树市	131			9		7		86	29	
杂多县	19		1			1		11	6	
称多县	21		1			4		7	8	1
治多县	1							1		
囊谦县	68					5	1	48	12	
曲麻莱县	13					3	2	1	6	1
海西蒙古族藏族自治州	**118**		**7**	**3**		**34**	**21**	**1**	**48**	**1**
格尔木市	38		4			7	6		20	
德令哈市	22		2	1		10	7		2	
茫崖市										
乌兰县	15					7	1		6	1
都兰县	36					10	5	1	18	
天峻县	3			2					1	
大柴旦行政委员会	4		1				2		1	

4-6c 续表 6

单位：人

地区 性别	专业技术人员		办事人员和有关人员				社会生产服务和生活服务人员		
	新闻出版、文化专业人员	其他专业技术人员	小计	办事人员	安全和消防人员	其他办事人员和有关人员	小计	批发与零售服务人员	交通运输、仓储和邮政业服务人员
全省	**44**	**21**	**1799**	**1190**	**585**	**24**	**18396**	**3993**	**4457**
西宁市	**10**	**8**	**490**	**268**	**218**	**4**	**6687**	**1505**	**1944**
城东区									
城中区							16	6	4
城西区									
城北区			38	11	27		251	59	105
湟中区	8	8	225	140	85		3919	886	1067
大通回族土族自治县			182	92	86	4	1887	398	603
湟源县	2		45	25	20		614	156	165
海东市	**14**	**9**	**505**	**356**	**142**	**7**	**7037**	**1395**	**1307**
乐都区	2	3	97	73	24		1063	271	283
平安区	2		28	25	3		468	80	102
民和回族土族自治县		5	94	66	26	2	1333	346	287
互助土族自治县	6	1	124	66	53	5	1692	411	361
化隆回族自治县	3		122	106	16		1360	171	161
循化撒拉族自治县	1		40	20	20		1121	116	113
海北藏族自治州	**3**	**1**	**97**	**74**	**23**		**848**	**194**	**204**
门源回族自治县	2	1	38	30	8		545	132	124
祁连县			26	16	10		158	35	48
海晏县			12	11	1		73	7	20
刚察县	1		21	17	4		72	20	12
黄南藏族自治州	**1**		**119**	**98**	**18**	**3**	**661**	**160**	**128**
同仁县	1		61	52	7	2	292	73	89
尖扎县			22	17	5		213	27	30
泽库县			27	22	4	1	113	41	3
河南蒙古族自治县			9	7	2		43	19	6
海南藏族自治州	**6**		**194**	**130**	**63**	**1**	**1406**	**368**	**432**
共和县	1		47	24	23		363	70	100
同德县	3		42	29	13		150	52	25
贵德县	1		60	46	14		626	163	243
兴海县	1		7	3	4		94	18	33
贵南县			38	28	9	1	173	65	31
果洛藏族自治州	**1**		**109**	**71**	**33**	**5**	**320**	**102**	**26**
玛沁县			25	10	10	5	68	29	10
班玛县	1		23	16	7		80	26	7
甘德县			5	4	1		2	1	
达日县			32	27	5		30	18	2
久治县			15	8	7		52	28	4
玛多县			9	6	3		88		3
玉树藏族自治州	**4**	**3**	**88**	**47**	**39**	**2**	**365**	**56**	**44**
玉树市			33	7	25	1	81	21	27
杂多县	1		10	7	2	1	189	3	1
称多县	2		17	11	6		24	7	2
治多县							5	3	
囊谦县	1	3	13	11	2		44	15	9
曲麻莱县			15	11	4		22	7	5
海西蒙古族藏族自治州	**5**		**197**	**146**	**49**	**2**	**1072**	**213**	**372**
格尔木市	3		58	39	19		352	81	111
德令哈市			40	28	12		236	47	59
茫崖市									
乌兰县			12	8	4		98	19	27
都兰县	2		33	24	8	1	197	59	43
天峻县			14	14			7	1	2
大柴旦行政委员会			40	33	6	1	182	6	130

4-6c 续表 7

单位：人

地区 性别	专业技术人员		办事人员和有关人员				社会生产服务和生活服务人员		
	新闻出版、文化专业人员	其他专业技术人员	小计	办事人员	安全和消防人员	其他办事人员和有关人员	小计	批发与零售服务人员	交通运输、仓储和邮政业服务人员
男	**22**	**18**	**1233**	**685**	**531**	**17**	**11076**	**2077**	**3966**
西宁市	**4**	**7**	**320**	**122**	**196**	**2**	**3896**	**724**	**1748**
城东区									
城中区							10	3	3
城西区									
城北区			31	5	26		152	22	97
湟中区	4	7	139	66	73		2197	432	944
大通回族土族自治县			124	44	78	2	1187	194	552
湟源县			26	7	19		350	73	152
海东市	**7**	**8**	**340**	**208**	**127**	**5**	**4251**	**760**	**1154**
乐都区	1	2	58	38	20		610	128	256
平安区	1		18	15	3		274	38	96
民和回族土族自治县		5	62	38	22	2	816	193	255
互助土族自治县	2	1	88	37	48	3	1008	225	316
化隆回族自治县	2		80	65	15		800	101	127
循化撒拉族自治县	1		34	15	19		743	75	104
海北藏族自治州	**2**	**1**	**66**	**44**	**22**		**537**	**110**	**195**
门源回族自治县	1	1	23	15	8		353	75	119
祁连县			19	9	10		98	17	45
海晏县			9	8	1		43	5	20
刚察县	1		15	12	3		43	13	11
黄南藏族自治州			**76**	**56**	**18**	**2**	**389**	**85**	**104**
同仁县			35	27	7	1	167	42	66
尖扎县			16	11	5		126	12	30
泽库县			21	16	4	1	71	20	2
河南蒙古族自治县			4	2	2		25	11	6
海南藏族自治州	**4**		**154**	**93**	**60**	**1**	**845**	**192**	**351**
共和县	1		37	15	22		228	36	93
同德县	3		32	20	12		90	29	21
贵德县			50	36	14		377	86	188
兴海县			6	2	4		51	9	23
贵南县			29	20	8	1	99	32	26
果洛藏族自治州			**77**	**46**	**27**	**4**	**188**	**60**	**22**
玛沁县			15	5	6	4	42	17	9
班玛县			17	10	7		36	15	5
甘德县			3	2	1		1	1	
达日县			27	22	5		16	10	1
久治县			9	3	6		28	17	4
玛多县			6	4	2		65		3
玉树藏族自治州	**3**	**2**	**74**	**37**	**36**	**1**	**278**	**35**	**40**
玉树市			29	5	24		56	14	24
杂多县	1		8	6	1	1	158	1	1
称多县	2		14	8	6		14	3	2
治多县							2	1	
囊谦县		2	13	11	2		33	10	9
曲麻莱县			10	7	3		15	6	4
海西蒙古族藏族自治州	**2**		**126**	**79**	**45**	**2**	**692**	**111**	**352**
格尔木市	2		37	20	17		223	46	105
德令哈市			29	17	12		117	19	50
茫崖市									
乌兰县			8	5	3		61	11	27
都兰县			18	10	7	1	124	30	42
天峻县			9	9			6	1	2
大柴旦行政委员会			25	18	6	1	161	4	126

4—6c 续表 8

单位：人

地 区 性 别	专业技术人员		办事人员和有关人员				社会生产服务和生活服务人员		
	新闻出版、文化专业人员	其他专业技术人员	小计	办事人员	安全和消防人员	其他办事人员和有关人员	小计	批发与零售服务人 员	交通运输、仓储和邮政业服务人员
女	**22**	**3**	**566**	**505**	**54**	**7**	**7320**	**1916**	**491**
西宁市	**6**	**1**	**170**	**146**	**22**	**2**	**2791**	**781**	**196**
城东区									
城中区							6	3	1
城西区									
城北区			7	6	1		99	37	8
湟中区	4	1	86	74	12		1722	454	123
大通回族土族自治县			58	48	8	2	700	204	51
湟源县	2		19	18	1		264	83	13
海东市	**7**	**1**	**165**	**148**	**15**	**2**	**2786**	**635**	**153**
乐都区	1	1	39	35	4		453	143	27
平安区	1		10	10			194	42	6
民和回族土族自治县			32	28	4		517	153	32
互助土族自治县	4		36	29	5	2	684	186	45
化隆回族自治县	1		42	41	1		560	70	34
循化撒拉族自治县			6	5	1		378	41	9
海北藏族自治州	**1**		**31**	**30**	**1**		**311**	**84**	**9**
门源回族自治县	1		15	15			192	57	5
祁连县			7	7			60	18	3
海晏县			3	3			30	2	
刚察县			6	5	1		29	7	1
黄南藏族自治州	**1**		**43**	**42**		**1**	**272**	**75**	**24**
同仁县	1		26	25		1	125	31	23
尖扎县			6	6			87	15	
泽库县			6	6			42	21	1
河南蒙古族自治县			5	5			18	8	
海南藏族自治州	**2**		**40**	**37**	**3**		**561**	**176**	**81**
共和县			10	9	1		135	34	7
同德县			10	9	1		60	23	4
贵德县	1		10	10			249	77	55
兴海县	1		1	1			43	9	10
贵南县			9	8	1		74	33	5
果洛藏族自治州	**1**		**32**	**25**	**6**	**1**	**132**	**42**	**4**
玛沁县			10	5	4	1	26	12	1
班玛县	1		6	6			44	11	2
甘德县			2	2			1		
达日县			5	5			14	8	1
久治县			6	5	1		24	11	
玛多县			3	2	1		23		
玉树藏族自治州	**1**	**1**	**14**	**10**	**3**	**1**	**87**	**21**	**4**
玉树市			4	2	1	1	25	7	3
杂多县			2	1	1		31	2	
称多县			3	3			10	4	
治多县							3	2	
囊谦县	1	1					11	5	
曲麻莱县			5	4	1		7	1	1
海西蒙古族藏族自治州	**3**		**71**	**67**	**4**		**380**	**102**	**20**
格尔木市	1		21	19	2		129	35	6
德令哈市			11	11			119	28	9
茫崖市									
乌兰县			4	3	1		37	8	
都兰县	2		15	14	1		73	29	1
天峻县			5	5			1		
大柴旦行政委员会			15	15			21	2	4

4-6c　续表 9　　　　单位：人

地　区 性　别	社会生产服务和生活服务人员								
	住宿和餐饮服务人　员	信息传输、软件和信息技术服务人　员	金融服务人　　员	房地产服务人员	租赁和商务服务人　员	技术辅助服务人员	水利、环境和公共设施管理服务人员	居民服务人　　员	电力、燃气及水供应服务人　员
全省	**5488**	**172**	**137**	**98**	**536**	**131**	**1942**	**502**	**291**
西宁市	**1344**	**78**	**51**	**32**	**256**	**60**	**853**	**217**	**80**
城东区									
城中区	2			1			1	1	
城西区									
城北区	24	3	1		1	4	40	5	2
湟中区	656	38	29	23	216	29	633	137	34
大通回族土族自治县	516	27	14	8	22	19	114	63	37
湟源县	146	10	7		17	8	65	11	7
海东市	**3052**	**59**	**41**	**41**	**137**	**36**	**495**	**184**	**106**
乐都区	271	10	5	6	29	10	87	38	13
平安区	157	6	3	2	25	2	57	2	9
民和回族土族自治县	452	12	14	9	34	7	92	31	15
互助土族自治县	426	18	8	18	30	12	204	95	57
化隆回族自治县	895	12	5	5	18	4	48	12	11
循化撒拉族自治县	851	1	6	1	1	1	7	6	1
海北藏族自治州	**224**	**11**	**9**	**3**	**31**	**3**	**77**	**28**	**26**
门源回族自治县	149	9	3	3	14	2	41	17	23
祁连县	37	1	3		9	1	11	8	
海晏县	28	1	1		5		8	2	
刚察县	10		2		3		17	1	3
黄南藏族自治州	**209**	**8**	**11**		**14**	**1**	**79**	**11**	**10**
同仁县	70	3	3		8	1	27	4	1
尖扎县	115	3	2		5		12	6	5
泽库县	14	2	5				38	1	2
河南蒙古族自治县	10		1		1		2		2
海南藏族自治州	**320**	**10**	**12**	**4**	**27**	**7**	**92**	**32**	**45**
共和县	96	3	4	1	6	2	28	8	34
同德县	33	1		1	5	3	14		3
贵德县	136	2	4	2	11	2	22	10	7
兴海县	23		1				7	9	
贵南县	32	4	3		5		21	5	1
果洛藏族自治州	**60**	**1**	**2**		**2**	**2**	**99**	**8**	**2**
玛沁县	16		1			1	1	1	1
班玛县	30	1	1		1		10	3	1
甘德县	1								
达日县	1						2	1	
久治县	10				1	1	5	3	
玛多县	2						81		
玉树藏族自治州	**37**	**3**	**5**	**1**	**5**	**2**	**189**	**7**	**2**
玉树市	16	1		1	1	1	5	1	
杂多县	2		2		2	1	176	1	
称多县	6				1		2	3	2
治多县							2		
囊谦县	9	1	3		1		3	1	
曲麻莱县	4	1					1	1	
海西蒙古族藏族自治州	**242**	**2**	**6**	**17**	**64**	**20**	**58**	**15**	**20**
格尔木市	71			16	16	8	23	3	4
德令哈市	65		3	1	18		26	8	
茫崖市									
乌兰县	34	2	2		4		4	1	1
都兰县	52		1		15	1	4	3	8
天峻县	2				1				1
大柴旦行政委员会	18				10	11	1		6

4-6c 续表 10

单位：人

地 区 性 别	社会生产服务和生活服务人员								
	住宿和餐饮服务人员	信息传输、软件和信息技术服务人员	金融服务人员	房地产服务人员	租赁和商务服务人员	技术辅助服务人员	水利、环境和公共设施管理服务人员	居民服务人员	电力、燃气及水供应服务人员
男	**2515**	**113**	**69**	**61**	**442**	**91**	**833**	**121**	**262**
西宁市	**492**	**50**	**14**	**16**	**210**	**40**	**258**	**50**	**74**
城东区									
城中区	2						1		
城西区									
城北区	8	2				4	8	2	2
湟中区	213	25	7	14	183	21	170	22	31
大通回族土族自治县	228	19	5	2	18	12	44	23	35
湟源县	41	4	2		9	3	35	3	6
海东市	**1583**	**40**	**25**	**27**	**120**	**25**	**219**	**46**	**95**
乐都区	101	5	2	3	22	6	37	6	10
平安区	61	4	2		22	2	20		9
民和回族土族自治县	227	5	10	7	31	3	40	6	14
互助土族自治县	166	14	2	14	28	10	105	27	52
化隆回族自治县	494	11	3	3	16	3	15	4	9
循化撒拉族自治县	534	1	6		1	1	2	3	1
海北藏族自治州	**102**	**9**	**7**	**3**	**26**	**1**	**32**	**4**	**23**
门源回族自治县	75	7	3	3	11		20	2	20
祁连县	13	1	2		9	1	4	2	
海晏县	9	1	1		4		2		
刚察县	5		1		2		6		3
黄南藏族自治州	**93**	**4**	**8**		**11**	**1**	**51**	**3**	**8**
同仁县	26	2	2		5	1	12	1	1
尖扎县	59	1	1		5		5	2	5
泽库县	4	1	4				34		1
河南蒙古族自治县	4		1		1				1
海南藏族自治州	**126**	**7**	**7**	**2**	**21**	**5**	**40**	**8**	**41**
共和县	32	3	3		3	2	13	1	33
同德县	14	1		1	4	2	5		3
贵德县	59	2	1	1	10	1	5		5
兴海县	9						2	6	
贵南县	12	1	3		4		15	1	
果洛藏族自治州	**22**		**1**		**1**	**2**	**64**	**4**	**1**
玛沁县	8		1			1			
班玛县	10						3	2	1
甘德县									
达日县								1	
久治县	3				1	1	1	1	
玛多县	1						60		
玉树藏族自治州	**16**	**1**	**5**	**1**	**5**	**2**	**155**	**4**	**2**
玉树市	7			1	1	1	1	1	
杂多县			2		2	1	150		
称多县	2				1		1	2	2
治多县							1		
囊谦县	6		3		1		2		
曲麻莱县	1	1						1	
海西蒙古族藏族自治州	**81**	**2**	**2**	**12**	**48**	**15**	**14**	**2**	**18**
格尔木市	22			12	11	3	4	1	3
德令哈市	19		1		14		7		
茫崖市									
乌兰县	14	2			3		1		
都兰县	18		1		12	1	2	1	8
天峻县	1				1				1
大柴旦行政委员会	7				7	11			6

4-6c　续表 11　　　　单位：人

地　区 性　别	社会生产服务和生活服务人员								
	住宿和餐饮服务人员	信息传输、软件和信息技术服务人员	金融服务人员	房地产服务人员	租赁和商务服务人员	技术辅助服务人员	水利、环境和公共设施管理服务人员	居民服务人员	电力、燃气及水供应服务人员
女	**2973**	**59**	**68**	**37**	**94**	**40**	**1109**	**381**	**29**
西宁市	**852**	**28**	**37**	**16**	**46**	**20**	**595**	**167**	**6**
城东区									
城中区				1				1	
城西区									
城北区	16	1	1		1		32	3	
湟中区	443	13	22	9	33	8	463	115	3
大通回族土族自治县	288	8	9	6	4	7	70	40	2
湟源县	105	6	5		8	5	30	8	1
海东市	**1469**	**19**	**16**	**14**	**17**	**11**	**276**	**138**	**11**
乐都区	170	5	3	3	7	4	50	32	3
平安区	96	2	1	2	3		37	2	
民和回族土族自治县	225	7	4	2	3	4	52	25	1
互助土族自治县	260	4	6	4	2	2	99	68	5
化隆回族自治县	401	1	2	2	2	1	33	8	2
循化撒拉族自治县	317			1			5	3	
海北藏族自治州	**122**	**2**	**2**		**5**	**2**	**45**	**24**	**3**
门源回族自治县	74	2			3	2	21	15	3
祁连县	24		1				7	6	
海晏县	19				1		6	2	
刚察县	5		1		1		11	1	
黄南藏族自治州	**116**	**4**	**3**		**3**		**28**	**8**	**2**
同仁县	44	1	1		3		15	3	
尖扎县	56	2	1				7	4	
泽库县	10	1	1				4	1	1
河南蒙古族自治县	6						2		1
海南藏族自治州	**194**	**3**	**5**	**2**	**6**	**2**	**52**	**24**	**4**
共和县	64		1	1	3		15	7	1
同德县	19				1	1	9		
贵德县	77		3	1	1	1	17	10	2
兴海县	14		1				5	3	
贵南县	20	3			1		6	4	1
果洛藏族自治州	**38**	**1**	**1**		**1**		**35**	**4**	**1**
玛沁县	8						1	1	1
班玛县	20	1	1		1		7	1	
甘德县	1								
达日县	1						2		
久治县	7						4	2	
玛多县	1						21		
玉树藏族自治州	**21**	**2**					**34**	**3**	
玉树市	9	1					4		
杂多县	2						26	1	
称多县	4						1	1	
治多县							1		
囊谦县	3	1					1	1	
曲麻莱县	3						1		
海西蒙古族藏族自治州	**161**		**4**	**5**	**16**	**5**	**44**	**13**	**2**
格尔木市	49			4	5	5	19	2	1
德令哈市	46		2	1	4		19	8	
茫崖市									
乌兰县	20		2		1		3	1	1
都兰县	34				3		2	2	
天峻县	1								
大柴旦行政委员会	11				3		1		

4-6c 续表 12

单位：人

地区 性别	社会生产服务和生活服务人员				农、林、牧、渔业生产及辅助人员				
	修理及制作服务人员	文化、体育和娱乐服务人员	健康服务人员	其他社会生产和生活服务人员	小计	农业生产人员	林业生产人员	畜牧业生产人员	渔业生产人员
全省	**570**	**43**	**18**	**18**	**43710**	**18111**	**4076**	**21334**	**43**
西宁市	**235**	**17**	**6**	**9**	**5194**	**2913**	**197**	**2015**	**1**
城东区									
城中区			1		5	2		2	
城西区									
城北区	6	1			40	34	1	5	
湟中区	148	11	4	8	1751	717	102	909	1
大通回族土族自治县	62	2	1	1	2551	1748	77	691	
湟源县	19	3			847	412	17	408	
海东市	**168**	**9**	**4**	**3**	**11392**	**9543**	**219**	**1589**	**4**
乐都区	37	2	1		1265	990	53	216	1
平安区	19	3	1		255	123	14	116	
民和回族土族自治县	28	2	1	3	2536	2096	43	392	1
互助土族自治县	50	2			6195	5700	84	393	1
化隆回族自治县	17		1		687	347	19	313	1
循化撒拉族自治县	17				454	287	6	159	
海北藏族自治州	**28**	**4**	**1**	**5**	**2819**	**314**	**171**	**2323**	**1**
门源回族自治县	22	1		5	936	239	120	567	1
祁连县	3	1	1		675	6	46	623	
海晏县	1				520	57		463	
刚察县	2	2			688	12	5	670	
黄南藏族自治州	**27**	**1**	**1**	**1**	**4951**	**1626**	**44**	**3281**	
同仁县	12		1		1771	1189	14	568	
尖扎县	8				530	436	16	78	
泽库县	5	1		1	1433	1	4	1428	
河南蒙古族自治县	2				1217		10	1207	
海南藏族自治州	**51**	**5**	**1**		**9648**	**2511**	**45**	**7032**	**36**
共和县	7	3	1		2493	812	9	1631	31
同德县	13				1961	429	7	1516	
贵德县	23	1			1427	749	18	659	1
兴海县	3				1939	90	4	1844	
贵南县	5	1			1828	431	7	1382	4
果洛藏族自治州	**15**		**1**		**2034**	**13**	**190**	**1828**	
玛沁县	7		1		212		18	193	
班玛县					724	13	115	595	
甘德县									
达日县	6				337		53	284	
久治县					745		4	741	
玛多县	2				16			15	
玉树藏族自治州	**9**	**2**	**3**		**5679**	**143**	**3114**	**2419**	**1**
玉树市	4	2	1		1594	32	644	918	
杂多县	1				968	2	918	47	
称多县	1				777	38	137	601	1
治多县					341		85	256	
囊谦县	1		1		1576	71	1091	414	
曲麻莱县	2		1		423		239	183	
海西蒙古族藏族自治州	**37**	**5**	**1**		**1993**	**1048**	**96**	**847**	
格尔木市	16	3			351	245	13	92	
德令哈市	7	2			374	205	17	152	
茫崖市									
乌兰县	4				257	70	42	144	
都兰县	10		1		960	527	24	409	
天峻县					35			35	
大柴旦行政委员会					16	1		15	

4-6c　续表 13　　　　单位：人

地　区 性　别	社会生产服务和生活服务人员				农、林、牧、渔业生产及辅助人员				
	修理及制作服务人员	文化、体育和娱乐服务人员	健康服务人员	其他社会生产和生活服务人员	小计	农业生产人员	林业生产人员	畜牧业生产人员	渔业生产人员
男	**485**	**28**	**4**	**9**	**23623**	**9093**	**2320**	**12077**	**33**
西宁市	**202**	**10**	**1**	**7**	**3104**	**1454**	**157**	**1444**	**1**
城东区									
城中区			1		4	1		2	
城西区									
城北区	6	1			22	18	1	3	
湟中区	122	6		7	1152	371	85	680	1
大通回族土族自治县	55				1385	838	55	469	
湟源县	19	3			541	226	16	290	
海东市	**148**	**7**	**1**	**1**	**6055**	**4781**	**156**	**1095**	**3**
乐都区	32	2			688	502	33	150	1
平安区	17	3			166	71	10	84	
民和回族土族自治县	23	1		1	1412	1109	26	274	1
互助土族自治县	48	1			3155	2807	68	270	1
化隆回族自治县	13		1		411	170	14	223	
循化撒拉族自治县	15				223	122	5	94	
海北藏族自治州	**21**	**3**		**1**	**1677**	**194**	**107**	**1366**	
门源回族自治县	16	1		1	636	145	75	407	
祁连县	3	1			399	5	29	365	
海晏县	1				288	35		253	
刚察县	1	1			354	9	3	341	
黄南藏族自治州	**20**	**1**			**2537**	**747**	**35**	**1755**	
同仁县	9				851	549	11	291	
尖扎县	6				266	197	15	54	
泽库县	4	1			788	1	1	786	
河南蒙古族自治县	1				632		8	624	
海南藏族自治州	**42**	**3**			**5104**	**1273**	**35**	**3748**	**28**
共和县	7	2			1363	439	8	884	24
同德县	10				1007	221	4	775	
贵德县	18	1			737	346	14	376	1
兴海县	2				1011	52	3	955	
贵南县	5				986	215	6	758	3
果洛藏族自治州	**10**		**1**		**1067**	**5**	**153**	**909**	
玛沁县	5		1		112		13	99	
班玛县					390	5	89	296	
甘德县									
达日县	4				191		49	142	
久治县					367		2	365	
玛多县	1				7			7	
玉树藏族自治州	**9**	**2**	**1**		**2932**	**62**	**1608**	**1260**	**1**
玉树市	4	2			847	13	364	470	
杂多县	1				448	1	423	23	
称多县	1				421	20	74	326	1
治多县					185		43	142	
囊谦县	1		1		790	28	559	203	
曲麻莱县	2				241		145	96	
海西蒙古族藏族自治州	**33**	**2**			**1147**	**577**	**69**	**500**	
格尔木市	15	1			197	135	4	58	
德令哈市	6	1			210	106	11	93	
茫崖市									
乌兰县	3				155	33	34	87	
都兰县	9				554	302	20	232	
天峻县					20			20	
大柴旦行政委员会					11	1		10	

4-6c 续表 14

单位：人

地区 性别	社会生产服务和生活服务人员				农、林、牧、渔业生产及辅助人员				
	修理及制作服务人员	文化、体育和娱乐服务人员	健康服务人员	其他社会生产和生活服务人员	小计	农业生产人员	林业生产人员	畜牧业生产人员	渔业生产人员
女	**85**	**15**	**14**	**9**	**20087**	**9018**	**1756**	**9257**	**10**
西宁市	**33**	**7**	**5**	**2**	**2090**	**1459**	**40**	**571**	
城东区									
城中区					1	1			
城西区									
城北区					18	16		2	
湟中区	26	5	4	1	599	346	17	229	
大通回族土族自治县	7	2	1	1	1166	910	22	222	
湟源县					306	186	1	118	
海东市	**20**	**2**	**3**	**2**	**5337**	**4762**	**63**	**494**	**1**
乐都区	5		1		577	488	20	66	
平安区	2		1		89	52	4	32	
民和回族土族自治县	5	1	1	2	1124	987	17	118	
互助土族自治县	2	1			3040	2893	16	123	
化隆回族自治县	4				276	177	5	90	1
循化撒拉族自治县	2				231	165	1	65	
海北藏族自治州	**7**	**1**	**1**	**4**	**1142**	**120**	**64**	**957**	**1**
门源回族自治县	6			4	300	94	45	160	1
祁连县			1		276	1	17	258	
海晏县					232	22		210	
刚察县	1	1			334	3	2	329	
黄南藏族自治州	**7**		**1**	**1**	**2414**	**879**	**9**	**1526**	
同仁县	3		1		920	640	3	277	
尖扎县	2				264	239	1	24	
泽库县	1			1	645		3	642	
河南蒙古族自治县	1				585		2	583	
海南藏族自治州	**9**	**2**	**1**		**4544**	**1238**	**10**	**3284**	**8**
共和县		1	1		1130	373	1	747	7
同德县	3				954	208	3	741	
贵德县	5				690	403	4	283	
兴海县	1				928	38	1	889	
贵南县		1			842	216	1	624	1
果洛藏族自治州	**5**				**967**	**8**	**37**	**919**	
玛沁县	2				100		5	94	
班玛县					334	8	26	299	
甘德县									
达日县	2				146		4	142	
久治县					378		2	376	
玛多县	1				9			8	
玉树藏族自治州			**2**		**2747**	**81**	**1506**	**1159**	
玉树市			1		747	19	280	448	
杂多县					520	1	495	24	
称多县					356	18	63	275	
治多县					156		42	114	
囊谦县					786	43	532	211	
曲麻莱县			1		182		94	87	
海西蒙古族藏族自治州	**4**	**3**	**1**		**846**	**471**	**27**	**347**	
格尔木市	1	2			154	110	9	34	
德令哈市	1	1			164	99	6	59	
茫崖市									
乌兰县	1				102	37	8	57	
都兰县	1		1		406	225	4	177	
天峻县					15			15	
大柴旦行政委员会					5			5	

4-6c　续表 15　　　　　　　　　　　　　　　　　　　　　　　　单位：人

地　区 性　别	农林牧渔生产辅助人员	其他农、林、牧、渔业生产加工人员	生产制造及有关人员 小计	农副产品加工人员	食品、饮料生产加工人员	烟草及其制品加工人员	纺织、针织、印染人员	纺织品、服装和皮革、毛皮制品加工制作人员	木材加工、家具与木制品制作人员
全省	**139**	**7**	**13859**	**279**	**121**		**9**	**120**	**346**
西宁市	**64**	**4**	**5335**	**126**	**42**		**6**	**41**	**161**
城东区									
城中区	1		8					1	
城西区									
城北区			130	1	1			6	23
湟中区	20	2	2989	61	20		6	19	81
大通回族土族自治县	33	2	1684	48	15			7	55
湟源县	10		524	16	6			8	2
海东市	**35**	**2**	**5252**	**101**	**56**		**2**	**36**	**122**
乐都区	5		1097	13	1			3	32
平安区	2		238	10	4			1	7
民和回族土族自治县	2	2	1228	35	5		1	10	19
互助土族自治县	17		1738	31	28		1	16	41
化隆回族自治县	7		640	9	15			3	17
循化撒拉族自治县	2		311	3	3			3	6
海北藏族自治州	**10**		**854**	**25**	**10**			**2**	**11**
门源回族自治县	9		650	20	9			1	11
祁连县			70	1	1			1	
海晏县			106	3					
刚察县	1		28	1					
黄南藏族自治州			**490**	**3**	**2**		**1**	**8**	**8**
同仁县			265					5	
尖扎县			212	2			1	3	8
泽库县			10	1					
河南蒙古族自治县			3		2				
海南藏族自治州	**24**		**583**	**16**	**4**			**10**	**12**
共和县	10		123	2				2	3
同德县	9		66	1				4	1
贵德县			305	2	4				8
兴海县	1		42	8				2	
贵南县	4		47	3				2	
果洛藏族自治州	**3**		**55**	**3**				**3**	**1**
玛沁县	1		30	3				1	
班玛县	1		5						1
甘德县									
达日县			8						
久治县			8					2	
玛多县	1		4						
玉树藏族自治州	**1**	**1**	**46**	**1**				**1**	**8**
玉树市			11						6
杂多县	1		5						
称多县			10						1
治多县									
囊谦县			12						1
曲麻莱县		1	8	1				1	
海西蒙古族藏族自治州	**2**		**1244**	**4**	**7**			**19**	**23**
格尔木市	1		374		1			18	7
德令哈市			282	3	4				13
茫崖市									
乌兰县	1		39		1				
都兰县			134	1	1			1	3
天峻县			3						
大柴旦行政委员会			412						

4−6c　续表 16　　　　单位：人

地区 性别	农林牧渔生产辅助人员	其他农、林、牧、渔业生产加工人员	生产制造及有关人员 小计	农副产品加工人员	食品、饮料生产加工人员	烟草及其制品加工人员	纺织、针织、印染人员	纺织品、服装和皮革、毛皮制品加工制作人员	木材加工、家具与木制品制作人员
男	**96**	**4**	**11246**	**192**	**53**		**2**	**49**	**304**
西宁市	**45**	**3**	**4418**	**84**	**13**			**7**	**140**
城东区									
城中区	1		6						
城西区									
城北区			98	1				2	18
湟中区	13	2	2450	39	8			2	70
大通回族土族自治县	22	1	1424	36	3			2	50
湟源县	9		440	8	2			1	2
海东市	**19**	**1**	**4176**	**67**	**26**		**1**	**15**	**106**
乐都区	2		877	7				1	24
平安区	1		197	6	2			1	6
民和回族土族自治县	1	1	997	26	2		1	6	19
互助土族自治县	9		1402	19	16			4	36
化隆回族自治县	4		466	6	5			1	15
循化撒拉族自治县	2		237	3	1			2	6
海北藏族自治州	**10**		**709**	**19**	**6**			**2**	**11**
门源回族自治县	9		536	15	5			1	11
祁连县			64	1	1			1	
海晏县			83	2					
刚察县	1		26	1					
黄南藏族自治州			**335**		**2**		**1**	**3**	**7**
同仁县			177					2	
尖扎县			147				1	1	7
泽库县			8						
河南蒙古族自治县			3		2				
海南藏族自治州	**20**		**490**	**16**	**3**			**4**	**11**
共和县	8		105	2					2
同德县	7		53	1				2	1
贵德县			257	2	3				8
兴海县	1		37	8				1	
贵南县	4		38	3				1	
果洛藏族自治州			**42**	**2**				**2**	**1**
玛沁县			25	2				1	
班玛县			4						1
甘德县									
达日县			5						
久治县			4					1	
玛多县			4						
玉树藏族自治州	**1**		**37**	**1**				**1**	**8**
玉树市			10						6
杂多县	1		4						
称多县			6						1
治多县									
囊谦县			10						1
曲麻莱县			7	1				1	
海西蒙古族藏族自治州	**1**		**1039**	**3**	**3**			**15**	**20**
格尔木市			316					15	6
德令哈市			205	2	2				12
茫崖市									
乌兰县	1		29						
都兰县			121	1	1				2
天峻县			3						
大柴旦行政委员会			365						

4-6c　续表 17　　　　　　　　　　　　　　　　　　　　　　单位：人

地区 性别	农林牧渔生产辅助人员	其他农、林、牧、渔业生产加工人员	生产制造及有关人员						
			小计	农副产品加工人员	食品、饮料生产加工人员	烟草及其制品加工人员	纺织、针织、印染人员	纺织品、服装和皮革、毛皮制品加工制作人员	木材加工、家具与木制品制作人员
女	**43**	**3**	**2613**	**87**	**68**		**7**	**71**	**42**
西宁市	**19**	**1**	**917**	**42**	**29**		**6**	**34**	**21**
城东区									
城中区			2					1	
城西区									
城北区			32		1			4	5
湟中区	7		539	22	12		6	17	11
大通回族土族自治县	11	1	260	12	12			5	5
湟源县	1		84	8	4			7	
海东市	**16**	**1**	**1076**	**34**	**30**		**1**	**21**	**16**
乐都区	3		220	6	1			2	8
平安区	1		41	4	2				1
民和回族土族自治县	1	1	231	9	3			4	
互助土族自治县	8		336	12	12		1	12	5
化隆回族自治县	3		174	3	10			2	2
循化撒拉族自治县			74		2			1	
海北藏族自治州			**145**	**6**	**4**				
门源回族自治县			114	5	4				
祁连县			6						
海晏县			23	1					
刚察县			2						
黄南藏族自治州			**155**	**3**				**5**	**1**
同仁县			88					3	
尖扎县			65	2				2	1
泽库县			2	1					
河南蒙古族自治县									
海南藏族自治州	**4**		**93**		**1**			**6**	**1**
共和县	2		18					2	1
同德县	2		13					2	
贵德县			48		1				
兴海县			5					1	
贵南县			9					1	
果洛藏族自治州	**3**		**13**	**1**				**1**	
玛沁县	1		5	1					
班玛县	1		1						
甘德县									
达日县			3						
久治县			4					1	
玛多县	1								
玉树藏族自治州		**1**	**9**						
玉树市			1						
杂多县			1						
称多县			4						
治多县									
囊谦县			2						
曲麻莱县		1	1						
海西蒙古族藏族自治州	**1**		**205**	**1**	**4**			**4**	**3**
格尔木市	1		58		1			3	1
德令哈市			77	1	2				1
茫崖市									
乌兰县			10		1				
都兰县			13					1	1
天峻县									
大柴旦行政委员会			47						

4-6c 续表 18

单位：人

地区 性别	生产制造及有关人员								
	纸及纸制品生产加工人员	印刷和记录媒介复制人员	文教、工美、体育和娱乐用品制造人员	石油加工和炼焦、煤化工生产人员	化学原料和化学制品制造人员	医药制造人员	化学纤维制造人员	橡胶和塑料制品制造人员	非金属矿物制品制造人员
全省	**5**	**40**	**150**	**15**	**170**	**24**		**49**	**231**
西宁市	**2**	**8**	**72**	**5**	**56**	**10**		**30**	**75**
城东区									
城中区									
城西区									
城北区		2							11
湟中区	2	3	64	3	21	9		12	25
大通回族土族自治县		2	8		32	1		14	24
湟源县		1		2	3			4	15
海东市	**3**	**11**	**16**	**2**	**33**	**7**		**9**	**97**
乐都区		3			14			2	40
平安区			1					1	4
民和回族土族自治县	2	4	4	1	9			2	11
互助土族自治县		4	3	1	4	7		2	34
化隆回族自治县	1		5		3			2	7
循化撒拉族自治县			3		3				1
海北藏族自治州		**2**	**6**	**4**	**7**			**8**	**3**
门源回族自治县		1	6	4	5			8	2
祁连县									
海晏县		1			2				1
刚察县									
黄南藏族自治州		**5**	**44**						**25**
同仁县		3	41						
尖扎县			3						25
泽库县		2							
河南蒙古族自治县									
海南藏族自治州		**13**	**10**		**1**			**2**	**12**
共和县		2	2					1	2
同德县		2	1						4
贵德县		7	5		1			1	6
兴海县									
贵南县		2	2						
果洛藏族自治州									
玛沁县									
班玛县									
甘德县									
达日县									
久治县									
玛多县									
玉树藏族自治州		**1**	**1**			**1**			
玉树市			1						
杂多县									
称多县		1							
治多县									
囊谦县						1			
曲麻莱县									
海西蒙古族藏族自治州			**1**	**4**	**73**	**6**			**19**
格尔木市			1		12				8
德令哈市					22	2			11
茫崖市									
乌兰县				4					
都兰县									
天峻县									
大柴旦行政委员会					39	4			

4-6c 续表 19

单位：人

地区 性别	生产制造及有关人员								
	纸及纸制品生产加工人员	印刷和记录媒介复制人员	文教、工美、体育和娱乐用品制造人员	石油加工和炼焦、煤化工生产人员	化学原料和化学制品制造人员	医药制造人员	化学纤维制造人员	橡胶和塑料制品制造人员	非金属矿物制品制造人员
男	**2**	**24**	**119**	**12**	**137**	**13**		**24**	**187**
西宁市		**3**	**61**	**5**	**40**	**2**		**13**	**67**
城东区									
城中区									
城西区									
城北区									8
湟中区			54	3	10	2		6	22
大通回族土族自治县		2	7		28			7	23
湟源县		1		2	2				14
海东市	**2**	**6**	**9**	**2**	**28**	**5**		**6**	**73**
乐都区		2			13			1	24
平安区								1	4
民和回族土族自治县	1	2	2	1	8			2	10
互助土族自治县		2	3	1	3	5			28
化隆回族自治县	1		3		2			2	6
循化撒拉族自治县			1		2				1
海北藏族自治州		**2**	**3**	**2**	**4**			**4**	**3**
门源回族自治县		1	3	2	3			4	2
祁连县									
海晏县		1			1				1
刚察县									
黄南藏族自治州		**3**	**41**						**19**
同仁县		1	39						
尖扎县			2						19
泽库县		2							
河南蒙古族自治县									
海南藏族自治州		**9**	**4**		**1**			**1**	**10**
共和县		2	1					1	1
同德县		1	1						3
贵德县		4	2		1				6
兴海县									
贵南县		2							
果洛藏族自治州									
玛沁县									
班玛县									
甘德县									
达日县									
久治县									
玛多县									
玉树藏族自治州		**1**				**1**			
玉树市									
杂多县									
称多县		1							
治多县									
囊谦县						1			
曲麻莱县									
海西蒙古族藏族自治州			**1**	**3**	**64**	**5**			**15**
格尔木市			1		10				6
德令哈市					20	2			9
茫崖市									
乌兰县				3					
都兰县									
天峻县									
大柴旦行政委员会					34	3			

4-6c　续表 20

单位：人

地　区 性　别	生产制造及有关人员 纸及纸制品生产加工人员	印刷和记录媒介复制人员	文教、工美、体育和娱乐用品制造人员	石油加工和炼焦、煤化工生产人员	化学原料和化学制品制造人员	医药制造人员	化学纤维制造人员	橡胶和塑料制品制造人员	非金属矿物制品制造人员
女	**3**	**16**	**31**	**3**	**33**	**11**		**25**	**44**
西宁市	**2**	**5**	**11**		**16**	**8**		**17**	**8**
城东区									
城中区									
城西区									
城北区		2							3
湟中区	2	3	10		11	7		6	3
大通回族土族自治县			1		4	1		7	1
湟源县					1			4	1
海东市	**1**	**5**	**7**		**5**	**2**		**3**	**24**
乐都区		1			1			1	16
平安区			1						
民和回族土族自治县	1	2	2		1				1
互助土族自治县		2			1	2		2	6
化隆回族自治县			2		1				1
循化撒拉族自治县			2		1				
海北藏族自治州			**3**	**2**	**3**			**4**	
门源回族自治县			3	2	2			4	
祁连县									
海晏县					1				
刚察县									
黄南藏族自治州		**2**	**3**						**6**
同仁县		2	2						
尖扎县			1						6
泽库县									
河南蒙古族自治县									
海南藏族自治州		**4**	**6**					**1**	**2**
共和县			1						1
同德县		1							1
贵德县		3	3					1	
兴海县									
贵南县			2						
果洛藏族自治州									
玛沁县									
班玛县									
甘德县									
达日县									
久治县									
玛多县									
玉树藏族自治州			**1**						
玉树市			1						
杂多县									
称多县									
治多县									
囊谦县									
曲麻莱县									
海西蒙古族藏族自治州				**1**	**9**	**1**			**4**
格尔木市					2				2
德令哈市					2				2
茫崖市									
乌兰县				1					
都兰县									
天峻县									
大柴旦行政委员会					5	1			

4-6c　续表 21　　　　　　　　　　　　　　　　　　　　单位：人

地　区 性　别	生产制造及有关人员								
	采矿人员	金属冶炼和压延加工人员	机械制造基础加工人员	金属制品制造人员	通用设备制造人员	专用设备制造人员	汽车制造人员	铁路、船舶、航空设备制造人员	电气机械和器材制造人员
全省	**553**	**447**	**488**	**137**	**40**	**13**	**37**	**11**	**86**
西宁市	**78**	**315**	**274**	**71**	**14**	**5**	**15**	**5**	**43**
城东区									
城中区			1						
城西区									
城北区		3	2	12					
湟中区	25	176	164	35	8	4	7	1	15
大通回族土族自治县	46	71	80	19	5	1	7	3	14
湟源县	7	65	27	5	1		1	1	14
海东市	**45**	**116**	**128**	**53**	**9**	**6**	**11**	**2**	**24**
乐都区	5	41	23	19	4	1	1		3
平安区		1	8	3			1		3
民和回族土族自治县	17	52	21	3		3	8		5
互助土族自治县	19	12	66	20	5			2	6
化隆回族自治县	3	10	10	8		2	1		7
循化撒拉族自治县	1								
海北藏族自治州	**76**	**4**	**44**	**4**	**3**	**2**	**10**	**3**	**14**
门源回族自治县	75	4	33	4	3	1	10	3	14
祁连县	1		5						
海晏县			1			1			
刚察县			5						
黄南藏族自治州			**3**	**1**	**4**				**1**
同仁县			1	1	1				
尖扎县			2		3				1
泽库县									
河南蒙古族自治县									
海南藏族自治州	**8**		**13**	**2**	**1**				**1**
共和县	2		4						1
同德县	6		2		1				
贵德县			6	2					
兴海县									
贵南县			1						
果洛藏族自治州	**16**		**1**						
玛沁县	16								
班玛县			1						
甘德县									
达日县									
久治县									
玛多县									
玉树藏族自治州									
玉树市									
杂多县									
称多县									
治多县									
囊谦县									
曲麻莱县									
海西蒙古族藏族自治州	**330**	**12**	**25**	**6**	**9**		**1**	**1**	**3**
格尔木市	27	7	10	1	9				1
德令哈市	2		10	4				1	2
茫崖市									
乌兰县	1	1							
都兰县	17	4	5	1			1		
天峻县									
大柴旦行政委员会	283								

4－6c 续表 22

单位：人

地区 性别	生产制造及有关人员								
	采矿人员	金属冶炼和压延加工人员	机械制造基础加工人员	金属制品制造人员	通用设备制造人员	专用设备制造人员	汽车制造人员	铁路、船舶、航空设备制造人员	电气机械和器材制造人员
男	**507**	**403**	**459**	**107**	**32**	**9**	**27**	**10**	**67**
西宁市	**74**	**288**	**257**	**54**	**12**	**3**	**11**	**5**	**33**
城东区									
城中区			1						
城西区									
城北区		3	2	10					
湟中区	23	163	149	27	7	2	6	1	12
大通回族土族自治县	44	67	79	15	4	1	4	3	10
湟源县	7	55	26	2	1		1	1	11
海东市	**41**	**102**	**121**	**44**	**8**	**4**	**8**	**2**	**21**
乐都区	5	37	23	16	4	1			3
平安区		1	7	2			1		3
民和回族土族自治县	17	43	20	3		2	6		4
互助土族自治县	15	11	62	17	4			2	6
化隆回族自治县	3	10	9	6		1	1		5
循化撒拉族自治县	1								
海北藏族自治州	**74**	**3**	**41**	**3**	**3**	**2**	**7**	**2**	**9**
门源回族自治县	73	3	31	3	3	1	7	2	9
祁连县	1		5						
海晏县						1			
刚察县			5						
黄南藏族自治州			**3**	**1**	**2**				
同仁县			1	1					
尖扎县			2		2				
泽库县									
河南蒙古族自治县									
海南藏族自治州	**8**		**12**	**1**	**1**				**1**
共和县	2		4						1
同德县	6		2		1				
贵德县			5	1					
兴海县									
贵南县			1						
果洛藏族自治州	**15**		**1**						
玛沁县	15								
班玛县			1						
甘德县									
达日县									
久治县									
玛多县									
玉树藏族自治州									
玉树市									
杂多县									
称多县									
治多县									
囊谦县									
曲麻莱县									
海西蒙古族藏族自治州	**295**	**10**	**24**	**4**	**6**		**1**	**1**	**3**
格尔木市	26	6	10	1	6				1
德令哈市	1		9	2				1	2
茫崖市									
乌兰县	1	1							
都兰县	17	3	5	1			1		
天峻县									
大柴旦行政委员会	250								

4-6c　续表 23　　单位：人

地区 性别	生产制造及有关人员								
	采矿人员	金属冶炼和压延加工人员	机械制造基础加工人员	金属制品制造人员	通用设备制造人员	专用设备制造人员	汽车制造人员	铁路、船舶、航空设备制造人员	电气机械和器材制造人员
女	**46**	**44**	**29**	**30**	**8**	**4**	**10**	**1**	**19**
西宁市	**4**	**27**	**17**	**17**	**2**	**2**	**4**		**10**
城东区									
城中区									
城西区									
城北区				2					
湟中区	2	13	15	8	1	2	1		3
大通回族土族自治县	2	4	1	4	1		3		4
湟源县		10	1	3					3
海东市	**4**	**14**	**7**	**9**	**1**	**2**	**3**		**3**
乐都区		4		3			1		
平安区			1	1					
民和回族土族自治县		9	1			1	2		1
互助土族自治县	4	1	4	3	1				
化隆回族自治县			1	2		1			2
循化撒拉族自治县									
海北藏族自治州	**2**	**1**	**3**	**1**			**3**	**1**	**5**
门源回族自治县	2	1	2	1			3	1	5
祁连县									
海晏县			1						
刚察县									
黄南藏族自治州					**2**				**1**
同仁县					1				
尖扎县					1				1
泽库县									
河南蒙古族自治县									
海南藏族自治州			**1**	**1**					
共和县									
同德县									
贵德县			1	1					
兴海县									
贵南县									
果洛藏族自治州	**1**								
玛沁县	1								
班玛县									
甘德县									
达日县									
久治县									
玛多县									
玉树藏族自治州									
玉树市									
杂多县									
称多县									
治多县									
囊谦县									
曲麻莱县									
海西蒙古族藏族自治州	**35**	**2**	**1**	**2**	**3**				
格尔木市	1	1			3				
德令哈市	1		1	2					
茫崖市									
乌兰县									
都兰县		1							
天峻县									
大柴旦行政委员会	33								

4-6c 续表 24

单位：人

地区 性别	生产制造及有关人员								不便分类的其他从业人员
	计算机、通信和其他电子设备制造人员	仪器仪表制造人员	废弃资源综合利用人员	电力、热力、气体、水生产和输配人员	建筑施工人员	运输设备和通用工程机械操作人员及有关人员	生产辅助人员	其他生产制造及有关人员	
全省	**348**	**10**	**10**	**208**	**7859**	**913**	**1121**	**19**	**118**
西宁市	**125**	**2**	**2**	**93**	**2725**	**420**	**502**	**12**	**23**
城东区									
城中区				3	3				
城西区									
城北区	1			2	48	7	11		
湟中区	51		1	65	1550	247	307	7	10
大通回族土族自治县	70		1	15	885	127	129	5	6
湟源县	3	2		8	239	39	55		7
海东市	**109**	**2**	**4**	**56**	**3592**	**289**	**305**	**6**	**68**
乐都区	16			10	679	73	114		15
平安区	2			2	156	18	16		3
民和回族土族自治县	40			12	833	75	56		2
互助土族自治县	22		4	17	1204	92	91	6	46
化隆回族自治县	25	2		6	463	21	20		2
循化撒拉族自治县	4			9	257	10	8		
海北藏族自治州	**76**	**3**		**22**	**380**	**64**	**71**		**2**
门源回族自治县	74	3		17	247	46	49		
祁连县	1			4	40	1	15		
海晏县	1				76	16	4		2
刚察县				1	17	1	3		
黄南藏族自治州	**7**	**2**		**3**	**347**	**23**	**3**		**1**
同仁县				1	207	3	2		
尖扎县	7	2		2	132	20	1		1
泽库县					7				
河南蒙古族自治县					1				
海南藏族自治州	**15**		**4**	**7**	**368**	**38**	**46**		**8**
共和县	2		1	1	83	10	5		2
同德县	2			1	30	6	5		3
贵德县	5		3		210	18	27		
兴海县	2			5	13	4	8		
贵南县	4				32		1		3
果洛藏族自治州					**21**	**2**	**8**		**4**
玛沁县					1	2	7		1
班玛县					3				
甘德县									
达日县					8				1
久治县					5		1		2
玛多县					4				
玉树藏族自治州	**2**			**1**	**24**	**5**	**1**		**3**
玉树市	1			1	2				1
杂多县					5				
称多县					6	1	1		
治多县									
囊谦县	1				5	4			
曲麻莱县					6				2
海西蒙古族藏族自治州	**14**	**1**		**26**	**402**	**72**	**185**	**1**	**9**
格尔木市	7	1		5	164	30	64	1	6
德令哈市	2			6	172	8	20		2
茫崖市									
乌兰县	1			1	16	2	12		
都兰县	4			5	41	21	29		1
天峻县					2		1		
大柴旦行政委员会				9	7	11	59		

4-6c　续表 25　　　　　　　　　　　　　　　　　　　　　　　　单位：人

地　区 性　别	生产制造及有关人员								不便分类的其他从业人员
	计算机、通信和其他电子设备制造人员	仪器仪表制造人员	废弃资源综合利用人员	电力、热力、气体、水生产和输配人员	建筑施工人员	运输设备和通用工程机械操作人员及有关人员	生产辅助人员	其他生产制造及有关人员	
男	**247**	**6**	**7**	**189**	**6328**	**858**	**858**	**14**	**70**
西宁市	**94**		**2**	**86**	**2287**	**390**	**380**	**7**	**12**
城东区									
城中区				3	2				
城西区									
城北区	1			2	36	7	8		
湟中区	41		1	61	1273	224	239	5	5
大通回族土族自治县	49		1	13	762	122	90	2	4
湟源县	3			7	214	37	43		3
海东市	**78**	**2**	**3**	**48**	**2838**	**273**	**231**	**6**	**43**
乐都区	10			9	545	68	84		9
平安区	2			1	130	17	13		3
民和回族土族自治县	31			11	660	73	47		
互助土族自治县	13		3	16	979	88	63	6	29
化隆回族自治县	18	2		3	333	17	17		2
循化撒拉族自治县	4			8	191	10	7		
海北藏族自治州	**46**	**2**		**20**	**319**	**64**	**58**		**1**
门源回族自治县	46	2		15	210	46	38		
祁连县				4	37	1	13		
海晏县					57	16	4		1
刚察县				1	15	1	3		
黄南藏族自治州	**5**	**1**		**3**	**221**	**20**	**3**		
同仁县				1	127	3	2		
尖扎县	5	1		2	87	17	1		
泽库县					6				
河南蒙古族自治县					1				
海南藏族自治州	**12**		**2**	**7**	**314**	**36**	**37**		**3**
共和县	2			1	72	10	4		
同德县	1			1	24	6	3		1
贵德县	5		2		179	18	21		
兴海县	1			5	12	2	8		
贵南县	3				27		1		2
果洛藏族自治州					**14**	**2**	**5**		**2**
玛沁县					1	2	4		
班玛县					2				
甘德县									
达日县					5				1
久治县					2		1		1
玛多县					4				
玉树藏族自治州	**1**			**1**	**17**	**5**	**1**		**2**
玉树市	1			1	2				1
杂多县					4				
称多县					2	1	1		
治多县									
囊谦县					4	4			
曲麻莱县					5				1
海西蒙古族藏族自治州	**11**	**1**		**24**	**318**	**68**	**143**	**1**	**7**
格尔木市	6	1		5	143	28	44	1	4
德令哈市				6	116	6	15		2
茫崖市									
乌兰县	1			1	14	2	6		
都兰县	4			4	36	21	25		1
天峻县					2		1		
大柴旦行政委员会				8	7	11	52		

4-6c 续表 26　　单位：人

地区 性别	生产制造及有关人员 计算机、通信和其他电子设备制造人员	仪器仪表制造人员	废弃资源综合利用人员	电力、热力、气体、水生产和输配人员	建筑施工人员	运输设备和通用工程机械操作人员及有关人员	生产辅助人员	其他生产制造及有关人员	不便分类的其他从业人员
女	**101**	**4**	**3**	**19**	**1531**	**55**	**263**	**5**	**48**
西宁市	**31**	**2**		**7**	**438**	**30**	**122**	**5**	**11**
城东区									
城中区					1				
城西区									
城北区					12		3		
湟中区	10			4	277	23	68	2	5
大通回族土族自治县	21			2	123	5	39	3	2
湟源县		2		1	25	2	12		4
海东市	**31**		**1**	**8**	**754**	**16**	**74**		**25**
乐都区	6			1	134	5	30		6
平安区				1	26	1	3		
民和回族土族自治县	9			1	173	2	9		2
互助土族自治县	9		1	1	225	4	28		17
化隆回族自治县	7			3	130	4	3		
循化撒拉族自治县				1	66		1		
海北藏族自治州	**30**	**1**		**2**	**61**		**13**		**1**
门源回族自治县	28	1		2	37		11		
祁连县	1				3		2		
海晏县	1				19				1
刚察县					2				
黄南藏族自治州	**2**	**1**			**126**	**3**			**1**
同仁县					80				
尖扎县	2	1			45	3			1
泽库县					1				
河南蒙古族自治县									
海南藏族自治州	**3**		**2**		**54**	**2**	**9**		**5**
共和县			1		11		1		2
同德县	1				6		2		2
贵德县			1		31		6		
兴海县	1				1	2			
贵南县	1				5				1
果洛藏族自治州					**7**		**3**		**2**
玛沁县							3		1
班玛县					1				
甘德县									
达日县					3				
久治县					3				1
玛多县									
玉树藏族自治州	**1**				**7**				**1**
玉树市									
杂多县					1				
称多县					4				
治多县									
囊谦县	1				1				
曲麻莱县					1				1
海西蒙古族藏族自治州	**3**			**2**	**84**	**4**	**42**		**2**
格尔木市	1				21	2	20		2
德令哈市	2				56	2	5		
茫崖市									
乌兰县					2		6		
都兰县				1	5		4		
天峻县									
大柴旦行政委员会				1			7		

4-7　全省分年龄、性别、职业中类的就业人口

单位：人

年龄组 性　别	合计	党的机关、国家机关、群众团体和社会组织、企事业单位负责人						
		小计	中国共产党机关负责人	国家机关负责人	民主党派和工商联负责人	人民团体和群众团体、社会组织及其他成员组织负责人	基层群众自治组织负责人	企事业单位负责人
总　计	**226183**	**5185**	**51**	**575**	**2**	**228**	**486**	**3843**
16-19岁	3652	10				2		8
20-24岁	16303	93	1	1		10	6	75
25-29岁	30453	419	1	22		20	11	365
30-34岁	35127	843	2	64		26	25	726
35-39岁	28543	790	8	76		25	42	639
40-44岁	31425	847	8	110	1	37	67	624
45-49岁	34337	986	14	129	1	41	90	711
50-54岁	26786	733	10	114		43	124	442
55-59岁	13093	362	7	50		15	90	200
60-64岁	3412	59		3		3	20	33
65-69岁	2014	28		2		4	9	13
70-74岁	638	12		4		2	1	5
75岁及以上	400	3					1	2
男	**135636**	**4035**	**43**	**462**	**1**	**128**	**415**	**2986**
16-19岁	2268	7				1		6
20-24岁	9269	65	1	1		5	3	55
25-29岁	17084	293		10		9	4	270
30-34岁	20178	611	2	37		15	13	544
35-39岁	16348	581	7	59		17	32	466
40-44岁	18317	635	7	90	1	17	53	467
45-49岁	20464	788	11	113		22	81	561
50-54岁	17927	632	9	97		22	117	387
55-59岁	9216	327	6	47		12	82	180
60-64岁	2479	56		2		2	19	33
65-69岁	1427	27		2		4	9	12
70-74岁	413	10		4		2	1	3
75岁及以上	246	3					1	2
女	**90547**	**1150**	**8**	**113**	**1**	**100**	**71**	**857**
16-19岁	1384	3				1		2
20-24岁	7034	28				5	3	20
25-29岁	13369	126	1	12		11	7	95
30-34岁	14949	232		27		11	12	182
35-39岁	12195	209	1	17		8	10	173
40-44岁	13108	212	1	20		20	14	157
45-49岁	13873	198	3	16	1	19	9	150
50-54岁	8859	101	1	17		21	7	55
55-59岁	3877	35	1	3		3	8	20
60-64岁	933	3		1		1	1	
65-69岁	587	1						1
70-74岁	225	2						2
75岁及以上	154							

4−7 续表 1

单位：人

年龄组 性　别	专业技术人员									
	小计	科学研究人员	工程技术人员	农业技术人员	飞机和船舶技术人员	卫生专业技术人员	经济和金融专业人员	法律、社会和宗教专业人员	教学人员	文学艺术、体育专业人员
总　计	**30759**	**143**	**6073**	**398**	**8**	**5794**	**5529**	**2365**	**9246**	**400**
16−19岁	407		22	5		56	12	185	115	9
20−24岁	3063	7	499	23		716	431	304	929	83
25−29岁	6248	20	1261	48	2	1515	1130	347	1663	100
30−34岁	5779	26	1385	37	4	1176	1113	335	1454	87
35−39岁	3894	26	829	33	1	676	743	225	1220	34
40−44岁	3738	20	694	66	1	592	665	254	1336	25
45−49岁	3689	15	667	87		509	809	271	1205	28
50−54岁	2638	21	483	66		323	440	262	941	25
55−59岁	1002	7	193	27		150	142	110	333	9
60−64岁	140		24	3		30	26	25	28	
65−69岁	87		9	2		33	13	15	12	
70−74岁	31	1	2			10	2	13	3	
75岁及以上	43		5	1		8	3	19	7	
男	**14215**	**81**	**4986**	**252**	**6**	**1651**	**1654**	**1647**	**3317**	**246**
16−19岁	234		21	5		15	6	157	25	4
20−24岁	1097	3	406	14		128	113	197	165	47
25−29岁	2311	12	1014	24	2	283	289	192	376	53
30−34岁	2435	12	1108	17	4	266	294	197	422	50
35−39岁	1702	18	660	17		204	206	145	367	28
40−44岁	1784	7	589	36		219	161	181	535	19
45−49岁	1863	9	546	57		210	227	202	543	19
50−54岁	1768	13	435	52		174	241	216	572	19
55−59岁	783	7	172	24		83	91	102	273	7
60−64岁	109		21	3		22	16	21	24	
65−69岁	74		9	2		29	10	11	10	
70−74岁	22		2			10		9	1	
75岁及以上	33		3	1		8		17	4	
女	**16544**	**62**	**1087**	**146**	**2**	**4143**	**3875**	**718**	**5929**	**154**
16−19岁	173		1			41	6	28	90	5
20−24岁	1966	4	93	9		588	318	107	764	36
25−29岁	3937	8	247	24		1232	841	155	1287	47
30−34岁	3344	14	277	20		910	819	138	1032	37
35−39岁	2192	8	169	16	1	472	537	80	853	6
40−44岁	1954	13	105	30	1	373	504	73	801	6
45−49岁	1826	6	121	30		299	582	69	662	9
50−54岁	870	8	48	14		149	199	46	369	6
55−59岁	219		21	3		67	51	8	60	2
60−64岁	31		3			8	10	4	4	
65−69岁	13					4	3	4	2	
70−74岁	9	1					2	4	2	
75岁及以上	10		2				3	2	3	

4-7　续表 2　　　　单位：人

年龄组 性　别	专业技术人员		办事人员和有关人员				社会生产服务和生活服务人员		
	新闻出版、文化专业人员	其他专业技术人员	小计	办事人员	安全和消防人员	其他办事人员和有关人员	小计	批发与零售服务人员	交通运输、仓储和邮政业服务人员
总　计	**628**	**175**	**18835**	**14780**	**3936**	**119**	**79596**	**25419**	**16967**
16–19岁	1	2	36	25	11		1310	250	102
20–24岁	59	12	1343	1034	300	9	5964	1542	862
25–29岁	127	35	3318	2653	652	13	10766	3316	1997
30–34岁	130	32	3514	2812	683	19	12924	4338	2598
35–39岁	87	20	2244	1911	314	19	10462	3551	2435
40–44岁	68	17	2245	1916	310	19	11665	3900	3039
45–49岁	70	28	2575	2065	493	17	12314	4084	3040
50–54岁	55	22	2034	1481	539	14	8854	2747	2084
55–59岁	26	5	1146	753	388	5	3726	1133	673
60–64岁	4		218	71	145	2	931	281	96
65–69岁	1	2	127	41	85	1	488	186	29
70–74岁			21	9	12		130	60	7
75岁及以上			14	9	4	1	62	31	5
男	**243**	**132**	**11630**	**8253**	**3309**	**68**	**45981**	**12290**	**14806**
16–19岁		1	26	15	11		855	133	86
20–24岁	15	9	724	453	265	6	3616	796	739
25–29岁	43	23	1763	1220	534	9	6264	1560	1711
30–34岁	45	20	1928	1347	570	11	7266	1974	2248
35–39岁	40	17	1258	1009	240	9	5790	1559	2115
40–44岁	21	16	1367	1120	238	9	6291	1701	2618
45–49岁	31	19	1621	1226	386	9	6691	1917	2635
50–54岁	26	20	1589	1108	474	7	5544	1524	1906
55–59岁	19	5	1020	648	368	4	2473	730	622
60–64岁	2		193	62	129	2	692	202	88
65–69岁	1	2	113	33	79	1	372	133	27
70–74岁			19	8	11		90	43	6
75岁及以上			9	4	4	1	37	18	5
女	**385**	**43**	**7205**	**6527**	**627**	**51**	**33615**	**13129**	**2161**
16–19岁	1	1	10	10			455	117	16
20–24岁	44	3	619	581	35	3	2348	746	123
25–29岁	84	12	1555	1433	118	4	4502	1756	286
30–34岁	85	12	1586	1465	113	8	5658	2364	350
35–39岁	47	3	986	902	74	10	4672	1992	320
40–44岁	47	1	878	796	72	10	5374	2199	421
45–49岁	39	9	954	839	107	8	5623	2167	405
50–54岁	29	2	445	373	65	7	3310	1223	178
55–59岁	7		126	105	20	1	1253	403	51
60–64岁	2		25	9	16		239	79	8
65–69岁			14	8	6		116	53	2
70–74岁			2	1	1		40	17	1
75岁及以上			5	5			25	13	

4-7 续表 3　　　　单位：人

年龄组 性别	社会生产服务和生活服务人员								
	住宿和餐饮服务人员	信息传输、软件和信息技术服务人员	金融服务人员	房地产服务人员	租赁和商务服务人员	技术辅助服务人员	水利、环境和公共设施管理服务人员	居民服务人员	电力、燃气及水供应服务人员
总　计	**16151**	**1500**	**2073**	**1047**	**2881**	**1294**	**5323**	**2550**	**1271**
16-19岁	685	17	4	8	18	13	20	69	11
20-24岁	1898	213	216	82	134	163	83	240	87
25-29岁	2422	398	573	142	267	325	194	337	234
30-34岁	2855	365	464	171	281	301	369	428	202
35-39岁	2138	188	229	116	219	161	540	340	158
40-44岁	2105	152	193	148	238	137	880	349	179
45-49岁	2020	96	202	157	471	103	1229	389	195
50-54岁	1343	48	156	130	579	65	1065	236	143
55-59岁	548	18	33	65	411	25	574	109	46
60-64岁	89	4	1	15	167	1	217	30	10
65-69岁	31			11	79		115	15	6
70-74岁	10		1	2	11		28	7	
75岁及以上	7	1	1		6		9	1	
男	**7349**	**934**	**879**	**566**	**2236**	**874**	**1849**	**739**	**1023**
16-19岁	460	10	2	2	11	8	8	27	9
20-24岁	1065	135	86	44	79	97	48	80	75
25-29岁	1219	231	251	84	157	225	92	90	198
30-34岁	1321	228	195	67	169	221	147	115	159
35-39岁	941	118	82	51	131	95	199	95	117
40-44岁	813	92	65	62	169	89	226	76	130
45-49岁	684	65	74	86	365	66	309	97	144
50-54岁	509	39	99	94	520	52	369	94	131
55-59岁	253	14	23	50	386	20	224	36	44
60-64岁	60	2	1	13	156	1	128	14	10
65-69岁	18			11	77		77	11	6
70-74岁	4		1	2	10		18	3	
75岁及以上	2				6		4	1	
女	**8802**	**566**	**1194**	**481**	**645**	**420**	**3474**	**1811**	**248**
16-19岁	225	7	2	6	7	5	12	42	2
20-24岁	833	78	130	38	55	66	35	160	12
25-29岁	1203	167	322	58	110	100	102	247	36
30-34岁	1534	137	269	104	112	80	222	313	43
35-39岁	1197	70	147	65	88	66	341	245	41
40-44岁	1292	60	128	86	69	48	654	273	49
45-49岁	1336	31	128	71	106	37	920	292	51
50-54岁	834	9	57	36	59	13	696	142	12
55-59岁	295	4	10	15	25	5	350	73	2
60-64岁	29	2		2	11		89	16	
65-69岁	13				2		38	4	
70-74岁	6				1		10	4	
75岁及以上	5	1	1				5		

4-7　续表 4　　　　单位：人

年龄组 性　别	社会生产服务和生活服务人员				农、林、牧、渔业生产及辅助人员				
	修理及制作服务人　员	文化、体育和娱乐服务人员	健康服务人　　员	其他社会生产和生活服务人　员	小计	农业生产人　　员	林业生产人　　员	畜牧业生产人员	渔业生产人　　员
总　计	**2508**	**407**	**146**	**59**	**52756**	**21144**	**6875**	**24409**	**59**
16–19岁	92	19	2		1272	253	353	665	
20–24岁	350	75	16	3	3524	783	704	2013	4
25–29岁	425	102	25	9	4965	1289	808	2836	8
30–34岁	437	88	23	4	6027	1906	818	3262	9
35–39岁	316	40	19	12	6272	2199	873	3167	6
40–44岁	286	30	22	7	7020	2843	879	3254	7
45–49岁	276	22	21	9	7969	3569	916	3416	16
50–54岁	223	17	11	7	7355	3777	740	2789	3
55–59岁	76	5	5	5	4884	2642	435	1785	5
60–64岁	14	4	1	1	1674	991	123	551	1
65–69岁	11	3	1	1	1131	632	91	404	
70–74岁	2	1		1	414	185	71	157	
75岁及以上		1			249	75	64	110	
男	**2125**	**224**	**48**	**39**	**28887**	**10810**	**3811**	**14034**	**47**
16–19岁	87	12			698	134	198	365	
20–24岁	320	44	5	3	1926	402	357	1151	2
25–29岁	369	65	6	6	2647	649	427	1546	7
30–34岁	372	43	4	3	3190	944	405	1815	8
35–39岁	250	22	8	7	3290	1058	472	1738	4
40–44岁	224	13	9	4	3782	1397	493	1861	5
45–49岁	227	9	7	6	4261	1762	495	1959	12
50–54岁	187	9	7	4	4041	1890	455	1658	3
55–59岁	64	2	1	4	2877	1419	307	1134	5
60–64岁	14	2		1	1071	618	81	365	1
65–69岁	9	1	1	1	713	374	57	279	
70–74岁	2	1			247	120	37	89	
75岁及以上		1			144	43	27	74	
女	**383**	**183**	**98**	**20**	**23869**	**10334**	**3064**	**10375**	**12**
16–19岁	5	7	2		574	119	155	300	
20–24岁	30	31	11		1598	381	347	862	2
25–29岁	56	37	19	3	2318	640	381	1290	1
30–34岁	65	45	19	1	2837	962	413	1447	1
35–39岁	66	18	11	5	2982	1141	401	1429	2
40–44岁	62	17	13	3	3238	1446	386	1393	2
45–49岁	49	13	14	3	3708	1807	421	1457	4
50–54岁	36	8	4	3	3314	1887	285	1131	
55–59岁	12	3	4	1	2007	1223	128	651	
60–64岁		2	1		603	373	42	186	
65–69岁	2	2			418	258	34	125	
70–74岁				1	167	65	34	68	
75岁及以上					105	32	37	36	

4-7 续表 5

单位：人

年龄组 性 别			生产制造及有关人员						
	农林牧渔生产辅助人员	其他农、林、牧、渔业生产加工人员	小计	农副产品加工人员	食品、饮料生产加工人员	烟草及其制品加工人员	纺织、针织、印染人员	纺织品、服装和皮革、毛皮制品加工制作人员	木材加工、家具与木制品制作人员
总 计	**260**	**9**	**38430**	**568**	**656**	**5**	**55**	**460**	**897**
16-19岁	1		352	5	9			7	6
20-24岁	19	1	2239	19	52		1	17	20
25-29岁	23	1	4690	37	92		4	49	74
30-34岁	32		5993	56	98	1	6	59	109
35-39岁	25	2	4845	64	103		9	65	117
40-44岁	35	2	5858	99	80		5	87	130
45-49岁	51	1	6760	105	113	3	13	83	177
50-54岁	45	1	5137	107	69	1	9	52	171
55-59岁	17		1964	42	25		6	24	74
60-64岁	8		386	16	9			9	14
65-69岁	3	1	150	15	3		2	6	4
70-74岁	1		28	1	1			1	1
75岁及以上			28	2	2			1	
男	**180**	**5**	**30498**	**383**	**301**	**2**	**11**	**168**	**773**
16-19岁	1		292	4	4			4	5
20-24岁	14		1793	15	23		1	8	20
25-29岁	17	1	3769	30	48			24	66
30-34岁	18		4719	37	40		1	22	89
35-39岁	17	1	3703	35	43		3	18	100
40-44岁	24	2	4428	57	39			29	106
45-49岁	33		5210	71	47	1	2	26	148
50-54岁	35		4329	74	33	1	2	15	150
55-59岁	12		1730	36	14		2	11	70
60-64岁	6		354	12	6			4	14
65-69岁	2	1	128	10	3			6	4
70-74岁	1		23						1
75岁及以上			20	2	1			1	
女	**80**	**4**	**7932**	**185**	**355**	**3**	**44**	**292**	**124**
16-19岁			60	1	5			3	1
20-24岁	5	1	446	4	29			9	
25-29岁	6		921	7	44		4	25	8
30-34岁	14		1274	19	58	1	5	37	20
35-39岁	8	1	1142	29	60		6	47	17
40-44岁	11		1430	42	41		5	58	24
45-49岁	18	1	1550	34	66	2	11	57	29
50-54岁	10	1	808	33	36		7	37	21
55-59岁	5		234	6	11		4	13	4
60-64岁	2		32	4	3			5	
65-69岁	1		22	5			2		
70-74岁			5	1	1			1	
75岁及以上			8		1				

4-7　续表 6　　　　单位：人

年龄组 性　别	生产制造及有关人员								
	纸及纸制品生产加工人员	印刷和记录媒介复制人员	文教、工美、体育和娱乐用品制造人　员	石油加工和炼焦、煤化工生产人员	化学原料和化学制品制造人　员	医药制造人　　员	化学纤维制造人员	橡胶和塑料制品制造人员	非金属矿物制品制造人员
总　计	**21**	**286**	**441**	**212**	**985**	**167**	**5**	**184**	**590**
16-19岁	1	6	13	2	6			2	3
20-24岁	1	32	38	19	93	13	2	10	29
25-29岁	3	59	61	40	240	23	3	39	55
30-34岁	2	56	93	34	259	23		45	87
35-39岁	3	35	76	25	113	11		21	61
40-44岁	3	29	42	25	103	32		26	91
45-49岁	2	31	48	50	87	37		21	103
50-54岁	2	27	45	17	63	22		10	99
55-59岁	2	7	21		18	3		8	45
60-64岁	1	3	2			2			11
65-69岁		1			1				6
70-74岁			2		1			1	
75岁及以上	1				1	1		1	
男	**9**	**163**	**314**	**161**	**729**	**74**	**3**	**103**	**462**
16-19岁	1	6	7	2	4			2	2
20-24岁	1	20	29	14	68	5	2	8	28
25-29岁		38	50	27	180	11	1	26	42
30-34岁		30	62	28	181	15		27	60
35-39岁	2	22	57	14	86	3		11	45
40-44岁	1	15	31	20	75	11		10	64
45-49岁	2	10	31	41	62	15		6	77
50-54岁		15	29	15	53	11		5	87
55-59岁	1	7	17		17	1		7	42
60-64岁	1					1			10
65-69岁					1				5
70-74岁			1		1			1	
75岁及以上					1	1			
女	**12**	**123**	**127**	**51**	**256**	**93**	**2**	**81**	**128**
16-19岁			6		2				1
20-24岁		12	9	5	25	8		2	1
25-29岁	3	21	11	13	60	12	2	13	13
30-34岁	2	26	31	6	78	8		18	27
35-39岁	1	13	19	11	27	8		10	16
40-44岁	2	14	11	5	28	21		16	27
45-49岁		21	17	9	25	22		15	26
50-54岁	2	12	16	2	10	11		5	12
55-59岁	1		4		1	2		1	3
60-64岁		3	2			1			1
65-69岁		1							1
70-74岁			1						
75岁及以上	1							1	

4-7 续表 7

单位：人

年龄组 性 别	生产制造及有关人员								
	采矿人员	金属冶炼和压延加工人员	机械制造基础加工人员	金属制品制造人员	通用设备制造人员	专用设备制造人员	汽车制造人员	铁路、船舶、航空设备制造人员	电气机械和器材制造人员
总 计	**1498**	**1394**	**1186**	**508**	**179**	**52**	**87**	**38**	**347**
16-19岁	10	5	8	10	1		3	1	8
20-24岁	72	63	58	29	8	6	13	3	90
25-29岁	169	184	126	54	22	11	21	8	114
30-34岁	275	219	248	86	34	15	22	8	58
35-39岁	218	185	152	68	9	5	9	2	21
40-44岁	256	262	163	88	26	5	4	6	24
45-49岁	282	288	187	77	38	5	7	1	19
50-54岁	177	159	163	67	26	3	6	6	10
55-59岁	31	22	61	19	10	2	2	2	1
60-64岁	5	4	9	7	4				2
65-69岁		2	10	3	1			1	
70-74岁	3	1	1						
75岁及以上									
男	**1303**	**1219**	**1098**	**375**	**159**	**39**	**67**	**34**	**285**
16-19岁	10	5	8	10	1		2	1	6
20-24岁	64	55	55	23	8	6	11	2	72
25-29岁	138	164	120	34	17	10	15	8	92
30-34岁	241	193	234	67	28	9	17	7	46
35-39岁	186	159	136	51	9	2	6	2	19
40-44岁	210	226	145	60	23	4	3	5	22
45-49岁	249	241	170	54	32	4	5		15
50-54岁	167	151	155	53	26	3	6	6	10
55-59岁	30	19	56	14	10	1	2	2	1
60-64岁	5	4	8	7	4				2
65-69岁		1	10	2	1			1	
70-74岁	3	1	1						
75岁及以上									
女	**195**	**175**	**88**	**133**	**20**	**13**	**20**	**4**	**62**
16-19岁							1		2
20-24岁	8	8	3	6			2	1	18
25-29岁	31	20	6	20	5	1	6		22
30-34岁	34	26	14	19	6	6	5	1	12
35-39岁	32	26	16	17		3	3		2
40-44岁	46	36	18	28	3	1	1	1	2
45-49岁	33	47	17	23	6	1	2	1	4
50-54岁	10	8	8	14					
55-59岁	1	3	5	5		1			
60-64岁			1						
65-69岁		1		1					
70-74岁									
75岁及以上									

4-7 续表 8

单位：人

年龄组 性别	生产制造及有关人员								不便分类的其他从业人员
	计算机、通信和其他电子设备制造人员	仪器仪表制造人员	废弃资源综合利用人员	电力、热力、气体、水生产和输配人员	建筑施工人员	运输设备和通用工程机械操作人员及有关人员	生产辅助人员	其他生产制造及有关人员	
总 计	**937**	**48**	**60**	**822**	**17938**	**2372**	**5361**	**71**	**622**
16-19岁	57	2		3	120	31	33		265
20-24岁	143	6	1	32	745	185	436	3	77
25-29岁	224	8	3	90	1564	437	863	13	47
30-34岁	198	8	6	101	2275	450	1043	19	47
35-39岁	109	5	6	86	2327	319	611	10	36
40-44岁	70	9	4	118	3007	343	717	4	52
45-49岁	72	5	10	153	3576	321	835	11	44
50-54岁	52	4	17	154	2783	228	582	6	35
55-59岁	9	1	11	53	1219	51	191	4	9
60-64岁	1			21	234	5	27		4
65-69岁			2	8	65	2	17	1	3
70-74岁	1			1	10		3		2
75岁及以上	1			2	13		3		1
男	**671**	**31**	**46**	**675**	**14501**	**2193**	**4097**	**49**	**390**
16-19岁	44	1		3	104	31	25		156
20-24岁	104	4	1	20	623	172	328	3	48
25-29岁	152	7	3	69	1340	405	644	8	37
30-34岁	149	6	5	74	1837	420	781	13	29
35-39岁	78	3	5	73	1799	293	436	7	24
40-44岁	45	4	2	89	2308	304	518	2	30
45-49岁	48	2	7	124	2787	291	635	7	30
50-54岁	42	3	14	141	2314	220	523	5	24
55-59岁	8	1	8	52	1083	50	165	3	6
60-64岁	1			20	224	5	26		4
65-69岁			1	7	61	2	12	1	
70-74岁				1	10		3		2
75岁及以上				2	11		1		
女	**266**	**17**	**14**	**147**	**3437**	**179**	**1264**	**22**	**232**
16-19岁	13	1			16		8		109
20-24岁	39	2		12	122	13	108		29
25-29岁	72	1		21	224	32	219	5	10
30-34岁	49	2	1	27	438	30	262	6	18
35-39岁	31	2	1	13	528	26	175	3	12
40-44岁	25	5	2	29	699	39	199	2	22
45-49岁	24	3	3	29	789	30	200	4	14
50-54岁	10	1	3	13	469	8	59	1	11
55-59岁	1		3	1	136	1	26	1	3
60-64岁				1	10		1		
65-69岁			1	1	4		5		3
70-74岁	1								
75岁及以上	1				2		2		1

4-7a　全省分年龄、性别、职业中类的就业人口(城市)

单位：人

年龄组 性　别	合计	党的机关、国家机关、群众团体和社会组织、企事业单位负责人						
		小计	中国共产党机关负责人	国家机关负责人	民主党派和工商联负责人	人民团体和群众团体、社会组织及其他成员组织负责人	基层群众自治组织负责人	企事业单位负责人
总　计	**89011**	**3278**	**19**	**213**	**2**	**102**	**61**	**2881**
16-19岁	898	8				1		7
20-24岁	5633	64	1			4	1	58
25-29岁	13219	286		6		9		271
30-34岁	16030	609		19		13	5	572
35-39岁	11582	540	2	20		10	11	497
40-44岁	12139	540	3	38	1	13	7	478
45-49岁	13978	598	6	42	1	20	6	523
50-54岁	10198	400	4	50		21	19	306
55-59岁	4030	190	3	31		7	10	139
60-64岁	775	24		3		2		19
65-69岁	366	12		2		1	1	8
70-74岁	79	5		2		1		2
75岁及以上	84	2					1	1
男	**52718**	**2482**	**16**	**158**	**1**	**67**	**51**	**2189**
16-19岁	571	6				1		5
20-24岁	3154	51	1			2	1	47
25-29岁	7148	207		3		6		198
30-34岁	8977	439		9		7	2	421
35-39岁	6545	387	2	14		9	6	356
40-44岁	6830	394	2	26	1	8	7	350
45-49岁	8249	460	5	33		14	6	402
50-54岁	7181	331	4	38		11	17	261
55-59岁	3067	168	2	29		6	10	121
60-64岁	606	22		2		1		19
65-69岁	284	11		2		1	1	7
70-74岁	53	4		2		1		1
75岁及以上	53	2					1	1
女	**36293**	**796**	**3**	**55**	**1**	**35**	**10**	**692**
16-19岁	327	2						2
20-24岁	2479	13				2		11
25-29岁	6071	79		3		3		73
30-34岁	7053	170		10		6	3	151
35-39岁	5037	153		6		1	5	141
40-44岁	5309	146	1	12		5		128
45-49岁	5729	138	1	9	1	6		121
50-54岁	3017	69		12		10	2	45
55-59岁	963	22	1	2		1		18
60-64岁	169	2		1		1		
65-69岁	82	1						1
70-74岁	26	1						1
75岁及以上	31							

4−7a　续表 1　　　　　　　　　　　　　　　　　　　　　　单位：人

年龄组 性　别	专业技术人员									
	小计	科学研究人　员	工程技术人　员	农业技术人　员	飞机和船舶技术人　员	卫生专业技术人员	经济和金融专业人　员	法律、社会和宗教专业人员	教学人员	文学艺术、体育专业人员
总　计	**17128**	**127**	**4045**	**134**	**6**	**3198**	**3823**	**615**	**4421**	**217**
16−19岁	105		7	1		24	7	13	46	5
20−24岁	1333	6	249	6		316	246	37	392	46
25−29岁	3440	18	786	15	2	824	756	106	771	46
30−34岁	3619	24	1029	9	3	737	813	111	735	43
35−39岁	2329	23	609	10		409	554	76	558	23
40−44岁	2008	18	449	19	1	330	468	63	590	15
45−49岁	2166	13	453	33		282	577	93	624	19
50−54岁	1480	18	316	27		177	286	76	506	18
55−59岁	538	6	120	11		79	93	31	176	2
60−64岁	61		17	2		8	14	4	13	
65−69岁	22		4			5	5	2	5	
70−74岁	10	1	1			4	2	1	1	
75岁及以上	17		5	1		3	2	2	4	
男	**7383**	**66**	**3212**	**85**	**5**	**768**	**1047**	**367**	**1462**	**126**
16−19岁	38		7	1		4	5	13	8	
20−24岁	428	2	197	4		47	60	23	58	25
25−29岁	1210	10	602	7	2	135	180	52	159	23
30−34岁	1451	10	793	3	3	132	204	52	192	23
35−39岁	979	15	472	5		101	142	45	144	18
40−44岁	877	5	376	9		103	104	31	211	12
45−49岁	1002	7	361	22		108	149	56	250	11
50−54岁	933	11	279	22		85	144	57	286	14
55−59岁	390	6	103	9		39	50	29	139	
60−64岁	40		14	2		3	6	4	9	
65−69岁	17		4			4	3	2	3	
70−74岁	6		1			4		1		
75岁及以上	12		3	1		3		2	3	
女	**9745**	**61**	**833**	**49**	**1**	**2430**	**2776**	**248**	**2959**	**91**
16−19岁	67					20	2		38	5
20−24岁	905	4	52	2		269	186	14	334	21
25−29岁	2230	8	184	8		689	576	54	612	23
30−34岁	2168	14	236	6		605	609	59	543	20
35−39岁	1350	8	137	5		308	412	31	414	5
40−44岁	1131	13	73	10	1	227	364	32	379	3
45−49岁	1164	6	92	11		174	428	37	374	8
50−54岁	547	7	37	5		92	142	19	220	4
55−59岁	148		17	2		40	43	2	37	2
60−64岁	21		3			5	8		4	
65−69岁	5					1	2		2	
70−74岁	4	1					2		1	
75岁及以上	5		2				2		1	

4－7a　续表 2

单位：人

年龄组 性　别	专业技术人员		办事人员和有关人员				社会生产服务和生活服务人员		
	新闻出版、文化专业人员	其他专业技术人员	小计	办事人员	安全和消防人员	其他办事人员和有关人员	小计	批发与零售服务人　员	交通运输、仓储和邮政业服务人员
总　计	**419**	**123**	**11487**	**9342**	**2094**	**51**	**39904**	**14762**	**8130**
16－19岁	1	1	17	13	4		491	121	45
20－24岁	28	7	630	494	132	4	2657	855	387
25－29岁	90	26	1807	1481	322	4	5533	2066	928
30－34岁	91	24	2241	1861	370	10	6728	2672	1200
35－39岁	51	16	1445	1255	180	10	5234	2149	1109
40－44岁	45	10	1459	1272	177	10	5794	2277	1400
45－49岁	53	19	1670	1378	287	5	6546	2476	1604
50－54岁	40	16	1332	1009	317	6	4584	1420	1114
55－59岁	17	3	723	507	214	2	1695	517	284
60－64岁	3		103	45	58		387	122	38
65－69岁		1	46	17	29		196	61	16
70－74岁			6	4	2		33	10	4
75岁及以上			8	6	2		26	16	1
男	**158**	**87**	**6903**	**5144**	**1733**	**26**	**22962**	**7107**	**6951**
16－19岁			10	6	4		330	64	36
20－24岁	8	4	334	213	118	3	1636	484	328
25－29岁	25	15	926	656	269	1	3157	1004	764
30－34岁	25	14	1178	877	295	6	3776	1252	1015
35－39岁	23	14	777	646	128	3	2896	961	954
40－44岁	16	10	841	705	131	5	3040	950	1164
45－49岁	26	12	1025	798	225	2	3567	1131	1355
50－54岁	21	14	1037	758	275	4	2948	775	1018
55－59岁	12	3	637	429	206	2	1141	336	263
60－64岁	2		88	38	50		288	89	36
65－69岁		1	40	12	28		150	48	14
70－74岁			5	3	2		20	6	3
75岁及以上			5	3	2		13	7	1
女	**261**	**36**	**4584**	**4198**	**361**	**25**	**16942**	**7655**	**1179**
16－19岁	1	1	7	7			161	57	9
20－24岁	20	3	296	281	14	1	1021	371	59
25－29岁	65	11	881	825	53	3	2376	1062	164
30－34岁	66	10	1063	984	75	4	2952	1420	185
35－39岁	28	2	668	609	52	7	2338	1188	155
40－44岁	29		618	567	46	5	2754	1327	236
45－49岁	27	7	645	580	62	3	2979	1345	249
50－54岁	19	2	295	251	42	2	1636	645	96
55－59岁	5		86	78	8		554	181	21
60－64岁	1		15	7	8		99	33	2
65－69岁			6	5	1		46	13	2
70－74岁			1	1			13	4	1
75岁及以上			3	3			13	9	

4−7a　续表 3　　　　单位：人

年龄组 性　别	社会生产服务和生活服务人员 住宿和餐饮服务人员	信息传输、软件和信息技术服务人员	金融服务人员	房地产服务人员	租赁和商务服务人员	技术辅助服务人员	水利、环境和公共设施管理服务人员	居民服务人员	电力、燃气及水供应服务人员
总　计	**5719**	**979**	**1441**	**804**	**1735**	**942**	**1860**	**1416**	**585**
16−19岁	200	7	1	4	10	8	4	37	2
20−24岁	558	112	119	62	84	96	17	145	28
25−29岁	795	258	361	112	168	240	50	187	101
30−34岁	980	247	353	122	194	236	90	258	96
35−39岁	734	133	173	82	145	122	159	183	67
40−44岁	750	100	148	121	147	104	292	191	83
45−49岁	806	70	147	125	291	71	476	210	100
50−54岁	607	35	113	103	367	47	409	138	78
55−59岁	226	14	25	52	217	17	231	52	24
60−64岁	44	3		11	70	1	80	7	3
65−69岁	12			8	33		47	7	3
70−74岁	4			2	5		4	1	
75岁及以上	3		1		4		1		
男	**2693**	**603**	**605**	**431**	**1321**	**639**	**523**	**440**	**453**
16−19岁	153	5	1	1	6	5	3	14	1
20−24岁	335	64	45	30	50	54	9	53	23
25−29岁	404	154	151	67	86	168	23	51	80
30−34岁	481	153	144	49	113	175	25	75	76
35−39岁	341	80	64	35	82	78	57	62	45
40−44岁	310	60	51	51	107	68	48	43	58
45−49岁	288	46	61	69	231	42	89	53	70
50−54岁	238	28	71	72	331	35	117	63	71
55−59岁	105	11	17	38	209	13	78	20	23
60−64岁	29	2		9	65	1	45	2	3
65−69岁	6			8	32		29	4	3
70−74岁	2			2	5				
75岁及以上	1				4				
女	**3026**	**376**	**836**	**373**	**414**	**303**	**1337**	**976**	**132**
16−19岁	47	2		3	4	3	1	23	1
20−24岁	223	48	74	32	34	42	8	92	5
25−29岁	391	104	210	45	82	72	27	136	21
30−34岁	499	94	209	73	81	61	65	183	20
35−39岁	393	53	109	47	63	44	102	121	22
40−44岁	440	40	97	70	40	36	244	148	25
45−49岁	518	24	86	56	60	29	387	157	30
50−54岁	369	7	42	31	36	12	292	75	7
55−59岁	121	3	8	14	8	4	153	32	1
60−64岁	15	1		2	5		35	5	
65−69岁	6				1		18	3	
70−74岁	2						4	1	
75岁及以上	2		1				1		

4－7a 续表 4

单位：人

年龄组 性 别	社会生产服务和生活服务人员				农、林、牧、渔业生产及辅助人员				
	修理及制作服务人员	文化、体育和娱乐服务人员	健康服务人员	其他社会生产和生活服务人员	小计	农业生产人员	林业生产人员	畜牧业生产人员	渔业生产人员
总 计	**1159**	**259**	**89**	**24**	**1906**	**602**	**873**	**375**	**4**
16－19岁	40	11	1		18	4	11	3	
20－24岁	142	45	6	1	99	9	68	19	
25－29岁	178	71	16	2	147	25	90	27	1
30－34岁	212	49	15	4	234	34	132	58	
35－39岁	132	28	13	5	216	55	126	29	
40－44岁	147	17	16	1	257	79	113	61	
45－49岁	140	14	11	5	341	137	126	65	3
50－54岁	127	15	8	3	318	151	96	60	
55－59岁	30	2	2	2	175	76	61	35	
60－64岁	5	3			52	20	21	10	
65－69岁	5	3	1		32	10	14	8	
70－74岁	1	1		1	8	2	6		
75岁及以上					9		9		
男	**1002**	**147**	**28**	**19**	**1167**	**365**	**502**	**267**	**4**
16－19岁	35	6			10	2	7	1	
20－24岁	130	28	2	1	60	6	41	12	
25－29岁	157	43	4	1	90	17	52	18	1
30－34岁	187	28		3	139	24	67	44	
35－39岁	112	14	6	5	134	36	72	22	
40－44岁	117	7	5	1	149	46	61	39	
45－49岁	119	6	4	3	208	82	72	46	3
50－54岁	112	9	5	3	192	82	58	44	
55－59岁	23	2	1	2	118	50	41	26	
60－64岁	5	2			36	13	14	8	
65－69岁	4	1	1		23	6	10	7	
70－74岁	1	1			3	1	2		
75岁及以上					5		5		
女	**157**	**112**	**61**	**5**	**739**	**237**	**371**	**108**	
16－19岁	5	5	1		8	2	4	2	
20－24岁	12	17	4		39	3	27	7	
25－29岁	21	28	12	1	57	8	38	9	
30－34岁	25	21	15	1	95	10	65	14	
35－39岁	20	14	7		82	19	54	7	
40－44岁	30	10	11		108	33	52	22	
45－49岁	21	8	7	2	133	55	54	19	
50－54岁	15	6	3		126	69	38	16	
55－59岁	7		1		57	26	20	9	
60－64岁		1			16	7	7	2	
65－69岁	1	2			9	4	4	1	
70－74岁				1	5	1	4		
75岁及以上					4		4		

4-7a 续表 5

单位：人

年龄组 性 别			生产制造及有关人员						
	农林牧渔生产辅助人员	其他农、林、牧、渔业生产加工人员	小计	农副产品加工人员	食品、饮料生产加工人员	烟草及其制品加工人员	纺织、针织、印染人员	纺织品、服装和皮革、毛皮制品加工制作人员	木材加工、家具与木制品制作人员
总 计	**52**		**14894**	**119**	**305**	**5**	**30**	**174**	**400**
16–19岁			89	1	6			5	6
20–24岁	3		810	4	28			6	7
25–29岁	4		1970	5	43		4	21	31
30–34岁	10		2564	15	50	1	3	19	58
35–39岁	6		1791	17	47		5	27	45
40–44岁	4		2041	24	35		1	30	59
45–49岁	10		2627	25	52	3	9	32	74
50–54岁	11		2058	20	31	1	5	18	78
55–59岁	3		706	2	8		1	12	34
60–64岁	1		145	2	3			3	6
65–69岁			56	3			2		2
70–74岁			15		1				
75岁及以上			22	1	1			1	
男	**29**		**11556**	**77**	**129**	**2**	**6**	**59**	**338**
16–19岁			73	1	3			2	5
20–24岁	1		623	3	11			2	7
25–29岁	2		1527	3	21			12	26
30–34岁	4		1972	8	22		1	7	45
35–39岁	4		1354	10	18		1	6	38
40–44岁	3		1506	14	13			10	48
45–49岁	5		1967	15	20	1	2	8	61
50–54岁	8		1723	17	15	1	2	5	68
55–59岁	1		610	2	4			5	32
60–64岁	1		129	1	1			1	6
65–69岁			43	2					2
70–74岁			13						
75岁及以上			16	1	1			1	
女	**23**		**3338**	**42**	**176**	**3**	**24**	**115**	**62**
16–19岁			16		3			3	1
20–24岁	2		187	1	17			4	
25–29岁	2		443	2	22		4	9	5
30–34岁	6		592	7	28	1	2	12	13
35–39岁	2		437	7	29		4	21	7
40–44岁	1		535	10	22		1	20	11
45–49岁	5		660	10	32	2	7	24	13
50–54岁	3		335	3	16		3	13	10
55–59岁	2		96		4		1	7	2
60–64岁			16	1	2			2	
65–69岁			13	1			2		
70–74岁			2		1				
75岁及以上			6						

4-7a　续表 6　　　　单位：人

年龄组 性　别	生产制造及有关人员								
	纸及纸制品生产加工人员	印刷和记录媒介复制人员	文教、工美、体育和娱乐用品制造人　员	石油加工和炼焦、煤化工生产人员	化学原料和化学制品制造人　员	医药制造人　　员	化学纤维制造人员	橡胶和塑料制品制造人员	非金属矿物制品制造人员
总　计	**12**	**157**	**178**	**86**	**513**	**119**	**2**	**106**	**161**
16-19岁		2	3		1				1
20-24岁		10	15	6	45	7	1	4	5
25-29岁	1	22	14	22	121	14	1	31	15
30-34岁	1	31	44	13	167	13		34	32
35-39岁	3	18	33	10	65	6		8	19
40-44岁		21	18	3	45	29		11	19
45-49岁	2	20	18	25	42	31		10	28
50-54岁	2	25	22	7	22	16		4	31
55-59岁	1	5	8		3	1		3	10
60-64岁	1	2	2			1			
65-69岁		1							1
70-74岁			1		1				
75岁及以上	1				1	1		1	
男	**6**	**81**	**105**	**61**	**362**	**51**	**1**	**63**	**118**
16-19岁		2	1		1				1
20-24岁		5	10	3	30	3	1	2	4
25-29岁		13	10	15	85	5		23	11
30-34岁		16	24	11	111	7		21	20
35-39岁	2	12	21	5	51	2		5	14
40-44岁		10	13	2	30	10		6	11
45-49岁	2	5	8	20	32	13		2	22
50-54岁		13	11	5	18	9		2	25
55-59岁	1	5	6		2	1		2	10
60-64岁	1								
65-69岁									
70-74岁			1		1				
75岁及以上					1	1			
女	**6**	**76**	**73**	**25**	**151**	**68**	**1**	**43**	**43**
16-19岁			2						
20-24岁		5	5	3	15	4		2	1
25-29岁	1	9	4	7	36	9	1	8	4
30-34岁	1	15	20	2	56	6		13	12
35-39岁	1	6	12	5	14	4		3	5
40-44岁		11	5	1	15	19		5	8
45-49岁		15	10	5	10	18		8	6
50-54岁	2	12	11	2	4	7		2	6
55-59岁			2		1			1	
60-64岁		2	2			1			
65-69岁		1							1
70-74岁									
75岁及以上	1							1	

4–7a　续表 7　　　　单位：人

年龄组 性　别	生产制造及有关人员								
	采矿人员	金属冶炼和压延加工人员	机械制造基础加工人员	金属制品制造人员	通用设备制造人员	专用设备制造人员	汽车制造人员	铁路、船舶、航空设备制造人员	电气机械和器材制造人员
总　计	**625**	**560**	**359**	**214**	**105**	**27**	**33**	**19**	**213**
16–19岁	3	2	3	2					3
20–24岁	39	31	13	12	6	2	4	1	62
25–29岁	87	99	40	25	10	6	4	4	79
30–34岁	132	91	78	41	22	7	11	3	39
35–39岁	111	69	40	30	2	3	3	1	11
40–44岁	99	84	48	41	13	3	3	3	8
45–49岁	100	102	60	28	22	4	3		5
50–54岁	48	68	52	25	18	2	3	5	5
55–59岁	3	9	18	5	8		2	1	
60–64岁	2	2	3	4	3				1
65–69岁		2	3	1	1			1	
70–74岁	1	1	1						
75岁及以上									
男	**512**	**470**	**320**	**162**	**96**	**19**	**28**	**17**	**179**
16–19岁	3	2	3	2					2
20–24岁	37	25	13	12	6	2	4		50
25–29岁	65	85	39	15	9	5	3	4	66
30–34岁	107	79	74	33	18	4	9	3	32
35–39岁	90	55	33	22	2	1	2	1	11
40–44岁	74	69	39	28	11	2	2	2	8
45–49岁	84	78	51	20	20	3	3		4
50–54岁	46	66	48	21	18	2	3	5	5
55–59岁	3	7	14	4	8		2	1	
60–64岁	2	2	2	4	3				1
65–69岁		1	3	1	1			1	
70–74岁	1	1	1						
75岁及以上									
女	**113**	**90**	**39**	**52**	**9**	**8**	**5**	**2**	**34**
16–19岁									1
20–24岁	2	6						1	12
25–29岁	22	14	1	10	1	1	1		13
30–34岁	25	12	4	8	4	3	2		7
35–39岁	21	14	7	8		2	1		
40–44岁	25	15	9	13	2	1	1	1	
45–49岁	16	24	9	8	2	1			1
50–54岁	2	2	4	4					
55–59岁		2	4	1					
60–64岁			1						
65–69岁		1							
70–74岁									
75岁及以上									

4－7a 续表 8

单位：人

年龄组 性 别	生产制造及有关人员								不便分类的其他从业人员
	计算机、通信和其他电子设备制造人员	仪器仪表制造人员	废弃资源综合利用人员	电力、热力、气体、水生产和输配人员	建筑施工人员	运输设备和通用工程机械操作人员及有关人员	生产辅助人员	其他生产制造及有关人员	
总 计	**378**	**32**	**42**	**351**	**5865**	**804**	**2858**	**42**	**414**
16－19岁	9			1	24	8	9		170
20－24岁	41	2		13	180	48	217	1	40
25－29岁	86	6	2	45	539	124	462	7	36
30－34岁	86	6	5	49	756	147	596	14	35
35－39岁	47	3	5	28	704	101	324	6	27
40－44岁	33	6	2	42	884	115	360	2	40
45－49岁	38	4	4	64	1219	139	458	6	30
50－54岁	29	4	14	73	1006	106	316	2	26
55－59岁	7	1	8	22	427	15	88	4	3
60－64岁				10	87	1	12		3
65－69岁			2	3	23		11		2
70－74岁	1				6		2		2
75岁及以上	1			1	10		3		
男	**269**	**20**	**31**	**271**	**4771**	**723**	**2182**	**27**	**265**
16－19岁	8			1	21	8	7		104
20－24岁	28	1		7	153	46	157	1	22
25－29岁	59	5	2	31	475	109	327	4	31
30－34岁	60	6	4	33	632	133	444	8	22
35－39岁	35	2	4	24	559	91	234	3	18
40－44岁	21	1	1	27	685	95	272	2	23
45－49岁	26	1	3	50	928	125	355	5	20
50－54岁	26	3	11	65	823	100	289	1	17
55－59岁	6	1	5	21	375	15	75	3	3
60－64岁				9	84	1	11		3
65－69岁			1	2	21		8		
70－74岁					6		2		2
75岁及以上				1	9		1		
女	**109**	**12**	**11**	**80**	**1094**	**81**	**676**	**15**	**149**
16－19岁	1				3		2		66
20－24岁	13	1		6	27	2	60		18
25－29岁	27	1		14	64	15	135	3	5
30－34岁	26		1	16	124	14	152	6	13
35－39岁	12	1	1	4	145	10	90	3	9
40－44岁	12	5	1	15	199	20	88		17
45－49岁	12	3	1	14	291	14	103	1	10
50－54岁	3	1	3	8	183	6	27	1	9
55－59岁	1		3	1	52		13	1	
60－64岁				1	3		1		
65－69岁			1	1	2		3		2
70－74岁	1								
75岁及以上	1				1		2		

4-7b　全省分年龄、性别、职业中类的就业人口(镇)

单位：人

年龄组 性　别	合计	党的机关、国家机关、群众团体和社会组织、企事业单位负责人						
		小计	中国共产党机关负责人	国家机关负责人	民主党派和工商联负责人	人民团体和群众团体、社会组织及其他成员组织负责人	基层群众自治组织负责人	企事业单位负责人
总　计	**53603**	**1180**	**28**	**324**		**54**	**115**	**659**
16-19岁	707	2				1		1
20-24岁	3831	13		1		3		9
25-29岁	7205	64		13		3	1	47
30-34岁	8501	160	2	38		9	10	101
35-39岁	7078	171	6	52		8	9	96
40-44岁	8139	208	5	60		10	25	108
45-49岁	8199	261	7	82		10	23	139
50-54岁	5989	194	6	60		6	21	101
55-59岁	2702	77	2	17		3	18	37
60-64岁	654	18					6	12
65-69岁	384	6				1	1	4
70-74岁	144	5		1			1	3
75岁及以上	70	1						1
男	**32112**	**962**	**25**	**270**		**30**	**88**	**549**
16-19岁	436	1						1
20-24岁	2121	6		1		1		4
25-29岁	4022	44		5		1	1	37
30-34岁	4847	115	2	23		5	4	81
35-39岁	4001	136	5	42		6	7	76
40-44岁	4765	165	5	52		5	16	87
45-49岁	4902	218	6	75		4	18	115
50-54岁	4107	178	5	55		5	19	94
55-59岁	1995	70	2	16		2	15	35
60-64岁	486	18					6	12
65-69岁	282	6				1	1	4
70-74岁	108	4		1			1	2
75岁及以上	40	1						1
女	**21491**	**218**	**3**	**54**		**24**	**27**	**110**
16-19岁	271	1				1		
20-24岁	1710	7				2		5
25-29岁	3183	20		8		2		10
30-34岁	3654	45		15		4	6	20
35-39岁	3077	35	1	10		2	2	20
40-44岁	3374	43		8		5	9	21
45-49岁	3297	43	1	7		6	5	24
50-54岁	1882	16	1	5		1	2	7
55-59岁	707	7		1		1	3	2
60-64岁	168							
65-69岁	102							
70-74岁	36	1						1
75岁及以上	30							

4－7b 续表 1

单位：人

年龄组 性别	专业技术人员									
	小计	科学研究人员	工程技术人员	农业技术人员	飞机和船舶技术人员	卫生专业技术人员	经济和金融专业人员	法律、社会和宗教专业人员	教学人员	文学艺术、体育专业人员
总　计	**8671**	**13**	**1079**	**185**		**1786**	**1306**	**427**	**3566**	**113**
16－19岁	74		5	3		12	1	23	28	2
20－24岁	799	1	110	6		224	116	41	260	21
25－29岁	1618	1	251	18		449	253	71	508	34
30－34岁	1501	2	216	21		337	243	69	553	27
35－39岁	1143	1	128	14		214	160	41	546	9
40－44岁	1266	2	131	41		203	174	52	633	5
45－49岁	1119	2	110	38		172	194	46	528	4
50－54岁	814	3	91	31		108	124	55	377	6
55－59岁	258	1	29	12		40	27	23	113	5
60－64岁	34		4			6	10	4	9	
65－69岁	30		3	1		14	4		6	
70－74岁	8		1			4		1	2	
75岁及以上	7					3		1	3	
男	**3865**	**12**	**915**	**116**		**568**	**420**	**267**	**1400**	**77**
16－19岁	42		5	3		4		21	7	2
20－24岁	261	1	87	5		45	36	19	51	12
25－29岁	565	1	214	10		98	67	25	113	21
30－34岁	602	2	183	11		96	69	38	168	17
35－39岁	461	1	105	7		74	48	21	181	8
40－44岁	577	2	112	21		77	45	38	271	4
45－49岁	545	2	91	24		67	53	32	262	3
50－54岁	535	2	83	23		61	70	45	237	5
55－59岁	209	1	27	11		23	21	22	93	5
60－64岁	29		4			4	8	4	9	
65－69岁	27		3	1		12	3		6	
70－74岁	7		1			4		1	1	
75岁及以上	5					3		1	1	
女	**4806**	**1**	**164**	**69**		**1218**	**886**	**160**	**2166**	**36**
16－19岁	32					8	1	2	21	
20－24岁	538		23	1		179	80	22	209	9
25－29岁	1053		37	8		351	186	46	395	13
30－34岁	899		33	10		241	174	31	385	10
35－39岁	682		23	7		140	112	20	365	1
40－44岁	689		19	20		126	129	14	362	1
45－49岁	574		19	14		105	141	14	266	1
50－54岁	279	1	8	8		47	54	10	140	1
55－59岁	49		2	1		17	6	1	20	
60－64岁	5					2	2			
65－69岁	3					2	1			
70－74岁	1								1	
75岁及以上	2								2	

4-7b　续表 2　　　　单位：人

年龄组 性　别	专业技术人员		办事人员和有关人员				社会生产服务和生活服务人员		
	新闻出版、文化专业人员	其他专业技术人员	小计	办事人员	安全和消防人员	其他办事人员和有关人员	小计	批发与零售服务人员	交通运输、仓储和邮政业服务人员
总　计	**165**	**31**	**5549**	**4248**	**1257**	**44**	**21296**	**6664**	**4380**
16-19岁			9	7	2		300	61	25
20-24岁	17	3	450	348	100	2	1523	371	202
25-29岁	29	4	1063	828	230	5	2694	749	512
30-34岁	27	6	1028	770	249	9	3497	1119	683
35-39岁	28	2	671	552	111	8	2944	923	642
40-44岁	22	3	633	533	94	6	3447	1084	871
45-49岁	17	8	734	596	133	5	3254	1043	752
50-54岁	15	4	537	386	145	6	2219	810	466
55-59岁	8		297	190	107		1012	349	196
60-64岁	1		70	18	51	1	238	71	23
65-69岁	1	1	53	18	34	1	110	56	3
70-74岁			3	2	1		39	20	3
75岁及以上			1			1	19	8	2
男	**63**	**27**	**3494**	**2424**	**1045**	**25**	**11943**	**3106**	**3889**
16-19岁			6	4	2		198	31	22
20-24岁	2	3	239	155	83	1	900	176	167
25-29岁	13	3	592	408	180	4	1556	323	441
30-34岁	13	5	597	377	215	5	1893	479	599
35-39岁	14	2	396	300	91	5	1556	376	569
40-44岁	4	3	402	328	72	2	1828	475	777
45-49岁	5	6	462	362	98	2	1719	479	673
50-54岁	5	4	416	287	126	3	1345	442	431
55-59岁	6		270	170	100		661	222	181
60-64岁			63	16	46	1	166	47	21
65-69岁	1	1	47	15	31	1	78	34	3
70-74岁			3	2	1		31	16	3
75岁及以上			1			1	12	6	2
女	**102**	**4**	**2055**	**1824**	**212**	**19**	**9353**	**3558**	**491**
16-19岁			3	3			102	30	3
20-24岁	15		211	193	17	1	623	195	35
25-29岁	16	1	471	420	50	1	1138	426	71
30-34岁	14	1	431	393	34	4	1604	640	84
35-39岁	14		275	252	20	3	1388	547	73
40-44岁	18		231	205	22	4	1619	609	94
45-49岁	12	2	272	234	35	3	1535	564	79
50-54岁	10		121	99	19	3	874	368	35
55-59岁	2		27	20	7		351	127	15
60-64岁	1		7	2	5		72	24	2
65-69岁			6	3	3		32	22	
70-74岁							8	4	
75岁及以上							7	2	

4－7b　续表 3　　　　单位：人

年龄组 性　别	社会生产服务和生活服务人员								
	住宿和餐饮服务人　员	信息传输、软件和信息技术服务人　员	金融服务人　　员	房地产服务人员	租赁和商务服务人　员	技术辅助服务人员	水利、环境和公共设施管理服务人员	居民服务人　　员	电力、燃气及水供应服务人　员
总　计	**4944**	**349**	**495**	**145**	**610**	**221**	**1521**	**632**	**395**
16－19岁	158	4	1	3	1	3	5	9	2
20－24岁	527	64	64	6	19	37	28	47	28
25－29岁	713	86	155	12	50	47	61	78	67
30－34岁	908	88	101	34	52	40	133	102	55
35－39岁	730	36	48	26	44	28	180	103	59
40－44岁	758	41	34	19	61	24	292	90	63
45－49岁	607	17	49	21	102	22	376	101	64
50－54岁	363	9	36	13	103	14	245	52	44
55－59岁	153	2	6	7	92	6	128	34	9
60－64岁	19	1		1	56		50	11	3
65－69岁	3			3	25		12	5	1
70－74岁	3		1		4		7		
75岁及以上	2	1			1		4		
男	**2141**	**218**	**205**	**74**	**473**	**144**	**493**	**178**	**308**
16－19岁	106	2		1	1	2	1	4	2
20－24岁	281	48	28	4	13	25	15	15	24
25－29岁	365	46	70	5	37	32	28	26	55
30－34岁	397	52	43	13	33	27	53	28	38
35－39岁	305	24	13	10	28	10	63	20	45
40－44岁	273	25	8	8	36	14	67	22	45
45－49岁	198	12	12	11	70	15	105	25	45
50－54岁	130	8	26	11	92	14	81	18	42
55－59岁	70	1	4	7	82	5	46	10	8
60－64岁	11			1	52		24	5	3
65－69岁	2			3	24		5	5	1
70－74岁	2		1		4		4		
75岁及以上	1				1		1		
女	**2803**	**131**	**290**	**71**	**137**	**77**	**1028**	**454**	**87**
16－19岁	52	2	1	2		1	4	5	
20－24岁	246	16	36	2	6	12	13	32	4
25－29岁	348	40	85	7	13	15	33	52	12
30－34岁	511	36	58	21	19	13	80	74	17
35－39岁	425	12	35	16	16	18	117	83	14
40－44岁	485	16	26	11	25	10	225	68	18
45－49岁	409	5	37	10	32	7	271	76	19
50－54岁	233	1	10	2	11		164	34	2
55－59岁	83	1	2		10	1	82	24	1
60－64岁	8	1			4		26	6	
65－69岁	1				1		7		
70－74岁	1						3		
75岁及以上	1	1					3		

4-7b 续表 4

单位：人

年龄组 性 别	社会生产服务和生活服务人员				农、林、牧、渔业生产及辅助人员				
	修理及制作服务人员	文化、体育和娱乐服务人员	健康服务人员	其他社会生产和生活服务人员	小计	农业生产人员	林业生产人员	畜牧业生产人员	渔业生产人员
总 计	**779**	**105**	**39**	**17**	**7140**	**2431**	**1926**	**2700**	**12**
16-19岁	22	6			217	31	139	46	
20-24岁	106	16	7	1	473	90	193	184	
25-29岁	136	19	6	3	608	139	183	280	1
30-34岁	143	31	8		868	252	216	385	4
35-39岁	107	10	3	5	898	261	273	355	1
40-44岁	89	12	4	5	958	337	242	370	2
45-49岁	85	5	8	2	1084	411	243	413	3
50-54岁	59	2	2	1	981	428	215	325	
55-59岁	27	2	1		580	276	102	197	1
60-64岁	2	1			205	96	34	73	
65-69岁	2				148	66	34	48	
70-74岁	1				82	34	29	19	
75岁及以上		1			38	10	23	5	
男	**638**	**49**	**16**	**11**	**4097**	**1352**	**989**	**1690**	**10**
16-19岁	22	4			110	17	69	23	
20-24岁	93	8	2	1	251	51	84	110	
25-29岁	111	12	2	3	332	66	88	173	1
30-34岁	116	11	4		483	139	100	235	3
35-39岁	82	7	2	2	493	131	143	213	1
40-44岁	67	5	3	3	568	195	135	232	1
45-49岁	69	1	2	2	607	218	122	252	3
50-54岁	49		1		588	239	120	218	
55-59岁	25				371	164	65	137	1
60-64岁	2				126	57	20	47	
65-69岁	1				92	41	17	34	
70-74岁	1				57	27	17	13	
75岁及以上		1			19	7	9	3	
女	**141**	**56**	**23**	**6**	**3043**	**1079**	**937**	**1010**	**2**
16-19岁		2			107	14	70	23	
20-24岁	13	8	5		222	39	109	74	
25-29岁	25	7	4		276	73	95	107	
30-34岁	27	20	4		385	113	116	150	1
35-39岁	25	3	1	3	405	130	130	142	
40-44岁	22	7	1	2	390	142	107	138	1
45-49岁	16	4	6		477	193	121	161	
50-54岁	10	2	1	1	393	189	95	107	
55-59岁	2	2	1		209	112	37	60	
60-64岁		1			79	39	14	26	
65-69岁	1				56	25	17	14	
70-74岁					25	7	12	6	
75岁及以上					19	3	14	2	

4-7b 续表 5

单位：人

年龄组 性 别	农林牧渔生产辅助人员	其他农、林、牧、渔业生产加工人员	生产制造及有关人员 小计	农副产品加工人员	食品、饮料生产加工人员	烟草及其制品加工人员	纺织、针织、印染人员	纺织品、服装和皮革、毛皮制品加工制作人员	木材加工、家具与木制品制作人员
总 计	**69**	**2**	**9677**	**170**	**230**		**16**	**166**	**151**
16-19岁	1		80	2	1				
20-24岁	6		563	5	12			5	4
25-29岁	4	1	1149	14	28			11	10
30-34岁	11		1438	19	33		2	20	14
35-39岁	8		1244	17	40		3	24	21
40-44岁	7		1617	31	30		3	36	20
45-49岁	14		1739	31	39		2	32	40
50-54岁	12	1	1238	29	28		2	21	28
55-59岁	4		474	10	13		4	8	10
60-64岁	2		89	6	3			3	2
65-69岁			36	6	2			5	1
70-74岁			7					1	1
75岁及以上			3		1				
男	**55**	**1**	**7696**	**114**	**119**		**3**	**60**	**131**
16-19岁	1		64	2	1				
20-24岁	6		456	3	7			2	4
25-29岁	3	1	928	11	18			2	9
30-34岁	6		1152	14	15			6	13
35-39岁	5		955	10	20		1	6	19
40-44岁	5		1219	19	18			12	15
45-49岁	12		1345	19	17			14	33
50-54岁	11		1041	19	12			7	24
55-59岁	4		412	8	7		2	4	10
60-64岁	2		84	5	2			2	2
65-69岁			32	4	2			5	1
70-74岁			6						1
75岁及以上			2						
女	**14**	**1**	**1981**	**56**	**111**		**13**	**106**	**20**
16-19岁			16						
20-24岁			107	2	5			3	
25-29岁	1		221	3	10			9	1
30-34岁	5		286	5	18		2	14	1
35-39岁	3		289	7	20		2	18	2
40-44岁	2		398	12	12		3	24	5
45-49岁	2		394	12	22		2	18	7
50-54岁	1	1	197	10	16		2	14	4
55-59岁			62	2	6		2	4	
60-64岁			5	1	1			1	
65-69岁			4	2					
70-74岁			1					1	
75岁及以上			1		1				

4-7b 续表 6

单位：人

年龄组 性 别	生产制造及有关人员								
	纸及纸制品生产加工人员	印刷和记录媒介复制人员	文教、工美、体育和娱乐用品制造人员	石油加工和炼焦、煤化工生产人员	化学原料和化学制品制造人员	医药制造人员	化学纤维制造人员	橡胶和塑料制品制造人员	非金属矿物制品制造人员
总 计	**4**	**89**	**113**	**111**	**302**	**24**	**3**	**29**	**198**
16-19岁		4	4	2	4				2
20-24岁		13	6	12	29	4	1	3	13
25-29岁	2	26	22	17	79	6	2	6	15
30-34岁		17	22	17	68	4		4	23
35-39岁		13	19	13	33	4		4	19
40-44岁	2	7	14	20	36	1		4	40
45-49岁		6	13	21	21	1		5	35
50-54岁		2	9	9	23	4		1	31
55-59岁			4		8			2	14
60-64岁		1							3
65-69岁					1				3
70-74岁									
75岁及以上									
男	**1**	**58**	**90**	**88**	**230**	**10**	**2**	**16**	**157**
16-19岁		4	2	2	2				1
20-24岁		9	5	11	22	1	1	3	13
25-29岁		18	19	11	58	3	1	3	10
30-34岁		9	17	14	49	3		2	17
35-39岁		8	18	7	23	1		2	15
40-44岁	1	5	10	16	29			3	33
45-49岁		3	8	18	18			1	23
50-54岁		2	7	9	20	2			28
55-59岁			4		8			2	11
60-64岁									3
65-69岁					1				3
70-74岁									
75岁及以上									
女	**3**	**31**	**23**	**23**	**72**	**14**	**1**	**13**	**41**
16-19岁			2		2				1
20-24岁		4	1	1	7	3			
25-29岁	2	8	3	6	21	3	1	3	5
30-34岁		8	5	3	19	1		2	6
35-39岁		5	1	6	10	3		2	4
40-44岁	1	2	4	4	7	1		1	7
45-49岁		3	5	3	3	1		4	12
50-54岁			2		3	2		1	3
55-59岁									3
60-64岁		1							
65-69岁									
70-74岁									
75岁及以上									

4－7b 续表 7

单位：人

年龄组 性 别	生产制造及有关人员								
	采矿人员	金属冶炼和压延加工人员	机械制造基础加工人员	金属制品制造人员	通用设备制造人员	专用设备制造人员	汽车制造人员	铁路、船舶、航空设备制造人员	电气机械和器材制造人员
总 计	**320**	**387**	**339**	**157**	**34**	**12**	**17**	**8**	**48**
16－19岁	2	1	2	3					
20－24岁	17	17	14	6	1	3	4		7
25－29岁	35	42	35	18	5	1	4	2	15
30－34岁	49	65	62	31	5	2	3	3	6
35－39岁	43	58	45	19	4	2	2	1	3
40－44岁	62	82	52	19	8	2		1	7
45－49岁	66	77	55	28	6	1	2	1	6
50－54岁	38	38	49	23	4	1	2		3
55－59岁	5	5	18	6	1				
60－64岁	1	2	4	2					1
65－69岁			3	2					
70－74岁	2								
75岁及以上									
男	**284**	**346**	**319**	**106**	**31**	**11**	**12**	**7**	**39**
16－19岁	2	1	2	3					
20－24岁	15	16	13	3	1	3	3		5
25－29岁	29	39	33	9	5	1	3	2	11
30－34岁	46	58	58	24	5	2	3	3	6
35－39岁	40	52	42	14	4	1	1	1	2
40－44岁	47	73	48	13	7	2		1	6
45－49岁	61	66	51	17	4	1			5
50－54岁	36	35	47	17	4	1	2		3
55－59岁	5	4	18	3	1				
60－64岁	1	2	4	2					1
65－69岁			3	1					
70－74岁	2								
75岁及以上									
女	**36**	**41**	**20**	**51**	**3**	**1**	**5**	**1**	**9**
16－19岁									
20－24岁	2	1	1	3			1		2
25－29岁	6	3	2	9			1		4
30－34岁	3	7	4	7					
35－39岁	3	6	3	5		1	1		1
40－44岁	15	9	4	6	1				1
45－49岁	5	11	4	11	2		2	1	1
50－54岁	2	3	2	6					
55－59岁		1		3					
60－64岁									
65－69岁				1					
70－74岁									
75岁及以上									

4-7b　续表 8　　　　　　　　　　　　　　　　　　　　　　　　　　单位：人

年龄组 性　别	生产制造及有关人员								不便分类的其他从业人员
	计算机、通信和其他电子设备制造人　员	仪器仪表制造人员	废弃资源综合利用人　　员	电力、热力、气体、水生产和输配人员	建筑施工人　　员	运输设备和通用工程机械操作人员及有关人员	生产辅助人　　员	其他生产制造及有关人员	
总　计	**211**	**6**	**8**	**263**	**4214**	**655**	**1382**	**10**	**90**
16-19岁	10				31	7	5		25
20-24岁	30	1		8	179	42	127		10
25-29岁	55			26	377	100	194	2	9
30-34岁	46	1	1	32	517	127	243	2	9
35-39岁	22	1		34	543	100	155	2	7
40-44岁	13	2		51	746	104	224		10
45-49岁	18	1	2	54	863	92	219	2	8
50-54岁	17		2	41	621	64	146	2	6
55-59岁			3	13	280	16	54		4
60-64岁				2	45	2	12		
65-69岁				1	9	1	2		1
70-74岁				1	1		1		
75岁及以上					2				1
男	**155**	**5**	**8**	**215**	**3402**	**612**	**1057**	**8**	**55**
16-19岁	6				25	7	4		15
20-24岁	22	1		5	150	35	103		8
25-29岁	38			23	328	93	150	1	5
30-34岁	37		1	23	415	120	190	2	5
35-39岁	18	1		27	421	94	105	2	4
40-44岁	9	2		38	562	97	153		6
45-49岁	13	1	2	43	676	85	165	1	6
50-54岁	12		2	39	524	62	125	2	4
55-59岁			3	13	245	16	48		2
60-64岁				2	44	2	12		
65-69岁				1	9	1	1		
70-74岁				1	1		1		
75岁及以上					2				
女	**56**	**1**		**48**	**812**	**43**	**325**	**2**	**35**
16-19岁	4				6		1		10
20-24岁	8			3	29	7	24		2
25-29岁	17			3	49	7	44	1	4
30-34岁	9	1		9	102	7	53		4
35-39岁	4			7	122	6	50		3
40-44岁	4			13	184	7	71		4
45-49岁	5			11	187	7	54	1	2
50-54岁	5			2	97	2	21		2
55-59岁					35		6		2
60-64岁					1				
65-69岁							1		1
70-74岁									
75岁及以上									1

4-7c 全省分年龄、性别、职业中类的就业人口(乡村)

单位：人

年龄组 性 别	合计	党的机关、国家机关、群众团体和社会组织、企事业单位负责人						
		小计	中国共产党机关负责人	国家机关负责人	民主党派和工商联负责人	人民团体和群众团体、社会组织及其他成员组织负责人	基层群众自治组织负责人	企事业单位负责人
总　计	**83569**	**727**	**4**	**38**		**72**	**310**	**303**
16-19岁	2047							
20-24岁	6839	16				3	5	8
25-29岁	10029	69	1	3		8	10	47
30-34岁	10596	74		7		4	10	53
35-39岁	9883	79		4		7	22	46
40-44岁	11147	99		12		14	35	38
45-49岁	12160	127	1	5		11	61	49
50-54岁	10599	139		4		16	84	35
55-59岁	6361	95	2	2		5	62	24
60-64岁	1983	17				1	14	2
65-69岁	1264	10				2	7	1
70-74岁	415	2		1		1		
75岁及以上	246							
男	**50806**	**591**	**2**	**34**		**31**	**276**	**248**
16-19岁	1261							
20-24岁	3994	8				2	2	4
25-29岁	5914	42		2		2	3	35
30-34岁	6354	57		5		3	7	42
35-39岁	5802	58		3		2	19	34
40-44岁	6722	76		12		4	30	30
45-49岁	7313	110		5		4	57	44
50-54岁	6639	123		4		6	81	32
55-59岁	4154	89	2	2		4	57	24
60-64岁	1387	16				1	13	2
65-69岁	861	10				2	7	1
70-74岁	252	2		1		1		
75岁及以上	153							
女	**32763**	**136**	**2**	**4**		**41**	**34**	**55**
16-19岁	786							
20-24岁	2845	8				1	3	4
25-29岁	4115	27	1	1		6	7	12
30-34岁	4242	17		2		1	3	11
35-39岁	4081	21		1		5	3	12
40-44岁	4425	23				10	5	8
45-49岁	4847	17	1			7	4	5
50-54岁	3960	16				10	3	3
55-59岁	2207	6				1	5	
60-64岁	596	1					1	
65-69岁	403							
70-74岁	163							
75岁及以上	93							

4-7c　续表 1

单位：人

年龄组 性　别	专业技术人员									
	小计	科学研究人　　员	工程技术人　　员	农业技术人　　员	飞机和船舶技术人　员	卫生专业技术人员	经济和金融专业人　员	法律、社会和宗教专业人员	教学人员	文学艺术、体育专业人员
总　计	**4960**	**3**	**949**	**79**	**2**	**810**	**400**	**1323**	**1259**	**70**
16—19岁	228		10	1		20	4	149	41	2
20—24岁	931		140	11		176	69	226	277	16
25—29岁	1190	1	224	15		242	121	170	384	20
30—34岁	659		140	7	1	102	57	155	166	17
35—39岁	422	2	92	9	1	53	29	108	116	2
40—44岁	464		114	6		59	23	139	113	5
45—49岁	404		104	16		55	38	132	53	5
50—54岁	344		76	8		38	30	131	58	1
55—59岁	206		44	4		31	22	56	44	2
60—64岁	45		3	1		16	2	17	6	
65—69岁	35		2	1		14	4	13	1	
70—74岁	13					2		11		
75岁及以上	19					2	1	16		
男	**2967**	**3**	**859**	**51**	**1**	**315**	**187**	**1013**	**455**	**43**
16—19岁	154		9	1		7	1	123	10	2
20—24岁	408		122	5		36	17	155	56	10
25—29岁	536	1	198	7		50	42	115	104	9
30—34岁	382		132	3	1	38	21	107	62	10
35—39岁	262	2	83	5		29	16	79	42	2
40—44岁	330		101	6		39	12	112	53	3
45—49岁	316		94	11		35	25	114	31	5
50—54岁	300		73	7		28	27	114	49	
55—59岁	184		42	4		21	20	51	41	2
60—64岁	40		3	1		15	2	13	6	
65—69岁	30		2	1		13	4	9	1	
70—74岁	9					2		7		
75岁及以上	16					2		14		
女	**1993**		**90**	**28**	**1**	**495**	**213**	**310**	**804**	**27**
16—19岁	74		1			13	3	26	31	
20—24岁	523		18	6		140	52	71	221	6
25—29岁	654		26	8		192	79	55	280	11
30—34岁	277		8	4		64	36	48	104	7
35—39岁	160		9	4	1	24	13	29	74	
40—44岁	134		13			20	11	27	60	2
45—49岁	88		10	5		20	13	18	22	
50—54岁	44		3	1		10	3	17	9	1
55—59岁	22		2			10	2	5	3	
60—64岁	5					1		4		
65—69岁	5					1		4		
70—74岁	4							4		
75岁及以上	3						1	2		

4－7c 续表 2

单位：人

年龄组 性 别	专业技术人员		办事人员和有关人员				社会生产服务和生活服务人员		
	新闻出版、文化专业人员	其他专业技术人员	小计	办事人员	安全和消防人员	其他办事人员和有关人员	小计	批发与零售服务人员	交通运输、仓储和邮政业服务人员
总 计	**44**	**21**	**1799**	**1190**	**585**	**24**	**18396**	**3993**	**4457**
16－19岁		1	10	5	5		519	68	32
20－24岁	14	2	263	192	68	3	1784	316	273
25－29岁	8	5	448	344	100	4	2539	501	557
30－34岁	12	2	245	181	64		2699	547	715
35－39岁	8	2	128	104	23	1	2284	479	684
40－44岁	1	4	153	111	39	3	2424	539	768
45－49岁		1	171	91	73	7	2514	565	684
50－54岁		2	165	86	77	2	2051	517	504
55－59岁	1	2	126	56	67	3	1019	267	193
60－64岁			45	8	36	1	306	88	35
65－69岁			28	6	22		182	69	10
70－74岁			12	3	9		58	30	
75岁及以上			5	3	2		17	7	2
男	**22**	**18**	**1233**	**685**	**531**	**17**	**11076**	**2077**	**3966**
16－19岁		1	10	5	5		327	38	28
20－24岁	5	2	151	85	64	2	1080	136	244
25－29岁	5	5	245	156	85	4	1551	233	506
30－34岁	7	1	153	93	60		1597	243	634
35－39岁	3	1	85	63	21	1	1338	222	592
40－44岁	1	3	124	87	35	2	1423	276	677
45－49岁		1	134	66	63	5	1405	307	607
50－54岁		2	136	63	73		1251	307	457
55－59岁	1	2	113	49	62	2	671	172	178
60－64岁			42	8	33	1	238	66	31
65－69岁			26	6	20		144	51	10
70－74岁			11	3	8		39	21	
75岁及以上			3	1	2		12	5	2
女	**22**	**3**	**566**	**505**	**54**	**7**	**7320**	**1916**	**491**
16－19岁							192	30	4
20－24岁	9		112	107	4	1	704	180	29
25－29岁	3		203	188	15		988	268	51
30－34岁	5	1	92	88	4		1102	304	81
35－39岁	5	1	43	41	2		946	257	92
40－44岁		1	29	24	4	1	1001	263	91
45－49岁			37	25	10	2	1109	258	77
50－54岁			29	23	4	2	800	210	47
55－59岁			13	7	5	1	348	95	15
60－64岁			3		3		68	22	4
65－69岁			2		2		38	18	
70－74岁			1		1		19	9	
75岁及以上			2	2			5	2	

4-7c　续表 3

单位：人

年龄组 性　别	社会生产服务和生活服务人员								
	住宿和餐饮服务人员	信息传输、软件和信息技术服务人员	金融服务人员	房地产服务人员	租赁和商务服务人员	技术辅助服务人员	水利、环境和公共设施管理服务人员	居民服务人员	电力、燃气及水供应服务人员
总　计	**5488**	**172**	**137**	**98**	**536**	**131**	**1942**	**502**	**291**
16-19岁	327	6	2	1	7	2	11	23	7
20-24岁	813	37	33	14	31	30	38	48	31
25-29岁	914	54	57	18	49	38	83	72	66
30-34岁	967	30	10	15	35	25	146	68	51
35-39岁	674	19	8	8	30	11	201	54	32
40-44岁	597	11	11	8	30	9	296	68	33
45-49岁	607	9	6	11	78	10	377	78	31
50-54岁	373	4	7	14	109	4	411	46	21
55-59岁	169	2	2	6	102	2	215	23	13
60-64岁	26		1	3	41		87	12	4
65-69岁	16				21		56	3	2
70-74岁	3				2		17	6	
75岁及以上	2				1		4	1	
男	**2515**	**113**	**69**	**61**	**442**	**91**	**833**	**121**	**262**
16-19岁	201	3	1		4	1	4	9	6
20-24岁	449	23	13	10	16	18	24	12	28
25-29岁	450	31	30	12	34	25	41	13	63
30-34岁	443	23	8	5	23	19	69	12	45
35-39岁	295	14	5	6	21	7	79	13	27
40-44岁	230	7	6	3	26	7	111	11	27
45-49岁	198	7	1	6	64	9	115	19	29
50-54岁	141	3	2	11	97	3	171	13	18
55-59岁	78	2	2	5	95	2	100	6	13
60-64岁	20		1	3	39		59	7	4
65-69岁	10				21		43	2	2
70-74岁					1		14	3	
75岁及以上					1		3	1	
女	**2973**	**59**	**68**	**37**	**94**	**40**	**1109**	**381**	**29**
16-19岁	126	3	1	1	3	1	7	14	1
20-24岁	364	14	20	4	15	12	14	36	3
25-29岁	464	23	27	6	15	13	42	59	3
30-34岁	524	7	2	10	12	6	77	56	6
35-39岁	379	5	3	2	9	4	122	41	5
40-44岁	367	4	5	5	4	2	185	57	6
45-49岁	409	2	5	5	14	1	262	59	2
50-54岁	232	1	5	3	12	1	240	33	3
55-59岁	91			1	7		115	17	
60-64岁	6				2		28	5	
65-69岁	6						13	1	
70-74岁	3				1		3	3	
75岁及以上	2						1		

4－7c 续表 4

单位：人

年龄组 性别	社会生产服务和生活服务人员				农、林、牧、渔业生产及辅助人员				
	修理及制作服务人员	文化、体育和娱乐服务人员	健康服务人员	其他社会生产和生活服务人员	小计	农业生产人员	林业生产人员	畜牧业生产人员	渔业生产人员
总　计	**570**	**43**	**18**	**18**	**43710**	**18111**	**4076**	**21334**	**43**
16－19岁	30	2	1		1037	218	203	616	
20－24岁	102	14	3	1	2952	684	443	1810	4
25－29岁	111	12	3	4	4210	1125	535	2529	6
30－34岁	82	8			4925	1620	470	2819	5
35－39岁	77	2	3	2	5158	1883	474	2783	5
40－44岁	50	1	2	1	5805	2427	524	2823	5
45－49岁	51	3	2	2	6544	3021	547	2938	10
50－54岁	37		1	3	6056	3198	429	2404	3
55－59岁	19	1	2	3	4129	2290	272	1553	4
60－64岁	7		1	1	1417	875	68	468	1
65－69岁	4			1	951	556	43	348	
70－74岁					324	149	36	138	
75岁及以上					202	65	32	105	
男	**485**	**28**	**4**	**9**	**23623**	**9093**	**2320**	**12077**	**33**
16－19岁	30	2			578	115	122	341	
20－24岁	97	8	1	1	1615	345	232	1029	2
25－29岁	101	10		2	2225	566	287	1355	5
30－34岁	69	4			2568	781	238	1536	5
35－39岁	56	1			2663	891	257	1503	3
40－44岁	40	1	1		3065	1156	297	1590	4
45－49岁	39	2	1	1	3446	1462	301	1661	6
50－54岁	26		1	1	3261	1569	277	1396	3
55－59岁	16			2	2388	1205	201	971	4
60－64岁	7			1	909	548	47	310	1
65－69岁	4			1	598	327	30	238	
70－74岁					187	92	18	76	
75岁及以上					120	36	13	71	
女	**85**	**15**	**14**	**9**	**20087**	**9018**	**1756**	**9257**	**10**
16－19岁			1		459	103	81	275	
20－24岁	5	6	2		1337	339	211	781	2
25－29岁	10	2	3	2	1985	559	248	1174	1
30－34岁	13	4			2357	839	232	1283	
35－39岁	21	1	3	2	2495	992	217	1280	2
40－44岁	10		1	1	2740	1271	227	1233	1
45－49岁	12	1	1	1	3098	1559	246	1277	4
50－54岁	11			2	2795	1629	152	1008	
55－59岁	3	1	2	1	1741	1085	71	582	
60－64岁			1		508	327	21	158	
65－69岁					353	229	13	110	
70－74岁					137	57	18	62	
75岁及以上					82	29	19	34	

4-7c　续表 5

单位：人

年龄组 性　别			生产制造及有关人员						
	农林牧渔生产辅助人员	其他农、林、牧、渔业生产加工人员	小计	农副产品加工人员	食品、饮料生产加工人员	烟草及其制品加工人员	纺织、针织、印染人员	纺织品、服装和皮革、毛皮制品加工制作人员	木材加工、家具与木制品制作人员
总　计	**139**	**7**	**13859**	**279**	**121**		**9**	**120**	**346**
16-19岁			183	2	2			2	
20-24岁	10	1	866	10	12		1	6	9
25-29岁	15		1571	18	21			17	33
30-34岁	11		1991	22	15		1	20	37
35-39岁	11	2	1810	30	16		1	14	51
40-44岁	24	2	2200	44	15		1	21	51
45-49岁	27	1	2394	49	22		2	19	63
50-54岁	22		1841	58	10		2	13	65
55-59岁	10		784	30	4		1	4	30
60-64岁	5		152	8	3			3	6
65-69岁	3	1	58	6	1			1	1
70-74岁	1		6	1					
75岁及以上			3	1					
男	**96**	**4**	**11246**	**192**	**53**		**2**	**49**	**304**
16-19岁			155	1				2	
20-24岁	7		714	9	5		1	4	9
25-29岁	12		1314	16	9			10	31
30-34岁	8		1595	15	3			9	31
35-39岁	8	1	1394	15	5		1	6	43
40-44岁	16	2	1703	24	8			7	43
45-49岁	16		1898	37	10			4	54
50-54岁	16		1565	38	6			3	58
55-59岁	7		708	26	3			2	28
60-64岁	3		141	6	3			1	6
65-69岁	2	1	53	4	1			1	1
70-74岁	1		4						
75岁及以上			2	1					
女	**43**	**3**	**2613**	**87**	**68**		**7**	**71**	**42**
16-19岁			28	1	2				
20-24岁	3	1	152	1	7			2	
25-29岁	3		257	2	12			7	2
30-34岁	3		396	7	12		1	11	6
35-39岁	3	1	416	15	11			8	8
40-44岁	8		497	20	7		1	14	8
45-49岁	11	1	496	12	12		2	15	9
50-54岁	6		276	20	4		2	10	7
55-59岁	3		76	4	1		1	2	2
60-64岁	2		11	2				2	
65-69岁	1		5	2					
70-74岁			2	1					
75岁及以上			1						

4−7c 续表 6

单位：人

年龄组 性别	生产制造及有关人员								
	纸及纸制品生产加工人员	印刷和记录媒介复制人员	文教、工美、体育和娱乐用品制造人员	石油加工和炼焦、煤化工生产人员	化学原料和化学制品制造人员	医药制造人员	化学纤维制造人员	橡胶和塑料制品制造人员	非金属矿物制品制造人员
总计	**5**	**40**	**150**	**15**	**170**	**24**		**49**	**231**
16−19岁	1		6		1			2	
20−24岁	1	9	17	1	19	2		3	11
25−29岁		11	25	1	40	3		2	25
30−34岁	1	8	27	4	24	6		7	32
35−39岁		4	24	2	15	1		9	23
40−44岁	1	1	10	2	22	2		11	32
45−49岁		5	17	4	24	5		6	40
50−54岁			14	1	18	2		5	37
55−59岁	1	2	9		7	2		3	21
60−64岁						1			8
65−69岁									2
70−74岁			1					1	
75岁及以上									
男	**2**	**24**	**119**	**12**	**137**	**13**		**24**	**187**
16−19岁	1		4		1			2	
20−24岁	1	6	14		16	1		3	11
25−29岁		7	21	1	37	3			21
30−34岁		5	21	3	21	5		4	23
35−39岁		2	18	2	12			4	16
40−44岁			8	2	16	1		1	20
45−49岁		2	15	3	12	2		3	32
50−54岁			11	1	15			3	34
55−59岁		2	7		7			3	21
60−64岁						1			7
65−69岁									2
70−74岁								1	
75岁及以上									
女	**3**	**16**	**31**	**3**	**33**	**11**		**25**	**44**
16−19岁			2						
20−24岁		3	3	1	3	1			
25−29岁		4	4		3			2	4
30−34岁	1	3	6	1	3	1		3	9
35−39岁		2	6		3	1		5	7
40−44岁	1	1	2		6	1		10	12
45−49岁		3	2	1	12	3		3	8
50−54岁			3		3	2		2	3
55−59岁	1		2			2			
60−64岁									1
65−69岁									
70−74岁			1						
75岁及以上									

4-7c　续表 7　　　　　　　　　　　　　　　　　　　　　　　　　　单位：人

年龄组 性　别	生产制造及有关人员								
	采矿人员	金属冶炼和压延加工人员	机械制造基础加工人员	金属制品制造人员	通用设备制造人员	专用设备制造人员	汽车制造人员	铁路、船舶、航空设备制造人员	电气机械和器材制造人员
总　计	**553**	**447**	**488**	**137**	**40**	**13**	**37**	**11**	**86**
16—19岁	5	2	3	5	1		3	1	5
20—24岁	16	15	31	11	1	1	5	2	21
25—29岁	47	43	51	11	7	4	13	2	20
30—34岁	94	63	108	14	7	6	8	2	13
35—39岁	64	58	67	19	3		4		7
40—44岁	95	96	63	28	5		1	2	9
45—49岁	116	109	72	21	10		2		8
50—54岁	91	53	62	19	4		1	1	2
55—59岁	23	8	25	8	1	2		1	1
60—64岁	2		2	1	1				
65—69岁			4						
70—74岁									
75岁及以上									
男	**507**	**403**	**459**	**107**	**32**	**9**	**27**	**10**	**67**
16—19岁	5	2	3	5	1		2	1	4
20—24岁	12	14	29	8	1	1	4	2	17
25—29岁	44	40	48	10	3	4	9	2	15
30—34岁	88	56	102	10	5	3	5	1	8
35—39岁	56	52	61	15	3		3		6
40—44岁	89	84	58	19	5		1	2	8
45—49岁	104	97	68	17	8		2		6
50—54岁	85	50	60	15	4		1	1	2
55—59岁	22	8	24	7	1	1		1	1
60—64岁	2		2	1	1				
65—69岁			4						
70—74岁									
75岁及以上									
女	**46**	**44**	**29**	**30**	**8**	**4**	**10**	**1**	**19**
16—19岁							1		1
20—24岁	4	1	2	3			1		4
25—29岁	3	3	3	1	4		4		5
30—34岁	6	7	6	4	2	3	3	1	5
35—39岁	8	6	6	4			1		1
40—44岁	6	12	5	9					1
45—49岁	12	12	4	4	2				2
50—54岁	6	3	2	4					
55—59岁	1		1	1		1			
60—64岁									
65—69岁									
70—74岁									
75岁及以上									

4-7c 续表 8

单位：人

年龄组 性 别	生产制造及有关人员								不便分类的其他从业人员
	计算机、通信和其他电子设备制造人员	仪器仪表制造人员	废弃资源综合利用人员	电力、热力、气体、水生产和输配人员	建筑施工人员	运输设备和通用工程机械操作人员及有关人员	生产辅助人员	其他生产制造及有关人员	
总　计	**348**	**10**	**10**	**208**	**7859**	**913**	**1121**	**19**	**118**
16-19岁	38	2		2	65	16	19		70
20-24岁	72	3	1	11	386	95	92	2	27
25-29岁	83	2	1	19	648	213	207	4	2
30-34岁	66	1		20	1002	176	204	3	3
35-39岁	40	1	1	24	1080	118	132	2	2
40-44岁	24	1	2	25	1377	124	133	2	2
45-49岁	16		4	35	1494	90	158	3	6
50-54岁	6		1	40	1156	58	120	2	3
55-59岁	2			18	512	20	49		2
60-64岁	1			9	102	2	3		1
65-69岁				4	33	1	4	1	
70-74岁					3				
75岁及以上				1	1				
男	**247**	**6**	**7**	**189**	**6328**	**858**	**858**	**14**	**70**
16-19岁	30	1		2	58	16	14		37
20-24岁	54	2	1	8	320	91	68	2	18
25-29岁	55	2	1	15	537	203	167	3	1
30-34岁	52			18	790	167	147	3	2
35-39岁	25		1	22	819	108	97	2	2
40-44岁	15	1	1	24	1061	112	93		1
45-49岁	9		2	31	1183	81	115	1	4
50-54岁	4		1	37	967	58	109	2	3
55-59岁	2			18	463	19	42		1
60-64岁	1			9	96	2	3		1
65-69岁				4	31	1	3	1	
70-74岁					3				
75岁及以上				1					
女	**101**	**4**	**3**	**19**	**1531**	**55**	**263**	**5**	**48**
16-19岁	8	1			7		5		33
20-24岁	18	1		3	66	4	24		9
25-29岁	28			4	111	10	40	1	1
30-34岁	14	1		2	212	9	57		1
35-39岁	15	1		2	261	10	35		
40-44岁	9		1	1	316	12	40	2	1
45-49岁	7		2	4	311	9	43	2	2
50-54岁	2			3	189		11		
55-59岁					49	1	7		1
60-64岁					6				
65-69岁					2		1		
70-74岁									
75岁及以上					1				